世界历史全知道

政治·经济　科学·技术　文化·艺术
军事·法律　民俗·考古　外交·教育

任浩之 ◎ 编著

当代世界出版社

图书在版编目（CIP）数据

世界历史全知道 / 任浩之编著 . —北京：当代世界出版社，2008.1
ISBN 978 - 7 - 5090 - 0296 - 4

Ⅰ. 世... Ⅱ. 任... Ⅲ. 世界史—普及读物
Ⅳ. K109

中国版本图书馆 CIP 数据核字（2007）第 181505 号

编　著：任浩之
责任编辑：张　勇
出版发行：当代世界出版社
地　　址：北京市复兴路 4 号（100860）
网　　址：http://www.worldpress.com.cn
编务电话：(010) 83908400
发行电话：(010) 83908410（传真）
　　　　　(010) 83908408
　　　　　(010) 83908409
经　销：全国新华书店
印　刷：北京市兆成印刷有限责任公司
开　本：710×1020 毫米　1/16
印　张：30
字　数：660 千字
版　次：2008 年 1 月第 1 版
印　次：2008 年 1 月第 1 次
印　数：1 - 10000
书　号：ISBN 978 - 7 - 5090 - 0296 - 4/K · 047
定　价：45.80 元

前　言

谁要想了解世界，就必须知道它的历史；凡是经常读报或看电视的人，都明白这个道理。如果不知道犹太人和巴勒斯坦民族的历史，又怎么能够明白中东的冲突？如果不知道殖民历史，又怎么能够理解今天非洲的形势？如果不了解基督教的历史，又怎么能够理解西方文化的精髓？

相对于中国历史来说，国人对世界历史的了解要薄弱得多。虽然人们大都知道"诺曼征服"、"工业革命"、"法国大革命"这些历史大事，但是往往只知梗概，不知细节，缺乏深刻的理解。

多了解些世界历史，视野会更开阔，看问题会更高远。在国际交流日益频繁的今天，这是非常必要的。正是基于这种考虑，笔者不揣浅陋，想做一些世界历史普及的工作，编著了这本《世界历史全知道》。这本书有以下几个特点：

一是知识全面，纵横结合。全书分为三部分，第一部分是"世界历史大事记"，简要地梳理了世界历史的脉络；第二部分是"世界历史名人传"，介绍了一百多位世界历史名人，力争材料新颖，有自己的观点，避免老生常谈；第三部分是"世界历史文化细节"，笔者的用意是贴近历史，展现细节，揭示不为人知的一面，给人耳目一新的感觉。

二是视角独特，编选严谨。与一般的历史教科书不同，本书收罗了不少边角史料，比如"爱迪生发明电椅"、"西方中世纪的酷刑"等，让人惊叹，继而深思。有些材料甚至足以颠覆你的历史观。当然，笔者决不选那些毫无根据的"戏说"，读者可以放心阅读。

三是内容精练，知识点多。每篇文章千字左右，不作长篇大论，使这本书的内容尽可能丰富、扎实、实用。全书共有400多个知识点，是一本很耐看的书。世界历史知识繁多，可以介绍的内容很多，选哪些或不选哪些，是颇费斟酌的。笔者注重每一个选题的价值和意义，并兼顾其知识性和趣味性。

四是功能全面，实用性强。本书可"看"可"用"可"藏"，老少咸宜，雅俗共赏，既可作为大众了解世界历史的普及读本，也可作为大中学生的课外书籍。例如书中的"史学名著导读"一节，介绍了希罗多德的《历史》、伏尔泰的《路易十四时代》、爱德华·吉本的《罗马帝国衰亡史》等名著。作为一个文史爱好者，如果不知其名，不知其书，是说不过去的。再如附录中的各国帝王世系表，也非常实用，便于文史爱好者查找。

最后要说的是，历史是深邃的，它的魅力是无穷的，本书的内容只是历史长河的一些浪花。希望这本书能激发你进一步读史的兴趣，去历史长河中漫游！

上编　世界历史大事记

古代部分 /3

古埃及文明的创建 /3
法老与太阳神崇拜 /4
古印度文明的源头：哈拉巴文化 /5
古希腊的爱琴文明 /6
《汉谟拉比法典》的颁布 /7
古希腊奥林匹亚赛会 /8
佛教的创立与传播 /9
大流士改革 /10
罗马共和国的建立 /11
雅典民主政治的确立 /12
亚历山大帝国的兴亡 /12
罗马帝国的兴起与崩溃 /14
基督教的创立与传播 /15
日耳曼民族大迁徙 /15
《查士丁尼法典》的颁布 /16
欧洲的"黑暗时代"：中世纪 /17
穆罕默德创立伊斯兰教 /18
十字军东征——打着圣战旗号的侵略 /19
大学的创设——中世纪社会文明的发展 /20
《自由大宪章》的订立 /22
蒙古帝国的扩张 /23
拜占庭帝国的崩溃 /25
奥斯曼土耳其帝国的兴起 /26
文艺复兴运动 /27
英法百年战争 /27
黑死病肆虐欧洲 /28
惨绝人寰的奴隶贸易 /29
圈地运动——资本主义的初级阶段 /30
新航路的开辟 /31

哥白尼创立日心说 / 32
欧洲宗教改革 / 33

近代部分 / 35

英国资产阶级革命 / 35
启蒙运动——一次思想的大解放 / 36
三十年战争——近代欧洲各国疆界的奠定 / 37
彼得一世改革——俄国开始崛起 / 38
第一次工业革命 / 39
亚当·斯密出版《国富论》 / 40
美国独立战争 / 41
法国大革命 / 43
拿破仑帝国的兴亡 / 44
拉丁美洲各国独立战争 / 45
电的发明和应用 / 46
1848年欧洲革命 / 47
达尔文提出进化论 / 48
马克思主义的诞生 / 49
美国南北战争 / 50
俄国1861年农奴制改革 / 51
明治维新——日本的近代化转型 / 52
俾斯麦统一德意志 / 53
巴黎公社起义 / 55
美西战争爆发 / 56
第二次工业革命 / 57
电话和无线电技术的问世 / 58
五一国际劳动节的创立 / 59
飞机的出现 / 61
汽车的发明 / 61

现代部分 / 63

第一次世界大战 / 63
俄国十月革命 / 64
巴黎和会的召开 / 66
苏联建国 / 67

目录 Contents

国际联盟的建立 / 68
甘地领导非暴力不合作运动 / 69
电视的发明 / 70
经济大危机的爆发
　　——自由资本主义的终结 / 71
德意日法西斯的兴起 / 72
罗斯福新政 / 73
纳粹对犹太人的种族灭绝暴行 / 74
第二次世界大战 / 75
珍珠港事件 / 76
斯大林格勒保卫战 / 77
中途岛海战 / 78
诺曼底登陆 / 79
雅尔塔会议的召开 / 81
原子弹的发明 / 82

联合国的建立 / 83
纽伦堡和东京审判 / 84
第三次科技革命 / 85
杜鲁门主义和马歇尔计划 / 86
美苏争霸 / 87
北约和华约的建立 / 88
印巴分治及克什米尔问题 / 90
朝鲜战争——美国的一次惨痛失败 / 91
日本的崛起和发展 / 92
从欧共体到欧盟 / 93
人类登月飞行和太空探险 / 94
不结盟运动的形成 / 95
第三世界的兴起 / 96

越南战争 / 97
古巴导弹危机 / 98
苏联入侵阿富汗 / 100
霍梅尼的伊斯兰革命 / 101
德国统一——改写欧洲史的大事件 / 102
苏联解体——两极对抗格局的结束 / 103
南斯拉夫内战和科索沃战争 / 104

目录 Contents

艾滋病肆虐全球 / 105
克隆技术的出现 / 106
海湾战争——令人瞠目的高科技战争 / 107
9·11事件——恐怖主义成为世界焦点 / 108
伊拉克战争 / 109

中编 世界历史名人传

著名帝王 / 113

波斯之王大流士一世 / 113
亚历山大的东征 / 114
弃恶从善的阿育王 / 115
周旋于强敌间的埃及艳后 / 116
奥古斯都的政治权术 / 117
暴君尼禄的悲剧人生 / 119
皇帝哲学家奥勒留 / 120
查士丁尼的梦想——重返罗马城 / 121
查理大帝——查理曼帝国的奠基人 / 122
威廉一世的凄凉晚景 / 123
亨利四世的卡诺莎之行 / 125
一生尚武的红胡子腓特烈一世 / 126
"狮心王"理查——骑士中的王者 / 127
萨拉丁——阿拉伯人的英雄 / 128
腓力四世与教皇的较量 / 129
爱德华三世——克勒西的英雄 / 130
亨利七世"捡来的王冠" / 131
亨利八世与英国国教 / 132
苏格兰玛丽女王的悲剧 / 134
终身未嫁的伊丽莎白一世 / 135
第一任沙皇伊凡四世 / 136
文盲帝王阿克巴 / 138
克伦威尔的头颅 / 139
"太阳王"路易十四 / 140
振兴俄国的彼得一世 / 141

· 4 ·

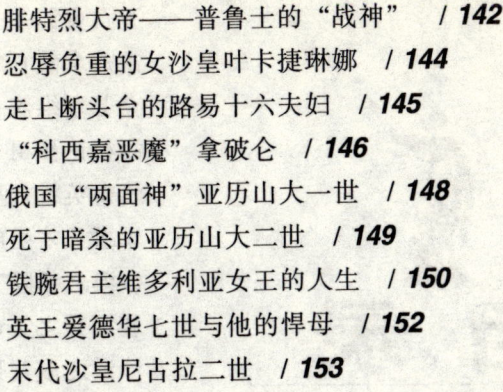

目录 Contents

腓特烈大帝——普鲁士的"战神" / 142
忍辱负重的女沙皇叶卡捷琳娜 / 144
走上断头台的路易十六夫妇 / 145
"科西嘉恶魔"拿破仑 / 146
俄国"两面神"亚历山大一世 / 148
死于暗杀的亚历山大二世 / 149
铁腕君主维多利亚女王的人生 / 150
英王爱德华七世与他的悍母 / 152
末代沙皇尼古拉二世 / 153

政治人物 / 155

伯里克利与希腊"黄金时代" / 155
"无冕之王"恺撒 / 156
美第奇家族与佛罗伦萨 / 157
权谋大师马基雅维利 / 158
德川幕府的开创者：德川家康 / 159
"蝴蝶大使"梅特涅 / 160
华盛顿拒不当终身总统 / 162
美国最伟大的总统林肯 / 163
永不屈服的俾斯麦 / 164
"好战总统"西奥多·罗斯福 / 165
政坛"堂·吉诃德"威尔逊 / 167
革命导师列宁 / 168
英吉利的救星丘吉尔 / 169
轮椅上的巨人罗斯福 / 170
自由法国斗士戴高乐 / 172
"圣雄"甘地 / 173
切·格瓦拉的红色人生 / 175
李光耀与新加坡的崛起 / 176

军事人物 / 178

皮洛斯的远征——得不偿失的胜利 / 178
汉尼拔：虽败犹荣的名将 / 179
快乐将军苏拉 / 180
斯巴达克——争取尊严的奴隶 / 181

圣女贞德——短暂而绚烂的生命 / **182**
击败拿破仑的库图佐夫 / **183**
克劳塞维茨——军事理论的丰碑 / **185**
海权论鼻祖马汉 / **186**
传奇英雄加里波第 / **187**
军事天才曼施泰因 / **189**
沙漠之狐隆美尔 / **190**
装甲兵之父古德里安 / **191**
沙漠之鼠蒙哥马利 / **192**
天生将星麦克阿瑟 / **194**
"暴戾的军神"巴顿 / **195**

思想巨擘 / **197**

说不尽的苏格拉底 / **197**
柏拉图和他的"理想国" / **198**
天使博士托马斯·阿奎那 / **200**
不列颠的百科全书培根 / **201**
近代哲学之父笛卡尔 / **202**
古典哲学的创立者康德 / **203**
伟大的启蒙者伏尔泰 / **205**
掀起革命狂澜的启蒙者卢梭 / **206**
马克思的生活侧面 / **207**
诗人哲学家尼采 / **209**
存在主义大师萨特 / **210**
福泽谕吉与"脱亚入欧论" / **211**

文艺大师 / **214**

承前启后的伟大诗人但丁 / **214**
塞万提斯的传奇人生 / **215**
艺术巨匠达·芬奇 / **217**
戏剧大师莎士比亚 / **218**
喜剧大师莫里哀 / **220**
富有英雄气质的诗人拜伦 / **221**
一生困顿的巴尔扎克 / **222**
放荡不羁的大仲马 / **224**

目录 Contents

死于痛苦和疯狂的莫泊桑 / 225
童话大王安徒生 / 226
圆舞曲之王施特劳斯 / 228
酒鬼诗人爱伦·坡 / 229
一生求索的托尔斯泰 / 230
"狂人"画家梵高 / 232
莫奈的印象世界 / 233
现代派文学鼻祖卡夫卡 / 234
文坛硬汉海明威 / 235
超现实主义大师达利 / 236

科学巨匠 / 239

希波克拉底的誓言 / 239
几何学大师欧几里得 / 240
托起地球的人阿基米德 / 241
炸药大王诺贝尔 / 243
相对论鼻祖爱因斯坦 / 244

下编　世界历史文化细节

走近古希腊文明 / 249

陶片放逐法 / 249
希腊方阵 / 250
古希腊的战船 / 251
古希腊人如何看戏 / 252
古希腊的戏剧 / 253
西方史学的源头 / 254
历史学家中的历史学家 / 255
西方哲学的源头 / 255
希腊人崇尚自由的服饰 / 256
古希腊人简陋的住房 / 257
清淡的饮食 / 258
不平等的婚姻 / 259
古希腊人的家庭 / 260

目录 Contents

雅典妇女的地位 / 260

走近古罗马文明 / 263

罗马建城与母狼的传说 / 263
罗马人不欢迎独裁 / 265
等级森严的社会 / 266
尚武的罗马人 / 267
战无不胜的罗马军团 / 268
"钢铁"是这样炼成的 / 270
军纪如山 / 271
古罗马盛大的凯旋式 / 272
古罗马的养子继位制度 / 274
罗马人的婚礼 / 275
罗马人的婚姻与爱情 / 276
血腥的游戏——角斗士比赛 / 278
赛车俱乐部 / 280

泡在浴室里的罗马人 / 281
热爱戏剧的罗马人 / 282
罗马人的祖先崇拜 / 283
罗马人的葬礼 / 284
条条大路通罗马 / 285
古罗马衰亡之谜 / 286
希特勒是古罗马的继承者吗 / 287

西方历史的另一面 / 288

蓝血家族的不光彩记录 / 288
大发国难财的商人 / 288
摩根向政府军队销售劣质枪支 / 288
范德比尔特趁战争抬高运价 / 289
为了利润而逃避兵役 / 290
爱迪生发明了电椅 / 290

骇人听闻的行刑 / 292
历史悠久的当众行刑 / 292
宗教裁判所的火刑 / 293
欧洲人对妇女行刑时的细致之处 / 294

· 8 ·

目录 Contents

砍下来的头如何处理 / 296
电死儿童 / 296
教皇纵容酷刑 / 297
稀奇古怪的定罪方法 / 298

西方人的生活细节 / 300
马桶发明以前 / 300
内衣的进化 / 302
乳罩的历史 / 303
请奶妈代为哺乳 / 304
借助动物为孤儿哺乳 / 304
中世纪女人的裙子 / 305
假发的历史 / 306
对洗澡的抗拒 / 307
餐具的历史 / 309
妻子的地位 / 310

令人恐惧的医术 / 310
荒诞的医学理论 / 310
十字军东征时期的中世纪医学 / 311
重病还得猛药治 / 312
文艺复兴时期法国人喜爱灌肠 / 313
解剖学的艰难发展 / 314
精神病人遭受的折磨 / 315
追求白牙:尿做的牙膏 / 315
供销售用的人牙 / 316
令华盛顿总统烦恼的牙托 / 316

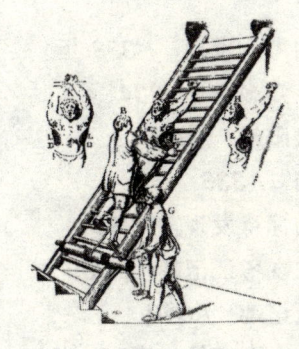

西方风化小史 / 318
中世纪欧洲男女共浴的风俗 / 318
中世纪的贞节带 / 319
欧洲皇帝驻跸和临幸 / 319
文艺复兴时期的教皇与罗马妓女 / 320
教皇的情妇 / 321
法国宫廷化装舞会 / 322
欧洲各国皇帝的婚礼仪式 / 323
欧洲萨克森宫廷的淫逸之风 / 324
文艺复兴时期的婚浴 / 324

文艺复兴时期的试婚习俗 / 324
欧洲宫廷流行情妇崇拜 / 325
欧洲新娘必须公开证明自己是处女 / 326
君主专制时期未婚女子占卜桃花运
　　的方式 / 326
洛可可时代的童贞伪造术 / 327
君主专制时期的征婚广告 / 328

考古发现 / 329

《罗塞达碑》与埃及象形文字的解读 / 329
《贝希斯顿铭文》与楔形文字的解读 / 330
盗墓贼发现的一洞穴法老木乃伊 / 331
埃及"帝王谷"
　　——最辉煌的考古发现 / 333
图坦卡蒙陵墓珍宝知多少 / 334
令人惊叹的胡夫太阳船 / 335
发掘庞贝古城珍闻 / 336
"死亡之丘"里的惊奇发现 / 338
印度阿旃陀石窟发现考证记趣 / 339
名城吴哥发现考证记趣 / 340
特洛伊木马计是一个真实的故事 / 341
玛雅古遗址科潘城发现珍闻 / 343
玛雅文明之谜 / 344
玛雅人的金字塔 / 346
神奇古都底比斯 / 347
亚述帝国与"血腥的狮穴" / 348

名胜故事 / 350

有关泰姬陵的珍闻 / 350
波兰美人鱼雕像的故事 / 351
"撒尿小童"的故事 / 353
趣谈埃菲尔铁塔 / 354
美国白宫趣事多 / 355
法国爱丽舍宫秘闻 / 357
建造凡尔赛宫的传说 / 358

白金汉宫和女王的生活 / 360
趣谈克里姆林宫的自鸣钟 / 361

追根溯源 / 363

神秘的拜火教 / 363
古希腊的人物雕塑为何多裸体 / 364
教皇是怎样产生的 / 364
印加帝国的覆灭 / 365
巴士底狱中的神秘囚犯 / 367
血迹斑斑的英国王冠 / 368
日本天皇称号的由来 / 369
日本裕仁天皇为何未被定罪 / 370
美国领土扩张史 / 371
战争带来的发明 / 372
趣谈"喀秋莎" / 373

名人轶事 / 375

拿破仑许诺引起的风波 / 375
只有十句话的精彩演讲 / 376
俄国皇宫里的"妖僧"拉斯普廷 / 377
"列宁"名字的来历 / 378
集英雄与卖国贼于一身的贝当 / 379
石油大王洛克菲勒 / 380
报业怪杰赫斯特 / 382
斯大林的子女们 / 383
一件"小事"造就了两位巨人 / 384
丘吉尔"怒中见威严"照片拍摄趣事 / 385
意大利法西斯暴君墨索里尼 / 386
一生惧内的爱德华八世 / 387
二战首脑的后裔们 / 388
赫鲁晓夫在联合国大会上敲皮鞋 / 389
基辛格秘密访华记趣 / 390
美国总统尼克松访华轶闻 / 392

名人之死 / 394

拿破仑到底死于何因 / 394

目录 Contents

末代沙皇死后的故事 / 395
山本五十六坐着死亡之谜 / 396
希特勒死亡之谜 / 398
戈林自杀之谜 / 399
墨索里尼被处死的真相 / 400
东条英机是怎样自杀未遂的 / 401
日本战犯阴魂不散 / 402
纳粹战犯临刑前说了些什么 / 403
纳粹十大战犯是怎样被绞死的 / 405
圣雄甘地是怎样被杀害的 / 406
戴高乐安葬前后的珍闻 / 407
赫鲁晓夫的葬礼 / 408
金字塔下的惨案 / 410
被自己贴身卫士杀害的女总理 / 411
齐奥塞斯库是怎样被杀的 / 412
被女杀手暗杀的拉吉夫·甘地 / 413
黛安娜王妃的苦涩婚恋 / 415

史学名著导读 / 417

希罗多德与《历史》 / 417
修昔底德与《伯罗奔尼撒战争史》 / 418
色诺芬与《远征记》 / 420
乔治·格罗特与《希腊史》 / 421
G·S·克里普斯与《喀提林》 / 423
凯撒与《高卢战记》 / 424
弗拉维·约瑟夫斯与《犹太古代史》 / 426
塔西佗与《编年史》 / 428
勒基与《欧洲伦理史》 / 429
弗里曼与《诺曼人征服史》 / 430
让·傅华萨与《英国编年史》 / 431
爱德华·吉本与《罗马帝国衰亡史》 / 432
亨利·哈兰姆与《中世纪的欧洲》 / 434
普列斯科与《墨西哥征服史》 / 435
普列斯科与《秘鲁征服史》 / 437
伏尔泰与《路易十四时代》 / 437

目录 Contents

托马斯·卡莱尔与《法国革命史》 / **438**
基佐与《欧洲文明史》 / **439**
波克尔与《英国文明史》 / **441**
布罗代尔与《菲利普二世时代的地中海和地中海世界》 / **442**
斯塔夫里阿诺斯与《全球通史》 / **443**
汤因比与《历史研究》 / **444**

附录 / **446**

罗马帝国前期帝王世系表 / **446**
英国王室世系表 / **446**
法国王室世系表 / **449**
德意志王室世系表 / **451**
西班牙王室世系表 / **453**
俄国王室世系表 / **458**

上编
世界历史大事记

古代部分

古埃及文明的创建

尼罗河流域是人类文明的发祥地之一。古埃及人在这一地区创造了灿烂的文明,诸如农业的改良,文字的发明,医学的进步,以及完美的建筑、雕塑,精美的手工艺品等。这笔丰富的文化遗产,直至今天,在世界上仍然可以见到它的影响。

大约在公元前3300年,埃及人已经开始使用象形文字。它由表意符号、表音符号和限定符号三部分构成。

表意符号是用图形表示词语的意义,特点是图形和词义有密切关系。例如:表示水就画几条波形线,画一个五角星表示"星"的概念。

表音符号是把词语的发音表示出来,取得音值。例如:猫头鹰的图形符号用作音符时,读[m]音,已失掉"猫头鹰"的含义。

限定符号是在表音符号外加上一个新的纯属表意的图形符号,置于词尾,以表明这个词属于哪个事物范畴。限定符号本身不发音。例如:"犁杖"和"朱鹭"这两个词的音符完全相同,读音为[hb]。区别词义的方法是:在[hb]后分别加上表示"犁杖"和"朱鹭"的限定符号。

谈到埃及,不能不提到被称为"世界奇迹"的金字塔。

金字塔是古代埃及国王——法老和王后的陵墓。埃及人叫它"庇里穆斯",意思是"高"。陵墓是用巨大石块堆砌而成的方锥形建筑,四面部是上小下大的等腰三角形,很像中文的"金"字,所以,人们形象地称它"金字塔"。埃及迄今已发现金字塔100多座。

其中,大金字塔(又称胡夫金字塔)和哈夫拉金字塔最著名,是埃及金字塔建筑艺术的顶峰。

大金字塔是埃及现存规模最大的金字塔。它建于胡夫统治时期(约公元前2670年),原高146.59米,因顶端剥落,现高136.5米。塔的四个斜面正对着东南西北四个方向。塔基呈正方形,边长约230米,占地面积5.29万平方米。塔身由230万块巨石组成,它们大小不一,平均重约2.5吨。

哈夫拉金字塔建于约公元前2575年至公元前2465年,塔高143.5米。举世闻名的狮身人面像便紧挨着哈夫拉金字塔。

为了确保金字塔万古长存,石块与石块之间没有任何粘接物,建造者把一块石头直接放在另一块石头上,拼合得天衣无缝,甚至连最薄的刀片也插不进去。

砌工之精确,内部结构之复杂,实在令人惊叹不已。

金字塔闪耀着古埃及人民的智慧和力量的光芒,它是古埃及文明的象征,是古埃及人民创造的人间奇迹。直到今天,规模宏大、建筑神奇、气势雄伟的金字塔依然给人留下许多未解之谜。

古埃及除了建造世人瞩目的金字塔外,它的木乃伊制造术也让世界称奇不已。制作木乃伊表明古埃及人已掌握了物理、化学、医学等方面的科学知识。

法老与太阳神崇拜

古王国时期,法老崇拜鹰神荷鲁斯,认为它是法老的保护神。第四王朝时,被希腊人称作赫利奥利波斯的太阳城的地位迅速上升。每一位法老都宣称自己是"拉神之子"。(拉神是太阳城的地方神。古埃及每个州和村落崇拜全国性神灵的同时,还崇拜当地的神灵。)后来,在公元前2000年左右,底比斯的一位王子登上王位,阿蒙神一跃成为全国性的神灵。它被想像成空气和光的结合体。最后,它与拉神合二为一,结成当时地位最高的神灵——阿蒙—拉太阳神。

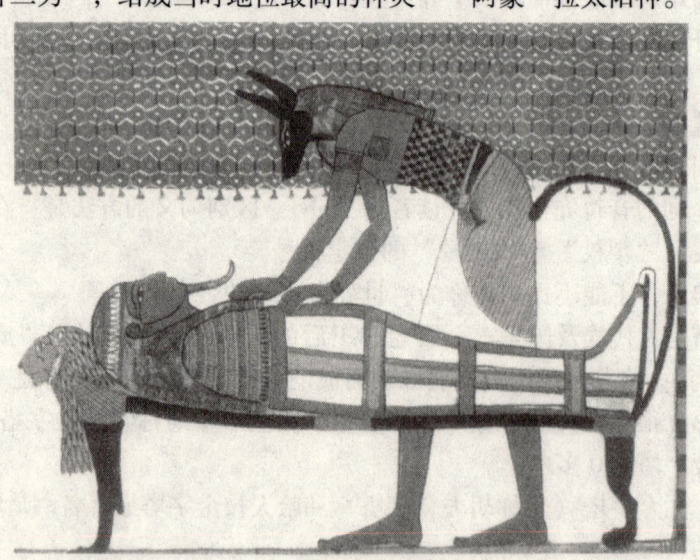

在埃及的信仰中,冥神是人身豺首的形象,因此在制作法老的木乃伊时,要由专门的人员装扮成冥神的样子来进行。

全国性的神灵在埃及的确立,得力于法老、王室亲属和其他富有者的慷慨捐赠。随着朝代的更迭,对神的崇拜就由于某个法老的心血来潮而获得持久性,地方神也会成为全国的主神。有鉴于此,法老把对太阳神的崇拜的基础赋予自身,称自己为太阳神之子,崇拜太阳神便与法老结下不解之缘。

一、修建金字塔

金字塔与太阳神是紧密联系的。金字塔就可以最大程度地反射阳光。金字塔

塔尖更是终日处在阳光照耀之下。金字塔结构体现了埃及法老权力的至高无上，塔尖代表法老。这不言而喻向被统治者昭示：法老是太阳神之子，法老的权力来源于太阳神。

二、太阳神雕刻

新王国第十八王朝时，阿蒙霍特普四世颠覆了对阿蒙神的崇拜，转而推崇阿吞神为埃及独一无二的天神。阿吞神也是太阳神，"阿吞"的意思是"太阳似的圆盘'。在阿蒙霍特普四世眼中，阿吞即日轮。出于对阿吞的崇拜，他把自己的名字改为"埃赫阿吞"，即"阿吞的灵魂"。之后，他还宣布在埃及奴役下的叙利亚人和努比亚人只能崇拜阿吞神。

埃赫阿吞对阿吞的崇拜影响了埃及的视觉艺术，使埃及的雕刻吸收了一种新的充满生气的艺术气息。

三、修筑太阳神庙

埃赫阿吞的继任者将阿吞和埃赫阿吞从埃及人的记忆中全部抹除，重新确立了阿蒙太阳神的最高天神的地位。法老们开始大兴土木，修筑太阳神庙。

拉美西斯王朝统治时期，埃及历史上最伟大的神庙——卡尔纳克神庙修筑完成。它占地5000平方米，由阿蒙神庙、阿蒙神的妻子穆脱神庙以及女儿孔司月神庙组成。神庙里有雕满象形文字和饰有莲花的大圆柱，还有方尖碑、祭坛、艺术作坊、图书馆等配套设施，珍藏着1700多件青铜像和800多件石雕像，成为埃及文化的宝库。

与卡尔纳克神庙相距不到1公里的卢克索斯神庙的历史比卡尔纳克神庙更悠久。它于公元前1392年动工，历时140年。它也是由阿蒙神、穆脱女神和孔司月神三神神庙组成的结构严谨的神圣建筑。

古印度文明的源头：哈拉巴文化

古印度是人类文明的发源地之一，在文学、哲学和自然科学等方面对世界文明作出了独创性的贡献。在文学方面，创作了不朽的史诗《摩诃婆罗多》和《罗摩衍那》；在哲学方面，创立了"因明学"，相当于今天的逻辑学；在自然科学方面，最杰出的贡献是发明了目前世界通用的计数法，创造了包括"0"在内的10个数字符号。所谓阿拉伯数字，实际上起源于印度，然后通过阿拉伯人传播到西方。公元前6世纪，古印度还产生了佛教，先后传入中国、朝鲜和日本。

印度的远古文明直到1922年才被发现。由于它的遗址首先在印度哈拉巴地区发掘出来，所以通常称古印度文明为"哈拉巴文化"；又由于它主要集中在印度河流域，所以也称为"印度河文明"。

哈拉巴文化以南部的摩亨佐·达罗和北部的哈拉巴为中心，它是古代印度青铜时代的文化，代表了一种城市文明。从已经发掘的遗址来看，城市的规划和建筑具有相当高的水平。考古学断定，哈拉巴文化大致出现在公元前3000年到公元前1750年，鼎盛时期约为公元前2300年到公元前2000年。哈拉巴文化的主要经济部门是农业，栽种的作物有大麦、小麦等。除田间作物外，椰枣、果品也是人们喜爱的食物。当时，人们已经能够驯养牛、山羊和各种家禽。哈拉巴文化遗址中出土了大量铜器，这表明古印度人已经掌握了对金银等金属的加工技术。

哈拉巴文化还创造了自己的文字，它们主要留存于各种石器、陶器和象牙制的印章上，这些文字符号有象形的，亦有几何图案，至今尚未成功译读。正因为如此，关于哈拉巴文化的来源问题，一直成为考古学家与历史学家争论不休的斯芬克斯之谜：到底是土著文明呢，还是外来文明？

哈拉巴文化延续了几百年之后逐渐衰落，于公元前18世纪消亡。它来得突然，去得更突然，以致日后印度文献对它一笔带过。哈拉巴文化衰落之谜，仍有待后人去破解。

哈拉巴文化衰落后，从印度西北方入侵的游牧民族雅利安人创立了更为持久的文明。

古希腊的爱琴文明

爱琴文明是指公元前20世纪至公元前12世纪地中海东部的爱琴海各岛、希腊半岛以及小亚细亚西部的青铜时代的文明，其中心地区在克里特岛与迈锡尼，故又称克里特—迈锡尼文明。它不仅是古希腊文明的源头，也是西方文明的开端。

克里特是爱琴海第一大岛，是地中海海上交通的要道。岛上气候宜人，土地肥沃，适宜发展畜牧业和农业。由于临近埃及和西亚这些古代最早文明的发源地，克里特一度在社会经济方面处于欧洲最先进的地位。当时农业和手工业已有分工，农作物品种以大麦、小麦、橄榄、葡萄为主。手工业有青铜器、金银器、陶器等，工艺复杂。在建筑方面，能修筑大型王宫。这一时期还产生了文字，先是图画文字，后变为象形文字。这说明克里特已经进入阶级社会。公元前16、15世纪，是克里特文明的鼎盛时期，经济繁荣，文化发达。

公元前1400年，克里特遭到毁灭性的破坏。从此克里特处于迈锡尼文明的影响之下，克里特文明也逐渐被人遗忘。

迈锡尼文明是指希腊南部的迈锡尼、提林斯、派罗斯和斯巴达等早期城邦文明，约为公元前1500年至公元前1200年。

迈锡尼文明诸国的内部结构较为清晰。国家的政体为君主制，国王称瓦纳克斯，国王之下有一批官僚，其中重要官职称拉瓦盖塔斯，可能是军事将领。迈锡尼文明各国的经济基础是土地双重所有制，即土地财产的私有制和公有制并存。

迈锡尼等国已形成阶梯状的社会阶级结构。最下层是奴隶阶级，集中在国王与达官贵族家中劳动。奴隶阶级之上是与贵族相对立的平民,从事农业和手工业生产。农民居住在城外的村社之中。手工业者则集中在城内。另外商人阶层也已存在。以国王为首的奴隶主阶级是社会的统治阶级,他们依靠剥削奴隶和小生产者积聚起大量财富。

迈锡尼文明的鼎盛时期在公元前13世纪左右。其势力伸展到整个爱琴海。

公元前13世纪末至前12世纪,希腊受到多利安人的入侵。这直接导致迈锡尼文明的毁灭,繁荣的城市、雄伟的宫殿、兴盛的手工艺和商业等都被一扫而光,希腊进入一个落后、封闭、贫穷的时期,西方人称之为"黑暗时代"。

《汉谟拉比法典》的颁布

在公元前1900年左右,古巴比伦人就建立了自己的国家。公元前1792年,汉谟拉比成为古巴比伦国王,他勤于朝政,重视法治,关心农业、商业和畜牧业的发展。在他统治期间,古巴比伦成为一个政治稳定、经济繁荣、军事和文化兴盛的奴隶制国家。为了维护奴隶主阶级的利益、加强中央集权、巩固自己的统治,汉谟拉比制定并颁布了古代第一部比较完整的法典——《汉谟拉比法典》。

法典分为序言、正文和结语三部分。序言和结语概括了汉谟拉比的文治武功和立法的宗旨。正文共有282条,主要包括诉讼手续、盗窃处理、租佃、雇佣、商业高利贷和债务、婚姻、遗产继承、奴隶地位等,把当时已经成型的社会生活中的各类关系用法律形式固定下来。法典比较全面地反映了当时的社会情况,其内容之全面、法制之明确,在古代立法史上甚为罕见。

法典严格保护奴隶主对奴隶的所有权和奴隶主阶级的私有财产,维护奴隶主对奴隶和平民的经济剥削和政治压迫。它规定:逃亡的奴隶一旦被捕获,必须交还原主,盗卖奴隶或藏匿奴隶者处以死刑;奴隶是奴隶主的私有财产,可以被任意出卖、转让和抵押。

为了巩固奴隶主的统治,法典还规定了一些更严厉的条款:逃避兵役的人一律处死;破坏桥梁水利的人将受到严厉处罚,直到处死;店主不把在酒店密谋的人捉起来,也要被处死。

汉谟拉比头像
公元前第二个千年间在位的伟大的古巴伦国王,曾将整个美索不达米亚都置于他的统治之下。

法典对土地买卖、出租、抵押和继承等也做出了规定。除王室和部分神庙土地分给依附的平民耕种而不能交易外,其余土地都可以通过买卖而属于私人所有。这表明国家完全承认土地私有的合法性。法典对租佃、雇佣关系、高利贷、兴修水利、丈量土地、农业、手工业生产、婚姻、家庭和继承等都做出了详细的规定。

依靠这部法典，汉谟拉比时代的巴比伦，成为古代东方统治最严密的奴隶制国家。

《汉谟拉比法典》的颁布，促进了古巴比伦奴隶制经济的发展，对后来的亚述法典、赫梯法典，乃至古希腊、罗马的立法都产生了重要影响。

古希腊奥林匹亚赛会

奥运会是奥林匹克运动会的简称，是国际奥委会组织的综合性竞赛会。它起源于古希腊的奥林匹亚赛会。

公元前766年，古希腊规定每隔4年在奥林匹亚举行一次运动竞技大会，这就是最初的奥林匹克运动会。奥林匹亚赛会对参赛成员有严格限制：若是希腊人，不论成年人、少年和儿童均可参加；若是非希腊人、奴隶或判过刑的人，则无权参加。妇女不仅不能参加比赛，也不能观看，否则将受到严厉惩罚。

最早的竞赛项目只有200码（大约182米）短跑，后来逐渐增多，主要有：摔跤、掷铁饼、投标枪、赛马和赛车等。最受观众欢迎的是驾着马车赛跑的项目。运动会结束后，戴着桂冠的优胜者受到国王和人们的崇敬和爱戴。有人甚至把他们当作神一样来崇拜。赛会的闭幕式上，还要举行"国宴"招待他们。最著名的诗人向他们奉献赞美诗，第一流的艺术家为他们在奥林匹亚建造纪念雕像，他们的名字会很快传遍整个希腊。

奥林匹亚赛会是古代希腊人生活中一项极为重要的事件。运动会期间禁止打仗，交战的双方会暂停攻击，等5天运动会结束以后再继续开火。后来，休战期延长到一个月，最后延长到3个月。最令人难以理解的是，即使在外敌入侵的时候，希腊人仍把运动会放在第一位。

奥林匹亚赛会对希腊生活的许多方面产生了巨大影响。希腊的各个城邦，因为这一全国性的运动会而有了共同的社会活动，有利于彼此接近，也增进了各城邦之间的文化交流和贸易往来，这就在一定程序上缓和了许多城邦之间的紧张的关系。此外，运动会还促进了希腊文化艺术，特别是雕刻艺术的发展。希腊人曾流行这样一句话：没有奥林匹亚赛会，就没有希腊雕刻。

古代的奥林匹亚赛会一共举行了293次。到公元394年，侵入希腊的罗马帝国皇帝狄奥多西下令禁止举行比赛，奥林匹亚赛会从此中断了1500多年。后来，经过法国人顾拜旦的倡议和努力，国际性体育组织——国际奥林匹克委员会决定恢复综合性的运动竞赛会，并定名为奥林匹克运动会。1896年，第一届现代奥运会在雅典举行。如今，奥运会已经成为全世界人民瞩目的体育盛会。

佛教的创立与传播

佛教与基督教、伊斯兰教合称为世界三大宗教，于公元前6世纪到公元前5世纪由释迦牟尼创建，后来广泛传播到世界许多国家和地区，对这些国家的社会政治和文化生活产生了重大影响。

佛教是在古印度奴隶社会极为动荡的条件下产生的。当时的种姓制度把人分为四等，掌握祭祀的僧侣（婆罗门）地位最高，奴隶（首陀罗）是最下贱的阶层。奴隶受着残酷的压迫和剥削。这一制度，被神圣不可动摇地规定在占统治地位的婆罗门教义中。围绕着种姓制度，阶级矛盾、民族矛盾日益尖锐。

佛教最初是作为一个反对婆罗门教的宗教派别出现的。它反对种姓制度，认为不凭种姓出身，不依靠婆罗门，不求神，只要通过正确的修行，任何人都能实现自己的宗教理想，从而打击了婆罗门维护的种姓血统论。

印度绘画：悉达多降生人间

佛教的教义是一个庞大、精细的唯心主义体系。

"四谛"是佛教的基本教义之一。四谛即苦谛、集谛、灭谛、道谛。"谛"是"真理"的意思，四谛就是佛教的四大真理。苦谛指现实存在的种种痛苦，主要有生、老、病、死、求不得、怨憎、别离、身心等8种苦。集谛指造成世间苦痛的原因，"集"是"原因"的意思。佛教认为"业"（做事情）是苦的正因；"惑"（烦恼）是苦的助因。业和惑产生出无数痛苦，如果断绝业和惑，痛苦自然随之断绝，就可以达到"寂灭为乐"的境界。要达到这种境界，就必须修道，这就是"道谛"。"道"就是涅之道。"涅"意为灭、寂灭、圆寂、安乐、解脱等等。四谛之中，苦、灭二谛尤为重要。人生最苦，涅最乐，这就是佛教的基本思

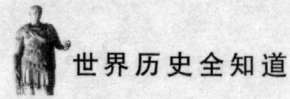

想。苦谛以生老病死等作为人生中最大的苦难，认为任何人都不可能逃脱这些苦难，这就掩盖了人类社会生活中的阶级矛盾，抹煞了阶级剥削和压迫。

孔雀王朝时期（约前324—185年），佛教被定为印度的国教。当时印度海上交通发达，对外关系活跃，佛教开始向亚洲其他国家传播。向南先传入斯里兰卡，又由斯里兰卡传入缅甸、泰国、柬埔寨、老挝等国；向北经帕米尔高原传入中国，再由中国传入朝鲜、日本、越南等国。佛教逐渐发展成为世界性的宗教。

目前佛教徒约有10亿人，主要集中在东亚和东南亚一带。

大流士改革

古代西亚的波斯帝国（前558年—前330年）对人类历史的发展起了巨大的作用。波斯帝国的社会经济、政治制度和文化传统，对后来的亚历山大帝国、希腊化诸国以及对伊朗境内后来成立的国家，都产生了深远的影响。

大流士（约前558年—前486年）是古波斯帝国国王。在位期间，大流士大大扩张了波斯帝国的疆域，形成了领土空前广阔的奴隶制大帝国。为了巩固政权和帝国的发展，从公元前518年始，大流士对原有的统治机构和古老的军事组织实施了一系列改革措施，史称："大流士改革"。改革内容包括：

一、军政分权的地方行政制度。全国分为23个行省，有总督和军事长官治理。总督只拥有民政权力，其职责是：受理诉讼，征收赋税，保持境内安宁，监督下级官吏，铸造银币和铜币。军事长官掌管行省的军队。各行省的军政长官互不统属，均对皇帝本人负责，以达到相互监视和牵制的目的。

二、进行军事改革，全国划分为5个大军区，每个军区统辖内的几个行省的军队最高指挥官均由波斯人担任。军队被编成万人团、千人团、百人队、十人队四级。在都城组建精锐的近卫军，军中高级长官均由波斯贵族充任。还组成以腓尼基人为核心的海上舰队，规模庞大。

三、为了加强中央和地方的联系，保证政令的畅通，保证军队的迅速调动，大流士继承并发展了亚述人修筑道路、设置驿站的制度，在帝国境内修筑若干条驿道。

四、整顿税收制度，制定统一的贡赋制度，统一全国的货币铸造制度。规定：只有国王有权铸造金币，各地只能铸造银币和铜币。金币"大流克"因成色足、重量准确，广为流行。

这些措施为巩固波斯帝国的统治和扩张打下了坚实的基础。在原始文明向奴隶制文明演进的过程中，大流士的大规模扩张使人类的交往范围第一次跨越了亚、欧、非三大洲，促进了各地经济的文化的交流。

公元前330年，波斯帝国灭亡之后，取而代之的亚历山大帝国、罗马帝国都从波斯帝国的经验和教训中吸取了许多有用的东西。所以,波斯帝国既为西亚、北非的文明作了总结,又为后来的希腊、罗马文明提供了借鉴,起了承先启后的作用。

罗马共和国的建立

大约在公元前510年,罗马进入共和国时期。

罗马共和国是贵族专政的奴隶制国家。在王政时代末期,随着塞尔维乌斯·图里乌斯改革,罗马进入阶级社会,形成罗马共和国。它具有明显的贵族专政性质。共和国的最高行政权力由执政官掌握,执政官有两名,从贵族中选出,任期一年,平时有行政、司法权,战时指挥军队,但由于是两人掌权,互相牵制,权力不大。真正的权力中心是元老院,由少数贵族和卸任的执政官组成,决定国内外一切重大决策。

罗马共和国的阶级结构十分复杂,有贵族、平民和奴隶。共和国早期,平民与贵族的矛盾非常尖锐,平民采取各种方式进行斗争,直到公元前3世纪初,斗争才宣告结束。斗争的结果,平民取得一些胜利,但真正获利的是上层平民,上层平民与旧贵族融为一体,形成新贵族,广大下层平民仍受到压制,罗马仍然是贵族共和国。

自公元前5世纪起,罗马便不断向外扩张,经过两个世纪的对外侵略,罗马征服了整个意大利,控制了西部地中海,并占领东部地中海的一些国家,使罗马共和国由台伯河畔的小城邦成为地中海的霸主。

从公元前2世纪后半叶起,罗马共和国的各种弊端逐渐暴露出来,相继出现严重的社会斗争。公元前137年至公元前132年发生第一次西西里奴隶起义;公元前133年至公元前123年发生了以农民土地运动为中心的格拉古兄弟改革;公元前104年至公元前101年发生了第二次西西里奴隶大起义;公元前73年至公元前71年爆发了斯巴达克起义。这些起义和斗争,沉重打击了罗马奴隶主阶级,动摇了奴隶制城邦的经济基础。

在社会矛盾和阶级斗争日益激烈的情况下,代表罗马城邦贵族奴隶主利益的共和政体,已不再适应罗马奴隶主阶级统治的需要,因此共和制逐渐向帝制转化。在这个过程中,许多政治野心家发动了长期的争权夺利的内战。公元前60年,由庞培、恺撒、克拉苏三人结成的政治同盟,实行集体独裁,史称"前三头政治"。后来,恺撒战胜其他两个对手,实行个人独裁。不久,恺撒被其政敌刺杀,前三头同盟结束。恺撒独裁实为罗马共和国灭亡的先声。公元前43年,又出现屋大维、安东尼、李必达三人的"后三头政治"。公元前30年,屋大维除掉其他两人而成为独裁者。至此,军事独裁的君主专制政权终于在罗马建立,罗马共和国灭亡,罗马帝国时代开始。

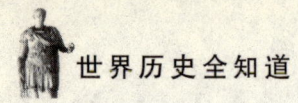

雅典民主政治的确立

民主作为一种国家政治形式,最早出现在古希腊。

克利斯提尼是雅典民主政治的奠基人,被称为雅典民主之父。他是一位富有魄力的政治家,在掌握政权后的公元前508年进行了重大改革:授予当时定居在该国的所有自由男子以充分的权利,由此扩大了雅典的公民人数;建立新的议事会,并使它成为政府的主要机构,行使公民大会准备提案的权利,并兼有行政管理的责任,机构的成员由抽签选出,任何一个年满20岁的公民都可以当选。

到伯里克利(前495—前429年)时期,雅典的民主政治得到了充分的发展,成为希腊奴隶制民主高度发展的典型。

伯里克利削减贵族会议和执政官的权力。为了保证一般公民都能担任国家公职,伯里克利制定了公职津贴制,规定除大将军外,所有担任公职的人员都可得到政府的津贴。公民担任国家公职要通过国家的最高权力机构——公民大会的选举。

按照规定,公民大会由年满20岁的男性公民参加,每9天在雅典城两边的广场上召开一次。会上,每个公民都可以对国家的政策和所有公职人员提出批评和建议。凡内政、外交、战争以及和平等一切国家大事,必须经过公民大会讨论表决通过后方能生效。在选举公职大会上,每个年满20岁的男性公民都有选举权和被选举权。

雅典的最高司法机关是陪审法庭,它由从全体公民中抽签选出的600名陪审法官组成。陪审法官每年改选一次,雅典的公民一般每3年就可以轮作一次陪审法官。陪审法庭的权力很大,国家大小案件的审理,所有公职人员的资格审查都由它负责,并参加立法工作。需要审理的案件都是在开庭前才抽签决定由哪个陪审团审判,判决结果是所有成员秘密投票决定的。陪审团的作用,使得雅典公民"在法律面前人人平等",也使它在公民中的威信极高。

雅典的民主政治是为奴隶主阶级服务的,因为一般的公民无法担任掌握国家实权的大将军,奴隶被排除在外,妇女也不享有公民权。尽管如此,它在当时有很大的进步性,它充分培养了雅典公民的主人翁意识,调动了他们参与国家政治生活的积极性,促进了雅典的全面繁荣,代表了希腊古典文明的最高成就。而它所倡导的民主原则和宽泛的自由精神成为后来欧洲民主和自由的基础。

亚历山大帝国的兴亡

亚历山大大帝(前356—前323年),古代马其顿国王,亚历山大帝国(前336—前323年)的创立者。

亚历山大曾拜希腊著名哲学家亚里士多德为师，自幼接受希腊文化教育。他酷爱希腊文化，梦想不仅要征服世界，而且要使世界希腊化。16 岁起，就跟随父亲参加军事征战学到不少作战技术和军事知识。他继承王位后，仿效希腊，实行政治、军事改革：削弱氏族贵族的势力，加强君主的权力；改革币制，奖励发展工商业；创立包括步兵、骑兵和海军在内的常备军，将步兵组成密集、纵深的作战队形，号称马其顿方阵，中间是重装步兵，两侧为轻装步兵，每个方阵还配有由贵族子弟组成的重装骑兵，作为方阵的前锋和护翼。通过这些改革，马其顿迅速成为军事强国。

公元前 334 年，亚历山大率领 3.5 万人的大军和 160 艘战舰，向波斯进军，开始了远征东方的行动。当时波斯帝国已极度衰弱，亚历山大以凌厉的攻势轻易地征服了小亚细亚半岛。公元前 333 年，亚历山大的军队在伊苏大败波斯军队，打开了通往叙利亚、腓尼基的门户。

公元前 332 年，亚历山大挥师南下，攻占叙利亚，进入埃及，被埃及祭司宣布为"阿蒙神之子"（国王），他自封为法老，并在尼罗河口兴建亚历山大城，作为他伟大战绩的纪念。

公元前 330 年春，亚历山大征服了整个波斯。一个横跨欧、亚、非三洲的亚历山大帝国建立起来，以巴比伦为首都。它的版图西起希腊、马其顿，东到印度河流域，南临尼罗河第一瀑布，北至药杀水（今锡尔河）。

公元前 325 年，亚历山大率兵侵入印度，占领印度河流域。他还企图征服恒河流域，但是经过多年远途苦战，兵士疲惫不堪，加上疟疾的传染，毒蛇的伤害，兵士拒绝继续前进。亚历山大不得不在公元前 325 年 7 月从印度撤兵。公元前 324 年，东征结束。

公元前 323 年，亚历山大突然死去，靠武力征服建立的庞大帝国也随之瓦解。经过长期混战，在原来帝国版图内形成了许多独立的王国，其中以马其顿、埃及和塞流古三个王国领域最大，后来这些国家相继被罗马所灭。

亚历山大大帝

亚历山大远征是一次掠夺性远征，历时 10 年，行程逾万里，洗劫和烧毁了亚洲一些古老的城市，将成千上万的劳动人民掠为奴隶，以野蛮、残忍的手段毁灭了许多东方文明。

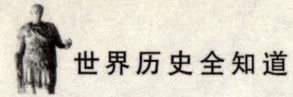

亚历山大帝国开辟了一个新时代,也就是希腊化时代(前323—前3年)。这是一种希腊文化与近东埃及文明、波斯文明融合而成的新的文化,后来的罗马人正是在全面吸收希腊化文明的成果基础上,创造了罗马文明。

罗马帝国的兴起与崩溃

罗马帝国指的是公元前30年至公元476年的罗马奴隶制君主专制国家,因其幅员辽阔而被称为"世界帝国"。

公元前30年,屋大维成为罗马的军事独裁者。屋大维在国家制度上保留着共和的外衣,没有恢复公开的军事独裁制度。公元前27年,他称自己为"第一公民",意即元首,史称他建立的政治制度为"元首制"。元老院尊他为"奥古斯都",意为神圣、庄严、伟大。在元首制下,元老院实际上受元首控制,屋大维本人是元首、统帅、终身执政官、首席元老、大祭司长,控制了军事、司法、行政、宗教等大权,实际上是皇帝。因此,屋大维创立的元首制实际上是披着共和外衣的君主制。屋大维建立元首政治,标志着罗马帝国的开始。

罗马帝国历史主要分为三个阶段:罗马帝国前期、3世纪危机时期、罗马帝国后期。

罗马帝国前期,由于内战停止,社会安定,税收增加,而隶农制的盛行使生产关系得到局部改造,罗马的经济繁荣起来,这是罗马历史上的"黄金时代",被称为"罗马和平"时期。在这一时期,农业生产工具和技术有明显的进步,出现了带轮的犁和割谷机;工业上开始使用水磨;矿山中开始使用人工排水机械;玻璃制造业得到推广,出现了丝织业,生产半丝半麻织品;商业比较活跃,出现了银钱兑换商;对外贸易发达。此时帝国疆界东起幼发拉底河,西至西班牙、不列颠,南达北非,北至多瑙河、莱茵河。

3世纪危机时期,帝国危机充分暴露,主要表现在:经济方面,农业与手工业衰落,商业和城市经济萧条。政治方面,统治阶级之间内讧严重,人民不断发动起义,外族开始入侵。

罗马帝国后期,奴隶制危机日益加深,起义遍及全国,沉重打击了帝国的统治。395年,罗马帝国分裂为东西两部分,西罗马帝国以罗马为首都,东罗马帝国以拜占庭为首都。公元4世纪以后,日耳曼人大举进攻罗马,国内奴隶起义浪潮更加高涨。410年,日耳曼的西哥特人进入意大利,围攻罗马城。城内起义奴隶打开城门,西哥特人攻入罗马城,掠夺而去。随后日耳曼人在罗马境内建立许多王国。476年,罗马雇佣兵领袖日耳曼人奥多亚克废黜罗马最后一个皇帝罗慕洛,西罗马帝国灭亡。它标志着西欧奴隶社会历史的结束,从此西欧进入封建社会。

基督教的创立与传播

　　基督教是当今世界上传播最广、信徒最多的宗教。它产生于公元1世纪中叶的巴勒斯坦地区，是由犹太人创立的。它是一种崇拜、信仰上帝和上帝之子"救世主"的宗教。"救世主"在古希腊文中称为"基督"，基督教之名由此而来。135年，基督教从犹太教中分裂出来，成为独立的宗教。313年，基督教成为罗马的合法宗教。392年，基督教成为罗马帝国的国教，并逐渐成为中世纪欧洲封建社会的主要思想工具和精神支柱。1054年，基督教正式分裂为罗马公教（天主教）和希腊正教（东正教）。16世纪中叶，欧洲又发生了宗教改革运动，从天主教中陆续分裂出一些新的教派，统称"新教"，在中国称为"耶稣教"。因此，基督教是天主教、东正教和新教三大教派的总称。

　　早期基督教强调人人平等，财富共享，这就使富人入教成为可能，有钱人大都拥有文化知识，教会的领导职务逐渐被他们所控制。基督教的性质开始发生了根本性的变化，它逐渐成为统治阶级的宗教。罗马帝国皇帝君士坦丁在313年正式承认了基督教的合法地位，基督教会成为国家统治机构的一个重要组成部分，成为欧洲封建制度最有力的支柱。

　　基督教诞生至今已有两千多年。它对西方人的伦理观念、风俗习惯、文化教育、建筑以及艺术等方面都产生了重大影响，对人类也产生了深远的影响。在欧洲、美洲以及亚洲的许多国家，基督教被定为国教。希腊—罗马古典文化衰落后，基督教神学统治欧洲达1000年之久，直到文艺复兴和宗教改革，基督教的权威才开始动摇。现在，基督教已经成为世界第一大宗教，教徒15亿，遍布世界各地。

日耳曼民族大迁徙

　　古代希腊人和罗马人，把他们周边未开化的民族称为"野蛮人"或"蛮族"，它主要包括凯尔特人和日耳曼人。凯尔特人聚居的高卢（今法国）、不列颠地区被罗马征服前，日耳曼人还处于原始状态，很少受到希腊、罗马文化的影响。

　　日耳曼部落很早就居住在莱茵河以东、多瑙河以北、维斯瓦河和北海之间的广大地区，包括法兰克人、西哥特人、萨克逊人、汪达尔人和伦巴第人等。他们一般具有相同的宗教信仰和社会制度，使用相近的语言。

　　日耳曼人性情憨厚、质朴，身体强悍有力，作战非常勇敢，他们视死如归，很少有临阵逃脱者。日耳曼人的首领或国王主要是根据勇猛程度和出身选举产生。作战英勇、贵族出身的部落成员更有希望成为首领或国王。打仗时首领和国

哥特战士画像

王身先士卒,奋勇冲杀,至于权力则较为有限,许多事务都由部落会议决定。

公元4世纪后期,由于受到来自匈奴的攻击,日耳曼人开始像潮水般涌入罗马帝国境内,由此形成了日耳曼部落大迁徙的浪潮。最先进入帝国的是西哥特人,但罗马政府对他们特别残暴,强迫他们种地、服兵役,甚至将他们卖为奴隶。西哥特人不甘屈辱,发动起义,罗马的奴隶、隶农、矿工也纷纷加入了起义队伍。378年,西哥特人同罗马帝国在阿德里亚堡决战,罗马被击败,皇帝瓦林斯被打死。公元5世纪初,西哥特人再次对罗马发动进攻,汪达尔人也由北方入侵。395年,罗马帝国分裂为东西两部分。410年,罗马城被攻陷。西哥特人在洗劫罗马城和意大利半岛之后,又向西进军,最后定居在高卢南部和西班牙北部。419年,建立西哥特王国,这是罗马帝国版图内的第一个日耳曼人国家。汪达尔人则进入北非,建立了独立的汪达尔王国,结束了罗马帝国在北非的统治。伦巴第人则占领了北部意大利的波河平原,建立了伦巴第王国。其他日耳曼部落也纷纷冲进西罗马帝国。公元5世纪初,西罗马帝国的土地已大部丧失,帝国名存实亡。476年,日耳曼雇佣军的首领奥多亚克废黜了西罗马最后一个皇帝罗慕洛·奥古斯都,西罗马帝国灭亡。

在日耳曼部落大迁徙过程中,西欧的奴隶制走向瓦解,在罗马因素和日耳曼因素的相互影响和激荡的基础上,西欧逐渐产生了新的封建制度。

《查士丁尼法典》的颁布

476年,西罗马帝国在强悍野蛮的日尔曼人的冲击之下灭亡了。西罗马覆灭了,但是,以君士坦丁堡为首都的东罗马帝国依然存在,特别是公元6世纪查士丁尼统治时期,海上贸易发达,经济发展十分迅速,东罗马帝国国势日盛。

查士丁尼(483—565),东罗马帝国皇帝,东罗马帝国皇帝查士丁尼一世的侄儿。他从小就接受奴隶主阶级的教育。在他青年时期,东罗马动荡不安,奴隶、隶农不断起义,动摇了东罗马的奴隶制政权。查士丁尼跟随叔父血腥镇压了奴隶起义,并从中学到了许多励精图治的诀窍。527年,查士丁尼接替他的叔父登上了皇帝的宝座。

在位期间,他采取一系列措施,巩固了局势动荡的帝国,并力图恢复和重建罗马奴隶制帝国。他收复了意大利、北非和西班牙的一部分领土,获得了一定的胜利。但是，查士丁尼更为卓越的政绩是编纂《查士丁尼法典》（又称《国法大全》）。这部法典是东罗马帝国立法创造性的杰作，世界上的任何法律都没有像《查士丁尼法典》那样受到普遍重视，也许世界上再也没有别的法典具有如此不朽的影响。

查士丁尼即位之初，由于他忙于战争和行政事务，无暇顾及法典的编纂事宜，就成立了以著名法学家特立波尼安为首的委员会，着手整理和编纂罗马法。529 年，根据历代罗马皇帝颁布的法令，编成《查士丁尼法典》。这是欧洲历史上第一部系统完备的法典。

为了巩固奴隶主阶级的政治统治，法典鼓吹皇命受于天，权力无限，第一次明确提出君权神授的思想。奴隶和隶农只有无条件服从自己的命运，甘心于自己受压迫、受剥削的处境。法典的颁布和实施，在一定程度上稳固了查士丁尼的统治。

为了保证大地主有充足的劳动力，法典强调隶农必须固定在土地上。同时，由于奴隶劳动已经不能获得丰厚的利润，法典允许释放奴隶。

法典中以罗马法的制定最完备，影响也最大。罗马法分为公法和私法（民法）两部分，但是人们通常所说的罗马法往往专指私法。罗马法竭力维护私有制，是"以私有制为基础的法律的最完备的形式"。《查士丁尼法典》成为罗马法的权威解释，影响了东罗马帝国，影响了中世纪以后的欧洲，成为法律学习、训练和论述的基础。

欧洲的"黑暗时代"：中世纪

中世纪一般是指欧洲的封建制时代。欧洲特别是西欧的封建社会比较典型，所以，这一名称主要适用于欧洲。传统上认为这是欧洲文明史上比较贫乏的时期。欧洲的封建社会主要经历了三个发展阶段：公元 5 世纪至 11 世纪，这是欧洲封建社会的形成时期；公元 11 世纪至 15 世纪，欧洲处于封建制度的鼎盛时期；公元 15 世纪至 17 世纪，欧洲的封建经济逐渐瓦解，开始从封建制度向资本主义制度过渡。

476 年，西罗马帝国的灭亡，标志着欧洲奴隶制度的崩溃。此后，随着日耳曼各民族的大迁徙，欧洲逐渐向封建社会过渡。在欧洲封建社会初期，领主制盛行，庄园里的主要生产者是农奴，农奴依附于领主。国王和大封建主层层分封土地，彼此结成以土地为纽带的阶梯式的封主、封臣关系。而且，土地所有权和统治权（行政、司法）相结合，封建主往往对农奴有统治权。大约在 11 世纪左右，随着城市和商品经济的发展，庄园逐渐解体，领主制被地主制取代。农民没有或者只有少量土地，他们被束缚在土地上，对地主存在着人身依附关系。地主阶级占有农民劳动和劳动产品的形式有地租、国税和什一税等。封建地租大致有劳役、实物和货币地租三种。封建领主土地所有制和自然经济相适应,造成了政治上的分裂和思想上的保守,商品流通和文化交流都受到了严重的阻碍。由于农民几乎都是一家一户使用简单的工具进行生产,生产技术极端低下,甚至陷入停滞状态,经济发展非常缓慢。

西欧封建制度的精神统治工具是基督教(主要是天主教)。在封建制度形成过程中,基督教得到了广泛的传播,其地位日益得到提高和巩固。随着基督教的扩张,一切异教的文化都被消灭了。整个西欧社会都处在严酷的思想和愚昧的政策统治下。在当时,除了教会的《教义问答》外,不允许任何异端思想存在。这是一个基督教盛行和罗马天主教会主宰社会的时期。天主教成为西欧最大的封建主,一般占有各国土地的1/3或者更多。它不但垄断着意识形态,而且有自己的行政系统、税收和法律制度,有自己的军队和监狱,俨然如国中之国。有时教皇甚至可以废黜国王,将其土地转赠别人。

14世纪左右,资本主义在欧洲开始萌芽,由此,新兴资产阶级逐渐登上历史舞台。为了发展资本主义政治和经济,他们首先在意识形态领域展开了反对封建制度和天主教会的斗争,发动了文艺复兴运动和宗教改革运动,不断冲击着封建制度,促使它逐渐走向崩溃。

穆罕默德创立伊斯兰教

伊斯兰教与佛教、基督教并称世界三大宗教,公元7世纪初诞生于阿拉伯半岛,由穆罕默德(570—632)创立。穆罕默德意为"受到高度赞扬",他出生于麦加一个没落贵族家庭。生前丧父,6岁丧母,年轻时做过商人,接触到了犹太教和基督教。穆罕默德40岁时,得到真主的启示,成为真主的使者,开始进行传教活动。他以"安拉是唯一的真神"为口号,提出"禁止高利贷'、"施舍济贫"、"和平安宁"等主张,反映了当时阿拉伯半岛要求实现和平统一和社会安宁的状况。

伊斯兰教义主要有五个基本信条:第一,信安拉。相信安拉是宇宙万物的创造者和唯一的主宰,是全知全能、大仁大慈、独一无二的,反对信仰多神、崇拜偶像。第二,信天使。相信天使是安拉创造的一种妙体,人眼无法看见。天使只接受安拉的命令。他们各司其职,但没有神性,只可承认他们的存在,不能膜拜。第三,信经典。相信《古兰经》是安拉的"圣言",是穆斯林的经典和必须遵守的基本准则。第四,信先知。相信穆罕默德是最伟大的先知。第五,信后世。相信人都要经历今生和后世,终有一天,世界一切生命都会停止,进行总清算,即世界末日的来临。届时所有的人都将复活,接受安拉的裁判,行善者进天堂,作恶者下地狱。

622年,穆罕默德及其信徒迁往雅兹里布,后改名为"麦地那"。在那里,穆罕默德的信徒越来越多,他也成为当地的法官、集团领袖和军事统帅,并且制定了"伊斯兰教不仅是宗教权威"的法则。

630年,穆罕默德占领了宗教中心麦加城,捣毁了麦加的多神教偶像,确立了伊斯兰教在阿拉伯半岛的统治地位。穆罕默德去世时,阿拉伯半岛已大体统一。后来,随着阿拉伯帝国的扩张,伊斯兰教传播到世界各地,成为世界性宗教,目前世界上有10亿多信徒,大多分布在阿拉伯国家,以及中非、北非、中亚、西亚、东南亚和印度、巴基斯坦、中国等国家和地区。

十字军东征——打着圣战旗号的侵略

十字军东侵是罗马教廷、西欧封建主和意大利城市对近东各国发动的侵略战争。每个参加出征的人,胸前和臂上都佩带"十"字标记,故称十字军。

1071年,由东方而来的塞尔柱土耳其人攻占了君士坦丁堡,拜占庭帝国的半壁江山几乎全部落入这群信仰伊斯兰教的"异教徒"手中。拜占庭帝国无力抵抗,只好向信奉同一宗教的罗马教皇及西欧各国求援,这正好为罗马教皇乌尔班二世所利用。

1095年教皇乌尔班二世在法国克勒芒召开宗教会议,号召夺回圣地,由此引发了长达将近两个世纪的"十字军东征"。

1054年,基督教分裂成天主教和东正教。历任罗马教皇都梦想着有朝一日能够以罗马教皇为首领,重新统一两派。对乌尔班二世来说,拜占庭帝国的求援真是天赐良机。他可以乘机把西欧社会中的各种不安定因素转化成为击败东正教,夺取东方财富的强大力量。

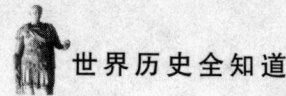

1095年11月27日,乌尔班二世在法国的克勒芒举行声势浩大的动员大会,号召人们投入一场"神圣"的战争。克勒芒演讲成为十字军东侵的号角。

1097年春,以法国贵族为主的骑士十字军分兵四路东侵。1099年7月15日,十字军攻占耶路撒冷。疯狂的十字军士兵,进行了大规模的抢劫和屠杀。

1147年,德皇康拉德三世和法王路易七世再次率德、法十字军开始第一次东侵。同年,德意志十字军在小亚细亚被土耳其人击败。翌年7月,法国十字军在大马士革被击溃。

1187年,埃及苏丹萨拉丁在海廷之战中大败十字军,继而攻占耶路撒冷。教皇乌尔班三世震惊而死。1189年,德皇、法王与英王再次率军东侵。次年6月,德皇渡河时溺水而死,德意志十字军大部折返。1191年,法王率军回国。英军无力夺取耶路撒冷,遂与萨拉丁议和撤军。

后来,东侵的规模越来越小,组织更加无序,进攻目标皆为埃及。第八次东侵进攻突尼斯,以失败告终。此后,十字军在东方的领地先后被埃及攻占,1291年丧失最后一个据点阿卡,历时近两个世纪的十字军东侵宣告结束。

这场断断续续进行了近200年的十字军东侵,不仅给东地中海地区带来深重的灾难,也使西欧付出了重大代价。同时,给基督教和伊斯兰教两大教派教徒造成了巨大的心理创伤。八次十字军东侵的最大的受益者是威尼斯和热那亚等航海商业城市,由于拜占庭和阿拉伯世界实力削弱,它们在东地中海地区的商业优势从此确立。十字军东侵客观上也促进了欧洲、亚洲和非洲不同文化之间的交流,产生了某些有利于西欧文化发展的影响。

大学的创设——中世纪社会文明的发展

在中世纪初期,西欧的文化教育非常落后。普通老百姓通常是不识字的,就是贵族大臣们也都很无知。政府文告、外交书信都是用拉丁文写的,这种文字当时只有少数教士才能掌握。文化教育全被教会所垄断。后来,随着城市的发展和工商业的日益繁荣,逐渐出现了城市的学校。这些学校,就是后来中世纪大学的基础。

西方现代大学多是从中世纪大学发展而来的。最初的大学不是由教育部门批准建立的,而是自发形成的。中古初期,教会、修道院学校掌握着教育,具有明显的宗教色彩。中世纪的世俗大学是市民阶级的产物,它们在城市与行会组织获得发展的条件下形成。

"大学"一词来源于拉丁文"Univer Sitas",指综合性的研究场所,或指有权决定学校事务的学生或教师会(联合会)。就是说,教师和学生为保障自己的权益,组织一种特殊的行会,负责训练教师,准许教师授课颁发文凭。

在西欧古老的大学中,最著名而又典型的,要数法国的巴黎大学了。早在

12世纪前半期,巴黎大学就开始形成。1200年,法兰西国王腓力二世颁发诏书,批准了这个大学制定的法规,于是巴黎大学正式诞生。巴黎大学很快成为欧洲各地前来求学学生的集中地。据说有个时期,巴黎大学的学生达5万人之多。大学吸引着这么多青年,是因为他们结业后,总是被归入神职人员一类,可以享受许多特权:不受国家约束,不纳税,只在教会法庭上受审等。巴黎大学和西方其他大学一样,一律使用拉丁语进行教学,所以它能接纳欧洲各国通晓拉丁语的学生。

巴黎大学是学生和教师联合组成的。此外,为它服务的人,如书贩、信差、药商、抄写人甚至旅店老板等,都算是大学的成员。教师们按照他们自己的才能,也就是能教某种学科的能力,分别结合成不同的团体。现代大学中的"系",就是从拉丁语的"才能"这个词转化而来的;而从中选出的"首席"或"执事",就是后来所称的"系主任"。

在学生中,也按照他们出生的地区分成各个团体,称为"学馆"。每个"学馆"都有自己的宿舍、食堂、小教堂以及舍监和导师。这种"学馆",后来发展成为"学院",它的名称一直沿用到现代。每天清晨,学生们到教堂做完弥撒,就去教室上课。学习的方式,主要是听讲、记笔记。教材大都是古代传下来的一些名著。教师一边读,一边解释,不允许学生怀疑它,也极少实验。即使是医学教学,也几乎不采取活体解剖的必要实验,因为中世纪时是绝对禁止作人体解剖的。某些解剖学的知识,还是从阿拉伯的医书上引用来的。

最使教师、学生感兴趣的,是参加辩论会。要想获取学位的学生,都必须经过公开的答辩。在平时,巴黎大学也经常组织辩论会。这种辩论会主要是本校教师参加,有时还邀请其他大学的教师来辩论。有一次,英国牛津大学出身的一位硕士,来巴黎大学参加辩论会。他听取了200条反对的意见,竟能全部当场记住,并且立即依次加以反驳。在辩论中气氛非常热烈,有时双方情绪十分激动,甚至互相扭打起来。

基督教教会十分嫉恨不受它管辖的巴黎大学,千方百计运用宗教权力来控制它,并迫害那些违背基督教教义的教师。到13世纪中叶,巴黎大学已经完全被教会所操纵。学校中许多具有自由思想的教师,不是遭到残酷的迫害,就是被教会下令驱逐出去,学校里的神学课程,都交给了天主教的教士讲解。他们所论证的命题,大都是从圣经中引来的,并不是真正的知识;他们完全轻视经验,崇奉教会权威,压制自由思想。这就是所谓"经院哲学"。

除了巴黎大学以外,欧洲最古老的大学还有意大利的波伦亚大学,英国的牛津大学和剑桥大学,西班牙的萨拉曼加大学等等。这些大学都是在12世纪到14世纪创立的。到15世纪末,欧洲已有40多所大学了。

中世纪大学的产生,是世界历史上的一件大事。这是从黑暗愚昧的中世纪走出的重要一步。大学诞生以后,成为社会的思想和技术中心,为社会走向科学和民主做出了重要的贡献。直到现在,大学仍然发挥着社会思想库和科技发展中心

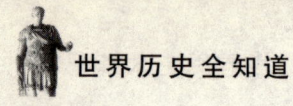

的作用。

《自由大宪章》的订立

在整个封建社会里,集权还是分权,始终是政治斗争的重大课题。在中国,秦始皇废封建行郡县是进步的,而在英国的一个时期,限制王权则起了历史的进步作用。由此而订立的《自由大宪章》,至今还存在着影响。

1215年6月,英国金雀花王朝国王约翰被迫接受诸侯的要求,在诸侯所拟订的封建性的政治文件上署印。这就是著名的大宪章的订立。

原来,在约翰统治时期(1199—1216),由于英国长期与法国作战,国家十分贫困,阶级关系日趋紧张。约翰的对内政策,严重地损害了社会各阶层的利益。在英国,各省的封建主在原则上都是国王的附庸,需要对国王宣誓效忠,但国王和附庸都必须信守各自的权利和义务。当时的剥削阶级要求王权继续巩固封建的权利义务关系,保持既成的秩序。然而约翰却任意践踏一切习惯和成例,破坏一切现存权利义务的准则。

为了筹集对法作战的资金,他巧取豪夺,横征暴敛,激起了各阶层群众的愤怒。就连一向支持国王的骑士和市民,也站到了反对国王的诸侯一边。曾经支持过王权的教会,也因国王对教会选举的干涉和赋税增加而转向支持诸侯。这时,约翰在与大封建主的斗争中陷入完全孤立的境地。约翰的对外政策接连失败,更激化了国内矛盾。

英法两国因领土问题长期结怨,法王腓力二世为统一法国,借口约翰不履行作为法国封臣的义务,于1202年宣布剥夺他在法国的全部领地。1214年7月法国彻底击败了英国及其盟军,约翰收复失地重振帝国的企图化为泡影。

约翰从法国战场战败而归,国内的不满情绪空前高涨,反对王权过于强大的贵族诸侯乘机而动,联合对国王不满的教士、骑士和城市市民,开始了反国王的斗争。诸侯们与坎特伯雷大主教朗顿一起议定,要求约翰遵守前代国王,特别是亨利一世的法律,尊重臣民的自由,如果国王不肯接受,就将诉诸武力。1215年初,诸侯们全副武装去见约翰,提出要求,遭到约翰拒绝。约翰此举引起了全国的愤慨,诸侯们组成"上帝和神圣教会军"进军伦敦,伦敦市民为其敞开大门,同时得到了其他各地的支持,约翰向雇佣军发出征召,又向教皇呼吁求援,但都无济于事。他所面对的是手执武器的整个民族,而立于他背后的,在一段时间里只有7名骑士。在众叛亲离的情况下,约翰被迫答应同诸侯谈判。谈判于1215年6月15日在泰晤士河畔的兰尼米德草地举行。约翰在武装反叛的胁迫下,接受诸侯的要求,在诸侯拟订的大宪章上署印。

大宪章全文共63条,其主要内容是限制国王的权力,保证教俗贵族的经济、司法和政治特权不受侵犯。

大宪章的第一条规定，英国教会当享有自由，其权利将不受干扰，其自由将不受侵犯，特别是自由选举教职的权利。

大宪章的第二条规定，国王直接封臣的后嗣享有封土继承权，国王只可按照旧日规定数额向他们征收继承税。伯爵、男爵继承人缴纳 100 镑后，骑士继承人最多缴纳 100 先令后，就可以享受全部伯爵、男爵或骑士的封地。其他均应按照采地旧有习惯，应少交者须少交。

大宪章是封建诸侯与王权斗争的产物，其结果是将诸侯的封建特权以法律形式肯定下来，而王权则受到法律条文的限制。大宪章是一个封建性的政治文件，其主要内容是保障封建主的权利。尽管如此，它仍然具有积极的历史意义。它保障城市市民的若干权利，初次把市民阶层作为一种必须考虑的政治力量。它也给予自由农民以某些法律保障，日后农奴摆脱人身依附关系的人数增多，这种保障就具有较广泛的意义了。

到了 17 世纪，革命的资产阶级对大宪章的内容赋予新的、符合资产阶级要求的解释，并把它作为建立资产阶级法制的依据。直到今天，大宪章仍然是英国宪法的重要组成部分。

蒙古帝国的扩张

蒙古是一个能征善战的民族，他们的铁骑纵横驰骋，横扫欧亚大陆，一度打到欧洲的多瑙河流域，让欧洲封建主闻风丧胆。蒙古军队的西征对世界历史产生了深远的影响。

话说成吉思汗晚年的时候，为确定谁来继承汗位统治蒙古很伤脑筋。后来，他认为第三个儿子窝阔台有"宽弘之量，忠恕之心"，便把汗位传给了他。1235年，窝阔台决定派自己四兄弟的长子长孙率领军队进行"长子西征"，术赤的长子拔都是这次西征的统帅。

拔都率领强悍的蒙古军队直扫整个东欧。他们每到一处便疯狂攻城，城破之后便大肆屠杀。遇到反抗，便加以疯狂报复。1239 年冬天，拔都在钦察草原上略作休整之后，发动了对斡罗思国都乞瓦城（今乌克兰共和国首都基辅）的进攻。乞瓦城城墙坚固，有众多的塔楼，城墙下有许多壕沟，蒙古军队很难攻打。拔都在遭到一次一次的失败后，用抛石机抛出巨大的石头攻击城墙，石头大得需要四个人才能抬动。并且在城墙的四周架起火炮，日夜不停地轰击城墙。炮声轰轰，不绝于耳，硝烟弥漫，火光冲天，哭喊悲叫之声不断。蒙古军队以凌厉的攻势终于击塌了一处城墙，洗劫和屠杀了乞瓦城。接着拔都又率军队攻入了马札儿国（今匈牙利）。马札儿国内不同种族之间互相残杀，最后被拔都攻占了首都佩斯城（今匈牙利布达佩斯）。

蒙古大军如同洪水猛兽一般向西方推进，势不可挡，西欧各国对此十分震惊。他们一面惊呼"黄祸"来了,一面修筑工事。罗马教皇还组织了十字军准备抵抗。但由于人民的顽强抵抗,战线拉得太长的蒙古军队已经无力西进了。1242年4月,蒙古大汗窝阔台去世,消息传来,拔都率军东撤。他无意争夺汗位,只想重建属于自己的一方国土。1243年,拔都把营帐设到了亦的勒河(今伏尔加河)下游,不久便在那里修筑了萨莱城,并以此为中心来统治他所占领的地域。拔都统治的地区叫做钦察汗国,也称为金帐汗国。

1252年,夺取了汗位的蒙哥派弟弟旭烈兀率兵西征。旭烈兀除了统帅大量的兵马外,还带了1000多名中国工匠,其中包括著名的火器专家郭侃,准备必要时制造火器攻击敌人。这次西征的首要目标是地处里海之南的木剌夷国。强大的蒙古军队很快就攻陷了木剌夷,并残酷地屠杀当地民众。

接着,好战的蒙古军队又进攻黑衣大食的首都报达(今伊拉克巴格达),彻底破坏了报达这座历史名城。

蒙古是一个骑在马背上的民族,雄壮的战马给他们增加了无穷的战斗力。

之后,旭烈兀率领军队又入侵了美索不达米亚、叙利亚、阿勒颇和大马士革。最后由于埃及军民的奋力抵抗,蒙古军队才停止了向埃及和非洲的扩张。

正当旭烈兀进兵西亚的时候,传来了蒙哥死去的消息。紧接着旭烈兀又听说忽必烈与阿里不哥在争夺汗位。旭烈兀想:我在这遥远的地方,对汗位是鞭长莫及。不如坐观事态发展,到最后拥有波斯这块土地,也令我心满意足了。1260年,雄才大略的忽必烈夺取了汗位,果然将波斯封给旭烈兀。旭烈兀便在自己的领土上建立了伊利汗国。伊利汗国的领域非常广阔。它西起小亚细亚,东到阿姆河,南到印度洋,北至钦察汗国。旭烈兀对这块领土具有绝对的权力。

除了钦察汗国、伊利汗国以外,窝阔台的后裔建立窝阔台汗国,察合台的后裔建立了察合台汗国。这就是元朝历史上著名的四大汗国。四大汗国的建立扩展了元的疆域,使元代成为当时世界上也是我国历史上国土面积最为广阔的朝代。实际上,这四大汗国名义上都是元朝的藩属,却只有窝阔台汗国和察合台汗国接受元朝的统治,而钦察汗国和伊利汗国从一开始就是实质上的独立国家。

蒙古大帝国的建立和成吉思汗及其继承者的对外扩张,所造成的世界历史影响和当时的国际社会震动是史无前例的。在蒙古军队的西征、南征和东侵过程中,杀戮人民,掠民为奴,毁灭城镇,破坏农田,给中亚、西亚、东亚和欧洲不少国家的人民带来了巨大的灾难,造成这些地区的经济和文化的严重破坏。蒙古统治者的对外扩张并没有给蒙古人民带来利益。战争造成蒙古本土的劳动力丧失,社会生产力停滞不前。随军远征的蒙古人往往葬身于异国他乡,而留在漠北的蒙古人民则过着贫困落后的生活。

然而,一切事物总是具有两面性。蒙古铁骑冲破了亚欧原来各国的疆界,在欧亚大陆上建立了一个帝国、四个汗国,即元帝国、钦察汗国、伊利汗国、察合台汗国、窝阔台汗国。从而促进了东西方交通的联系和文化交流的繁荣。

拜占庭帝国的崩溃

拜占庭帝国(395—1453),又称东罗马帝国。在395年,罗马帝国正式分裂为东西两部分,东部以君士坦丁堡为首都,自称是罗马帝国的继承者,故称东罗马帝国。

拜占庭帝国的历代皇帝都以罗马帝国的正统继承人自居,保留罗马帝国的称号。所以,收复失地、重新统一罗马帝国,就成为早期拜占庭帝国统治政策的核心。

527年,拜占庭帝国迎来了查士丁尼的统治。他对内编纂法典,加强统治;对外进行武力征服,占领了北非、意大利等地,以重建罗马帝国,恢复奴隶制度。他任命贝利萨留为元帅,向波斯帝国宣战。528年波斯军遭到惨败,随后波斯军一败再败。查士丁尼再跟汪达尔人开战,贝利萨留率军出征非洲,击溃了汪达尔人。非洲战役最终使得拜占庭帝国控制了非洲广大的畜牧地区。

接下去连续数十年战事不断,原罗马帝国的地盘大多已并入拜占庭,连年的征战使拜占庭帝国的版图空前扩大。

到了571年,查士丁尼二世上台,和波斯的领土纷争再次爆发,波斯军攻破德拉城,拜占庭赔款求和。接着是双方的战和与反复纠葛,两败俱伤。数十年战乱导致两个庞大帝国军力日渐衰弱。中东的阿拉伯人便乘机崛起了。公元7世纪,阿拉伯人开始了对波斯和拜占庭的全面战争。在阿拉伯人的大规模进攻下,拜占庭帝国先后丧失美索不达米亚、叙利亚、巴勒斯坦、北非及南意大利和西西里岛,帝国版图大大缩小,已无法与查士丁尼时代相比。

公元7世纪到12世纪,是拜占庭社会由奴隶制向封建制过渡的时期,它是帝国早期的封建因素和斯拉夫人农村公社制度相结合的产物。11世纪末,帝国的封建制度最终确立,大贵族独立性增强,导致封建分裂倾向加剧。12世纪末,帝国日趋衰弱,外族不断入侵,领土日益缩小。

14世纪,商品货币经济发展,货币地租盛行,资本主义手工工场出现,由于帝国的反动统治和外族入侵,阻碍了资本主义的发展进程。14世纪末,工商业开始衰落,封建剥削沉重,城市人民不断发动起义,进行反抗。在帝国岌岌可危之时,奥斯曼土耳其人不断向帝国发动进攻。

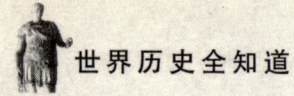

1300年，奥斯曼宣布成立独立的回教国家爱米尔国。他们开始找拜占庭的麻烦。1326年，奥斯曼夺取拜占庭在小亚细亚的重镇布鲁萨，控制了马尔马拉海峡，开始称为奥斯曼帝国。随着乌尔汗继承王位，拜占庭在小亚细亚的领土尽失。1453年4月，土耳其人攻下君士坦丁堡。不久，土耳其苏丹在此建都，并将其改名为伊斯坦布尔。伟大的拜占庭帝国和君士坦丁堡终于成为了历史。

奥斯曼土耳其帝国的兴起

奥斯曼帝国是中古后期兴起的。它的建立者是游牧于里海东南部的一支突厥人。

13世纪时，蒙古人开始向西扩张，迫使这支突厥人不断迁移。最初他们依附于塞尔柱突厥人建立的罗姆苏丹国。1242年，罗姆苏丹国在蒙古人的打击下瓦解。于是这支突厥人获得了充分发展的机会。部落酋长埃尔托格鲁尔死后，他的儿子奥斯曼继位。1300年，奥斯曼宣布他的部落为独立的伊斯兰国家。

奥斯曼帝国真正大举扩张是在奥斯曼的儿子乌尔汗统治时期。为了进一步扩张，乌尔汗建立了正规的常备军。当时，拜占庭帝国已经衰落，罗姆苏丹国也已经分裂。奥斯曼帝国首先占据了原来罗姆苏丹国的大片地区，并以此为基础，开始大规模地向欧洲扩张。1331年，奥斯曼军队打败拜占庭帝国军队，攻占了尼西亚城。1337攻占了克米底亚后，奥斯曼帝国实际上已经占领了拜占庭在小亚细亚的全部领土。1354年，乌尔汗率军占领了加里波利半岛。

乌尔汗的儿子穆拉德一世在位时，奥斯曼帝国占领了整个色雷斯东部。1362年，奥斯曼帝国攻陷亚得里亚堡，并把首都迁到这里。1389年，欧洲联军与奥斯曼军队在科索沃发生激战，联军被打败。联军的失败震动了欧洲各国的统治者。欧洲各国为了拯救拜占庭帝国，派出了援军。1396年，在多瑙河畔的尼科堡战役中，奥斯曼军队一举打败了匈牙利、法兰西、德意志等国的联军。从此，欧洲人只能眼睁睁地看着奥斯曼帝国扩张。于是，巴尔干半岛逐渐落入奥斯曼帝国的版图，拜占庭帝国危在旦夕。

1453年，君士坦丁堡被攻陷，持续千年之久的拜占庭帝国灭亡了。奥斯曼帝国把君士坦丁堡改名为伊斯坦布尔，并迁都于此，著名的圣索菲亚教堂也被改为清真寺。

拜占庭帝国的灭亡，使东欧失去了屏障。奥斯曼帝国继续扩张。

苏里曼一世时期，帝国达到了鼎盛。苏里曼把全部精力放在进攻欧洲上，开始了对欧洲的全面进攻。到16世纪中期，奥斯曼帝国已经成为一个庞大的帝国，版图囊括了以前存在过的阿拉伯和拜占庭两个帝国的大部分地区，地跨欧、亚、非三大洲，称雄一时。

1571年，奥斯曼帝国在勒班多战役中被西班牙和威尼斯的联合舰队打败，失去了对地中海的控制。从此,奥斯曼帝国开始走下坡路。

文艺复兴运动

14、15世纪以来,在西欧封建社会内部,逐渐产生了资本主义的萌芽。随着资本主义的产生,资产阶级开始形成并且登上历史舞台。为了维护和发展政治、经济利益,资产阶级首先在思想文化领域发动了一场反封建、反教会的新文化运动。这场运动是从复兴古希腊、罗马文化开始的,因而被称为"文艺复兴"。文艺复兴最早发源于14世纪的意大利,以后逐渐扩大到其他国家,16世纪达到全盛,17世纪中期结束,分为三个时期。

早期,从1321年到15世纪中期。这一时期,文艺复兴的活动主要在意大利,从佛罗伦萨逐渐扩大到罗马、米兰、威尼斯及那不勒斯等地。首先是文学,出现了著名的文学三杰:但丁、彼特拉克和薄伽丘。

中期,从15世纪中期到16世纪中期。新航路的开辟刺激了西欧各国资本主义的发展。文艺复兴运动由意大利扩展到西欧广大地区,文艺复兴运动向纵深扩大。这一时期的特点是:文学艺术高度繁荣,史学和政治学名著涌现。在意大利,产生了著名的"艺术三杰":达·芬奇、米开朗基罗和拉斐尔。在英国,具有代表性的是莎士比亚的戏剧,它歌颂乐观主义的生活态度,赞美友谊及爱情,主张自由平等,反对封建束缚和神权桎梏,反映了时代的要求。

晚期,从16世纪中期到17世纪中期,在文学艺术持续发展、繁荣的同时,近代自然科学和新的人文科学相继诞生并取得了划时代的一系列成就。1543年,哥白尼的《天体运行论》发表,成为近代自然科学的开端。哥白尼提出了"太阳中心说",否定了长期以来的"地球中心说",摧毁了上帝创造世界的谬论。德意志学者开普勒和意大利科学家伽利略进一步证实和发展了哥白尼的学说,揭示了自然科学中的许多定理规律。近代自然科学的产生促进了唯物主义哲学的发展。

文艺复兴以反封建、反天主教会的斗争为主要内容,以破除迷信、解放思想和精神文明的创新为特征,是人类文明发展史的一个伟大的转折。

文艺复兴还打破了宗教神秘主义一统天下的局面,破除了封建迷信,有力地推动了宗教改革运动。它也推动了政治学说的发展,为启蒙运动和资产阶级革命做了充分的思想准备。

英法百年战争

从14世纪30年代到15世纪50年代,英法两国发生了旷日持久的战争,这场战争持续了一百多年,史称英法百年战争。

诺曼公爵征服英国后,历代英王通过与法国联姻来继承关系,在法国占有大

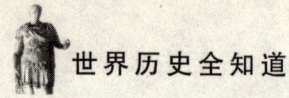

量领地，成为法国诸王的主要封臣。

1328年，法国卡佩王朝绝嗣，腓力六世继位。英王爱德华三世以卡佩王朝前国王腓力四世外孙的资格，争夺卡佩王朝的继承权。1337年，爱德华三世称王法兰西，腓力六世则宣布收回英国在法国境内的全部领土，派兵占领耶拿，战争遂起。这场战争除了王位继承原因外，还为了争夺在法国境内富庶的佛兰德尔地区。这个地区与英国有着密切的经济联系。法国于1328年占领该地，英王爱德华三世遂下令禁止向该地出口羊毛。佛兰德尔地区为了保持原料来源，转而支持英国的反法政策，使英法两国矛盾进一步加深。

战争共分为四个阶段：

第一阶段（1337—1360），英法双方争夺佛兰德尔和基恩。在斯吕斯海战中，英国海军重创法国海军，夺得制海权。在克勒西会战中，英军又取得陆上优势，并占领了海岸要塞加来港。后来，在普瓦提埃战役中法军再次被击败。

第二阶段（1369—1380），为了夺回英占领土，法王查理五世整顿税制，改编军队。用雇佣步兵取代部分骑士民团，并建立了野战炮兵和新的舰队。法军采用突袭和游击战术，逐步迫使英军退到沿海一带。为了保住在法国的几个沿海港埠以及波尔多与巴荣纳间的部分地区，英国遂与法国签订停战协定。

第三阶段（1415—1424），法国因国内矛盾加剧而遭到削弱，英国乘机重启战端。

第四阶段（1424—1453），随着人民群众的参加，游击战更加广泛地展开。领导这场斗争的是贞德。战争的性质发生了变化：就法国方面来说，是反抗英国侵略的正义战争。

1453年10月，英军在波尔多投降，战争结束。

百年战争对英法两国产生了重大的影响。战争自始至终在法国的领土上进行，严重破坏了法国的经济发展，给法国人民带来了深重的灾难。同时，它也促进了法国民族意识的觉醒，为法兰西民族的形成和法国的政治统一创造了有利条件。封建君主专制政体逐步确立，王权进一步加强。它也加剧了英国的社会矛盾，统治集团内部爆发了玫瑰战争，加速了英国封建制度的解体。

黑死病肆虐欧洲

1348年，一场大瘟疫开始肆虐整个欧洲。它的一种症状，就是患者的皮肤上会出现许多黑斑，所以当时人们称之为"黑死病"。它实际上是一种鼠疫。14世纪，黑鼠的数量很多，一旦该病发生，便会迅速扩散。

1347年，这场鼠疫首先发难于地中海沿岸的西西里，然后传播到北非、整个意大利和西班牙，接着传到法国；1349年传播到奥地利、瑞士、德意志和尼德兰；1350年传播到北欧斯堪的纳维亚和波罗的海沿岸诸国。历史研究证明，欧洲有 2500 万人死于黑死病,死亡人数之多超过历史上任何一种流行病。

在那些可怕的日子里,"葬礼连连不断,而送葬者却寥寥无几"。扛夫们抬着的往往是整个死去的家庭,把他们送到附近的教堂里,由教士们随便指派个地方埋葬了事。

法国马赛有 5.6 万人死于鼠疫,历史上著名的英法百年战争也曾由于爆发了鼠疫被迫暂时停顿下来。荷兰和弗兰德斯地区(欧洲大陆濒临北海的一个区域,后来分属于荷兰、比利时和法国)的情况也异常惨重,死亡人数之多令人难以置信。到处是荒芜的田园,无主的奶牛在大街上闲逛,当地的居民却无影无踪。

黑死病的影响不亚于一场横扫欧洲的战争。它导致欧洲经济紊乱、社会动荡、物价上涨和风俗败坏。由于人口大量减少,一些人突然间继承了别人的财产而变富,他们继承了死者的土地、房屋、家具和农产品。为了逃避灾难,人们四处迁移,导致欧洲的社会秩序也不安定,这在很大程度上影响了欧洲生产的发展与社会进步。

死亡的胜利

黑死病对基督教也造成了很大的冲击。欧洲人一般笃信基督教,许久以来基督教成了他们强大的精神支柱。这次死广大灾难,充分暴露出教会的无能,人们不但看到平素道貌岸然的牧师等神职人员争先恐后地逃离自己的团体,更重要的是人们清楚地看到号称万能、救世的宗教与教会,在灾难面前竟然同样毫无作为,从而对宗教的传统权威产生了怀疑。当然,在怀疑传统基督教的同时,由于没有新的可供依靠的精神支柱,人们开始迷信,后来在欧洲长期流行的巫术就是在这个时候"发明"的。

惨绝人寰的奴隶贸易

15 世纪初,西方殖民者纷纷进行海外扩张。随着殖民扩张的发展,掠夺黑人作为奴隶的交易活动开始出现。到 15 世纪中叶,随着美洲被发现、种植园的创建、金银矿的开发,罪恶的奴隶贸易随之愈演愈烈。最早掠卖黑奴的是葡萄牙和西班牙殖民者。16世纪下半叶,荷兰、丹麦、法国、英国等国的殖民者相继加入其中。18世纪初叶,英国取得奴隶贸易的垄断权,利物浦成为奴隶中心市场。19世纪前半叶,美国殖民者也大肆从非洲劫掠黑人,高价卖给矿主和种植园主作为奴隶,牟取暴利。

奴隶贸易大致可分为三个阶段。15世纪中叶至16世纪80年代是初期阶段,以海盗式掠卖为主要特征;16世纪80年代到18世纪下半叶是以奴隶专卖组织垄断为中心的全盛时期;18世纪末到19世纪末是以奴隶走私为特点的"禁止"奴隶贸易时期。

由于能获得巨额利润,即使在贩奴过程中黑人死亡率高达80%,利润仍高达10倍。各既得利益集团都坚决反对任何控制或废除奴隶贸易的建议。首先,所有的非洲酋长就反对,因为他们用一个强壮的奴隶可换得20到30英镑。同样,南北非洲的种植园主,尤其是18世纪在英国议会中拥有席位的巴巴多斯的种植园主,也支持奴隶贸易。

奴隶贸易为西方殖民国家聚敛了巨额财富,成为资本原始积累的重要来源。它对美洲的开发起了极大的促进作用,但对非洲却是一场深重的灾难。曾是人类文明发源地之一的非洲大陆却因此失去大量人口,社会生产力遭到严重破坏,使非洲社会倒退了几百年。这是人类历史上最为黑暗、最为可耻的一页!

19世纪初,工业资本主义最发达的英国在世界范围内带头开始掀起了废除奴隶制的运动,从此,废奴运动在世界各地此起彼伏,形成一股不可阻挡的历史潮流,尽管如此,世界范围的贩奴运动并没有戛然而止,断断续续的贩奴活动又持续了近百年,直到19世纪末才基本结束。

圈地运动——资本主义的初级阶段

15世纪以前,英国的生产还主要以农业为主,纺织业在人们的生活中,只是一个不起眼的行业。随着新航路的发现,国际贸易的扩大,处在欧洲大陆西北角的佛兰德尔地区,毛纺织业突然繁盛起来,在它附近的英国也被带动起来。毛纺织业的迅猛发展,使得羊毛的需求量急剧增大,市场上的羊毛价格开始猛涨。英国本来是一个传统的养羊大国,这时除了满足国内的需求外,还要满足国外的羊毛需求。因此,与农业相比,养羊业就变得越来越有利可图。这时,一些有钱的贵族开始投资养羊业。

由于养羊需要大片的土地,因此,贵族们纷纷把原来租种他们土地的农民赶走,甚至把他们的房屋拆除,把土地圈占起来。一时间,在英国到处可以看到被木栅栏、篱笆、沟渠和围墙分成一块块的草地。被赶出家园的农民,则变成了无家可归的流浪者。这就是圈地运动。

在这种强行的圈地运动中,农民以前以各种形式租种的土地,无论是以前定下的终身租地,还是每年的续租地,都被贵族强行圈占。英国的圈地运动从15世纪70年代开始,一直延续到18世纪末。英国全国一半以上的土地都变成了牧场。

为了使被驱逐的农民很快地安置下来,英国国王在颁布限制圈地法令的同时,也限制流浪者,目的是让那些从家园中被赶出来的农民接受工资低廉的工作。凡是有劳动能力的游民,如果不在规定的时间里找到工作,一律加以法办。通常,对于那些流浪的农民,一旦被抓住,就要受到鞭打,然后送回原籍。如果再次发现他流浪,就要割掉他的半只耳朵。第三次发现他仍在流浪,就要处以死刑。

亨利八世和伊丽莎白两代国王统治时期,曾经处死了大批流浪的农民。圈地的结果,英国的农民数量越来越少,失去土地的农民只好进入城市,成为城市无产者。为了活命,他们不得不进入生产羊毛制品的手工工场和其他产品的手工工场,成为资本家的廉价劳动力。

圈地运动为英国的资本主义的发展提供了有利的条件。大量农民丧失生产资料,成为出卖劳动力的雇佣劳动者,为资本主义的发展提供了劳动力市场,是资本原始积累的主要形式之一。同时,圈地运动使许多资本主义性质的农场建立起来,农业市场也随之扩大,加速了英国的封建农业向资本主义农业过渡的进程。

新航路的开辟

15世纪,由于商品经济的发展和资本主义的萌芽,欧洲各国对货币的需求大大增加。欧洲人狂热地追求货币,渴望获得制造货币的黄金。自从《马可·波罗游记》在欧洲流传以来,欧洲人一直把东方,特别是中国看成是遍地黄金的人间天堂,所以希望到东方去实现黄金梦的人比比皆是。

此前,西方通往东方的重要商路有三条:一条在北部,经小亚细亚、黑海、里海至中亚细亚;一条在中部,从地中海东岸经两河流域至波斯湾,再从海路到达东方各地;还有一条在南部,经埃及的亚历山大港到红海,再从海路到东方。北部的一条被土耳其人占据着,另外两条被阿拉伯商人控制着。长期以来,欧洲的贵族和商人迫切希望开辟一条绕过地中海东岸,直接到达中国和印度的新航路。

1492年8月3日,在西班牙的支持下,哥伦布率领船队从西班牙一直向西航行,来到了一个岛屿。哥伦布以为到了印度,所以把当地人称为印第安人(即印度人)。哥伦布向南继续航行,又到达了附近的古巴和海地,发现了许多岛屿。

1493年3月15日,哥伦布回到西班牙,向欧洲人宣布他已经找到了通往印度的航路。

此后,哥伦布又多次到达美洲。哥伦布至死都认为他所到的地方是印度。后来一个叫亚美利加的意大利冒险家证实了哥伦布发现的并不是印度,而是欧洲人过去不知道的一个新大陆。后来,人们就把那里称为亚美利加洲,即美洲。

西班牙人虽然发现了美洲,但当时获得的利益远远不如葡萄牙人在印度获得的多,所以西班牙决意继续向西航行,以求从西面到达印度。1519年9月20日,葡萄牙人麦哲伦在西班牙的资助下,率领探险船队出航,先是沿着已经知道的航路向西航行,然后转向南,沿着美洲大陆摸索着南下,发现了美洲南部的海峡,后来人们把这里称为麦哲伦海峡。

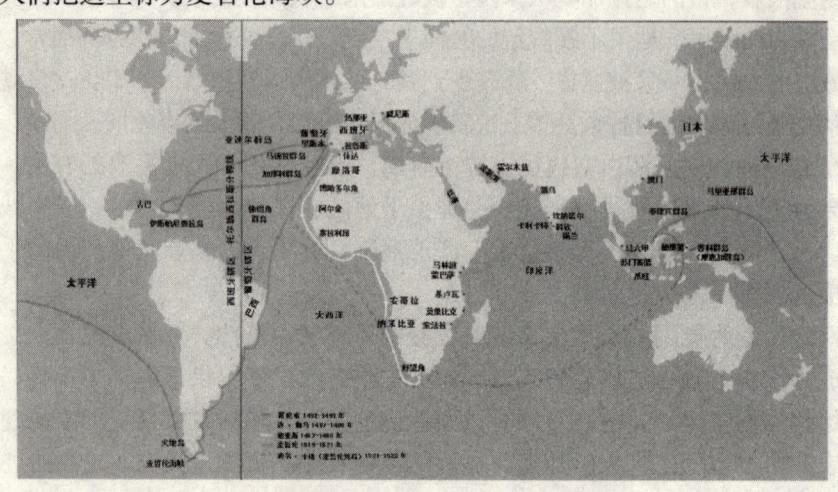

地理大发现期间重要的航海路线图

新航路的开辟,使欧洲同非洲、亚洲之间的贸易扩大,同美洲开始有了联系,各地区的商品逐渐在欧洲市场上出现,开始形成世界市场。由于大量贵金属源源流入欧洲,金银价值下降,物价猛涨。新兴的工商业资产阶级获得了暴利,封建主逐渐衰落,劳动人民日益贫困,从而加速了西欧封建制度的解体和资本主义的发展。同时,欧洲开始了大规模的殖民掠夺活动,非洲、亚洲和美洲许多国家和地区,逐渐沦为殖民地、半殖民地,成为西方掠夺的对象。

哥白尼创立日心说

哥白尼(1473—1543),波兰天文学家,日心说的创立者,近代天文学的奠基人。

1497至1500年间,哥白尼在波洛尼亚大学读书,除教会法规外,还研究多种学科,尤其是数学和天文学。

当时的欧洲正处在黑暗的中世纪的末期。亚里士多德—托勒密的地心说早已被改造成为基督教义的支柱。然而,由于观测技术的进步,当时一些具有进步思想的哲学家和天文学家都对这个复杂的体系感到不满。哥白尼也接受了这种进步思想。他在意大利时研究过大量的古希腊哲学和天文学著作,了解到古希腊人曾有过地球绕太阳转动的学说,他受到很大启发。因此,哥白尼建立起一个新的宇宙体系——日心体系,即太阳居于宇宙的中心静止不动,而包括地球在内的行星都绕太阳转动。哥白尼把统率整个宇宙的支配力量赋予太阳,各个天体则都有其自然的运动。他系统而明晰地批判了地球中心说,并且从物理学的角度对日心地动说可能遭到的责难提出了答复。

哥白尼用了"将近四个九年的时间"去测算、校核、修订他的学说。但是,他迟迟不愿将他的《天体运行论》公开出版。因为,他知道他的书一经刊行,便会引起各方面的攻击。当哥白尼终于听从朋友们的劝告,将他的手稿送去出版时,他想出一个办法,在书的序中写明将他的著作大胆地献给教皇保罗三世。

《天体运行论》还有另外一篇别人写的前言。当时哥白尼已重病在身,他辗转委托教士奥塞安德尔去办理排印工作。这位教士为使这书能安全发行,假造了一篇无署名的前言,说书中的理论不过是为编算星表、预推行星的位置而想出来的一种人为的设计。1543 年,当一本印好的《天体运行论》送到他的病榻的时候,他已处于弥留之际了。

《天体运行论》出版后很少引起人们的注意。一般人不能了解,而许多天文工作者则只把这本书当作编算行星星表的一种方法。后因布鲁诺和伽利略公开宣传日心地动说,危及教会的思想统治,罗马教廷才开始对这些科学家加以迫害,并于公元 1616 年把《天体运行论》列为禁书。然而经过开普勒、伽利略、牛顿等人的工作,哥白尼的学说不断获得发展,恒星光行差、视差的发现,使地球绕太阳转动的学说得到了令人信服的证明。

哥白尼的学说不仅改变了那个时代人类对宇宙的认识,而且根本动摇了欧洲中世纪宗教神学的理论基础。

欧洲宗教改革

中世纪的罗马天主教会,是西欧各国最有势力的封建主。教会的政治权力及其对人们的精神统治,成为资本主义生产关系发展的主要障碍。

1517 年,教皇利奥十世派人去德意志兜售赎罪券,宣称只要购买赎罪券的钱一敲响钱柜,灵魂即刻升入天堂。这种无耻的勒索,激怒了德意志人民。马丁·路德写成《九十五条论纲》,痛斥教会的无耻行径。论纲虽然没有公开反对教皇,但实际上否定了教皇的神权。论纲迅速传遍整个德意志。路德得到广泛的同情和支持,态度变得更加坚定。他拒绝了教皇撤回论纲的要求,并当众烧毁了教皇开除他教籍的敕令。

路德所领导的宗教改革,有反封建的作用,并且蕴含着资产阶级自由主义的倾向。随着运动的深入发展,德意志人民在宗教改革激进派闵采尔的率领下,于 1524—1525 年掀起了大规模的农民战争。农民战争动摇了天主教会在德意志的统治地位。

宗教改革后,一些诸侯国成为路德派新教国家,同天主教诸侯抗衡。1555

路德教与罗马天主教的重要区别在于所谓的圣礼仪式中,(如图所示)天主教认为洗礼只有教士才能实行,而路德派则让一个俗人给一个孩子洗礼,以此向这一观念挑战。

年,双方缔结和约,确立了"教随国定"的原则。德意志北部、中部的许多诸侯都改信了路德教。路德教后来还传入北欧和其他一些欧美国家。

德意志宗教改革很快波及到西欧其他国家,其中影响最大的是加尔文的宗教改革。

1536年,加尔文发表文章,表示赞同路德的"信仰得救"理论。他还提出了"先定论",说上帝的旨意决定世界上每一个人的成就,上帝创世纪时,就已经将人分成"选民"和"弃民"。这种宿命论鼓舞了在商战中发财的资产阶级的进取精神。加尔文还设计了一个民主共和的教会组织形式。根据加尔文的改革方案,日内瓦建立了一个政教联合的政权。加尔文派是新教中的激进派,影响遍及欧洲。

从15世纪开始,在资产阶级和新贵族的支持下,英国专制主义王权大大加强。这时的罗马天主教会在英国拥有大量土地,英国每年要向罗马贡献大量的财富。强大的王权无法容忍教会的特权。国王亨利八世为打击天主教会势力,自上而下地推行了宗教改革。改革后的英国民族教会称英国国教会,成为加强君主专制统治的工具。

宗教改革是西欧反封建斗争的重要形式。在这个过程中,西欧和北欧的许多国家先后建立了独立的民族教会,并且经过反复斗争,终于摧毁了封建制度,在西欧建立了资本主义制度,揭开了人类历史的新篇章。

近代部分

英国资产阶级革命

16世纪以来,英国新兴的资产阶级主要包括金融家、银行家、大商人和手工工场主;在农村的牧场主和农场主,有的还兼营工业或商业。这些人被称为新贵族,同资产阶级有共同的利益。随着资产阶级、新贵族的势力不断壮大,他们要求政治上掌握政权,经济上发展资本主义。

17世纪初,斯图亚特王朝开始统治英国。国王詹姆士一世及其继任者查理一世都相信"君权神授",实行封建专制统治,严重阻碍了资本主义的发展。他们还实行宗教专制,严厉对待"非国教徒",特别迫害其中的"清教徒"。这就造成了政治上的紧张局面,激化了社会矛盾。

1649年查理一世被处死,这幅画展现了刽子手拿着国王的头颅示众时,一位妇女当场昏厥的情景。

资产阶级和新贵族对此深为不满,人民群众也怨声载道。首先起来反抗查理一世统治的,是苏格兰人民起义,这成为英国资产阶级革命的导火线。1640年查理一世为筹集军费对付苏格兰人民起义,被迫恢复长期关闭的议会。英国资产阶级革命由此开始。

内战开始后,英国国内的两大敌对阵营是王党势力和议会势力。在资产阶级和新贵族的代表人物克伦威尔的率领下,经过反复斗争,以农民、手工业者与城市贫民为主力的议会军最终战胜了王军。1649年初,查理一世以"暴君、叛徒、

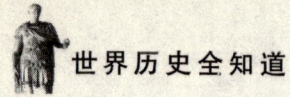

杀人犯和人民公敌"的罪名被送上了断头台。同年，英国宣布成立共和国，克伦威尔实行独裁统治。克伦威尔死后，英国政局动荡不安。在这种情况下，1660年，斯图亚特王朝复辟。国王查理二世、詹姆士二世推行的一系列政策，特别是在宗教上，恢复英国国教，迫害非国教徒的法令，严重侵犯了资产阶级和新贵族的利益，招致他们的反对。为了阻止封建制度的进一步复辟，防止人民革命运动再次兴起，1688年，议会中的辉格党和托利党人共同发动了一场不流血的宫廷政变"光荣革命"，废黜詹姆士二世，推翻了斯图亚特王朝的封建统治，邀请其女婿、荷兰执政者威廉三世及其妻子继承英国王位，由此确立了资产阶级、新贵族的联合统治。

英国资产阶级革命，是人类历史中资本主义制度对封建制度的一次重大胜利。它推翻了英国的封建专制君主制度，为资本主义的发展扫清了道路。

英国资产阶级革命对欧洲和世界其他地区都产生了重要的影响。它宣告欧洲新的政治制度的诞生，揭开了欧洲和北美资产阶级革命运动的序幕，推动了世界历史发展的进程，在更大程度上反映了当时整个世界的要求。

启蒙运动——一次思想的大解放

17—18世纪的欧洲，随着西欧各国资本主义经济的发展，资本主义同腐朽的封建制度的矛盾日益尖锐。在这种形势下，一批先进的思想家勇敢地高举理性的旗帜，掀起了一场思想启蒙运动。启蒙运动兴起于西欧，其中心在法国，很快波及欧洲大多数国家，并影响到全世界。

欧洲中世纪占统治地位的思想是宗教思想，因此启蒙运动的思想家们首先把矛头指向宗教神学。荷兰的思想家则为这一运动铺平了道路。阿科斯塔否认灵魂不死和肉体复活的陈腐观念，格劳秀斯否认上帝的存在，提倡自然法，确立了国际法的标准；斯宾诺莎则认为自然界不是神创造的，自然界本身就是神。

英国学者在启蒙运动中占有重要地位。培根反对中世纪的经院哲学，肯定世界是物质的。他提出了"知识就是力量"的著名口号。洛克认为知识来源于感觉，经验是知识的源泉。他反对王权神授，主张立法、行政、外交三权分立，提倡自由和宽容。

18世纪，法国还处在封建专制主义的黑暗统治下。法国的思想家们把启蒙运动推向了高峰。启蒙运动的先驱培尔以全面怀疑的态度批判封建宗教，无情地驳斥正统的基督教信仰。伏尔泰猛烈抨击天主教和基督教，提倡"君主和哲学家的联盟"，拥护开明专制制度，主张建立自由、平等、幸福的王国。这些思想反映了上层资产阶级的利益。

法国启蒙运动的杰出代表还有以百科全书派为中心的一批唯物主义思想家。拉梅特里发挥了唯物论和无神论的精神。狄德罗终生为自由、真理和社会进步而奋斗，写了一系列唯物主义哲学著作。

法国启蒙运动中，小资产阶级民主派的代表人物是卢梭。他指出，人类不平等的根源是私有制，主张天赋人权、主权在民、自由平等。在政治上他拥护共和国。他的政治思想对18世纪末法国大革命产生了重大影响。

启蒙运动波及德国和俄国，也越过大西洋，在英属北美殖民地得到传播。启蒙运动还扩展到亚洲、非洲、拉丁美洲地区。

启蒙运动的思想家们勇于为真理和正义而斗争。给"天国"的神灵和世上的王权以沉重的打击，为摧毁腐朽的封建制度、确立资本主义制度做了思想上和理论上的准备。启蒙思想家所宣传的自由、平等、民主和法制的思想，对1775—1783年的北美独立战争、1789年的法国大革命以及19世纪欧洲爆发的一系列资产阶级革命都产生了极大的影响。

伏尔泰（右一）与许多哲学家、艺术家与普鲁士国王腓特烈二世一块进餐。

三十年战争——近代欧洲各国疆界的奠定

三十年战争是欧洲第一次大规模的国际战争，主要战场在德意志。

自奥托一世建立神圣罗马帝国以来，哈布斯堡王朝一直控制着这个帝国。但是它徒有虚名，内部诸侯林立，分裂割据不断。宗教改革后，国内又出现了天主教和新教的尖锐对立。周边国家又纷纷崛起，严重冲击了帝国的统治。帝国日益衰落，结果导致一些诸侯不受约束、不服从皇帝政令，以武力吞并周围弱小的邻邦。

1618年，神圣罗马帝国皇帝指定信奉天主教的斐迪南二世为波希米亚（今捷克）国王。波希米亚是新教邦国，但是斐迪南二世却下令禁止布拉格新教徒的宗教活动，拆毁其教堂，并宣布参加新教集会者为暴民。结果，一些愤怒的布拉格群众把斐迪南公爵的两名随从扔出窗外，史称"掷出窗外事件"，它成为三十年战争的开端。

整个战争大致分为四个阶段：

一、捷克—巴拉丁时期（1618—1624）。1526年，捷克并入神圣罗马帝国，实际沦为奥地利哈布斯堡家族的领地。"掷出窗外事件"发生后，波希米亚摆脱

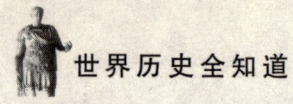

了哈布斯堡王朝的统治。

1620年,神圣罗马帝国皇帝斐迪南二世依靠德意志天主教同盟军,入侵波希米亚。西班牙出兵援助,结果被天主教同盟军击败,波希米亚重归奥地利统治。

二、丹麦时期(1625—1629)。神圣罗马帝国皇帝的胜利,威胁到了德意志新教诸侯,引起一些欧洲国家的武装干涉。丹麦得到英、法的资助,于1625年在北德意志新教诸侯支持下攻入德意志帝国境内。波希米亚贵族瓦伦斯坦率雇佣军协同天主教同盟军打败丹麦军队,丹麦同德意志签订《吕贝克和约》,保证不再干涉德意志事务。

三、瑞典时期(1630—1635)。神圣罗马帝国皇帝和天主教同盟的势力扩张到波罗的海,促使瑞典与法国结成同盟。1630年7月,瑞典国王古斯达夫·阿道夫率军同勃兰登堡和萨克森选帝侯联合,迅速占领了德意志北部和中部的大片领土。1634年,瑞典和新教联军被皇帝军联合西班牙军队打败,瑞典军主力损失殆尽,失去了德意志中部的萨克森和勃兰登堡领地。

四、法国—瑞典时期(1635—1648)。瑞典军队的战败,促使法国直接出兵,与瑞典联手对哈布斯堡王朝作战。1648年,法、瑞联军彻底击败皇帝军。皇帝斐迪南三世被迫求和。参战各方签订了《威斯特伐里亚和约》,三十年战争结束。

三十年战争是第一次欧洲大战,反哈布斯堡集团取得胜利。法国取得欧洲霸权;瑞典确立了波罗的海霸权;荷兰和瑞士彻底独立;德意志遭到严重破坏,神圣罗马帝国名存实亡;西班牙进一步衰落;葡萄牙获得独立。它基本上奠定了近代欧洲各国的国界。

彼得一世改革——俄国开始崛起

彼得一世(1672—1725),俄国罗曼诺夫王朝第四代沙皇,杰出的政治家、军事家和外交家,俄国正规陆海军的创建者,史称彼得大帝。他于1682年即位,1689年掌握实权,称彼得一世。他生于莫斯科,意志坚强,才能出众。1682年,他与其异母兄伊万五世并立为沙皇。由于彼得年幼,伊万痴钝,伊万的姐姐索菲亚摄政。1696年,伊万五世病死后,彼得独掌政权。

在位时,彼得一世为了改变俄国的落后面貌,他进行了多方面的改革。改革的主要内容包括:削弱贵族势力,加强中央集权;引进西欧先进的军事技术,建立海军和新式陆军;鼓励发展工业,允许工场使用农奴劳动,推行学校教育,重视科学技术,提倡西欧的生活方式。

彼得一世对国家机构的改革,巩固了专制政体,增强了俄国的经济、军事实力,使俄国一跃成为欧洲强国,为进一步对外扩张创造了条件。

彼得一世毕生致力于加强俄国的军事力量,提高俄国在国际舞台上的地位。

他于 1695—1696 年举行亚速远征，巩固了俄国在亚速海沿岸的地位。为争夺波罗的海出海口，他发动了对瑞典的战争。1714 年 8 月，他亲率俄国舰队在汉科角海战中击败瑞典舰队，取得海军建立以来的首次胜利。9 月，俄国与瑞典签订《尼斯塔特和约》，夺取了大片土地，并取得波罗的海的出海口。10 月，俄国改国号为俄罗斯帝国。

在 1700—1721 年的北方战争中，俄国获得全胜，取得了通往波罗的海的出海口，从而得以与西方建立直接联系。俄国开始跻身于欧洲列强之列。

彼得一世是杰出的军事统帅，他在军事学术方面富于创造和革新的精神。在位期间，陆海军实行严整统一的编制，实行严格的纪律和军人守则；他十分重视陆海军的技术装备革新；制定了一套适合民族特点和俄军传统的部队训练体制。

作为一位外交家，彼得一世深知俄国对外政策的任务。他善于利用形势，能够作出妥协，又曾多次亲自出面谈判，缔结协定。1697—1698 年随大使团考察西欧各国时，他就为建立反瑞（典）北方联盟做了准备。1699 年，该联盟最终形成。1719 年，俄、瑞（典）和平谈判后，由于彼得一世善于利用欧洲列强间的矛盾，英国的破坏未能得逞。

图为彼得大帝剪须运动中的一个场面。由于公众对剪须存在抵触情绪，彼得大帝恩准付出高额税款的人可以不剪须。而那些做出这种选择的人要佩戴上题有"已付钱"字样的大纪念章。

1725 年 2 月 8 日，彼得一世在彼得堡去世。

彼得一世是俄国历史上进步的政治家和军事家。在位期间，他为使俄罗斯变成世界强国做出了很多贡献。

第一次工业革命

工业革命首先开始于 18 世纪 60 年代的英国，它是从发明和使用棉纺织机器开始的。最先采用机器进行生产的是英国的新兴工业部门——棉纺织业。当时棉织品受到社会各阶层的普遍喜爱，市场需要量不断增长。这就对技术革新提出了更高的要求，新技术纷纷涌现。从 1765 年到 1785 年，珍妮纺纱机、水力纺纱机、骡机以及水力织布机相继发明并得到广泛应用。纺织工业实现了从手工操作

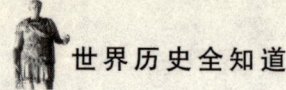

到机械化的转变,纺织业迅速发展起来。由于纺织机器的大量制造和使用,对金属的需求量急剧增长,由此带动了冶铁业和采矿业的发展,大规模的工厂建立起来。为了解决工厂机器的动力问题,1785年,机械师瓦特发明了用作发动机的"万能蒸汽机"。以蒸汽机为动力的机器很快在英国工业部门推广。蒸汽机的发明和使用,是工业动力上的一场革命。它的广泛使用,促使了汽船、火车的发明。1807年,美国人富尔敦造成了第一艘汽船,并在内河试航成功,开辟了海上运输的新时代。1825年,英国的史蒂芬逊发明了蒸汽机车,陆上铁路交通迅速发展,人类进入了"蒸汽时代"。19世纪上半叶,大机器生产基本上取代了工场手工生产,英国工业革命完成。

19世纪,工业革命逐渐从英国延伸到欧洲大陆及世界其他地区。继英国之后,主要资本主义国家法国、美国、德国、俄国以及日本,也先后在19世纪中后期完成工业革命。资本主义经济飞速发展,自由资本主义兴起。

工业革命不仅是一场技术革命,也是一次深刻的社会变革,它对整个人类历史产生了重大的影响。它促进了社会生产力的惊人发展,商品经济最终取代了自然经济,使资本主义生产制度取得了统治地位。

随着工厂制度的建立,资本主义雇佣劳动制度普遍确立起来。社会阶级关系发生深刻变化,工业资产阶级和工业无产阶级最终形成,而两大阶级的对立和斗争逐渐明显和尖锐。工业革命给工人阶级带来的是恶劣的工作条件,简陋的房屋,低廉的工资,受到资产阶级的残酷剥削和压迫。为了改变这种状况,工人阶级同资产阶级展开了政治、经济斗争,工人运动逐渐发展起来。

同时,欧美资本主义国家为了扩大海外殖民掠夺和销售市场,大规模从事交通运输建设,致力于远洋运输网的开拓。全球性的交通网络逐渐形成,资本主义世界市场开始形成。

亚当·斯密出版《国富论》

亚当·斯密是英国古典政治经济学的代表人物,他于1776出版的《国富论》,奠定了现代经济学的基石。

《国富论》全称《国民财富的性质和原因的研究》,它的中心任务就是弄清楚国民财富的性质和原因,以达到富国裕民的目的。斯密认为国民财富就是一个国家所生产的商品总量,而政治经济学的目的在于促进国民财富的增长,兼顾好个人和社会、生产者的利益,而避免牺牲掉某一方面的利益。围绕着这个主题,斯密系统地发挥了关于价值、市场、竞争、经济目标的分析、经济政治学、财政学等一系列观点,以高屋建瓴的气势建立起一座经济理论的大厦。

《国富论》一共两卷,以其严密的结构、深邃的结论、通俗生动的文字和精彩广博的例证让人们无可争议地去接受他所得出来的"在资本主义制度下,采取自由放任的政策,努力使个人经济和社会利益保持一致"的结论。

斯密认为增进国民财富的最大原因是提高劳动生产率,而提高劳动生产率就是要加强分工和增加劳动力。所以他的《国富论》从分工写起,引出了他的价值理论,引出他关于资本的划分……斯密庞大博杂的理论被后来的许多经济学家"各取所需",创造出许多经济流派。他被认为是现代经济学的始祖。

"既没有打算,事前也不知道,我们对私人目的的追求,便促进了一个超过我们原有的更大的目的。看不见的手,于是成为作用于人类命运的一个最初的动力。"斯密创造了一个"看不见的手"的理论。这个前提,便是把人看作"经济人"。

"经济人互通有无,物物互换,互相交易,是人类本性的一个根本特征,每个人改善自身境况的一致性、经常性和不断的努力是国民财富赖以产生和增长的重大原因。"斯密从人性论出发分析人,认为作为"经济人"的人们从利己主义出发达到了利他的结果。在人类社会中存在一种内在秩序。经济生活就是按照这种秩序自发运动的,这种秩序就是自由发展政策。他极力主张限制国家干预经济的作用,认为国家的作用应仅限于维护国家安全和个人竞争,以及举办一些资本家无利可图的工程,国家的政权义务,是保障资产阶级有一个和平、安全地进行经济活动的环境,起到一个资产阶级"守夜人"的作用。

政府要开支,就必须有收入,收入的主要来源就是赋税,斯密提出税收应遵循的四原则:公平、稳定、便利、经济。这些原则,对以后的财政学一直作用很大。

可以说,亚当·斯密是英国古典政治经济学最伟大的代表,是工场手工业和产业革命前夕的集大成的经济学家,经济自由主义理论的主要创建者。《国富论》提出的经济自由主义理论,构成了市场经济的理论基础和商品经济运行的原则。《国富论》的内容极为丰富,包括的不仅是政治经济学,而且囊括了经济史、经济学说史和财政学。在该书里,斯密缔造了古典政治经济学的理论体系,概括了古典经济学在它的形成阶段的理论成就,最先系统地阐述了政治经济学的各个主要学说,对它的形成和发展起了极其重要的作用。以后的经济学家和经济政策的决策者,都不能跳过亚当·斯密这座高山。

美国独立战争

北美大陆本来是土著居民印第安人世代生息繁衍之地。但是从 1607 年第一批移民踏上弗吉尼亚至 1733 年最后一个殖民地佐治亚的建立,英国移民先后在北美东海岸建立了 13 个殖民地,这就是后来美国最初的 13 个州。

随着农业、工商业的蓬勃发展,北美 13 个殖民地的居民联系加强,日益融合,逐渐形成了一个新的民族,即美利坚民族。随着资本主义的发展,美利坚民族提出要摆脱对宗主国的依附关系,独立地发展资本主义的要求。

然而这种愿望遭到了英国当局高压政策的阻挠。1773 年发生了驻北美英军枪杀波士顿居民的惨案。1774年，英政府又接连颁布5项"不可容忍的法令"。北美殖民地人民忍无可忍了。各个殖民地纷纷储集军火，制造武器，组建名为"一分钟人"的民兵队伍。

1775年4月18日，马萨诸塞总督托马斯·盖奇根据密报，派遣800名驻波士顿英军前往康科德，搜缴当地民兵的秘密军火。"一分钟人"知道这一消息后，迅速集结军队。翌日清晨，当英军行进至莱克星顿和康科德一带时，遭到了早已严阵以待的民兵的袭击。康科德、莱克星顿的战斗揭开了美国独立战争的序幕。1775年6月15日，第二届大陆会议决定组建正规的大陆军，华盛顿被任命为大陆军总司令。

美国独立战争大体经过了三个阶段：

第一阶段，从1775年4月到1777年10月，这是战略防御阶段。主战场在北部地区，战略主动权掌握在英军手中。1776年7月4日，大陆会议正式宣布脱离英国而独立。1776年12月，经过激烈争夺后，华盛顿放弃纽约。纽约失陷标志着独立战争进入困难时期。

1789年在纽约举行的华盛顿总统授权仪式

第二阶段，从1777年10月到1781年3月，以萨拉托加大捷为标志，进入战略相持阶段，主战场逐步转向南部地区。在这一阶段，国际环境日益向着有利于美国的方向发展。萨拉托加大捷后，法国、西班牙、荷兰等改变了动摇不定的观望态度。1778年2月，法国正式承认美国独立。1778年6月，法、英开战，西班牙也于1779年6月对英作战。北美独立战争扩大为遍及欧、亚、美三大洲的国际性反英战争，英国陷入空前孤立的境地。

第三阶段，从1781年4月到1783年9月，为战略反攻阶段。此时在整个北美战场，英军势力主要集中于纽约和约克镇两地。在联军炮火的猛烈轰击之下，1781年10月19日，8000名英军投降，北美大陆战事基本结束。1782年11月30

日，英美签署《巴黎和约》草案。次年，英国正式承认美国独立。

美国独立战争的胜利，为美国资本主义和现代文明的迅速发展铺平了道路。美国独立战争所体现的资产阶级的进步的政治精神给欧洲乃至全世界都带来了深刻的影响。

法国大革命

18世纪，在法国部分地区，资本主义已相当发达。资产阶级已成为经济上最富有的阶级，但在政治上仍处于无权地位。由天主教教士组成的第一等级和贵族组成的第二等级，是居于统治地位的特权阶级。资产阶级、农民和城市平民组成第三等级，处于被统治地位。18世纪末，第三等级同特权阶级的矛盾日益加剧。

1789年5月5日，路易十六在凡尔赛宫召开三级会议，企图对第三等级增税。第三等级代表则要求制定宪法，限制王权，实行有利于资本主义的改革。6月17日，第三等级代表宣布成立国民议会，7月9日改称制宪议会。路易十六调集军队企图解散议会，激起巴黎人民的武装起义。7月14日人民群众攻克象征封建统治的巴士底狱。

10月，巴黎人民进军凡尔赛，迫使王室搬到巴黎。随后，巴黎出现一批革命团体。其中，雅各宾俱乐部等在革命中发挥了巨大的作用。1791年6月20日，路易十六乔装出逃，但中途被识破，并被押回巴黎。广大群众要求废除王政，但君主立宪派则主张维持现状。7月16日，君主立宪派从雅各宾派中分裂出去。7月17日，他们枪杀集会的群众，并迫使路易十六批准制宪议会的宪法。1792年4月，法国抗击外来武装干涉的战争开始，路易十六的反革命面目充分暴露，立宪派的保守妥协态度愈加不得人心。1792年8月10日，巴黎人民第二次武装起义，推翻了波旁王朝，结束了立宪派的统治。

8月10日起义后，资产阶级共和派——吉伦特派取得政权。9月22日，法兰西第一共和国成立。吉伦特派执政期间，颁布法令，强迫贵族退还非法占有的公有土地，将没收的教会土地分小块出租或出售给农民；严厉打击拒绝对宪法宣誓的教士和逃亡贵族。1793年1月21日，国民公会经过审判，以叛国罪处死路易十六。

吉伦特派把主要力量用于反对以罗伯斯庇尔为首的雅各宾派。1792年10月10日，吉伦特派被清除出雅各宾俱乐部。1792年秋季起，要求打击投机商人和限制物价的群众运动高涨起来。以愤激派为代表的平民革命家要求严惩投机商，全面限定生活必需品价格，以恐怖手段打击敌人。吉伦特派却颁布法令镇压运动。在革命处于危急的时刻，巴黎人民于5月31日至6月2日发动第三次起义，推翻吉伦特派的统治，建立起雅各宾派专政。

新政权面临着严峻的形势。雅各宾派政权联合人民群众，采取强硬的措施。

1793年6月24日，新政府公布法国第一部共和制的民主宪法；7月，改组并加强救国委员会；9月，国民公会把"恐怖"政策提上议事日程。

国内形势稍为好转之后，以丹东为首的一部分雅各宾派要求停止实行恐怖，而以埃贝尔为首的一派则坚持继续加强恐怖统治。受到两面夹攻的以罗伯斯庇尔为首的执政派，于1794年3至4月先后逮捕并处死了两派领导人，加大力度执行恐怖政策。

不久，国内反对恐怖统治的势力加强，各种反对罗伯斯庇尔的势力联合起来，于1794年7门27日发动热月政变，处死罗伯斯庇尔等人，结束了法国大革命的上升阶段。

热月党人原是各派人物的暂时结合，并无统一纲领，尽管上台伊始就宣布要稳定秩序，但奏效甚微。1796至1797年，督政府派拿破仑·波拿巴远征意大利，取得重大胜利，军人势力开始抬头。1799年11月9日，（共和八年雾月18日）拿破仑·波拿巴发动雾月政变，结束了督政府的统治。

拿破仑帝国的兴亡

拿破仑帝国，即法兰西第一帝国，是由拿破仑建立的资产阶级性质的帝国。热月政变后，法国进入督政府统治时期。但是，法国在政治、经济以及军事上仍处于混乱不堪的局面。在这种形势下，建立强有力的政权，已经成为稳定局势的当务之急。因此，拿破仑·波拿巴于1799年11月9日发动雾月政变，夺取了政权，并且在短短的几年里，使法国重新走向稳定和繁荣。1802年5月8日，元老院宣布拿破仑连任10年第一执政。8月2日，元老院又宣布拿破仑为终身第一执政。8月4日，共和十年宪法颁布。

宪法规定，第一执政有权指定自己的继承人，有权任命第二、第三执政和元老院候选人。这是法国重新走向君主专制的开端。但是，拿破仑并不满足，他希望能够戴上皇冠，确保其至高无上的独裁地位。

1804年5月18日，元老院正式宣布法国为帝国，拿破仑为皇帝，称拿破仑一世。这就是法兰西第一帝国，亦称拿破仑帝国。

拿破仑帝国始终伴随着对外战争。从1805年开始，拿破仑指挥的军队接连粉碎反法同盟的进攻，使法国成为欧洲大陆的霸主，粉碎了欧洲各主要封建国家复辟波旁王朝的阴谋，也从根本上动摇了欧洲大陆的封建秩序，沉重打击了各国的封建专制统治。但是，拿破仑战争也给欧洲各国人民带来了灾难，其侵略性质在战争后期愈发明显。法国每取得一次胜利，都要从战败国索取大量的赔款，并从占领地抢夺大量的金银财宝、艺术品运回法国。

经过几年的战争，法国成为一个拥有130个省，7500万人口的大帝国，并且拥有众多的附庸国和同盟国。但是，帝国内部却隐藏着深刻的危机。

首先，各被占领国家和地区人民的反抗侵略、争取民族解放的斗争十分激烈，沉重地打击了法国在占领地区的统治。其次，拿破仑战争受到法国各阶层人民的反对。连年的对外战争，使法国各阶层人民的生活每况愈下。农民、工人以及资产阶级对拿破仑政权的不满日益加剧。拿破仑政权的统治基础动摇了。

1812年6月到12月，拿破仑远征俄国，遭到惨败，这是拿破仑帝国崩溃的起点。

1813年10月16日到19日，以英、俄、普为首的第六次反法同盟军与法军在莱比锡展开决战，法军全线崩溃。12月，拿破仑率领残兵败将逃回法国。1814年初，反法联军攻入法国境内，3月30日，联军攻抵巴黎城下，31日，由沙皇亚历山大和普鲁士皇帝腓特烈率领的反法联军进入巴黎。4月2日元老院废黜拿破仑。4月4日，拿破仑被迫退位，被流放到厄尔巴岛。路易十六的弟弟即位，称路易十八，波旁王朝复辟。1815年3月1日，拿破仑乘法国国内对复辟的波旁王朝日益不满的时机，逃出厄尔巴岛，率领1000多人在

《拿破仑翻越阿尔卑斯山》油画

法国登陆。20日，拿破仑进入巴黎，路易十八仓皇出逃，拿破仑再度登上帝位。这一事件使欧洲各国的统治者极度震惊，各国匆忙组成了第七次反法联盟。1815年6月18日，在比利时境内的滑铁卢战役中，拿破仑军队一败涂地。拿破仑再次宣布退位，被流放到大西洋的圣赫勒拿岛，1821年5月5日死于该地。路易十八又回到巴黎。拿破仑的复辟只持续了百天，因此拿破仑重新建立的帝国，被称为"百日帝国"。

拉丁美洲各国独立战争

18世纪欧洲资产阶级启蒙运动、美国独立战争和法国大革命的胜利，促使了拉丁美洲民族意识的觉醒。

海地于1502年沦为西班牙殖民地，1697年割让给法国。1791年，杜桑·卢维都尔领导黑人奴隶在海地武装起义。1804年1月1日，海地正式宣告独立，揭开了整个拉丁美洲革命的序幕。

在海地革命的影响下，西属拉丁美洲殖民地于1810年开始了独立战争。独

立战争开始后，很快就形成了三个中心：委内瑞拉、拉普拉塔和墨西哥。

1810年，委内瑞拉爆发起义。7月5日，米兰达宣布成立委内瑞拉第一共和国。但是，西班牙殖民者于1812年攻占了该城，共和国被绞杀。1814年1月，玻利瓦尔建立委内瑞拉第二共和国。7月，西班牙殖民者重新集结兵力，第二共和国又被摧毁。1816年，玻利瓦尔重整旗鼓，继续战斗。1818年10月，委内瑞拉第三共和国宣告成立。

1819年5月，玻利瓦尔越过安第斯山，8月解放了波哥大。12月，大哥伦比亚共和国宣告成立，玻利瓦尔自任总统。1821年，厄瓜多尔宣布独立，加入了大哥伦比亚共和国。南美洲北部沿海地区和安第斯山一带全部解放。

独立战争的另一个中心地区是拉普拉塔地区。1821年5月25日，阿根廷布宜诺斯艾利斯市区爆发了起义。随后，巴拉圭革命者于1811年5月举行起义。1811年春，乌拉圭人民响应民族英雄何塞·阿蒂加斯的号召，武装起义。1816年7月，拉普拉塔各地代表聚会，正式宣布脱离西班牙，建立独立的"拉普拉塔联合省"。1826年，联合省改组为阿根廷共和国。

独立战争的第三个中心是墨西哥和中美洲地区。1816年9月16日，在墨西哥北部多洛雷斯爆发了农民起义，人数达8万余人。他们占领了墨西哥中部的一些城市，并乘胜向墨西哥城进军。1811年初，起义军遭敌人伏击受挫。3月，因叛徒出卖，领导人伊达尔哥被俘就义。伊达尔哥牺牲后，他的学生莫雷洛斯继续领导革命斗争。到1811年年底，起义军解放了南部大部分领土。1813年11月6日，解放区通过了《墨西哥主权和独立宣言》，次年10月又颁布了共和国宪法。殖民者紧急调集大军反攻。1815年，莫雷洛斯被捕牺牲。墨西哥人民仍然进行了不屈不挠的斗争。1824年，墨西哥共和国正式宣告成立。

拉丁美洲独立战争的胜利，使拉丁美洲绝大部分地区摆脱了西班牙和葡萄牙的殖民统治，建立了民族独立国家。然而，由于独立战争是在土生土长的白人地主和种植园主的领导下进行的，胜利后建立的白人政权继续维护了封建大地主制度。因此，多数国家出现了独裁主政权，对拉丁美洲国家的发展产生了不良影响。

电的发明和应用

电的发明和应用是伴随着第二次工业革命而开始的。

早在1819年，丹麦科学家奥斯特就发现了电流的磁效应现象。1820年，法国科学家安培根据奥斯特的报告，对磁场与电流之间的关系作了进一步的整理与研究。他认为，两条电线平行放置的时候，电流流动的方向相同时，会相互排斥；相反，则会相互吸引。如果将电线绕成线圈，通电后，线圈就会像自然的磁石一样。

大约在同一时期，德国人欧姆发现了电阻定律：导体上存在着一种阻力，随着它长度的增加而增加，但随着截面面积的增加而减小。电阻的存在使电流随着电线长度的增加而逐渐减弱。1831年，英国科学家法拉第发现了电磁感应现象，提出了发电机的理论基础。法拉第是近代电磁学的奠基人，他的发现为电的应用开拓了广阔的道路。

从19世纪60年代起，出现了一系列的电气发明。1866年，德国工程师西门子制成了发电机，但是，这种直流发电机还不够完善。1870年，比利时人格拉姆发明了电动机，电力开始被用来带动机器，成为补充和取代蒸汽动力的新能源。随后，电灯、电话、电焊、电钻、电车、电报等，如雨后春笋般涌现出来。各种电动生产工具和生活用具的出现，导致了对电的大量需求。同时，把电力应用于生产，必须解决远距离输送问题。1882年，法国学者德普勒发现了远距离送电的方法。同年，美国著名发明家爱迪生在纽约创建了美国第一个火力发电站，把输电线连接成网络。

随着对电能需求的显著增加和用电区域的扩大，直流电机显示出成本高、易出事故等缺点。从19世纪80年代起，人们又投入了对交流电的研究。交流电具有可通过变压器任意变化电压的长处。1885年，意大利科学家法拉里提出的旋转磁场原理，对交流电机的发展起到了重要作用。19世纪80年代末至90年代初，人们创制出三相异步发电机，这种比较经济、可靠的三相交流电迅速得到推广，电力工业的发展进入新的阶段。电力照亮了城市和农村，为工厂和矿山提供了方便灵活的强大动力，成为生产、交通运输、通讯等全面转向工业化的决定因素。

电力作为一种新能源，不仅为工业提供了方便而廉价的新动力，而且有力地推动了一系列新兴工业的诞生。随着电力的广泛应用，人类社会由蒸汽时代进入电气时代。

1848年欧洲革命

1848年，意大利各地相继爆发资产阶级革命，外国统治者被驱逐，揭开了1848年欧洲革命的序幕。

意大利革命在法国产生了很大影响。七月王朝竭力维护金融资产阶级的利益。工商业资产阶级对此非常不满，在全国各地以办"宴会"为名，举行群众集会，宣传自己的主张。1848年2月下旬，为了在巴黎举办的一次大型"宴会"，群众与军警发生冲突，并演变成武装起义。很快，起义军控制了巴黎的大部分地区。国王逃往英国。革命推翻了七月王朝，建立了共和国，这就是历史上的法兰西第二共和国。法国二月革命把1848年欧洲革命推向高潮。

二月革命后，法国资产阶级窃取了革命的果实。在起义代表组织的"临时政府"中，资产阶级代表占据了一切要职。为了麻痹手中掌握着武装的工人，临时政府先是假意答应满足工人的一些要求，而后又故意挑拨农民、手工业者同工人的关系，并着手积蓄反革命武装，准备屠杀巴黎工人。6月下旬，愤怒的巴黎工人忍无可忍，发动了起义，这就是著名的"六月起义"。这次起义虽然失败了，但它是"现代社会两大对立阶级间的第一次伟大战斗"，具有重要的历史意义。

革命相继席卷了欧洲的许多地区，在奥地利的维也纳和普鲁士的柏林等地，资产阶级和广大人民群众拿起武器，举行起义，反对专制统治。在匈牙利、捷克和罗马尼亚，人民群众为了反抗外族统治，争取民族解放，纷纷发动起义。其中，影响最大的是匈牙利起义。起义军抗击了奥地利军队的多次进攻，赢得了匈牙利的独立。在1848年欧洲革命中，广大工人、学生和市民成为革命的主要参加者，表现出了极大的革命热情。

面对汹涌的革命浪潮，欧洲的封建君主们大为惊恐，资产阶级也害怕革命继续深入会危及自身的利益，于是组织各种反动势力反扑。沙皇俄国最为嚣张，派遣军队到各地帮助镇压革命和民族起义，特别是扑灭了匈牙利革命，它成为欧洲的宪兵。6月，法国资产阶级为了进一步巩固统治，镇压了巴黎工人起义。

不久，代表金融资产阶级和大工业家利益的路易·拿破仑攫取政权，建立了法兰西第二帝国。1849年，欧洲的革命烈火基本被扑灭。

1848年欧洲革命是世界近代史上规模最大的一次革命，革命风暴波及除俄国以外的整个欧洲大陆。这是一场资产阶级性质的民族、民主革命，它沉重地打击了欧洲的封建势力，彻底瓦解了维也纳体系，有利于资本主义的进一步发展。在这场革命中，无产阶级发挥了重要的作用。

达尔文提出进化论

查理·达尔文（1809—1882），19世纪英国杰出的生物学家、物种起源和发展学说的创始者、生物进化论的奠基人。他提出的以生存竞争、适者生存为精髓的进化论对学术界甚至整个人类的思想都产生了巨大的影响。

达尔文出生在英格兰西部希鲁普郡一个世代行医的家庭。他从小就热爱大自然，尤其喜欢打猎、采集矿物和动植物标本。进到医学院后，他仍然经常到野外采集动植物标本。在这里，他对两种水生生物进行了研究，获得了一些有趣的发现。于是，他在该校的学术团体普林尼学会先后宣读了他最早的两篇论文，那时他才17岁。

1831年，年轻的达尔文参加了"贝格尔号"巡洋舰历时5年的环球考察。在这5年中，他跋山涉水，进入深山密林。大自然的奇花异草、珍禽异兽，千奇百怪的变异，把他的整个身心吸引去了。他开始对圣经上"形形色色的生物，都是上帝制造出来的，而且物种是不变的"这一说教产生怀疑。

通过对采集到的各种动物标本和化石进行比较和分析，他认识到物种是可变的。由此，他逐步摆脱神创论的束缚，坚定地走上了相信科学和追求真理的道路。最后，他终于以"物种逐渐变化"的大胆假设，摒弃了物种不变的说教。

回国后，达尔文开始对物种起源问题进行全面的研究。他整理航行收获，收集大量科学事实，研究前人著作，参加社会生产实践，总结本国和别国劳动人民培育新品种的经验。为了避免偏见和替自己的理论找到更多的根据，当时他专心到甚至连自己的婚事都忘了。他不但细致地整理了在大自然中可收集到的各种变异事实，还广泛收集了动物在家养条件下的各种变异事实，并查阅了大量书籍和

达尔文乘坐的贝格尔巡洋舰　1839 年

资料。经过 22 年如一日，坚持不懈地专心思考、综合研究，达尔文终于在 1859 年 11 月 24 日出版了《物种起源》这部巨著，创立了进化论。他认为，生物界是从简单到复杂，从低级到高级，逐渐变化的。达尔文的进化论，是射向"上帝"创造万物学说的炮弹，它第一次把生物放在完全科学的基础上进行研究。马克思说，这本书实际上也为历史上的阶级斗争提供了"自然科学根据"。

达尔文找到了生物发展的规律，证明所有的物种都有共同的祖先。这一重大发现，对生物学具有划时代的意义，在科学上完成了一个伟大的革命。它结束了生物学领域中唯心主义、形而上学的统治时期，对近代生物科学产生了巨大而深远的影响。恩格斯称达尔文的进化论为 19 世纪自然科学的三大发现之一。

马克思主义的诞生

19 世纪 30—40 年代，欧洲爆发了三次大规模的工人运动：1831 年和 1834 年的法国里昂工人起义、1836 年开始的英国宪章运动和 1844 年的德意志西里西亚纺织工人起义。这三次工人运动虽然最后都失败了，但是，它们表明，无产阶级已经觉醒，并作为一支独立的力量登上了政治舞台。工人运动的实践使越来越多的人感到无产阶级革命迫切需要科学理论的指导，同时也为科学理论的创立提供了充分条件。

在长期的革命实践和理论研究中，马克思、恩格斯一方面深入工人群体，揭

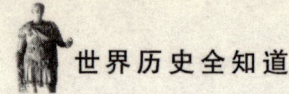

露并分析资本主义制度弊端;另一方面,他们广泛汲取人类优秀文化成果,特别是对当时出现的德意志古典哲学,英国古典政治经济学,英、法的空想社会主义学说加以批判继承,创立了马克思主义理论。

德意志古典哲学的主要代表是黑格尔和费尔巴哈。黑格尔的主要贡献是辩证法。他认为,世界处于不断运动、变化和发展之中,矛盾是发展的内在根源。但是,在黑格尔看来,辩证运动的主体不是客观存在的物质,而是"绝对精神",从而陷入了唯心主义。费尔巴哈发展了唯物主义,但他的唯物主义非常机械,而且仅仅局限于解释自然现象,在说明社会历史问题时,他又成为唯心论者。马克思、恩格斯批判地吸收了黑格尔的辩证法思想和费尔巴哈唯物主义思想的合理部分,建立了辩证唯物主义和历史唯物主义。

英国古典政治经济学的代表人物有亚当·斯密和大卫·李嘉图等,他们的主要贡献是奠定了劳动价值论的基础。马克思、恩格斯在继承其劳动创造财富思想的基础上,批判了他们关于资本家和工人共同创造财富的观点,提出了剩余价值学说,确立了马克思主义政治经济学。同时,马克思和恩格斯还借鉴了圣西门、傅立叶、欧文等空想社会主义者对资本主义社会的批判和对社会发展方面的一些天才设想,创立了科学社会主义。

在创立科学理论的同时,马克思、恩格斯还积极指导无产阶级政党的组建工作。1846年,他们在布鲁塞尔建立共产主义通讯委员会,宣传马克思主义理论,筹备建党。

1847年底,他们出席在伦敦举行的共产主义者代表大会,并受大会委托起草同盟纲领,这就是1848年2月发表的《共产党宣言》。《共产党宣言》运用生产力决定生产关系这一唯物史观的原理,剖析了资本主义生产方式的产生、发展的历史过程,揭示了资本主义必然灭亡、共产主义必然胜利的客观规律。

《共产党宣言》的发表,标志着马克思主义的诞生。从此,无产阶级进行斗争有了科学理论的指导,社会主义运动迅速得到蓬勃发展。

美国南北战争

18世纪独立战争后,美国建立了联邦制,由资产阶级与种植园奴隶主联合执政。不过南北两地依旧各行其道:美国南方在种植园经济的基础上发展着黑奴制,而北方则发展了资本主义的自由雇佣制。

到19世纪中叶,这两种对立的经济制度之间的矛盾发展到了不可调和的地步。南部奴隶制度成为美国社会经济发展的主要障碍。1860年,以呼吁维护联邦统一、反对奴隶制扩张而著称的林肯当选美国第十六届总统。南方奴隶主感到大权旁落,于是开始制造分裂,蓄意发动叛乱。1861年初,南方各州脱离联邦,成立"南部各州同盟",定都里士满。4月12日,南方叛军炮击联邦军驻守的萨姆特要塞,公然挑起国内战争。4月15日,林肯被迫宣布南方为叛乱州,征召7.5万名志愿军,为恢复联邦统一而战。

战争开始后,无论在人口、工业生产、财政金融、交通运输、军事力量,还是政治上,北方均占有绝对优势。然而战争初期,联邦军队却频频失利。这是因为南方军队有备而来,取得了主动权,更是因为林肯政府将最敏感的奴隶制存废问题搁置一边。1861年7月,在离华盛顿40公里的马那萨斯城发生第一次会战,联邦军被人数较少的南方军击败,华盛顿几乎失守。此后,群众举行了示威游行,要求解放奴隶,分给农民土地,挽救危局。

1862年9月23日,林肯发表预备性的《解放宣言》,宣布:假如在1863年1月1日以前南方叛乱者不放下武器,叛乱诸州的奴隶将从那一天起获得自由。消息传到南方后,成千上万的奴隶逃往北方。林肯政府还实行一系列革命措施和政策:1862—1863年,实行武装黑人的政策,成千上万黑人报名参加北方军队,其中主要是南方逃亡奴隶。1893年开始实行征兵法,以代替募兵制,从而增强了北方的兵力。同时林肯调整了军事领导机构,实行统一指挥,任命有卓越军事才能的格兰特为全军统帅。

1863年,北方在军事上出现转机。同年7月1日的葛底斯堡大捷,成为内战的转折点。战争的主动权转到北方军队手中。1864年,北方最高统帅格兰特采用新的战略方针:

林肯坐像

在东、西两线同时展开强大攻势。东线以消耗敌人力量为主要目标;西线用强大兵力深入敌方腹地,切断"南部同盟"的东北部与西南部的联系。

1864年9月,西线谢尔曼将军麾下的北军一举攻下亚特兰大。两个月后,北军开始了著名的"向海洋进军"的战役,彻底摧毁了敌人的各种军事设施,沉重地打击了敌人的经济力量,使南方经济陷于瘫痪状态。1865年4月3日,联邦军队攻克里士满。1865年4月9日,南军罗伯特·李将军的部队陷入北方军队的重围之中,被迫向格兰特投降。

美国南北战争以北方的胜利而告结束,美国恢复统一。

俄国1861年农奴制改革

19世纪前期,西欧主要国家都经历了资产阶级革命,先后走上了资本主义道路。但是，俄国仍旧是一个落后的封建农奴制国家。全国90%的人口是农奴，他们被束缚在土地上，受到贵族地主的压迫和剥削，过着贫困的生活。农奴没有人身自由，地主可任意打骂、虐待农奴，甚至将他们出卖。

19世纪50年代中期，俄国的生铁产量仅为英国的1/15，俄国的铁路有1500公里，而英国有1.5万公里；俄国出口的是农产品，进口的是工业品，逐渐沦为西欧各国的原料供应地。在农奴制下，农奴被束缚在土地上，无法满足工业对劳动力的需求。在地主强取豪夺下，广大农民也一贫如洗，无力购买工业品，严重限制着国内市场的扩大。农奴制的存在已经严重阻碍了资本主义工业的发展。

1853至1856年，为了争夺黑海地区和君士坦丁堡，俄国与土耳其、英、法之间发生了克里木战争。俄国惨败，失去了在黑海保有舰队及保留要塞的权利。战争的失败进一步激化了俄国国内的阶级矛盾。战后，农民运动风起云涌。1858至1860年，共发生了近300次农民起义。农民起义实质上是农民阶级自下而上消灭农奴制的尝试。沙皇专制统治的基础——农奴制正面临灭顶之灾。它如果继续保留，势必导致沙皇统治的垮台。在日益严峻的形势下，1856年3月30日，沙皇亚历山大二世说："与其等待农民自下而上地起来解放自己，不如自上而下解放农民。"1861年3月3日，亚历山大二世签署了废除农奴制的法令。

法令的主要内容是：一、宣布农民实现人身自由。地主再也不能买卖、交换农民，也不能干涉农民的家庭生活。农民有权用自己的名字订立契约、从事工商业活动、拥有动产和不动产；还可以改变身份，成为商人或市民。二、全部土地仍属地主所有，农民可以按照规定赎买一小块土地。赎金数额高出土地实际价格二三倍。赎金的20%—25%由农民支付现金，其余由政府以有息债券代付，农民要在49年内向政府还本付息。三、把农民组织在原来的村社中。村社的公职人员由农民选举产生，但必须执行政府的一切法令，并隶属于地方行政机构。在村社上面又设置一个由地方贵族担任的调停人，负责处理地主与农民之间的关系，以保障地主的利益。同时，村社实行连环保，以约束农民按时完成各类赋役。

1861年农奴制改革是沙皇以国家的名义实行的一次自上而下的改革。它为俄国资本主义的发展提供了必需的自由劳动力、资金和国内市场，使俄国工业迅速发展起来。

明治维新——日本的近代化转型

19世纪后半期，继欧洲和美洲的资产阶级革命之后，亚洲的日本也出现了一次在政治、经济、思想文化等领域的全面革新运动。这场以推行资本主义新政为目的的资产阶级革新运动，开始于明治年间，所以史称"明治维新"。

此前，日本是落后的封建国家。在1603年，德川家康消灭了各地的割据势力，在江户设置幕府，开始了德川家族的一统天下的局面。名义上，首脑是天皇,但实权已落在德川家族的手中。

德川幕府掠夺土地,并把土地分封给270家叫做"大名"的封建领主。大名又把领地分割成更小的单位,分赐给自己的家臣——武士。武士一般是职业军人,是幕府将军统治人民的主要工具。"士、农、工、商"被划在武士之下,受到等级身份制度的严格限制。

幕府推行闭关自守政策,不同其他国家建立任何关系。18世纪后期,随着商品经济的发展,新兴的地主阶级和商业资本家为了争得政治上的地位,对幕府制度产生了强烈的不满。

正当此时,西方列强大举入侵日本。幕府屈服于列强的炮火,连续与列强签订了许多不平等条约和关税协定。大批农民和手工业者因为外来廉价商品的涌入而破产。民族矛盾和阶级矛盾迅速激化,反对幕府的斗争接连发生。1865年12月,长州藩倒幕派击败保守派。随后,萨摩藩倒幕派大久保利通等人也控制了藩权。不久,这两股力量结成倒幕联盟,成为全国倒幕运动的核心。

这一年的12月,压制倒幕派的孝明天皇去世,不满15岁的明治天皇即位。明治天皇虽然年幼,但颇有见识,对幕府将军把持朝政十分不满,他决定与倒幕派联合推翻幕府统治。他写了一份"讨幕密诏",交到大久保利通他们手里。德川庆喜听到风声,感到形势对自己不利,决定先发制人,主动辞职。西南各诸侯一眼就看出这是对方的缓兵之计。于是,他们调兵遣将,很快把自己的部队调集到京都附近,准备发动宫廷政变。

1868年1月3日,西南各诸侯率兵包围皇宫,解除德川幕府驻后宫警卫队的武装。他们簇拥着年少的明治天皇,召开御前会议,宣布大权全归天皇掌握。明治天皇随即颁布诏书,决定建立由他领导的新的中央政府。

德川庆喜连夜退居大阪,集中全部兵力,向京都进犯。政府军在京都附近迎击。夜半时分,双方展开了大厮杀。幕府军士气很低,而政府军却斗志旺盛,越战越勇。德川庆喜看到自己大势已去,向天皇投降。统治日本长达200多年之久的德川幕府垮台了。

从1868年至1873年,新政府开展了大刀阔斧的维新运动。

维新运动的主要内容是收回封建地主领地、取消封建身份等级制、扶植资本主义工商业、破除封建主义旧文化。这些有利于发展资本主义的改革措施,使日本摆脱了沦为殖民地的危机。

俾斯麦统一德意志

奥托·冯·俾斯麦(1815—1898),著名政治家和外交家,普鲁士王国和德意志帝国宰相。1815年出生在普鲁士一个大贵族地主家庭。他的性格强暴蛮横、凶悍粗野,崇尚武力。1851至1858年,俾斯麦担任普鲁士邦驻德意志联邦代表

会的代表；1859年，任驻俄大使。1861年，改任驻法大使；1862年，得到国王威廉一世的赏识，出任普鲁士宰相兼外交大臣。俾斯麦对普鲁士统一德意志的能力深信不疑。他的哲学是："强权胜于真理。"他认为武力是取得政治和外交成就的基石。

1864年，德意志与丹麦在石勒苏益格——荷尔斯泰因发生领土纠纷。俾斯麦联合奥地利发动了对丹麦的战争，丹麦惨败。双方签订协定，石勒苏益格划给普鲁士，荷尔斯泰因划给奥地利。

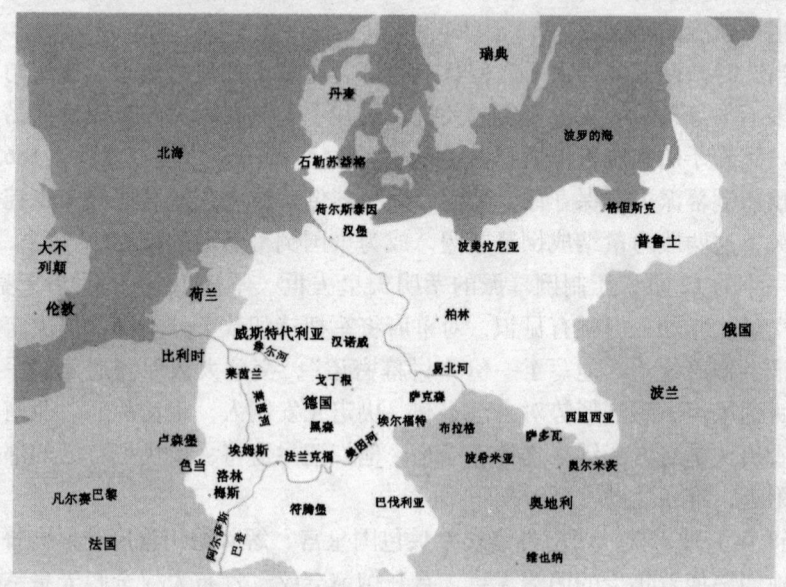

1871年德国统一时所占据的疆域

奥地利是普鲁士统一德意志的最大阻力，所以对奥战争是不可避免的。1866年6月，普鲁士挑起了普奥战争。意大利为了收复威尼斯也对奥作战。普鲁士军队很快占领德意志北部和中部各邦。7月3日，普军在捷克的萨多瓦村附近重创奥军。经过调停，8月23日，普、奥签订和约，规定：旧德意志邦联解散；奥地利承认普鲁士成立北德意志联邦（由美因河以北各邦组成）；把施勒斯维希、霍尔施坦、汉诺威和法兰克福等地划归普鲁士，威尼斯归还意大利。此后，普鲁士于1867年成立了北德意志联邦，普鲁士国王为联邦元首。奥地利皇帝为了增强国势，于1867年兼任匈牙利国王，组成了奥匈帝国。

经过普奥战争，普鲁士统一了德国的整个北部和中部地区，只有德意志南部紧邻法国的四个小邦国仍旧保持着独立。俾斯麦想兼并这四个小国，但他知道，法国也有同样的想法，不打败强大的法国，德国的统一将不可能实现。同时，俾斯麦对法国境内的富裕地区阿尔萨斯和洛林早已垂涎三尺。所以，俾斯麦铁血政策的第三步，就是进行普法战争，打败法国。经过充分的准备，1870年7月19日，普法战争爆发。战争爆发后，一方面由于法国的孤立和军事上的失误，另一方面由于普鲁士制定了周详的作战计划,不到一个半月,法国就被击败。9月2日的色当战役,拿破仑三世当了俘虏,法国投降,普军大获全胜。普鲁士军队开进巴黎附近的凡尔赛宫,宣布以普鲁士为首的德意志帝国成立。普鲁士国王威廉一世为德意志帝国皇帝,俾斯麦为首相。德意志的统一完全实现。

德国的统一是历史发展的必然趋势。它结束了长期的分裂状态,形成了统一的国内市场,为德国资本主义的迅速发展创造了有利的条件。统一后的德国成为欧洲和世界的强国,导致国际政治格局发生重大变化。但是,受铁血政策的影响,德国逐渐成为世界战争的策源地,给世界人民带来了巨大的灾难和痛苦。

巴黎公社起义

19世纪中叶,法国拿破仑三世的专制统治陷入危机。为了摆脱困境,法国于1870年7月19日对普鲁士宣战,但遭到了惨败。9月4日,法国人民举行革命,推翻了第二帝国,成立了"国防政府"。这时,普军继续向法国内地推进,法国成了防御侵略战争的一方。"国防政府"屈辱求和,普军得以长驱直入,包围了巴黎。10月31日,法军投降。巴黎人民极为愤慨,又爆发了旨在推翻叛国政府的第二次起义。起义虽然被镇压,但两次起义使无产阶级和人民群众受到了实战锻炼。爱国热情高涨的巴黎工人冲破政府限制,仅三个星期就组成了194个工人营队。1871年2月,巴黎无产阶级革命武装正式成立了国民自卫军中央委员会。

1871年1月28日,"国防政府"同普鲁士签订了割地赔款的停战和约。2月17日,梯也尔上台。由于消除了后顾之忧,法国资产阶级便集中全力对付国内特别是巴黎的工人武装。3月8日至17日,梯也尔政府向巴黎增调了2万名政府军,准备夺取国民自卫军的大炮,逮捕其中央委员会成员。18日凌晨,政府军占领了蒙马特尔停炮场,枪声惊醒了附近居民,蒙马特尔停炮场被抢占的消息迅速传开。巴黎的武装起义迅速展开。国民自卫军和人民群众自动拿起武器,建筑街垒,布置岗哨,派出巡逻队,集中分散的大炮。中央委员会领导武装起义,占领了部分地区。中午以后,国民自卫军开始向巴黎市中心挺进。22时许,国民自卫军进入市政厅,升起红旗。至此,中央委员会控制了巴黎全城,推翻了梯也尔政权。3月28日,巴黎公社进行了普选,一个崭新的无产阶级国家政权诞生了。

为了镇压革命力量,梯也尔一方面纠集反动军队的散兵游勇,另一方面请求俾斯麦释放战俘,重新拼凑和整顿军队。此时,巴黎东面和北面普军15万大军压境,西面和南面凡尔赛军队伺机反扑,形势对公社极为不利。

公社方面却疏于防范。4月2日清晨,凡尔赛军炮轰巴黎,向巴黎城西的纳伊桥发起进攻。炮声震醒了巴黎,公社执行委员会当即决定进攻凡尔赛。

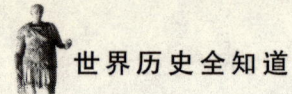

4月6日，凡尔赛军与东面和北面的普军对巴黎形成了包围。公社方面仅有1.6万人的作战部队和4.5万人的预备部队。5月初，公社调整了巴黎防御部署。凡尔赛军发起全线总攻。公社虽在此时加强了军事指挥，但大局已难挽回。5月28日，公社战士坚守的最后一个街垒被攻克。巴黎人民的武装起义被凡尔赛军血腥镇压下去了。

巴黎公社起义是一个划时代的伟大革命，是无产阶级推翻资产阶级统治，建立无产阶级国家政权的第一次伟大尝试，在国际工人运动史上留下了不可磨灭的功绩。

美西战争爆发

1898年，新兴的美国和老牌的殖民国家西班牙之间发生了一场战争。这场战争是美国开始向外侵略的标志。

美国悍然发动美西战争不是偶然的。19世纪末，美国的经济实力一跃而占世界第一位。急剧膨胀的经济，推动本来就已富侵略性的美国更加疯狂地向外扩张，寻求新的原料产地、商品销售市场和投资场所，以榨取更多的高额垄断利润。

此时，西班牙在加勒比海的殖民地古巴和波多黎各，位于美国家门口，具有重要的战略价值，自然资源丰富，美国对它们，特别是古巴，觊觎良久。

1895年古巴独立战争爆发后，古巴革命军眼看就要彻底消灭西班牙殖民统治，于是美国匆忙以"帮助古巴革命"为幌子，向西班牙宣战。

美国发动美西战争也是为了保护美国在古巴的利益。美国和古巴的贸易额，仅1895年一年就达1亿美元。美国人在古巴种植园、矿场和铁路的投资，达5000万美元。1897年底，由于古巴革命，美国资本损失1600万美元。同时，美古贸易的损失达3亿美元。显然，美国对西班牙宣战，绝不是为了"保护"古巴人民，而是为了保护美国资本家的钱包！

美国对西班牙在太平洋的殖民地菲律宾，也早就垂涎欲滴。美国想侵占菲律宾，作为侵略中国和亚洲的桥头堡。

美西战争的直接导火线是缅因号战舰爆炸事件。1898年1月24日，美国借口保护自己在古巴的利益和侨民安全，派遣"缅因号"战舰进驻哈瓦那港。2月15日，缅因号突然爆炸沉没。该舰爆炸的原因，至今仍然是一个谜。非常可能是美国为了煽动国内舆论反对西班牙和制造宣战借口而自行炸毁的。美国利用这个事件大做文章，向西班牙施加强大压力。4月20日，美国提出最后通牒，逼迫西班牙撤出古巴。西班牙表示拒绝。4月25日，美国正式向西班牙宣战。第一次帝国主义重新瓜分世界的战争就这样开始了。

美西战争有两个战场。第一个战场在古巴。美西战争爆发时，古巴革命军节

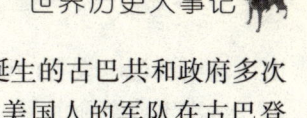

节胜利,战果辉煌,西班牙的败局已定。在革命烈火中诞生的古巴共和政府多次声明,古巴人民完全有能力自己解放自己,"并不需要美国人的军队在古巴登陆"。但是,一贯仇视古巴革命的美国政府,惟恐古巴取得独立,急忙打着"帮助古巴独立"的旗号进行干涉,强行在古巴登陆。

第二个战场在菲律宾。5月1日,杜威指挥的美国亚洲舰队在马尼拉湾歼灭了西班牙舰队,接着封锁了马尼拉湾。同时,美国也打着"援助菲律宾独立"的旗号,诱骗以阿奎那多为首的菲律宾资产阶级同美国合作,共同对西班牙作战。当美国援军源源开抵马尼拉后,美国立即撕下"朋友"的假面具,强迫菲律宾革命军退出马尼拉外围阵地,以便让美军占领马尼拉。

美西战争以1898年12月10日美西两国签订《巴黎和约》宣告结束。和约规定:一、西班牙放弃对古巴的统治;二、西班牙将波多黎各、西印度群岛的其他岛屿和关岛割让给美国;三、西班牙将菲律宾群岛割让给美国,美国付给西班牙2000万美元作为"补偿"。

美国总统威廉·麦金利所奉行的"帝国主义政策",使美国迅速膨胀为世界级的强国。

美西战争结束后,美国完全背弃自己的诺言,残暴地镇压古巴和菲律宾革命,取代西班牙,重新奴役古巴、菲律宾和波多黎各人民,使这些国家出现了"前门拒狼,后门进虎"的局面。

美西战争是新兴的美国向老牌殖民国家西班牙的挑战,它是美国逐渐露出侵略和霸权面目的开始。美西战争加强了美国在太平洋地区的势力,进一步加强了美国对拉丁美洲和亚洲的扩张。

第二次工业革命

第二次工业革命最主要的表现是电力的广泛应用。

1866年,德国人西门子制成发电机。4年后,比利时的格拉姆发明了电动机。于是,电力作为一种新能源开始用来带动机器。此后,以电为能源的产品迅速被发明出来,如电灯、电车、电报、电话以及电焊技术等。电的广泛使用,造成对电力的需求大增。于是有了法国人马·德普勒关于远距离送电技术的发明,美国发明家爱迪生建成了第一座火力发电站,将输电线路结成了网络。制造发电、输电和配电设备的电力工业纷纷建立和发展起来。

这次工业革命的另一个重要表现是内燃机的发明和应用。从70年代到90年代，德国人奥托、戴姆、狄塞尔先后发明了以煤气为燃料的四冲程内燃机、以汽油为燃料的内燃机和柴油机。这就解决了交通工具的发动机问题，引起了这一领域的革命性变革。80年代，汽车诞生；90年代，许多国家建立起汽车工业，并牵动了内燃机车、远洋轮船、拖拉机和装甲车、飞机等的制造和使用，也促使石油开采与炼制业迅速发展起来。

化学工业也在这一时期兴起。无机化学工业、有机化学工业都相继建立和发展起来。纯碱、硫酸的生产，煤焦油的综合利用，促成了一系列新发明和新产品的出现。如化肥、化学药品、人造染料、人造丝和人造纤维等。炸药工业更成为化学工业的重要部门，瑞典人诺贝尔因发明火药和无烟火药而成为世界名人。

第二次工业革命在规模、深度和影响上都远远超过第一次工业革命，它极大地促进了生产力的发展，人类社会进入电气时代。它改变了资本主义的工业结构，新兴工业部门，如电力工业、石油开采业、石油化工业、汽车制造业等重工业迅速发展起来，重工业逐渐取代轻工业，并在资本主义工业体系中占据主导地位。随着生产力的发展，生产和资本高度集中，引起了生产关系的变化，产生了垄断组织，垄断经济逐渐成为整个国民经济的基石，世界主要资本主义国家开始进入帝国主义阶段。垄断还进一步造成资本主义经济发展的不平衡。老牌国家英国和法国，经济发展相对缓慢。新兴的美国和德国经济发展相当快，工业总产值超过英、法而位居世界第一和第二。俄国和日本经济也迅速发展。这就刺激了帝国主义列强对世界霸权和殖民地的掠夺，加深了列强之间的矛盾，造成国际局势的紧张，最终酿成第一次世界大战。

电话和无线电技术的问世

英国人贝尔在1876年发明的电话，对世界的影响是巨大的。

贝尔，1847年出生于英国的一个声学世家。他研制电话要从世界近代社会对信息传递速度的需求和19世纪电报的发明说起。

从1832年起，美国的莫尔斯开始了利用电磁原理研制有线电报的活动。1837年，他发明了一台电磁式电报机。同时，他利用长短脉冲信号的不同组合，编出了英文字母电报编码。1844年，他在华盛顿和巴尔的摩之间架设了一条实验性电报线路，正式完成了电报传讯的重大试验，有线电报正式出现。

要研制电话，首先要解决的技术问题是如何把声音信号转变成电流信号，然后再把电流信号转变成声音信号。1875年，贝尔再一次对波士顿的电报机作了认真的观察。他认为，电报机之所以能够把电流信号和机械运动进行相互转换，关键是使用了一个电磁铁。于是，贝尔开始设计制造电磁式电话。经过无数次的探索和失败，贝尔获得了成功。1876年6月，电话问世了，并且很快在全世界得到了普及。

电话的研制成功，使人类的感官功能得到了极大的扩展。人类的通讯进入了一个革命的时代。贝尔对人类社会的进步做出了巨大的贡献。随着通讯技术的不断发展，无线电技术也在19世纪末20世纪初出现。

1887年，德国物理学家赫兹通过实验，证明了电磁波现象，科学界把电磁波叫作"赫兹电波"。有些科学家就想利用这种"赫兹电波"来传递信息。

"赫兹电波"的研究吸引了马可尼。1894年开始，马可尼广泛搜集有关"赫兹电波"和电报通讯方面的资料，并认真研究了当时一些科学家利用电磁波进行通讯的想法及思路，决定进行无线电报的实验。

1895年的一天，在英国的援助下，马可尼成功地进行了12公里距离的通讯。1896年，马可尼在英国获得了无线电发明的专利。1897年，马可尼在英国的西海岸，成功地进行了无线电跨海通讯实验。这是人类第一次不用导线把信号传过海湾，完全实现

19世纪末期的纽约已渐露世界大都市的风采

了无线电通讯。1901年12月，马可尼成功地实现了从英国的康沃尔到加拿大的纽芬兰长达2000多英里的无线电跨洋通讯。这就标志着无线电报已经成为全球性的事业。

无线电报装置的发明，实现了人类历史上第一次远距离无线电通讯，使地球上不同区域之间的距离大大缩短。无线电技术在人类传递信息和接收信息方面起着越来越大的作用。

五一国际劳动节的创立

1889年7月14日，由各国马克思主义者召集的社会主义者代表大会，在法国巴黎隆重开幕。这次大会上，法国代表拉文提议：把1886年5月1日美国工人争取8小时工作制的斗争日，定为国际无产阶级的共同节日。与会代表一致同意，通过了这项具有历史意义的决议。从此，五一国际劳动节诞生了。

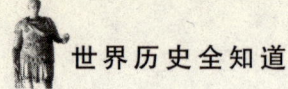

为什么要把这一天定为国际劳动节呢？这还得从19世纪80年代的美国工人运动说起。

当时，在美国和欧洲的许多国家，资本家为了榨取更多的剩余价值，不断采取增加劳动时间和劳动强度的办法来残酷地剥削工人。在美国，工人们每天要劳动14到16个小时，但工资却很低。沉重的压迫和剥削激起了无产者巨大的愤怒。他们知道，要争取生存的条件，就只有团结起来。工人们提出的罢工口号，就是要求实行8小时工作制。

1877年，美国历史上第一次全国性罢工开始了。工人阶级走向街头游行示威，要求政府改善劳动与生活条件，缩短工时，实行8小时工作制。不久，罢工队伍日渐扩大，工会会员人数激增，各地工人也纷纷参加罢工运动。

在工人运动的强大压力下，美国国会被迫制定了8小时工作制的法律。但是，资本家根本不予理睬，这项法律只不过是一纸空文。

忍无可忍的工人决定将这场争取生存权利的斗争推向一个新的高潮。1884年10月，美国和加拿大的8个国际性和全国性工人团体，在美国芝加哥举行集会，决定于1886年5月1日举行总罢工，迫使资本家实施8小时工作制。

这一天终于来到了。5月1日，美国2万多个企业的35万工人罢工上街，举行了声势浩大的示威游行。美国的主要工业部门处于瘫痪状态。罢工运动的巨大力量使当局和资本家极为恐慌。他们不甘心答应工人的条件，便露出狰狞的面目。5月3日，芝加哥当局终于撕下了"民主"的假面具，用暴力镇压工人，当场开枪打死6个工人。这一暴行，激起了全市工人的极大愤慨，他们决心为死难的工人兄弟们报仇！

第二天晚上，3000多名工人聚集在芝加哥秣市广场，为死难工友们举行追悼会。在大会即将结束的时候，突然，有200名武装警察冲进了会场，会场顿时大乱。资本家故意制造事端，埋伏在工人队伍中的资本家走狗，故意向人群投掷一颗炸弹。4名工人当场倒在血泊之中。

政府随后调动大批军警，疯狂向工人队伍开枪，有200多名工人被打死打伤。随后，资产阶级的报纸大造舆论，诬蔑提出8小时工作制的人是"投掷炸弹者"。当局顺手推舟，把8名工人领袖交付法院，诬告他们犯了杀人罪。

8月20日，法院判处7人绞刑，1人15年徒刑。工人不服，向州最高法院上诉。法院根本就不受理此案。这激起了美国各地工人群众的强烈抗议。但政府当局仍然于次年11月杀害了其中4名工人领袖。美国芝加哥工人的鲜血，燃起了全国工人斗争的烈火，并迅速蔓延到欧洲和其他地区。全世界的工人阶级纷纷举行罢工运动，抗议美国政府的行为，支持工人的斗争。

在世界进步舆论的广泛支持下，尤其是全世界工人运动的斗争下，美国政府终于在一个月后，宣布实施8小时工作制。美国工人运动终于取得初步的胜利。

为纪念美国工人1886年5月1日的罢工运动，这一天定为国际无产阶级的共同节日。

飞机的出现

1903 年 12 月 17 日，在美国北卡罗来纳州一个海滨小镇上，自行车修理工——威尔伯·莱特和奥威尔·莱特兄弟，驾驶着亲手设计的飞行器——飞机，一飞冲天，从此开创了人类的动力飞行史。

莱特兄弟出生于美国的俄亥俄州。年幼时，他们就表现出对飞行的强烈兴趣。兄弟俩都十分热衷于飞行研究。他们经常阅读、讨论有关飞行的报道和文献，关注着飞机研究的进程。为了获得经费，他们经营自行车生意。在制造和修理自行车的工作中，他俩掌握了大量机械和力学方面的实际知识。同时，他们吸取前人在飞机制造上不重视理论的教训，学习研究了许多基础理论和航空方面的文献。

1903 年，莱特兄弟在取得了大量滑翔飞行经验之后，计划往滑翔机上安装当时最先进的汽油活塞发动机，接着又试制了螺旋桨。一架以轻质木材为骨架，帆布为基本材料的双翼飞机制造成功。兄弟俩将其命名为"飞行者"号。该机的双层机翼能提供升力，活动方向舵可以操纵升降和左右盘旋，发动机推动螺旋桨，驾驶者俯卧在下层主翼正中操纵飞机。

1903 年 12 月 17 日，在美国北卡罗来纳州的一片荒沙丘上，莱特兄弟开始了人类历史上的第一次试验飞行。弟弟奥威尔坐上飞机开始发动，"飞行者"号徐徐离开沙丘，在 12 秒内飞行了约 35 米。

虽然这次试飞时间很短，飞行距离很近，但它用事实打破了比空气重的机器不能飞行的断言，实现了人类历史上第一次驾驶飞机飞行，开辟了人类航空科学技术的新纪元。"飞行者"号被人们公认为世界上第一架飞机。

这次试飞成功，极大地鼓舞了莱特兄弟。1908 年，他们又创造出连续飞行 2 小时 20 分 23 秒的新纪录，使飞机在世界上赢得了声誉。莱特兄弟的成功，立即引起了世界科学界和军事界的极大注意。从那时起，航空事业的发展速度惊人。1910 年，德国人尤卡斯制出了金属飞机；1914 年，飞机出现在第一次世界大战战场上；1941 年，英国人怀特制成了喷汽机；1947 年，飞机突破了声障；1960 年，又突破了热障，飞行速度达到了音速的 3 倍。飞机成了人们又一种先进的运输工具。

由于飞机的出现，人类开始全面进入水、陆、空三栖时代。飞机让人类的生存空间成为真正意义上的"地球村"，也为探索辽阔的宇宙空间提供了可能。

汽车的发明

毫无疑问，汽车对于现代生活的影响是巨大的，因为它从根本上改变了人们的日常生活，这些就连它的发明者也是始料不及的。

在很长的时间里，人们所使用的最快的交通工具是马车。随着近代工业革命的兴起和蒸汽机的出现，欧洲有人设想制造出一种能自动在路上行驶的"不用马拉的马车"。

1769年，世界上最早的一辆以蒸汽为动力的"汽车"出现在法国。它的时速只有5公里，而且每过15分钟就得停下来休息一会儿。尽管当时的试验并未完全成功，但却迈开了人类研制汽车的第一步，为后来实用型汽车的出现打下了基础。后来，瓦特对蒸汽机的成功改进和伏特发明了电池，促进了实用型蒸汽汽车和电动汽车在19世纪初的出现。

19世纪末，汽油机的发明促进了新型动力汽车的研制。现代意义上的汽车的发明者实际上是德国的戈特利布·戴姆勒和卡尔·本茨。戴姆勒为了给各种交通工具提供动力，设计了一种快速运转的发动机，并运用了新的热管燃烧装置。燃料由传统的煤气燃料改为液体燃料（汽油）。与此同时，本茨也制成了四冲程内燃发动机，不同的是，他运用电子打火装置，利用火花塞使发动机获得了令人惊叹的速度。1886年7月，本茨首次试开他的三轮汽车。车子由金属管构架，漂亮而又轻巧。它其实是世界上第一辆真正的汽车。此后，汽车制造作为一种工业，迅速在欧洲和美洲国家兴起。

在19世纪末20世纪初，汽车的数量毕竟还很少。一方面，这种昂贵的时髦玩意儿，只有阔佬才买得起。一般的平民百姓，只能在报纸上看看一些有关汽车的报道。另一方面，当时的汽车不管是蒸汽汽车还是汽油汽车，操作上都极为复杂，使得汽车不容易得到普及。

在这种情况下，一些技术人员利用自己有限的场地和资金，对汽油、汽车机械系统等各个方面进行了改进，试图制造出更加实用、便于普及的汽车来。在这些技术人员中，亨利·福特取得了巨大的成功。他引进流水线来生产"T"型车，效果十分显著。各个部件在不同车间里生产出来，然后以精确的时间被送到连续运转的主传送带上。一辆汽车从开始到完成最后的拼装只需93分钟。福特的流水线生产使汽车更加便宜，因而销量大增，拥有一部汽车再也不是贵族们的专利了。1908年，福特推出了操作简易、经久耐用的大众型汽车，由此揭开了大众型汽车生产的序幕，并促进了汽车的普及。

汽车的普及大大改变了人们的生活方式和生活节奏，促进了交通的发展，缩短了城市与乡村的距离。汽车改变了我们的世界。

现代部分

第一次世界大战

20世纪初,帝国主义两大军事集团——同盟国(德、奥、意)和协约国(英、法、俄)之间的矛盾空前激化,战争一触即发。1914年,受俄国支持的塞尔维亚,一直被奥匈认为是在巴尔干扩张的主要障碍。为了对塞尔维亚进行军事恫吓,奥匈决定于塞尔维亚被土耳其征服的"国耻日"(1386年6月28日),在波斯尼亚首府萨拉热窝举行军事演习,以示其侵略野心。这一消息,已于当年4月传出。塞尔维亚的秘密民族主义组织——民卫社和黑手党,决定派人去暗杀指挥这次演习的好战分子奥匈皇储弗兰茨·斐迪南。

坦克在一战中首次被英军使用,图为德国人把缴获的坦克为己所用。

5月,黑手党7名成员分头潜入萨拉热窝,为暗杀活动进行了周密的准备。6月28日上午10时,斐迪南夫妇在城郊检阅军事演习之后,乘敞篷汽车进入萨拉热窝市区巡视。埋伏在路旁人群中的黑手党成员查卜林诺维奇突然冲到车前,向斐迪南投掷了一枚炸弹。司机见此情景,加足马力,汽车冲向前方。炸弹落到随后的汽车上,炸死一名军官和几名群众。查卜林诺维奇当场被捕。斐迪南故作镇静,挥手示意"继续前进"。到市政厅出席了欢迎仪式,稍作休息之后,他又乘车上街,招摇过市。当汽车途经一拐角处时,17岁的中学生加·普林西波冲上前去用枪打死了斐迪南夫妇。

德奥集团在暗杀事件发生后,欣喜若狂地叫嚣道:"这是千载难逢的机会。"1914年7月28日,奥匈对塞尔维亚宣战。8月初,世界大战全面开始。

第一次世界大战主要在欧洲战场上进行。英、法、比军队同德军对抗的西线,俄国军队同奥匈、德国军队对抗的东线,是主要战线。其中西线的战争具有决定作用。这次大战可分为三个阶段:

1914年为战争的第一阶段。在这一年里,德军根据战前制定的计划,首先在西线发动进攻。马恩河等战役中法、英、比军队的顽强抵抗和俄军在东线的进攻,使德军速战速决的计划破产。

1915至1916年为战争的第二阶段。期间出现了三次大交战:西线的凡尔登战役、索姆河战役和东线俄军的夏季攻势。在海上战场,日德兰海战后,英国人牢牢控制了制海权。

1917年至1918年为战争的第三阶段。1917年,美国参加对德作战;俄国爆发了"二月革命"和"十月革命",退出了战争;中国等国也相继投入战争,协约国的阵营增加到27个国家。1918年11月11日,德国宣布投降,第一次世界大战以同盟国的失败而告终。

第一次世界大战一方面大大削弱了帝国主义的力量,另一方面也使俄国无产阶级在帝国主义的链条上打开了薄弱的一环,取得了十月社会主义革命的胜利。同时,资本主义国家的无产阶级革命运动和亚、非、拉的民族解放运动也出现了高涨的新局面。

俄国十月革命

第一次世界大战给俄国人民带来了无穷的灾难,各族人民掀起了反战争、反沙皇专制制度的革命浪潮。1917年3月15日(俄历2月27日),工人和革命士兵在彼得格勒发动武装起义,推翻了沙皇政府,统治俄国300多年的罗曼诺夫王朝垮台了。这次革命史称"二月革命"。

二月革命以后,俄国出现了两个政权并存的局面,一个是资产阶级临时政府,它掌握着各级权力机构;另一个是工人士兵代表苏维埃,它得到工农的支持,拥有实权,但它只是辅助性政权。两个政权并存的局面不可能长久维持下去,随着形势的发展,其中一个必然要化为乌有。

在这种复杂的形势下,1917年4月,长期流亡国外的列宁回到了彼得格勒。他在党的会议上作了被称为《四月提纲》的报告。列宁指出,俄国革命必须从资产阶级民主革命向无产阶级社会主义革命过渡,无产阶级和贫苦农民必须夺取政权,建立苏维埃共和国。列宁还号召布尔什维克党积极准备新的革命。《四月提纲》指明了俄国革命的方向。

1917年7月,俄军在前线的进攻遭到惨败。消息传到彼得格勒以后,工人和士兵满腔怒火。他们走上街头,举行示威,要求全部权力归苏维埃,游行遭到临时政府派的血腥镇压,史称"七月革命"。

8月,布尔什维克党召开代表大会,确定了武装起义的方针。9月,俄军最高总司令科尔尼洛夫下令向彼得格勒推进,企图武力镇压革命力量,建立军事独裁政权。在布尔什维克党的领导下,科尔尼洛夫的叛乱被粉碎。国内阶级的力量对比发生巨大变化。临时政府的支柱——军队瓦解。布尔什维克党的威信空前提高,革命形势日趋成熟。布尔什维克党决定通过武装起义把政权交给无产阶级政党领导的苏维埃掌握。

冬宫前的广场及凯旋门
十月革命前,俄国临时政府的驻地即在冬宫。

1917年秋冬,俄国人民掀起了新的革命浪潮,武装起义的时机成熟。11月6日晚,列宁来到彼得格勒的斯莫尔尼宫,亲自领导武装起义。11月7日,彼得格勒武装起义开始了,革命群众迅速占领了彼得格勒的主要桥梁、火车站、邮电局、国家银行和政府机关等战略要点。晚上,革命群众占领临时政府的最后堡垒冬宫。资产阶级临时政府被推翻,彼得格勒武装起义取得了胜利。

当起义军攻打冬宫之际,全俄工兵代表苏维埃第二次代表大会于11月7日晚在彼得格勒的斯莫尔尼宫开幕。大会通过了列宁起草的《告工人、士兵和农民书》,宣告"各地全部政权一律转归工兵农代表苏维埃"。8日,大会一致通过了和平法令,谴责帝国主义战争的罪行,建议各交战国缔结不割地、不赔款的和约。大会批准了苏维埃政府的成立。

十月革命的胜利具有伟大的历史意义。它为当时处于同样遭遇的各国无产阶级树立了榜样。

巴黎和会的召开

第一次世界大战刚刚结束,帝国主义列强就着手拟定对德和约,重新瓜分世界。1919年1月18日,战胜国与战败国媾和的巴黎和会在凡尔赛宫召开。参加会议的有27个国家(包括中国)的代表,苏维埃俄国未被邀请,同盟国国家未获准列席会议。

会议由美、英、法、意、日五大国各出两名代表组成的最高理事会("十巨头"会议)控制。到3月,"十人会议"分为由英、法、美、意四国首脑组成的"四人会议"和由此四国外长及一名日本代表组成的"五人会议"。"四人会议"排除了日本最高代表。而日本为换取欧洲列强支持它在亚洲的侵略要求,也不愿在欧洲事务中多开口,因此,它被称为"沉默的伙伴"。在"四人会议"中,意大利对战争贡献甚少,势单力薄,奥兰多首相大受冷落。这样,巴黎和会的主宰实际上是英国首相劳合·乔治、法国总理克利孟梭和美国总统威尔逊。

和会开了半年之久。美、英、法、日、意等战胜国都想多分得一些赃物,削弱战后与自己争霸的对手,所以彼此之间矛盾重重,勾心斗角,经常闹得不可开交。法国为了称霸欧洲大陆,力图彻底削弱德国。而美、英想让德国继续保持一定的实力来牵制法国称霸,竭力反对法国的主张,并且迫使法国在德国问题上做出让步。日本的主要目标在远东,它想独占德国在中国山东的权益。这一要求虽遭美国反对,但日本以拒绝加入国联和签署和约相威胁,迫使美国改变了态度。美、英、法、日还背着中国炮制出一个严重损害中国主权的解决山东问题的方案。

此外,帝国主义列强还在国际联盟等其他问题上明争暗斗。主要战胜国在经过几个月的讨价还价之后,最终达成了协议,拟定了对德和约。德国试图对和约的条件作有利于自己的修改,但遭到拒绝,被迫无条件接受和约。6月28日,战胜国在凡尔赛宫签订了《协约国及参战各国对德和约》,即《凡尔赛和约》。由于大会将战前德国在山东的特权转交给日本,严重损害了中国的利益。消息传到中国,群情激愤,引发了反帝爱国的"五四运动"。在群众运动的强大压力下,中国代表拒绝在和约上签字。

《凡尔赛和约》是帝国主义重新瓜分世界的真实记录。英、法、日等国的主要目标基本实现,而美国攫取世界霸权的计划遭到了失败,因此,美国没有在和约上签字。其实,帝国主义国家之间只是暂时的妥协,它们之间固有的矛盾没有也不可能消除。《凡尔赛和约》以及随后签订的各项条约,构成了"凡尔赛体系"。帝国主义列强经过近五年的时间,在欧洲、近东和非洲确立了资本主义世界的新秩序。

巴黎和会分赃不均导致凡尔赛体系内部矛盾重重,为第二次世界大战的爆发埋下了祸根。

苏联建国

苏维埃社会主义共和国联盟,简称苏联。它是在俄国十月革命胜利的基础上建立起来的。

十月革命胜利以后,俄国各地区的被压迫民族纷纷建立起自己的民族国家和民族政权组织。从1917年底至1921年,乌克兰、白俄罗斯、立陶宛、拉脱维亚、爱沙尼亚、阿塞拜疆、亚美尼亚、格鲁吉亚等宣布成立独立的民族国家,建立了苏维埃政权。在外国帝国主义武装干涉和国内反革命武装叛乱的严峻形势下,它们建立了密切的军事、经济和外交方面的联系,签订了相互合作条约。为了打破帝国主义的包围和封锁,尽快恢复被战争破坏的国民经济,进一步巩固和壮大无产阶级政权,联合各民族人民共同走上社会主义道路,各苏维埃共和国需要建立更加紧密的合作关系。

1922年8月,俄共(布)中央政治局成立专门委员会,由斯大林主持工作。负责讨论各苏维埃共和国联合的问题,9月,委员会通过了斯大林提出的《关于俄罗斯苏维埃联邦共和国同各独立苏维埃共和国的相互关系的决议草案》。这个"自治化"方案严重削弱了各苏维埃共和国的独立自主权。各苏维埃共和国在讨论这个决议草案时产生了严重分歧,少数赞成,多数反对。

列宁严厉批评了斯大林的"自治化"方案。他认为各苏维埃共和国必须保持平等的地位,联合成为新的民主联盟国家,建立平等的、民主的苏维埃社会主义共和国联盟国家。

根据列宁的建议,委员会重新制定了联合决议草案。

1922年12月30日,苏联第一次苏维埃代表大会在莫斯科举行。大会批准了《苏维埃社会主义共和国联盟成立宣言》和《苏维埃社会主义共和国联盟成立条约》,宣告苏维埃社会主义共和国联盟正式成立。1924年1月,苏联通过了第一部宪法,把苏维埃共和国联盟的形式固定下来。

苏联成立宣言和苏联成立条约、1924年苏联宪法及其他立法对联邦制国家的运行做出了一些原则规定:苏联是由各个平等的苏维埃共和国自愿联合组成的社会主义联邦制国家;各加盟共和国享有主权国家地位,在苏联宪法规定的分权范围内独立行使自己的国家权力;各加盟共和国享有自由退出联盟的权利。

1922年12月成立时,苏联由俄罗斯联邦、南高加索联邦、乌克兰、白俄罗斯四个苏维埃共和国组成。此后,1924至1936年,中亚地区先后成立了乌兹别克、塔吉克、土库曼、哈萨克、吉尔吉斯五个苏维埃共和国,它们作为主权共和国加入了苏联。

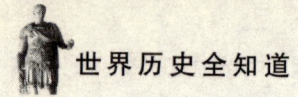

到1940年，先后有15个加盟共和国加入苏联。苏联成为一个统一的、多民族的社会主义联邦制国家。

国际联盟的建立

第一次世界大战结束后，饱受战乱之苦的各国人民强烈反对帝国主义战争，渴望和平。早在战争结束之前，一些参战国和中立国的政治家们就认为有必要建立一个新的国际体系来防止如此巨大的灾难再度发生。

1915年，英国成立"国际联盟协会"；美国成立"美国实现和平联盟"。1918年1月，英国首相劳合·乔治表示，英国的作战目的之一就是"通过建立某种国际组织来限制军备和减少战争的危险"。美国总统威尔逊则在"十四点"原则中特别强调，"成立一个具有特定盟约的普遍性的国际联盟"。到战争结束时，英、法、美等国都已制定了成立国际联盟的方案。

1919年1月25日，巴黎和会全体会议通过了由最高委员会提出的关于建立国际联盟的建议，并决定把它作为总的和平条约的不可分割的一部分。随后，和会成立了以威尔逊为主席的委员会，起草国联盟约。各主要战胜国都力图使自己的方案体现在盟约之中。然而，由于盟约起草委员会主要由英、美代表组成，又以英、美的联合草案作为讨论的基础，因此法、日等国的要求并未全部得到满足。

1919年4月28日，巴黎和会通过国联盟约。1920年1月20日，《凡尔赛条约》生效，国际联盟在日内瓦正式成立。当时的会员国有44个，战败国和苏俄被排除在外，后来逐渐发展到63个。

国联盟约共26条，主要包括国联的组织机构和职能，建立国联的目的、达到目的的手段以及管理殖民地的委任统治制度。

国联的主要机构是会员国全体代表大会、行政院和常设秘书处。国联盟约宣称，国联成立的宗旨在于"促进国际合作，保证国际的和平与安全"。为此，盟约提出了会员国为实现这一宗旨应尽的义务与职责。

在创建国际联盟的过程中，威尔逊起了很大作用。但国联的成立并未使美国获得多少实际利益，也未实现美国攫取战后世界领导权的计划。这引起了美国统治集团内部的争吵。美国参议院以国联盟约损害了美国的利益为借口，拒绝承认威尔逊已经签字的《凡尔赛和约》，拒绝加入国际联盟。

国际联盟是世界上第一个政治性的国际组织，它反映了20世纪的世界已经发展成为一个息息相关的整体的现实。但是在帝国主义强权政治存在的情况下，它实际上成为英、法所操纵并被美国所支持的维护战后国际秩序的外交工具。第二次世界大战的爆发使国联名存实亡。1946年4月国际联盟正式宣告解散。

甘地领导非暴力不合作运动

提起印度，人们马上就会联想到一位苦行僧式的人，他就是印度独立运动的领导人、国大党领袖莫汉达斯·卡尔姆昌德·甘地。

甘地笃信宗教，他创造了一种独特的争取印度民族独立的方式，叫做"非暴力不合作运动"。它包括两部分内容："非暴力抵抗"和与英国殖民者"不合作"的态度。具体内容有：辞去英国人授予的公职和爵位；不参加殖民政府的任何集会，不接受英国教育，以自设的私立学校代替英国统治者的公立学校；不买英国货，不穿英式服装，自己纺纱织布；不买英国公债，不在英国银行存款等等。

"非暴力不合作运动"在1930年的"食盐进军"中达到了高潮。这一年，英国殖民当局制定和颁布了食盐专营法，垄断食盐生产，任意抬高盐税和盐价，引起了当地人民的强烈不满。甘地号召印度人民用海水煮盐，自制食盐，以此抵制当局的食盐专营法。此时已是60岁出头的甘地身体力行，带领一群人，从印度北部阿默达巴德城修道院出发，步行向南，到海边煮盐。经过24天的徒步跋涉，到达海边时，他的队伍已有上千人。甘地和他的信徒在海边坚持了三个星期。每天清晨，他们先在海边祈祷；然后，打来海水，蒸煮、分馏、过滤、沉淀。

印度各报对甘地的"食盐进军"进行了广泛报道。沿海各地纷纷响应甘地的号召，自制食盐。与此同时，全国各地都开展了反对英国殖民统治者的斗争，罢工、罢课、游行示威、请愿运动一浪高过一浪。殖民当局十分惊恐，他们逮捕了甘地和国大党其他领导人，并下令取缔国大党。

甘地被捕的消息传开，举国沸腾。数万名请愿者要求与甘地一同坐牢。当局逮捕了6万多人，引起了人民的更大愤怒。不久，各地爆发了武装起义，印度的民族独立运动脱离了"非暴力"的轨道，走向暴力革命。

英国殖民当局吓坏了，他们想起甘地的"非暴力"主张，便改变了策略。1931年1月，殖民当局释放了甘地，撤销了取缔国大党的禁令。随后，殖民当局与甘地达成了协议：甘地改变不合作态度，停止不合作运动，而当局则释放政治犯，允许沿海人民煮盐。这就是《甘地—艾尔文协定》。

协定只是满足了印度人民部分要求，印度依然没有获得独立。这与甘地为之奋斗的印度独立的目标相去甚远。此后，他继续为印度的独立而奋斗。

1947年6月，印度半岛建立了两个独立的主权国家：以印度教为主的印度和以伊斯兰教为主的巴基斯坦。经过长期的斗争，印度人民终于获得了独立。1948年1月30日，79岁的甘地在一次调解教派纷争的活动中被一个极端分子枪击，离开人世。

电视的发明

1837年,电气工程师史密斯发现硒这种物质在阳光下能够产生电,而且一旦遮住阳光,电就消失了。美国工程师肯阿里根据这个发现,在两块金属板中间夹上硒,发明了光电池。从1875年开始,他开始用光来传送图像的试验。当贝尔发明的电话在世界上广泛应用后,波兰人尼布可重新进行利用光电池传送景物的试验。1884年,德国技师尼普柯利用人的"视觉暂留"特性,发明了机械的扫描盘。1901年,意大利人马可尼发明了无线电通讯技术。1912年,德国人耶斯塔和盖特两人发明了"光电管"。几年后,美国人富雷斯特发明了能把微弱电流放大的三极管。这些为电视机的发明提供了不可缺少的元件和技术准备。正是在这样的历史条件下,贝尔德利用已有的研究成果,开始了电视技术的研究工作。

贝尔德1888年出生于英国的苏格兰,从小就有着丰富的想象力,长大后对当时许多科学家进行的图像传送实验非常感兴趣。大学毕业后,他在一家电气公司里工作。1922年后,贝尔德辞去了电气公司的工作,在家里从事科学研究。当时,许多科学家在设想,既然能够进行远距离发射和接收无线电波,那么就一定能用无线电来发射图像。这个思路启发了贝尔德,他决心实现"用电来传送图像"的设想。贝尔德搜集了大量资料,对需要掌握的技术和理论都进行了深入的研究,最后完成了电视机的设计工作,并制造出了第一台简单的机械扫描式电视机。

1925年,贝尔德在伦敦一家大商店里演示他的电视。虽然图像十分模糊,但当人们在这台电视机里可以忽隐忽现地看到从几英尺以外传送来的图像时,还是感到非常有趣。1926年1月,贝尔德在伦敦的皇家学院正式演示了经过改进的电视机,这在科学界引起了强烈的轰动。

1927—1928年间,贝尔德先后在伦敦与格拉斯哥之间、在伦敦与纽约之间,以及在大西洋航行的船上,用电话线成功地试验了他的电视机。接着,贝尔德建立了一个电视公司,并且于1929年首次播送了英国广播公司的电视节目。

20世纪30年代,贝尔德转向研究彩色电视、立体电视与大屏幕电视,并有所成就。1932年,他成功实现了超短波电视转播。

就在贝尔德研制机械系统电视并取得成功的同时,世界上其他一些科学家也在进行着类似的研究,如美国人詹金斯等。但是,机械扫描系统电视机所播出的影像的鲜明度是有限的。美籍俄国人兹沃赖金以及法恩兹沃思等人在美国一些大公司的支持下,开始研制具有相对高清晰度的电子系统电视机,并于30年代中期取得了成功。电视技术很快在世界范围内传播开来。

经济大危机的爆发——自由资本主义的终结

1929年10月,以纽约股票市场的崩溃为标志,美国爆发了一场资本主义生产过剩危机。它很快由美国向欧洲、加拿大、日本等主要资本主义国家蔓延,并波及许多殖民地、半殖民地国家和地区,席卷了整个资本主义世界。这次危机前后持续了4年,使整个资本主义世界经济损失2500亿美元,比第一次世界大战的物质损耗还多800亿。它成为到目前为止资本主义世界最为严重的一次经济危机。

20世纪20年代中期,对西方资本主义国家来说,是经济繁荣的大好时光。股票投机成风,人们似乎从不怀疑这个市场有朝一日会突然崩溃。1929年10月24日,这一天突然乌云密布,股市暴跌,被西方世界称作"黑色星期五"。纽约股票市场开盘后一个小时内就抛出了1300万股,超出正常标准的100万股以上。虽然花旗银行、大通银行和其他两个大银行的总裁们在摩根公司大厦策划买进2.4亿美元进行干预,仍然无济于事。10月29日这一天更糟,总共抛出股票1650万股。到12月底,纽约市场股票价值总共下跌了450亿美元左右。1929至1932年间,由于跌价而造成的证券贬值,美国为840亿美元。股市风波迅速席卷金融、工业、农业等各个领域,一场空前的世界经济大危机开始了。

在整个大危机期间,金融货币、信用和财政陷入全面危机。股票价格指数下降的幅度,美国为51%,德国为32%,日本为45%。1931年5月11日,奥地利最大的信用银行倒闭,各国随即引起向银行挤兑存款风潮,国际货币体系和传统金本位制面临严峻的挑战。1931年7月13日,德国达姆塔特银行宣告破产。1931年9月21日,英国宣布放弃金本位,禁止黄金出口,英镑贬值1/3。随后,日本等56个国家纷纷宣布放弃金本位,货币贬值。

大危机使工业生产大幅度下降,大量企业倒闭,无数工人失业。1932年的工业生产总值与1929年相比,美国下降了46.2%,德国下降了40.2%,日本下降了37.4%,意大利下降了33.2%,法国下降了31.9%,

危机来临,许多美国人只能靠领养救济金为生。

英国下降了20%。危机使资本主义世界的工业大约倒退了20年。

大危机的蔓延造成了世界农业危机,涉及粮食种植业、畜牧业、林业等技术作业部门,造成生产的大破坏,农民收入大幅度减少,大量农民破产。在大危机的打击下,资本主义各国的国民收入大幅度下降,人民生活严重恶化。

伴随着资本世界的经济大危机,整个西方世界出现了社会大动荡,法西斯主义思潮泛滥,社会主义运动兴起,大规模的反饥饿运动和工人罢工运动高涨,各国面临严重的政治危机。

这次大危机的明显特点是持续时间长、危害程度深、渗透各个领域,涉及全世界,影响深远。资产阶级为了摆脱危机,维护本国的统治,分别走上了不同的道路。美国实行罗斯福新政,在资本主义民主的范围内,强化国家对资本的干预;德、意、日则疯狂对外侵略扩张,最终导致了第二次世界大战的爆发。

德意日法西斯的兴起

第一次世界大战以后,意大利经济衰退,政治混乱,工农运动高涨,中央政府近于瘫痪。在这种情况下,墨索里尼趁机组织了法西斯党。1922年10月,墨索里尼率党徒队伍进入罗马,在意大利建立起法西斯专政。墨索里尼独揽大权,成为意大利的独裁者。

1929至1933年的经济危机,严重地打击了意大利。意大利本来就资源短缺,资金匮乏,经济危机更使它雪上加霜。墨索里尼企图以对外侵略,转移人们对国内危机的注意力。因此,他加紧武力扩张,重新瓜分世界的野心迅速膨胀。

世界经济危机也严重打击了德国。经济危机激化了社会阶级矛盾。德国社会各阶层对软弱无能的政府普遍不满。在政治危机日益严重的情况下,垄断资产阶级决意让希特勒上台。1933年初,希特勒出任德国总理。不久,他又集总统和总理大权于一身,称为国家元首。

希特勒一上台,就着手建立法西斯恐怖专政。1933年,纳粹党制造了国会纵火案,然后嫁祸于德国共产党,借此逮捕了大批共产党人和进步人士。纳粹党还解散了一切工会,取缔了其他一切政党。纳粹政权加强思想控制,焚毁大量进步书籍,妄图毁灭人类先进的思想文化成果。希特勒统治期间,成千上万的左派人士,不经法律程序就被盖世太保投入集中营。希特勒还大搞国民经济军事化,疯狂扩军备战。1935年,德国撕毁《凡尔赛和约》。世界大战的欧洲策源地终于在法西斯德国形成了。

1929至1933年的经济危机,对日本的打击同样严重。为摆脱严重的经济、政治危机,日本以军部为主力的法西斯好战势力迅速抬头。他们积极怂恿向外侵略扩张。1931年9月18日,日本发动了蓄谋已久的侵华战争,很快便霸占了中国整个东北。世界大战的亚洲策源地形成了。

1936年2月26日，日本军部法西斯内部的少壮派军官，率领1400多名士兵在东京发动"二·二六"兵变，袭击首相官邸等重要政府部门，刺杀了很多重要官员。这次兵变使军部势力更加强大，新上台的内阁完全受它的摆布。日本加紧实行全面军国主义化。1937年7月7日，日本帝国主义发动了全面侵华战争。

德国、意大利、日本三个法西斯国家，在侵略扩张过程中逐渐紧密地勾结起来，组织侵略集团，力图控制全世界。1936年，德国和意大利秘密签订《德意议定书》，形成了柏林—罗马轴心。1936年11月25日，德国同日本签订了《反共产国际协定》。1937年，意大利也加入。这样，三国结成了侵略性的军事政治集团，称为柏林—罗马—东京轴心，又称轴心国集团。历史的车轮滚向第二次世界大战。

罗斯福新政

1929—1933年规模空前的经济危机，严重地打击了美国的国民经济，给美国人民带来了深重的灾难。广大劳动人民陷于半饥饿状态。罢工人数不断增长，1930年为15万，到1933年已超过了100万。面对严重的经济危机，当时的美国总统胡佛仍然实行自由放任政策，在加强国家对经济的干预这个重大问题上踟蹰不前，导致社会更加动荡不安。在这种形势下，富兰克林·罗斯福当选为美国第三十二届总统。

1933年3月，罗斯福就任总统后，宣布实行反危机的政策，即所谓"新政"，其目的是在不改变经济基础的条件下摆脱经济危机，缓和国内的阶级矛盾和斗争。

罗斯福首先着手金融方面的整顿工作，下令所有银行暂时休业；制订紧急银行条例，把对银行的监督权和整顿权授予总统，让有偿付能力的银行尽快开业；建立联邦存款保险公司，由政府出面保障存款，以恢复银行的信誉，防止新的挤兑风潮。由国家拨款几十亿美元资助各银行及私人信贷机构。到1934年7月1日，几

两名妇女展示她们的社会保险卡，罗斯福为保障美国公民的社会福利，引入了养老保险、失业保险和事故保险。

乎国内所有银行均全部复业。银行的信誉得到恢复，银行的活动逐渐展开，并受到政府机构一定的监督。

罗斯福的另一重要财政措施是宣布禁止黄金出口，停止美钞兑换黄金，放弃金本位制，发行以国家有价证券作保证的纸币30亿美元。这使美元大幅度贬值，

有利于向国外倾销产品,刺激了生产的发展。为了防止黄金投机和外流,私人的黄金储备和金币的使用一律被禁止。

"新政"的中心措施是国家对工业的调整。1933年6月,国会通过了国家产业复兴法。

1933年5月,国会通过了农业调整法。该法的基本目的在于缩减农业生产,消除农产品的"过剩"现象,从而把农产品的价格恢复到1909—1914年的水平。政府与农民签订合同,国家给农民适当的补贴,让农民缩减耕地和屠宰牲畜。法案实施后,农产品价格虽略有提高,但受惠者只是大农业垄断组织和富裕农民。

"新政"作为挽救30年代大危机的救急措施,在历史上留下了深远的影响。它利用国家权力对资本主义生产关系进行改革,对资本主义经济的自发发展施加影响,加进一些计划性、组织性的成分,在一定程度上缓解了经济危机,缓和了阶级矛盾。经济逐渐复苏,到二战前,已经接近1929年的水平。

"新政"是资产阶级民主范围内的国家干预,从而避免了走上战争的道路。同时,它大大加强了美国的国家垄断资本主义,成为现代美国国家垄断资本主义的开端,对战后的资本主义世界产生了重大的影响。

纳粹对犹太人的种族灭绝暴行

德国法西斯在二战期间对犹太人的血腥屠杀和迫害在人类历史上是少见的。

欧洲的排犹主义是基督教发展的一个结果。基督教徒和犹太人有着共同的遗产——《圣经》。由于基督教徒和犹太人对《圣经》有着不同的解释,两者之间产生了永无止境的对立。纳粹排犹主义的一些基本原则深深扎根于德国,成为德国政治思想的一个组成部分。

18世纪以来,"犹太人问题"一直是德国的一个政治问题。20世纪初,排犹主义成为德国社会中一股强大的政治力量,它决定着政党和政权的兴衰。纳粹的上台,使排犹主义走向了极端。纳粹党早年只不过是一个规模不大的基层组织。希特勒及其领导的纳粹党能够在二三十年代的德国政治舞台上扮演主角,在很大程度上得益于德国民众对纳粹反犹纲领的广泛认同。

希特勒从一开始就是纳粹政策的主要决策人。

1938年11月,一个德国官员被一个波兰犹太人杀死。希特勒抓住这个事件大做文章。1938年,希特勒制订了三项法令,向全体犹太居民勒索10亿马克的罚款。他还颁布了一项法令,把犹太人从德国的经济生活中彻底排除出去。后来,他又采取了三项措施,严格限制犹太人对产业的控制权,同时还实施了一种变相的犹太人居住区制度。

二战爆发的前一年,在欧洲其他国家,犹太人的境况也同样恶化。随着波兰的全面溃败,犹太人最担心的事情终于出现了。德军攻占一个又一个城市,百般施行对犹太居民的暴力行为。1939年底以前，有25万以上的犹太人被德国军队、党卫队、当地反犹太分子以及犯罪分子杀害。

德国人加紧把犹太人驱逐进犹太人区和强迫劳动营。开始时，他们只是从街头抓走些犹太人。后来，德国人干脆强迫犹太人当局每天提供一定数量的劳动力。这段时期，纳粹分子把犹太人赶上装牲口的货车，让他们在无水、无粮的情况下长途受苦，其目的无非是要这批人在途中死亡。

在德国境内，战争的第一年加深了犹太人的苦难。许多小城市把犹太居民全部驱逐出去。这种情况在东部边境和侵占的波兰地区尤为激烈。

在整个东欧，特别是在德军侵占的俄国各地区，特别行动队就地屠杀了大批的犹太人和当地居民。这些人是被机枪击毙、被毒气熏死、被活活饿死，或是用其他方法被消灭掉。在这些屠杀中，死亡的人数共达200多万。

1942年1月，纳粹官员奉戈林之命在万湖举行了一次重要会议。会上决定，要把他们能够抓住的1100万犹太人全部消灭，甚至有一半犹太血统的人也要他们在死亡和绝育之间进行选择。到盟军控制整个欧洲的时候，大约有600万犹太人已被消灭。

这一场灾难是罕见的，它留给人类的教训，人类应该永远记取。

第二次世界大战

在一战中，德国战败，《凡尔赛和约》对德国实行严厉的经济与军事制裁。在1929年的全球性经济危机中，魏玛共和国遭到重创。1933年，希特勒成为共和国总理。1934年，希特勒又根据宪法继任总统，真正成为德国的唯一独裁领袖。

在一战后的意大利，1922年，墨索里尼以及他所领导的法西斯党组成政府。几年时间内，墨索里尼巩固了独裁地位，意大利也沦为一个法西斯国家。

意大利与纳粹德国在1939年5月缔结了《钢铁盟约》。1940年9月27日，他们又接受了日本，柏林—罗马—东京轴心就此形成。

1939年9月1日，德国侵略波兰，第二次世界大战全面爆发。5月13日，德军进入法国。6个星期后，法国投降。5月19日，德军抵达离英吉利海峡只有50英里处。5月24日，被包围的盟军实施了敦克尔刻大撤退。

占领法国后，德国空军在法国北部集中。8月5日后，德军对英国进行大规模空中打击。英国损失了1/4的空军飞行员，几乎所有的英国工业重镇都遭到袭击，伦敦更是从9月7日到11月3日连续57个夜晚遭受轰炸。英国空军也不时在夜间轰炸欧洲大陆。不列颠战役的最终结果是，德国登陆英国的企图宣告失败。

1941年6月22日，德国对苏联发动突然袭击，苏德战争爆发。战争初期，

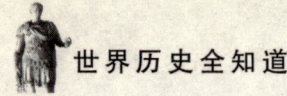

无数苏联部队被包围并落入德国手中。但是苏联广阔的土地使德国人的后勤线达到极限,再加上苏联游击队的破坏,德国的部队根本无法获得补给。冬天来临时,成千上万的德国士兵死于严寒和苏联所组织的反攻。

8月中旬,德军包围列宁格勒,同时用炮击和空军进行轰炸。包围持续了90天,列宁格勒大约有100万平民死亡——其中80万死于饥饿。1942年7月17日,德军150万兵力进攻斯大林格勒,斯大林格勒战役爆发。

这是历史上最血腥的战役,大约有200万人死亡,其中50万是平民。斯大林格勒战役之后,德国人渐渐丧失了战争的主动权。

1945年4月16日,苏联红军进攻柏林的战役开始。4月28日,墨索里尼被意大利游击队处决。4月30日,希特勒在自己的碉堡中自杀。5月2日,苏联红军占领柏林。5月8日,德国无条件投降。

1939年,在太平洋战场,日本军队试图从满洲里进攻苏联,但很快就被苏联和蒙古的混和军击溃。1941年12月7日,日本偷袭在珍珠港的美国太平洋舰队,美国被拖入战争。4天后,德国也对美国宣战。

1945年8月8日,苏联对日宣战,百万大军进入中国东北地区,美国也在日本的广岛(8月6日)和长崎(8月9日)投下了两颗原子弹。8月15日,日本正式宣布投降。第二次世界大战最终以轴心国的彻底失败而告终。

二战对人类历史产生了深远的影响。在这场血腥的战争中,无辜平民的伤亡是历史上最惨重的,其中包括纳粹德国针对犹太人和其他东欧人种的大屠杀、日本对无数中国与朝鲜平民的屠杀以及战争末期盟军针对德国与日本境内民用目标的轰炸。第二次世界大战总共导致了全球5000万人死亡,超过历史上任何一次战争。

珍珠港事件

珍珠港是美国在太平洋上的主要海军基地,位于夏威夷群岛的瓦胡岛南端,是美国通往亚洲和澳洲的交通枢纽。该基地设施完备,有大型修船厂和油库等。为了遏制日本的扩张,美国太平洋舰队自1940年夏季开始就以珍珠港为基地活动于太平洋上。第二次世界大战爆发后,随着欧洲战局的进展和《德意日三国同盟条约》的签订,为了夺取美、英、荷在东南亚和西南太平洋的殖民地,日本加速了南进的战争准备。1941年初,日本联合舰队总司令山本五十六上将拟定了袭击珍珠港的计划。

袭击珍珠港是日本发动太平洋战争计划的重要组成部分。其企图是:以突然袭击摧毁美国太平洋舰队,夺取制海、制空权,消除对日本南进的威胁。为此,日本组成以联合舰队第一航空舰队6艘航空母舰(舰载机约400架)为核心,由14艘作战舰只作掩护,3艘潜艇作先导,7艘油船提供补给的机动部队。

美国受孤立主义影响，推行"先欧后亚"战略，希望通过谈判缓解美日矛盾，并认为日本不敢贸然发动战争。珍珠港驻军低估了日本海军的远洋作战能力，缺乏警惕，疏于戒备。

1941年12月7日（夏威夷时间）清晨，瓦胡岛上一片歌舞升平的和平景象。飞机整整齐齐地排列在机场上，军舰被洗刷得干干净净，列队排在码头上。谁也没有想到，一场大灾难正悄悄降临。

12月7日4时30分，日本的机动部队在瓦胡岛以北约230海里的海域展开。特种潜艇已在珍珠港附近活动。5时30分，机动部队发现港内舰船密集，岛上各机场飞机成排，高炮阵地只有少数人值勤，舰艇没有防空准备。6时，日军第一波飞机183架起飞，从瓦胡岛西部进入，7时55分开始攻击。从3时55分起，美军曾多次发现日本潜艇逼近，但未采取任何防范措施；7时后，发现大批飞机抵临，又误认为是己方飞机，未予以重视。7时15分，日军第二波飞机171架起飞，从瓦胡岛东部进入，8时55分开始攻击。整个袭击持续了约两小时，袭击过程中只遇到轻微抵抗。日军击毁击伤了美国太平洋舰队停泊在港内的全部8艘战列舰和10余艘其他主要舰只，击毁美机232架，击伤美军3681人。日军仅损失飞机29架、潜艇1艘和特种潜艇5艘。但是，太平洋舰队的3艘航空母舰因出海执勤而免遭袭击，岸上油库和重要设施也未被击中，这为太平洋舰队的重建保存了力量。

珍珠港事件标志着太平洋战争的爆发。日军给美国太平洋舰队以重创，掌握了太平洋上的制海、制空权，为进攻菲律宾、马来西亚和荷属东印度创造了条件。而美国也在1941年12月8日宣布对日作战，将强大的国家机器转入了战时的轨道，第二次世界大战进入一个新的阶段。

斯大林格勒保卫战

斯大林格勒（现名伏尔加格勒），是苏联内河航运干线伏尔加河下游西岸的重要港口，也是苏联南方铁路交通的枢纽和重要工业城市，还是重要的军事基地。第二次世界大战中著名的斯大林格勒保卫战就发生在这里。

德军在围攻列宁格勒不久，于1942年7月17日，投入150万的兵力进攻斯大林格勒。希特勒甚至定下了7月25日以前攻占斯大林格勒的计划。苏联军民在斯大林的号召下，誓死抗敌，人人都投身到反击德国法西斯的斗争中去。

德军集中了40个师的精锐部队，每天出动上千架次飞机，把100多万颗炸弹投向这座城市，斯大林格勒的建筑几乎全被炸毁。

9月13日，德军17万人，500辆坦克向保卫斯大林格勒的苏军发起猛攻。德军在几个地段突破苏军防线，进入市区阵地。

在这危急的时刻，苏军进行了英勇的抵抗。苏联人民也团结起来，人人手执武器在废墟中同冲进市区的德军展开搏斗,前面的倒下了,后面的冲上去。一场最为残酷、最为激烈的市区争夺战开始了。

9月14日,争夺市中心的激战达到了白热化的程度。德军死伤惨重。据守斯大林格勒的苏军战士,抱着与城共存亡的决心和德军浴血战斗。人人都是战士,到处都是战场。希特勒的军队陷入人民战争的汪洋大海中。希特勒原想速战速决,但斯大林格勒人民的顽强反击,使德军陷入困境。从9月13日到26日,德军每天几乎伤亡3000多人,但仍然不能占领全城。德军的士气一天天低落下去。

20世纪30年代初的斯大林

严寒的冬季终于来到了。毫无过冬准备的德国士兵陷入饥寒交迫中,很多士兵被冻死,德国的战斗力一天天衰弱下去。战争的形势逐渐开始变化。

11月19日,苏联红军终于迎来了激动人心的时刻:斯大林发布了大反攻的命令。

11月23日,苏军把33万德军困在包围圈中。德军弹尽粮绝,他们处在死亡的恐惧之中。德军司令鲍罗斯向希特勒发出突围撤退的请求。希特勒则命令不许投降,德军必须死守阵地。鲍罗斯陷入万分绝望的情绪中,他向希特勒发出最后一份急电:部队将于24小时内最后崩溃。

1943年2月2日,坚持了6个月的斯大林格勒大会战终于结束了。9万多名德国官兵,其中包括鲍罗斯在内的24名高级将领,穿着单薄的衣衫,抓紧裹在身上的满是血污的毛毯,在零下24摄氏度的严寒下,一步一拐地走向寒冷的西伯利亚战俘营。

斯大林格勒战役给希特勒法西斯以致命的打击。德军再也无力进行大规模的进攻,他们一步步后退,开始走下坡路。苏联红军则开始大反攻,陆续收复失地,并攻入德国本土。斯大林格勒保卫战的胜利,是苏德战争的转折点,也是第二次世界大战的伟大转折。

中途岛海战

中途岛位于太平洋中部,是北美和亚洲之间的海上和空中交通要冲。1867年,中途岛被美国占领后,成为美国的重要海军基地及夏威夷群岛的西北屏障。1942年4月18日,美军杜利特尔航空队空袭东京后,日本认为中途岛有很大的威胁,于是决心实施中途岛—阿留申群岛战役。日军企图夺取中途岛,迫使美军退守夏威夷及美国西海岸；诱歼美国太平洋舰队，以保障日本本土的安全。

1942年5月5日，日军大本营下令攻占中途岛和阿留申群岛的西部岛屿。

5月中旬，美军破译了日本海军密码电报，掌握了日本进攻中途岛的企图。美太平洋战区总司令尼米兹海军上将调集航空母舰3艘及其他作战舰艇约40多艘，组成第十六特混舰队和第十七特混舰队，在中途岛东北海域展开，隐蔽待机。同时，19艘潜艇部署在中途岛附近海域，监视日舰行动。

6月3日，日本海军的北方编队对阿留申群岛的荷兰港发起突击。4日凌晨，海军中将南云忠一率第一机动编队行进至中途岛西北240海里海域，4时30分派出第一波飞机108架飞往中途岛。美军发出警报，飞机升空迎敌，展开激战。

日军轰炸机袭击中途岛的美军机场，炸毁部分地面设施。由于岛上防御加强，机场跑道未被摧毁。其间，南云忠一的机动编队多次受到美军岸基飞机的侦察、袭扰和攻击。南云忠一遂决定再次攻击中途岛。7时28分，日侦察机报告发现美国舰队。此时，在中途岛东北海域待机的美特混舰队正向日机动编队接近，并已派出第一、第二波飞机200多架。8时20分，日侦察机报告美舰队似乎有1艘航空母舰。南云忠一于是命令攻击中途岛的第一波飞机和担任空中战斗巡逻任务的战斗机返航，随后率舰队北驶，以免遭到袭击，并重新部署对敌舰队的攻击。

9时20分至10时26分，正当日军第二波飞机卸下炸弹重挂鱼雷的混乱之际，美舰载鱼雷机和俯冲轰炸机连续攻击南云忠一的航空母舰。日方虽有部分战斗机临空迎战，但为时已晚。结果，日军损失航空母舰4艘、重巡洋舰1艘、飞机285架，人员3500名；美军损失航空母舰1艘、驱逐舰1艘、飞机约150架，人员307名。鉴于第一机动编队损失惨重，山本五十六于5日下令停止中途岛作战，率联合舰队西撤。美军乘势追击，于6日派舰载机3次出击，又击沉日军重巡洋舰1艘，击伤巡洋舰、驱逐舰数艘。

中途岛海战改变了太平洋地区日美航空母舰实力对比。日军仅剩重型航空母舰1艘、轻型航空母舰4艘，并损失了大量训练有素的飞行员。从此，日本在太平洋战场开始丧失战略主动权，战局逐渐有利于盟军，太平洋战争出现了重大转折。

诺曼底登陆

第二战场，指的是在第二次世界大战中，美、英在欧洲开辟的反法西斯德国的战场，也就是以英国为基地，横渡英吉利海峡，在欧洲西部登陆，直接对德国作战。这一计划是由苏、美、英三国在德黑兰会议上决定的，登陆地点选在法国西部的诺曼底。美国将军艾森豪威尔被任命为最高总司令，盟军确定于1944年6月在诺曼底登陆，6月5日是计划的行动日。

6月4日，港口阴云密布，空气潮湿。美参谋长比尔·基恩送来艾森豪威尔推迟24小时行动的通知。

6月6日，5000艘舰只浩浩荡荡地从普利茅斯港出发。就在地面部队乘军舰驶向海峡之前，盟军的空降部队已在深夜出发，他们要提前空投到德军"大西洋壁垒"后面。1.6万名美军官兵和5000名英军官兵分乘1000架飞机空降在德军阵地后面。不久，德军出现了混乱和恐慌，桥梁、公路和部分据点被盟军空降兵攻占，而盟军损失却不到15%。

盟军在诺曼底登陆的场面

空降行动后，6日凌晨6点30分，柯林斯的第七军开始在"犹他"滩登陆。此前，约360架美国轰炸机对海滩实施了轰炸。登陆部队的32辆坦克有24辆上了岸，载有105毫米火炮的两栖车辆也上了岸。经过轻微的战斗，德军第七〇九师的1个团很快投降了。雷·巴顿的新编第四师一马当先，于当天傍晚推进了约10公里。2.3万名美军登上了"犹他"滩，美国在这天的战斗中仅损失197人。与"犹他"滩相反，"奥马哈"海滩的登陆战异常残酷。64辆坦克中，攻击东海滩的32辆坦克仅有5辆上了岸，几十辆两栖车辆也大部分沉没。整个登陆行动，仅一半左右的坦克和可怜的几辆车登上了海滩。空军的轰炸没有达到目的，海军却摧毁了约1/2或2/3的德军阵地。6小时后，登陆部队拼命作战，才占据了10码滩头阵地。据统计，美军至少有2500人伤亡。

登普西率领的第二集团军准备在黄金朱诺滩、索德滩登陆。受暗礁和地形的影响，第二集团军的登陆推迟了1个半小时。当英军第五十师的两栖坦克登陆时，守军很快后退，英军在黄金滩推进了约7公里，但未到达计划的目的地贝叶。由加拿大人组成的第三师，登陆前就损失了8辆坦克，他们英勇杀敌，向前推进了约7公里。在索德滩，英军第三师的28辆坦克在登陆前就沉没了16辆，上岸的12辆坦克摧毁了德军的大炮阵地，向前推进了约7公里，并在奥恩河岸与第六空降师取得了联系。在登陆当天，第二集团军共有7.5万名官兵及8000名伞兵登上滩头，损失仅3000人。

盟军的登陆取得了胜利，15.6万人中仅损失8000人，大部队越过了"大西洋壁垒"。

诺曼底登陆的胜利，宣告了盟军在欧洲大陆第二战场的开辟，意味着纳粹德国陷入两面作战、腹背受敌的困境，彻底粉碎了德军企图以西线部队挫败美英登陆后再抽出 50 个师转用于苏联战场的如意算盘。到 1944 年 8 月，德国的最后失败已不可避免。

雅尔塔会议的召开

1945 年 2 月 4 日至 11 日，苏、美、英三国首脑斯大林、罗斯福、丘吉尔，为加快取得反法西斯战争的最后胜利，解决战后的重大问题，在苏联的克里木（又译克里米亚）半岛的雅尔塔举行了会议。

当时，第二次世界大战进入后期，苏联和英美等国的军队从东西两线向德国本土推进，德国法西斯败局已定。在远东和太平洋地区，日本法西斯军队尚在负隅顽抗。这次会议，是为了协调盟国关系，商讨最后打败德、日的计划及研究处置战败国、安排欧洲事务和战后和平等重大事务。

雅尔塔会议秘密签订了《雅尔塔协定》，发表了《克里米亚声明》，从而确立了雅尔塔体系。雅尔塔体系的内容包括四个方面：一、如何最后打败德、日法西斯，如何处置战败国，以防止法西斯主义东山再起；二、重新绘制战后欧亚的政治地图，特别是重新划定德、日、意法西斯国家的疆界及其被占领区的归属和边界；三、建立联合国组织，作为协调国际争端，维持战后世界和平的机构；四、对德、日、意的殖民地以及国联的委任统治地实行托管计划，原则上承认被压迫民族的独立。

雅尔塔会议协调了盟国的行动，加快了战胜德、日法西斯的步伐，为夺取反法西斯战争的最后胜利和争取实现战后世界和平做出了贡献。但是，雅尔塔会议上，美苏首脑背着中国达成了苏联对日作战的条件：

一、外蒙古（今蒙古人民共和国）的现状须予以维持。

二、日本在 1904 年日俄战争中，从沙俄手中夺取的"权益"须予以恢复，即，库页岛南部及邻近一切岛屿须交还苏联；中国大连商港须国际化，苏联在该港的优越权益须予以保证，苏联租用旅顺为海军基地须予以恢复；中东铁路和南满铁路由中苏共同经营。

三、千岛群岛须交予苏联。

这些秘密条件严重地损害了中国的主权和利益，说明雅尔塔会议带有明显的大国强权政治色彩。

雅尔塔会议反映出苏、美、英特别是苏美两国在战后世界安排问题上的不同意图和矛盾，对战后国际格局有着重大影响。第二次世界大战不仅使国际格局发生了转变，而且使第三次科技革命提前到来。第二次世界大战严重削弱了英法，它们沦为二等国家，使以欧洲为中心的国际关系舞台成为历史，逐渐取而代之的是美苏两极格局。

原子弹的发明

19世纪初,居里夫妇发现了放射性元素——镭,卢瑟福发现了放射性元素的核蜕变能够释放出能量。1932年,卢瑟福的学生查德威克发现了中子,而中子不需要很高的能量就能够打入原子核,引起核反应。1934年,法国物理学家约里奥·居里夫妇宣布,他们发现用阿耳法粒子轰击铝、硼等物质可以产生人工放射性物质。意大利科学家费米利用这个成果,用中子生产人工放射物质。他在1935年获得了两个重大的发现:第一,在中子轰击铀的产物中,可能有一个地球上不存在的新元素;第二,用慢中子实现核反应成为可能。1938年,德国科学家哈恩和斯特拉斯曼对中子轰击铀以后的产物进行分析,发现铀原子核在中子的轰击下会分裂为两半。犹太科学家梅特纳小姐对这个发现做了分析,她发现裂变后,铀的总质量比裂变前的要小,即有一部分铀的质量消失了。根据相对论,消失的质量转变成了能量,即每裂变一个原子就可以释放出大约两亿电子伏的能量。

这种"裂变反应"的观点立即震惊了世界科学界。

由于铀裂变的发现,人类找到了释放原子能的途径——通过链式反应,不断提供核分裂所需要的大量中子。所以,在第二次世界大战即将全面爆发的情况下,不少科学家就意识到,可以利用核裂变的原理制造出空前破坏力的原子弹。

1939年夏,德国科学家开始讨论利用原子能的问题。移居美国的西拉德等科学家,得知这个消息后非常担忧。他决定促使美国注意德国可能研制成原子弹的问题。西拉德阐述了研制原子弹对美国安全的重要性,得到罗斯福总统的支持。

从1940年起,美国和英国都开始了研制原子弹的工作。1941年底,美国调动大批科技人员投入到原子弹的研制工作上来。1942年8月,美国制定了研制原子弹的"曼哈顿工程计划"。1942年12月,在物理学家费米领导下,美国建成了世界上第一个实验型石墨反应堆,并首次实现了对链式反应的人工控制,这标志着人类利用原子能时代的开始。

1945年7月16日,一颗安装在铁塔上的试验原子弹终于爆炸了。一团巨大的火球陡然升起,然后是蘑菇云、震耳的轰鸣和耀眼的光芒,真是天崩地裂!看到自己亲手释放出来的魔鬼要比想象出来的还要可怕百倍,在场的所有科学家都惊呆了。科学家制造出了如此威力无比的杀人武器。几乎所有的科学家都反对使用原子弹,但在8月6日和9日,美国还是将当时仅有的两颗原子弹投到了日本的广岛和长崎。

原子弹的出现,对世界和平构成了极大的威胁,有人把原子弹称为是核发展时代的"私生子"。不过,军事核技术的发展和军用核工业体系的形成,为民用核动力技术准备了条件。

联合国的建立

1943年10月30日,莫斯科三国外长会议结束时,中、苏、美、英四国共同发表声明,第一次正式提出建立联合国的问题。1944年7月18日,中、苏、美、英在华盛顿近郊的敦巴顿橡树园举行会议,草拟联合国宪章。会议通过了《关于建立普遍性国际组织的建议案》,基本上勾画了联合国的蓝图。

1945年4月25日,联合国成立大会在旧金山举行,出席会议的有50个国家的代表。6月25日,《联合国宪章》通过。10月24日,宪章正式生效,这一天被定为联合国日。

根据《联合国宪章》,联合国的宗旨是:维持国际和平与安全;发展国际间以尊重人民平等权利及自决原则为基础的友好关系;促成国际合作,以解决国际间经济、社会、文化及人类福利性质的国际问题。为了实现上述宗旨,联合国本身及其会员国应该遵循的原则是:会员国主权平等;所有会员国都必须遵守宪章规定的义务;各国必须以和平手段解决国际争端;各国避免使用武力;联合国不得干涉任何国家的内部事务等。

座落在纽约第42街到第47街之间的联合国总部景色,这些建筑包括联合国秘书处大楼,大会大楼和会议大楼。

联合国有六个主要机构。其中,联合国大会、安全理事会、经济及社会理事会、托管理事会和秘书处设在纽约联合国总部,国际法院设在荷兰的海牙。

联合国大会由全体会员国组成,是主要的审议机构,每一会员国享有一个投票权。维持国际和平与安全、接纳新会员国、制定联合国预算等关键问题以2/3

多数决定通过,其他事项以简单多数决定通过。大会每年举行一届常会,从9月份持续到12月份,如半数以上会员国或安理会提出请求,可举行特别会议或紧急特别会议。

安全理事会的主要责任是维持国际和平与安全。它在联合国中居于首要的政治地位。安理会有15个理事国,中国、法国、俄罗斯联邦、英国和美国为常任理事国,其他10个非常任理事国由大会选举产生,任期两年。

经济及社会理事会是讨论国际经济和社会问题以及拟订政策建议的中心论坛。它在大会的领导下,协调联合国及联合国系统各组织的经济和社会工作,在加强国际合作、促进发展方面发挥着关键作用。

托管理事会主要对11个托管领土实行国际监督,并确保采取适当措施促使其自治或独立。

国际法院(亦称世界法院)是联合国的主要司法机关,由大会和安全理事会联合选出的15名"独立法官"组成,负责对国家间的争端做出裁决。

联合国在维护世界和平与安全、协助解除国际危机、解决长期冲突方面发挥了重大作用。它采取了维持和平和人道主义援助的行动,努力防止爆发冲突,为战后世界的持久和平奠定了基础。

纽伦堡和东京审判

第二次世界大战后,如何处理战败的德国和日本的问题,成为国际关系中一个重要的问题。为了彻底肃清法西斯势力,实现民主化和非军国主义化,防止军国主义和法西斯主义死灰复燃,维护世界和平,盟国对德、日法西斯战犯进行了审判,这就是纽伦堡审判和东京审判。

1943年10月,苏、美、英三国莫斯科宣言规定,战争结束后,将对战争罪犯进行审判。1945年8月,上述三国和法国在伦敦签订协定,拟定欧洲国际军事法庭宪章,规定由四国指派检察官组成委员会进行起诉,由四国指派的法官组成国际军事法庭进行审判。1945年10月18日,国际军事法庭第一次审判在柏林举行。从11月20日开始,审判移至德国南部城市纽伦堡举行,至1946年10月1日结束,历时近一年。包括纳粹第二、第三号人物戈林、赫斯和外长里宾特洛甫在内的20多名战犯被提起公诉。法庭进行了403次公审,以大量确凿的证据揭露了德国法西斯的种种滔天罪行。法庭根据四条罪行对战犯进行起诉和定罪:策划、准备、发动、进行战争罪;参与实施战争的共同计划罪;战争罪(指违反战争法规或战争惯例);违反人道罪(指对平民的屠杀、灭绝和奴役等)。前两条合起来称为破坏和平罪。1946年10月1日,法庭做出了最后判决,判处戈林等12人绞刑,3人无期徒刑,4人有期徒刑。

死刑判决于1946年10月16日执行,戈林在处决前一天服毒自杀。与此同时，法庭还宣布了4个犯罪组织，它们是：纳粹党领导机构、秘密警察（盖世太保）、保安处和党卫队。对这几个犯罪组织的成员，各国可以判以参与犯罪组织罪，直到判处死刑。

在第二次世界大战进行之时，盟国就认为，日本战犯也应受到与德国战犯同样的处理。1945年12月16日至26日，苏、美、英外长决定实施《波茨坦公告》中的日本投降条文，包括惩办日本战犯。根据《波茨坦公告》、日本投降书、盟国的《特别通告》以及《远东国际军事法庭宪章》，盟国决定在东京设立法庭审判日本战犯。

1946年4月29日，东条英机等28名战犯正式被起诉。1946年5月3日，远东国际军事法庭正式开庭。首席检察官历数了28名战犯在战争中的罪行，列举了55项罪状，指控他们犯有破坏和平罪、战争罪、违反人道罪。

1948年11月4日，法庭宣读判决书，对25名出庭战犯判决如下：判处东条英机等7人绞刑；16人被判处无期徒刑；其余判处有期徒刑。

对日本战犯做出的严正判决，受到了世界舆论的欢迎。但是，一些应该受到审判的战犯并未成为被告，一些罪大恶极的战犯并未受到严惩，给深受其害的各国人民留下了不良的印象。

第三次科技革命

第三次科技革命，又称新科技革命，兴起于20世纪四五十年代。它以原子能技术、航天技术和电子计算机的应用为代表，另外还包括人工合成材料、生物技术和遗传工程等高新技术。它极大地推动了人类社会的发展，这一浪潮至今方兴未艾。

19世纪末20世纪初，科学理论的重大突破成为新科技革命的理论基础。爱因斯坦相对论的提出和量子力学的诞生，在物质观、时空观、运动观和方法论方面，将人类对自然界的认识从宏观世界引向微观世界。原子物理学揭开了核裂变的奥秘，使人工利用原子能成为可能。

第三次科技革命具有不同于先前科技革命的明显特征。首先，科学技术在推动生产力的发展方面起着越来越重要的作用，科学技术直接转化为生产力的速度加快。其次，科学和技术密切结合，相互促进，具有科学、技术、生产一体化的趋势。再次，科学技术各个领域之间相互渗透和分化，在高度分化的基础上又高度综合。现代科技发展出现了两种趋势：一方面，学科越来越多，分工越来越细，研究越来越深入；另一方面，学科之间的联系越来越紧密，科学研究朝着综合的方向发展。

无论在广度上还是在深度上，第三次科技革命对世界产生了极其深刻的影响。

第一，它极大地推动了生产力的发展。据统计，从18世纪以来，世界工业的年增长以1951年到1976年间的速度为最快。

第二，它促进了社会经济结构和社会生活结构的变化。在发达资本主义国家，国民经济中的第三产业的比重上升，超过了第一、第二产业；产业结构中的技术密集型企业发展速度大大超过传统的劳动密集型企业，信息产业逐渐兴起。

第三，它推动了国际经济格局的调整，拉大了发达国家和发展中国家的差距。科技在国际经济竞争中的地位越来越重要。新科技革命加速了生产和资本的国际化、一体化和集团化。

随着第三次科技革命的发展，知识经济已经初露端倪。为了增强自己的地位，科技立国、科技兴国、科技强国日益成为许多国家的国策。

杜鲁门主义和马歇尔计划

1947年3月12日，美国总统杜鲁门在致国会的关于援助希腊和土耳其的咨文中，提出了以"遏制共产主义"为核心的对外政策的指导思想，这一咨文被称为"杜鲁门主义"。

第二次世界大战后，德、意、日三个国家遭到重创，英、法的力量也严重削弱，美国却依仗在战争中发展起来的雄厚的经济、军事实力，在资本主义世界取得了统治地位。

美国总统杜鲁门像

1947年2月21日，英国照会美国国务院，声称由于国内经济困难，无法再给希腊和土耳其以经济和军事的上援助，希望美国继续给予援助。

希腊和土耳其扼东地中海，地处国际交通要道的汇合点，具有重要的战略地位，尤其黑海海峡，是黑海通往地中海、大西洋的门户，历来为大国必争之地。第二次世界大战前，希腊和土耳其一直是英国的势力范围。战后，由于英国实力的全面衰退，美苏在这一地区的争夺异常激烈。1945年6月，苏联向土耳其提出缔结新条约的要求，包括把1921年割让给土耳其的土卡尔斯和阿尔汉达两地归还苏联，苏联在达达尼尔海峡建立陆海空军基地等。土耳其拒绝了苏联的要求，两国关系顿时紧张起来。美国乘机向土耳其提出开放和联合管制达达尼尔海峡的要求，并提供贷款，全面支持土耳其，美国在海峡地区的影响不断扩大。战后,希腊的人民武装力量蓬勃发展。1946年秋,希腊共产党领导人民掀起了武装斗争,不断取得胜利,希腊政府处于风雨飘摇之中。在这种情况下,希腊向英国提出加紧援助的要求。但英国已经难以收拾希腊的局面。1947年2月21日,英国照会美国,表示"由于军事和战略上的原因,不应该允许希腊和土耳其落入苏联控制之下",要求美国挑起全面援助希、土的担子。"希、土危机"不仅为美国提供了取代英国、夺取东地中海控制权的可能,而且为美国提出全球性扩张的纲领、抛出冷战政策提供了契机。

在咨文中,杜鲁门指出希腊遭到由共产党人领导的"恐怖主义活动的威胁",一旦它作为独立国家"陨落",不但将危及土耳其和整个中东地区,而且将给欧洲一些"力争维持其自由和独立地位"的国家带来"灾难性"的影响。他把"希、土危机"比喻为希特勒和第二次世界大战的再现,宣称世界已分为两个敌对营垒,一边是"自由制度",一边是"极权政体",每个国家都面临着两种不同生活方式的抉择,美国负有领导"自由世界"的使命,以抗拒共产主义。

由此可见,杜鲁门主义远不止是援助希、土,而是美国在全世界范围内扩张的宣言,是对苏联发动全面"冷战"的宣战书。它是美国对外政策转变的完成,标志着美国对外政策已彻底摆脱了孤立主义的影响,开始由局部扩张转变为全球扩张。1947年5月22日,杜鲁门正式签署《援助希、土法案》。1947年到1950年,美国援助希、土两国6.59亿美元。1949年,在美军指挥下希腊革命被扑灭。

杜鲁门主义是美国对外政策的重大转折点。它与马歇尔计划共同构成美国对外政策的基础,标志着美苏两国由战时的盟国变为战后的敌国,美苏之间的"冷战"正式开始。

美苏争霸

1953年3月,斯大林逝世。9月,赫鲁晓夫就任苏共中央第一书记。他开始逐步改变同西方尖锐对抗的政策,提出了一套争取同美国平起平坐,实现苏美合作,共同主宰世界的基本战略目标。这一战略目标在1956年2月的苏共二十大上得到了确认。

赫鲁晓夫执政中期,苏联的经济和军事实力大增,缩短了同美国的差距。同时,从世界范围来看,国际关系力量对比也发生了变化,美国称霸世界的计划屡屡受挫。这些都使得苏联有可能从新的实力地位出发,执行新的外交政策。

外交战略和实力对比的变化,直接影响了美苏争霸局面的形成。其中,苏联推行霸权主义政策,是美苏争霸局面形成的主要原因。美苏争霸形成的时间是20世纪50年代中期,到90年代结束,大致经历了三个阶段:

第一阶段:50年代中期至60年代初期,双方争霸的特点是既缓和又紧张。

50年代中期,对奥地利和约的签订,结束了战后奥地利被美、苏、英、法四大国分割占领的局面,奥地利成为中立国家。条约对世界局势特别是欧洲局势的缓和起了积极的作用。西方国家认为,这是苏联的一次实质性让步,东西方关系开始"解冻"。

1959年9月,赫鲁晓夫同美国总统艾森豪威尔在马里兰州的戴维营举行了会谈。虽然赫鲁晓夫的美国之行没有取得什么实际成果,但他认为这本身就给人以美苏平起平坐、共同主宰世界事务的印象。美国在实际上也承认了苏联与美国同是超级大国的事实。在戴维营会谈期间,美国还公开希望赫鲁晓夫对中国施加压力。而赫鲁晓夫为了迎合美国,也企图以牺牲中国的利益来换取"美苏合作"。这样,中苏关系逐步恶化。

第二阶段:60年代中期至70年代末,这一阶段的特点是苏联进攻,美国防守。

1964年上台执政的勃列日涅夫积极扩张军备。到70年代,就军事力量的对比而言,苏联已经从战略劣势转为战略均势,并且日益显示出超过美国的趋势。同时,苏联的经济实力同美国的差距也大为缩小。日益增强的实力,特别是军事实力,成为勃列日涅夫积极进攻战略的支柱。

迫于形势的变化,1969年尼克松担任美国总统后,对美国的对外战略进行了重大调整,从战略进攻转为战略防御。其基本倾向是收缩美国的海外态势,收缩的重点是亚洲。为此,尼克松在亚洲采取了两大步骤:一是美军从越南撤出,二是开始同中国实现关系正常化。但是美国仍不失为资本主义世界最强大的国家,没有放弃它的霸权政策。

第三阶段:80年代至90年代,美国强硬,苏联收缩。

1981年里根就任美国总统,在整顿国内经济的同时,对美国的全球战略作出了重大调整,开始对苏联重新采取强硬态度。80年代中期担任苏联最高领导人的戈尔巴乔夫开始放弃争夺军事优势的做法,转而裁减军备。1987年,两国签署了全部销毁两国中短程核导弹的条约。苏联在对外战略上由扩张转向全面收缩。1991年,苏联解体。美苏争霸,遂告结束。

北约和华约的建立

北大西洋公约,简称北约。1949年4月4日,美国、加拿大、英国、法国、比利时、荷兰、卢森堡、丹麦、挪威、冰岛、葡萄牙和意大利12个国家在美国首都华盛顿签订北大西洋公约。公约共14条,它规定:缔约国实行"集体防御",当缔约国遭到"武装攻击",其他缔约国应"采取视为必要之行动,包括武力之使用"。

北约组织成立后,成员不断增加。希腊和土耳其于1952年加入,联邦德国和西班牙分别于1955年和1982年加入该组织。

20世纪90年代,随着华沙条约组织的解散和苏联的解体,欧洲的政治与安全形势发生了巨大变化,北约开始向政治军事组织转变。

1990年7月,北约宣布冷战结束。为适应新形势的需要,北约开始全面调整战略。1991年12月,北约决定与部分中东欧国家成立北大西洋合作委员会。1994年1月,北约通过了与中东欧国家以及俄罗斯建立"和平伙伴关系"的计划。1997年5月,旨在取代北大西洋合作委员会、加强北约同欧洲和欧亚大陆的非北约国家之间安全关系的欧洲—大西洋伙伴关系理事会正式成立。1997年7月,北约东扩计划正式启动。1999年3月,波兰、捷克和匈牙利正式成为北约新成员。这是实现北约东扩计划的实质性一步。北约东扩后,其前沿地区向俄罗斯边境推进了650至750公里。北约的战术航空兵从波兰境内已能威胁到俄罗斯的圣彼得堡、摩尔曼斯克、库尔斯克和沃罗涅日等重要城市。

由于北约东扩直接影响到俄罗斯在中东欧地区的利益,并对俄国安全构成威胁,因此从一开始就遭到俄罗斯的强烈反对。然而,北约东扩已是大势所趋,俄罗斯与北约经过多次较量和妥协,1997年5月27日,双方签署了《北约与俄罗斯相互关系、合作与安全基础文件》。该文件承诺让俄罗斯对北约事务有一定程度的发言权,以换取俄罗斯对北约东扩的默认。

北约之船驶向东欧

华沙条约组织是根据华沙条约建立的军事集团。1955年5月5日,联邦德国正式成为北约的一员。由于它处于东西方对峙的最前沿,它加入北约对于苏联和东欧国家无疑是巨大的威胁。鉴于这种形势,苏联与东欧各国采取了针锋相对的措施。5月14日,苏联、捷克斯洛伐克、保加利亚、匈牙利、德意志民主共和国(民主德国)、波兰、罗马尼亚、阿尔巴尼亚在华沙缔结了八国友好合作互助条约,通称《华沙条约》,简称《华约》。条约宣称,缔约国将致力于"国际和平和安全",并以"和平方法解决国际争端";条约规定设立武装部队联合司令部和政治协商委员会等组织。总部设在莫斯科。

华约组织后来成为苏联控制东欧的工具。1968年8月,苏联以华沙条约组织名义,出兵侵占了捷克斯洛伐克。同年9月阿尔巴尼亚退出该组织。1990年10月,民主德国并入联邦德国,民主德国不复存在。1991年4月1日,华约组织宣布解散其军事机构,7月1日,华约6个成员国领导人在布拉格签署议定书,宣布华约结束。至此,华沙条约组织正式解散,两大阵营的对峙宣告结束。

印巴分治及克什米尔问题

克什米尔地区位于南亚次大陆的北端、中亚的南端,地形以山地为主,与中国、印度、巴基斯坦和阿富汗接壤,战略地位极其重要,自古为兵家必争之地。

在英国征服整个南亚次大陆之前,克什米尔是一个独立国家。英国完全控制南亚次大陆后,克什米尔成为受它保护的一个土邦,但享有自治权。当时的土邦王是印度教徒,但77%的居民是穆斯林。第二次世界大战后,印度的民族独立运动空前高涨,英国殖民当局不得不采取分而治之的策略。1947年6月,英国最后一任驻印度总督蒙巴顿提出了关于印巴分治的方案。

根据这个方案,在印度境内成立两个独立的自治领印度和巴基斯坦。根据居民的宗教信仰,印度教徒占多数的地区划归印度,穆斯林占多数的地区划归巴基斯坦。同时又规定,土邦可以自由选择加入印度或者巴基斯坦,亦或两者都不加入,保持原来与英国的关系,但不能自治。在克什米尔,占多数的穆斯林居民想并入巴基斯坦,而信仰印度教的土邦王则想并入印度。巴基斯坦认为,按照印巴分治的原则,穆斯林应组成一个国家,所以克什米尔理应成为巴基斯坦的领土,但此说法遭到印度的坚决反对。因此,印巴分治时,克什米尔的归属问题未能得到解决。

根据印巴分治方案,1947年8月14日,巴基斯坦宣告成立,真纳任总督;8月15日,印度宣布独立,尼赫鲁任总理。

1947年10月,为了争夺克什米尔,印度与巴基斯坦爆发了第一次战争。1947年12月31日,印度把克什米尔争端提交到联合国安理会,巴基斯坦也向联合国提出反控。

1948年1月20日,安理会通过决议,成立印巴委员会,委员会通过了停火、非军事化和公民投票、分阶段解决克什米尔问题的议案。印巴双方表示接受,并于1949年1月1日实现了停火。同年7月,两国缔结了卡拉奇协定,划定了停火线,印度控制了当时克什米尔的3/5土地和3/4人口,巴基斯坦控制了2/5土地和1/4的人口。克什米尔被分割成了印控区和巴控区,悬而未决的归属问题从此被搁置。之后,印、巴双方在1965年8月和1971年11月又爆发两次战争,使克什米尔问题愈来愈复杂化。

自1971年印巴战争以来,两国虽然没有再次诉诸大规模的军事行动,但各自的立场始终没有改变。印度在它控制的地区成立了"查谟和克什米尔邦"。巴基斯坦则坚持克什米尔的归属应遵照克什米尔人的意愿,通过公民投票解决,双方互不让步。

克什米尔争端是印度和巴基斯坦两国长期交恶的核心所在,是南亚次大陆半个世纪战乱的根源。由于克什米尔问题实际上已成为国家主权、民族尊严和民族感情的象征,而且与两国国内的党派政治纠缠在一起,克什米尔问题差不多已经成为一个无法解开的"死结"。

朝鲜战争——美国的一次惨痛失败

1948年8月,朝鲜南部通过"单独选举",成立了以李承晚为总统的大韩民国政府,以汉城为首都。同月,朝鲜北部成立了朝鲜民主主义人民共和国,定都平壤。9月,金日成被任命为内阁首相,南北朝鲜分裂。双方的斗争日益尖锐,仅1949年,"三八线"上的武装冲突就超过千次。1950年6月25日,朝鲜南北之间终于爆发大规模内战。

美国总统杜鲁门在朝鲜内战爆发第三天即决定插手战争,美国操纵联合国安理会通过决议,打着"联合国军"旗号正式参战,命令麦克阿瑟使用海、空军全力支持南朝鲜军队作战。美军实力得到了很大加强,并完全取得了制空权和制海权。

9月15日,美军开始在仁川登陆。朝鲜人民军主力被隔断,腹背受敌,被迫逐步撤向"三八线"附近。10月1日,麦克阿瑟下令美军和南朝鲜军越过"三八线"向北进攻,朝鲜民主主义人民共和国已处于万分危急之中。10月下旬,战火烧到中国边境。

10月上旬,中国政府根据朝鲜民主主义人民共和国的请求和朝鲜局势的发展,做出了抗美援朝的战略决策。10月19日晚,中国人

彭德怀与朝鲜劳动党中央委员长金日成商讨作战部署

民志愿军在彭德怀的率领下,跨过鸭绿江,开赴朝鲜。

入朝以后,志愿军抓住敌人以为中国不会出兵朝鲜而继续分兵冒进的有利时机,采取在运动中各个歼灭敌人的作战方针,突然发起第一次战役,将冒进之敌击退。

第一次战役后,美军重新调整部署,于11月24日发起了所谓"圣诞节结束朝鲜战争"的总攻势。志愿军于11月7日打响了第二次战役,中朝人民军队歼敌3.6万余人,收复了平壤及"三八线"以北广大地区,迫使美军和南朝鲜军转入防御,从而扭转了朝鲜战局。

志愿军又相继进行了三次战役,最终将战线稳定在"三八线"附近。经过五

次战役的较量后,双方从1951年6月开始转入阵地防御作战,朝鲜战争出现相持局面。

1951年8月中旬至10月下旬,"联合国军"发起夏季攻势和秋季攻势。中朝人民军队组织了夏秋季防御作战,取得了胜利。从1952年春季起,志愿军积极开展小部队战斗活动,在整个前沿开展狙击活动。1952年10月8日,美军和南朝鲜军单方面宣布停战谈判无限期休会。中朝人民军队从1953年5月中旬开始,先后对敌实施了3次进攻,歼敌5万余人,收复土地180平方公里。"联合国军"终于向朝中方面做出了实施停战协定的保证。1953年7月27日,朝鲜停战协定在板门店签字。朝鲜战争结束。朝鲜半岛仍处于分裂状态。

朝鲜停战协定的签订,标志着美国侵朝政策的失败。它投入了巨大的军事力量,包括陆军兵力的1/3,空军兵力的1/5,太平洋舰队的大部分舰艇,以及除原子弹以外的所有新式武器,直接军费高达200亿美元,物资消耗达7300万吨。在整个战争中,美韩军队损失惨重。

日本的崛起和发展

第二次世界大战结束后,日本借助有利的国内外条件,成功地推行了民主化改革和恢复经济的重点倾斜政策。20世纪50年代中期到70年代中期,日本经济进入了高速发展时期,成为资本主义世界第二经济大国,令世界各国刮目相看。80年代以来,日本实施稳定经济增长、新科技立国和全球贸易战略,缩短了和美国的经济差距,超过了苏联,成为世界第二经济大国,并与超级大国美国展开激烈的贸易竞争。

1945—1955年是日本经济恢复的时期。1945年10月11日,麦克阿瑟代表盟国提出日本民主化改革的五项要求,揭开了日本政治、经济民主化改革的序幕,其措施主要是:实施农地改革;打击和解散财阀;修改日本国宪法;逮捕战犯,进行整肃。这些措施,铲除了日本军国主义和法西斯势力的政治、经济基础,发展了资产阶级民主势力,对生产关系进行了局部调整,为资本主义的高速发展扫清了道路。

这一时期,日本经济的恢复和发展还依赖于朝鲜战争的天赐良机、美国的援助以及日本政府采取的重点干预政策。

1956年到1973年,是日本经济高速发展的时期。日本经济的高速发展得益于政府的强化干预,实行以自由市场经济为主,政府干预为辅的混合经济体制;得益于政府的中长期经济计划。

1955—1970年间,日本经济的年增长率为10.35%,其中,1966—1970年间为12.2%,1950年,日本的国民生产总值在西方国家中占第七位,1960年超过加拿大,1966年超过法国,1967年超过英国,1968年超过联邦德国,一个仅占世界陆地面积 0.3% 的岛国一跃而成为资本主义第二、世界第三经济大国。

自 70 年代以来，日本经济继续发展。到 1985 年，各主要发达国家的国力以美国为 100 计算，联邦德国为 54，日本则为 61，日本成为名副其实的经济大国。1987 年，日本经济实力超过苏联，成为仅次于美国的世界第二经济大国。德国《银行家》杂志 1992 年 7 月提供的数字表明，在世界上最大的 20 家银行中，日本占了 11 家。

日本经济的发展，也带来了美日经济上的矛盾。经济战由纺织品大战逐渐扩及汽车、家用电器、电脑等各个领域。

随着经济实力的膨胀，日本力图在政治上有所作为。20 世纪 80 年代，日本开始了新的远航，提出了日本"国际化"的口号。1983 年，日本明确提出了要成为政治大国的主张。

为了加快走向政治大国，日本加强日美同盟关系，以同美国的合作与协调为外交基轴，立足亚洲，在美、日、欧三角中谋求亚洲代言人的角色；谋求建立"日元圈"；加强防务力量，向军事大国方向发展，国内逐渐出现了为军国主义势力的复活铺路的倾向；争当安理会常任理事国；谋求中国和其他亚太国家的理解和支持；力图扩大日本文化的世界性影响。

从欧共体到欧盟

第二次世界大战严重削弱了西欧主要资本主义国家，它们丧失了在国际事务中的主导地位。虽然在 20 世纪 50 年代初，西欧各国经济已经逐渐恢复和发展，但已无法恢复昔日的地位。西欧各国要重新在战后的国际事务中发挥有力的影响，进一步发展，就必须联合起来，实现欧洲的统一。而法德的和解是欧洲联合的关键。法国担心西德经济和军事实力的恢复会对其他欧洲国家安全构成威胁。为此，法国首先考虑的是建立一个国际机构，将西德和法国及其他一些欧洲国家的重工业统一管理起来，以便从物质基础上防止德国再次成为军事强国。

1951 年 4 月 18 日，根据法国外长舒曼的建议（即舒曼计划），法国、联邦德国、意大利、荷兰、比利时和卢森堡在巴黎签订《欧洲煤钢联营条约》，把各自的煤钢工业联合起来，建立煤钢联营，共同管理六国煤钢的生产、投资、价格和原料分配等。条约把西德重整军备的关键工业部门置于共同管理和监督之下，可以保证这些资源不再被用于军国主义目的，从而为欧洲统一铺平了政治道路。随着经济实力的增强，西欧六国决定进一步加强联合。1957 年 3 月 25 日，六国在罗马签订《罗马条约》，决定建立欧洲经济共同体，即共同市场和欧洲原子能共同体。1967 年 7 月，上述三个组织完全合并，总称欧洲共同体。1973 年，英国、爱尔兰、丹麦加入；1981 年，希腊加入；1986 年，西班牙和葡萄牙加入。至此，欧共体扩大为 12 个成员国。

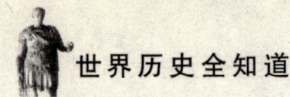

欧共体在发展过程中,它的主要政策有:一、实现关税同盟,成员国之间逐步降低直至取消关税,工业品在内部自由流通;二、实施共同的农业政策,在内部逐步统一农产品价格,促进农产品的自由流通;三、建立货币联盟,以欧洲货币单位为核心,各成员国根据本国货币和欧洲货币单位中心汇率确定相互之间的货币汇率。对非成员国实行浮动汇率。四、促进政治联盟,成立欧洲理事会并产生了欧洲议会。

欧共体使西欧关系得到缓和、稳定,成员国经济实力大大加强,国际地位明显增强,成为与美苏抗衡的重要力量,反映了世界多极化的趋势。

1991年12月10日,在荷兰通过的《马斯特里赫特条约》,决定将欧共体改称为欧洲联盟。1993年,欧洲统一大市场诞生,从此,欧盟成员国之间正式实施商品、资本、人员、劳务四大生产要素的自由流通,欧盟成了一个统一的经济实体。

1995年,奥地利、瑞典、芬兰又加入欧盟。目前,欧盟拥有15个成员国和3.8亿人口,是世界上第二大经济实体,其1999年的国内生产总值达到7.809万亿欧元,仅次于美国(8.729万亿欧元)。

人类登月飞行和太空探险

近代以来,科技发展日新月异。1923年,奥伯特论述火箭飞行原理的《飞往星际空间的火箭》出版。1924年,齐奥尔科夫斯基论述多级火箭的专著出版。火箭靠自身的燃料燃烧喷出气体的反作用力飞行。如果物体达到7.9千米/秒的速度,就可以围绕地球运行而不落下来。这个速度就是第一宇宙速度。如果速度达到11.2千米/秒,我们就可以摆脱地球引力束缚在太阳系内飞行。这个速度为第二宇宙速度。当速度大于16.7千米/秒,我们就可以飞出太阳系了,这就是第三宇宙速度。

1957年10月4日,苏联第一颗人造卫星上天,拉开了人类航天时代的序幕。

1961年4月12日,苏联宇航员加加林乘坐"东方1号"宇宙飞船环绕地球飞行一圈,历时108分钟,写下了人类航天飞行的新篇章。加加林也成为第一位进入太空的人。

月球是距离地球最近的天体,是人类进行太空探险的第一站。1959年,苏联发射的月球2号探测器在月球着陆,这是人类的航天器第一次到达地球以外的天体。同年10月,月球3号发回第一批月球背面的照片。1970年,月球16号把100克月球土壤送回地球。

美国人也不甘落后,在20世纪60年代开始了征服月球的"阿波罗"计划,目的就是登上月球实地考察。在1961年到1967年间,9个"徘徊者"探测器,7个"勘探者"探测器以及5个月球轨道器先后对月球进行考察。它们拍摄了照片并分析了月球的土壤,为登上月球做好了充分的准备。

1969年7月16日,美国"阿波罗"2号飞船,载着阿姆斯特朗、奥尔德林和柯林斯在美国肯尼迪航天中心升空。到达月球轨道后,由柯林斯驾驶飞船绕月飞行,而阿姆斯特朗和奥尔德林驾驶登月舱于7月20日在月球表面静海降落。阿姆斯特朗第一个登上月球。他说出了下面这段意味深长的话:"对于一个人来说,这只是一小步,但对人类来说,这是巨大的一步。"他们在月球表面上进行实地科学考察,采集了月球岩石和土壤。在完成月面考察任务以后,他们进入登月舱,离开月球回到月球轨道上的指令舱中,与柯林斯会合后开始返回地球,完成了这一史无前例的航天飞行。

1994年,美国发射了"克莱门汀"号无人驾驶飞船,对月球进行了新的地貌测绘,为在不久的将来建立月球基地和月基天文台作准备。

1998年1月6日发射升空的"月球勘探者",携带中子光谱仪探测氢原子,最终发现在月球两极的盆地底部存在水。

人类对于未知世界的探索是永无止境的。人们并不满足于对月球的了解,目标又转向了太阳系中的大行星。随着科技的飞速发展,人们可望在不远的将来直接登上火星进行实地考察,彻底弄清火星生命问题。

到目前为止,人类只登上了月球,这不能不说是一个小小的遗憾。展望21世纪,人类将插上科技的翅膀,在更加广阔的宇宙空间纵横驰骋!

不结盟运动的形成

不结盟运动的兴起是国际形势发展的必然结果。第二次世界大战结束后,亚洲、非洲和拉丁美洲地区的民族解放运动蓬勃发展,出现了一系列新兴的民族独立国家。这些新兴国家大都选择了独立、自主、不结盟的发展道路。与此同时,美国、苏联两个超级大国为了争夺世界霸权,力图控制广大的亚、非、拉中间地带,对这些国家的独立、主权和安全构成越来越大的威胁。在这种形势下,一些国家的领袖,如铁托、尼赫鲁、纳赛尔、苏加诺、恩克鲁玛等逐渐形成了共同的国际意识,主张参与国际事务,推动新兴国家联合起来,反对新老殖民主义,反对大国干涉,维护世界和平。1956年7月,铁托、纳赛尔、尼赫鲁发表《联合声明》,反对把"世界分成强有力的国家集团",提出"应该建立世界规模的集体安全","应该继续并且鼓励奉行不同政策的各国领袖之间的接触和意见交换"。后来,在1960年第15届联合国大会期间,铁托、纳赛尔、尼赫鲁、恩克鲁玛和苏加诺协商召开不结盟会议事宜,这5个领导人被称为不结盟运动的创始人。在铁托和纳赛尔的积极努力下,由埃及、南斯拉夫、印度、印度尼西亚、阿富汗5国(后来它们被称为"不结盟运动的发起国")发起,1961年6月在埃及首都开罗召开不结盟国家首脑会议的筹备会议,规定了参加不结盟国家首脑会议

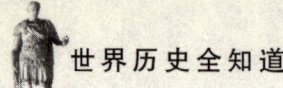

的5项标准：(1) 必须执行以和平共处和不结盟为基础的独立政策，或者表现出与这一政策相一致的倾向；(2) 必须一贯支援民族独立运动；(3) 不得是参与两大阵营纠纷的军事同盟的成员；(4) 不得是有大国参加的、卷入两大阵营纠纷的区域性防御条约或双边条约的成员；(5) 不得赞成在其领土上为两大阵营之一的利益建立军事基地。筹备会议决定于1961年9月正式召开不结盟国家和政府首脑会议。

1961年9月，第一次不结盟国家和政府首脑会议在南斯拉夫的贝尔格莱德举行。会议通过了《不结盟国家和政府首脑宣言》。宣言指出："只有殖民主义、帝国主义和新殖民主义的各种表现形式都被消除……之后，持久和平才能实现"；不结盟国家"决意协同做出努力来制止各种新殖民主义和帝国主义统治的一切形式和表现"。

不结盟运动在反对帝国主义、殖民主义，促进亚、非、拉各国民族解放运动的深入发展，在反对超级大国的侵略和战争政策，保卫世界和平，建立国际经济新秩序等方面，做出了不懈的努力。

不结盟运动开始后，其队伍不断扩大。到1983年，已有119个国家加入，占世界国家总数的2/3；人口20多亿，占世界总人口的1/3。不结盟运动作为第三世界最大的政治性国际组织，已成为当代国际社会中强大而充满生气的政治力量，在国际事务中的作用越来越显著。

第三世界的兴起

第二次世界大战后，在亚、非、拉出现了一系列新兴的独立国家。为了维护主权独立和发展经济，这些国家既需要国际合作，又不愿介入美苏争霸，它们采取不与任何大国结盟的外交政策。这一支独立的政治力量被称为"第三世界"。

第三世界的兴起，主要包括三方面的内容：一是亚、非、拉大批国家经过长期斗争，取得民族独立或在捍卫国家主权的斗争中取得重大胜利；二是第三世界国家以万隆会议和不结盟运动的形成为标志，团结起来进行反帝、反殖、反霸斗争，对建立战后国际政治新秩序产生了重大影响；三是以"七十七国集团"的形成为标志，第三世界国家打破西方发达国家操纵国际市场的局面，建立国际经济新秩序。

第二次世界大战后，殖民体系逐渐崩溃，亚、非、拉地区的民族解放运动蓬勃发展。在东亚，随着日本的投降，越南、朝鲜、中国三国经过艰苦斗争，建立人民政权，获得民族独立，并走上社会主义道路；在南亚，经过印度人民的长期斗争，英国被迫同意印度独立。由于英国殖民者的挑拨，印度独立是以印巴分治的形式实现的，印度教徒占多数的地区组成印度，伊斯兰教徒占多数的地区组成巴基斯坦。其他地区的国家如菲律宾、缅甸、锡兰（斯里兰卡）、印度尼西亚、马来西亚、新加坡等也纷纷宣布独立。

在亚洲人民掀起民族独立运动高潮的同时，非洲人民的独立斗争也在不断升温。1952年，埃及爆发反帝反封建的"七月革命"，以纳赛尔为首的"自由军官组织"发动武装起义，推翻英国控制的法鲁克王朝，实现了独立。1956年，纳赛尔宣布将苏伊士运河收归国有，并打败英、法、以的侵略，取得了苏伊士运河战争的胜利。阿尔及利亚民族解放阵线发动反法武装起义，迫使法国于1962年承认阿尔及利亚独立。阿尔及利亚的独立，给非洲其他国家以极大的鼓舞。在它的影响下，民族解放运动席卷非洲。到60年代末，英、法在非洲的殖民统治基本被摧毁。

拉美民族运动主要表现为捍卫民族主权的斗争，其中具有代表性的是古巴革命和巴拿马人民收回运河主权的斗争。

亚、非、拉一系列国家的独立和捍卫民族主权斗争的胜利，形成了战后世界一大政治力量。他们为反对西方国家的控制和掠夺，又展开了争取建立国际政治经济新秩序的斗争。

万隆会议也叫亚非会议。1955年，包括中国在内的20多个国家参加的万隆会议，反映了亚非人民团结反帝、反殖的共同愿望，表明亚、非、拉国家开始作为一支新兴的政治力量登上国际政治舞台。第三世界的兴起，冲击着战后国际关系中的两极格局。随着第三世界力量的日益壮大，它在国际政治和经济事务中发挥着愈来愈大的作用。

越南战争

印度支那（越南、老挝、柬埔寨）是法国传统的势力范围，第二次世界大战期间，被日本占领。日本投降后，越南、老挝相继宣布独立，柬埔寨也于1953年独立。日本势力退出后，法国殖民者卷土重来。1945年9月23日，法国在美国支持下，入侵越南南部，越南战争爆发。越南、老挝、柬埔寨人民奋起抗击，沉重打击了法国侵略者。为了挽回败局，法国向美国求援。

从1950到1954年，美国负担战争军费的3/4以上，但仍未挽回败局。1954年5月，越南在中国的支援下，取得了奠边府战役的决定性胜利，改变了整个印度支那战争局势。同年5月8日至7月21日，中、苏、美、英、法和越南民主共和国等国举行了日内瓦会议，签订了《日内瓦协议》。它规定结束法国对印度支那三国的殖民统治。但是美国拒绝在《日内瓦协议》上签字，阴谋取法国而代之，加紧对印度支那的侵略。1955年10月，美国支持吴庭艳在越南南方成立"越南共和国"，建立傀儡政权，并于1959年掀起老挝内战。美国全面介入印度支那战争。

1960年到1964年，美国对南越发动特种战争，从5月17日起开始轰炸解放区,从而在老挝开辟"第二战线"。8月5日,美国制造"北部湾事件",并以此为借口,悍然轰炸越南北方。

1965年到1969年,美国将"特种战争"升级为"局部战争";它于1965年2月7日开始对越南北部进行大规模连续轰炸,并于3月在岘港登陆,直接出兵南越。

1970年3月18日,在美国策动下,柬埔寨朗诺—施里玛达集团推翻诺罗敦·西哈努克亲王领导的柬埔寨王国政府。4月30日,美国派遣伪军大举入侵柬埔寨。5月5日,在柬埔寨民族统一阵线领导下的王国民族团结政府成立。

1970年4月,柬埔寨、老挝、越南南方共和国、越南民主共和国四方领导人举行印度支那高级会议,联合抗击美国的侵略。在印度支那人民不断地打击下,美国和西贡政权被迫于1973年1月27日签订了《关于越南结束战争、恢复和平的协定》,协定规定美军及其仆从军应在3月29日以前全部从南越撤走。但是,南越政权在美国支持下破坏了协定,对解放区进行蚕食。

1975年春,越南军民发动春季攻势,于4月30日解放西贡(今胡志明市),5月1日解放整个越南南方,胜利结束了抗美救国战争。同年,老挝和柬埔寨也取得了民族解放战争的胜利。印度支那战争使美国付出了巨大的代价:直接参战的美军1969年达54万人,另有7万仆从军,死亡5.6万多,伤30多万;出动了上万架飞机,投下近800万吨炸弹,超过了第二次世界大战时的总投弹量;直接军费开支高达1400亿美元,加上间接开支,总共3500亿美元。

越南战争改变了亚太地区的战略格局,美国逐渐在东南亚地区收缩力量。而且越南战争后,美国因又遭经济危机的沉重打击,军事力量发展缓慢;苏联则大力发展军事力量,与美国平起平坐。

古巴导弹危机

1959年1月,古巴人民推翻了巴蒂斯塔独裁政权,成立共和国。时年32岁的卡斯特罗出任总理。1961年4月,美国中央情报局策划支持1000多名雇佣军在古巴的吉隆滩登陆,企图通过武力颠覆古巴共和国。这一行动失败后,美国一方面并未完全放弃对古巴的武力威胁;另一方面,对古巴政策又转向了经济上的全面制裁和禁运,企图通过卡断其经济命脉来扼杀年轻的古巴共和国。与此同时,赫鲁晓夫为了同美国争夺世界霸权,力图在拉丁美洲寻找立足点。为此,他逐步加强了对古巴的经济和军事援助。苏联以"保卫古巴"为名,从1962年7月开始,把进攻性导弹秘密运进古巴。

苏联导弹运进古巴,很快就被美国察觉。1962年10月22日,肯尼迪向美国和全世界发表广播讲话,通告苏联在古巴部署核导弹的事实,认为美国必须立即对古巴实行"隔离",以阻止进攻性武器运入古巴。

危机之初，苏联做出了强硬的反应。赫鲁晓夫宣称，对于美国"史无前例的侵略"和走向"发动世界热核战争"的行为，苏联将进行最强烈的回击，苏联船只不会听从美国海军的封锁，不会停航和接受检查。苏联还要求美国从世界各地拆除其军事基地，要求安理会讨论制止美国破坏和平的问题。同时，苏联和华沙条约组织的武装力量，进入戒备状态。一时之间，世界濒临核大战的边缘。

载有进攻性导弹的苏联舰艇从古巴返航。

但是，美苏并不愿意真的触发双方之间甚至世界范围的核大战。美国留有余地，苏联更是色厉内荏。10月24日，苏联驶往古巴的船只开始返航。26日，赫鲁晓夫提出，愿意在联合国监督下从古巴撤出进攻性武器，并表示不再向古巴运送这种武器，交换条件是美国撤销对古巴的封锁，并保证不再入侵古巴。27日，肯尼迪发表声明，要求苏联在联合国监督下从古巴撤出导弹，美国保证不入侵古巴。28日，赫鲁晓夫表示同意撤除在古巴的核武器，让联合国代表到古巴核实。11月1日，卡斯特罗宣布，拒绝联合国视察，并提出维护古巴主权和领土完整等要求。11月8日至11日，苏联从古巴运走了42枚导弹，并在公海上接受美国"船靠船的观察"。20日，肯尼迪宣布赫鲁晓夫答应将在30天内撤走在古巴的全部"伊尔—28型"轰炸机，并宣布取消对古巴的海上封锁。双方的武装力量先后解除戒备状态，危机终于结束。

古巴导弹危机是美苏争夺霸权、进行核讹诈和玩弄战争边缘政策所造成的，也是美苏用包括核武器在内的军事力量进行的一次空前的对抗。危机的解决虽然避免了核大战，但其影响却是深远的。它暴露出核时代超级大国对抗的风险和核讹诈政策的局限。

苏联入侵阿富汗

阿富汗位于亚洲中南部,是苏联"南方战区"的一部分,具有非常重要的战略地位。苏联在阿富汗苦心经营多年,对阿已有一定程度的影响和控制。但是,阿富汗逐渐加剧的动荡局势和领导人违背苏联意志的行为,对苏联的南下战略产生了威胁。苏联领导人勃列日涅夫认为只有诉诸武力才能加强对阿富汗的全面控制。

入侵之前,苏联通过经济援助和军事援助,在阿富汗进行了大量的战场建设。而在阿富汗的几千名军事顾问和技术专家,早已控制着阿军一些要害部门和部队,对阿军情况比较熟悉。入侵阿富汗的最后决心和入侵方案,在1979年11月26日正式确定。

12月上旬,1500名配备有坦克、火炮的苏军人员被空运进阿,驻扎在萨兰山口,一些工兵部队也进入阿境,同时以"军援"为名通过公路向阿运进大批武器装备。圣诞节前夕,苏军先期占领、控制了一些要害地区。

在阿富汗,苏联顾问以冬季装备更换和检查维修为名,集中和拆卸了阿军的主要武器装备,而且限制作战飞机飞行,使阿军实际上被解除武装,处于无法作战的状态。阿总统阿明被诱骗离开总统府,转移到郊区行宫,失去了与各战斗部队的联系。

苏联还对西方发动了外交和宣传攻势,大肆宣扬苏联从东德部分撤军,抨击北约在西欧部署中程导弹,在伊朗扣留美国人质事件上推波助澜,以此转移西方对其侵阿行动的注意力。

12月27日晚7时半,先期在喀布尔机场空降的苏军空降师经过集结整顿,在克格勃的配合下,迅速占领阿富汗首都各要害部门。苏军与总统卫队在阿首都与驻军激战4个小时,击毙总统阿明,逮捕了政府重要官员,解除了政府军抵抗部队的武装。此后不久,边境的苏军部队陆续大举越境,并快速开进。苏军只遇到轻微的抵抗。至此,苏军基本实现了对阿富汗的占领。

苏军占领阿富汗,遭到了阿富汗各族各阶层人民的反抗。游击组织多达几十个,游击活动遍及全国各地区。尽管苏军采取了种种办法,但都未能达到预期目的。苏军已陷入反游击战争的泥潭之中。

随着苏军伤亡的逐渐增加,苏联国内人民的不满情绪也不断增大。旷日持久的战争给其国民经济背上了沉重包袱。面对国内严峻的经济形势和社会危机的不断加重,苏联总统戈尔巴乔夫在1988年2月,发表了从阿富汗撤军的声明。1989年2月15日,苏撤出最后一批侵阿苏军。至此,这场致使500万阿富汗人背井离乡的战争,以双方处于僵持状态告终。

这场战争加剧了亚太地区的紧张局势,因此遭到国际舆论的普遍谴责,苏联的国际声誉也因此而大大下降。

霍梅尼的伊斯兰革命

霍梅尼，伊朗伊斯兰什叶派领袖，伊朗伊斯兰共和国最高领袖。

他15岁中学毕业后，受教于伊斯兰著名神学家、宗教领袖哈耶里·叶兹迪。他1922年至库姆深造，成为伊斯兰教神学家教法学家。

20世纪60年代以来，伊朗礼萨·巴列维国王大权独揽，实行君主专制。他还是个很有作为的国王，要重振"大波斯帝国"，主张通过自上而下的"白色革命"，防止自下而上的"无益的革命"。在对外政策上，他实行亲美方针。

国王的改革推动了经济的发展，伊朗的经济比50年代末增长了3倍多。与此同时，70年代初世界石油价格暴涨，使伊朗的石油年收入从1973年的40亿美元增至1974年的200多亿美元。巴列维国王从美国购进了大量西方技术、设备和武器，宣称25年后伊朗要成为"世界五大强国之一"。

但是，国王在政治上实行专制统治。1975年3月3日，他宣布取缔一切政党，组成御用的"伊朗民族复兴党"，实行一党专制。国王的专制统治遭到以宗教领袖霍梅尼为代表的伊斯兰教什叶派上层的强烈反对，国内政局动荡不定。

伊朗95%的居民信奉伊斯兰教什叶派。国王的改革触犯了宗教上层僧侣的利益，而他的专制则激起了群众的不满。霍梅尼利用宗教力量组织反国王的群众运动。伊朗人民饱受饥饿、战乱之苦，所以霍梅尼一站出来振臂高呼，便有许多人加入到革命的队伍中来。1978年初，德黑兰、库姆、大不里士等大城市爆发了大规模的反国王、反美运动，要求废除君主制。这就是"伊斯兰革命"。国王先是实行武力镇压，继之妥协让步，但无济于事。1979年1月16日，国王被迫出国"长期度假"（1980年7月27日在埃及病故），巴列维王朝覆灭。同年2月，霍梅尼由法国回到伊朗。2月11日，伊朗宣布成立伊斯兰革命委员会，废除君主制，建立伊朗伊斯兰共和国。根据新宪法的规定，霍梅尼为"伊斯兰革命领袖"，即最高领袖，总揽军政大权。

霍梅尼提出将按照"穆罕默德的设想"重建伊朗，并宣布"既不偏向西方，也不偏向东方，我们要建立一个中立和不结盟的共和国"。

1979年11月4日，霍梅尼政权支持伊朗学生占领美国驻伊朗大使馆，扣押使馆人员作为人质，要求引渡流亡在美的前国王巴列维和收回巴列维家族在美财产，酿成"人质危机"。1981年1月19日，在阿尔及利亚的斡旋下，伊美双方才达成释放人质的协议，美国将巴列维家族在美财产归还伊朗政府，伊朗政府则释放美国人质。1980年9月至1988年，伊朗和伊拉克之间爆发了长达8年的战争。1988年7月，霍梅尼宣布接受联合国安理会决定，同意停火。8月，两伊战争停止。1989年6月3日，霍梅尼病逝。

德国统一——改写欧洲史的大事件

战后,东西方特别是美苏之间长期而全面的对抗,致使德国统一的问题迟迟得不到解决。

民主德国的经济是东欧国家中最好的,但它的人均国民产值仅及联邦德国的一半。民主德国百姓被联邦德国的高生活水平所吸引,不少人逃往联邦德国。民主德国政府筑柏林墙阻止居民外流,但收效不大。1989年10月7日,民主德国庆祝建国40周年。柏林、莱比锡等城市爆发示威游行,要求扩大民主,实行改革,放宽出国旅行。12月8日到9日和16日到17日,统一社会党举行非常代表大会,宣称民主德国应建立一个实现民主、建立法制、社会平等的民主社会主义社会。

1989年11月9日,民主德国开放柏林墙,允许居民自由过境。两天中,有75万民主德国人涌进联邦德国。这股洪流把象征分裂的柏林墙"推倒",使统一问题成为全德人民共同关心的焦点。联邦德国总理科尔抓住时机,于11月28日提出德国统一的十点计划。民主德国政府反对科尔的计划,但是不久,就改变了态度,于1990年2月1日建议两德通过缔结睦邻条约、建立邦联、主权移交邦联、民主选举等四个阶段实现统一。

柏林墙的拆除开创了德国统一的新时代

1990年3月18日,民主德国举行人民议院选举,结果基督教民主联盟、德国社会联盟和民主觉醒三党组成的德国联盟选胜。4月12日,新政府组成,有24名成员,民主社会主义党被排除在外。5月18日,两德财政部长签署了关于建立货币、经济和社会联盟的国家条约。7月12日起,东西柏林的边界卡全部撤销,柏林墙被拆除。

两德于7月6日开始关于政治统一问题的谈判。1990年8月31日,两德签署了实现政治统一的第二个国家条约,规定东西柏林合并,民主德国加入联邦德国。

德国统一涉及欧洲各国的利益和安全,而德国作为二战中的战败国,一直受美、苏、英、法四大战胜国的某种监控。因此,科尔政府利用外长会议,积极开展外交活动。科尔政府"保证忠于北约和欧共体",明确表示承认波兰西部边界,并在第三次巴黎外长会议上就德波边界问题达成全面协议。苏联坚决反对统一后的德国归属北约。科尔为争取苏联交出德国统一的"最后一把钥匙",决心从德苏之间的双边交易突破。7月15日,他表示永远承认战后边界;答应把德国统一后的武装力量裁减到37万;允诺向苏联提供120亿马克的无偿援助和近100亿马克的低息贷款等,从而换取了戈尔巴乔夫的点头。1990年9月12口,在莫斯科举行了第四次会议,各国外长签署了《最后解决德国问题的条约》。至此,德国统一的一切问题都已完满解决。

1990年10月3日,民主德国正式并入联邦德国。分裂了四十多年的德国重新实现了统一。

苏联解体——两极对抗格局的结束

1985年,戈尔巴乔夫担任苏共中央总书记后,对苏联进行了震惊世界的大改革。以1987年《改革与新思维》一书的出版为标志,戈尔巴乔夫开始全面推行所谓"人道的、民主的社会主义",他鼓吹"民主化、公开性、多元化",取消苏共领导,将改革引上了歧途。1990年,立陶宛、爱沙尼亚和拉脱维亚先后宣布独立,苏联其他各加盟共和国的离心倾向也迅速增强。为了保住苏联,1991年5月,戈尔巴乔夫和十五个加盟共和国领袖达成协议,同意组成"新苏联"。8月14日,苏联公布了新联盟条约文本。条约规定,结成联盟的各共和国保留独立决定涉及本国发展的一切问题的权利,在国际关系中苏联为一个主权国家,但结成联盟的各共和国有权同外国建立直接的外交、领事和贸易关系。

8月19日,苏联副总统亚纳耶夫突然发布命令宣布,鉴于总统戈尔巴乔夫健康状况已不能履行总统职务,他本人即日起履行总统职务。亚纳耶夫同时宣布,成立苏联"国家紧急状态委员会",在苏联部分地区实施为期6个月的紧急状态。在此期间,国家全部权力移交给苏联国家紧急状态委员会行使。

苏联国家紧急状态委员会发表《告苏联人民书》说,戈尔巴乔夫倡导的改革政策已"走入死胡同","苏联国家和人民的命运处在极其危险的严重时刻"。该委员会同日发布了"第一号命令":各级政权机关和管理机关必须无条件实施紧急状态;立即改组不按苏联宪法和苏联法律行事的政权机关,停止阻碍局势正常化的政党、社会团体的活动等等。此时正在黑海海滨克里米亚半岛休养的戈尔巴乔夫被软禁在别墅里,他同莫斯科的联系完全中断。

"8·19"事件发生后,代理总统亚纳耶夫发布了在莫斯科市实施紧急状态的命令,坦克和军队出现在莫斯科街头。时任俄罗斯联邦总统的叶利钦没有听命于紧急委员会的命令,他跳到议会大厦前的坦克上发表演讲,指责紧急状态委员会要恢复苏联的政治铁幕统治,并号召群众进行总罢工。紧急状态委员会未能果断肃清议会大厦的反对派。在叶利钦的鼓动下,情况发生逆转。20日晚,议会大

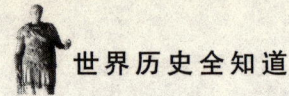

厦前已聚集了数万示威群众。有些人构筑了堡垒,要誓死保卫议会。21日下午,苏联国防部命令军队撤回驻地,国家紧急状态委员会领导人放弃了行动。

21日晚8点,戈尔巴乔夫发表声明,强调他已完全控制了局势。22日凌晨,他乘飞机返回莫斯科。22日上午,俄罗斯联邦总统叶利钦宣布,苏联前副总统亚纳耶夫等已于22日凌晨被拘留。以维护苏联原有的联盟体制为目标的"8·19"事件失败后,苏联解体的形势已无法逆转。

24日,叶利钦宣布俄罗斯联邦承认爱沙尼亚和拉脱维亚独立。12月1日,第二大加盟共和国乌克兰宣布独立。

12月8日俄罗斯、白俄罗斯、乌克兰宣布成立独立国家联合体。同时宣称,苏维埃社会主义共和国联盟"已不存在"。1991年12月21日,俄罗斯等11个独立国家领导人在哈萨克首都阿拉木图举行首脑会议,通过了《阿拉木图宣言》等文件,正式宣告建立独立国家联合体,1922年成立的苏维埃社会主义共和国联盟不复存在。

25日19时25分,戈尔巴乔夫在电视讲话中宣布辞职。19时32分,克里姆林宫屋顶旗杆上,那面为几代苏联人熟睹的镰刀锤子旗开始徐徐落下。一个昔日的超级大国——苏联已经成为历史。

南斯拉夫内战和科索沃战争

南斯拉夫位于巴尔干半岛,其国内情况和周边情况又极为复杂。1990年,南斯拉夫实行多党制地方选举后,克罗地亚政权被民族主义政党控制,而塞尔维亚共和国仍由共产党(后改为社会党)人掌权。克罗地亚新政权采取了一系列措施,使境内塞族人感到不安。1991年初,克罗地亚当局突然收缴塞族聚居区警察(大多为塞族人)的武器。3月,双方正式发生武装冲突,而且愈演愈烈。

1991年6月25日,南斯拉夫斯洛文尼亚和克罗地亚两共和国单方面宣布独立。斯洛文尼亚武装力量与南人民军发生武装冲突。经欧共体调停,双方于7月7日达成停火协议,武装冲突暂告平息。不久,克罗地亚当局同境内的塞族流血冲突再起。

斯、克两共和国宣布独立后,另有一些共和国相继宣布独立,二战后重建的南斯拉夫联邦制国家已逐渐解体。1991年7月7日,斯、克两共和国虽然同意推迟"独立",但并未放慢独立步伐。10月8日,两共和国正式宣告独立。随后,波黑共和国和马其顿宣布独立。这样,南斯拉夫6个共和国中有4个宣布独立了。

波黑穆斯林族和克罗地亚族领导人在1992年2月29日至3月1日就是否赞成波黑为独立主权国家进行全民公决,结果有过半数的波黑公民赞成波黑为"独立的主权国家"。夜间,武装的塞尔维亚平民在萨拉热窝附近的公路上设置路障,武装冲突由此开始。

正当战火在波黑境内蔓延之际,欧共体国家和美国却分别宣布承认波黑为独立主权国家,使波黑内战骤然升级。随即波黑塞尔维亚共和国宣布为独立国家。穆斯林族、克罗地亚族同塞尔维亚族为争夺地盘爆发了内战,并直接导致了南斯拉夫的分裂和瓦解,也最终导致了科索沃战争。

科索沃是南联盟塞尔维亚共和国的一个省,90%以上人口是阿尔巴尼亚族,其余是塞尔维亚族、黑山族等。由于历史原因,塞、阿两族长期不和,互不让步。从1998年2月开始,科索沃局势急剧恶化。

科索沃的民族矛盾正好被以美国为首的北约所利用。美国希望通过扩大北约的职能范围,使其成为自己独霸全球的工具。因此,美国从一开始就积极卷入科索沃危机。1999年1月,美国以武力强迫科索沃冲突双方按照美国的方案进行谈判。南联盟拒绝了北约军队进驻科索沃的条件,谈判最终破裂。3月24日,北约以"保护人权"之名,对南联盟发动了空袭行动。

据统计,北约的轰炸造成南联盟1800多名平民丧生,6000多人受伤,近百万人沦为难民,直接经济损失达2000多亿美元。

历史遗留的民族问题在南斯拉夫凸显

以美国为首的北约集团,绕过联合国,对一个主权国家大打出手的做法遭到国际社会的强烈反对。迫于压力,北约不得不重新回到联合国的渠道和政治解决的道路上来。

6月10日,联合国安理会通过了由西方7国和俄罗斯提交的决议。表决之前,南联盟开始从科索沃撤军,北约宣布暂停对南的空袭。6月20日,北约正式宣布结束对南轰炸。

科索沃战争的规模虽属局部,但影响却十分深远。联合国宪章和国际法准则受到了粗暴的践踏,联合国的权威大大受损。以美国为首的北约开了干涉别国内政的先例。

艾滋病肆虐全球

艾滋病发源于非洲,后由移民传入美国。1981年6月5日,美国亚特兰大市疾病控制中心首次介绍了他们发现的5例艾滋病病人的病史。1982年,此病正式被命名为"艾滋病"。不久,艾滋病迅速蔓延到了各大洲。

艾滋病传染途径主要有三条:性接触传播、血液传播和母婴传播。

艾滋病的传播非常迅速,自1981年美国疾病防治中心发现第一例艾滋病至今,全球感染艾滋病的人数已超过6000万。因患艾滋病而死亡的人数达2500万之多,艾滋病已成为威胁人类生命的最大杀手,已成为当今世界最为关注的公共卫生问题。世界卫生组织确定每年的12月1日为国际艾滋病日,以引起国际社会和各国政府的重视。

由于至今还没有治疗艾滋病的特效药,也没有可用于预防的有效疫苗,一旦发病,病人一般都会在不长的时间内死亡。所以目前艾滋病还是一种病死率高达100%的极为严重的传染病。

虽然人类还没有找到一种可以治疗艾滋病的方法,但是我们仍然可以预防它:洁身自爱,遵守性道德;进行安全的性行为,每次发生性行为时都正确使用避孕套;及时规范的治疗性病;避免不必要的输血和注射,进行穿破皮肤的行为时保证用具经过严格的消毒;戒断毒品,不共用注射器注射毒品;避免母婴传播。

艾滋病是世界性瘟疫,它威胁着整个人类社会,任何地方都没有人能逃避艾滋病的追踪,无论在大城市的豪宅,还是在乡间隐居之所。因此,被称为"当代瘟疫"和"超级癌症"的艾滋病已引起世界卫生组织及各国政府的高度重视。自从发现艾滋病的那一天起,人类就开始与艾滋病展开了不屈的抗争。为避免这一世纪瘟疫给世界造成更大的创伤,人类应该以最快的速度采取切实行动,在公众中大力普及预防艾滋病的常识,加强对艾滋病的防治,最大限度地减少死亡。

克隆技术的出现

克隆,是Clone的音译,意思是无性繁殖,克隆技术即无性繁殖技术。英国罗斯林研究所首次利用体细胞克隆成功了克隆羊多利,这在生物工程史上揭开了新的一页。

在自然界,有不少植物具有先天的克隆本能,如番薯、马铃薯、玫瑰等插枝繁殖的植物。而动物的克隆技术,则经历了由胚胎细胞到体细胞的发展过程。20世纪50年代,美国的科学家以两栖动物和鱼类作研究对象,首创了细胞核移植技术,他们研究了细胞发育分化的潜能问题、细胞质和细胞核的相互作用问题。1986年,英国科学家魏拉德森第一次利用细胞核移植法克隆出一只羊,以后又有人相继克隆出牛、羊、鼠、兔、猴等动物。我国的克隆技术也颇有成就,80年代末,中国克隆出一只兔;1991年克隆羊成功;1993年克隆出一批山羊;1995年克隆出牛。而美国最近克隆猴取得成功,日本科学家也声称他们繁殖出200多头"克隆牛"。以上所述的克隆动物,都是用胚胎细胞作为供体细胞进行细胞核移植而获得成功的。

1997年2月,英国罗斯林研究所宣布克隆成功的小羊多利,是用乳腺上皮细胞作为供体细胞进行细胞核移植的,它翻开了生物克隆史上崭新的一页,突破了利用胚胎细胞进行核移植的传统方式,使克隆技术有了长足的进展。克隆多利的成功,从理论上说明了高度分化细胞,经过一定手段处理之后,也可恢复受精卵时期的合子功能。这说明了在发育过程中,细胞质对异源细胞核的发育有调控作用。它对生物遗传疾病的治疗、优良品种的培育和扩群等提供了重要途径,对物种的优化、濒危动物的种质保存,对转基因动物的扩群均有一定作用。克隆小羊多利的成功,在世界各国引起强烈的反响,有的看作福音,有的则视为祸水。

生物克隆取得突破,最大的好处是培养大量品质优良的家畜,丰富人们的物质生活,使畜牧业的成本降低,效率提高;还可提供某些药物原料以提高人类免疫功能等等。在小羊多利之前,罗斯林研究所曾培育出一只奶中含治疗血友病药物原料的转基因羊,一家公司以50万英镑的高价买去。如果利用体细胞大批"复制"这只羊,就可挽救更多患者的生命。

另外,利用克隆技术可以大量复制珍稀动物,挽救濒危物种,调节大自然的生态平衡,为人类造福。当然,克隆技术也可能带来负面影响,一些克隆动物在遗传上是全等的,一种特定病毒或其他疾病也会带给克隆出来的动物,这将会带来灾难。无计划克隆动物,会扰乱物种的进化规律,干扰性别比例,这种对生物界的人为控制会带来许多意想不到的危害。但只要制订科学的克隆计划,这种负效应就可以避免。

海湾战争——令人瞠目的高科技战争

海湾,即波斯湾,位于西亚中部,其周边国家是世界石油主产区,战略地位突出。1990年8月,这一地区爆发了战后世界上最大的一场局部战争——海湾战争。

1990年7月,伊拉克在向科威特提出一系列要求遭到拒绝后,萨达姆决定以武力吞并科威特。8月2日凌晨1时(科威特时间),伊拉克共和国卫队三个师越过伊科边界,向科威特发起突然进攻。下午4时,伊军占领了科威特全境。

伊拉克入侵科威特引起了全世界的极大震惊。反应最为强烈的当属在海湾地区具有巨大经济利益的以美国为首的西方国家。8月2日和3日,美国总统布什主持召开国家安全委员会全体会议,最终决定采取大规模军事部署行动,迫使伊拉克撤军,并为必要时采取军事打击行动做好准备。根据这一精神,美军中央总部拟定了"沙漠盾牌"行动计划。

美军制定了具体部署方案,其他国家也展开了各自的部署出兵行动。是时,美军在海湾地区的总兵力达到43万人,其他国家出动的总兵力达50万人。部分

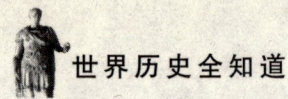

未出兵国家提供了武器装备、舰船、飞机和医疗队。

面对美国和其他国家的出兵行动以及国际社会的经济制裁,伊拉克在外交上打出了"圣战"的旗号,并将撤军问题同以色列从阿拉伯被占领土撤军联系在一起,以转移阿拉伯国家的矛头指向。

美军在开始执行"沙漠盾牌"计划时,即已估计到伊拉克可能拒不撤军的情况,于是拟定了代号为"沙漠风暴"的军事打击行动计划。11月29日,联合国安理会通过第678号决议,规定1991年1月15日为伊拉克撤军的最后期限。1991年1月9日,美国国务卿贝克和伊拉克外长阿齐兹在日内瓦举行战争爆发前的最后一次会晤。但是,会谈没有取得结果。1月16日布什总统签署了国家安全指令文件,命令美军向伊拉克开战。

1月17日凌晨,美军的空袭行动开始。

为了实施地面进攻作战,美国中央总部陆军也制定了具体战役计划,这就是"沙漠军刀"计划。该计划实际上是"沙漠风暴"计划的组成部分。计划制定以后,从1月17日空袭开始。到2月24日,多国部队进行了大规模的部署调整。1991年2月24日,当地时间凌晨4时整,多国部队向伊军发起了大规模诸军兵种联合进攻,将海湾战争推向了最后阶段。28日晨,科威特城已全部被阿拉伯部队控制,多国部队也大多完成了各自任务。在这种情况下,布什总统下达了当日当地时间8时暂时停火的命令。整个地面进攻历时100小时。

暂时停火以后,伊拉克表示接受美国提出的停火条件,愿意履行联合国安理会历次通过的有关决议。4月3日,联合国安理会通过了海湾正式停火决议,海湾战争宣告结束。

海湾战争是冷战结束后的第一场大规模局部战争。它深刻地反映了世界在向新格局过渡时各种矛盾的变化。它体现了人类社会生产力特别是科学技术的发展所引起的战争特征的革命性变化,也展示了新的作战手段和作战思想运用于战争而产生的作战方式的诸多新特点。

9·11事件——恐怖主义成为世界焦点

2001年9月11日是美国政府及人民心中永远的痛。就在这一天,当今世界上唯一的超级大国——美国遭遇了迄今为止人类历史上最为严重的恐怖袭击事件。从早晨8点51分起,纽约、华盛顿等地先后发生连环恐怖袭击的灾难事件。纽约世界贸易中心、美国国防部所在地——五角大楼先后遭到恐怖分子劫持的波音757、767飞机猛烈撞击。世贸双塔轰然倒塌,3000多人死亡和失踪。"9·11"事件被美国政府称为美国历史上的第二次"珍珠港事件"。

首当其冲的是纽约的标志性建筑——世界贸易中心的两座110层的大厦。当地时间早上8时51分,一架飞机撞向世界贸易中心的其中一座大楼。大楼随即发生爆炸,滚滚浓烟从上部冒出。18 分钟后,一架小型飞机从相反的方向高速而精确地撞向世界贸易中心的另一座大楼。大楼随即也发生爆炸。世界贸易中心的两座"双子星"大楼上端各出现了一个硕大的黑洞。世贸中心被撞击后不久,美国国防部五角大楼也遭到了袭击。一架飞机在早上 9 时 47 分撞向美国国防部所在地五角大楼,并造成大火。与此同时,美国国务院门外也发生一起汽车炸弹爆炸事件。

由于美国世贸中心和五角大楼遭到恐怖分子袭击,美国纽约证券交易所、那斯达克市场、芝加哥期货交易所和芝加哥商品交易所等各大证券交易所均停止交易。在东部时间上午 9 时 32 分,美国股市宣布停市,外汇市场也出现了大幅的震荡。受它的影响,欧洲股市遭到重挫;不久,拉美股市也全部停盘。一连串事件发生后,美国进入戒备状态。美国总统布什发表声明,称这是一起明显的针对美国的恐怖袭击事件。布什发誓要追查到底,严惩元凶,要开展一场打击恐怖主义的全球战争。美国认定流亡的沙特大亨本·拉登及其领导的"基地组织"策划并组织了"9·11"事件,并要求庇护他的阿富汗塔利班政权立刻将其交出,但遭到拒绝。于是,美国在 10 月 7 日发动了对阿富汗的战争。

"9·11"事件以后,反恐怖斗争逐渐呈现出白热化和僵持不下的局面。一方面,美国组织起国际反恐统一战线,取得了对阿

恐怖分子劫持的飞机撞击世贸大楼

富汗战争的胜利。阿富汗塔利班军事组织遭受重创,本·拉登基地组织的老巢被端;另一方面,国际恐怖势力更加肆虐,相继在俄罗斯、沙特阿拉伯、摩洛哥、巴基斯坦、印度和伊拉克等地掀起新一波报复性恐怖袭击浪潮。

"9·11"事件后,主要大国不同程度地调整了安全战略,导致国际反恐合作与传统军事竞争同步发展,国际安全形势中的不确定性因素明显增大。外交上,反恐成为现阶段国际关系特别是大国关系的重要粘合剂。

伊拉克战争

伊拉克战争是以美国为首的美英联军对伊拉克发动的战争。战争在 2003 年 3 月 20 日爆发;5 月 2 日,美国总统布什正式宣布战争结束,整个战争持续了 44 天。

美国发动伊拉克战争的主要借口有两个:一是伊拉克有大规模杀伤性武器,

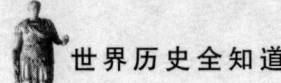

二是伊拉克是许多国际恐怖组织的后台老板。在美国看来,这不仅严重威胁着美国的安全,也威胁着整个世界的安全。因此,美国希望通过战争,推翻萨达姆政府,消除美国的安全隐患,进而控制伊拉克石油,推行其改造中东的新战略。

在持续 44 天的伊拉克战争中,美英联军的空中力量进行了 4 次大的作战行动。

"斩首"作战行动。战争一开始,美英联军没有进行夺取制空权的大规模轰炸。在 3 月 20 日的首轮空袭中,联军仅对伊领导人的地下隐蔽所、萨达姆及其亲属和高级助手的住地进行了突然的"斩首"攻击,企图一举除掉萨达姆,打乱伊军指挥体系,使伊军处于群龙无首的状态,缩短战争进程。

"震慑"作战行动。3 月 22 日,美英突然开始对伊拉克实施猛烈空袭。轰炸的主要地区是巴格达。美军对萨达姆的官邸、指挥中心、政府主要部门等目标进行了"饱和轰炸"。美军希望通过突然的大规模轰炸,对整个伊拉克造成立即失去抵抗能力的震慑效果。

"切断蛇头"作战行动。这主要是采取精确轰炸,摧毁伊拉克的通信指挥系统,彻底切断萨达姆与军队的联系。

"支援地面"作战行动。在开战第二天,美英联军就开始了地面作战。因此,美英空中力量将支援地面作战作为重要的任务。正是在空中力量的掩护、支援下,美军地面部队才得以快速向巴格达推进。3 月 22 日,也就是开战之后的第三天美军就推进到巴格达以南的纳杰夫、纳西里耶一线。此后,美军在卡尔巴拉、纳杰夫、纳西里耶等地与伊军形成了对峙局面。在这种情况下,美空中力量迅速调整了战略,从 3 月 25 日开始,空中打击的重点转向伊军地面部队,特别是伊拉克共和国卫队,同时对美英地面部队的作战行动提供近距空中支援。在空中力量的支援下,美地面部队直取巴格达国际机场,挺进到巴格达市中心广场。

伊拉克战争是美国在新世纪推行所谓"先发制人"国家安全新战略的第一场局部战争,也是美国谋求建立单极世界策略的重要组成部分。

从 2003 年 3 月 20 日美国发动"斩首行动"至今,美国发动这场战争的目的——武力推翻萨达姆政权、铲除伊拉克大规模杀伤性武器、控制伊拉克经济与石油战略资源、按照美国的意图开始伊拉克的政治重建进程——大部分已经实现。然而,这场战争给世界政治带来的伤害却没有停息。对伊拉克人民来说,战争的伤痛似乎才刚刚开始。

世界历史全知道

中 编
世界历史名人传

著名帝王

波斯之王大流士一世

在伊朗高原西部北西斯顿地区的一座悬崖峭壁上,有一处用3种不同的楔形文字镌刻的古代铭文,其上方的浮雕刻画着一位昂首挺立的国王,他左手按弓,右手指向空中的神灵,脚踏一人,身边还有一串被俘的俘虏。铭文后来被一个英国考古学家发现,并被解读成功。原来,铭文上说的全是关于古波斯帝王大流士一世的一些事情。

大流士(公元前558—公元前486)是继居鲁士的儿子冈比西斯二世和一个篡位者后以政变而掌权的又一个伟大的波斯统治者。他快速消除了由居鲁士儿子的残暴变态和篡权者的宗教阴谋所带来的种种恶果,创建了空前强大的帝国。他自称为"王中之王,诸国之王",后人尊称为"铁血大帝"。

大流士在位期间是阿黑门尼德王朝的鼎盛时期。为巩固中央集权,他在政治、军事方面进行了一系列改革。还大力鼓励发展经济,采取和发布了一系列发展经济的措施和法令,从而使经济得到了很好的发展。这些措施为巩固波斯帝国的统治打下了坚实的基础。

大流士一世统治波斯期间,对内镇压了米底、埃及、巴比伦和亚述等地的叛乱;对外,他向西侵占了色雷斯、控制了今天的博斯普鲁斯海峡,成为第一个向欧洲扩张的东方君主。当时,波斯帝国的疆域西至埃及,东括印度,南达波斯湾和阿拉伯半岛,北到里海及黑海一带。

波斯的陆军所向无敌,装备精良。他们创造的步兵配合骑兵交替作战的战法,在当时的大陆上是最先进的。波斯的工匠更是名满天下,巧夺天工。其中以武器制造最为惊人,是世界上除了矮人族外最精巧的工艺大师。

公元前490年,大流士一世派老将达提斯和阿塔非尼斯率军2万余人横渡爱琴海,攻占并破坏埃雷特里亚城,继而南进、在距雅典城东北40千米的马拉松平原登陆。雅典将军米太亚得率雅典步兵1万和布拉底援军1000人,在马拉松一举击败兵力占优势的波斯军,增强了希腊人反抗波斯侵略的必胜信心。马拉松之战后,双方积极扩军备战。公元前486年,埃及爆发起义,大流士前往镇压,未及完成即死去。大流士一世死亡,其子薛西斯一世即位。他下令在圣山半岛底部开挖运河,在赫勒斯滂海峡(今达达尼尔海峡)架设浮桥,在色雷斯屯积粮草、从被征服地区征集兵员,又准备攻打希腊。薛西斯一世死后,后继的大流士三世接替他继续与希腊作战。公元前331年，大流士三世率领的军队在阿尔培拉附近的高加梅拉被亚历山大大帝打得大败，大流士三世本人虽然侥幸逃脱，但仍然在第二年被杀，阿黑门尼德家族统治的古代波斯帝国灭亡。

由大流士一世开启的希波战争旷日持久，持续了长达近半个世纪的时间，最后还是以波斯帝国的失败告终了。

大流士一世当时尽管气势汹汹，占领了大片阿拉伯人的土地，显得不可一世，但他的内心深处还是很虚弱的，除了祈求光明之神的庇护外，他还害怕四样东西。其中，仇恨被列为四害之首。大流士打了多年的仗，深知敌人的军队是可以打败的，谎言和干旱之害也是可以去除的，但仇恨这个东西很麻烦，一旦被唤起，就很难消除，仇恨可以世代相传。因此，仇恨可以造就越来越多的敌人。因而它比敌人、谎言和干旱之害更可怕。

大流士一世将古代东方的几个文明中心连成了一片，通过一系列的改革和比较开明的民族政策，维持了帝国的统一，促进了商品经济的发展和文化的交流。他以卓越的政治远见、军事才干和组织才能，跻身于古代著名统治者的行列。

亚历山大的东征

在希腊的北部，有一个小小的城邦叫马其顿，它受希腊的影响，但它的经济和文化是相对落后的。

进入公元前4世纪，马其顿一跃成为希腊北部的重要国家。到腓力二世时，这个城邦走向强盛。公元前338年，腓力二世取得全希腊的霸主地位。可是不久，腓力二世被反对派杀死。他的儿子，年仅20岁的亚历山大继位。

亚历山大从小兴趣广泛又聪明勇敢，腓力二世被害后，希腊被征服的城邦纷纷暴动，脱离马其顿的统治，但年轻的亚历山大在短短的两年里就平息了骚动。为了实现自己征服世界的野心，亚历山大把目光投向了东方的波斯。

公元前334年春天，亚历山大率兵东侵。据说他在伊苏斯河遭遇了60万人的波斯敌军，他用不计其数的骑兵冲击敌军阵营，使得对方阵脚大乱，大流士三世只好带着自己的军队落荒而逃。亚历山大继续攻占了大马士革、西顿和推罗等城市，并接受了耶路撒冷的投降。接着，他长途行军穿过西奈沙漠来到了埃及，将波斯人从那儿赶走。他在埃及建立了亚历山大城，然后带领军队返回亚洲。在归途中，他又和大流士三世带领的多国军队在埃尔比勒（Arbela）附近相遇。亚历山大手下的勇猛士兵在他的英明指挥下，以骑兵和步兵方阵很快取得了胜利。大流士再次溃逃，并被自己的手下杀死。亚历山大顺利夺取了巴比伦城，并继续前往苏萨（Susa）。在那儿，他们找出了政府藏匿的财宝，并把它们分给了所有士兵。

在尽情地享受胜利和财富后，雄心勃勃的亚历山大带领已经不愿意前进的士兵翻越喜马拉雅山，来到了印度。在击败了珀若斯国王后，他宣布还要继续向恒河推进。但是士兵们都已经身心俱疲。亚历山大伤心地放弃了计划，跟着士兵们返回波斯。亚历山大在波斯和美索不达米亚为希腊人开辟了殖民地。各种文化交流使得近东文明进一步希腊化。与此同时，东方的宗教也更多地影响了希腊文明。

当亚历山大和自己的部队在埃克巴塔拉停留时，他最亲密的朋友赫费斯提翁去世了。这一打击使亚历山大陷入了无法自拔的悲伤之中。

回到巴比伦，亚历山大整天沉醉酒乡，放纵自己。终因酗酒过度而去世，年仅32岁。

亚历山大在自己的巅峰时期去世，或许这样最好——也许再多活几年，只会让他凄然面对理想的幻灭。

我们觉得亚历山大缺乏——虽然我们没有权利这样要求他——恺撒的冷静成熟，或者奥古斯都的微妙智慧。但我们依然敬重他（就像我们敬重拿破仑），因为他孤单地以一己之力对抗半个世界，也因为他激励我们相信，在每个人的灵魂中都蕴含着令人难以置信的力量。

对于亚历山大，我们有一种自然的同情，尽管他生性残忍、固守迷信。但是我们也知道他是一个慷慨和重感情的青年。在经历了所有的战争和所有的流血后，他依然保持着自己的梦想：要让希腊的文明之光照亮更大的世界。

弃恶从善的阿育王

阿育王是古代印度孔雀王朝的第三任国君，在世界历史上享有盛誉。阿育王从小倔强凶残，个性突出，对于异己分子，他从不手软，能杀则杀。为实现统一帝国的渴求，他把侵略的矛头指向了南方的羯陵迦国。

阿育王向羯陵迦发动了猛烈进攻。他的神兵勇士攻入羯陵迦的首都，制造了一场惨绝人寰的流血事件。第二天拂晓，当阿育王面带着胜利者的微笑进城巡视的时候，他的整个心灵为之震颤！一夜之间，一座美丽的城市变成了废墟，婴儿啼哭，寡妇哀叫。

拖着疲惫的躯体，带着满心的悲痛和内疚，阿育王默默地返回了首都华氏城。他的良心受到了莫大的谴责，困惑不已，无地自容。为了寻求解脱罪恶之途，阿育王决意改变祖辈军事征服的残酷手段，他从佛教那里找到了脱离苦海的最佳途径，摸索出以"虔诚感化"的方法来教诲人民，治理国家。

于是，他开始潜心钻研佛经。阿育王皈依佛教的结果，使他从根本上改变了以往的统治政策，由昔日的冷面暴君变成了一位温和慈善的圣主。为了把佛教尽快传遍国家的每一个角落，让更多的人笃信佛法，心悦诚服，阿育王启用一批官吏外出传教，又把儿子摩哂陀和女儿僧伽密多罗送到南方的锡兰，诉诸理智，推广仁爱,以佛祖之慈善换取人间之和平。

但是,他在宗教方面并没有"唯佛独尊",而是允许臣民百姓有宗教信仰自由。因此,人们送给阿育王许多亲善的美名。这种以佛为主,兼容其他教派的原则正是佛教平等仁爱思想的一种实践应用。

阿育王还是一位杰出的建筑家,他以极其精美的时代风格,为子孙后代留下了无比珍贵的文化遗产。至今仍矗立在桑奇地区的那座高大的佛塔,就是阿育王时期动工修建的,后世几经修缮,目前已成为印度一大景观。

阿育王是印度历史上一位卓越的政治家、军事家、宗教家和建筑家。他前半生用战争统一了印度国土,后半生皈依佛教,推行仁治,改善了邻邦关系,使孔雀帝国进入了鼎盛时期。大约在公元前236年,阿育王不幸病逝。阿育王谢世不久,孔雀王朝宣告解体。人们留恋昔日盛世美景,怀念这位英明君主,纷纷为他树碑立传。随着佛教在世界范围内的广泛传播,阿育王也成为佛教护法的楷模。

阿育王四狮柱头

佛教经过阿育王的大力倡导,终于从一个信徒人数较多的民间组织发展为印度最大的宗教,阿育王大力向邻国推广佛教,直接促成了佛教成为世界性宗教,除了南亚次大陆之外,东亚、东南亚、中亚都曾经是佛教的势力范围,特别是在人口众多的中国,自公元1世纪佛教传入之后,便落地生根、蓬勃发展,至今仍是中国信徒最多的宗教。在泰国、缅甸,佛教至今仍占有压倒性地位。对于佛教来说,阿育王是仅次于释迦牟尼的第二重要人物。

周旋于强敌间的埃及艳后

埃及托勒密王朝有一位美艳绝伦的末代王后,名叫克娄巴特拉。这个女人有着倾国倾城的美貌,也有着过人的智慧。在世人眼里,她是埃及的女神,尼罗河上的一朵奇葩。

公元前48年,当恺撒在亚历山大里亚城巡游的时候,克娄巴特拉正处在险境当中。她被人剥夺了皇位,几乎身无分文,并且还随时有被杀害的危险。恺撒大帝命令她前去见他。但是亚历山大里亚城里到处都是她兄弟的密探,她怎样才能顺利地见到恺撒呢?这确实是一个难题。聪明的她想出一个主意,她选了一个月黑风高的夜晚,叫她的仆人把她包在一卷毯子里,乘着一叶小舟偷偷地进了城。仆人把船划到皇宫前,当着恺撒的面把毯子解开。

克娄巴特拉从毯子里出来后,那惊人的美丽使恺撒不由得屏住了呼吸。克娄巴特拉凭着如火的热情和过人的智慧,使恺撒拜倒在她的石榴裙下,情愿为她做任何事情。在他的帮助下,克娄巴特拉成了无可争议的埃及女王,统治着法老的所有疆域。

后来,克娄巴特拉为恺撒生了一个儿子,这也是他唯一的儿子。由于恺撒在罗马早已有了一个妻子,自然就不能再娶克娄巴特拉为妻了。为了使大家无话可说,并让儿子有一个合法的身份,克娄巴特拉想出了一个非常高明的办法。她吩咐祭司对外宣称恺撒并不是一个人,而是一个神。他是太阳神阿波罗的化身,是阿波罗附着在恺撒身上到人世间来与女王生儿育女。

当然,这些话今天听来简直是无稽之谈。但是,2000年前的埃及人却对此深信不疑。不久,恺撒在罗马遇刺身亡。叱咤风云的安东尼成了罗马人的统治者。

克娄巴特拉听到这个消息后非常害怕,怎样才能够阻挡安东尼大军的铁蹄呢?用战船和刀剑吗?埃及军队根本不是他们的对手!看来只能用爱情了,这也是她最厉害的法宝。于是,克娄巴特拉乘坐一艘挂着紫帆的镀金船去见安东尼。船上装饰着《天方夜谭》中的一切华丽的饰物,一些活泼可爱的小男孩装扮成爱神,用孔雀羽毛为她扇风;少女们身穿绸衣,和着埃及音乐的疯狂旋律起舞。香料燃烧时的芬芳气息熏得人如醉如痴;在这些东方情调的、魔幻般的背景之下,克娄巴特拉躺在丝榻上,扮成女神维纳斯的模样,真是美艳之极。

安东尼自然无力抗拒,对她异常地迷恋,以至于后来完全失去了理性和一切判断力。他把腓尼基的全部海岸都送给她作礼物。后来他又把结利科省、塞浦路斯岛和克里特岛赠送给她。最后,这种过滥的赠与达到顶峰时,他几乎把亚细亚省全部都交给她去管理。

这种以领土为礼物随便送人的行为传到罗马之后,立刻引起了罗马人的痛恨和愤怒。安东尼知道自己早晚都会被罗马人处死,于是就举刀自刎了。克娄巴特拉服毒自尽了,人们把她和安东尼合葬在埃及的某个地方,但具体地点至今仍是一个谜。

奥古斯都的政治权术

奥古斯都生于公元前63年,原名盖乌斯·屋大维。屋大维年轻时期,恺撒收屋大维为义子,作为其法定继承人。公元前44年恺撒遇刺时,屋大维还只是一个年仅18岁的学生。

恺撒死后,屋大维赢得恺撒旧部的支持。经过此后几年的一系列战争,屋大维扫平了其他几种反对势力,罗马帝国由安东尼和屋大维平分。公元前32年,屋大维与安东尼之间的战争爆发。公元前31年,安东尼在一次关键性的战役亚克兴角海战中失利,屋大维由此成为罗马世界的主宰。安东尼与克娄巴特拉双双自杀。

虽然在平息内乱中,屋大维表现得极为冷酷,但在政权建立以后,他却出人意料地表现出一次和解姿态。公元14年,他去世时,罗马已完成了由共和制向专制政体的过渡。他死后,他的义子理所当然地继承了王位。

奥古斯都的与众不同之处在于,他在历史上树立了一个有能力的、仁慈的独裁者的榜样。他是一位真正的政治家,他的和解政策成功地抚平了内战所造成的创伤。

奥古斯都在治理国家方面表现出色。他修改了帝国的税收及财政制度,改组军队,创建海军。他还在罗马境内修筑道路,兴建公共设施,修缮庙宇。四通八达的道路把罗马大帝国的各个部分联结为一个整体,罗马是罗马帝国的中心。"条条道路通罗马"的谚语就形象地描述出了罗马帝国当时交通发达,商业繁荣的景象。

自公元前30年以后,罗马进入了和平与辉煌的时代,其结果是出现了文学艺术的繁荣。奥古斯都统治时期又被称为罗马文学的"黄金时代"。

奥古斯都生活简朴,为人谦逊,他在35岁时就已未老先衰,但是却一直活到了76岁。

奥古斯都死后,在经历了提比略、卡利古拉和尼禄的短期统治之后,罗马帝国衰落了。不管怎样,奥古斯都的统治给罗马带来了和平与繁荣,他的统治时期被称为"罗马盛世",罗马文化随之传入罗马人所征服的地区。罗马

屋大维立像

帝国是古代帝国中最为著名的一个。这是因为它既标志着古代文明的鼎盛时期,又是古老文化的重要传播者,埃及、巴比伦、犹太以及希腊文化,都是经由罗马帝国才传入了西欧。

奥古斯都是一位有作为的帝王,他结束了多年的战乱,重建罗马的法律制度,振兴罗马的经济,巩固罗马的辽阔疆域。他还是一位宽仁的有德之君,他大力改变罗马堕落荒淫的风气,重建罗马的道德,使人们重新珍视婚姻和家庭,而不是耽于声色之娱。在他的统治下,一个和平的罗马帝国开始了。

暴君尼禄的悲剧人生

尼禄（37—68）是罗马历史上有名的暴君，人称"嗜血的尼禄"。他17岁上台，为了摆脱母亲的控制，杀死了她。

但是，就是这样一个君王，却充满了对希腊式竞技运动的无比之爱和对艺术的执着追求！

尼禄对希腊式的竞技活动非常感兴趣。他常常以格斗士、拳击手、马车赛手、戏剧演员、歌唱演员的身份出现在公众面前。据估计，尼禄一生在希腊的各种竞技中共取得过1808个冠军。

尼禄当了皇帝后，最热切的愿望是当众演唱。在那不勒斯首次登台演唱时，突发地震，许多听众夺路而逃，尼禄却在摇晃的剧场上卖力地演唱。在奥林匹亚的祭典上尼禄把音乐也列入了比赛项目。他除了参加音乐竞赛之外，还用自己的名字聘请代理选手参加战车竞赛、赛马及传令竞赛等6个项目。结果全部都获得优胜。

一位高高在上的皇帝"把自己的名字列在竞赛名单上，扯开嗓子唱起五花八门的歌，甚至还要贿赂竞赛组织者和其他参赛者"，对一些罗马元老院议员、贵族来说，这样做"有失皇帝尊严，令人难以忍受"。

他还是位不错的诗人，喜欢作诗，而且写起诗来轻松愉快，感情奔放。也许是认为罗马文化之源在希腊，尼禄酷爱希腊和希腊艺术。公元66年末，他把朝政交给了自己的亲信管理，自己却去漫游希腊了，尼禄对希腊艺术品珍爱有加。他有两个酒杯，因上面的图案花纹具有希腊风格，便成为他的心爱之物，并称之为荷马杯，常常带在身边。

意大利诗人彼得罗·科萨用一句话概括了尼禄的性格，"他的感情是罗马的，思想则是希腊的。"

其实，古罗马民族就有这种双重特性。尼禄的双重人格正是这种双重特性的真实写照。一方面，古罗马人是个残暴、极尽奢侈腐化的民族；另一方面，罗马人也继承了希腊的文化遗产，创造了灿烂的古典文明。

尼禄是个有着强烈艺术追求的人，当他作为歌唱家、演员、运动员的获胜者，受到成千上万人的鼓掌喝彩时，不难想像他那极端的虚荣心得到了多么大的满足；然而在内心深处他却是个可悲的弱者，忍受着对另一半人格悔恨的折磨。同时，尼禄又不是个成功的艺术家，无法通过伟大的艺术作品使他的神经冲动得到升华，从而又加强了他人格的另一面。这是他一生的悲剧！

尼禄的暴行加剧了人民的反抗，公元68年，元老院也无法容忍他，宣布他为"祖国之敌"。他的近卫军也发生兵变，离他而去了。当他一觉醒来时，发现宫中空无一人。尼禄听说元老院作出决定，要用宗法处决他，即把衣服扒光，用荆条抽打，直到咽气为止。他吓坏了，心想自杀比用刑强，于是挥动匕首自刺。

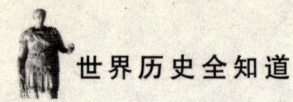

暴君尼禄结束了自己矛盾的一生。

尼禄对自己的艺术才能自视甚高,在临死之前还高呼:"何其不幸啊,一颗绝代艺术巨星即将陨落!"

皇帝哲学家奥勒留

马可·奥勒留(121—180)祖籍西班牙,本人出生在罗马,出身贵族家庭,幼年丧父,他从小受到哈德良和安敦尼两位皇帝的宠爱,并成为后者的养子。

在这样的环境下,他受到良好的教育,学过语法、修辞、法律和哲学。在各门学科中,他尤其倾心于哲学。奥勒留的生活毫不奢华,穿着也总是很朴素,同时肩负了很多行政工作。不久,整个帝国都很欢迎他,认为柏拉图的理想实现了:哲学家做了国王。

奥勒留哲学家的声名使得蛮族以为有机可乘,开始以新的方式攻击罗马边界。公元167年,多瑙河北部的部落渡河,突然袭击罗马军团,奥勒留只好组织起一支新军。在取得胜利之后,他回到罗马,开始处理后续事务。奥勒留很希望在哲学和政治方面好好训练自己的儿子康茂德,但是这个年轻人却放弃了学业,去练习格斗,很快就学会了暴力和讲粗话。

当罗马人由于节制生育而人口减少、日趋衰弱时,周围的蛮族人却因为生殖力强而日益壮大。并不断侵扰。在那些岁月里,奥勒留一直被严重的腹痛折磨着,但这位孤独的君王还是全心地投入国事和战争中。

在多瑙河畔参加战役的间隙,奥勒留写作了《沉思录》。这本书在希腊称为《沉思录》,但他自己却命名为《给自己》。在书中,他概括了自己在生命历程中得出的重要结论。他感到一切的事物都被宇宙所决定——被事物的内在逻辑所决定,每一个角色都欣然接受了自己的命运。"公平无私"(安东尼的临终警句),也意味着"甘愿接受自然所给予的一切"。一切事物"与我相合的,也必然与你相容,哦,宇宙,对于你适时之事,对于我也不会过早或过晚"。

他不愿意承认世界上也有坏人。在他看来,应对坏人的方法就是记住他们也是人,他们是因为环境的原因犯下过错,而使自己成为无助的受害者。奥勒留的哲学思想中流露着悲观情绪,他对于死亡也是坦然接受。

在奥勒留去世之时,他在世间既无期望,也无幸福。本来希望儿子能超越自己,但也失去了信心。在去世前6年中,他一直在北方征战。公元176年,他获胜后返回罗马,由于这些胜利,他被视做帝国的救星。但是他很清楚,这样的胜利是暂时的。两年后,他又前往日耳曼继续征战。在这次战役中,他病重去世(公元180年)。因为钟爱儿子,他最终破坏了收养继承制度。

康茂德统治帝国的时期,罗马开始走向衰落,此时基督教在大众中开始广泛传播,罗马开始酝酿一场精神上的变革。

奥勒留的思想,一方面反映了他面对帝国走向衰落时的消极心理,同时也反映了他企图用这些说教维护统治。总的说来,同他的前辈相比,他的哲学思想更静观,更唯心,更神秘,更加充满了悲观情绪。奥勒留的《沉思录》古代流传很广,对研究当时的哲学思想很有参考价值。他的哲学思想对基督教思想的形成产生过一定影响。

查士丁尼的梦想——重返罗马城

公元476年,西罗马帝国最后一个皇帝、年仅6岁的罗慕洛被一支日尔曼雇佣军首领鄂多亚克废黜,西罗马帝国从此灭亡。

西罗马帝国灭亡了,而东罗马帝国依然存在。东罗马帝国建都拜占庭,所以又称拜占庭帝国,经济繁荣,国力强盛。

在古代欧洲人的观念中,只有一个罗马帝国。罗马帝国分裂后,大一统的帝国虽已不再是现实,但仍是统治者的最高理想。在西罗马灭亡后逃到君士坦丁堡的一些罗马元老也企图借拜占庭的力量恢复故土。基督教会则希望消除不同教派,统一基督教世界,所以同样积极支持收复西部的活动。查士丁尼的活动集中体现了上述这些要求。

查士丁尼大帝及廷臣

这是拜占庭时期最著名的镶嵌画之一,描绘的是查士丁尼大帝在大主教的陪伴下主持教堂奉献礼的情景。

查士丁尼,像许多平民出身的罗马皇帝一样,一生充满了传奇。他大大扩展了罗马国土,但他恢复昔日罗马帝国的全盛之愿仍不能说成功,真正让他名垂千古的,是那部《查士丁尼法典》。

查士丁尼终其一生是一个虔诚的基督教徒,他渴望恢复昔日罗马帝国的全盛局面,在他执政早期,他为此勤政到不知疲倦,被形容为一个喜欢与黑夜为伴的

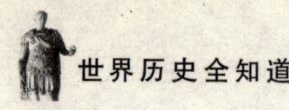

恶魔。

从533年开始,查士丁尼终于开始实践他恢复旧日罗马帝国的梦想了,并在这条路上走了22年之久。但查士丁尼终究没有完成罗马帝国的旧业,不仅在于因为高卢、不列颠、西班牙的大部等地并未进入他的版图中,还在于他竭力要在旧地恢复罗马的旧制,如大奴隶主所有制等,遭到强烈反对,引起局势混乱,最后不得不以妥协而告终,社会制度的发展演进终究是不可逆转的。

查士丁尼在人类文明史上留下的最大贡献,莫过于《罗马民法大全》了。查士丁尼即位第二年,就成立了"罗马法编撰委员会",通过对400多年来罗马历代元老院的决议和皇帝的诏令进行编辑,终成《查士丁尼法典》。后来,又把历代解释法律的著作整理成《学说汇编》,接着又编成《法理概要》作为学生学习法律的教材。565年,又将查士丁尼时代的法令编辑成《查士丁尼法典》的《新律》,以上四部被后人统称为《罗马民法大全》。

还有一个人物为查士丁尼的盛名起了很大作用,他就是著名史学家普罗科厄斯。普罗科厄斯写了《战争》和《建筑》两部书为查士丁尼歌功颂德,却又留下了一部《秘史》揭露查士丁尼宫廷的黑暗。查士丁尼因此成为形象最为丰满的帝王之一。

查士丁尼是世界影响最大的帝王之一,主要由这两点体现:他为拜占庭帝国打下了稳固的基础,这个帝国在历史的风吹雨打中延续了近千年之久,后来一度成为亚欧大陆西部文明世界的唯一火种。二是《罗马民法大全》,在欧洲文艺复兴运动的推动下,查士丁尼的法典焕发出它的热力,成为超越时空限制的法律大全。近代欧洲各国的法律,除了英国自成体系之外,多深受罗马法的影响,并由此影响到亚非美等国家的法律。

查理大帝——查理曼帝国的奠基人

742年,查理出身于法兰克的名门贵族家庭,父亲矮子丕平在罗马教皇的支持下,废掉了长期徒有虚名的墨洛温王朝末代君主,成为加洛林王朝第一代国王。768年,丕平去世,查理和弟弟卡罗曼按照父亲的遗嘱平分了法兰克王国,实行共治。卡罗曼死后,查理成为法兰克王国唯一的国王。

查理当政后的第一次亲征是进攻意大利北部的伦巴德王国。攻占了伦巴德的全部国土。接着进军罗马,从此,意大利的北部与中部便处于查理的控制之下。查理占领伦巴德国,触怒了伦巴德国王的女婿巴伐利亚公爵塔西洛。他决定向查理挑战,替岳父报仇。787年,查理出兵巴伐利亚,废黜了巴伐利亚公爵,把这个地区置于自己的直接统治之下。

查理在对外侵略扩张的过程中,与罗马教皇保持着相互勾结和利用的关系。教皇与法兰克人的勾结引起了罗马大贵族的不满。795年圣诞节,教皇阿德连一世去世，新任教皇立奥三世继位没多久，贵族们就罗织罪名把立奥三世逮捕入狱，立奥三世秘密派人向查理求救，查理立即率兵前往罗马，将罗马贵族或处以死刑，或禁锢终身。第二年又亲自送立奥三世回罗马复位，立奥三世感激涕零。从此，查理国王变成了"查理大帝"，法兰克王国成为"查理曼帝国"。

查理的才能和业绩并不仅限于军事征服。他在行政、司法与军事制度、经济生产管理体制、教会组织规章、文化教育等各方面都推行了一系列措施，在很大程度上奠定了西欧封建社会的发展模式。

在行政方面，查理把帝国划分为许多辖区，分别由公爵、侯爵、伯爵等统辖，他们最初由国王任免，后来发展为终身制以至世袭。在军事方面，为确保兵员供应，查理作出了严格的规定，要求拥有一定数额土地的人自备武器、粮食和衣物等，不足规定土地数额者则由几个人合力提供兵役。在司法方面，查理要求法官必须具有法律知识，依法进行审判，并确定了审判过程中的陪审作证制度，成为中世纪普通法发展的开端。为了加强中央政府对帝国的控制，查理加强国家官员及机构的建制。查理还大力倡导文化教育。

查理曼帝国辉煌一时，但并不长久，查理死后不久，他的三个孙子在843年三分帝国，分别成为后来法兰西、德意志和意大利的前身。

在中古时代的人物中，没有一位像查理一样，对后代子孙产生如此重大而深远的影响。拿破仑被推崇为查理再世，而于1871年正式成立的德意志帝国，则被视为继承了查理所缔造的神圣罗马帝国。今天，德国人和法国人都视查理为自己国家的创建者；同时还有一个为创成欧洲统一而设立的奖项，就是以查理来命名的。

威廉一世的凄凉晚景

英王威廉一世是英国历史上叱咤风云的雄主，他本是法国诺曼底公爵。威廉在治理英格兰时，对故乡诺曼底也十分挂念。在1072年至1087年间，威廉为诺曼底事务所羁绊，长期逗留于欧洲大陆，这时他与法兰西国王的关系逐渐变得微妙起来。因为按照当时的封建惯例，只要威廉不放弃诺曼底的领地，那么他依然是法王的附庸。假如说"诺曼征服"前，威廉尚能在正式场合不失附庸礼节的话，那么加冕以后他就连表面文章也不愿做了。法王腓力一世统治时期，双方矛盾日趋尖锐。

为了削弱威廉的势力，腓力一世无所不为，威廉的长子罗伯特就是他经常使用的武器之一。由于罗伯特荒淫无度，所以威廉对他很不满意，在权力和金钱方面限制颇多，父子关系因此长期不和。腓力一世遂利用罗伯特与威廉的矛盾，多次唆使并配合他在诺曼底策动叛乱。然而无论在政治上，还是在军事上，罗伯特都不是威廉的对手，最终不得不仓皇逃离诺曼底，寻求腓力一世的庇护。

1086年末,威廉又一次因土地归属问题被腓力一世召回欧洲大陆,那块有争议的土地位于鲁昂与巴黎之间,因双方谁也不愿让步,最后不得不让战争来充当最高裁决者。这次是法国军队首先挑起事端,入侵诺曼底。威廉当然不甘束手就擒,很快就率军反击,威廉突袭得手后,纵容部下大肆抢劫,四处放火,许多建筑惨遭焚毁。正当威廉得意洋洋地巡视于燃烧的废墟间时,战马意外失蹄,使他狠狠地撞在马鞍的前鞒上。一个多月后竟然死去了。在他生命的最后时刻,三子威廉、四子亨利匆匆赶来为父王送终,威廉在临终前指定小威廉继承英国王位,亨利则分得5000磅银子的巨款。令人难以想像的是,未待父王最后咽气,亨利即扬长而去,前往国库监督银子的过磅。

地毯画:黑斯廷斯战役
英格兰在这场战役中实现了"诺曼征服",建立了诺曼王朝。

不过,较之威廉死后的遭遇,亨利的所作所为似乎还不怎么过分。1087年9月9日清晨,鲁昂大教堂的钟声将威廉的死讯传向四面八方,同时也将他生前的威严抛到九霄云外,侍卫们竟将威廉身上值钱的衣服和停放尸体的厅堂统统抢劫一空。待到遗体运到卡昂的圣斯特凡教堂时,又出了一件叫人哭笑不得的尴尬事。威廉晚年身体肥胖异常,所以事先准备好的石棺尺寸太小,放不下遗体。侍卫们只得用力挤压,不料尸体破裂,刺鼻的恶臭立即弥漫了整个教堂,在场者人人皆难受欲呕。最后一幕更是匪夷所思,就在石棺好不容易盖严,准备下葬之时,一个名叫阿斯林的当地人突然站出来予以阻止,他说这块墓地原本属于他父亲所有,他再三要求主持葬礼的教士们帮他讨回公道。此事实在是太出乎意料,最后只好用60先令打发阿斯林了事,生前威风八面的威廉这才好不容易躺进了最终的安息地。

威廉生前的权势炙手可热,但是谁又能想到,就在这个枭雄死后没几天,一个小小的阿斯林就差点使他难以入土为安。

这是历史的嘲讽,还是历史的玩笑?!

亨利四世的卡诺莎之行

在西方,"卡诺莎之行"是忍气吞声、屈膝投降的代名词。说起这个词的由来,还有一段有趣的故事。

中世纪的教皇权力非常大,尤其到了11、12世纪时达到顶峰。1073年,格里高利七世成为了新一任教皇,他宣称:教皇拥有至高无上的权力。

这时的德意志国王亨利四世,是一个年轻气盛的小伙子,他当然不会放弃手中的权力而接受教皇的摆布,双方之间不可避免地发生了冲突。

1075年,亨利四世未经教皇批准自行委派了国内的几名主教,填补缺位。

教皇闻知此事后,致信亨利四世,严令他立即忏悔,并向教皇交上忏悔书。亨利四世不仅不予理睬,反而召开宗教会议,宣布废黜教皇。

教皇宣布剥夺国王亨利四世的王权,并将他开除出教会。这时,反对亨利四世的公侯和高级教士趁机响应教皇的决定,使亨利四世面临很大的困境。

亨利四世感到自己毕竟搬不动教皇的大腿,只好签署了保证书,表示服从教皇的权力,并对自己的"严重罪行"进行忏悔。他匆匆换上普通服装,带上少数随从人员,翻过阿尔卑斯山,一路风尘地赶到了卡诺莎城堡。他跳下马,立即脱下皮帽和靴子,将一条毡毯披在身上,冒着鹅毛大雪,一步一步地走到教皇的宅第前。这是亨利四世的忏悔仪式。

整整三天,教皇都没有理睬他。第四天,亨利四世还是站在风雪中痛哭流涕,乞求教皇赦免他。教皇余怒未消,但碍于多人求情,勉强传亨利四世进来见他。

亨利四世感激不尽地匍匐而进。这个青年国王此刻威风扫地,显得可怜巴巴。

教皇并不满意,他严厉地训斥亨利四世,历数他的种种罪行。亨利四世一一点头认罪。

亨利四世在获得教皇赦免后,带着随从离开卡诺莎城堡。后来,"卡诺莎之行"便成为屈辱投降的同义词。

然而卡诺莎之行的屈辱并没有挽回亨利四世的权力和安宁。当他回到德意志时,反对势力已宣布他被废黜,新的国王已经选出,并竭尽全力争取教皇的支持。亨利四世立即组织武装讨伐。

1080年,教皇以亨利四世没遵守誓言,擅自违背他的命令为借口,第二次革去了他的教籍并废黜他的王位。

这时的亨利四世已经掌握了一定的军事实力,腰杆也硬了起来,他立即还以颜色,暗中指使效忠于他的宗教会议,再次通过了废黜教皇的决议。

稍后,亨利四世就领军击垮了反对派扶植的新国王,把政权牢牢地掌握在了

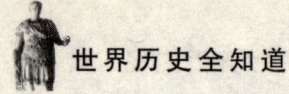

自己的手中。亨利四世派兵直取意大利,去讨伐教皇,终于在1084年攻陷了罗马城。教皇吓得仓皇出逃,跑到了意大利的南部。

但在以后的几个世纪中,教皇与国王争权夺势的斗争从未停息。这种斗争对欧洲的社会政治生活影响极大。欧洲国王的权力是不可和中国皇帝同日而语的,他们的权力既要被精神领袖——教皇分享,又被数不清的诸侯所削弱,他的管辖范围很小,有时候,国王进军罗马,连小小的教皇国都打不下来。这是东西方政治体制的不同之处。

一生尚武的红胡子腓特烈一世

红胡子腓特烈一世(1123—1190)是德意志神圣罗马帝国皇帝(1155—1190在位)。他生活在一个动荡的时代。

他的正式称谓是霍亨斯陶芬的德意志国王腓特烈一世,绰号为红胡子,因为他有一脸鲜红色的胡子。但在意大利人看来,此绰号的含义是这个入侵者在意大利残杀无辜,意大利人的鲜血染红了他的胡子。1152年3月,他当选为德意志国王。

当时教权和王权的争夺非常激烈,集中体现在主教续任权的争夺上。红胡子腓特烈也许已经认识到了他与教皇的纷争不可避免,他拉拢邻邦,巩固后方。之后,红胡子开始寻求加冕为神圣罗马帝国皇帝,1153年发动了第一次远征意大利的战争。在进军途中,他接到了教皇尤金三世的求救信,原来是教士阿诺德领导人民夺取了城市政权,主张教会放弃领地过使徒的简朴生活。腓特烈加速进军镇压了这次起义,以拯救者的身份进入罗马城。

但新任教皇哈德良四世是个不懂变通的倔老头,他在为腓特烈加冕时,坚持要腓特烈按照惯例为教皇牵马、扶镫,此举激怒了腓特烈,结果使庆典会场变成了战场,近千人被杀。

此后,腓特烈开始致力于控制意大利各城邦。他于1158年和1160年两次进军意大利,新任教皇亚历山大三世宣布将他革出教门(绝罚)。红胡子无情地摧毁了米兰城,并宣布亚历山大三世为伪教皇。

腓特烈对意大利的暴行引起越来越多的反对者。1167年,腓特烈发动第四次意大利战役,惨遭败绩。

心有不甘的腓特烈于1174年第五次入侵意大利,北意大利各城邦严阵以待。1176年,双方会战于米兰附近的林雅诺,这是中世纪有名的战役之一。腓特烈大军受到歼灭性的打击,本人也身受重伤,不得不投降。

1177年,腓特烈被迫与教皇亚历山大三世签订威尼斯和约。腓特烈发动的意大利战争以失败而告终,但他1186年第六次南下意大利却取得了另一种形式的胜利。这一次,他到米兰为他的儿子(后来的亨利六世)与西西里王国女继承人康斯坦丝举行婚礼，并让新任教皇乌尔邦三世为新婚夫妇加冕为意大利国王和王后，实际上为他的后继者控制意大利埋下了伏笔。

腓特烈据说和蔼可亲、体魄和才智均过人。他不知疲倦的兵戎生活使他成为德国军国主义者眼中的英雄，但在意大利人眼中，他显然是个恶魔。

以后人的角度来看，腓特烈一世对意大利的一次次进攻并不能因此建立起长久的统治，但因此而导致的德意志的统治力量被诸侯所分散，则为后来更多的冲突埋下伏笔，这显然是很不划算的。实际上，这正是德意志国王在享受神圣罗马帝国皇帝的荣耀的同时，为这个虚构的帝国所承担的义务。理想中的帝国损害到现实中的政治利益，这是典型的一个例子。

"狮心王"理查——骑士中的王者

1157年，英格兰王宫中诞生了一位男婴，这个男孩被取名为理查。

1189年，理查即英王位，成为理查一世，也就是被大家称为"狮心王"的理查一世。传说有一次理查一世曾经把手探到狮子嘴中，然后一把把狮子的心抓了出来，故有此称谓。他铁汉般的性格和他短暂42年的神话般经历，800多年来一直在世界各地广为流传，令人惊叹。

理查一世领导的第三次十字军东征传奇色彩最浓。那次东征双方的领导者，英王"狮心王"理查一世，德国皇帝"红胡子"巴巴罗萨·腓特烈，阴险的法王腓力二世，可以说是阿拉伯世界最杰出的君主埃及苏丹萨拉丁，无一不是充满个性和神勇的人物。

十字军由三位统帅兵分三路向耶路撒冷进军。英法两路进展倒是很顺利，沿途占领了西西里岛。但是，陆路的德意志兵团一路上遭到顽强抵抗，在渡萨列夫河时，腓特烈不幸跌入水中，溺水而亡，这一路东征军也随之瓦解。随之，因利益矛盾日益明朗化，腓力二世称病带军回到法国。这样，三路大军只剩下狮心王理查一世孤军奋战了。

在战争中，理查一世充分体现了自己卓越的指挥才能、坚强的意志和惊人的勇气。1192年初，就在查理的大军进逼到耶路撒冷城下的时候，国内传来了一系列坏消息，理查的弟弟约翰亲王也在预谋篡位。

1192年，理查取海路回国，船只中途失事，理查乔装商人登程，但在维也纳附近仍被人识破，沦为死对头利奥波德的阶下囚，翌年又被引渡给德皇亨利六世。

亨利开价15万马克让英国来赎，在当时这是一个骇人听闻的数字，相当于英国王室两年的全部收入。1194年2月，英格兰终于凑足钱款，德方信守诺言，释放了理查。长期的军事行动，就像一个巨大的无底洞，吞噬了大量的金钱。他的好战尚武给英国带来沉重的负担。

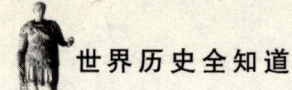

1199年，理查被战争经费搞得焦头烂额时，一个惊人的消息从天而降，他属下的一个封建主在沙卢茨城堡挖到一批价值连城的金器。理查一世要求获得这份宝藏，不料遭到坚决拒绝。理查一世恼羞成怒，马上发兵包围防务薄弱的沙卢茨，并扬言要绞杀城堡里所有的居民。但历经大风大浪的一代名将理查就在这座小城堡下受到致命的一击。一天理查无所顾忌地骑马沿墙而行，一支弩箭突然飞来，射中他的左肩胛。箭头挖出后伤口又感染了坏疽病，数天后死去。

狮心王理查虽出生在英国，却在法国长大，他穷兵黩武，忙于十字军东征，给英国造成沉重的财政负担。在位10年间，他竟然只在自己的国土上居住了短短的6个月。奇怪的是，狮心王在英国历史上享有极其重要的地位，他威风凛凛马背戎装的全身铜像依然站立在英国伦敦泰晤士河畔的国会大厦的一侧。也许是因为人们欣赏他为信仰而战的勇毅和胸怀坦荡的骑士精神吧。

萨拉丁——阿拉伯人的英雄

1138年，萨拉丁出生在今伊拉克北部提克里特城一个库尔德人家庭。他生活在一个战火纷飞、动荡不定的时代。萨拉丁的父亲阿尤布和叔叔希尔库均是阿拉伯努尔丁王国的将领，由于努尔丁王国与十字军王国接壤，不时受到十字军的威胁。年轻的萨拉丁很早就立下了将十字军赶出耶路撒冷和阿拉伯领土的雄心壮志。

1164年，耶路撒冷王国的十字军入侵埃及，努尔丁王国派希尔库出征埃及，迎战十字军。萨拉丁随同前往，并担任先锋官。他身先士卒，奋勇杀敌，取得一连串的重大胜利，显露出杰出的军事才能。

1169年，埃及法蒂玛王朝哈里发任命希尔库为首相，3个月后，希尔库去世，萨拉丁继承了叔父的首相职位，时年32岁。1171年，萨拉丁乘法蒂玛王朝哈里发病危之机，通过宫廷政变建立了新的阿尤布王朝，成为埃及真正的统治者。

萨拉丁在建立新王朝之后，立即把消灭在地中海东岸立足的十字军的任务提上了日程。经过10多年的不懈努力，萨拉丁把原来四分五裂的小国统一为一个强大的伊斯兰帝国，完成了从东、西、北三面包围十字军的战略部署。

对外，萨拉丁与拜占庭帝国建立了友好关系，从而解除了十字军从海上进攻埃及的威胁。

当时，十字军首领中最不讲信用的是卡拉克城堡的莎提翁。这个家伙曾做过萨拉丁的俘虏，获释后，继续进行侵略活动。莎提翁背信弃义的行为成了萨拉丁对十字军发动"圣战"的导火索。

1187年，萨拉丁揭开了圣战的序幕。7月4日，阿拉伯联军和十字军主力在巴勒斯坦太巴列湖附近的赫淀高地相遇，取得大捷，萨拉丁乘胜追击，于10月2

日收复了耶路撒冷。被十字军侵占达88年之久的圣城又重新回到穆斯林的手中。

耶路撒冷的陷落使西欧封建主大为震惊。在教皇的号召下,英国"狮心王"理查一世、德皇"红胡子"腓特烈一世和法王腓力二世联合出兵,发动了第三次十字军东征,企图恢复十字军王国。但十字军出师不利,德皇"红胡子"在小亚细亚过河时溺水身亡,法王腓力二世与英王存在矛盾,借口生病返回法国。理查见取胜无望,加上本国政局不稳,被

萨拉丁的穆斯林军队,他们在十字军第一次东征时击败了对方。

迫于1192年与萨拉丁订立和约。在和平的日子里,萨拉丁注重建设,关心学术,重视教育。因长年征战,劳累过度,萨拉丁于1193年在大马士革去世,终年55岁。他一生廉洁无私,他给儿子留下的最宝贵财富是临终对儿子的赠言:"要敬畏真主,要体察民情,要关心百姓疾苦。"

萨拉丁以毕生的精力统一了长期分裂的阿拉伯国家,为阿拉伯民族的独立做出了巨大的贡献。萨拉丁是仁慈之主,尽管萨拉丁一生都在征战中度过,但他仁厚的本性,注定他不会枉杀无辜平民。他有着古代贵族那种高贵豪阔的胸襟和气度。在今天,萨拉丁成了伊斯兰世界反抗西方文明的符号,伊拉克前总统萨达姆就常自诩为当代的萨拉丁。不过,他这种自比不一定能得到人民的认可。

腓力四世与教皇的较量

腓力四世是法国历史上的著名国王,因有魁梧的身材、英俊的容貌和优美的风度而获得"美男子"的绰号。

1285年,腓力四世继位称王,他目标远大,但由于教会势力在法国有增无减,腓力四世决定要下大气力改变这种状况。首先,腓力四世提拔了一批精通法律的法学家,控制了司法权,对于那些把持这一大权而又听命于教皇的神职人员,则统统免去他们的职务。此外,他还规定凡属教会神职人员,必须定期向国家纳税,不得向教皇纳贡。

教皇卜尼法斯八世闻讯后勃然大怒,他宣布立即召开大会。他告诉与会的几

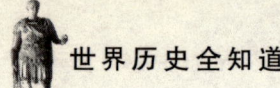

位法国神职人员,要他们回去转告腓力四世。希望他迷途知返,改邪归正,不要与教会为敌。

但腓力四世也不是好惹的,不久,被法王买通的卜尼法斯八世的仇敌科伦纳在各种场合揭露这位教皇的罪行。卜尼法斯八世听到消息后,惟恐丢掉来之不易的教皇宝座,于是在1297年重新发布教谕,承认国王有权向本国神职人员征税,借以缓和紧张气氛,稳定地位。

1300年,卜尼法斯八世在罗马主持大庆典,他自以为时机已到,遂决定报复腓力四世。

庆典过后没几天,他就派巴米尔主教伯纳德·赛西出使法国,妄图对腓力四世施加压力,谁知却被腓力四世关进大牢。卜尼法斯八世闻之大怒,但无计可施,最后,他终于想出了一个坏点子,那就是诱骗法王到罗马来。

不久,教皇发布教谕,谴责腓力四世,要求他和法国的主教们立即前往罗马。讨论法国教会的问题。腓力四世根本没上这个当。同时命令禁止所有的法国主教前往罗马。

1302年,法王召开三级会议,以便团结全部力量,对付教皇。

1303年,腓力四世的副首相那加日和科伦纳偷偷混进罗马,悄悄进入教皇的寝宫,把卜尼法斯八世打个半死,然后扬长而去。不久,这个不可一世的教皇在过度惊吓中愤然死去。

1305年,法王任命法国主教贝特兰·德·戈慈为教皇,但他害怕意大利人民反抗,不敢去罗马,而将宫邸迁到法国控制下的意大利北部的阿维农,从此,教皇成为法王的傀儡。从1308年开始,到1378年,历时近70年的时间里,七任教皇都是法国人,都住在阿维农,受法王的庇护,历史上称之为"阿维农之囚"。

腓力四世之所以敢与教皇反目,是得到了国内贵族和市民的支持的。腓力四世是一位有作为的君主,首创了三级会议,市民作为一个等级也可以对一些行政司法问题提出建议,这反映了市民力量的壮大,为建立一个广泛牢固的王权打下了坚实的基础。

爱德华三世——克勒西的英雄

1337年至1453年间,英法之间爆发了一场长期的战争,由于这场战争时断时续地进行了一百余年,所以史称百年战争。

百年战争的起因,表面上与法国王位的继承有关。1328年法王查理四世死后无男嗣,法国三级会议以"妇女或其子均不得继承王位"为由,拥立查理四世的堂兄瓦洛瓦伯爵之子腓力为国王,史称腓力六世。不过,英王爱德华三世也想染指法国的王位,他始终认为自己更有权力继承法国王位,因为他的母亲是查理四世的妹妹,这是他日后公开入侵法国的理由之一。

1337年,腓力六世命令法军开进基恩,百年战争由此揭开序幕。1346年7月12日,爱德华三世再次率领一支以弓箭手为主的精锐部队在诺曼底登陆,准备突袭巴黎。腓力六世紧急调动全部力量保卫首都,爱德华三世遂引军北向,法军紧追不舍。在索姆河下游地区,英军陷入了困境。8月24日,爱德华三世权衡利弊,决定冒险渡河。英军在极端不利的条件下,硬是杀开一条生路,来到河对岸克勒西附近的丘陵地带。抵达克勒西的法军决定速战速决,以防英军再度溜走。腓力六世命令6000名热那亚弩箭手担当第一冲击波,用弩箭打乱敌人的部署,为主力骑兵的攻击创造条件。但英军抵抗顽强,法军并未得逞。

当沉沉夜色弥漫克勒西的大地,战场上渐渐平静下来。受了轻微箭伤的腓力六世在60名骑士的护卫下狼狈逃窜,在他身后横七竖八地躺着近4000具法军的尸体,令人惨不忍睹。而在这一天的鏖战中,英格兰方面仅阵亡了50余人,不可不谓空前的胜利,所以英国人骄傲地将克勒西战役列为英国军事史上著名的四次大捷之一。

克勒西战役后,爱德华三世乘胜扩大战果,驱兵继续北上,占领法国重要的港口城市加来。在此后的200余年间,加来一直在英国人的控制之下。

当爱德华三世为在法兰西的胜绩频频举杯时,他万万没有料到,一场比战争更可怕的灾难正在悄悄地向欧洲袭来,那就是后来令欧洲人谈虎色变的黑死病。在当时的卫生条件下,传染速度极快,而且几乎无药可治,死亡率高得惊人。英格兰也在劫难逃,惨遭蹂躏。社会矛盾随之激化。

为了维护统治阶级的利益,爱德华三世迅速采取强硬手段,镇压下层群众的反抗。进入14世纪70年代以后,爱德华三世却变得昏聩,并受到情妇艾丽斯的控制,荒废了朝政。他的威望急剧下降。长期的鞍马劳顿、繁忙的国务和放荡的生活,终于摧垮了爱德华三世的健康,1376年黑太子爱德华的病逝更是给了他致命的一击。1377年6月21日,显赫一时的爱德华三世孤独地离开了人间。

当爱德华三世蹒跚地走向天堂时,英格兰却痛苦地挣扎在百年战争的地狱中,长久不得脱身。

亨利七世"捡来的王冠"

英王亨利七世,本名亨利·都铎(1457—1509),是都铎王朝的开创者,说句实在话,他的运气很好,他头上的王冠可以说是"捡"来的。

这事要从玫瑰战争说起。英法百年战争的硝烟刚刚散去,英国的约克家族和兰开斯特家族为了争夺王位,又开始了一场长达30年的战争。因为约克家族的族徽是白玫瑰,兰开斯特家族的族徽是红玫瑰。人们就把这两家之间为争夺王位发生的战争称为"红白玫瑰战争"。

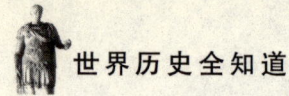

这是一场残酷的内战，1460 年 12 月，第一场大规模的战斗在英格兰北部的威克菲尔德展开，约克派惨遭失败，主将理查公爵战死，这激起约克家族的仇恨。第二年，理查之子爱德华自称英王爱德华四世，率军在陶顿战役中获胜，开始了约克王朝的统治。

可是约克家族并没有共同珍惜这得之不易的王位。爱德华四世一死，他的也叫理查的弟弟便发动政变，废黜爱德华四世之子爱德华五世，自称理查三世。约克家族陷于内讧。拥戴爱德华四世后裔为王的人，便去投靠兰开斯特家族。两个家族就此又打了起来。

1485 年 8 月，最后的时刻来临了。谁也没想到结束这场旷日持久的战争的竟是一位外姓人。此人就是亨利·都铎，他本是兰开斯特家族的远亲，当玫瑰战争打得正烈之时，他一直流落法国，与权力无缘，他的处境有点像我国春秋时期流亡国外的公子重耳。

对于亨利·都铎来说，早年的颠沛流离和艰辛忧患就像一本生动的教科书，使他很早就领悟了权势的真谛。1471 年，亨利六世和威尔士亲王爱德华双双丧命，亨利·都铎遂成为兰开斯特家族的领袖。1483 年 6 月，理查德三世篡位，约克家族内讧加剧。同年圣诞节，亨利·都铎乘机在法国的雷恩大教堂郑重宣布，一旦登上英国王位，他将立即娶爱德华四世的女继承人伊丽莎白公主为妻。此言一出，很快就使亨利·都铎赢得了许多约克派人士的支持，势力大增。

1485 年夏天，英格兰政坛风雨飘摇，理查德三世日益不得人心。亨利·都铎在法王查理八世的帮助下，率军横渡英吉利海峡，亨利·都铎的到来，受到了当地民众的热烈欢迎。8 月 22 日，亨利·都铎和理查德三世的军队在博斯沃思村展开决战。理查德三世一命呜呼。

博斯沃思战役落下了玫瑰战争的帷幕，理查德三世的势力土崩瓦解。亨利·都铎如愿以偿地登上英国的王位，史称亨利七世。亨利七世的即位，标志着约克王朝的结束，都铎王朝的开始。

1486 年 1 月，亨利七世与伊丽莎白结婚，这又是一场没有感情基础的政治婚姻。对于亨利七世来说，无非是要寻找一个化解两大家族夙怨的最佳切入点。然而他们的婚后生活却十分美满幸福，伊丽莎白一心一意做个贤妻良母，所以口碑甚好。

属于兰开斯特家族的亨利七世与约克家族联姻，结束了两大家族的纷争，开创了都铎王朝时代，使英国走上了繁荣的道路。玫瑰战争是英国专制政体确立之前的最后一次封建战争。

亨利八世与英国国教

亨利八世是英格兰都铎王朝第二任国王（1509—1547 年在位），亨利八世的老爸亨利七世是一代有为名君。当 18 岁的亨利继承王位之时，也继承了父亲留下的丰厚遗产。

自爱德华时代以来，苏格兰和法国一直是英格兰的两个主要敌人。亨利八世时代早期，继续与这两个国家兵戎相见。

早年的亨利八世是个虔诚的天主教徒，他也打着保护教皇的大旗，同神圣罗马帝国皇帝查理五世（即西班牙国王卡洛斯一世）亲密合作。当听到在马丁·路德的倡导下，德国宗教改革运动正方兴未艾时，他亲自撰文谴责马丁·路德，为教皇辩护。然而，几年后，形势就发生了一百八十度转变，亨利八世成为教皇眼中的头号敌人。

亨利八世实行宗教改革的导火线，通常都认为是他的离婚事件。他爱上了原配妻子的侍女安妮·博林。这种情况在社会生活中屡见不鲜，但当这发生在激烈斗争时代的王室中时，就产生了巨大影响，成为人类历史上影响最大的离婚案件了。亨利八世坚持要离婚，但是遭到英格兰国内正统天主教势力的反对。

1529 年 9 月，亨利八世召集议会开始讨论宗教改革问题。两年后，在改革派的策动下，议会通过一系列法案，规定教会所征收的税，一律停止上缴罗马教会，改为上缴英国国王。1533 年 5 月，新任坎特伯雷大主教克兰默宣布亨利八世与凯瑟琳的婚姻无效，同年 6 月安妮·博林加冕为英格兰王后。作为报复，罗马教廷开除了亨利八世的教籍。而亨利八世则针锋相对，规定国王为英格兰教会唯一的、至高无上的首脑，并宣布与罗马教皇断绝一切来往。

从 1536 年起，在托马斯·克伦威尔的主持下，实行了一系列新教化的改革，在英格兰宗教改革中，最大的受益者无疑是亨利八世。通过宗教改革，亨利八世还强化了自己的专制权力，使得英格兰的王权达到了自 1215 年《大宪章》公布以来的最高点。

在推行改革的过程中，亨利八世充分暴露了残暴的一面，大批人被推上断头台。亨利八世结了六次婚，其中第一任妻子凯瑟琳和第四任妻子安娜被他休弃，第二任妻子安妮·博林和第五任妻子凯瑟琳·霍华德被他送上断头台。为他生下唯一儿子之后死去的简·西摩则是他一直追念的对象。他的最后一任妻子帕尔也不错，协调好亨利和他几个子女的关系，使亨利安静地度过了最后几年。

亨利八世对历史的影响主要是他发动的宗教改革运动，自 1517 年马丁·路德点燃了新教运动的熊熊之火以来，英格兰是唯一一个自上而下实行改革的国家，这使英格兰避免了像德国和法国那样因为宗教改革而陷入长期内战的局面。此外，亨利八世时代，武力打败了苏格兰，还有议会的《联合法案》宣布威尔士并入英国，使不列颠的联合又向前迈进了一步。而他建立起了一支强大的海军，则为后来日不落帝国的海上霸权奠定了初步基础。

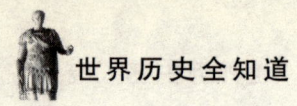

苏格兰玛丽女王的悲剧

1542年,苏格兰国王詹姆士五世在与英格兰战争中战死沙场,刚刚降生6天的玛丽公主就被立为苏格兰女王。为了继续与英格兰抗衡,在玛丽只有5岁7个月时就被母后远嫁给法国王子。17岁时,她的丈夫即位为法国国王。但不幸的是,国王在第二年就突然染病驾崩,年轻的玛丽成了寡妇,不得不从法国返回内乱不已的故国苏格兰。此时,国家的实权掌握在异母兄弟莫里伯爵手中,玛丽只是一个有名无实的女王。

1565年2月,玛丽在苏格兰宫廷遇到了英俊潇洒的英格兰贵族达恩利,5个月后,他们以闪电般的速度结成连理。遗憾的是,这是一桩不幸的婚姻。达恩利很快暴露了自己的蛮横暴虐、意志薄弱的本性,使玛丽与其分居。

这时,多才多艺、能歌善赋的秘书里奇奥安慰了玛丽一颗备受伤害的心。这件事引起了苏格兰部分贵族的不满。1566年3月9日夜,里奇奥被手持武器闯入室内的一伙人当场击毙,玛丽也被袭击者掳为人质,关进了监狱。玛丽当时已身怀有孕。她苦口婆心地说服前来探监的丈夫,要他帮助自己逃出监狱。同年6月19日玛丽生下了王子詹姆士。不久她爱上了曾经协助她越狱的野性十足的贵族博恩韦尔,此时玛丽已怀有她与博恩韦尔的骨肉。按照苏格兰的法律,通奸者将被处以死刑。玛丽又陷入了深刻的危机之中。

不久,莫里伯爵等一部分贵族建议杀死达恩利,玛丽默许了他们的要求。1567年2月10日夜晚,达恩利的住宅发生爆炸,但达恩利在爆炸前就被人勒死了。

达恩利之死,是玛丽走向毁灭的开始。人们立即将怀疑集中于玛丽和博恩韦尔身上,谴责之声响彻全世界。玛丽为了捍卫自己和出世孩子的名誉,只有和博恩韦尔正式结婚。但博恩韦尔不久就背叛了玛丽。接着,曾经答应拥立博恩韦尔为王的贵族们一反自己的诺言,竟发兵捉拿玛丽和博恩韦尔,高呼要严惩残害达恩利的凶手。1578年,博恩韦尔在丹麦狱中死去。玛丽被叛军囚禁在一孤岛上。同年7月25日,王位由玛丽年幼的长子詹姆士继承。

1568年5月,玛丽越狱,辗转来到英格兰。伊丽莎白一世拒而不见。10月4日,治安法庭将她关押到重犯的监狱。玛丽在狱中度过19年。1586年,玛丽给罗马天主教拟就入侵英格兰、暗杀伊丽莎白、让玛丽复位的签名复信落到了伊丽莎白亲信的手中。9月底,治安法庭一致判处玛丽死刑。

1587年2月8日,玛丽以极大勇气接受了死刑判决,她甚至为能够结束这漫长岁月的折磨而感到欣慰。死时年仅44岁。

欧洲王室的历史充满了谋杀、复仇、背叛、悲剧和浪漫的传说。苏格兰女王玛丽的故事广为流传,几百年来引起无数人的同情。玛丽女王生活在一系列的矛盾和纠葛之中,这一切矛盾集中在她的身上,她想获得爱情和幸福而不可得。我们只能叹息,何苦生在帝王家!

终身未嫁的伊丽莎白一世

伊丽莎白一世是16世纪下半叶英国的一位著名女王。她统治英国长达45年之久,在个人生活上,她为维护英国的独立终身未嫁,人称"处女女王"。

1558年11月17日,伊丽莎白登上了王位。这位新女王面临着许多问题,最麻烦的是英格兰的宗教分裂。

伊丽莎白先处理了宗教问题。她上台不久便宣布新教为国教,这使温和的新教徒满意。

当伊丽莎白小心谨慎地使不同信仰的人们相安无事后,她的婚姻问题一下子成为全国民众关心的大事。女王的婚姻之所以关系重大,不仅由于有继承王位的问题,而且还在于国家外交的错综复杂。国际上,英格兰孤立无援,兵力又很弱,急切需要较强的盟国,而通过有利的联姻可以达到这个目的。一些高贵的人士热心上门求婚。

英国女王伊丽莎白一世
(1533—1603)

在这个问题上,女王显示了她少有的外交家天赋,她巧妙地使一个求婚者与另一个求婚者互斗,而把联姻的协商拖几个月甚至几年,在此刻似乎马上要点头应允,而在另一刻又变了卦,发誓要独身到底。最后,她设法使所有对她婚姻抱有期待的人都明白:她要永葆童贞,她已经嫁给英格兰了。

伊丽莎白对外交政策的处理是精明的。早在1560年,她便签订了爱丁堡协议,和平解决了与苏格兰的纷争。她还结束了与法国的战争,使两国关系有了改善。当80年代与西班牙开战时,英国百姓成了伊丽莎白的坚强后盾。

1588年7月,西班牙派出一百多艘舰船的"无敌舰队"远征英国。在面临西班牙侵略的紧要关头,英国不同阶层和不同教派,都坚决支持伊丽莎白。55岁的伊丽莎白也亲往军队集结地,像一个亚马逊族女皇那样巡视了她的部队,并发表演说,表示要与他们共存亡。结果无敌舰队被击败,剩下的七零八落的战舰仓皇逃回了西班牙。这一战役的胜利,对英国的军事、政治、经济、文化乃至新教的命运,都产生了决定性的影响。从此,英国在军事上取代了西班牙海上霸权的地位,开始了大规模的海外扩张。

1603年,女王在萨里里士满去世,享年70岁,在去世前她选定苏格兰国王

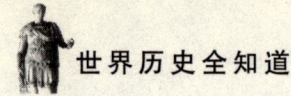

詹姆士一世（玛丽之子）继承王位，从此英国进入斯图亚特王朝统治时期。

身为英国统治者，伊丽莎白用自己的方法将避免婚姻和避免战争合而为一，她依靠不确定的婚姻寻求结盟。投身于一方，必然会损害另一方。她必须让每个人都对她抱有希望，才能在你来我往的竞争中取得胜利。伊丽莎白很好地掌握了进退规则，她不但控制了权力，而且控制了身边的每一个男人。所有的成功均来自于她保持独立的立场。在权力的竞争游戏中，她成了所有人崇拜的偶像。

不要让任何人支配你，否则你将失去影响力，不要轻易投入自己的感情，与人保持一定的距离，这样，别人就会更加注意你，你从中获得的不仅仅是权力，还有他人的尊重和崇拜。伊丽莎白采用的就是这样的策略：让自己的行为和目的一直处于不确定的状态，但是永远给别人希望，也永远不让别人满足。

第一任沙皇伊凡四世

伊凡四世（1530—1584），俄罗斯第一任沙皇，俄罗斯封建专制国家的奠基者和封建军事扩张路线的开拓者。因为他使用极其残酷的手段来剪除政治上的反对者，故获得"伊凡雷帝"（或译作"恐怖的伊凡"）的称号。

1547年，17岁的伊凡开始亲政。为了摆脱大贵族的控制，巩固中央政权，伊凡于1月16日由莫所科大主教加冕称沙皇。这是他祖父和父亲垂涎已久而不敢贸然采用的称号。伊凡断然易称改号，表明他继承父祖衣钵，建立俄罗斯大帝国的决心。

伊凡为了加强自己的专制权力，于1549年建立了"重臣会议"，伊凡任用出身微贱的政治家阿达舍夫和宫廷教士西尔维斯特等作为"重臣会议"的主要成员，开始实行政治、经济、军事、司法等全面改革。历史上把开始改革以后的10年（1550—1560）时间称为"重臣会议"时期。

这一系列的改革，削弱了大贵族的统治权力，提高了中小贵族的经济、政治地位，加强了中央政府的权力，改善了国家军队的实力，为伊凡进行对外扩张创造了条件。

16世纪60年代初，伊凡利用喀山汗国和阿斯特拉罕汗国的内乱，迅速夺取了这两个鞑靼蒙古人的领地，使伏尔加河第一次成为俄罗斯的内河，从而稳定了东方边境，打开了向东扩张的道路。伊凡为了打入欧洲，与西欧列强争雄，必须解决出海口的问题。为此，他发动了持续近1/4世纪的立沃尼亚战争（1558—1583）。

战争初期，沙皇军队曾一度得势，攻占了波罗的海东岸的一些领土和重要城镇，但是，伊凡的成功引起了波兰、立陶宛和北欧各国的关注，他们都感到刚刚崛起的沙皇俄国的威胁，因而迅速联合起来，形成了一个反俄联盟。1561年，立沃尼亚封建主以献出全部土地为代价，换取波兰—立陶宛王国的保护；同年，瑞典、丹麦分别占领了立沃尼亚北部和东部。这就使沙皇俄国陷入一场旷日持久的复杂的国际斗争中。虽然由于瑞典和丹麦之间爆发了"七年战争",好像使伊凡有隙可乘,但沙皇的处境并未得到多少改善。1564年,伊凡的军队在战场上接连失利。战争后期,国际形势发生了不利于俄国的变化。1568年,瑞典与波兰以及立陶宛通过联姻实现了军事联盟,次年,波兰与立陶宛签订卢布林条约,最终实现了两国的合并,并加入克里米亚、土耳其的反俄同盟。随着"北方战争"结束,丹麦和瑞典停战议和。这就使莫斯科处于四面受敌的境地。伊凡也曾乞求英国的援助,甚至卑躬屈膝地向伊丽莎白女王的宫廷侍女玛丽·哈斯汀求婚,但因英国不愿介入东方的混战,始终抱着超然的"中立"态度,使伊凡的如意算盘全部落空。

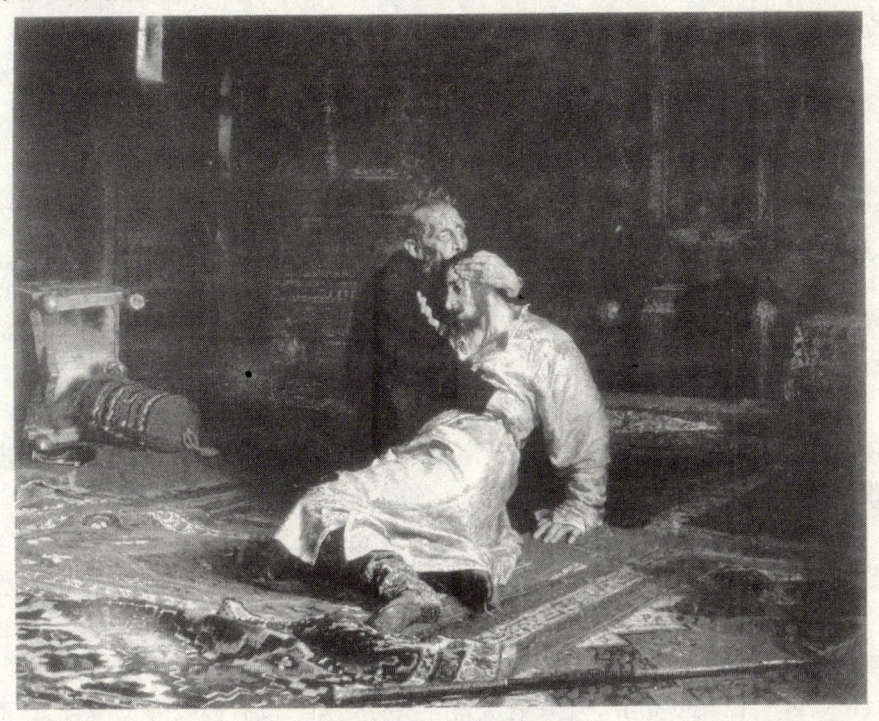

油画《伊凡雷帝杀子》

1577年,沙皇伊凡建立的立沃尼亚附庸国(1570年建)投降波兰;1579年后,伊凡在战争中夺取的领土和城池,不断为波兰和瑞典夺回,而且外国军队也侵入了俄国境内。在立沃尼亚战争中接二连三的失败和国内斗争的日趋激化,迫使伊凡不得不接受教皇格利高里十世的调停,于1532年、1583年分别与波兰、瑞典签订停战条约。沙皇俄国不但没得到立沃尼亚,反而把芬兰湾沿岸的大部分土地和数座俄国城市割让给瑞典;波兰也夺回了一度被俄国占领的土地。沙皇伊凡夺取波罗的海出海口的侵略野心,随着这场耗尽国力的长期战争的失败而宣告破产。

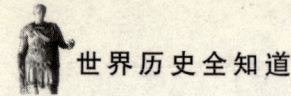

但是,在哥萨克雇佣骑兵的援助和配合下,取得了向东征服西伯利亚汗国的胜利(1581年),这多少补偿了他在西方所遭到的失败。

伊凡四世争夺取波罗的海出海口的愿望没能实现,这个愿望直到一百多年后由彼得大帝完成。他加强了中央集权,促进了俄国的统一,极大地开拓了疆土,所以说是一位有影响的帝王。

文盲帝王阿克巴

莫卧儿王朝是印度最后一个王朝,他的第三代帝王是阿克巴(1542—1605),他是帖木儿的直系后代,母系则出自成吉思汗,因此有蒙古血统。1556年在他即位时却连自己名字都不认识。

阿克巴执政以后,贵族、教派叛乱频繁,阿克巴亲自率领大军镇压了各地叛乱。他将2000多人的头盖骨筑成一座可怕的骨塔,以此来警告叛乱者。

随后,他又对内部事务进行整顿。百姓种地、收获,过着安定的生活。当时在百姓中流传着一首歌谣:文盲帝王阿克巴,好像天上的太阳,为百姓谋幸福……

莫卧儿王朝虽然越来越强大,可阿克巴心中的阴影却越来越重。他决心苦心攻读。可是,阿克巴识字不多,天生怕看书。他想了一个办法,让大臣们轮流读书给他听。阿克巴记忆非凡,听过以后过耳不忘,还常常同大臣讨论文学、宗教。他供养了多位画家、音乐家,每天轮流听印度、波斯、中亚、克什米尔等地的音乐。许多印度教的官吏学习了波斯文,同时许多伊斯兰教官吏也能写印度文诗歌,这样就促进了波斯文化与印度文化的交流。

莫卧儿是一个伊斯兰教国家,而印度长期流行的是印度教,因此教派斗争和教派起义十分频繁。阿克巴为了协调印度教和伊斯兰教之间的关系,宣布信教自由、教派平等。他特别挑选了一些印度教人士做高级官员,又娶了信奉印度教的贵族女儿为王后。

1581年,他又创立了一个没有上帝、没有先知,没有教条的"圣教"。圣教徒把阿克巴当上帝看待,彼此遇见时总要称呼阿克巴的名字。这种"圣教"既无庙宇,又不祈祷,只是要求在平时爱护动物生命,尽可能施舍、赈济或做些好事。阿克巴创立的"圣教"有一个特点,就是不强迫人们都相信"圣教"。因此,印度教徒改信"圣教"的人并不多,伊斯兰教徒反对"圣教"的也不少,阿克巴对此毫不介意。这些措施,缓和了印度人民反伊斯兰教的情绪,宗教起义也得到了平息。

因为善于理财和用人,加上在政治上主张民族、宗教平等,这样就缓和了国内矛盾,使百姓过着较为安定的生活。在军事上,从1560年起,阿克巴用了15年时间统一了北印度;又用了16年时间把版图扩大到遥远的西北地方;最后,又用了3年的时间,平定了南方的几个王国,从而建立起一个强大的莫卧儿王朝。

阿克巴幼年流亡国外、颠沛流离,这使他形成了务实的作风,能容纳不同政见、不同信仰的人;阿克巴幼年没有接受系统的教育,这使他能虚心接纳各种宗教思想,在它们之中保持中立,这些都是造就他的宗教宽容及其他有利于莫卧儿王朝长治久安的正确政策的因素。原本的劣势,在阿克巴大帝身上却成了优势,这的确是一个发人深思的现象。

克伦威尔的头颅

奥列弗·克伦威尔(1599—1658),17世纪英国资产阶级革命的重要领导者,从小他就受到了清教思想的影响。

1629年,国王查理一世解散议会,独自一人统治国家,直到1640年在对苏格兰人作战需要资金的情况下,才召集了一个新议会,克伦威尔当选为议员。新议会强烈要求国王不再实行专制统治。但是查理一世不甘屈从议会,于是在1642年,忠实于国王和忠实于议会的军队之间爆发了一场战争。

克伦威尔站在议会一边。他组织一支骑兵队同国王作战,在历时四年的战争中,他杰出的军事才能使自己声望日隆。1646年战争结束,查理一世成了阶下囚,没过一年,国王潜逃,重新纠集军队对议会宣战,第二次内战爆发了。结果是克伦威尔击败了国王的军队,在克伦威尔主持下,特别法庭以"叛国罪"的名义判处查理一世死刑。

1649年5月19日,英国宣布为共和国。克伦威尔掉过头来镇压民主革命运动,他独揽大权,成了军事独裁者,共和国名存实亡。

克伦威尔继续推行符合资产阶级和新贵族利益的对外掠夺政策。1658年9月3日,克伦威尔因患疟疾在伦敦的白金汉宫病逝。

克伦威尔在死前仍不忘身后大事,临终托孤,遗命长子理查德·克伦威尔继承了父位,为"护国公"二世。但因为理查德·克伦威尔

克伦威尔像
他推翻了查理一世控制的国会及英国的封建王朝,成为英国护国公。

寸功未建,又无军政才干,军中将领不服,所以他统治的时间极为短暂。查理一世的长子查理二世复辟。

查理二世牢记杀父之仇,对当年在他父亲死刑宣判书上以克伦威尔为首签字

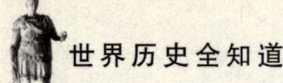

的人进行了疯狂的报复。查理二世下令把护国公克伦威尔的遗体从威斯敏斯特大教堂的墓地里掘出来,并命人拖着它穿过伦敦城。然后,遗体被送到了日常处决普通犯人的泰伯恩行刑场,在那里被吊在绞刑架上,与其他两具尸体一同悬吊示众一整天。执刑者把吊尸体的绳子砍断以后,就把尸体的头砍了下来,并把那颗头颅挑在长矛(一说棍子或铁叉)上游街示众,而尸身则被扔进了坑里草草掩埋。

最后,克伦威尔的脑袋被一根长钉子钉在了威斯敏斯特教堂的房顶上,它在上面一待就是25年,后来一场风暴把它刮了下来,这时它已经完全干燥,胡子仍然长在下颌上。后来他的头颅不知怎么流落民间,竟成了私人收藏品,并且一度如泥牛沉海,被颇懂生意经的英人拿去作了古董辗转贩卖。

直到300年后的1960年,克伦威尔的头颅几度易手,历经磨难,才由他的母校剑桥大学的锡德尼·苏萨克斯学院收得,埋葬在牛津地区的一座小教堂之旁,一个流浪的灵魂总算有了一片栖身之地。

克伦威尔砍下了国王的头颅,而他的头颅又被新的复辟者砍下,看似"冤冤相报"的循环,其实历史在前进。他死后不久,英国虽然发生"光荣革命",又引进了一个国王,但英国毕竟确立了君主立宪制,国王只是一个虚君了,英国率先进入工业革命,成为世界第一强国。

"太阳王"路易十四

路易十四是欧洲历史上统治期最长的君主,在漫长的统治期里,有条不紊地使自己成为了法兰西荣誉和威望的化身。

作为一位说一不二的君主,路易十四的统治范围深入法国人民生活的方方面面,一切都要按照他的意愿进行,不管他的目光是多么短浅。作为路易十四的臣民,谁都没有一点反驳的余地。

路易十四挑选太阳图案作为王室徽章。"太阳王"路易十四于1682年把政府和王宫迁移到凡尔赛城。从此,那里就成了他华丽的舞台。熠熠生辉的凡尔赛宫到处都显示着王者气派,任何人都可以进去参观路易十四每天雷打不动的日常起居。

路易十四不惜工本地把贵族云集的凡尔赛城引领到威信和荣耀的顶峰,而他自己正是太阳般光芒四射的中心,在这方面他的确是天才。路易十四人为地制造出很多虚假的利益,并用它们来吊贵族们的胃口。就这样,他完全废除了千百年以来贵族手中所沿袭的权力。那些曾经地位显赫的贵族们开始争先恐后地为了获取在王宫中狭窄的房间的居住权,为了得到清晨能亲手给国王递衬衫的资格,为了享受为国王举烛的荣誉,以及获得陪伴国王打猎的机会等打得不可开交。

为了让臣民心怀崇敬和感激之情地追捧权贵，路易十四制定了一套严格而细致的礼仪规范，这套规范在凡尔赛盛行一时。路易十四大兴争权夺利之风，同时还要求别人崇拜自己，结果大批奴颜婢膝的马屁精呼啦啦地围了上来。世风如此，不同等级身份的人都纷纷加入溜须拍马者的行列。比如，路易十四问起时间的时候，马上就有人回答："陛下，您希望现在是几点就是几点。"而他的儿子曼恩公爵在一次法军取胜后向他汇报："啊，父王，我的学业就要荒废了，因为每次您的军队打了胜仗，老师就给我放假。"

君权的光环如此夺目，为了享受恩泽，人们甚至不惜做出荒谬十足的举动。路易十四曾经饱受直肠瘘的折磨，不得不做了个手术，结果患这种病一下子成为了流行风尚，能够分享"王者贵恙"的幸运儿一下子成为别人嫉妒的焦点，很多没有直肠瘘的人甚至恳求或贿赂医生在自己身上也比划几下子。拍马拍到这个份儿上，也算是舔痈吮痔的新技巧了。

路易十四用自己的言论和行动在欧洲重新诠释了"君主制"这个概念，在英国的民主宪政取得了一系列胜利的同时，欧洲大陆上却出现了一股强化君主专制的热潮。强化君主专制在当时的欧洲有其积极意义，有利于进一步消除地方领主的封建割据，为民族国家的形成准备了条件。但是，路易十四时期无休止的战争、晚年奢靡浪费的生活和贪污腐化的蔓延，使得法国财政状况重新恶化，也使得有识之士增加了对君主专制的质疑和反思。虽然路易十四离世之年到法国大革命爆发还有 70 多年，但多数史评家认为两者之间存在着必然联系。

振兴俄国的彼得一世

俄国近代史上威震一时的彼得一世（1682—1725 年在位），曾经唤醒了沉睡的俄国，使闭关锁国、愚昧落后的俄国一跃而成为欧洲举足轻重的强国。

1696 年伊凡五世去世，彼得成为沙皇。1697 年，彼得作出了一个匪夷所思的举动。他以一个下士彼得·米哈伊洛夫的身份，随同考察团去西欧各国访问，在此期间，他甚至还曾在荷兰的造船厂当学徒以学习造船。实际上这次访问对俄国的未来影响巨大，面对西方的先进科技和制度，彼得心中使俄国变革的朦胧想法因此变得如此清晰和强烈。回国后，一场巨大的变革就在俄国大地上掀起了阵阵风浪。

当几位大臣来问候远途归来的彼得大帝时，彼得突然操起手中的剪刀朝他们的胡子剪去，从而揭开了一系列改革的序幕。在军事方面，彼得实行义务兵役制，在经济方面，大力鼓励工商业的发展，在政治上，改革的目的是建立完整的中央集权统治，在文化上，引进西方的书籍和生活方式。但是俄国社会的痼疾——落后的农奴制在这次改革中未受触动。

彼得一世十分勤政，兴趣也十分广泛，几乎无所不包，甚至热衷于做解剖和

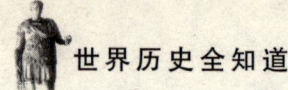

牙医手术。他的一生是如此丰富,以至52年的生涯似乎已经透支了他的全部精力。1724年,他在海滩搭救几个遇险的士兵时受凉得病,第二年初去世。他所留下的,是一个强大而生机勃勃的帝国。

彼得一世性情粗野,有很多轶事流传。据说他不愿意单独睡觉,怕自己的痉挛病在半夜突然发作。当没有女人陪伴他入睡时,他便找来一名副官或一名仆从,躺在自己身边,用铁一般的手紧紧抓住伴睡人的肩膀。只要那人稍动一下,他就会立即遭到一顿木棒毒打的惩罚。在乡间,到了午睡时间,彼得很喜欢把头靠在仆人的肚子上,以此来代替枕头,如果仆人肚子里发出响声,他会生气地敲打他的肚子。

彼得一向喜欢衣着朴素,甚至衣冠不整,他的帽子没有饰带,粗布衣服,不整洁的背心,补缀的袜子,后跟磨损的鞋,只有到了节日期间,他才同意穿法国式制服。圣彼得堡的居民可以经常看到他们的不修边幅的沙皇往来于城里,不带随从,像普通人一样。有时他随便走进一家住户,喝一点酒,吃一点东西。他禁止人们在大街上向他屈膝下跪。

彼得对待自己的下属,包括亲信,经常使用"杜比纳"短棍进行惩治。他往往把引起他不满的高级官员召到自己的房间,在无其他人的情况下,用那短棍揍一顿,挨他棒打并不说明自己失去他的宠信。一次,在出征波斯时,彼得在夜间走出帐篷,黑夜中,他误把亲信沃林斯基当成仆人,于是他猛地扑向沃林斯基,误把他揍了一顿。事后他发现打错了人,便大笑地说:"没关系,说不定哪一天,你需要像今天一样挨顿揍时,你就提醒我,说你已挨过打就是了。"有时,他把一个亲信揍了一顿,当晚又请他同桌吃饭。

自从伊凡三世时代开始,俄国便已成为东欧地区的重要力量,俄国有广阔的大后方使它比任何一个国家更经得起打击,但这并不代表俄国一定能发展成为世界性的强国。事实上,在彼得一世时代,俄国的实力只能与瑞典或波兰相当,而要弱于土耳其。但经过彼得大帝的改革之后,俄国成为世界强国的前景已如此明朗。

彼得一世虽然是一个性情粗野、蛮横的人,但他的心是向西方的,是向往现代化的。他的粗野性格是旧俄罗斯留给他的印记,而这种性格又恰好成为推动改革的强有力保证。在当时俄罗斯的蛮荒大地上,他是推动改革的最完美人选。就像俄罗斯国徽上的双头鹰一样,这个国家一直充满着神奇,充满着矛盾,是一个深不可测的国家。

腓特烈大帝——普鲁士的"战神"

普鲁士精神,这是一个令人十分敬畏的名词,但这种精神是建立在它的军国主义体制的基础上的。"普鲁士精神"在腓特烈二世时代发展到了它的极点,这个国王也以"战神"的形象留在青史之中。

腓特烈不但是一个杰出的军事统帅,而且是一个睿智的军事理论家。他创立了著名的"斜进战斗队列"的理论,还确立了许多著名的作战原则,如"保护你的侧翼和后方、迂回敌人的侧翼和后方"、以歼灭敌方有生力量作为主要目标等。

腓特烈即位第一年就遇到了实践的大好机会。1740年奥地利女大公玛丽亚·特蕾西亚继承父位,因为女性继位在德意志史无前例,腓特烈便以此为借口同法国、巴伐利亚、萨克森结盟,发动对奥地利的战争,奥地利一方则有英国支持,史称"奥地利皇位继承战争"。腓特烈聪明地利用奥地利同法国、巴伐利亚的矛盾,节节胜利,割占了整个西里西亚,成为这场战争最大的受益者。

但玛丽亚·特蕾西亚不肯善罢甘休,决心夺回西里西亚,通过外交手段将法国、俄国、瑞典都拉拢到自己一方,而腓特烈则同英国结盟。1756年狼烟再起,这场战争更加惨烈。腓特烈在外交上的失策导致自己以寡敌众,但在军事上却取得一系列经典之作。1757年的罗斯巴赫一役是运动战中歼灭敌人的杰作。但尽管如此,面对力量远大于己的各大敌国军队的步步进逼,普鲁士的国力消耗几尽,腓特烈一度携带烈性毒药随时准备自杀,幸亏俄国政权更迭使他得到了喘息之机,最后体面地结束了"七年战争",保住了西里西亚。

腓特烈为后人景仰的原因主要在于他军事上获得的声誉,但他在政治方面也是一个高手。他为自己的统治冠上当时欧洲最流行的标签"开明专制",实际上专制有余,而开明不足。他让每个臣下都专注于自身负责的领域,而只有自己才掌握全面情况。当然,作为一个受过18世纪启蒙思想影响的帝王,腓特烈的"开明"也并非只是粉饰之词。他领导了在当时欧洲属于领先水平的司法改革,第一次在普鲁士公布了统一的宪法草案。还将其父开创的义务教育制度发展完善。他致力于改善农民状况,兴修水利,并推行重商主义。他在位40多年时间,尽管饱受战火摧残,但普鲁士的经济仍取得迅猛发展。他给他的后继者留下的,是一个强盛而且蒸蒸日上的普鲁士。他也因此被后人尊为"腓特烈大帝"。

腓特烈大帝是一个公认的军事家、政治家和自封的哲学家,同时也是一个文笔优美的作家,留下了《战争原理》、《政治典范》、《军事典范》、《布阵法与战术纲要》等诸多著作。他终身热爱文学艺术,擅长吹奏长笛。他的多才多艺更为他增添了魅力。

腓特烈大帝在欧洲军事发展史上是一个重要人物。他改变了欧洲的政治格局,后来普鲁士能累积到统一德意志的力量,腓特烈大帝时代是一个关键。但也有人认为,腓特烈时代军国主义气息越来越浓的普鲁士,已经可以找到后来纳粹德国的影子。

忍辱负重的女沙皇叶卡捷琳娜

　　叶卡捷琳娜出身于普鲁士一个贵族家庭，1744年嫁给彼得三世。叶卡捷琳娜到了俄罗斯后，深为这里的粗鄙文化感到吃惊，这里的人们浅薄无知，她的未婚夫也让她大失所望。彼得不过是个相貌丑陋、性情残酷的笨蛋，他对未婚妻没有一星半点儿的兴趣。相比之下，他更喜欢摆弄他的玩具士兵，没完没了地用它们排兵布阵。

　　她的新婚之夜十分不幸。天真纯洁的叶卡捷琳娜在床上惴惴不安地等待着新郎的到来，而此刻新郎正在和男仆们狂斟豪饮。午夜过后，他终于酩酊大醉地回来了，却一头扎进床里，昏睡过去。夜复一夜，他对叶卡捷琳娜视而不见，并用自己的方法解闷，找着乐子。有时他会把自己庞大的玩具军团带到床上，硬拉着叶卡捷琳娜和他玩打仗游戏。这位未来的沙皇还有和新娘聊天的癖好，一说起来就喋喋不休。然而，彼得只是和她扯闲，从来不注重她的感觉，彼得的置之不理让青春妙龄的她感觉非常受挫。虽然婚姻生活如此令人厌烦，但是叶卡捷琳娜知道自己的未来是和俄罗斯紧密地结合在一起的，她决定全盘接受俄罗斯的文化。她学习俄语，博览群书，皈依俄罗斯国教东正教，还小心翼翼地在伊丽莎白女皇人心松散的宫廷里发展同盟。她还通过长时间策马飞奔这种剧烈的运动来缓解婚姻生活给她带来的紧张和疲劳。

　　与此同时，叶卡捷琳娜的处世之道也越来越精明了。在一群追求者之中，她始终保持着清白，不过她也逐渐发现了自己的欲望，她的自信心和激情空前高涨起来。结婚8年以后，这位长久以来一直都和幸福无缘的王妃终于把童贞献给了一位年轻的军官。接着，她情人成群，还生了不少私生子，的确为自己出了一口恶气。

　　1762年，伊丽莎白女皇去世，彼得三世即位。但臣民们都很恨他，因为他在俄罗斯军队与普鲁士军队作战即将取胜的时候，突然和普鲁士国王腓特烈二世握手言和，令全军大为恼火。彼得三世还犯了一个愚蠢的错误，那就是在公众场合羞辱了神圣不可侵犯的皇后——他命令她在皇室成员接受敬酒的时候同大臣一样站起来。

　　叶卡捷琳娜面对丈夫的不敬表现得大度超然，波澜不惊，赢得了人民的同情与爱戴。很快，就有人聚集在皇后周围准备推翻沙皇的统治。在奥尔洛夫兄弟和哥萨克首领拉祖莫夫斯基的帮助下，她发动了政变，成功夺取皇位，囚禁了彼得三世，几天后，彼得三世神秘死亡。经过18年的忍辱负重，叶卡捷琳娜终于等来了这一天，成为世界上幅员最大帝国的主人。

　　叶卡捷琳娜二世最大的成就在俄国的领土扩张上，这也是她对历史的主要影响。而她所以能取得这一切令后人景仰的伟业，是和她忍辱负重、等待时机的顽强意志力分不开的。

走上断头台的路易十六夫妇

在法国历史上,路易十六是一个备受争议的国王。他不贪恋钱财,也不沉迷于女色,却经常整天将自己关在铁匠房中,做自己最喜欢的工作——制锁。

1774年5月,路易十六被推上了法兰西的王座,他面对的是已千疮百孔、摇摇欲坠的帝国。然而,面对国内日趋紧张的形势,路易十六却依然沉迷于自己的"老本行"。其实,早在他还是王储时,就已显露出锁具研究方面的天赋。当上国王后,路易十六更是无心朝政,经常来到自己的五金作坊里,与各式各样的锁为伍。

路易十六被送上断头台,把法国大革命推向高潮,也为拿破仑的上台提供了历史机遇。

然而高超的制锁技巧无法挽救他的王国,随着法国社会矛盾的不断激化,轰轰烈烈的法国大革命终于在1789年7月14日拉开序幕。路易十六出逃未遂,被扣押在巴黎的杜伊勒里宫。即便是在被看押期间,他依然没有忘记自己的爱好。他偷偷地在墙板后面藏了一口保险箱,装上了一把自认为世界上最难打开的锁,将执政期间企图勾结国内外复辟势力、阴谋绞杀法国大革命的许多密函锁在里面。但这把锁最后却被他当初高薪请来的锁匠加曼打开了,当人们看到这些罪证后,一致要求国会"宣布路易十六为法国的卖国贼、人类的罪人,立即以革命的名义判处死刑"。结果,1793年1月21日,路易十六被推上了断头台。

路易十六的王后名叫玛丽·安托瓦内特,神圣罗马帝国皇帝弗兰茨一世的小女儿，哈布斯堡王室的骄奢生活，皇帝、皇后对小女儿的娇宠，使安托瓦内特从小就不爱读书，贪于逸乐，养成了任性、懒惰、轻佻、浮躁的性格。在她看来，王后不外就是让人赞美：最聪明漂亮，最善于卖弄风情，最讲究装饰打扮，最受娇宠；她的生活就是天天享乐，夜夜良宵，过着无与伦比的锦衣玉食的生活，除此而外，别无其他。

生活空虚的安托瓦内特，每天生活的一半是在赌桌上度过的，另一半时间是在舞会中消磨的。她的这种放荡不羁的行为，很快家喻户晓，成为人们茶前饭后的谈话资料。对此，她或者是不知道，或者是知道了不去理会它。

1789年法国革命的爆发使玛丽·安托瓦内特第一次面对社会现实，她对被监视和软禁的生活无法忍受，于是载上8车衣物财富，带上仆从逃往国外，结果被劫获。这一事件引起法国人民的愤怒。第二个罪行是她多次将军事机密泄露给法兰西敌人。第三个罪行是她怂恿路易十六暗中对抗革命。

1793年10月16日，玛丽·安托瓦内特也被狂热的革命群众处以死刑，时年38岁。

路易十六其实算不上暴君，他在位时甚至试图进行一些改革，但历史上，温和的改革发起者往往被激烈的改革继起者所推翻。玛丽皇后养尊处优惯了，心地并不算坏，据说她曾经问饥民们如果吃不到面包为什么不吃饼，颇像中国西晋皇帝司马睿的"何不食肉糜"，无知得很。玛丽皇后在上断头台时，不小心踩到刽子手的脚尖，还不忘道歉，真是地道的贵族风度。

"科西嘉恶魔"拿破仑

拿破仑·波拿巴1769年出生在科西嘉岛阿雅克肖城一个破落贵族家庭。1779年他进入法国东部布里埃纳军事学校学习，在军校呆了5年，他到南方的一个炮兵团服役，苦学炮兵的技术和战术，深得上司的赏识。

1793年12月，这位炮兵团的指挥取得了一生中第一个重要胜利——土伦战役的胜利，金子终于发光了，他因此得到罗伯斯庇尔之弟的赏识，被一举提升为炮兵准将。

不久后罗伯斯庇尔在"热月政变"中被推上断头台，拿破仑也在狱中蹲了10天。但在一年多后镇压"葡月暴动"中他又被委以重任，并不辱使命。他因此成为法国家喻户晓的将领。

1798年他远征埃及。与此同时，国内局势正在恶化，法国人民渴望稳定秩序的政权出现。而督政府的实权人物西哀耶斯也迫切需要一个军事强人来稳定自己的统治。这样，1799年11月，拿破仑抛下埃及的大军回到国内，发动"雾月政变"，掌握了政权。

拿破仑在他的执政府中，显示出了他不但是个军事天才，也是一个政坛高

拿破仑加冕典礼

手。经过努力,路易十五时代以来未出现过的国库充实、币值稳定、财政收支平衡的局面竟被拿破仑实现了。

文治武功卓著的拿破仑已俨然是法国的救星、大革命的功臣,1802年,他以99.77%的支持率获得了终身执政之职。两年后,99.93%的支持率使他成为法兰西帝国的皇帝。

然而,无论拿破仑帝国达到多大,有两个压在他心头的黑影始终无法打倒,英国和俄国是历次反法同盟的坚定主力,当拿破仑对海上英国无可奈何之后,他就想构筑"大陆封锁体系",以迫使英国屈服,最使他恼火的是,沙皇俄国居然在1812年违背盟约,全面恢复同英国的贸易。拿破仑决心给予北极熊以致命一击,以建立在欧洲大陆真正的霸权。但70万大军在漫长的跋涉之后,罕见的寒冬、斑疹伤寒和俄国军队的袭击之后,最后只剩下几万狼狈溃退的散兵。接着,

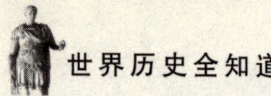

在被称为"欧洲民族之战"的莱比锡会战中,由于萨克森军队倒戈,拿破仑败北。最后,在各国联军浩浩荡荡挺进巴黎的战鼓声中,拿破仑被迫签订了退位诏书,被软禁在地中海上的厄尔巴岛上。

虽然拿破仑趁着欧洲各国权贵聚集在维也纳开"分赃大会"的良机偷渡回国,恢复了昔日的辉煌,但在滑铁卢惨败之后,他的政治生命彻底完结,在南大西洋的小岛上了结余生。

作为一代豪杰、世纪巨人,世界上历来对他的评价众说纷纭。作为一个人,他有血有肉,思想不断变化,堪称非常伟大的人。他生性冷酷,过分野心勃勃的同时又宽宏大度。他工作热情,热爱祖国。作为一个历史航行的舵手,他毕竟是一位跨世纪的风云巨人。是巨人中的巨人,他既不是仁慈万能的上帝,也不是邪恶狰狞的魔鬼,而的的确确是一个杰出的、复杂的人。

俄国"两面神"亚历山大一世

俄国沙皇亚历山大一世,因其性格多变、反复无常而被世人称为"神秘沙皇"。

亚历山大一世是俄国女皇叶卡捷琳娜二世的长孙,叶卡捷琳娜二世死后,亚历山大的父亲保罗大公继承皇位,称保罗一世。他在位期间(1796—1801),废除了女皇的一些开明制度,狂热地效法普鲁士的黩武主义,试图把国家改造成为一个大军营。保罗一世的统治引起了普遍的不满,1801年3月23日夜间,几名近卫军军官冲进保罗一世的卧室,将他缢死。第二天,沙皇朝廷颁布诏书,宣告保罗一世因突然中风而死。23岁的亚历山大随即继位,称亚历山大一世。

亚历山大一世在继位后的第二天颁布诏书,宣称他将遵循其祖母叶卡捷琳娜二世的"法律和精神"治理国家。但是,亚历山大一世最为关心的事情还是进行社会改革,主要是农奴制改革。但他又不敢立即废除农奴制,便只是采取了一些缓和措施。

19世纪初,欧洲爆发了拿破仑战争,亚历山大一世的注意力才从国内转向了国外。1805年7月,俄国加入了第三次反法同盟。结果,俄奥联军惨败。1807年6月25日,亚历山大一世和拿破仑在提尔西特签订了和约。"提尔西特和约"把俄国卷入了拿破仑的政治路线,极大地刺伤了俄国人的爱国感情,致使亚历山大一世的声望急剧下降。

使亚历山大一世在欧洲获得巨大声望的,是拿破仑侵俄战争的失败。战胜拿破仑,使亚历山大一世成了欧洲命运的主宰。还成了欧洲各国君主反革命"神圣同盟"的盟主。

亚历山大一世在晚年变得越来越忧郁,越来越孤僻。1824年6月,他和情妇玛娅所生的漂亮女儿苏菲娅身染肺病死亡,年仅18岁,这对亚历山大一世是个沉重的打击。他和皇后伊丽莎白所生的几个子女都已幼年丧生,而且皇后的健康状况使他们再也无望有孩子了。

1825年11月19日,亚历山大一世在巡视中突然患病离开了人世,终年48岁。

亚历山大一世以前从不得病,身体健壮,年岁也不算老。因此,他的突然死亡引起了各种各样的传闻和猜测。有人声称,沙皇并未弃世,而是搭乘一艘英国船前往巴勒斯坦圣地朝圣去了,也有人认为,沙皇是被哥萨克人劫持以后隐匿了起来;还有人说沙皇已经秘密前往美洲。流传最广的是"神秘老人"库兹米奇的奇闻,据说亚历山大一世假冒这个名字隐藏起来,在西伯利亚过着简朴的生活。相信这种说法的人与日俱增,并产生了内容丰富的文学作品,其中包括托尔斯泰的中篇小说《费多尔·库兹米奇的札记》。

俄皇亚历山大一世、奥皇法兰西斯一世、普鲁士国王腓特烈三世（左起）,他们是维也纳体系的真正操纵者。

综上所述,可以看到,"神秘沙皇"并不神秘,亚历山大一世实际上走上了他祖母叶卡捷琳娜二世所走过的道路,从温和的自由主义者最终变成了极端专制主义者。俄国社会再次出现了时而前进时而倒退,时而宽松时而紧张的曲线式发展状况,这是世界近代民主大潮不断冲击俄国专制堤坝所引起的必然现象。

死于暗杀的亚历山大二世

1814年,当亚历山大一世率领大军威风凛凛奔驰在法兰西大地上时,作为打败拿破仑的主力的沙皇俄国,其荣耀也达到了高峰。

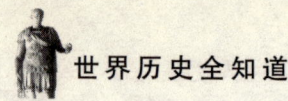

但 1853—1856 年的克里木战争的残败使沙俄的落后和腐败暴露无遗，沙皇尼古拉一世在作战连连败北的情况下精神崩溃服毒自杀。重振这个老大帝国的重任落在了他的儿子——亚历山大二世（1855—1881 年在位）身上。

亚历山大二世明白落后的农奴制已经成为俄国落后的根源。但数百年来农奴制与沙皇俄国的统治基础紧密结合，以至于历代多少高瞻远瞩的雄主，包括彼得一世和叶卡捷琳娜二世都不敢去打开这个潘多拉的盒子。但历史已经将责任无可推却地放到了亚历山大二世面前，克里木战争之后，俄国农奴反抗运动一年比一年高涨，迟一天改革，问题就更严重一步。

实际上，亚历山大从继位那一天起就已经决心实行改革。1857 年，他成立了"农民事务总委员会"，开始筹备改革。1861 年 3 月，沙皇终于下诏进行改革。

从亚历山大的改革条文中，可充分看出他的良苦用心。亚历山大想最大限度地使封建贵族和农奴都满意，在巨变的同时维持国内局势安定，让农奴以赎买的方式获得土地或许已是最佳的选择。改革是不彻底的，但毕竟已迈过了最艰难的一步。

但是，亚历山大统治后期思想越来越趋向保守，俄国离真正的宪政还很遥远。

被解放的农民由于土地减少、支付赎金，以及由改革带来的混乱破坏了以前的那种安定感，反抗斗争更加激烈了。但俄国的政局大体上仍保持稳定，终于度过了这段混乱的时期走向新时代。亚历山大本人则成为打开潘多拉盒子的牺牲品，他成为欧洲历史上遭到刺杀最多的帝王之一。从 1866 年到 1880 年，亚历山大二世遭到的精心策划的未遂刺杀至少有 5 次。1879 年，激进组织民意党判处亚历山大二世死刑，组成了刺杀组织训练专门的刺杀人员。在经过两次未遂刺杀之后，民意党的不懈努力终于得到了回报。1881 年 3 月 1 日，沙皇被炸死。

亚历山大二世对历史的影响，主要是通过 1861 年改革，终于突破了阻碍俄国发展最大的瓶颈，俄国在 19 世纪后期资本主义的发展明显加速。历史是最公正的裁判，亚历山大二世的改革尽管不彻底，但终被证明是推动历史进步的。

亚历山大二世是一位有勇气的改革家，尽管他的改革不算成功。他解放了当时俄国的 2300 万农奴，除此之外，还引进了陪审团制度，废除了新兵征募中的鞭刑制，率先在国内引进了公开化制度，推动俄国的民主化进程。

激进组织民意党人的暗杀尽管带有反抗性质，但在今天看来，也确实是恐怖活动。亚历山大二世是一位值得同情的改革者。

铁腕君主维多利亚女王的人生

1838 年，18 岁的亚历山德拉·维多利亚登上英国女王的宝座，直到 1901 年去世，在位 60 余年。她是英国历史上统治时间最长的一位君主，她开创了英国历史上的黄金时代——维多利亚时代。人们评价：没有一个坐上帝位的女人，像维多利亚一样，如此出色地完成了女王的职责，同时又拥有如此平凡的作为女人的幸福。

本来，英王乔治四世的弟弟肯特公爵爱德华有机会执掌江山，但命运却让他的女儿维多利亚成为大英帝国的女王，而且，独享尊荣 64 年。

1837 年 6 月 20 日，威廉四世辞世，他的侄女维多利亚即位。维多利亚在青少年时期就熟知各种典章律法。她充分了解自己承担的义务。1840 年，维多利亚和阿尔伯特·萨克森·哥达亲王结婚。他是维多利亚的表哥。

维多利亚女王并没有世俗意义上的美貌，但她的脸透出一种聪慧。女王的丈夫是一个极具魅力、举止优雅的男人。他们被公认为是一对模范夫妻：彼此忠诚，相敬如宾，甚至从未对彼此说过有损夫妻关系的过激话语。因此不难想象，当阿尔伯特亲王 42 岁英年早逝时，对女王是何等沉重的打击。

许多人认为，女王经过这样的打击后，她将只是一个受人操纵的木偶，但是他们错了。维多利亚是一个悲伤的寡妇，但同时也是大权在握的君王，这双重身份彼此毫不影响。由于她的调停，俾斯麦在战争中放弃了轰炸巴黎的计划。维多利亚时期，是大英帝国对外领土扩张最辉煌的时期，为了扩张领土，女王不惜使用一切手段。

女王日渐衰老，她原本就不很谦和的性格愈发暴躁。她无休止的挑剔和不满已经使

英国女皇维多利亚像

她的大臣们难以忍受，女王的孩子们也有同感。长子爱德华因为送给妻子贵重的首饰而受到惩罚——女王十分妒忌儿子儿媳表现出来的伉俪情深。当爱德华结婚时，许多人都认为，女王将很快让位，但是，不停抱怨国事操劳的女王却并不急于逊位，结果让爱德华整整等了 40 年！

1901 年 1 月 22 日，维多利亚女王卒于怀特岛，享年 82 岁。

英国人听到她的死讯，简直就像是世界末日来临。即使是国内最恶意的批评家也无法否认，在维多利亚统治期间，国家空前团结，英国成为一个强大的帝国，并不断壮大发展。这是女王给英国人留下的最好遗产，也是对她一生政绩最有力的评价。

没有一个坐上帝位的女人，像维多利亚一样，如此出色地完成了女王的职

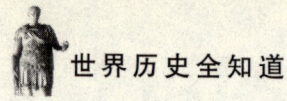

责,同时又拥有如此平凡的作为女人的幸福。

英王爱德华七世与他的悍母

性格刚强压抑的维多利亚女王绝对算不上是位亲切的母亲,她早就坦率地表示,虽然她生了一大群孩子,但是她从未从中得到过"特殊的快乐或回报"。甚至当孩子们还是婴儿的时候,维多利亚就认为他们是讨厌的小东西。

几乎从爱德华王子刚一出生起,维多利亚就对他表现出特别强烈的敌意。年轻的爱德华王子喜欢和别人交往,而且善于找乐子,这恰恰是他的母亲强迫他不要去做的。她害怕爱德华今后会像他汉诺威家族的舅舅们一样懒散无能,于是她制定了一套严格的管教方案,旨在压制她儿子追求快乐的天性。

母子之间的裂痕由于维多利亚的丈夫阿尔伯特亲王的去世而扩大。维多利亚对阿尔伯特始终保持着狂热的忠诚,而且她把丈夫的死完全归咎于爱德华。维多利亚女王对儿子那种病态的隔离持续了几十年,这完全是自找的。在此期间,她不让儿子接触任何政务。她有失公允地认为爱德华不具备继承王位的能力。

就算爱德华心地再善良,他也无法掩饰自己对母亲的轻视而产生的反感。女王越是让爱德华远离职责,爱德华就越发用别的事情打发时间,比如赌博和追逐女色,而这只能让维多利亚更加坚信他与王位极不相称。

由于女王绝不相信爱德华的判断能力,所以就连他婚后的私生活她都要插手管理。1863年斯坦利勋爵注意到伦敦上下都在流传关于女王坚持指导"威尔士亲王和王妃日常生活"的"离奇方法","除非得到事先的许可,否则王子和王妃不得擅自出门用餐……而且每天,甚至每分钟在莫尔伯勒宫(王子和王妃在伦敦的住所)发生的事情都要上报到温莎堡"。

自始至终,爱德华一直对女王的不信任保持着尊严和适当的幽默感,永远是一副尊重母亲的好儿子的形象。1901年,59岁的爱德华登基即位。在此后的9年里,爱德华七世显示出非凡的统治能力,证明了他母亲对他的态度完全没有理由,并用自己的声望开创了一个充满绅士风度的时代。由于他驾轻就熟地让欧洲远离了战争的硝烟,人们都亲切地称他"和事佬爱德华"。

爱德华七世性情温和,与人为善,遭受母亲的虐待也从不报怨。这给了我们有益的人生启示:生活不顺时不要抱怨,抱怨总是使你丧失名誉。这样做不会引来怜悯与安慰,反会招致轻蔑。不妨称赞别人对你的恩惠,以便赢得他们更多的恩惠,这才是更好些的策略。当你诉说那些不在场的人是怎样使你受益,你正是在要求那些在场的人与之看齐,你会得到同样的酬谢。聪明人应该从不张扬耻辱或轻侮,而仅仅宣传别人对他的尊敬。如此,他将会拥有朋友并使他的敌人减少一半。

末代沙皇尼古拉二世

尼古拉二世（1868—1918）是俄国末代皇帝，他是沙皇亚历山大三世的长子。亚历山大三世是在他的父亲亚历山大二世被民粹派刺杀后带着恐惧的心情上台的。为了躲避谋杀，他放弃在彼得堡优雅豪华的生活，移居到加特奇那行宫，在戒备森严中胆颤心惊地过日子。因此，当时人们耻笑他为"加特奇那囚犯"。

1894年10月20日，亚历山大三世逝世。尼古拉二世继位。1894年11月14日，尼古拉二世结婚。皇后亚历山德拉·费多罗夫娜是一个玩弄权术，歇斯底里般的女人。

尼古拉二世统治时，正是俄国从资本主义进入帝国主义时期，阶级矛盾十分尖锐。沙皇制度已变得更加腐朽了。人民愤怒地称尼古拉二世为暴君尼古拉。尼古拉二世还积极推行军事封建的帝国主义政策，疯狂地对外侵略扩张。

尼古拉二世反动腐败的统治，激起俄国人民不断起来进行革命斗争。从1915年开始，俄国革命运动因战争而重新发展起来。在统治阶级内部尔虞我诈、狗咬狗的斗争愈演愈烈。朝廷内外，丑闻百出。

沙皇尼古拉二世手持六翼天使萨罗夫头像，为即将与日军作战的士兵祈福。

1917年初，俄国革命时机已经成熟。在彼得格勒，罢工运动迅猛展开。2月25日，罢工开始发展为武装起义。尼古拉二世慌了手脚，连忙诏令彼得格勒军区司令哈巴洛夫"将京都骚乱悉行制止"。于是，在屋顶和角楼架起了机关枪，向示威的群众射击。但是，沙皇的血腥镇压只能促使人民更广泛更剧烈的革命。军队受到革命的感召，先后转到起义人民方面。2月27日，彼得格勒武装起义胜利。3月2日，尼古拉二世被迫退位。从此，结束了罗曼诺夫王朝在俄国的统治。

1917年3月8日，在彼得格勒工人和士兵的要求下，资产阶级临时政府不得

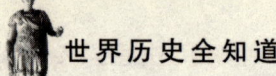

不将尼古拉二世及其家属逮捕,禁于皇村。临时政府曾准备把他们送到英国,因遭到工人和士兵的坚决反对,没有得逞。以后,尼古拉二世全家被转移到西伯利亚的托波尔斯克,十月革命后又被转移到叶卡捷琳堡。1918年6月17日,在捷克斯洛伐克军团叛乱逼近叶卡捷琳堡的紧急情况下,为避免敌人营救,苏维埃决定将尼古拉二世全家就地枪决。他们的尸首经过焚烧后,被扔进一个废矿坑,成为历史的垃圾。

"君视民如草芥,则民视君如寇仇。"尼古拉二世和他的家眷被处死,这也是他自己一生作恶所造成的。

政治人物

伯里克利与希腊"黄金时代"

伯里克利(约前495—29),是希腊著名的民主派政治家,公元前444年历任首席将军,成为雅典的实际统治者,希腊历史上流传着许多关于他的美谈。

据说,为了广泛接近民众,伯里克利经常到大庭广众之中和普通百姓交谈,听取他们的意见。遇到反对他的人当面辱骂他,也从不动怒。一天晚上,在他步行回家的路上,一个贵族跟在身后辱骂他:"你这个疯子!真无耻!你出身贵族,却忘掉了自己的朋友,竟然去结交那些下贱的百姓!"这个人就这样一路尖声叫骂着,尾随他到了家门口。看看天已经黑了,伯里克利让仆人打起火把,把骂他的人送回家去。在奴隶社会的统治者、当权者中,能这样对待反对者,恐怕算得上是凤毛麟角了。

伯里克利另一个突出的特点是对自己要求严格,执政廉洁,他掌权十几年都没参加过别人举行的宴会。老百姓形象地说,伯里克利在雅典只熟悉一条路,那就是通向能和普通公民接触的广场的路。

在雅典,军人、法官、议员和其他政府工作人员起初都是没有薪金的,当兵的要自己掏钱买武器和马匹。这样一来,这些职务都被有钱人把持了。伯里克利执政后规定:军人和一切公职人员都由国家支付薪金。这样,一般公民也能当军人、法官、议员了。伯里克利还给穷人发"戏津贴"。伯里克利当权时做了一件意义非同寻常的大事。即,重建被烧毁了的雅典城。在他的主持下,不久,许多闻名于世的建筑陆续屹立于雅典城。位于雅典中心的卫城是最出色的建筑群,城中有雅典最著名的帕提侬神殿和智慧女神雅典娜的铜像。

雅典娜神像是著名的雕刻家、擅长雕刻神像的菲狄亚斯的杰作。像高12米,形象优美威严。菲狄亚斯还雕刻了被称为世界古代奇观之一的奥林匹亚的宙斯神像。公元5世纪宙斯神像在东罗马的首都君士坦丁堡被烧毁。雅典娜神像则在公元146年被罗马帝国的皇帝安敦尼·庇乌搬走了,至今下落不明。

对于希腊的强盛与繁荣,伯里克利功不可没,但他晚年却屡经坎坷、挫折。由于他人的诽谤,他因莫须有的罪名被撤职。复职当大将军后,他的两个儿子先后死于鼠疫,不久,他也难逃厄运,死于这种可怕的病魔。但伯里克利的英名将和希腊"黄金时代"的美名永存后世。雅典的民主思想一直照耀着人类前进的路途。

"无冕之王"恺撒

罗马人打败了迦太基后，称霸地中海，此时罗马的执政机构元老院已无力管理庞大的国家，罗马需要建立一个强有力的帝国。正是这时候，恺撒应运而生了。

当时，罗马政局一直被贵族元老院所左右。这些人反对民主势力，恺撒常和平民站在一起进行斗争。此外，罗马城中的另外两个要人庞培和克拉苏也和他一样，积极反对元老院。于是，恺撒便约了庞培和克拉苏，共结秘密联盟，史称"前三头同盟"。在民主外衣的掩盖下，实际形成了事实上的"三头政治"独裁。

三头同盟中，以庞培的威望最高。恺撒为了巩固和他的关系毅然把已经订婚的女儿许给了庞培。这一手果然灵验，不但三头同盟巩固了，而且也使恺撒当选为罗马的执政官。不久，又被任命为高卢总督。

恺撒像

古代的高卢分为南北两大部分。南高卢属罗马，而北高卢人却是一些原始部族。恺撒担任高卢总督实际是在南高卢。恺撒采取分化瓦解、拉拢打击、步步蚕食的政策，征服强悍的北高卢人。之后，恺撒又带兵越过莱茵河，侵入日耳曼地区，势力远及今法国、比利时一带。不久，他又越过英吉利海峡，攻入不列颠（今英国）。

恺撒的显赫战绩和卓越的军事天才，赢得了罗马人的欢呼，使他的威信日益高涨。此时，三头同盟之一的克拉苏已经去世，庞培对恺撒的威望日高惴惴不安。他命令恺撒迅速返回罗马，交出兵权，否则就以"公敌"论处。

恺撒索性一不做二不休，当即带兵回攻罗马。庞培和大批贵族元老仓皇出逃希腊。在希腊，庞培号令罗马各城邦，又集结了大批军队，准备与恺撒决一雌雄。由于庞培指挥失当，结果一败涂地。最后，庞培不得不狼狈地逃亡埃及。

恺撒乘胜带兵追入埃及，埃及国王将庞培的人头割下献给恺撒。恺撒于是成了罗马共和国的"独裁者"，集政治、军事、司法和宗教大权于一身，人们都把他看成是"无冕之王"。

然而，深受罗马共和制度熏陶的罗马公民不愿意把自己置于专制君主的统治之下，不少人开始对恺撒不满。于是，以恺撒的义子布鲁图和喀西约为首的共和派分子发展成一个60人的集团，他们决定谋杀恺撒。

公元前44年3月15日，当恺撒走进剧院，在自己的位子上坐下时，那些谋杀者群手齐下，向他连扎23刀。当布鲁图也冲到跟前时，恺撒用希腊文说："孩子，你也来杀我？"这位无冕之王带着不解和失望，终于气绝。

恺撒死后留下了《高卢战记》和《内战记》两部著作，是他亲身经历的战争回忆录。这两部书以文笔清新巧妙著称。恺撒虽说是一个独裁者，但他是有进步性的。他试图建立帝国，取代衰朽不堪的贵族政体，是为扩大罗马的民主基础，建立一个管理更有效的国家。恺撒是个卓越的统帅，伟大的帝王。

美第奇家族与佛罗伦萨

文艺复兴的发源地是佛罗伦萨，在14世纪，这里是意大利半岛上最富庶的城市。佛罗伦萨被公认为意大利的文化中心。在这座城市中，党派之间的斗争提升了生活和思想的热度。敌对的家族不仅仅在追求权势方面竞争，也互相攀比着赞助艺术的发展。

在14、15世纪，佛罗伦萨基本上由美第奇家族控制，美第奇家族可以溯源到1201年，当时奇里西莫·美第奇是群众议会的会员。科西莫的高祖父阿伟拉多·美第奇以大胆的商业运作和明智的料理经验建立了家族的财富，在1314年被选为标准执法人。阿伟拉多的侄孙萨尔韦斯特·美第奇，1378年也成为标准执法人，因为赞助贫民反叛而使美第奇家族大受欢迎。萨尔韦斯特的侄孙乔瓦尼·美第奇，是1421年的标准执法人，1427年因支持降低年税而受到人民爱戴。而享受过穷人人头税的富人，发誓要对美第奇家族报复。

乔瓦尼死于1428年，他除了留给儿子科西莫很好的声誉外，还有托斯卡纳地区最大的商行。科西莫以高超的技巧经营着业务，还有余力从事政治。他受欢迎的程度激起其他富商巨贾的妒忌，1433年，莱奥纳尔多·阿必齐攻击他企图推翻共和，自任独裁者。科西莫被囚于韦基奥

洛伦佐像

15世纪佛罗伦萨的统治者是美第奇家族，而洛伦佐是该家族中最具有天赋的一员，他具备政治家敏锐的洞察力，运动员的体魄和知识分子的资历，是典型的文艺复兴时期的人物。

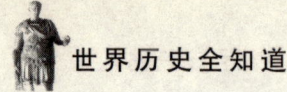

宫。最后科西莫、他的儿子们和主要支持者放逐10年。10年后，科西莫返国，莱奥纳尔多却带着儿子们匆匆逃走。

1444年，科西莫参加了佛罗伦萨政府，并以雄厚的经济实力控制了政府，成为佛罗伦萨共和国的执政者。空前未有的慷慨和公共福利使市民甘愿受他统治。

科西莫以精明的中庸之道运用权力，偶尔也用武力。他努力不懈地工作到75岁，精心安排自己的财产和国家的事务。

科西莫对于文学、学术、哲学、艺术的关心不下于财富和权力，这是意大利的幸运，也是人类的幸运。尼科利因为买古典书籍而破产，科西莫便为他在美第奇银行开了一个无限制的户头，支持他到死为止。接着，科西莫又雇了45个抄写员，帮助尼科利誊写那些无法买到的书稿。这些"珍贵的小东西"，后来都被科西莫存放在修道院、寺院或自己的图书馆中，供他人阅读。

科西莫的孙子洛伦佐也是一位有着良好教养的统治者，1492年，洛伦佐去世时，佛罗伦萨走向衰亡，意大利也不再拥有和平。

但是，并不是那些旧书稿解放了文艺复兴时代的心灵和理性，解放的动力主要来自于中产阶级兴起所带来的现实主义，来自于大学的兴起，知识和哲学的发展。研究法律和历史可以使得心灵受到现实的磨砺，广泛认识世界也使心灵变得开阔。意大利的学者开始怀疑教会的神圣和信条，认清了虚伪的教职人员不过是些奉行享乐主义的俗人。他们不再受到知识和伦理的束缚，解放的感官充分欣赏着自然、男女、艺术之美。这就是文艺复兴。

权谋大师马基雅维利

马基雅维利1469年出身于佛罗伦萨一个没落的贵族家庭。由于家境的清贫，马基雅维利主要靠刻苦自学来丰富自己的学识，自幼养成了独立思考的习惯。

自1494年，佛罗伦萨爆发了反对美第奇家族统治的人民起义，恢复了13世纪末叶建立的佛罗伦萨共和国，在第一大法官阿德利安尼的推荐下，1498年，马基雅维利出任共和国的第三大法官兼国务秘书，他多次被派遣到友邦国执行重要的外交使命。

此后十余年的外交活动中，马基雅维利深切感到，要使意大利强大，就必须实现祖国的统一，共同驱逐外国侵略者。然而，他毕竟无力回天。1511年10月4日，尤里乌斯二世同西班牙和罗马教廷缔结了"神圣同盟"，联合对抗法国，从而完全改变了意大利及佛罗伦萨的面貌。

1512年，美第奇家族在西班牙军队的协助下，大举进攻佛罗伦萨。马基雅维利训练的国民军遭到惨败，佛罗伦萨又重新落入了美第奇家族的统治之中。马基雅维利被判禁止在佛罗伦萨自由活动一年和交付巨额保证金，不久又遭诬陷被逮捕入狱，经受严刑拷打。

政治上的失意与孤独，使他开始系统地反思历史的经验教训与十余年的外交实践，探求救国治国的各种方略，专心于著述。在以后的14年中，他在学术上收获甚丰，其中《君主论》一书确立了他作为资产阶级政治学奠基人的地位。马基雅维利主张，君主应该把国家利益放在首位，为了达到政治目的，甚至可以背信弃义，不择手段。如有必要，君主甚至可以丢弃灵魂，背叛自己的信仰。总而言之：不择手段。狮子的爪，狐狸的脑。——这便是马基雅维利的政治思想的两个方面。他留给后世的印象也许是个玩弄权术的"政客"；甚至，在辞典中，"马基雅维利主义"的释义也是"欺骗"以及"无赖"。但他的政治思想明显地摆脱了传统道德与宗教的束缚，面对现实，反映了意大利新兴资产阶级渴望国家统一强大的愿望与要求。

1519年至1520年他又写了《战争的艺术》一书。结合自己的军事实践，对许多战略战术问题作了简明扼要的论述。所以恩格斯称赞马基雅维利是"第一个值得一提的近代军事著作家"。

1527年，马基雅维利忧郁成疾，于6月22日病逝。

西方有马基雅维利的《君主论》，东方有李宗吾的《厚黑学》，他们都想说：搞政治就不要迷信道德说教那一套。他们把人性看得非常清楚，特别是看透人性丑恶的一面。现在也有人把马基雅维利看成是现代性的开创者和批判者，他对基督教道德的批判让人联想到尼采，认为尼采身上有他的影子。总之，马基雅维利的思想是耐人寻味的，不同时代的人会品出不同的味道来。

德川幕府的开创者：德川家康

德川家康1541年生于三河国冈崎，为冈崎城主松平广忠之长子。德川家康的先祖是发迹于三河地方的一个土豪，在战国时代逐渐上升为战国大名（即封建主），到松平广忠这一代时，松平氏已领有整个三河国。但其领国被夹在势力较强的两个大名尾张的织田氏和骏河的今川氏之间，地位很不巩固。

1547年松平广忠与尾张的织田信长作战，为请骏河的今川义元援助，将六岁的家康送给今川氏为人质，但中途被织田氏所夺，监护在热田有两年之久。

在此期间，其父广忠被自己的近臣暗杀。1549年松平氏与织田氏讲和，德川家康返回冈崎，仅十日又作了今川氏的人质。8岁至19岁这12年间，德川家康作为人质住在骏河。

1560年，织田氏大败今川氏，今川义元阵亡。从此德川家康摆脱今川氏而独立，1562年与织田信长结成同盟，开始全力经营三河，逐渐巩固了自己的统治基地。

1568年德川家康的同盟者织田信长进入京都，迈出了统一全国的第一步。

这时已在三河打下了坚实基础的德川家康开始采取东进政策。1570年他联合织田信长在妹川打败浅井氏、朝仓氏，将治所迁往滨松。但这时武田信玄也想夺取全国政权，为扫清进军道路上的障碍，屡次出兵远江和三河。

1572年10月，武田信玄率4.5万人大举进军京都。结果德川、织田联军大败。此役德川家康虽然打了败仗，但武田信玄却十分佩服德川军的勇猛顽强。

武田信玄的猛将马场信秀事后对信玄说："看了三河军的尸体，面朝我军倒下的都是脸朝下，面向滨松倒下的都是脸朝上，这说明这些士兵都是向前冲杀时战死的，因想逃跑而被处斩的一个也没有。"据说德川家康就是经过此役而取得了"海道一雄"的名声。

此后不久，德川家康联合织田氏，终于灭掉武田氏，领有骏河。

1582年织田信长死于本能寺。信长一死，各大名又开始争夺政权，最终中央的实权被丰臣秀吉夺去。为了积蓄实力准备将来与丰臣秀吉分庭抗礼，他更加坚定了东进的决心。至1583年前后，德川家康已先后把三河、远江、骏河、甲斐、南信浓五国纳入自己的势力范围。而丰臣秀吉也步步推进国内的统一，不久当上了关白和太政大臣，名副其实地掌握了全国政权。丰臣秀吉与德川家康之间也很自然地变成了近似于主从的一种关系。

1598年丰臣秀吉死后，德川家康是五大老的首领。1600年，他进攻上杉景胜。接着于当年9月的关原之战中打败石田三成，掌握了全国政权。

1603年2月，被朝廷任命为征夷大将军、右大臣、源氏的长者（即源氏的族长、家主）。同年，他在江户开设幕府。1605年，把将军职让给了儿子秀忠，退居骏府城，但作为大御所仍然掌握着军政实权。1616年3月，出任太政大臣。4月病逝。

德川家康一生的最大业绩在于他继织田信长、丰臣秀吉之后，改组和强化了日本的封建秩序，把日本封建社会推向了一个新的阶段。他开创的德川幕府在日本历史上维持了长达260多年的和平统一局面，这给日本封建经济的发展，提供了比庄园制时代略好一点的社会环境。但是，德川家康所改组和强化的日本封建制度，仍然是建立在自给自足的小农经济的基础上。他推动海外贸易并非要民间贸易自由发展，走上近代重商主义的道路，而是出于幕府政治和经济的需要，维护封建的政治统治，其范围只限于由极少数幕吏、大名、特权大商人所把持的官方贸易，一旦超出幕府的政治需要，就立即加以取缔或限制。此外，德川家康晚年推行儒佛合一的思想统治，对日本人民的思想起了很坏的束缚作用。这种影响甚至一直延续到明治维新以后。

"蝴蝶大使"梅特涅

19世纪上半叶，有一位活跃在欧洲外交舞台上的风云人物，他就是任奥地利外交大臣和首相之职的梅特涅。他凭借自己敏锐的判断力和出众的外交才干，最大限度地维护了奥地利的安全利益。

1809年他担任奥地利外交大臣的时候，拿破仑刚刚粉碎了第五次反法联盟。作为这次反法联盟主要成员国的奥地利成为战败国，被迫与法国签订了《维也纳和约》。在这危难之际，梅特涅开始施展他的"均势外交"，一方面采取奥地利的传统外交策略——以皇室联姻的办法来调和与别国的关系，亲自撮合了奥地利公主玛丽亚·路易丝与拿破仑的婚姻。另一方面，他又暗中与沙俄联系，力图借重沙俄的力量求得欧洲的实力均衡，减轻法国对奥地利的压力。

在利用俄国削弱了法国以后，梅特涅又试图维持新的国际力量"平衡"。当英、俄拉拢奥地利加入第六次反法联盟时，梅特涅认为不能再削弱法国了，因为再削弱法国将会破坏大陆的实力均衡。为了达到这个目的而又不得罪英国与俄国，梅特涅诡称中立，并与反法联盟各国达成一项幕后交易：由他充当法国和反法联盟之间的调停人，争取达成妥协。但调停归于失败。于是奥地利又加入了反法联盟，即使这样，梅特涅仍不打算削弱法国，所以在一系列的军事行动中，奥地利并没有做出重大贡献。

法国战败以后，欧洲的形势起了变化。俄国和普鲁士的力量膨胀起来，从而对奥地利产生了直接的威胁。梅特涅抓住时机拉拢英、法订立了三国秘密同盟，俄国、普鲁士的野心不得不收敛起来。

然而联合英、法对抗普、俄也只是梅特涅的权宜之计。1815年9月，当梅特涅看到欧洲人民反对封建君主专制和民族压迫的革命风暴日益猛烈，又毫不犹豫地联合普、俄共同扑灭革命烈火。俄、普、奥在巴黎建立起"神圣同盟"，但在同盟内部也有矛盾和危险，这就是俄国势力太大，奥、普只不过是俄国的小伙伴，梅特涅不甘心屈从于沙俄，他

奥地利首相梅特涅像

再次拼凑了俄、英、奥、普四国同盟，实现了同盟内部的实力均衡。事后不久，梅特涅又把另一支抗俄的力量——法国拉入四国同盟，成为五国同盟。此后，欧洲的大国之间出现了一种均势的局面。

当时国力并不十分强大的奥地利，在梅特涅均势外交的影响下，一时竟成为欧洲国际社会的外交中心，国际地位得到很大提高，1809年还是一个战败国，到1815年已跻身于欧洲强国之列。

1821年，梅特涅升任奥地利首相。从此他更全力维护封建君主体制，维持"神圣同盟"，残暴地镇压欧洲各国人民反封建的民主革命运动。1848年，在革命浪潮中，梅特涅被迫下台，逃亡英国。

作为一个效忠封建王朝、镇压资产阶级革命的人物，梅特涅的下场并不光彩，但他推行的"大国均势"外交策略，成为世界政治和外交史上的范例。美国著名外交家基辛格就在自己的政治生涯中，推行类似梅特涅方式的外交策略。

华盛顿拒不当终身总统

每个人都知道，美国的首都是华盛顿。在1800年以前，它还是一片荒芜，为了纪念美国的开国元勋——乔治·华盛顿，美国人民专门建立了这座城市。

莱克星顿的枪声打响以后，美国人民在华盛顿的领导下开始进行独立战争。1781年美国终于取得了战争的胜利，英国被迫承认美国独立。革命成功了，华盛顿身为美军总司令，他的威望是无人可以比肩的。

这时，一些继承了欧洲落后思想的封建贵族准备拥戴华盛顿做美国的总统。但华盛顿却为此深感不安，他开始思考：他该把这个新诞生的国家引向何方呢？经过一番缜密的思索，他终于做出了一个决定。他宣布：他决定辞去总司令的职务，回家乡去种田。

华盛顿回到维尔农山庄自己的家中过了4年清闲自在的平凡百姓生活。1787年，他主持制定了美国第一部宪法。1789年，经过选举，他成为美国的第一任总统，因为他的崇高威望，他连任了两任总统，共计8年。后来，他坚决拒绝第三次连任，决不当终身总统。

1797年3月3日，这是华盛顿担任公职的最后一天。他如期举行告别宴会。宴会上，各国使节和夫人、首都政界名流陪伴着华盛顿，与他告别。华盛顿含着笑意，伫立一旁。他将坦然地离开这里。

宴会快要结束时，华盛顿如同14年前同军官告别时一样，自己斟满了酒。他慈祥地举起杯，说道："女士们，先生们，这是我最后一次以公仆的身份为大家的健康干杯。我是真心诚意地为大家的健康干杯，祝大家幸福！"人们突然寂静无声，适才的快乐气氛，顿时变为少有的严肃、宁静。

第二天上午11点钟，华盛顿最后一次出现在国会大厦里。闻讯赶来的群众，聚集到了大厦周围；礼堂里，也挤满了人，他们想与华盛顿作最后告别。

人们欢呼着，女人们不停地挥舞手帕，向缓缓走进大厅的华盛顿致意。华盛顿没有讲话，只是作为一个普通公民，注视着新任总统亚当斯宣誓就职。亚当斯在就职演说中，以无比钦仰的心情，赞美华盛顿。他称颂华盛顿"长期以来用自己的深谋远虑、大公无私、稳健妥当、坚韧不拔的伟大行动赢得了同胞们的感激，获得了外国最热烈的赞扬，博得了流芳百世、永垂青史的光荣。"

这几句话更确切地表达了大厅里人们对华盛顿的崇敬。热烈的掌声,回荡在大厅,回荡在华盛顿的心中,他感激地向人们挥挥手。

仪式结束,华盛顿走上大街,挥动礼帽,向群众致意。人们依依难舍,不愿离去,跟随他的马车一直走到他的寓所门前。这是任何语言也难以描绘的情景,这是任何人为操纵的场面无法取代的真诚欢呼。在这一瞬间,领袖与民众,伟大与平凡,历史与未来,得到完美而统一的体现。

华盛顿哭了,他再也无法保持冷静。他未料到群众的热情如此强烈。他行至门口,转过身,人们发现,他泪花点点,脸上的神情似是严肃,又似是悲哀。他一时说不出话,只是挥动着手向人们表示谢意,任满头白发,飘动在微风里。他会把这一瞬间感受到的一切,珍藏在记忆里。

他走进寓所。门外,人群久久未能散去。

华盛顿拒绝第三次连任总统的做法,为后来的"美国总统连任不得超过两任"制度创立了规范。美国人民称颂他是"战争时期的第一人,和平时期的第一人,也是美国人民心目中的第一人"。

贪恋个人的意志,必将使你的成就走向反面;挑战个人的极限,必将使你以失败而告终。华盛顿知道,他或许还有余热,或许会比他的继任者干得更出色,但他已经为这个国家留下了一个伟大的制度,这足够了。

美国最伟大的总统林肯

林肯笃信上帝,恪守基督教的信条。南北战争期间,林肯的下属建议林肯向上帝祷告,求上帝站在他们这一边。林肯回答说:"不,不是要求上帝站在我们这一边,而是我们要站在上帝的一边。"一句话,道出了对基督信仰的真谛。

林肯的父亲是个朴实善良的木匠。母亲性情温和,疼爱孩子,可惜在林肯9岁时得了牛奶病就去世了。一年后,他的父亲再娶,继母的性情和妈妈很像,林肯和姊姊都很喜欢她。林肯没上过什么学,总共加起来,林肯所受的教育还不到一年呢!后来他能有所成就,完全是靠自己的学习。

22岁那年,林肯离开家乡,到南方的新奥尔良做生意。他看到了拍卖黑奴的场景,他开始思索如何解救黑奴的问题,他想:"除非做政治家,否则不管我如何卖力,也救不了一名黑奴!"于是,他打算前往伊利诺州竞选议员。忙碌、奔波了好几个月,没想到选举结果揭晓,林肯落选了。但是,他一点也不气馁,反而更加刻苦自励,一面靠做零工来维持生活,一面利用闲暇研读法律、文学、历史、政治一类的书籍。两年后,他再度竞选伊利诺州议员,终于获得成功,第二年,又以最高分考取律师执照。这时,他才25岁。

林肯执行律师业务达15年之久,这段期间,他不断为无辜的同胞伸张正义,并且到处宣讲"让黑奴重新获得自由"的思想。为了维护美国的统一,为了废除

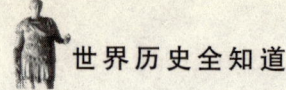

奴隶制度，林肯决定竞选美国总统。林肯终于击败所有对手当选为美国第十六任总统。不久，南方主张蓄奴的七个州，愤怒地退出联邦，并趁机猛烈炮轰北方碉堡。历史上著名的"南北战争"就这样爆发了。

起初北军屡战屡败，林肯为了鼓舞士气，经常到军营、医院、俘虏营和部属谈话，北军果然渐渐转败为胜。第二年，战争正剧烈地进行时，林肯签署了解放奴隶的法案，公开声明废除奴隶制度，美国境内 400 万黑奴，从此获得了宝贵的自由。

1865 年复活节前的星期五（4 月 14 日）晚上林肯和夫人在福特剧场看戏时被枪杀去世。那年，林肯只有 56 岁。

刺杀林肯的凶手是一个名叫布斯的演员，他是南方人，因为不满林肯解放黑奴，才做出这样的事来。

林肯的死犹如青天霹雳，震撼了全世界。今天，美国首都华盛顿市内，有一座林肯纪念堂，纪念堂里有一尊优美的林肯塑像。当人们瞻仰他、向他致敬的时候，总会从那温和的笑容中，察觉出诚实、坚毅、智能的灵光，这灵光，是来自于林肯对基督的虔诚信仰。他从上帝耶稣基督那里获得智能和力量，使美国获得新生，使黑人能重返家园，这位伟大的仁者，将耶稣基督的慈爱传扬，就像一盏永不熄灭的灯，照亮了所有善良人类的心灵。

林肯是位力挽狂澜的人物，在南北战争的危急时刻，他拿出坚定主张，防止美国南北分裂。他的仁慈、智能和卓越的能力，使他成为美国历史上最受爱戴的领袖，也是至今美国人仍然念念不忘引以为荣的伟大人物。

永不屈服的俾斯麦

在德国近代史上，只要一提到奥托·冯·俾斯麦，世人脑海里就会呈现出这样一种印象：桀骜不驯、飞扬跋扈、暴力残忍。像彼得大帝、拿破仑一样，俾斯麦在世时就是人们争相传颂的传奇式人物。他运用"铁血"的手段，完成了德意志的统一大业，把德意志作为世界强国推上了历史舞台。

1815 年 4 月，俾斯麦出生在一个普鲁士庄园主家庭。他狂放而又机智的性格在年轻时便显现出来。在大学的三个学期中，他总共进行了 25 次决斗。

俾斯麦 35 岁时，担任普鲁士国会的代议士，这也是他政治生涯的转折点。1851 年 5 月 11 日，年仅 36 岁的俾斯麦作为一名新代表进入法兰克福联邦议会。为争夺联邦的领导权，各邦诸侯代表们同床异梦。当时奥地利在各邦中势力最为强大，而俾斯麦所代表的普鲁士势力相对较弱。在联邦议会中，他对奥地利藐视一切的做法十分不满。在议会中有一个不成文的惯例，就是只有担任主席的奥地利人才有权吸烟。俾斯麦看不惯这种做法，在一次会议中，当主席抽出一支雪茄烟时，他立即拿出一支烟，并向主席借火点燃，大模大样地抽了起来，俾斯麦这一举动令主席和其他各邦代表刮目相看。

1862年9月,俾斯麦迎来了人生最重要的转机,普鲁士国王威廉一世任命他为普鲁士首相兼外交大臣。从此他得以在德国统一大业中一展才华,成为"千古名相"。

在1866年击败奥地利后,俾斯麦就为对法战争做准备,但一直找不到借口。当时,西班牙王位空虚,为制造普鲁士与法国的纠纷,俾斯麦唆使西班牙迎请普鲁士霍亨索伦家族的利奥波德亲王去继承西班牙王位。法国拿破仑三世对此表示强烈抗议,他令法国驻柏林大使同在德国西部温泉疗养胜地埃姆斯疗养的普鲁士国王威

铁血宰相俾斯麦像

廉一世进行谈判。法国要求威廉一世承诺永远不赞同霍亨索伦家族的成员登上西班牙王位。拿破仑三世态度粗鲁,威廉对此十分不快,就派人把会谈的情形写成电报,发给俾斯麦,让他公布与法国大使会面的详细情况。俾斯麦将电文稿进行了删节和修改,夸大了法国的无礼和威廉一世的愤怒。随后,俾斯麦在法国国庆这天公布了经篡改的电文。刚愎自用的拿破仑三世以国家荣誉遭到侮辱为由向普鲁士宣战。结果,法军被以逸待劳的普军打得惨败,割让阿尔萨斯和洛林。俾斯麦终于完成了统一德意志的历史任务。

俾斯麦这位铁血宰相成功地完成了德国的统一,但是他强横的外交政策也使德国陷入腹背受敌的境地。20世纪初,时人如此评价德国的外交政策,"当(在会议桌上)发生争论时,德国总是在开口前把一支左轮手枪摆在桌面上,结果使别的国家望而生畏,联合起来对付它"。

"好战总统"西奥多·罗斯福

西奥多·罗斯福(1858—1919)被认为是对美国历史产生重大影响的总统之一。他是共和党人,生于纽约,就读于哈佛大学。他争强好胜,热爱拳击、骑马、打猎、打仗。1905年他因出面调停日俄战争,获得了1906年的诺贝尔和平奖。

从他本人来说,他无疑是美国精力最充沛、感情最丰富、体格最健壮的总统。他有一往无前的勇气和不可摧毁的意志。

罗斯福不仅喜欢运动,而且爱好战争,他认为运动和战争在伦理上是相等的东西。整个19世纪80年代和90年代,罗斯福时刻都在盼望战争。有这样一则

故事，很能说明他的性格。1888年，罗斯福组织了一个马球队。为了使比赛更加激烈，他将4人球队减少至3人。他活动的机会确实增加了，比赛时受的伤也自然多起来了。起初，他妻子对他老爱出事感到非常不安，后来她就习惯了。一天下午，罗斯福回家时，头上划了道口子，血淋淋的，他妻子见后尖刻地说："西奥多，希望你还是到卫生间滴血去，你把家里的地毯全弄脏了。"

罗斯福担任总统后不久，一位忧心忡忡的公民恳求他不要让他的好战精神把美国推向战争。他听后认真地回答："什么！不让打仗，难道让我困在白宫不成？绝对办不到！"他的确没有被困白宫无所作为。

在他执政期间，确实没有发生武装冲突，但他的一系列措施却对国内国际施加了巨大的影响。当然，罗斯福也是美国最自信武断的总统之一。1912年，罗斯福以进步党总统候选人的身份为争取总统第三次连任竞选时，提出了新国家主义理论，即国家政府要为全体人民的利益广泛行使权力来治理国家。同年10月，他在西部竞选演讲时遭到一个疯子的枪击。罗斯福大声说："他在我身上打了个洞"。但他仍要骑马到市议厅去演讲。他对同事们说："我要讲话，只要一息尚存，我就要讲。"胸部被子弹穿透，没有包扎，流着鲜血，他在这种情况下坚持讲完了话，然后才被火速送进医院。

他有很多非常奇怪的爱好。一天，他坐在白宫的办公室里，突然心血来潮给华盛顿的某一大报的记者打了一个电话，让他立刻赶到自己的办公室来。该报的发行人受宠若惊，欣喜若狂，以为总统一定是有一些关于政治上的秘密消息向他透露，于是，立即要求报社准备安排印发增刊。等这位记者赶到后，罗斯福却对政治只字不提——这位童心大发的总统领着记者来到白宫庭院里的一棵老树下，让记者观看他刚刚发现的一窝才出生的小猫头鹰。

又有一次，老罗斯福总统坐专列前往美国西部的某地，在车中他接见了许多政界要人，正在谈话过程中，突然，他从窗口看见外面的玉米地里站着一位老农夫，垂手拿着帽子。他知道这位老农是在对总统表示敬意，因此，老罗斯福立刻跳了起来，赶快跑到火车最后一节车厢外，热烈地挥舞着自己的帽子对那老农还礼。他并不是故意在耍政治家的惯用把戏，他之所以这样做，完全是发自他的内心——他真正地爱着他的人民。

到了晚年，他的健康状况一步一步恶化，虽然当时他还只有六十几岁，却好几次说自己已经老了。1917年7月4日，参加一战的美军抵达巴黎。虽然罗斯福不在其中，但他知道四个儿子全部参军也感到无比的欣慰。1918年，在空军当驾驶员的小儿子昆廷在敌人后方被击落丧生。从此，罗斯福一蹶不振。

1919年1月5日，罗斯福在为一家报纸写完稿件后不久，突然与世长辞。在家休病假的儿子阿尔奇给远在法国作战的两个兄弟拍去电报，告诉他们一个难以置信的消息：

狮子逝世了。

政坛"堂·吉诃德"威尔逊

威尔逊(1856—1924),美国第二十八任总统,民主党人,他任总统期间,美国和世界历史都发生了重大变化,第一次世界大战的爆发,使美国一跃成为世界债主,国力蒸蒸日上。作为一名美国总统是怎么把美国推上世界霸主地位的,是一个很值得探讨的问题。

1875年,威尔逊就读于美国著名的普林斯顿大学。后又考进霍普金斯大学攻读政治学和历史学,获得了哲学博士学位。后被推举为普林斯顿大学校长。

在威尔逊的改革下,普林斯顿大学成为全世界知名的一流学府;威尔逊也逐渐成为全国大学教育政策的代言人。

摩根财团的政治掮客哈维上校,认为威尔逊有鼓动一般老百姓的本领,是一个非常适宜的总统人选,为此他积极为威尔逊鼓吹,拉线搭桥。

威尔逊在1910年成为新泽西州州长,当然这是在新泽西州大亨们的支持下取得的。这些人认为威尔逊是学者出身,更容易控制。1910年7月12日,一批民主党大亨对威尔逊进行面对面的测试。威尔逊极力表示如被选为州长,一定服从民主党领导们的教诲,绝不背叛他们。威尔逊顺利地成为民主党州长候选人,1910年11月8日又顺利地击败对手,成为新选的州长。

上任后的威尔逊并没有履行他的诺言,一反常态,进行了一系列的改革,激怒了原来支持他上台的一部分民主党领导人。

1914年7月第一次世界大战爆发后,威尔逊感到黄金时代到来了。他是以和平主义者的面目出现的,利用参战前的"中立"地位大发战争之财。威尔逊的"和平"口号,确实起到了顺应民意提高威信的良好作用。1916年11月4日威尔逊宣布美国已从债务国变成债权国的同一天,在美国主要报纸上出现了民主党的整版竞选广告,1916年威尔逊果然连任了总统。

威尔逊经过精心策划,动员舆论,选择时机,于1917年4月2日在欧洲两个交战集团互相厮杀2年9个月之后,要求国会向德国宣战,4月6日签署了宣战书。从大战开始到结束,威尔逊一直在玩弄他的两面手法,他既不像英国的劳合·乔治那样坦白自己一切对外活动是为了自身帝国利益,也不像法国的克利孟梭那样,赤裸裸地表明自己是一个强权主义者,而是一个在"自由"、"民主"、"正义"、"人道"等漂亮的词句掩盖下实现其霸权野心的伪君子,其代表作就是被他称为"世界和平纲领"的"十四点"。

这个被吹嘘为"人类自由宣言"的"十四点",实际上是美国与英法德等老牌帝国主义国家争夺世界霸权的纲领,其特点是标榜民主自由的帝国主义,概括为威尔逊主义。

对此还是英国议员说得好:"威尔逊总统最糟糕的是他说起话来像耶稣,行

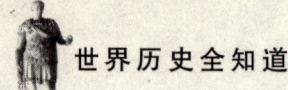

动起来像劳合·乔治。"这话毫不夸张。威尔逊在一次大战中,高唱"和平"、"民主"、"平等",而实际上他明白无误地显示出要使美国担任世界范围的"国际警察"角色的勃勃野心,这一点超过了西奥多·罗斯福这个手持大棒的"国际警察论"者。同时,美国也大发了战争财。

1924年2月3日凌晨,他与世长辞。威尔逊是为数不多的对历史产生影响的总统之一,特别是对本国的贡献尤大。1962年美国一家全国性杂志举办的评选美国历届总统的投票活动中,威尔逊得票数在林肯、华盛顿、罗斯福后,居第四位。遗憾的是,他的对外政策使他一败涂地,以他那牧师的腔调,宣扬"人道"和"博爱",一心一意想当"救世主",结果陷于"堂·吉诃德"之讥。

革命导师列宁

"卡夫丁峡谷"是荷马史诗《伊里亚特》中的一个典故。相传在那里曾发生过一场大战,希腊几十万大军就此覆灭。后来马克思、恩格斯就把"卡夫丁峡谷"比喻为不发达国家向社会主义过渡的巨大障碍。20世纪初,列宁却率领着落后的俄国,第一个勇敢地跨越了"卡夫丁峡谷",架起了一座连接马克思主义和东方的桥梁。

列宁于1870年4月22日出生在俄国伏尔加河畔的辛比尔斯克,父亲是一位具有民主主义思想的教育活动家,哥哥亚历山大因参加谋刺沙皇而被处死。在家庭的影响下,1887年秋列宁进入喀山大学法律系学习,然而,不久他就因为参加学生运动而被学校开除。第二年,回到喀山后,他开始研究马克思的《资本论》和普列汉诺夫的著作。在萨马拉城,列宁组织了当地第一个马克思主义小组,并将《共产党宣言》译成了俄文。1893年8月,列宁移居彼得堡。从此,揭开他革命生涯中新的篇章。

列宁是新型无产阶级政党的缔造者。世界历史进入帝国主义时代的俄国是各种矛盾的集合点,要推翻沙皇专制制度,彻底完成民主革命的任务并进而实现社会主义革命和建设的任务,就必须有马克思主义武装的无产阶级革命政党的领导。1898年3月初,当列宁还在流放地时,俄国的一批社会主义者就召开了第一次党的代表大会,宣告了俄国社会民主工党的建立。以列宁为首的流放者集会宣布加入社会民主工党。当社会民主工党后来分裂成两派时,列宁成了其中较大的派别——布尔什维克的领袖。

第一次世界大战给俄国革命运动提供了伟大的转机。战争对俄国来说在军事上和政治上都是一场大灾难,使人们对整个沙皇制度极为不满。1917年3月沙皇政府被推翻,列宁得悉沙皇垮台后,立即返回了俄国。归国后,他敏锐地察觉到民主党虽然已经建立了一个临时政府,但并非大权在握;共产党虽然数目不多,但此时却是夺取政权的良机。因此他号召布尔什维克立即组织推翻临时政府,用一个共产主义政府来取而代之。在7月举行了一次起义,但未成功,列宁被迫转入地下。1917年11月又举行了第二次起义,获得成功,列宁成为国家的新首脑。在列宁的领导下,苏维埃俄国又打败了外国武装力量对俄国革命的干涉,从而巩固了革命的成果。

十月革命胜利后,俄国进入了新的历史时期,社会主义的理论第一次在一个农业占优势的落后国家里变为现实。在这样的国度里如何建设社会主义是一个新课题。在列宁的主持下,苏维埃政权制定了适合俄国国情和符合经济规律的新经济政策。列宁极端厌恶个人崇拜,他认为工人领袖不是天使,不是圣人,而是普通人。歌功颂德的陋习是和列宁格格不入的,他语重心长地说:"一些政党在它失败和衰落之前,往往会骄傲自大","我希望我们无论如何不要使我们的党落到骄傲自大的地步"。

列宁是把自己的一切都奉献给革命事业的无产阶级的领袖,他不知疲倦的奔波和长期紧张的政治活动,以及社会革命党暗杀造成的创伤,严重损害了他的健康,从1922年上半年起,便身患重病。1924年1月21日,便与世长辞了。

列宁的逝世是全世界无产阶级和劳动人民最沉痛的损失。他为人类做出的杰出贡献永垂青史。他去世后,对他的遗体作了认真的防腐保存处理,自从那时以来一直安放在莫斯科红星广场上的一座宏伟的陵墓里供人瞻仰,直到苏联解体。

英吉利的救星丘吉尔

1940年6月,德军开始对英国进行大规模的空袭,随时准备攻占英国本土。在这危急关头,一个声音在英伦三岛上空飘荡:"不惜一切代价去争取胜利,无论多么恐怖也要去争取胜利,无论道路多么遥远和艰难也要去争取胜利,因为没有胜利就不能生存。"温斯顿·丘吉尔,这位刚上台一个月的英国首相的名字,也同这坚定的声音一起迅速响遍世界。

丘吉尔1874年生于牛津附近的布莱尼姆宫。祖父马博罗将军在战争中立有赫赫战功。父亲拉道尔夫勋爵曾任英国财政大臣。他生性执拗,学习成绩不佳,只喜欢历史、文学和军事游戏。1893年勉强考入桑德斯特陆军军官学校。1895年,他以少尉军衔编入皇家第四骑兵团。后来,他因渴望冒险的战斗生活,以志愿兵和随军记者的身份先后参加过西班牙对古巴的殖民地战争和英国军队在印度、苏丹、南非的战争,并以作战英勇,敢于履险犯难闻名。

1899年,丘吉尔退伍参政,1900年当选为下议院议员。1906年以自由党身份首次入阁担任殖民副大臣,后出任商务大臣、内政大臣。第一次世界大战前夕担任海军大臣,战争期间担任过军需大臣。

20世纪30年代,由于法西斯势力的崛起,欧洲形势日益紧张,丘吉尔坚决反对英法等国的绥靖政策,成为强硬派领袖。1940年,他临危受命,出任首相,

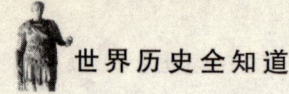

领导英国人民保卫英伦三岛,并各级积极展开外交活动,与美苏结盟,形成国际反法西斯统一战线,为反法西斯战争的最后胜利做出重大贡献。

1945年,在反法西斯胜利前夕,因保守党在大选中失败,丘吉尔失去首相职位。1946年3月5日,丘吉尔在美国密苏里州富尔顿发表著名的"铁幕演说",主张美英联合对抗共产主义,拉开了战后东西方"冷战"的序幕。1951年,保守党在选举中获胜,丘吉尔以77岁高龄再次出任首相。1955年因年事高辞职退休,专心撰写四卷本《英语民族史》。1965年1月因脑溢血辞世。

丘吉尔的一生虽主要从事政治活动,但他的历史著述和传记文学写作也成就卓著。1946年开始,他便被提名为诺贝尔文学奖的候选人,并终于在1953年,"由于他在描述历史与传记方面之造诣,同时由于他那捍卫崇高的人的价值的光辉演说",获得诺贝尔文学奖。瑞典学院把他比作"具有西塞罗文才的恺撒大帝"。

丘吉尔曾说:"在浩瀚的历史中,我们都是小虫子,不过是只萤火虫。"这反映了他豁达的性格。临近二次大战的时候,他由于动阑尾炎手术未能参加竞选,结果落选了。而他此时所说的话却流传起来:"我失去了一切,失去了席位,失去了职务,失去了阑尾。"他当选首相后,以其敏锐的战争洞察力和雄辩口才赢得了世人的敬仰。

丘吉尔是雪茄烟的忠实捍卫者,他永远以一幅叼着雪茄的形象出现在公众面前,为了纪念这位雪茄的忠实爱好者,哈瓦那雪茄中至今保留着"丘吉尔"这一品牌。

丘吉尔是一位政治家、反法西斯的斗士,他的倔强、永不屈服的形象已成为英国精神的象征。他还是一位获得诺贝尔奖的作家。此外,丘吉尔还可以被称为预言家、发明家、战略家、外交家。他早在上世纪30年代对未来战争中的一些重大技术发展所作的预见后来都变成了现实。他主持制定了"二战"中的许多战略计划。他亲自培育了在当时乃至后来左右世界政治格局的英美关系。总之,丘吉尔是一位人生内涵极为丰富的传奇人物。

轮椅上的巨人罗斯福

美国第32任总统富兰克林·罗斯福与其他美国总统相比,有两点很独特。他是总统中唯一的残疾人总统,又是唯一的连任四届的总统。由于1952年美国国会通过的宪法修正案规定,总统只能连任两任,所以他又是绝后的获三任以上的总统。

富兰克林·罗斯福1882年出生于纽约一个叫海德公园的小镇上。他的家庭家境殷实,是百万富翁之家。不仅如此,他的家族在政治上也颇有影响。著名的"大棒总统"西奥多·罗斯福是他的远房堂兄。他后来把自己的侄女嫁给了富兰克林·罗斯福。1909 年，罗斯福参加了纽约州的参议员竞选活动，并一举获胜，从此开始了他的政治生涯。

1913 年，富兰克林·罗斯福任海军部助理部长，不久就以卓越的行政管理者著称当时。一战后，他主张美国应该加入国际联盟。1921 年，39 岁的罗斯福在休假期间的一次游泳后，患上了脊髓灰白质炎（俗称小儿麻痹症），两腿瘫痪，不得不离开政界。这以后，他曾一度消沉，在妻子的鼓励下，他开始重整雄风，拄着双拐继续参加政治活动。1928 年他竞选纽约州长，两次当选。

战后主宰世界格局的三巨头：丘吉尔、罗斯福、斯大林（左起），在雅尔塔会议上留下了这张难得的照片。

1929 年，在美国首先爆发了资本主义世界空前的经济危机。在 1932 年 4 月的一次全国联播节目中，人们听到了罗斯福热情、宏亮、充满信心的声音，他说："在这个不幸的时代，我们要制订出一些计划来，把希望重新寄托在那些压在经济金字塔底层，被人遗忘了的人们的身上。"1933 年，他以压倒多数当选为美国第 32 届总统。那时，他 50 岁，宽肩膀、大个子、两腿瘫痪、华发稀疏，嘴边拖着两条长长的皱纹，有着惊人的自信心和记忆力，热心改革。上任第二天，就开始推行"新政"，在一百天内进行了卓有成效的立法活动，同时利用著名的"炉边谈话"，每次都以"我的朋友们"开头，亲切、轻松、及时地把大政方针告诉人民。在他的主持下，美国迅速从危机中走出来了。1936 年，他因得到农民、工人和非特权阶级的坚定支持而连任。

第二次世界大战爆发后，罗斯福对德、意、日法西斯采取以"中立"为名的绥靖政策，企图用牺牲别国利益的办法来缓和与法西斯德国的矛盾，推动德国去进攻苏联,然而法西斯德国却首先把矛头指向美法,并对美国磨刀霍霍。1941年底,太平洋战争爆发,美国正式参战。罗斯福积极开展外交活动,促进反法西斯联盟的形成和扩大,以带病之躯,多次离国,组织并参加许多重要的国际会议。对弥合盟国间政治上和战略上的分歧,对促进美、苏、英三国建立合作关系,起到积极的作用。

1944年,罗斯福再次连任总统。1945年4月12日,他因脑溢血在温泉镇逝世。

罗斯福死后,丘吉尔大哭了一场,并在英国议会大厅发表悼词,盛赞罗斯福的成就,称他的死是"人类一个痛苦的损失"。共和党的反罗斯福分子塔夫托也说:"盖棺定论,他是个战时英雄,他为了美国人民,确实是鞠躬尽瘁,死而后已。"

很多美国人喜欢将他们的总统称为"船长",这来源于美国著名诗人惠特曼献给美国前总统林肯的诗《船长,我的船长》。在美国200多年的历史上,有过几十位这样的"船长",但富兰克林·罗斯福格外与众不同:他是一位身有残疾、坐在轮椅上,带领美利坚合众国这艘巨轮渡过严重经济危机、走向繁荣、赢得战争、成为超级大国的"船长"。

自由法国斗士戴高乐

1940年6月18日,以贝当为首的法国政府向德国投降,使整个法国蒙受了巨大的耻辱。第二天,法国人民从英国的电台中听到了真正属于法兰西的声音:"无论发生什么情况,法兰西抵抗的火焰决不应该熄灭,也绝不会熄灭。"从此,著名的"自由法国"抵抗运动开始了。发出这一广播的,就是刚上任两周的前法国国防部和陆军部次长夏尔·戴高乐。

二次大战爆发时,戴高乐任坦克旅旅长,1940年5月升为第四装甲师师长,主张抵抗纳粹德国的进攻,拒绝在德法停战协定上签字。德军占领巴黎后,戴高乐出走英国。创建并领导法兰西民族委员会,抗击德国希特勒的侵略。1944年8月25日巴黎解放后三天回到巴黎。1944年8月至1946年1月任临时政府主席兼国防部长,1946年1月26日辞职。

1958年,戴高乐再度出山,担任总理。当年12月,他当选为法国总统,1965年获选连任。1969年,戴高乐在任期未满时辞职。

二战期间,美国不承认戴高乐领导的"自由法国"的合法性,德黑兰会议、雅尔塔会议、波茨坦会议三个重要的国际会议,戴高乐都被拒之门外。战争刚结束,法国还没有力量向美国挑战。1958年,第五共和国建立,戴高乐成为第五共和国的首位总统,此时,法国的经济已经恢复和发展。因此,戴高乐开始奉行独立自主的外交政策,力图摆脱美国的控制,向美国的霸权发起冲击。

戴高乐在发展核武器问题上,一直保持独立性。1958年9月,戴高乐曾向美英提出分享核技术的要求，但遭到拒绝。他决定发展自己独立的核力量。1960年2月，法国在撒哈拉沙漠成功爆炸第一颗原子弹。美国反对法国拥有独立的核力量，多次声明美国的核力量足以保护欧洲，法国制造原子弹纯属多余。肯尼迪任美国总统后，提出由美国在西欧部署核武器，西欧国家主要发展常规武器的建议。戴高乐又予以拒绝。

当法国拥有了核打击力量后，法国开始向北约军事一体化发起冲击。戴高乐表示，法国要在北约内坚持自己的个性、自己的政策，不会让美国牵着鼻子走。1965年9月，戴高乐在记者招待会上暗示，法国将在1969年退出北约。1966年3月7日，戴高乐做出惊人的决定，他致函美国总统约翰逊，指出盟军在法国长期驻扎、使用法国领空，损害了法国的主权，法国决定不再参加北约一体化的指挥机构，也不再将法国军队交给北约支配。3月10日，法国照会北约14个成员国，指出西欧各国的防务能力已经加强，不再需要军事一体化。3月29日，法国再次照会14国，法国部队自1966年7月1日起，不再受北约指挥，同时撤回法国派驻北约指挥机构的人员，1967年4月1日前，欧洲盟军司令部、中欧盟军司令部、驻欧美军总部以及各种军事设施，全部迁出法国领土。

法国向美国的挑战达到高潮，不但在西欧而且在世界引起了震动。

在挑战美国的同时，戴高乐致力于发展与西德的关系，他认为法德的合作是欧洲联合的基础，欧洲联合起来就可以与美国、苏联抗衡。而对于紧跟美国的英国，戴高乐则较为冷淡。戴高乐还积极发展与苏联的关系。1966年6月他访问苏联，受到盛大欢迎。

1964年1月，法国政府坚持正义，置美国的反对于不顾，与中国建立了和平的外交关系，向美国的孤立中国政策提出了挑战。不仅如此，戴高乐还在东南亚问题、中东问题、第三世界问题等许多方面，都与美国政府持不同主张。这是对美国的霸主地位的强有力的冲击，这种独立自主和对美国的外交政策，促进了西欧各国的联合，缓和了东西方关系，为维持世界和平作出了不小的贡献。

"圣雄"甘地

1869年10月2日，莫汉达斯·卡拉姆昌德·甘地出生于印度西海岸的波尔邦达尔一个富裕的家庭。后来甘地的曾祖父出任波尔邦达尔土邦的首相。甘地家族从此弃商从政。

1888年9月，甘地远赴英国留学深造。3年后，甘地通过了毕业考试，取得了律师资格。不久，他返回了祖国做了律师。

1893年5月，甘地受一家印度大公司的委托，前往南非协助办理一桩诉讼案。这次南非之行改变了甘地的人生信念，对日后印度的历史进程也产生了重大影响。

当时种族歧视十分严重的南非，有印度侨民20万人，平日受尽了白人的欺压与歧视。因此，广大印侨非常渴望有一位能够为他们说话的人物。甘地勇敢地担当了这一角色。他在结束了受理的案件后，留下来为印侨的利益而斗争。

在南非，甘地组织了印度人的第一个政治团体——南非印度人大会，并提出了"非暴力主义"和"非暴力抵抗"两项主张。凤凰新村和托尔斯泰农场是甘地在南非创建的两个非暴力抵抗运动基地，在那里培养出来的人都是反种族斗争的骨干。他们遵循甘地的指示，采取非暴力的方法，从事游行、示威、罢工、罢课和抗税斗争。在南非生活了21年的甘地，不仅赢得了南非印侨的高度赞誉和拥护，也赢得了印度本土人民的尊重和欢迎，并希望他早日回归祖国。

实际上，身在南非的甘地无时无刻不关注着祖国的命运。1915年，他怀揣《印度自治》手稿返回故乡后，用了一年时间走遍全国，实地考察印度状况，并创办了一个名为"把握真理"的农场，以此为基础把他的信念扩展到全国。他曾组织种植植物染料的农民，反对英国大地主的敲诈勒索；他曾发动因遭旱灾而破产的农民拒绝纳田赋；他还领导纺织工人，发动了印度有史以来第一次有组织的大罢工，并取得了胜利。从此，他真正成为了劳苦大众心目中的精神领袖。

第一次世界大战后，英国当局背信弃义，无意让印度自治。愤怒的甘地领导全国人民把1919年4月6日作为哀悼日，商店关闭、学校罢课，印度在沉寂之中陷入了瘫痪状态。

4月13日，英国士兵在阿姆利则城对和平示威游行的群众疯狂扫射，400多人当场死亡，1100多人受伤。

这场惨绝人寰的大屠杀彻底消除了甘地对大英帝国的幻想。在印度独立前的20多年时间里，甘地先后领导了不合作运动、土布运动、文明不服从运动和反对食盐专营法运动。他多次被捕入狱，铁窗生涯也未能摧毁他的意志。

1947年8月15日。印度终于摆脱了英国的长期统治，印度共和国成立了。甘地既高兴又忧伤，因为为了平息印度教徒和穆斯林之间的尖锐冲突，他不得不同意把印度分成印度和巴基斯坦两个独立的国家。但是两个民族的矛盾并未因此化解，为了制止流血冲突，78岁的甘地先后两次绝食，他的献身行为终于打动了印、穆两教的领袖，他们发誓听从甘地的教诲，制止宗教仇杀行为，保证在各教派之间和睦相处。

但是，印度教的极端分子敌视甘地的立场，想置他于死地。1948年1月30日他被刺身亡。

为了祖国的独立和解放，甘地可谓是做到了鞠躬尽瘁。而为了消除种姓制度、消灭印度教和伊斯兰教之间的纷争，他更是不遗余力。他足迹踏遍整个印度，到处发表演讲，甚至为此进行绝食。人们常会看到这位瘦弱、疲惫而坚毅的老人不顾生命危险，在两个教派之间奔走。

切·格瓦拉的红色人生

切·格瓦拉是拉美著名的红色革命家,古巴共产党领袖卡斯特罗的战友,也是一位让帝国主义国家头疼的人物。他不仅象征着革命,还是激情、理想、青春甚至反西方的代名词。

切·格瓦拉1928年出生于阿根廷的罗萨里奥的一个庄园主家庭,18岁那年,格瓦拉进入布宜诺斯艾利斯大学医学系学习。1953年3月,25岁的格瓦拉以优异的成绩从大学毕业,并获得医生资格。他选择了到委内瑞拉加拉加斯一所麻风病人收容所工作。此后,格瓦拉到过处于民族革命高潮中的玻利维亚,接着,进入秘鲁,又横穿中美,抵达中美洲最北边的国家危地马拉。在那里,格瓦拉结识了许多由于反抗独裁统治者而被迫流亡的革命者。阿本斯政府被颠覆后,格瓦拉也上了美国中央情报局黑名单,被迫潜入革命者的避难所——墨西哥。

1955年6月的一个夜晚,格瓦拉见到了古巴革命领导人菲德尔·卡斯特罗。在卡斯特罗的再三邀请下,格瓦拉参加了正在组建中的古巴远征军,成为这支远征军中最早的成员之一。

1956年11月25日凌晨,格瓦拉与卡斯特罗等82名古巴革命者,乘坐"格拉玛"号游艇,经过惊险的海上旅行,12月2日抵达古巴南部海岸。这些革命者刚登陆上岸,就遭到政府军的袭击,最后只剩下15人,格瓦拉在战斗中负伤。

卡斯特罗带领15名幸存者,转移到马埃斯特腊山区。卡斯特罗凭借天然险阻与政府军周旋,开辟了游击根据地,队伍也不断扩大。1957年6月,卡斯特罗将游击队编为两个纵队,自己亲自领导第一纵队。由于格瓦拉在战斗中显露出指挥才能,卡斯特罗将第二纵队交给他领导。

1958年8月,卡斯特罗决定向政府军发动战略反攻。格瓦拉纵队受命开赴中部的拉斯维利亚斯省,任务是攻下该省省会圣克拉腊,然后向哈瓦那进军。1959年1月1日,格瓦拉在城市居民的支持下,攻占圣克拉腊城。古巴独裁者巴蒂斯塔见大势已去,仓皇逃往国外。1959年2月9日,鉴于格瓦拉为古巴人民建立的功勋,新政府特授予他古巴国籍。此后他出任过政府的多项职务。

格瓦拉在新的工作岗位上,努力学习经济理论,还写了一些经济论文。格瓦拉还肩负"支援"其他拉美国家革命的任务。1960年,他出版《游击战》一书。格瓦拉根据自己参加古巴革命的经验,提出"游击中心"理论。

1965年4月1日,格瓦拉给卡斯特罗写了一封告别信,他在信中向卡斯特罗辞去他担任的党政职务,放弃军衔和古巴国籍。之后,格瓦拉就"失踪"了。

就在人们纷纷猜测格瓦拉的去向时,格瓦拉正率领一支100多人的古巴游击队,在非洲刚果金沙萨的游击基地活动。由于多次作战不利,格瓦拉放弃了在非洲建立"游击中心"的念头,于年底返回古巴。

格瓦拉将目光投向拉美国家,他最终选择在玻利维亚建立"游击中心"。他先派人在玻利维亚南部尼阿卡瓦苏河附近购置一块土地,取名"卡拉米那"农场。1966年11月,格瓦拉本人化装成商人,用化名来到"卡拉米那"农场。格瓦拉按照游击中心理论,开始在这里忙碌地建设"游击中心"。

1967年3月,游击中心被玻利维亚政府军发现,格瓦拉的队伍开始与政府军交战。10月8日,格瓦拉被俘,次日被杀害。

格瓦拉是一位战士,他坚信革命不分国界,哪里需要他就去奔向哪里。他的精神永远不死。如今,格瓦拉是革命、青春、激情、力量、梦想和乌托邦的代名词。在1968年的巴黎街头,他的名字"切!切!切!"成了法国学生游行时最响亮的口号;在球王马拉多纳的手臂上,他是图腾;在许多人的书房里,他的黑白肖像代表着一个精神高地……

他的崇拜者说:英雄从来没有离开过我们,他不过换了一个地方望着我们……

李光耀与新加坡的崛起

马六甲海峡是沟通印度洋和太平洋航线的咽喉,在这个黄金航道边上有一个被人称为"花园之国"的国家,这就是新加坡。谁能够想到,在40年前,这里还是一片既无腹地又无资源,连吃饭饮水都靠进口的荒岛。新加坡的巨大变化要归功于它的领导人李光耀。

李光耀生于1923年9月16日,父亲是新加坡的一个华侨。他的祖父是中国广东人,后来到南洋谋生,经过两代人的努力,到李光耀出生时,他家已经颇有资产。李光耀自幼聪明勤奋,16岁时便顺利通过了英国剑桥大学的入学考试,获得了出国留学金。但不久太平洋战争爆发,日军占领南洋群岛,粉碎了他出国深造的梦想。

二战结束后,李光耀终于进入了梦寐以求的剑桥大学,攻读法学。1950年8月,李光耀回到了新加坡,开了一家律师事务所,并运用自己的法学知识积极投身于反殖民运动。

1952年新加坡邮政工人大罢工,29岁的李光耀在政治上初露锋芒。作为罢工工人的法律顾问,他积极为罢工的邮政工人提供法律帮助,支持工人们的正当权益,使罢工最后取得了胜利。更使李光耀崭露头角成为"民族主义领袖"的事件,是随后发生的学生刊物事件:英国殖民当局取缔了由一群青年学生创办的刊物《黎明》,并对学生进行审讯而引起公愤。李光耀挺身而出,帮助学生打赢了官司。这件事使他成为新加坡最受欢迎的明星人物,100多家工会先后聘请他担任法律顾问,这为他在政治上发展铺平了道路。

1954年11月,李光耀成立了以他为领袖的人民行动党。在次年举行的立法议会选举中，首次参选的人民行动党 3 名候选人全部当选。

1959 年，李光耀领导的人民行动党经过艰苦斗争，终于迫使英国同意新加坡成为自治邦，选举产生立法议会和新加坡政府。该党成为执政第一大党。6 月 5 日，李光耀正式出任地方政府总理，开始了他长达 30 年的执政生涯。

1965 年 8 月，新加坡宣布脱离马来西亚联邦和英国自治邦，成为一个民主独立的主权国家。

李光耀作为一个主权国家的缔造者，他的治国方略和才能终于得以充分展现。

作为一个精英治国论者，李光耀在自己的政府里荟萃了一大批卓有才华的治国人才。在他们的鼎力协助下，李光耀推行了一整套适合新加坡国情的经济发展战略。

作为一个杰出的政治家，李光耀不仅注重实现国家经济辉煌，更注重实施一套社会均衡协调发展的治国方略。李光耀坚信人才为本，几十年来苦心经营了一支拥有良好职业素养和道德品质的政治梯队和科教人才队伍。他大力提倡集资办学，普及文化教育，号召社会人人关心教育。这样做的结果使新加坡人都能表现出一种文明、礼貌、遵纪、守法、仁爱、和睦的道德风尚。李光耀在吸收西方现代文明精华的同时，十分强调东方传统文化的影响，提出要用儒家思想解决现代问题，恰到好处地实现了东西方文化的互补。新加坡的社会稳定和文明进步还得益于李光耀所倡导的教育观、道德观。

李光耀清正廉洁，对贪污腐败现象十分痛恨，在他担任新加坡总理的 30 年里，一直没有停止对政府的腐败现象的打击。执政伊始，他就主持制定了"防止贪污法"，为公职人员设置了法律盾牌；为此他专门成立了调查局，对部长级以上官员的贪污案件和 15 万公职人员的廉洁状况进行调查。尽管新加坡只是一个弹丸之地，但是李光耀却活跃在 20 世纪后半叶的亚洲与世界舞台上，使新加坡成为国际社会普遍尊重的一员，同时他也成为一名受到世人尊敬的国家领导人。

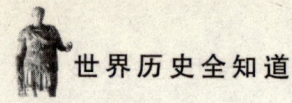

军事人物

皮洛斯的远征——得不偿失的胜利

西方有一个著名典故,叫做"皮洛斯的胜利",意思是"付出极高代价才取得的胜利"。这个典故来自古希腊伊庇鲁斯国王皮洛斯的远征经历。

公元前3世纪初,罗马日益强盛,进攻希腊诸城邦中的塔兰托城邦,塔兰托人只好向北希腊的伊庇鲁斯王国求救。皮洛斯也想扩张势力,欣然答应。

公元前280年,皮洛斯率兵横渡亚得里亚海,来到了南意大利。

赫纳克里亚会战是皮洛斯与罗马人的第一次会战。这次会战中,皮洛斯却非常沉着,冷静应敌,指挥若定,大败罗马军团,抢占了罗马营地。他挥师一路跟踪追击,目标直指罗马本土。皮洛斯自料难以攻克罗马城,于是,他决定与罗马进行和平谈判。

罗马拒绝了皮洛斯的求和,双方继续进行作战准备。

公元前279年4月,皮洛斯与罗马人在阿斯库伦附近进行了第二次会战。这次会战,罗马伤亡6000余人,皮洛斯伤亡3550人。尽管皮洛斯的伤亡人数比罗马少得多,但他损失不少主要将领和知心朋友,以至于皮洛斯本人都为自己的胜利而痛心。

皮洛斯虽然两败罗马军团,但他的处境却日益困顿。他远离自己的国家,兵源和补给都相当困难。加上他本人非常骄横,对邀请他来助战的城邦很不尊重,很快就激起了同盟者的不满。

正当皮洛斯进退两难的时候,叙拉古等城邦派遣使者前来邀请他率军赶赴西西里岛,帮助他们攻打迦太基人。皮洛斯答应了,但孤立无援的皮洛斯很快就在迦太基人的进攻面前败下阵来。就在此时,塔兰托城又因为抵挡不住罗马的进攻,再次请他出兵援助。皮洛斯便以此为由放弃了同迦太基的作战,率军东返,第二次前往意大利南部。

是年夏天,已经损兵折将的皮洛斯率军到达了塔兰托,不久就在贝尼温敦附近与罗马军队进行了会战。由于兵力和条件的转化,罗马人战胜了伊庇鲁斯军队。

"无可奈何花落去",皮洛斯只好于当年秋天带着残存的8000步兵和500骑兵返回了伊庇鲁斯。公元前273年,依然心存远征幻想的皮洛斯又应斯巴达王室一位争权者的邀请,率军前往伯罗奔尼撒半岛。由于骄傲轻敌,行动迟缓,皮洛斯再次遭到了失败。次年，皮洛斯再次被邀请进军阿尔戈斯，并在谈判退兵问题时被迫同人决斗，不幸受伤坠马，被刺身亡。他死后，"皮洛斯的胜利"就成了西方人常用的词语，专门形容那些得不偿失的胜利。

在投入一场战争之前，你必须计算成本与收益的比例。战争如此，市场竞争如此，甚至我们日常行为也都面临一个成本与效率的问题。

汉尼拔：虽败犹荣的名将

罗马与迦太基是地中海的两个强国，为了争夺霸权而爆发了战争。这场战争前后进行了三次。因为罗马人称迦太基为布匿人，所以他们之间的战争被称为布匿战争。在第一次布匿战争中，迦太基遭到惨败，主帅汉密尔卡带着幼子汉尼拔在神庙前明志，让他不忘国耻。

公元前219年，25岁的汉尼拔成为迦太基主将。第二次布匿战争爆发了。汉尼拔指挥巨大的战象迎着罗马骑兵而上，罗马人被打得溃不成军。

高傲的罗马人在一连串惊人的败仗中感到无比耻辱，他们急于挽回败局，就推选积极主战的瓦罗为执政官。公元前216年夏，双方在坎尼这个地方展开了气势磅礴的决战。

著名的坎尼大战就这么开始了。罗马军主帅见汉尼拔大军的中央部位力量薄弱，便加强自己中央部位的力量，想集中兵力，一举击垮汉尼拔的中央方阵。这恰好中了汉尼拔的圈套。待罗马军中央主力发起猛攻后，迦太基军的中央部位的步兵就开始慢慢收缩，"凸"字形阵势慢慢变成了"凹"字形阵势。这时，500名迦太基的轻装步兵装出溃败的样子向罗马军"投降"来了，瓦罗命令部下收缴了"降兵"手中的长矛，将他们安置到自己的阵后。汉尼拔命令两翼骑兵出击。实力雄厚的左翼骑兵迅速击溃罗马军的右翼，并迂回到罗马军左翼的侧后面。罗马军顷刻瓦解。随后迦太基骑兵配合步兵围歼敌步兵。这时天空中刮起了强劲的东风，罗马步兵正对着强东风，被风沙吹得两眼流泪，只有任人宰割。

这场战役成了世界军事史上的著名战例，汉尼拔的军事业绩也由此达到了顶峰。

然而，由于缺乏战略头脑，汉尼拔没有乘胜攻入罗马城，只是徘徊在意大利南部，他陷入了一个可怕的困境：征服的地区越多，汉尼拔的兵员就越是捉襟见肘，城邦成了他的包袱。

汉尼拔给了罗马人喘息的时间，4年以后他们直扑迦太基。战火一下子就烧到了汉尼拔自己的家门口。面对罗马人的强攻，迦太基人一面下令召回汉尼拔，一面向小西庇阿求和。在驰骋转战了16年之后，在没有被罗马的任何军队打败的情况下，汉尼拔无奈地撤离了意大利。

公元前202年，汉尼拔率军前进到扎马附近，与小西庇阿遭遇了。老练的汉尼拔一下子就看出来，如果在这里决战，此地将是他的葬身之地。但在元老院的一再催促下，汉尼拔不得不违心地在扎马与小西庇阿展开决战。

迦太基人失败了，这是汉尼拔一生中唯一的一次失败，也是最后的一次失败。为了逃避国内昏庸贵族的追杀，汉尼拔只好远走叙利亚。

公元前183年，再也没有希望与罗马人作战的汉尼拔，在本国人的指责和嫉恨中，在小亚细亚喝下了迦太基人给他的毒酒。一个为自己的誓言奋斗的战神，一个为国家的利益殊死征战的人，在绝望与孤独中平静地死去了。

汉尼拔虽败犹荣，他同中国的项羽一样，是一位失败的英雄。他那诡异的军事韬略、义不受辱的傲气让人钦佩，他无力回天的悲叹也让人扼腕。他创造的"坎尼战役"是经典的以少胜多的战例。2000年来，他的事迹多次出现在文学作品和影视中。

快乐将军苏拉

苏拉（前138—前78）是古罗马杰出的军事统帅，著名的政治家。他生得其貌不扬，一双蓝眼睛，皮肤白皙，但脸上红斑点点——"就像桑椹撒在面粉上"。

苏拉的崛起是和另一位叱咤风云的将领马略分不开的。

马略出身低微，只受了很少的教育，从多次战争中脱颖而出，他作战时总是身先士卒，冲锋陷阵，受到士兵的爱戴。

马略和苏拉的第一次合作是在朱古达战争时期。公元前2世纪初期，罗马的保护国，北非的努米底亚的国王朱古达杀死了都城一批罗马高利贷者。罗马对朱古达宣战，战争持续了数年。罗马在战争中日渐处于下风。马略就是在罗马最需要他的时候，担负起为罗马洗刷耻辱的责任。

马略当选执政官后，全权指挥罗马对朱古达的战争。上任后，他立即着手军制的改革。

马略率领改组后的军队，进入北非，连连取得胜利。作为马略的财务官，苏拉也参加了这场战争，并因为一个偶然的机缘，生擒了朱古达本人，苏拉由此获得殊荣。而这些殊荣使享有盛誉的马略都为之逊色，从而两人之间渐渐有了隔阂。鉴于马略对他的成功日益不安且不再向他提供晋级的机会，苏拉转到另外一位执政官门下服役，这件事情极大地伤害了马略，两人从此分道扬镳。

马略和苏拉矛盾激化的主要原因是为了争夺对米特拉达第战争的指挥权。就在罗马元老院授权苏拉领兵远征时，马略不愿失去这次展现自己政治抱负的机会，与保民官苏尔皮基乌斯·卢斯福结盟，公民大会提议授权马略指挥战争。随后马略的支持者又杀死了许多苏拉的支持者。苏拉不愿放弃权力，便率军开进罗马，马略兵败逃亡。

完成对马略的打击，苏拉才率军东征，在前方浴血奋战。就在苏拉在东方战线辗转作战时,罗马城风云突变,马略收集旧部,攻占罗马,掌握了罗马的大权。苏拉以温和条件与米特拉达第签订了停战协定。之后,向罗马进军,最后苏拉夺下罗马,控制了意大利。

苏拉以征服者的姿态进入罗马后,开始了著称于世的"公敌宣告",对列入名单的"公敌",捕杀者赏,告发者奖,隐匿者有罪,使罗马人人自危,朝不保夕。苏拉的权势达到极点。

随着局势的渐趋安定,苏拉转而致力于"宪政改革",剥夺了几个世纪以来平民反对贵族斗争的许多成果,推行了一些带有权宜、保守甚至反动色彩的措施,巩固奴隶主寡头政治。公元前79年,苏拉突然宣布放弃一切官职,退隐海滨别墅。对于他的隐退,众说纷纭,尚无定论。他退休后不到一年,就因为肠出血而死去,终年60岁。去世前,他没有忘记口授他的墓志铭:

"没有一个朋友曾给我多大好处,也没有一个敌人曾给我多大危害,但我都加倍地回敬了他们。"

纵观苏拉一生,为罗马立下了无数丰功伟绩,但犯下的罪孽也很深重。人们称他"一半是狮子,一半是狐狸"。他放荡不羁,玩世不恭,故又有"政治上的唐璜"之谑誉。他一生树敌很多,但在晚年突然隐退,成功地保全了自己而寿终正寝。拥有过至高的权力,享尽人生乐趣,生无所惧,死无所憾,所以人们称他为"快乐将军"。

斯巴达克——争取尊严的奴隶

随着古罗马的军事扩张,国内掠夺来大批的战俘和奴隶,有了这些廉价的劳动力,罗马的统治阶层过起了骄奢淫逸的生活。

在古罗马,人们喜欢看一种残酷的游戏:角斗。参加角斗的都是身体强壮的奴隶,他们每天的生活就是训练刺杀,强健体魄,然后到竞技场上与对方搏斗,要么杀死对方,要么被对方杀死。

在角斗时,一方受了伤,倒下了,这时他的命运要由观众来决定。观众如果把大拇指朝上,斗败者可以侥幸存活;大拇指朝下,斗败者当场被处死。

公元前73年的一个深夜。罗马中部卡普亚城的角斗场的铁窗内突然发出可怕的惨叫,三名卫兵急忙赶了过去,隔着铁窗厉声问道:"干什么?!"

一名角斗士伸了伸脑袋说:"高卢人打死了我们的伙伴。他被我们制服了,你们看该怎么处理他?"

士兵说:"把他交给我们吧。把死人也抬出来。"边说边开了门。说时迟,那时快,角斗士们迅速击倒他们,拔出他们身上的短剑,冲出牢门。沉重的铁门被一扇扇打开,角斗士们挥舞着镣铐向屋外冲出。

这次角斗士起义的领袖是斯巴达克。斯巴达克率领这批人登上维苏威火山,

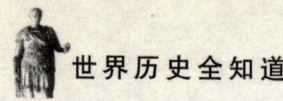

周围的奴隶纷纷前来投奔,奴隶起义军很快就扩充到近万人。

公元前72年春,罗马元老院派3000军队前往镇压。起义大军把3000敌军打得丢盔弃甲,溃不成军。首战大胜,起义军士气大振。斯巴达克认真地分析形势,决定把起义军带出意大利,摆脱罗马的奴役。

罗马元老院不甘心自己的失败,又派遣大约1万多人兵分三路前来追击起义军。但斯巴达克突破敌人的多次围追堵截,继续北上。公元前72年时,起义军发展到了12万人,阿尔卑斯山已经远远在望了。

阿尔卑斯山气候恶劣,大队人马要翻过山去困难重重。斯巴达克毅然放弃计划,突然掉转头来,挥师南下,准备渡海到西西里岛。罗马全国处于紧急状态。元老院选出大奴隶主克拉苏担任执政官,率领6个兵团的兵力去对付起义军。

公元前71年初秋的一天,斯巴达克与敌军展开了生死决战。6万多起义的奴隶壮烈牺牲,斯巴达克和上万名起义军也被团团围住。斯巴达克全身被刺十几处,壮烈牺牲了。

斯巴达克和他的战友纵横驰骋,无所畏惧,他们谱写了一部英雄的史诗。今天,关于斯巴达克的文学作品不计其数,人们还拍摄了关于他的影片。

斯巴达克为了争取生存的权利而战,为争取做人的尊严而战,他和战友的抗争是悲壮的、正义的。当角斗士是死,反抗也是死,那他们宁可选择后一种死法!

他们的抗争也为奢靡堕落的罗马敲响了警钟,这种建立在掠夺基础上的繁荣,而不是依靠自身发展的繁荣必然不会长久!

圣女贞德——短暂而绚烂的生命

英法战争打了几十年,法国节节败退,国土四分五裂,形势十分危急。

这个时候,一个普通的农家少女贞德,改变了法国的命运。

贞德出生于1412年,据说她12岁那年,有一天梦见天使告诉她:"我对法兰西王国表示深切的同情,你是上帝的女儿,应该离开家乡去援助祖国。"贞德深信梦中天使的话,她决心响应上帝的召唤。1429年春天,不满17岁的贞德女扮男装,踏上了拯救法兰西的艰难历程。终于抵达了查理王子的驻地——希农城堡。她要求觐见王子。

王子查理是一个意志薄弱、生性多疑而又软弱迷信的年轻人。贞德把自己曾经做过的梦讲给王子听,坚信是上帝派她来辅佐王子,并引导他走向胜利。

她的话使屡遭挫折的查理大受鼓舞。于是,他任命贞德担任部队总司令援救被英军围困的法国重镇奥尔良。5月7日清晨,贞德率军向英军控制的主要据点——托烈鲁要塞及其他地方发起全面攻击。英军眼看就要失败了,这时又有5000名士兵赶来增援。双方展开了拉锯战,法军进展缓慢。夜幕临近,贞德毅然下马跳进护城河中,将云梯靠上城墙,奋勇攀援。

贞德肩膀和脖子不幸中箭,摔倒在河中。贞德醒来后,竟用力把箭头从身体里拔出来,裹好伤口,重返战场。战士们都很感动,也紧随她勇猛冲锋。英军的抵抗崩溃了,奥尔良得救了!人民倾城出动,欢迎这位年仅17岁、创造了奇迹的女英雄,亲切地称贞德为"我们的奥尔良姑娘"。

战役结束后,贞德率军一路势如破竹,直趋莱姆,一路上几乎没有遇到什么抵抗。抵达莱姆时,市民们打开城门,用鲜花和欢呼声迎接她。

此时的贞德已经变成了"天使",人们到处都在歌颂她,称她是"圣人"。国王赐给她大量财帛和"贵族"称号,她都拒绝接受,决心继续完成解放法国的事业。

但是,宫廷贵族和查理七世的将军们却不满意这位"平凡的农民丫头"影响的扩大,他们害怕人民比害怕英国人还厉害,便蓄意谋害贞德。

1431年5月24日,贞德以"屡教不改的异端"、"巫女"、"违反教规穿戴男装"等所谓的"罪名"被判处火刑。法兰西失去了自己最亲爱的女儿!那年她才19岁。

贞德像

1431年5月,贞德以女巫和异教徒的罪名被判处死刑。1456年,查理七世为贞德平反,恢复了她的名誉。

贞德之死激起了法国人民的极大义愤,在人民运动的压力下,法国当局对军队进行了整顿。1437年法军攻取巴黎,1441年收复香槟,1450年夺回曼恩和诺曼底,1453年又收复基恩。

1453年10月19日,英军在波尔多投降,百年战争至此结束。

贞德生活的法国,经受多年战乱,国王和贵族昏庸自私。贞德振臂一呼,力挽狂澜,拯救了法国,振奋了民族精神。贞德的生命虽然短暂,却是悲壮、神圣而绚烂的。直到今天,恐怕还没有人能以如此年轻的生命,成就这番伟大的使命。

圣女贞德生活在一个野蛮、凶恶、腐败的时代,她本人与那个时代的对照,犹如白昼之于黑夜。法国政府把每年的5月30日,即贞德去世的日子定为"贞德节"。

击败拿破仑的库图佐夫

木哈伊尔·伊拉里奥诺维奇·格列尼谢夫·库图佐夫,俄国历史上著名的军

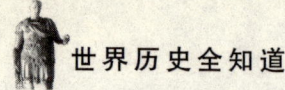

事统帅,对俄国军事史的发展起过重要作用。

库图佐夫生于彼得堡的一个军人家庭,1757年进入炮兵工程学校学习,1761年入伍,开始了漫长的戎马生涯。从1764至1813年,俄国历史上几次重大的战役,他几乎都参加了。在战争的舞台上,他显示出高超的军事艺术和指挥才能。在1774年对土耳其的战斗中,库图佐夫失去了右眼,故有"独目将军"之称。

由于丰富的经验和不断完善的军事理论,到18世纪末,库图佐夫已成为俄国著名的军事统帅。1804年,俄国参加了反法联盟。1805年夏,奥地利军队在乌尔姆被拿破仑击溃。8月,俄军司令库图佐夫指挥5万人开到奥地利,面对刚刚打了胜仗、四倍于己的法军,库图佐夫果断地做出从布鲁诺向奥尔姆兹撤退的决定,免除了被法军围歼的危险,并分别在阿姆斯特丹和德楞斯坦挫败法军。这次战略转移成为军事艺术史上光辉的一页。

19世纪初,拿破仑成了欧洲的主宰。1812年6月24日夜,拿破仑向俄国发起大规模进攻。在法军优势兵力压迫下,俄军节节败退。1812年8月,亚历山大一世迫不得已再次起用正在自己领地闲居的库图佐夫为总司令。库图佐夫指挥军队边打边撤,实行坚壁清野,迟滞法军的进攻,争取时间,寻机歼灭敌之有生力量。

打击法军的地点选在波罗丁诺。经过十个多小时浴血奋战,法军夺取了俄军的几座多面堡和炮垒。法军元气大伤,俄军也没有新的预备队了。9月13日,法军逼近莫斯科。库图佐夫提出放弃莫斯科,遭到许多人的反对。经过库图佐夫耐心说服解释,统一了大家的认识,俄军撤到莫斯科以南的纳拉河附近。

9月14日,当拿破仑进入莫斯科时,它已成了一座空城。同时,游击队和飘忽不定的哥萨克经常袭扰入侵者。拿破仑还担忧,被他征服的欧洲和法国本土,由于对他的胜利丧失信心而乘机起事,推翻他的统治。因此,拿破仑认为继续呆在莫斯科于己不利。10月19日,他下令从莫斯科撤退。

然而,拿破仑从莫斯科向南撤退时,在马洛雅罗斯拉维茨同俄军遭遇,双方展开了一场恶战。12月5日,拿破仑败退到维尔纽斯。不久,俄军把法军赶出了维尔纽斯城,俄军取得了反攻的胜利。

库图佐夫因在1812年抗法卫国战争中战功卓著,被授予俄军统帅、俄罗斯元帅的重要职务和光荣称号。

1813年4月28日,抗法联军追击溃逃的拿破仑,向法国本土进军途中,在德国的小城本次劳,库图佐夫因病逝世。他的尸体被运回彼得堡,葬于喀山大教堂。

1812年战争的胜利,不仅是俄国历史上的重大事件,而且对于推翻拿破仑在法国和欧洲的统治,均有重大意义。这次战争引起了反对拿破仑帝国的民族战争。俄国人民打败拿破仑的事实,粉碎了拿破仑大军不可战胜的神话。

库图佐夫发展了俄国的军事思想。他不仅吸收了俄罗斯优秀的军事思想和艺术,而且到普鲁士、奥地利、英国、荷兰等国考察西欧军队的情况。对国内外的军事思想和军事艺术,他博采众长,逐渐形成一套较先进的军事思想体系。

尽管库图佐夫是个疆场英雄,多次在不利的情况下赢得战争的胜利,但他的仕途却是坎坷不平的。库图佐夫坦率和正直,对沙皇宫廷中流行的阿谀奉迎、谄媚和无气节的行为非常厌恶,因而在宫廷中是一个不受欢迎的人。沙皇亚历山大一世对他很讨厌,先后于1802、1805、1812年几次剥夺了库图佐夫对军队的指挥权。但是,他仍然以坚强毅力,克服重重困难,捍卫国家的利益。他是一位能够忍辱负重的统帅。

克劳塞维茨——军事理论的丰碑

1792年,德国哈韦尔河畔的波茨坦城。

当时,这里是普鲁士王国的夏宫所在地。驻军之一的费迪南德亲王团外出巡行时,一个体形瘦弱、单薄的少年士官生,掌着军旗吃力地行走在军队中间。他用尽全身力气才能保持旗帜不至歪斜。然而,他仍保持军人的步伐行进着。这场面让市民先有几分惊讶,转而对这少年的坚毅萌生出一丝敬意。

这个少年就是12岁便被父亲送入军营的卡尔·冯·克劳塞维茨。经过严格的军营生活,晋升为见习军官的克劳塞维茨在1793年普法美因兹交战时,初次经受了炮火洗礼。那是个风起云涌、英雄辈出的年代,拿破仑凭他出色的军事才干,指挥法军与欧洲各国联军交战,几乎是每战必胜。克劳塞维茨对这些战斗经过,无论是自己参与的还是听说的,都饶有兴趣地加以分析、研究。

1801年,克劳塞维茨通过考试进入柏林军官学校学习,他结识了一些主张革新的普鲁士军官、将领,如格乃泽瑙将军等人。经沙恩霍斯特推荐,毕业后的克劳塞维茨成为奥古斯特亲王的副官。他随同奥古斯特亲王参加了1806年的普法战争,由于战败,又跟着奥古斯特亲王一起成为法军战俘,被押解到巴黎。后来双方交换战俘,克劳塞维茨回国了。

半年后,克劳塞维茨写出了一篇结合他对巴黎的见闻和思考,长达十多页的文稿《关于普鲁士未来反法战争行动》。凭着苦学钻研和爱国热忱,他又参加了由沙恩霍斯特、格乃泽瑙等将领主持的普鲁士军队革新、改组工作。1812年2月,克劳塞维茨执笔写的《三个信条》一文,表达了他们坚持抗击拿破仑军队的爱国信念。3个月后,克劳塞维茨转投俄国。回国以后,他最终以普军第三军参谋长之职,参加了击败拿破仑的最后一战。

1831年11月,克劳塞维茨因病去世,在他死后出版的《战争论》,汇集了克劳塞维茨对130余个战例的分析、研究,对战争与政治的关系、战争理论、战斗、防御等进行了辩证论述,见解精辟。在书中,克劳塞维茨第一次提出了"战争无非是政治通过另一种手段的继续"这一著名论断。这本未完成的著作由于从

战例实际出发考察，总结战争理论，终于成为流传后世的军事学经典理论名著。

克劳塞维茨死后出版的著作，构成了西方军事思想发展史上的一个完整阶段。他的战争学说是对战争本质等问题的重要见解。《战争论》探索战争奥秘的深度是克劳塞维茨死后100多年来，任何一个军事理论家从未达到过的，被誉为西方近代军事理论的经典之作，并受到了各国的重视。曾经担任德军总参谋长、"施蒂芬计划"的策划人冯·施蒂芬伯爵在《战争论》第五版导言中写道"无论从形式上还是从内容上，都是有史以来有关战争的论述中最高超的见解"，"通过它造就了整整一代杰出的军人"。

海权论鼻祖马汉

1805年12月2日，在捷克斯洛伐克一个名叫奥斯特里茨的地方，爆发了一场有16万军队参加的战略性会战。经过这一仗，拿破仑彻底粉碎了俄奥联军的进攻，法兰西帝国依然巍然屹立着。

90年后，在美国罗德岛海军学院的讲台上，一个名叫阿尔弗雷德·塞耶·马汉的海军战略讲师正侃侃而谈：

"拿破仑战争证明，大规模会战是决定陆上战争胜负的最有效手段。那么海战呢？同样需要这种倾其军力的会战，惟有如此，才能夺取制海权！我相信，总有一天，会出现一个'海上的奥斯特里茨'！"

马汉的声音不高，但却震惊了世界。"海上的奥斯特里茨"成为穿着不同国家军服的海军元帅、海军上将们矢志不移的追求目标。又过了21年，在人类有史以来的第一次世界大战中，马汉的愿望终于变成了现实。不过，这壮观的会战不是发生在其理论的诞生地美国海域，而是在欧洲北海的一角，一个名声并不十分响亮的地点——日德兰。就是因为这场会战，使日德兰的名字永垂史册，也使马汉的理论开始广为人知。

起源于海洋文明的西方国家很早就重视海洋的意义，几百年来，葡萄牙、西班牙、荷兰、英国乃至今天的美国在世界上的优势力量都是以海权为基础的。

阿尔弗雷德·马汉（1840—1914）是美国历史学家、海军军官。他发现，人类在海上的机动性超过了陆地。他在研究了英帝国长期称霸世界的历史后，于1890年出版了《制海权对历史的影响》一书，提出了"海洋中心"说。马汉认为，海上力量决定国家力量，谁能有效控制海洋，谁就能成为世界强国；要控制海洋，就要有强大的海军和足够的海军基地，以确保对世界重要战略海道的控制；对美国来说，最重要的是夏威夷群岛和巴拿马地峡；海军威力＝力量＋位置，海军必须以"集中"为战略法则，同时要重视"海上交通线"、"中央位置"和"内线"；海军必须积极出击，不能消极防御。马汉的《制海权对历史的影响》一书在美国再版了30多次，并在全世界广泛流传。马汉也被后人公认为是海权论的鼻祖。他的突出贡献尤其在于创建和廓清了海权这一概念，经受了时间的考验，体现了巨大的理论价值，对当时的世界和后世历史均发挥了重要的作用。可以说，马汉是一个顺应时代而起又推动了时代发展的伟人。

马汉的有关海权的理论著作有20多部。马汉认为，不可能再有哪一个国家能像过去那样独霸海洋，美国应与有共同血缘关系的英国合作，确立同一种族对海洋的支配。马汉明确表示，他的海权论是要为美国的外交和军事战略提供理论基础，并公开称"强权即公理"。马汉曾任美国总统西奥多·罗斯福的海军顾问，他的理论成了美国海军发展和海上扩张的理论根据。1890年，美国国会通过了《海军法案》，美国开始大规模发展海军。第一次世界大战后，美国成为世界上最强的海权国家。第二次世界大战结束时，美国完全控制了太平洋，把太平洋当作自己的"内湖"。冷战结束后，美国在海外仍有700多个军事基地，四个作战舰队，13个航空母舰战斗群，各型舰艇468艘。

鉴于马汉对美国海军战略的重要影响，富兰克林·罗斯福总统说：马汉是"美国生活中最伟大、最有影响的人物之一"。直至今天，强大的海权仍是美国全球战略的基础，马汉的海权思想仍然深深影响着美国和世界的许多政治家和军事家。20世纪90年代末，西方大国用于海军建设的开支占国防开支的比例很大，美国为30％，英国、日本23％，法国14％，意大利13％，德国12％。海军如此被重视，归根结底，不得不归功于马汉海权论的开山之功。

传奇英雄加里波第

19世纪初的意大利是一个分裂的国家。为了意大利的统一，一些爱国者成立了秘密组织，领导人民进行反抗外族和封建统治的斗争。在这场斗争中，出现了许多著名领袖，其中有一位带有传奇色彩的人物，就是意大利的民族英雄加里波第。

1807年，加里波第出生在北部的威尼斯，从年轻时就不断参加统一祖国的运动。1860年4月初，西西里岛发生了农民起义，虽然很快遭到了镇压，但起义者仍然英勇地坚持分散的游击战。在北方的加里波第听到这个消息，立刻组织志愿军。

5月5日，远征军从热那亚乘船出发，在西西里岛的马尔萨拉登陆。15日，远征军同两西西里王国政府军第一次交锋，王国政府军被打得大败而逃。6月底，远征军取得了政权，西西里岛得到了解放。8月，加里波第挥师北上，在卡拉布利亚登陆。势如破竹，直捣两西西里王国的首府那不勒斯。10月1日，临时政府宣告成立，加里波第被人民拥立为两西西里国家的元首。西班牙对意大利的统治宣告结束。

两西西里国家的解放是意大利人民的胜利，是实现意大利民主统一的重要步骤。加里波第有可能通过革命战争来完成这个伟大的历史任务。但实现这个目标的最大障碍是撒丁尼亚王国。它是意大利唯一的独立的君主立宪国家，早就有统一全意大利的野心。王国的首相加富尔表面上答应同起义军联合，同时又采取欺骗的办法，要从人民手中夺走南意大利。

加富尔要求加里波第举行公民投票来决定南意大利的归属，加里波第轻易地答应了。1860年10月下旬举行公民投票，结果两西西里国家并入撒丁尼亚王国。加里波第带领起义战士用鲜血换来的果实就这样葬送了。

1861年3月，意大利王国宣告成立，国王的宝座落入了撒丁尼亚萨伏伊王朝的手中。1862年，加里波第组织志愿军出征罗马，王国政府不但不支持，还派兵阻拦。双方发生冲突。加里波第在战斗中负伤，远征失败了。

1860年加里波第率"千人红衫军"远征西西里岛

1866年6月，普奥战争爆发，意大利加入普鲁士方面作战。最后奥地利投降。根据维也纳和约，奥地利从意大利撤军，把威尼西亚归还意大利。这时候，只剩下中部的教皇辖区没有收复了，那里仍驻扎着法国军队和教皇的雇佣军，阻碍着意大利的统一。

1870年7月普法战争爆发，法国被迫撤回驻罗马的军队，教皇辖地顿时失去了庇护。意大利王国的军队和加里波第的志愿军乘机长驱直入，罗马教皇国并入统一的意大利王国，这样，意大利的统一最后完成了。1871年1月，王国的首都从佛罗伦萨迁到罗马。

祖国的统一大业终于完成，加里波第的心愿已了，开始了在卡普里岛的隐居生活。他仍接待来访的客人，向他们了解国内外的情况，并发表自己的看法。同时，他以顽强的毅力写作《回忆录》。1882年6月2日，这位意大利独立运动的英雄溘然长逝。

加里波第是一位真正爱国、不怀私心的民族英雄。他向来对金钱没有兴趣，隐居后只靠一点养老金生活，人们不禁想到，如果他当年叱咤风云时稍有私心，也不至于沦落到如此地步。后来，巴勒莫市政府通过决议，每年拨给加里波第3000里拉作为养老金，意大利参议院也批准自1875年起，每年从政府利息中提取5%给加里波第作为生活费，但他一概拒绝。只是到晚年，加里波第经济拮据，不得不出卖自己的勋章时，他才极不情愿地接受了政府的补助。

在意大利，加里波第是一个万众敬仰的人物，人民不允许对他有任何诬蔑。一直到20世纪80年代，在他的墓碑两侧，每天都有意大利海军战士持枪守卫。

军事天才曼施泰因

在第二次世界大战中，弗里茨·埃里希·冯·曼施泰因被认为是德国陆军中最优秀的将领。他的战略思想深邃而可怕，他所策划的每一次战役几乎都是杰作，总是令对手举止失措，胆战心惊。

曼施泰因出身军人世家，他本身也是总参谋部军官出身。1938年任"南方"集团军群参谋长，翌年参加对波兰的入侵。1943年2月任"南方"集团军群司令，在库尔斯克会战中失败，被解除职务。曼施泰因主张在作战中集中使用坦克摩托化部队、配合空军实施速战速决的闪击战。1949年被英国军事法庭判处18年监禁。1953年获释。著有回忆录《失去的胜利》。

曼施泰因具有极高的战略天赋，英国军事理论家利德尔·哈特说他"对作战的可能性独具慧眼"。

最能体现他战略水平的是对法作战的"曼施泰因计划"。二战中，整个法国战役都是以这个计划为蓝本执行的。它针对盟军的战略部属，出其不意地把主攻方向从北方的B集团军群转到A集团军群。这就要求主攻装甲部队穿越密林覆盖的阿登山地，而当时坦克部队从来没有尝试过在这种地形突破。而且突破之后主攻部队的南侧翼完全暴露，这里赌的就是法军主力已经在北方穷于应付，南方则被钉死在马其诺防线，没有实力攻击A集团军群暴露的南翼。这是典型的"有算计的冒险"。但是曼施泰因本人并没有作为A集团军群参谋长参与法国战役的指挥，他在开战前从A集团军群参谋长调任步兵第3军军长。后来的事实证明，曼施泰因赢了。

1941年底，从北方集团军群第五十六装甲军军长升任南方集团军群第11集团军司令的曼施泰因，率军突破比列科普地峡进入克里米亚半岛，将苏联10万人围困在要塞港口塞瓦斯托波尔。曼施泰因的优势是有加强的要塞攻城炮和制空权。正当曼施泰因即将发起总攻时，苏军突然在曼施泰因背后的刻赤半岛登陆，兵力数倍于德军。这时候曼施泰因处于屯兵坚城之下腹背受敌的绝境。但他立即以高速调兵面对刻赤半岛苏军，只冒险以少数兵力监视要塞，很快稳定局势。然后以一个漂亮的右路突破彻底歼灭兵力数倍于己的苏军，再回身突击塞瓦斯托波尔港。仅月余时间内用一个集团军，歼灭了苏军前后合围的一整个方面军又一个集团军，而且曼施泰因属下根本没有一个装甲师！整个克里米亚战役包括攻坚战，追击战，防御战，运动战各种作战样式，曼施泰因项项出众，从战役绝境中获得了一次奇迹般的胜利。他因此而获得陆军元帅军衔。

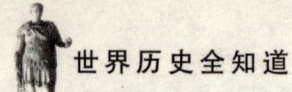

曼施泰因的退却战法在他的个人档案里是极赋光辉的。从军事观点看，退却是一种最复杂的机动，也是一门"最困难的艺术"。德军在斯大林格勒惨败后，整个南线部队向西退却。然而恰恰正在这时，曼施泰因的"特异功能"意识到反击的机遇已经来到。因为苏军名将瓦图京发生了失误，错误地认为德军只有退逃而没有阻击之力了，于是指挥方面军在宽大正面上展开一个梯队猛追，兵力分散，战线过长，后勤保障困难并失去了增援的可能性。曼施泰因抓住这一良机，缩短防线，抽出装甲兵力组成了两个装甲突击群，于1943年2月19日开始了坚决的反击。此次反击被举世闻名的历史学家利德尔·哈特誉为"曼施泰因一生中最精彩的作战表演，在全部的军事史中，也要算是一流杰作"。

1944年3月，曼施泰因因在前线指挥失利被解除指挥职务，编入预备军。后因希特勒无法忍受他的直言相谏，他又被免去军职，虽然为了表彰他的战功，又赐给他"剑"级的铁十字勋章，但希特勒再也没有起用他。

虽然曼施泰因是法西斯集团的将军，犯下了战争的罪行，但是他的军事天才和谋略思想也是一笔宝贵的财富，是人类智慧的一部分。

沙漠之狐隆美尔

隆美尔，这个德国装甲兵的战将，在第一次世界大战中是一位声名显赫的风云人物。构成隆美尔传奇色彩的因素，首先是他矮小的身材、狐狸般的狡诈和诡秘的微笑，而更主要的是他在北非沙漠中指挥装甲部队时高超的军事指挥艺术，声东击西、神出鬼没，常使对手措手不及。

隆美尔1891年出生于德国南部布伦兹的海登海姆镇。1910年7月入德国军队服役，不久参加了第一次世界大战，因屡建战功而多次获奖，并晋升为上尉。第二次世界大战前夕，隆美尔任希特勒大本营卫队长。1940年任第十装甲师师长。

隆美尔坚定地认为，先发者制人，后发者制于人。在1940年夏对法作战中，隆美尔彻底实现了这一信念。从6月5日起，隆美尔的第七师便已开始从索姆河北岸向南岸发起进攻。在向索姆河南岸发动进攻前，首先以强大的炮火对这几座桥梁作封锁性射击，当占领这4座桥后，即令战车、其他车辆和步兵迅速通过。6月6日晨，隆美尔的第七师已在索姆河南岸像演习一样，以疏散的战斗序列越野前进。装甲车打头阵，一面走一面战斗，前进的速度恰好可以使步兵跟上。第七师以每天70—80英里的速度前进，连克第厄普、甚瓦勒雷和法国最重要的深水港瑟堡，从而结束了隆美尔的闪电战。第七师仅死伤2000余人，损失坦克42辆，而俘虏的盟军官兵计有9.7万余人。隆美尔因此而荣获一枚武士级十字勋章，成为传奇人物。第七师也获得"魔鬼之师"的称号。

1941年初，隆美尔被任命为援救意大利军的德国非洲军军长，远征来到黎波里。隆美尔利用英军调防、轻敌的有利时机，不顾柏林和罗马军事当局的坚决反对，出其不意，断然下令，展开进攻。3月15日，隆美尔军从塞尔提向穆尔祖赫发起进攻，迅速向南挺进了450英里，给英军以意想不到的打击。英军撤到阿吉打比亚地区，隆美尔不给英军以喘息机会，利用机械化部队的优势，再创敌军，结果英军在不到两个星期的时间内从昔兰尼加的东界后退了400英里。英军中东总司令韦维尔因此被英军总部解职。隆美尔因其指挥作战灵活，以少胜多，变被动为主动，而被称为"沙漠之狐"。同年6月隆美尔被提升为德国元帅，时年49岁，成为德军中最年轻的元帅。

1944年6月6日，盟军在诺曼底登陆，隆美尔指挥B集团军群拼命抗击，由于德军装甲预备队不能及时赶到战场，盟军又有强大的空中和海上舰炮的火力支援，隆美尔原来准备在盟军登陆之初将其赶入大海的计划破产了。隆美尔的汽车也遭到盟军飞机的攻击，他多处负伤仍奇迹般地活了下来。1944年10月14日，正在养伤的隆美尔因被指控参与了7月20日谋杀希特勒的事件而服毒自杀。

隆美尔一生短暂，只活了52岁，而他又在军中度过了34年之久。

隆美尔惊人的军事素质使他在战场上叱咤风云，他把德国军事学说的进攻精神融于自己的军事指挥之中，善于捕捉稍纵即逝的战机，敢于力排众议，果断发起进攻。在战斗中他总是冲杀在最前面，因而能控制瞬息万变的战场。他一身兼备"虎"威与"狐"气，当他率军冲锋陷阵时，他像一只下山猛虎。当他施展各种谋略欺敌时，又像一只狡猾的狐狸。丘吉尔曾这样评价隆美尔："尽管我们在战争浩劫中相互厮杀，请准许我说，他是一位伟大的将军"。

装甲兵之父古德里安

在第二次世界大战的欧非战场，德国装甲兵的坦克曾一度创下令世人瞩目的骄人战绩。追溯这一战争往事，人们不能不想到被誉为"德国装甲兵之父"的一位人物，他就是德国装甲兵总监海因茨·威廉·古德里安陆军一级上将。现代坦克战理论不是古德里安发明的，但他却是将理论最早付诸实践的先驱。

1888年，古德里安出生于东普鲁士一个德国陆军军官世家。1908年，古德里安正式加入了德国陆军，曾参加第一次世界大战。他虽然接受过正规而系统的军校教育，但对于坦克战则是勇于创新，无师自通而远胜他人。

古德里安以惊人的执着超越了以往的理论先驱，一手创建和训练了德国的装甲兵。可以说，在第二次世界大战初期德国人所取得的一系列重大胜利都必须归功于这个人。因为在那时，单是以各方兵力和装备的对比来看，德国并不足以取胜任何一个欧洲强国，只是因为成功运用了高速坦克战的战术，才使得德国人的胜利显得如此辉煌。

希特勒的上台为古德里安的实践提供了最广阔的舞台。1939年8月，他担任第十九军军长（含第3装甲师），一个月后就参加了波兰战役。这个坦克军作为德军北翼的开路军，一路如入无人之境，在不到两个星期的时间里，他和克莱斯特的装甲军的高速前进就使战术落后的波兰人陷入重围。而后到的德国步兵所起的作用就是围捕包围圈里的敌军。

1940年5月，在法国战役中，他又一次担任了攻击先锋。由于曼斯泰因的建议，德国人将主要攻势移至南翼的阿登山地——通常被认为是坦克无法通过的地区——古德里安在这里决定性地超越了他原来的纸上谈兵，他的进攻速度不仅令对手，甚至令他的上级和希特勒都胆战心惊。在渡过马斯河后，他就不再将坦克当自行火炮使用，而是尽可能地发挥高速向深远地区运动，从色当直到滨海的阿布维尔、格拉夫林，完成了一个举世震惊的大包围圈，把北部法兰西和比利时的所有盟军都装进了口袋。

在这次战役中，古德里安还打破了现代战争史上的进攻速度纪录，就是在不到6天的时间里他的装甲军长驱直入400多公里，即横贯法国，将坦克开到了大西洋岸边。如不是空军元帅戈林争功，希特勒下令就地停止追击，英法联军将在敦刻尔克全军覆没。在整个人类史上，也许只有成吉思汗的蒙古骑兵和美国内战时期的谢尔曼曾经有过同样纪录。

1941年5月，他升任第二装甲集团军司令，苏德战争爆发后，他的果敢前进再次震惊世界，他与霍斯的第三装甲集团军成了决定性的突击力量，在5个月内，连续进行了几个有名的合围歼击战，直逼莫斯科城下，光是俘虏就差不多有200万人。这在人类战争史上只怕也是绝无仅有的，基辅会战也作为人类历史上最大的合围歼灭战而载入史册——俘虏苏军达66万多人。

基辅战役后，古德里安率军北上，参加对向莫斯科作战的"台风攻势"。他的部队曾攻到莫斯科城下，但在实力雄厚的苏联红军面前，"闪击战"失去了效力。

1945年3月，古德里安因力主停战而被解职，5月10日在慕尼黑家中被美军俘虏，1954年古德里安死于心脏病，终年68岁。

古德里安十分强调神速用兵，认为赢得了时间就赢得了胜利。他指挥的装甲部队的进攻速度，往往使计划中的时间大大提前。这不仅使法军最高统帅部感到意外，就连德军最高统帅部也感到简直不可思议，甚至连希特勒本人都如此。所以，在战斗过程中，古德里安常常接到阻止他前进的命令，而他深信自己指挥的正确，总是"违令"而行。

古德里安在德军中绰号"火爆汉斯"，是为数极少的敢于顶撞希特勒的将领之一。但他却也是个坐下来能拿起笔的理论家，著有《注意——坦克》一书。

沙漠之鼠蒙哥马利

1887年11月17日，蒙哥马利出生在伦敦肯宁登区圣马克教区的一个牧师家庭。20岁时考入桑赫斯特英国皇家军官学校，1908年毕业，被分配到驻印度的部队中服役，任少尉排长。他参加了第一次世界大战，大战即将结束时任司令部上尉参谋。这段经历对他一生产生了巨大影响。他潜心研究战争的科学和实践，终于在反法西斯战争中大展雄才。

第一次世界大战结束后，蒙哥马利体会到兵学完全是一种需要毕生精力去探讨的学问，但真正理解这种道理的军官不多。他决心献身于这项事业。1920年，他正式跨进了参谋大学之门，毕业后参加了爱尔兰战争。

第二次世界大战初期，蒙哥马利任第三师师长，率部队赴法国和比利时抗击德军，1942年上半年，英军在远东战场上节节败退，在中东战场上丢城失地。在这危急关头，蒙哥马利被派往北非，出任英国驻北非第八集团军司令。

蒙哥马利是一位谨慎从事、善于把战略、战术联系起来考虑的军事家，他亲自制订了全歼"非洲军团"的计划，并认真检查每项准备工作。这次作战计划是要骗过德国将领隆美尔，不让他发现英军主动进攻的企图，具体行动就是在阿拉曼南面佯攻，在北面准备真正的进攻。蒙哥马利指挥第八集团军的坦克部队，在一夜之间将所有的战车转移出集结地，换上了逼真的假目标，英军的保密工作做得十分出色，骗过了有"沙漠之狐"之称的隆美尔。阿拉曼决战始于1942年10月23日深夜，蒙哥马利指挥的英军锐不可当，势如破竹，用十几天时间，迫使隆美尔的部队连续后退600多公里，伤亡惨重。一度纵横驰骋于北非的"沙漠之狐"隆美尔遭到了他军事生涯中第一次惨败。消息传到英国，首相丘吉尔下令敲响报捷的钟声，阿拉曼大捷扭转了北非战场的危急局势，给英国人民一剂强心剂，蒙哥马利也随之升迁，翌年荣升英国元帅，并受封阿拉曼子爵。

蒙哥马利是阵地战的高手，有点像"拿破仑的终结者"，英国的惠灵顿公爵。他对作战的目的、步调有极清晰的概念，但也容易固守这个概念不知变通。巴顿在西西里战役中改变计划，冲向巴勒莫，再回身取墨西拿的即兴行动，蒙哥马利和巴顿易地而处是决对不会这么做的。因为在他看来，墨西拿才是整个战役的关键。

蒙哥马利在诺曼底登陆后没有及时占领卡昂城，而是改为"在卡昂附近回旋"，吸引德军主力，以便美军在南翼达成突破。包括巴顿、布莱德雷在内的盟军将领都说，这是蒙哥马利为他不能攻占卡昂所找的借口。在当时，即使蒙哥马利真想占领卡昂，他可能也没有这个能力。但后来的事实证明，那是他的借口也好，应变计划也好，确实不失为上乘的变招：德军主力和全部的装甲部队都集中在英军周围，从而使美军在7月份发动"眼镜蛇"作战，突破德军防线，达成了突进。蒙哥马利是战略上和阵地战的高手，连隆美尔也承认这一点。

蒙哥马利的问题在于他缺乏把突破变为突进的魄力，在这个问题上总是过于谨慎。有时即使有了巨大的优势，他能突破敌人防线，但不能决定性地消灭敌人，而是把敌人向后推。像阿拉曼战役以后，和"市场—花园"作战就是如此。

在这一点上，他与朱可夫无法相比。蒙哥马利长期与巴顿一起作战，巴顿很看不起蒙哥马利，还经常骂娘。不过蒙哥马利对巴顿本人倒没什么恶意，只是把他们之间的竞争看作是事业上的竞争。

战后，蒙哥马利先出任英军总参谋长，后任北大西洋公约组织欧洲盟军最高司令部最高副统帅。他退休之后继续参加国际国内政治活动达10年之久，出访了许多国家，广结政界要人。他于1960年和1961年两次访华，受到毛泽东主席和周恩来总理的接见。

天生将星麦克阿瑟

在二战中，获得过美国五星上将军衔的只有3个人：马歇尔、艾森豪威尔和麦克阿瑟。在他们之中，马歇尔没有实战指挥经历，艾森豪威尔直接指挥的战役也不太多，惟有麦克阿瑟可说是久经沙场。

麦克阿瑟出身将门，他本人少年早慧，在西点军校的4年里有3年名列第一，毕业的时候还是学员队长。军校毕业后，麦克阿瑟被派往菲律宾服役。但不久，便被调回华盛顿，先后在罗斯福手下和作战部任职。第一次世界大战期间，麦克阿瑟率"彩虹"师赴法参战，因作战勇敢、屡建战功而不断升迁，一战结束时他已是一名准将。战后麦克阿瑟回西点军校担任校长，成为西点有史以来最年轻的校长。1930—1935年，麦克阿瑟任美国陆军参谋长，届满后被派往菲律宾任陆军元帅。珍珠港事件爆发后，他率军进入澳大利亚准备战略性反攻。后来率军攻入日本，接受日本投降，全权统辖和改造日本。1950年6月朝鲜战争爆发，麦克阿瑟又被任命为"联合国军"总司令，组织了大胆的仁川登陆计划。1964年病逝。

第二次世界大战中，麦克阿瑟担任太平洋西南地区总司令。他对太平洋地区的战略概念是，应该使用由舰队支援的空、地打击力量出奇不意地对几个主要目标实施大规模攻击。麦克阿瑟的战略是，应该把灵活与节约兵力结合起来，在他的部队不脱离己方的空中掩护之下，沿着前进的轴心线，向几个重要目标外围作跳跃进攻。麦克阿瑟的这一战略是美军在太平洋地区取得胜利的关键原因之一，避强击弱的规避战术使美军重创日军，而自己的损失却不大。

朝鲜战争爆发后，麦克阿瑟被任命为"联合国"军总司令。南朝鲜的美韩残军希望迅速得到麦克阿瑟的增援，麦克阿瑟计划率领军队在汉城附近的港口城市仁川登陆，以拦腰切断北朝鲜军队的供给线。美军中陆军和海军的作战军官及参谋人员都反对这一计划。但是麦克阿瑟凭借其超常思维拒绝了将领们的反对意见，并且将进攻日选择在英法七年战争时期——魁北克战役191周年纪念日，即1950年9月13日这一天。他声称，既然美军军官都认为仁川登陆不可行，毫无疑问，北朝鲜人也一定会那么想。为了达成登陆的突然性，麦克阿瑟指挥航母分别对南朝鲜东海岸的三陟和平壤外港镇南浦及清川江口的达阳岛进行佯攻，在群

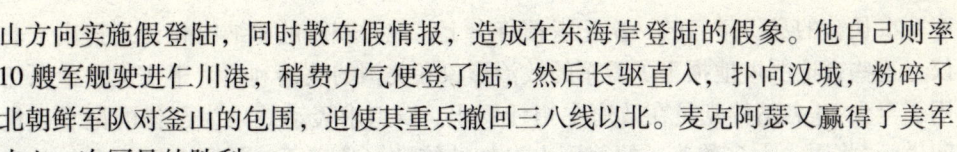

山方向实施假登陆,同时散布假情报,造成在东海岸登陆的假象。他自己则率 10 艘军舰驶进仁川港,稍费力气便登了陆,然后长驱直入,扑向汉城,粉碎了北朝鲜军队对釜山的包围,迫使其重兵撤回三八线以北。麦克阿瑟又赢得了美军史上一次罕见的胜利。

除了军事指挥艺术,麦克阿瑟还是出色的教育家和军人政治家。他在 20 年代是西点军校历史上最年轻的校长。他担任校长时正是西点军校经历大变革的时代,他给军校带来的活力和进行的教育改革到现在还有深远影响。日本投降以后,麦克阿瑟作为盟国占领军最高司令,实际是日本的太上皇。他对日本进行彻底的现代化改造,从政治制度到经济制度,从选举权到新宪法。

麦克阿瑟的弱点也和他的天才一样明显。他打过不少本可以避免的败仗。麦克阿瑟过于自信,所以往往轻视对手。反过来,他开始重视对手时,往往又有天外飞仙似的妙手出现。他的出身、教育、经历决定了他的优越感和自信,他对荣誉有中世纪骑士式的渴望。麦克阿瑟是美军将领中获得勋章最多的一人,也不吝惜给手下的人以荣誉。在他的回忆录中每次作战之后都有长长的注解"我按以下的顺序嘉奖我的部下",这在所有将领的回忆录中绝无仅有。以上这些都造成了他的个性弱点,进而影响他的判断力。

"暴戾的军神"巴顿

1885 年 11 月,巴顿出生在美国加利福尼亚州的一个军人世家。他 19 岁进入西点军校。对橄榄球、田径、剑术等都很擅长,雄心勃勃,相信自己是命中注定的伟大人物。从军校毕业后,巴顿被调往美国第一集团军任骑兵少尉。

第一次世界大战中,巴顿随约翰·潘兴将军深入墨西哥镇压农民起义军。一战后,他被派往法国,在圣米歇尔会战中表现非凡,被提升为上校。

经过 4 年鏖战,第一次世界大战终于结束。参战国人民同庆和平的降临,而将自己与战争融为一体的巴顿却感到生活失去意义。第二次世界大战爆发时,年过半百的巴顿好像又回到了年轻时代,他那好战的心被欧洲的炮火激荡起来。1940 年他奉命到本宁堡组建一个坦克旅,不久晋升为准将,并很快成为美军的战车专家,后又升为少将。

使巴顿名声大震的是攻占西西里的战役,他指挥部队沿西西里北岸向麦西纳前进,以惊人的速度先于蒙哥马利进入麦西纳并赢得了这一战役。这一战役使同盟国和德军都对美军刮目相看。

正当巴顿在事业上如日中天之际,因两次殴打士兵引起美国军内和国内的舆论反对,在马歇尔、艾森豪威尔等人的保护下才幸免撤职。

在二战的将军中,巴顿是少有的战争狂热分子,他简直就是为战争而活的。他还经常口无遮拦,让政治家们大伤脑筋。在巴顿以第三集团军司令兼驻巴伐利亚军事长官的身份举行的一次记者招待会上，他对盟军的非纳粹化计划提出了非议，这些言论严重地损害了盟军的政治形象和美国的政治利益。事实上，他已任用了至少 20 名纳粹党员在政府中担任要职。以追求轰动效果为己任的记者趁机问道："将军，大多数普通的德国人参加纳粹党，难道不就是和美国人参加共和党与民主党的情形差不多吗？"巴顿不知这是圈套，信口答道："是的，差不多。"于是，美国及全球许多报纸上出现了一个赫然的大字标题："一位美国将军说，纳粹党人就像共和党人与民主党人一样。"巴顿把祸闯大了！他的上司艾森豪威尔心里非常窝火，迫于各方压力，最终免去巴顿第三集团军司令和驻巴伐利亚军事长官之职。

巴顿自此从精神上毁灭了。他心中愤愤不平，用打猎之类的消遣来麻醉自己，以抚平心头的伤痕。就在 1945 年底，在曼海姆附近，他的轿车与一辆军用卡车相撞。他受了重伤，同年 12 月 21 日，他在海德堡的一所医院里溘然逝去。

巴顿死后，遗体仍与第三集团军的 6000 名阵亡者葬在一起。他能与自己的部下永远呆在一起，也是一种莫大的幸福。

巴顿逝世后，有人为之惋惜，也有人为之高兴，但理解他的人认为他死得其所。《纽约时报》的一篇社论写道："他不是一位和平人物。也许他宁愿在他所热爱的部下都在忠诚地跟随着他的时刻死去。他的祖国会以同样的忠诚怀念他。"

思想巨擘

说不尽的苏格拉底

雅典有一位哲人,无论是生前还是死后,都有一大批狂热的崇拜者和激烈的反对者。他一生没有留下任何著作,但他的影响却是巨大的。他就是对西方哲学产生极大影响的哲学家苏格拉底。

苏格拉底在他的"哲学实践"中,给人们留下了很多流芳千古的佳话,使人们从中领悟到他固有的智慧和人格魅力。有一天,他的妻子克珊西普对他大发雷霆,他一看不对,赶紧溜走。刚走出门口,克珊西普从后面将一盆洗脚水泼在他身上。苏格拉底抹把脸上的水,从容地说:"我早已料定,雷霆之后必有倾盆大雨。"他认为同难以驾驭的女子打交道,有助于磨炼自己。

有人问苏格拉底:"请告诉我,为什么我从未见过你蹙额皱眉,您的心情怎么总是这样好呢?"苏格拉底答道:"我没有那种失去它就使我感到遗憾的东西。"据说,神的境界之一就是没有欲望。难怪,苏格拉底同孔子一样,被人们称为"圣人"。有人认为,是苏格拉底"把哲学从天上招了回来,使它进入城邦,甚至打入家庭,让它考虑生活和道德、善与恶。"

以"爱智慧"为己任的苏格拉底,在当时的确被人们认为是最有智慧的人。

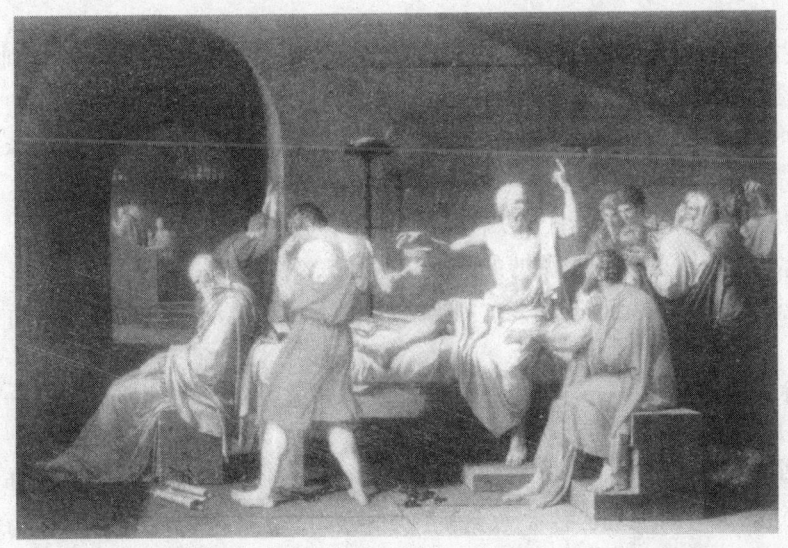

油画《苏格拉底之死》1787 年 雅克-路易·达维特 法国

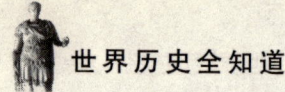

据说，苏格拉底的一位朋友，去德尔斐神庙请求神谕，询问是否有人比苏格拉底更聪明。神庙的阿波罗神一向以预言灵验闻名，他明确地回答道："没有！"这使苏格拉底很为难，他一方面确信神不会说谎，一方面又认为自己不是最聪明的。于是他开始认真寻访，看是否能找到比自己更聪明的人。他先后察访了很多以聪明闻名的政治家、诗人和手艺人，发现他们其实并不懂得自以为懂得了的事物，有的甚至由于苏格拉底试图向他们揭示这一点而迁怒于苏格拉底。因此苏格拉底真切感到："起码在意识到自身的无知这一点上，我要更为明智一些。"因此，他非常推崇德尔斐神庙上的那句铭文——"认识你自己"。

苏格拉底的伟大人格，在他被自己的同胞以莫须有的罪名判处死刑时达到了顶峰。当他被雅典法庭判处死刑时，他的学生们力劝他逃亡，可他回答说："与其违法而生，莫如遵法而死。"在毒药发作、死神降临的最后一刻，苏格拉底忽然想起一件事，向守在身旁的克利托说道："克利托，我还欠阿克里皮乌斯一只公鸡，你能记着替我还上吗？"然后，慢慢闭上了他的双眼。

苏格拉底死了，他用一生的实践证明，知识即美德，勇敢与智慧相同一，号召人们热爱智慧，认识自己，强调"一个未经考察的生活是不值得过的"。这就是说不尽的苏格拉底留给我们的宝贵精神遗产。同时，他为真理献身的精神为知识分子树立了崇高的榜样。

柏拉图和他的"理想国"

柏拉图出生在雅典城里的一个奴隶主贵族的家里，父亲给他请了三位启蒙老师，其中一位教文法、修辞学和写作，另一位则教美术、音乐，还有一位教他体育。

柏拉图热爱写作，在美术、音乐老师的培养下，他对美的东西的辨别能力也越来越强。

当时在雅典最有学问的人是苏格拉底。柏拉图20岁时，有一天他去听苏格拉底的演说，演说听完以后，他便立即下了决心，要拜苏格拉底为师。

苏格拉底接见了他，坐下以后，问道：

"你已经是一个学识很渊博的人了，为什么还要拜我为师呢？"

"您有一句话我记得很清楚，那就是'认识自己'，如今我就是没有认识自己。"

"你既然知道我这一句话，那么你也应该知道我对自己的评价了——'我知道我一无所知'。"

"神都认为您最聪明，可是您却这样评价自己，这正是我要学习的地方。一个人不知道自己的无知，才是双倍的无知呢！这也是我为什么来拜你为师的理由。"

苏格拉底答应将柏拉图收为自己的学生。柏拉图从公元前407年开始,在苏格拉底的身边学习了整整8年。

公元前399年初夏的一天,一个由500人组成的审判团,在审判大哲学家苏格拉底,当柏拉图听到法庭宣布他尊敬的老师死刑的时候,他痛心疾首。

苏格拉底的死,使柏拉图对雅典政府非常不满,他决定去寻找一个理想的社会制度。经过长达12年的学习、访问,后来他写成了《理想国》一书,在书中他把他的理想国设计得非常的美好。

油画《雅典学院》1510年—1511年　拉斐尔　意大利

西西里岛上有一个国家名叫叙拉古,统治者狄奥尼一世的妻弟狄昂,非常喜欢学识渊博的柏拉图。于是他建议请柏拉图到叙拉古,帮助姐夫建立国家。这样柏拉图接到了狄奥尼的邀请来到了叙拉古。狄奥尼会见了柏拉图,并询问了柏拉图帮他建立国家的一些主张。

"我想听一听,你是想以怎样的方式来治理这个国家。"

"是善,善就像太阳,是创造和推动一切的力量。"

"那你这个理想国谁是最高的统治者呢?"

"是哲学王,也就是最优秀的哲学家。"

狄奥尼气得差点跳了起来,准备杀死他,在狄昂的劝说下柏拉图才免了死罪,但是他却被国王卖到了非洲去做奴隶,后来狄昂给他交了一笔巨款才使他获得了自由。

从叙拉古回到雅典以后,柏拉图明白了要想建立理想的国家,首先得培养出一大批从政的人才才行,于是他创办了"柏拉图学院"。后来这所学院一直持续了9个世纪,为古代的西方培养了大批了不起的学者。

柏拉图博学多才，擅写文章，他的许多哲学著作都以对话体写成，妙趣横生，引人入胜，有深远的影响。他的"哲学家为王"的理想，其实是当时奴隶主阶级上层人士已对城邦民主政治丧失信心的一个反映。

天使博士托马斯·阿奎那

13世纪中叶，在著名的巴黎大学有一位年轻的神学教授，因沉默、温顺、人送外号"哑牛"。但"哑牛"后来成了中世纪最有名的神学家和经院哲学家。他就是意大利人托马斯·阿奎那（1225—1274），中世纪基督教经院哲学思想的集大成者。

托马斯·阿奎那出身于意大利的一个贵族家庭，青年时代就成了多明我修会会士，曾先后在那不勒斯大学和巴黎大学就学，师从亚里士多德学派学者阿尔伯特，深深为之折服。自1257年开始，他在巴黎大学教授神学，用10年时间专心从事教学和著作活动，并被罗马教廷任命为神学顾问与讲师。

当时基督教会正统神学家们，惯于采用柏拉图的先验论哲学来阐述神学教义。面对日益兴起的唯名论哲学和阿威罗依主义，这种思想体系已难以适应时代的要求。托马斯的著作一改前人做法。他首先肯定神学是一门学问，这就是说，神不仅是信仰的对象，而且也可以成为理智把握的对象。接着，托马斯在肯定传统启示神观念的同时，又强调了自然神学的必要性，而他本人更注意对自然神学问题的研究。托马斯的著作广泛运用亚里士多德的哲学范畴和逻辑方法，重新论证了基督教的信仰，使之成为一个全新的体系。托马斯对基督教思想的发展有着极为重要的影响。

托马斯·阿奎那成功地将基督教的神学思想和亚里士多德的哲学融合在一起，建立起了庞大的经院哲学体系。一生著有18部巨著，其中包括集基督教思想之大成的《神学大全》和《哲学大全》、《论存在和本质》、《反异教大全》等。

19世纪末，罗马教廷宣布托马斯·阿奎那的神学为天主教会的最高哲学权威。在今天的资本主义世界中还流行所谓新托马斯主义，竭力使科学从属于宗教，理性从属于信仰。

托马斯·阿奎那还极力鼓吹教会的权力至高无上。认为如同神高于人，灵魂高于肉体一样，教会高于世俗的国家。教皇是基督的代理人，政权应由他掌握，国家必须服从教会，国王必须顺从教皇。他还极力维护封建君主的统治权力，认为君主制是最好的政治形式，并说，没有一个统治者控制和指导民众，社会就会解体。

托马斯·阿奎那从灵魂不死的观点出发，大力宣扬"来世幸福"，认为尘世生活的幸福并非最高幸福，最高幸福是对上帝的静观，从而使灵魂得救。

这只有在来世、在彼岸世界才能做到，因而为争取现实生活的幸福而进行斗争就是恶就是犯罪，最大的犯罪行为是异端或异教行为。对一切异教徒均应活活烧死，"将他们从世界上消灭掉"。

托马斯·阿奎那包罗万象的神学唯心主义体系产生后，受到了一些正统神学家的攻击。他去世3年后，巴黎各神学大师曾谴责了219条命题，其中有12条是托马斯的观点。在中世纪，这是最严厉的谴责。

但是，教会在他生前甚至就给予了他极大的支持和极高的声誉，称他为最光荣的"天使博士"。他的学说很快成为西欧中世纪思想领域中占绝对统治地位的学说。1323年教皇追封他为"圣徒"，1567年他又被命名为"教义师"。1879年，罗马教皇利奥十三颁布教谕，规定以托马斯主义为天主教的官方神学和哲学。在本世纪中，新托马斯主义在西方思想界十分活跃。

不列颠的百科全书培根

"知识就是力量"，"真理是时间的女儿，不是权威的女儿"。这是17世纪英国杰出的唯物主义哲学家、科学家弗兰西斯·培根的两句脍炙人口的名言。他在文艺复兴时期的巨人中被尊称为哲学史和科学史上划时代的人物。

培根于1561年1月22日出生于伦敦一个官宦世家。良好的家庭教育使培根成熟较早，各方面都表现出异乎寻常的才智。12岁时，培根被送入剑桥大学三一学院深造。

在剑桥大学学习3年后，培根作为英国驻法大使埃米阿斯·鲍莱爵士的随员来到了法国。在旅居巴黎两年半的时间里，他几乎走遍了整个法国，接触许多新鲜事物，汲取许多新的思想，这对他的世界观的形成起到了很大的作用。1579年，培根的父亲突然病逝，培根的生活开始陷入贫困。这以后，他想在政治上有所作为，四处奔波，却始终不得志。这一时期，培根在思想上更为成熟了，他决心要把脱离实际，脱离自然的一切知识加以改革，把经验观察、事实依据、实践效果引入认识论。这一伟大抱负是他的科学的"伟大复兴"的主要目标，是他为之奋斗一生的志向。

1602年，伊丽莎白去世，詹姆士一世继位。由于培根曾力主苏格兰与英格兰的合并，受到詹姆士的大力赞赏。培根因此平步青云，扶摇直上。但培根的才能不在国务活动上，而在于对科学真理的探求上。这一时期，他在学术研究上取得了巨大的成果，并出版了多部著作。

1621年，培根被国会指控贪污受贿，被高级法庭判处罚金4万镑，监禁于伦敦塔内，终生逐出宫廷，不得任议员和官职。培根因此而身败名裂。从此他开始专心从事理论著述。

培根终生致力于著《学术的伟大复兴》，其中第二部分《新工具论》发表于

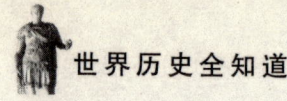

1620年，这是一部在科学哲学史上具有重大影响的著作。

培根在科学史上是一位有争议的重要人物。但作为一个科学哲学家，培根在历史上所做出的贡献是不可忽视的。他是以新唯物主义哲学指导科学发展的主要代表人物，是最早认识到科学的历史意义以及它在人类生活中的重要地位的人。

培根是个唯物主义的哲学家。在科学事业上他没有从事某一项具体的研究，用他自己的话讲，他要作一个科学上的哥伦布。他在1605年出版的《学术的进展》一书中，主要阐述了这种观点。在这一观点的主导下，培根从哲学原理出发，深入地研究和论述了科学的方法问题。首先他明确指出，科学的目标是用新发现和新发明来改善人类的生活。这是他的哲学的突出特点之一。为此他提出了著名的口号"知识就是力量"。

培根的哲学思想是唯物主义的。他反对经院哲学和唯心主义。培根的科学方法是以实验定性和归纳为主的。其思想进步的一面，反映了英国资产阶级在上升时期对发展科学的要求。但他的学说中也充满了神学的不彻底性。他不同意在科学方法上使用数学和演绎法，他的这些观点对机械唯物论有很大影响。

弗兰西斯·培根的著作长期吸引着历史学家们的兴趣。他因为其《论说文集》和历史剧而一直受到文学评论家的高度敬重。他未完成的《学术的伟大复兴》在该世纪下半叶产生了非常重要的影响，以至于人们可以有把握地认为在当时刚出现的科学学会和科学院中进行的许多工作都受到了"培根"的启示。

培根死后，人们为怀念他，为他修建了一座纪念碑，亨利·沃登爵士为他题写了墓志铭：圣奥尔本斯子爵。如用更煊赫的头衔应称之为"科学之光"、"法律之舌"。

近代哲学之父笛卡尔

笛卡尔，是西方近代资产阶级哲学奠基人之一。人们在他的墓碑上刻下了这样一句话："笛卡尔，欧洲文艺复兴以来，第一个为人类争取并保证理性权利的人。"

笛卡尔出生于法国，8岁时他进入一所耶稣会学校，在校学习8年，接受了传统的文化教育。但他对所学的东西颇感失望。因为在他看来教科书中那些微妙的论证，其实不过是模棱两可甚至前后矛盾的理论，只能使他产生怀疑而无从得到确凿的知识，唯一给他安慰的是数学。在结束学业时他暗下决心：不再死钻书本学问，而要向"世界这本大书"讨教，于是他决定寻找一处适于研究的环境。1628年，他从巴黎移居荷兰，开始了长达20年的潜心研究和写作生涯，先后发表了许多在数学和哲学上有重大影响的论著。他的著作在生前就遭到教会指责，死后又被梵蒂冈教皇列为禁书，但这并没有阻止他的思想的传播。

也许笛卡尔哲学的最大有趣之处来自他的方法。笛卡尔十分留心被普遍接受的大量错误的概念,决定要达到恢复真理的目的,就须得从零开始做起。因此他开始怀疑一切——老师教给他的一切,他的所有最崇高的信仰,所有的常识观念,甚至外部世界的存在,连同他自己的存在——总之是一切的一切。

这自然就引出了一个问题:怎样才能消除如此普遍的怀疑来获得一切事物的可靠知识呢?笛卡尔用形而上学观点进行了一系列创造性的推论,证明出使自己满意的结果:由于他自己的存在(我思故我在),上帝才存在,外部世界才存在,这就是笛卡尔学说的起点。

笛卡尔的物质宇宙观也很有影响。他认为整个世界——除了上帝和人的心灵之外——都是机械运动着的,因此所有的自然事物可以用机械原因来解释。由笛卡尔的观点可以看出,动物从本质上讲就是复杂的机械,人体也受通常的力学定律所支配。从那时起,这就成了现代生理学的基本观点之一。

笛卡尔提倡科学研究,认为把它应用于实践会有益于社会。他觉得科学家应避免使用模糊不清的概念,应该努力用数学方程来描述世界。所有这些听起来倒很合乎现代要求,但是笛卡尔虽然自己也亲自做观察实验,却从未强调过实验在科学方法中的极其重要性。

笛卡尔不仅在哲学领域里开辟了一条新的道路,同时他又是一位勇于探索的科学家,在物理学、生理学等领域都有值得称道的创见,特别是在数学上他创立了解析几何,从而打开了近代数学的大门,在科学史上具有划时代的意义。

1649年,笛卡尔接受了瑞典女王克里斯蒂的慷慨之邀,来到斯德哥尔摩做她的私人教师。笛卡尔喜欢温暖的卧室,总是习惯晚些起床。当得知女王让他清早5点钟去上课,他深感焦虑不安。笛卡尔担心早上5点钟那刺骨的寒风会要了他的命。果不出所料,他很快就患了肺炎,1650年2月,在他到达瑞典仅4个月后,被病魔夺去了生命。

笛卡尔是近代科学的始祖,是欧洲近代哲学的奠基人之一,黑格尔称他为"现代哲学之父"。他自成体系,熔唯物主义与唯心主义于一炉,在哲学史上产生了深远的影响。同时,他又是一位勇于探索的科学家,提倡科学上的怀疑精神,他所建立的解析几何在数学史上具有划时代的意义。笛卡尔堪称17世纪的欧洲哲学界和科学界最有影响的巨匠之一,被誉为"近代科学的始祖"。

古典哲学的创立者康德

在中外著名的哲学家中,康德可能是一个最为单调刻板的人。他生活中的每一项活动,如起床、喝咖啡、写作、讲学、进餐、散步,时间几乎从未有过变化,就像机器那么准确。每天下午3点半,工作了一天的康德先生便会踱出家门,开始他那有规律的散步。邻居们纷纷以此来校对时间,而教堂的钟声也同时响起。唯一的一次例外,是当他读到法国浪漫主义作家卢梭的名著《爱弥尔》

时，深为所动，为了能一口气看完它，不得不放弃每天例行的散步。这使得他的邻居们竟一时搞不清是否该以教堂的钟声来对自己的表了。

"有两种东西，我对它们的思考越是深沉和持久，它们在我心灵中唤起的惊奇和敬畏就会越强烈，这就是我头上的星空和心中的道德定律。"这是人类思想史上最气势磅礴的名言之一，它刻在康德的墓碑上，出自康德的《实践理性批判》的最后一章。

康德于1724年4月22日出生在东普鲁士的首府哥尼斯堡。1740年，康德进了哥尼斯堡大学。人们现在无法考证他当时注册了什么专业，但可以肯定的是他经常听哲学课。1748年，24岁的康德大学毕业，因为他的父亲已经去世两年，他衣食无托，前途渺茫。由于大学没有他的位置，他决定到哥尼斯堡附近的小城镇去做家庭教师。

康德曾说再也没有哪个家庭教师比他还差，但是实际上他这是谦虚，因为他教过的学生对他的口碑都不错。在做家庭教师期间，他发表了第一本著作——《关于生命力的真实估计之思考》。经过5年的家庭教师生涯后，康德重返哥尼斯堡，从此他再也没有离开过家乡。返回家乡后，康德再次进入大学学习。1755年，康德以《自然通史和天体论》获得硕士学位。3个月后获得大学私人助教资格，开始教授哲学。在私人助教这个教职上，康德一干就是15年，学生的听课费就成了他的生活来源。因为康德的课很受欢迎，愿意听他的课的学生也多，因此他在生活上也做到了衣食无忧。

在任助教期间，康德开始经常发表著作。他的论题包罗万象，从自然科学、美学、神学甚至到巫术应有尽有，但贯穿其中的问题只有一个，那就是哲学研究应该如何进行：是从理性的观点出发，从普遍真理中推导出有关事物的真理，还是从经验出发，通过观察得出普遍的结论？

康德的著述和讲课使他被称为一个受人尊敬的哲学家，他的影响开始走出哥尼斯堡，很多学生慕名而来成为他的弟子，其中最著名的便是与歌德和席勒一起成为魏玛古典派顶梁柱的赫尔德。1770年，康德在46岁时终于获得了哥尼斯堡大学逻辑学与形而上学教授一职，当上教授以后，康德沉寂十年没有发表一篇文章，而是潜心研究他的批判哲学。1781年，他发表了《纯粹理性批判》，仅凭这一部著作，康德就奠定了他在哲学史上的不朽地位。

德国大诗人海涅说过："康德的生平履历很难描写，因为他既没有生活过，也没有经历什么。"但是，康德是一个没有传奇故事的传奇人物。他一生没有出过远门，思考的范围却横跨宇宙。据说他在每天一成不变的散步中，诞生了一个又一个思想的火花。

康德生活刻板，而且活了80岁，但一辈子没有过女人，这使有些人开始怀疑他是否是同性恋者。其实康德曾经两次想向两个女子求婚，但哲学家的天性使他考虑得太长久了。一次是女的嫁了个比较果敢的人。另一次是，在他下定决心之前,那位女士已经离开了。康德本人说,当我想要女人时,我养不起她;当我养得起女人时,我不再需要女人了。

伟大的启蒙者伏尔泰

伏尔泰(Voltaire,1694—1778),18世纪法国启蒙运动的倡导人和巨擘。他毕生致力于揭露和打击黑暗的封建制度与宗教统治。他的成就和影响使他成为世界上永垂不朽的名人之一。

伏尔泰幼年受其教父沙多芮夫的影响,对文学发生兴趣。1714年,当伏尔泰20岁时,沙多芮夫出任驻荷兰大使,曾一度把他带去充当随员,但不久被送回巴黎。

1715年,号称"太阳王"的路易十四死了,曾孙路易十五嗣位。路易十四穷兵黩武,专制独裁。因此,在伏尔泰的少年时代,法国在表面上虽呈现繁荣富强和文化发达的假象,而实际上国库空虚,贵族、僧侣两大特权阶级的压迫和剥削日益加深。

就在这个时候,伏尔泰充当了启蒙运动的旗手。他开始写讽刺作品攻击宫廷的淫乱生活,他被囚禁,此后又被放逐到英国。

1729年,伏尔泰回到巴黎。此后数年中,他写作了歌颂民主共和制度的历史剧《布鲁图斯》和反对宗教狂热的悲剧《查伊尔》,这两部剧的上演都获得成功。

1734年,在卢昂出版了伏尔泰的《英国通讯集》,这部书借书信体裁介绍了英国的政治、宗教、科学和哲学,并对法国的宗教教派斗争进行抨击。书一出版,就被法院判为禁书,当众焚毁。伏尔泰被迫流亡在外。

伏尔泰在普鲁士的时候,开始与法国年轻一代的启蒙运动者——百科全书派——发生了密切的联系。他定居在佛尔纳以后,更全力以赴地投身于启蒙运动之中。他一面积极从事创作,一面继续与《百科全书》的编纂者保持联系,对他们的工作予以支持。当时法国启蒙运动正在如火如荼地展开,启蒙运动的健将,如狄德罗、卢梭、达朗贝尔等人,无一不是伏尔泰的后辈,尽管他们在某些问题上意见并不一致,但在反封建的斗争中却团结在一起,并公认伏尔泰是他们的导师,对他推崇备至。

1762年,法国阿贝维耶地方发生一件惨案。一个青年骑士拉·巴尔由于宗教裁判所制造的冤案,被处极刑,从他身上搜出的一本伏尔泰的《哲学词典》,也作为罪证之一。该书同时被焚毁。伏尔泰曾努力为拉·巴尔平反,奋斗了十余年,终未成功。

人民对封建制度愈加仇恨,伏尔泰的威望就愈高。1774年痛恶伏尔泰的昏君路易十五死了,新即位的路易十六阻挡不住法国人民对伏尔泰的热爱。他在

1778年被巴黎人民奉为伟人迎接来了。群众以无比热烈的情绪欢迎这位84岁的老人,他的到来,比一国的君主到来更为轰动。不久以后,伏尔泰回到了佛尔纳。就在这一年的5月30日逝世。

伏尔泰死后仍受到教会的迫害,以致他的遗体不得不秘密地运到香槟省,安葬在一个小礼拜堂内。1791年法国大革命期间,人民把他的遗骸运到首都,在他的枢车上写着下面的一行题词:"他教导我们走向自由"。他的骨灰从此长眠在巴黎著名的先贤祠中,永远受到世界各国人民的凭吊与瞻仰。

伏尔泰在历史上的主要贡献是用他的笔杆进行了60多年的反封建斗争。伏尔泰的文学作品数量最多,成就也最高。各种体裁几乎无所不写。伏尔泰所有的文学作品都贯穿着反封建,反宗教的宗旨,宣扬理性和他自己的哲学观点。由于采取了文学的形式,能在人民群众中具有广泛的影响,成为推动启蒙运动最有效的工具。

与卢梭相比,伏尔泰要温和得多。他自始至终是一个富人,生活无忧,所以在政治上比较保守。他不相信有可能建立消灭贫富的平等社会,而只提出人们必须在法律面前一律平等。他强调财产私有的必要性。他认为,丧失财产的人们将会是暴政和宗教狂的支柱。

后来的法国大革命贯彻了卢梭的思想,非常激进,致使无数人头颅落地,包括国王。这也许是他不愿看到的。

掀起革命狂澜的启蒙者卢梭

让·雅克·卢梭(1712—1778),18世纪法国启蒙运动卓越的代表人物之一,他的思想曾是法国大革命中雅各宾派的旗帜和处于革命中的各国资产阶级的福音。

卢梭1712年生于日内瓦一个钟表匠的家庭。1725年4月到1728年3月,卢梭在一个性格暴戾的雕刻匠店里当学徒兼杂役,他不堪虐待,弃职逃走,开始了长期颠沛流离和寄人篱下的生活。

卢梭在巴黎呆了一段时期,他周旋于富有和有名望的巴黎人中间。1745年,卢梭到了威尼斯。他同旅馆的女佣人黛蕾丝·勒·瓦色同居。此后,他终生和黛蕾丝生活在一起。卢梭把他们的5个孩子先后全部送进了育婴堂。他这样做,固然由于自己的贫困多病,同时也反映了他在社会重重压抑下感情上的一种病态。

18世纪40年代,当伏尔泰已经誉满欧洲各国的时候,卢梭还在社会和生活的道路上艰难地踟躅。1749年,卢梭经历了一生中的重大转折。这一年的盛夏末,他读到《法兰西信使报》上面载有第戎科学院《科学与艺术的复兴是否有助于敦化风俗?》的征文题目,一时有感,便构思了自己的卓越论点。1750年7月,第戎科学院宣布卢梭的论文获得第一名,年底又出版了这篇论文。卢梭立时成了哲学论坛上的著名人物。

1752年,卢梭写了《乡村魔术师》歌剧的词和曲,并首次向枫丹白露王室演出,获得很大成功。1756年4月,他离开巴黎,开始写他的小说《新哀洛绮丝》。这时,非常不幸的是,在他身上出现了受迫害的妄想症。卢梭在这以后,陆陆续续遭受这个病症的严重折磨。

如果说卢梭的小说《新哀洛绮丝》为卢梭获得了极大的声誉,那么《社会契约论》和《爱弥儿》却给卢梭带来了巨大的灾难。《爱弥儿》中的《萨瓦牧师的自白》一文,既谴责神学家的谬说,又抨击无神论,引起了百科全书无神论派的尖锐批评,更激起了新旧教会的极大愤怒和行政当局的严厉谴责。《社会契约论》也遭到同样命运。卢梭逃到当时受普鲁士管辖的讷沙泰尔,继续受到当地天主教神甫和信徒的咒骂和围攻。

1764年,卢梭接到一篇匿名的评论《公民的感情》,它猛烈地攻击卢梭,这封信是伏尔泰写的。伏尔泰同卢梭的不和,从50年代就已开始。伏尔泰自始至终是个富人,政治上偏向保守主义。卢梭和他的主张革命的信徒则认为必须采取切实的行动,惟独这种行动才能改变旧制度。伏尔泰和卢梭之间的激烈争吵,除了这两位大思想家的个人因素外,主要反映了启蒙运动两种思潮之间的斗争。

正是在极为困难的时刻,卢梭的好友、英国哲学家休谟邀请他到英国居住。但是,卢梭所患受迫害妄想症却使他怀疑休谟是企图谋害他性命的人,开始了同休谟的激烈争吵。1767年5月,卢梭惊慌地从英国逃往法国。在革命初期鼎鼎大名的米拉波侯爵处住了一些时候。1770年,法国当局宣布对他赦免,卢梭迁往巴黎。在巴黎,他恢复了真名,并在巴黎的一些沙龙里朗读《忏悔录》片断。

卢梭晚年,他的受迫害妄想症有所减轻,继续写了许多著作,其中最著名的是《忏悔录》,这部世界文学名著,不仅以坦率的态度叙述了他的生活史,更重要的是他用美妙的文笔和卓越的才能维护他的学说,回击他的论敌。1778年5月他去爱尔蒙维尔。6个星期之后,即1778年7月2日,这位18世纪最杰出的民主主义思想家与世长辞了。

卢梭出身下层,一生困顿,所以他反对专制和不平等的愿望更迫切,思想更激进,对下层人民和自由事业无限热爱。无怪乎他的政治学说在法国大革命时期,被革命党人当作"革命圣经"来指导革命。但是,正如其他学说的命运一样,卢梭的政治学说有时也遭到严重的歪曲,竟被某些人如黑格尔和罗素说成是普鲁士专制政体和希特勒独裁统治的理论基础。这当然违背了卢梭的原意。

马克思的生活侧面

卡尔·马克思(1818—1883)可称为19世纪最伟大的思想家。在人类历史上几乎没有一位思想家像卡尔·马克思那样,能使自己的理论发现对世界近一半人口产生巨大的影响。

1818年5月5日，马克思诞生在德国莱茵省特利尔城。1848年2月28日，发表了《共产党宣言》，标志着科学社会主义的诞生，1861年6月开始《资本论》的写作，直至1883年3月14日，这位19世纪最伟大的思想家在安乐椅上永远停止思想时，面前仍然放着未完成的《资本论》的手稿。

马克思这位伟大的理论家，他终其一生都在思考经济学的基本问题，而他对金钱的支配却很糟糕。

早在柏林上大学期间，他花起他父亲的钱来就大手大脚。年轻的马克思的消费确实不含糊，在当时，一名柏林市议员的年收入为800塔勒，18岁的大学生马克思一年就花费700塔勒，而长他8岁的费迪南德·弗赖利格拉特（同样在柏林上大学）每年花180—200塔勒就过得很好。

马克思像

这个问题似乎并没有怎么触动年轻的马克思。反正他父亲后来在一封信中写道，他虽然要儿子向他汇报他上学期间的种种事情，但儿子"聪明地发现，我在有一点上高尚地保持了沉默"。随后这位父亲这样描写道："我是指那微薄的钱，你这个家庭之父似乎还是没有认识到它的价值，我认识得更清楚，我不否认，我有时责备自己，对你管得太松了。因此虽然现在才是一年的第四个月，你已花去了280塔勒。我这个冬天还没挣到这么多呢……"

马克思根本不知道如何跟钱打交道。先是他父亲资助他，母亲也资助（他认为她吝啬是不公正的），后来他的朋友弗里德利希·恩格斯一再资助他——虽然有许多资助，虽然继承了多笔钱，马克思却终生无法摆脱他的经济困境。

他当然有过困难时期：就在他被驱逐出普鲁士，在流亡英国期间，要维持一个六口之家（妻子，三个孩子和女管家），肯定是不容易的。有时候，由于马克思连衣服都送进了当铺，他根本无法离开家门。可富有的恩格斯总是一再主动相助。自1869年起（在他父亲去世后），他每年付给马克思7000马克的固定年金。可原则上这改变不了什么，因为钱是帮不了这位《资本论》的作者的。

恩格斯不得不越来越频繁地追付，但账单永远没个完的时候，因为一旦手里有了较大一笔钱——有一次他妻子继承到了5000马克，后又从她的一位有钱的叔叔那儿继承到了3000马克，没过几年他本人也继承到了一笔当时算可观的约3万马克的钱——马克思马上就改善他的生活条件。当他妻子继承到钱时，他马上将全家从一套房子搬进了一幢房子，不久就被迫发现："我……陷进了……比5年前更绝望的困境，而最糟糕的是，这一危机不是暂时性的。我不知道我该如何摆脱它……"

尽管有过这一经历，当马克思拿到了他的大笔遗产时，他还是马上搬进了一座较大的房子，花500英镑装修一番，而一年之后他就又不得不重新搬回抵押房里。他对恩格斯隐瞒了他继承所得遗产的真正数目，写信对恩格斯说："我一分一分地记了账，因为我自己都奇怪这钱是怎么消失的……"他还承认："跟我的经济实力相比，我住得太贵了，另外我们今年生活得比往年好……"

伟人也不可能十全十美，他也和普通人一样有缺点。探讨伟人的缺点，了解他人性的另一面，往往能加深对他的理解。长期以来，我们所受的教育都是灌输式的教育，不鼓励反思，不鼓励争鸣，伟大人物更是"高大全"，这种教育其实有严重的弊病。

诗人哲学家尼采

尼采于1844年10月15日出生在普鲁士王国萨克森省一个普通的小农村——罗肯。在尼采5岁时，他的父亲就去世了。为了摆脱困境，母亲带着尼采来到诺姆堡。由于先天不足，他生得头大身小，身体羸弱，还有从父亲那里遗传来的慢性头痛症和视力衰弱症。为此，他不知遭到了多少白眼和嘲弄。

尼采有个朋友叫克鲁格，他的父亲是一名技艺高深的琴师。尼采苦闷的时候，常去克鲁格家听音乐。

1864年，尼采20岁时，进入波恩大学读书一年后。又转入莱比锡大学，攻读了四年半古典语言学。他在古典语言研究方面表现出了异常惊人的才华，令他的导师李歇尔教授惊叹不已。

李歇尔把信寄给了瑞士的巴塞尔大学，该大学在尼采尚未取得博士学位时，即授予他古典语言学教授的职称，此时，他才24岁。以这样的年龄任教授在德国学术界是前所未有的。

不久，德国的莱比锡大学又在尼采未经任何考试，甚至未提交学位论文的情况下，授予他博士学位。此后，尼采开始了他的教学与研究生涯，直到最后成为著名的哲学家。

1882年尼采的一位朋友领来一学生要向他学哲学。这个学生是俄国少女，叫莎乐美，尼采一见到她，就有一种特殊的感觉，便收留了她。莎乐美对老师的有些说法似懂非懂，只能默默地倾听着。她一点也没有察觉到尼采已经深深地爱上她了。当尼采向她求婚时，她拒绝了。

尼采遭到这次打击后，一病不起，严重的神经衰弱折磨着他。他感到无限孤独和苦闷。不久，他开始振作起来，从事写作了。在此期间，他出版了《希腊国家制度》、《希腊悲剧时代的哲学》、《不合时的思想》、《悲剧的起源》等书籍。这些书出版后，一些朋友开始疏远他了。他遭到了接二连三的打击。

一天，老朋友多伊森前来看望尼采。尼采两眼噙着泪水，拉着他的手依依不舍。

多伊森深情地说："这段时间，你发生的变化太大了！"

尼采默默地点着头。沉默片刻，他问道："我出的书你都看到了吗？"

多伊森点了点头。他知道尼采指的什么，书中的话一直回荡在他的脑海里，那真是振聋发聩啊：

"我是什么？我是一颗炸弹，一道闪电，现在就要爆炸，就要闪光，就要惊醒人们的迷梦，就要震颤人们的心灵。因为如今的欧洲人，正在可怕地衰弱下去。欧洲人引以自豪的传统文明，也正在日益走向令人痛心的崩溃，究其原因，是一切传统的人类智慧的结晶，包括宗教、哲学、道德、科学、文学、艺术等等，都发生了惊人的颠倒，善恶观念发生了不幸的易位。始作俑者，就是作为欧洲文化支柱的基督教道德，就是统治人们的偶像——上帝。现在，我要向世人郑重宣告：'上帝死了！'上帝为什么会死？因为有我尼采的存在！

从此以后，人类的历史将不再划分为公元前的世纪和公元后的世纪，人们将会说尼采以前的蒙昧时代和尼采以后的光明时代。尼采——这个光辉的、令人战栗的名字，将取代上帝的名字而铭记在人们的心里。"

一年后，尼采患上了精神分裂症，这就意味着他是真的疯了。在疯癫的状态中，尼采又屈辱地活了11年。

在尼采死后，他的著作却越来越深入人心，使读到它的人们越来越清醒。尼采在西方文化史中是一位承前启后的人物。他通过宣告上帝之死而摧毁了传统的精神哲学，建立起一种现世的和个体本位的生存实践哲学，并因此成为现代西方文化的奠基人之一。现代西方文化的主流思潮大都可以在尼采那里找到渊源。超人学说作为尼采哲学的重要组成部分对现代西方文化产生了巨大的影响。

存在主义大师萨特

萨特生于1905年，从巴黎高等师范学校毕业后，萨特成为一所中学的哲学教员。萨特虽长相奇丑，但谈吐幽默，为人自然亲切，很快就赢得了学生的信任和热爱。萨特由衷地热爱写作，并在离开大学后急欲成为一名作家。他的前两本小说《挫败》和《真理的传说》均被拒绝出版，萨特的兴趣便又转向了哲学。

1938年，他的小说《恶心》出版了，它被认为是萨特所有小说中哲学内涵最为丰富的一本。

虽然萨特仍在一所中学教书，但他的作品越来越多，并广为流传，他已被公认为法国文学界的新星，终于实现了他成为一名作家的梦想。二战爆发后，萨特应征入伍，但在35岁生日那天早上，他被德国士兵俘虏了。从被关押开始，他便开始了构思与写作。9个月后，他获得了释放，回到被纳粹占领的巴黎，并完成了他最重要的一部哲学著作《存在与虚无》。

上世纪50年代初，萨特成为法共的坚定支持者。1956年，苏联派军队开进匈牙利，萨特激烈抨击苏联的行径，他认为当时的共产主义扭曲了马克思主义，应对马克思主义进行重新解读。1966年，萨特还参加了英国著名哲学家罗素发起的"国际战犯法庭"，在舆论上抗议美国对越南的战争罪行。

最让萨特名声大噪的是他拒领诺贝尔文学奖一事。1964年，萨特凭自传体小说《词语》获得诺贝尔文学奖。获奖当天，萨特在餐馆拟写了一份拒授声明，由他的朋友在瑞典驻法国使馆宣读。他说他一贯拒绝官方的荣誉，但他并不讳言在东西方两大阵营中，他更同情社会主义阵营，他认为诺贝尔文学奖存在着明显的政治倾向性。

让萨特更加出名的是他和另一位存在主义哲学家波伏娃的关系，他们是终生的伴侣和情人，但却不受婚姻的束缚，他们达成默契，那就是不拒绝"偶然爱情"，还彼此开诚布公地分享这些爱情经历。

萨特天生乐善好施，他似乎对于金钱没有概念也没有要求。战后他收入颇丰，按说应属于富人阶层，但他住小公寓，没有别墅和汽车，他将收入的5/6都给了需要钱的人，他对金钱以及世俗的荣誉均持一种超然的态度。

萨特生前，人们称颂他卓越的才华与富有正义感的人格，但也一直有人抨击他的政治信仰，并在他的生活作风上大做文章。如今，法国人纪念萨特，更多的是对逝去时光的一种留恋和向往。在一篇纪念萨特的文章中一位受访者说道："我怀念萨特生活的那个时代，当时的法国只有两张面孔，那就是戴高乐和萨特。"

如今在巴黎，上了年纪的人都不无感慨地怀念着当时那个人文荟萃的时代，怀念着咖啡馆里咖啡飘香，烟雾升腾，谈笑有鸿儒，往来无白丁的年代。

"存在先于本质"，这是萨特存在主义的第一原理。这一思想集中地表明了人的存在是主观性，人是自为的，按照自己的愿望和意志去设计自己、决定自己。主观性的意义在于：自己选择，自己造就。这又意味着：人的存在是自由。

欧洲在二战后充满消极颓废、悲观失望情绪，知识分子中形成一种由于苦闷、孤独、被遗弃、找不到出路而玩世不恭、放荡不羁的风尚。于是，标榜个性和自由的存在主义受到极大欢迎，被人们当作最时髦的哲学。至五六十年代，它成为全欧最流行的哲学思潮。

福泽谕吉与"脱亚入欧论"

日本最大面值的钞票是万元大钞，上面印的头像是穿和服的福泽谕吉

(1834—1901),福泽谕吉是日本近代思想家、教育家,文明开化运动的先驱者和启蒙者之一,他还是著名的庆应大学的创始人。

19世纪开始,西欧资本主义国家已觊觎东方,1840年英国用大炮轰开了中国的大门。中国的遭遇唤醒了日本的有识之士。他们认为,救日本的根本之计,惟有改革。福泽谕吉就是在这种环境下出生的,两岁时父亲去世,他随母亲和兄姐回到九州的故乡。

福泽谕吉从大阪回乡,在当地藩塾中接受儒学教育。福泽在他哥哥三之助的多方活动下,以照料当时在长崎学习的家老奥平的儿子为条件,于1854年2月,由奥平资助到了长崎。后来又到大阪,进了绪方洪庵的适塾学习,继续钻研兰学。

在适塾受教育的时间虽不长,但对以后福泽思想的影响却很大。1858年中津藩命令他到江户,担任藩属兰学塾(庆应义塾的前身)的教员。

1860年福泽得知幕府将派遣一个使团前往美国,他就设法当上军舰奉行木村摄津守的从仆得以随行。1861年,又担任遣欧使团随员,于12月出国。两次出国,使他有机会亲睹,直接吸收一些西欧的先进文明,这样,更进一步地激发了他的反封建意识,使他下决心从封建秩序中脱身出来。

回国后,福泽致力于介绍西洋文明的工作。福泽在1867年的上半年,又随遣美使团到了美国。在国外,他买了大量有关经济,法律、史地和物理方面的书籍,准备回国后深入研究欧美社会的构成原理和产生这种文化的基础。可是他这种行为受到了幕府的谴责和处分。这使他加强了摆脱政务,专力于教育、思想方面工作的信念和决心。1868年(日明治元年)8月,他辞去了政府的职务,专心从事庆应义塾的教育工作。

作为一个教育家,他特别重视人才的培育。他对庆应义塾,付出了极大的心血,除规定塾则,注重纪律外,还在生活健康各方面注意学生的成长。他这种教育目的和方法,在明治初期产生了很大影响,这样做当然会使毁誉并来,反对他的人就用其姓名的谐音"吹法螺的福泽,说谎话的谕吉"以讥刺。尤其是1872年《劝学篇》(有译作《学问之道》的)出版后风行一时,非难责怪之声也日渐增多。

1875年,福泽又出版了《文明论概略》一书,批判当时日本社会上流行的,只在生活上,风俗上洋化的做法。在政治上,福泽的自由主义思想,对日本明治维新以后自由民权运动的开展,也具有一定的影响。当然,福泽作为资产阶级思想家,在启蒙时期,有他进步的一面,但也有反动的一面。

1885年福泽发表有名的"脱亚入欧论"。他主张,日本的文明开化,要全部都向西洋学习,像中国和朝鲜那样不知改进,依然迷恋于古风旧习的国家,必须加以抛弃,以免成为日本的负担。因此,当他听到台湾人民反抗日本侵略军时,竟发出这样的叫嚣:"歼灭一切丑类",要没收所有土地,把全岛都收为国有领地，建立一个远东的新兴帝国。

　　1901年2月3日，福泽因脑溢血不治而逝世。

　　"脱亚入欧论"是日本发展的重要转折点，也成为中日后来发展路线的分水岭。日本作为孤悬岛国，发展经济的自然资源非常贫乏。日本经济能够迅速崛起，并能获得今日经济实力仅次于美国的骄人成就，这的确是世界近现代史上的一个奇迹，并树立了一个"脱亚入欧论"的成功典范。所谓富贵有远朋，家寒无近友。日本的成功，使"脱亚入欧论"像一个梦想一样充满魔力，让世界各国的人为之震撼。

文艺大师

承前启后的伟大诗人但丁

但丁是欧洲由中世纪过渡到近代资本主义那个时期的文学巨匠、意大利文艺复兴的先驱。《神曲》是他的代表作，也是世界文学史上最为重要的文学作品之一。恩格斯这样来评价他："封建的中世纪的终结和现代资本主义纪元的开端，是以一位大人物为标志的。这位人物就是意大利人但丁。他是中世纪的最后一位诗人，同时又是新时代的最初一位诗人"。

1265年6月，但丁诞生在佛罗伦萨的一个没落小贵族家庭。当时，佛罗伦萨是意大利最繁荣的手工业中心和文化中心。但丁在少年时代就勤奋好学，善于思考，对当时的各个学术领域无不研究，这使他在青年时就成为一个多才多艺、学识渊博的人。

但丁少年时曾在一次宴会上见到一位容貌清秀、美丽动人的姑娘贝阿德丽采。但丁非常喜欢她，宴会后常找机会去看望她。随着年龄的增长，但丁把贝阿德丽采当作自己精神上的爱慕对象。这种爱情给但丁以神奇的力量，他为她写下了一系列抒情诗篇。但不幸的是贝阿德丽采却与一位银行家结婚，不久死去。但丁为此悲伤万分，又写了一系列的悼念诗。但丁把为贝阿德丽采写的诗收集在一起，用散文串连起来，说明每首诗的写作动因，取名《新生》。诗中但丁追求纯洁的爱情，把贝阿德丽采看作是上帝派来拯救他灵魂的天使，一个神化的女性。从此之后，贝阿德丽采成了但丁作品中一个象征性的理想人物。

13世纪的意大利，在政治上处于分裂状态。24岁时，但丁开始参加了当时的政治斗争。后来，他所支持的党被打败，但丁因拒不认罪，被判没收全部家产，终身流放。在此后的近20年里，但丁虽然也作过多次努力想重返故里，但都没有成功，最后终于客死他乡。但丁在流亡过程中，周游了许多城市，广泛接触到意大利动乱的现实和平民阶层的困苦生活，加深了对意大利的认识，坚定了自己的政治理想。他的重要作品几乎全部是在流亡中写成的，其中

文艺复兴时期"文学三杰"之一，文艺复兴第一位诗人——但丁

以《神曲》最为著名。

《神曲》是一部比较特殊的史诗,因为诗中叙述的是诗人自己想象中的经历。全诗分《地狱》、《炼狱》和《天堂》三部,每部由33首"歌"组成,加上全书的序曲,总共有100首歌之多,计1.4万多行。后人为了表示对诗人的崇敬,称这部作品为"神圣的"《喜剧》。

这部长诗采用的是中古时期所特有的梦幻文学形式,通过但丁的自叙,描述了他在1300年复活节前的那个星期五凌晨,在一座黑暗的森林里迷了路。黎明时分,他来到一座洒满阳光的小山脚下。他正要登山,却被三只张牙舞爪的野兽(豹、狮、狼,象征淫欲、强暴、贪婪),拦住了去路,情势十分危急。这时,古罗马时代的伟大诗人维吉尔出现了。他受但丁青年时期所爱恋的对象贝阿德丽采的嘱托前来搭救但丁,然后又作为他的向导带他游历了地狱和炼狱。

《神曲》深刻地反映出从封建的中世纪向近代资本主义过渡的时代的历史变革,透露了新时代的人文主义思想的曙光,同时又广泛地描绘了当时社会政治和文化生活各个领域的状况,故又是一部百科全书式的巨著。但丁谴责教会干涉世俗政治、破坏意大利统一的罪恶,批判僧侣阶级的贪婪、骄横和腐败。他摒弃中世纪一切归于神的观念,强调人赋有理性和自由意志,应该奋发向上,去创造自己的命运。《神曲》批判中世纪蒙昧主义,提倡学习文化,追求美德和知识,赞美人的才能和智慧。诗人对鱼肉人民的封建领主、横行不法的贪官污吏、重利盘剥的高利贷者、追逐金钱的市民阶级,也提出了严峻的批判。不仅如此,他对新兴市民阶级的自私以及正在形成的资本主义关系的弊端也作了指责。诗中也反映出但丁没有彻底摆脱中世纪思想和神学观念的羁绊。

《神曲》中既写了人世的黑暗现实,也写了对来世的美好憧憬。这种既非纯粹的现实主义,又非纯粹的浪漫主义写法,是这部作品的一大特点。但丁观察细致,想象丰富,描写准确鲜明,比喻贴切生动。因此,尽管《神曲》中人物众多,场面千变万化,但诗人往往寥寥数笔,就把人物刻画得栩栩如生,把场景交待得清清楚楚,而所描绘的那些来世景象读来也颇有真实之感。但丁就是靠许许多多写得非常生动的细节,把自己的爱国热情、宗教感情、内心经验以古往今来的各种事物组织成一个和谐的整体。

《神曲》不是用当时意大利作家们常用的拉丁语、法语或普罗旺斯语,而是用意大利作家们常用的意大利俗语写的。这对于意大利文学语言以及民族语言的形成和发展都起到过重大的作用,并使得但丁超越了在他之前的一切意大利作家,成为第一位意大利民族的诗人。

塞万提斯的传奇人生

塞万提斯1547年出生于马德里附近的阿尔卡拉·德·埃纳雷斯镇。由于家

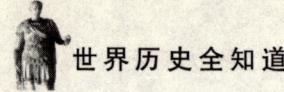

境贫寒,他只上过中学,但他能珍惜时间,刻苦自学,利用各种机会阅读了许多拉丁文经典著作。

1568年,喜欢读书、好学上进的塞万提斯被马德里一所学校的校长胡安·洛佩斯·德奥约斯选中在该校任教。1569年,血气方刚的塞万提斯因与人发生纠葛,动刀伤了对方,随即潜逃罗马。

塞万提斯来到罗马后,被好心的红衣主教胡利奥·阿克瓦维瓦招为侍从,教授阿克瓦维瓦学习西班牙语。闲暇时塞万提斯游历了罗马、米兰、威尼斯、佛罗伦萨等文化名城,还阅读了大量文艺复兴时期的作品,这对他的人文主义思想的树立起了决定性作用。

1570年春夏之交,塞万提斯离开了罗马,参加了西班牙海军。

1575年6月,这位立下不少战功的青年士兵,偕弟弟启程回国。船行至法国马赛海面,遭到土耳其海盗的袭击当了俘虏。海盗向他家人勒索巨额赎金。因家中一贫如洗,无力支付,塞万提斯被卖到非洲当奴隶。

1580年5月,神父胡安·希尔和安东尼奥·德·拉·贝利亚筹集了大量的金钱,前往阿尔及尔营救俘虏,塞万提斯终于获得了自由,结束了5年非人的生活。

1584年的一天,年近40还没成家的塞万提斯与突如其来的爱情不期而遇,他爱上了一个德国士兵的女儿安娜·弗兰卡。她刚满19岁,是个喜欢阅读骑士小说的女孩儿,在她心中,这个饱经风霜左手残废的老兵身上,似乎闪耀着古代骑士的光环,她对塞万提斯一见倾心,堕入情网,不顾年龄的悬殊,也不顾他家徒四壁,死心踏地要嫁给他。

几个星期后,塞万提斯发现弗兰卡对他的文学创作丝毫不感兴趣,她只希望建立一个男耕女织的传统家庭,塞万提斯却认为这样的生活太平凡乏味了。

有天夜里弗兰卡没回来,塞万提斯一直等她。第三天早晨她回来了,一脸憔悴,身上散发出一股陌生的气味。她开口便警告说,他没有权利责难她,他整天闷在屋里写呀写呀,4个月来从不打算给自己的女人买哪怕是一条披巾、一只发卡,他还有什么权利责难她呢?弗兰卡让他收起自己仅有的一只手,不要妨碍她的生活。

1585年,《伽莱苔亚》出版了,这给塞万提斯赢得了一些名气,也获得了一笔收入——167塔列尔。还债之后剩下的数目也不小,可弗兰卡瞧都不瞧一眼丈夫拿回的银币,沮丧的塞万提斯把钱袋扔进了抽屉里。

一天,塞万提斯回家发现妻子不在,她橱柜里的衣物也没了,抽屉里只剩下一半的钱。弗兰卡出走了。塞万提斯弄到一匹骡子,带着小女儿去投靠母亲。

1602年,塞万提斯开始了长篇小说《堂·吉诃德》的创作。1605年该书在卡斯蒂利亚出版,人们争相传诵,成了当时的畅销书。然而作家依然贫穷如故,且屡遭不幸。但是塞万提斯没有向命运低头,他仍然顽强地坚持创作。1616年4

月23日，塞万提斯因水肿病在马德里逝世，享年69岁。

《堂·吉诃德》是塞万提斯的代表作，作品通过堂·吉诃德的遭遇和最后可悲的结局，无情地嘲弄了骑士制度，也揭露了正在走向衰落的西班牙王国的各种矛盾。俄国著名文学评论家别林斯基说："在欧洲所有一切著名文学作品中，把严肃和滑稽、悲剧性和喜剧性，生活中的琐屑、庸俗与伟大和美丽如此水乳交融……这样的范例仅见于塞万提斯的《堂·吉诃德》。"400年来，它对人类文化影响之巨，仅次于《圣经》，不愧是世界文学中的瑰宝。

那些创造出伟大艺术作品的人往往一生坎坷，备尝艰辛。人世间的苦难、失意和不公正重重地击打着他们，在他们的心灵上留下数不清的伤痕，这些伤痕最后就化成了精神财富——伟大的作品。塞万提斯、梵高、曹雪芹都是这样，他们是在用生命进行创作，作品是他们唯一的告慰。

艺术巨匠达·芬奇

达·芬奇1452年出生在意大利芬奇镇。孩提时代的达·芬奇聪明伶俐，勤奋好学，兴趣广泛。他歌唱得很好，很早就学会弹琵琶，他的即兴演唱，不论歌词还是曲调，都让人惊叹。他尤其喜爱绘画，常为邻里们作画，有"绘画神童"的美称。

1467年，达·芬奇被送到佛罗伦萨的画家维罗契欧的画室学习。在那里，他除了学习绘画、雕刻以外，还学习了多种技艺。1483年到1499年，达·芬奇来到意大利的米兰，在米兰大公的府中服务。在米兰时期，他成为一位社会名人，与各种行业的工匠、技师以及出入宫廷的学者们有着广泛的接触。他不知疲倦地学习，终于成为一个科学家。以他为中心形成了米兰画派。在米兰的早期他完成了《岩间圣母》和《最后的晚餐》等重要的作品。1499年法军侵入米兰，达·芬奇又回到了佛罗伦萨。1500年到1506年，他在佛罗伦萨进行了多方面的系统研究，名画《蒙娜丽莎》就创作于此时。后来，达·芬奇曾经重返米兰，还到过罗马等地，1516年到法国，1519年逝世在那里。

达·芬奇身材秀美，态度优雅，对各种知识无不研究，各种技艺无不擅长。无论是在艺术领域，还是在自然科学领域，他都取得了惊人的成就。他的眼光与科学知识水平超越了他的时代。他是一位天才，他一面热心于艺术创作和理论研究；另一方面他也同时研究自然科学。他有着多方面的才能，对人类作出过多方面的贡献。他不仅会画画，雕塑，建筑房屋，还会发明武器，设计过世界上第一个飞行机，他又是一个医学家、音乐家和戏剧家，而且在物理学、地理学和植物学等其他科学的研究上也很有成就。他道德高尚，举止温雅，且体格健壮，力量过人，据说他一只手就能轻易地折断马蹄铁。他左右手都会写字、作画，他用左手写的字是反向的，人们只有在镜子里才能看懂。

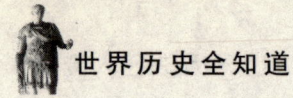

壁画《最后的晚餐》、祭坛画《岩间圣母》和肖像画《蒙娜丽莎》是他一生的三大杰作。这三幅作品是达·芬奇为世界艺术宝库留下的珍品中的珍品,它们至今魅力不减,是世界著名艺术馆的馆藏珍品,是欧洲艺术的拱顶之石。

《最后的晚餐》是达·芬奇毕生创作中最负盛名的作品。其以构思巧妙,布局卓越,细部写实和严格的体面关系而引人入胜。构图时,他将画面展现于饭厅一端的整块墙面,厅堂的透视构图与饭厅建筑结构相联结,使观者有身临其境之感。画面中的人物,其惊恐、愤怒、怀疑、剖白等神态,以及手势、眼神和行为,都刻画得精细入微,唯妙唯肖。这些典型性格的描绘与画题主旨密切配合,与构图的多样统一效果互为补充,使此画无可争议地成为世界美术宝库中最完美的典范杰作。

《蒙娜丽莎》是一幅享有盛誉的肖像画杰作,它代表达·芬奇的最高艺术成就。画中人物坐姿优雅,笑容微妙,背景山水幽深茫茫,可以说是淋漓尽致地发挥了他那奇特的烟雾状笔法。而且,他力图使人物丰富的内心感情和美丽的外形达到巧妙的结合,他对于人像面容中眼角唇边等表露感情的关键部位,也特别着重掌握精确与含蓄的辩证关系,达到神韵之境,从而使蒙娜丽莎的微笑含义无穷,具有一种神秘莫测的千古神韵。

达·芬奇比之文艺复兴时期中的任何一人,有更多的、领域更广的幻想。他思想深邃、博学多才。他怀着永无休止的探索精神去研究自然和人生的一切奥秘,他把艺术和科学、理智和情感、形体和精神熔于一炉,继承和发扬了前人的人文主义思想和现实主义表现手法,把艺术推进到一个前所未有的高度,为自然科学的发展作出了巨大贡献。达·芬奇是当之无愧的"文艺复兴时代最完美的代表人物"。

戏剧大师莎士比亚

1564年4月,他出生了,默默无闻。1616年4月,他去世了,举世闻名。在整整52年的生涯中,他为世人留下了37个剧本,154首十四行诗和两部叙事长诗。他的剧本至今还在世界各地演出。在他生日的那天,每年都有许多国家上演他的剧本来纪念他。

他就是欧洲文艺复兴时期英国最伟大的艺术大师——莎士比亚。

"放弃时间的人,时间也放弃他。""智慧里没有书籍,就好像鸟儿没有翅膀。"这是莎士比亚的名言,也是他能在艺术天地里自由飞翔,成为一代艺术大师的秘密。

莎士比亚出生在英国沃里克郡斯特拉福镇的一位富裕的市民家庭。22岁时,莎士比亚离开家乡独自来到伦敦。最初是给到剧院看戏的绅士们照料马匹,后来他当了演员,演一些小配角。1588年前后开始写作,先是改编前人的剧本,不久即开始独立创作。写作的成功,使莎士比亚赢得了桑普顿勋爵的欣赏,勋爵成了他的保护人。借助勋爵的关系,莎士比亚走进了贵族的文化沙龙,使他对上流社会有了观察和了解的机会,扩大了他的生活视野,为他日后的创作提供了丰富的源泉。

从1594年起,莎士比亚所属的剧团受到王宫大臣的庇护,被称为"宫内大臣剧团"。莎士比亚创作的剧本因此得以蜚声社会各界。1599年莎士比亚参加了伦敦著名的环球剧院,并成为股东兼演员。1612年他作为一个有钱的绅士衣锦还乡,4年后就与世长辞了。

莎士比亚最著名的代表作有《哈姆莱特》、《罗密欧与朱丽叶》等。

《罗密欧与朱丽叶》讲述的是一对青年一见倾心,但因封建世仇,恋爱受到阻挠,导致二人的死亡。最后,双方家长鉴于世仇铸成的错误,言归于好。诗人以抒情笔调,特别在月夜阳台两个主人公对话一场中,写出了一首赞美青春和爱情的颂歌。

《哈姆莱特》是莎士比亚最主要的悲剧作品之一。丹麦王子哈姆莱特在德国人文主义中心维登堡大学读书。他的叔父克劳狄斯毒死老哈姆莱特,篡夺了王位,并娶了嫂嫂。哈姆莱特回国以后,父亲的鬼魂告诉他自己致死的原因,他遵照鬼魂嘱咐,决定复仇。同时国王开始怀疑哈姆莱特,在大臣波洛涅斯的建议下,利用他自己的女儿、哈姆莱特的情人奥菲利娅去试探他,又指使哈姆莱特的两个同学罗森格兰兹和吉尔登斯前去试探他,都被他识破。哈姆莱特利用一个剧团到宫廷演戏的机会,证实了

《哈姆莱特》剧照

《哈姆莱特》代表莎士比亚戏剧的最高水平。故事主要讲述了丹麦王宫以哈姆莱特为首的人文主义派与克劳迪为首的保守派之间的激烈冲突。

鬼魂的话,决心行动。他说服母亲疏远国王,并把波洛涅斯错当国王杀死。国王派哈姆莱特和两个同学去英国索讨贡赋,想借英王之手除掉哈姆莱特,哈姆莱特发现阴谋,中途矫诏,折回丹麦。这时奥菲利娅因为父亲被情人杀死,疯癫自尽。国王乘机挑拨波洛涅斯的儿子雷欧提斯以比剑为名,设法用毒剑刺死哈姆莱特。在最后一场比剑中,哈姆莱特、国王、王后、雷欧提斯同归于尽。

莎士比亚的剧作是西方戏剧艺术史上难以企及的高峰。在他的戏剧中,展开

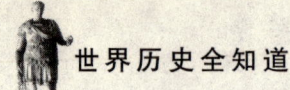

了如此广阔的生活画面：上至王公贵族，下至生活在社会底层的贫民百姓，社会各个阶层的人物都在剧中婆娑起舞，而每个人又有各自的爱憎、伤悲与欢乐，每个人都具有鲜明的个性特征。

莎士比亚生前并未享受过多的荣誉，他死后的 200 年里也并未得到普遍的肯定。到了 19 世纪中叶，人们重新发现了莎士比亚，并形成了一门新学科——莎学。但由于莎士比亚出身平民阶层，没有受过高等教育，生平资料又过于匮乏，引起了一些人对他的戏剧创作生涯产生怀疑，甚至还挖空心思地找出了莎剧的"真正"作者。其实并没有足够的证据和材料推翻莎士比亚的著作权。莎士比亚作为一代文豪、伟大的戏剧家的地位是不容动摇的。

喜剧大师莫里哀

莫里哀（1622—1673）是法国古典主义时期著名剧作家，本名让－巴蒂斯特·波克兰，"莫里哀"是他参加剧团以后用的艺名。

莫里哀 10 岁丧母，外祖父经常带他去看闹剧、喜剧和悲喜剧，使他从小就喜爱戏剧。1643 年路易十四幼年登基，由国母摄政。莫里哀在这一年同十几个青年，特别是贝雅尔一家兄妹，签订合同，组织"盛名剧团"。1649 年 6 月 28 日，在一位公证人的文件里，他第一次用莫里哀这个后来举世闻名的名字签字。但是他们的演出完全失败，剧团出面人是莫里哀，债主把他送进监牢，拘押了三、五天，由父亲做保，应许分期偿还债务。剧团宣告解散，他和贝雅尔兄妹几个人参加了另外一个剧团，离开巴黎，到西南一带去流浪了 12 年。这位学生出身的有产者，放弃产业，放弃荣誉，放弃现成的社会享受，到人民中间扎了根，摆脱书生气，仗着他的人品与才气，锻炼成为一个戏剧事业活动家，成为受团员爱戴的剧团领导。他学习人民喜爱的闹剧，学习靠演技取胜的意大利职业喜剧。

1655 年，莫里哀在剧团的根据地里昂，上演他的诗体喜剧《冒失鬼》，这次演出标志着喜剧正式诞生。1656 年，他在贝济耶上演他的诗体喜剧《爱情的埋怨》，同样得到好评。1658 年 10 月 24 日，剧团在巴黎宫廷演出，莫里哀和路易十四见面，国王把罗浮宫剧场拨给莫里哀剧团。

1661 年，路易十四开始亲政。在英国资产阶级进行革命的年月，法国出现典型的君主专制。路易十四自比太阳，骄奢豪华。莫里哀在路易十四早年有所作为的时期，为了争取他的保护，不得不博取他的欢心。当时罗浮宫改建门廊，剧团没有了剧场。幸而有国王兄弟从中帮忙，要求把黎塞留用过的王宫剧场赏给剧团使用，得到路易十四的同意。从 1661 年 6 月 24 日上演《丈夫学堂》起，直到最后的《没病找病》止，莫里哀的喜剧都是在这里演出的。

莫里哀攻击一切不合理的现象，特别是攻击经院哲学和经院医学；他攻击官方一再禁止而愈来愈烈的高利贷；他攻击富商不择手段的上升欲望；他特别攻击天主教的危害多端的良心导师。

在他的晚年,他对现实的批判与王权有抵触,路易十四逐渐不再赏识他。为了维持剧团开支,他不得不带病参加演出。有一天,他在演出《没病找病》三场之后,感觉异常疲惫。他对他的夫人和一位青年(由他培养后来成为大演员的巴隆)讲:"我这一辈子,只要苦、乐都有份,我就认为幸福了,不过今天,我感到异常痛苦。"他们劝他身体好了再主演,他反问道:"你们要我怎么办?这儿有50个人靠每天收入过活,我不演的话,他们该怎么办?"他不顾肺炎,坚持继续演出,勉强把戏演完,夜里10点钟回到家里,咳破血管,就与世长辞了。这一天是1673年2月17日。

他的去世震动巴黎,天主教不给他坟地,莫里哀夫人只得向国王请求。最后,大主教勉强批准了出殡,限制在天黑以后,把他埋葬在一个小孩子的墓地。据说,后来再找莫里哀的坟头就找不到了,因为早已让教会挖掉,不知把骸骨抛到什么地方去了。

莫里哀不仅是一位杰出的剧作家,一位出众的导演,还是一位成就极高的优秀演员,他还培养了一代群星灿烂的表演艺术家。他是法国戏剧历史上贡献卓越的戏剧家,也是整个欧洲戏剧事业发展的推动者。

在路易十四时代,法国的政治稳定,文化繁荣,成为欧洲最强的国家。莫里哀的喜剧能有如此大的成就,是这个伟大时代的一部分。莫里哀去世后,据说路易十四曾问文艺理论学家布瓦洛:在他统治期间,谁在文学上为他带来最大的光荣?布瓦洛回答:"陛下,是莫里哀。"莫里哀虽非学院的院士,但学院在大厅里为他立了一尊石像,下面写着这样的话:"他的光荣什么也不少,我们的光荣少了他。"

富有英雄气质的诗人拜伦

拜伦(1788—1824),英国著名诗人,最著名的代表作是《唐璜》。他生于伦敦。10岁前生活贫困,后继承其叔祖父的爵位。曾就读于哈罗公学和剑桥大学,在学校过着放荡不羁的生活。后遍游欧洲各国,根据这次经历写出了广为流传的《恰尔德·哈罗尔德游记》,这部著作使他"一夜醒来,发现自己已经成了名人",并成了伦敦社交界的宠儿。他给欧洲留下了"拜伦式英雄"的概念。

他曾写下过许多热烈的浪漫诗篇,其中有些也是极为温柔的。他一生爱过几十位女子,但奇怪的是他最为深爱的一个女人竟是他的同父异母妹妹,他们相爱的丑闻震动了整个欧洲。

但是,拜伦的名声越坏,女人们越崇拜他。她们如痴如醉地崇拜着他,简直到了一种疯狂的地步,当他的太太因为忍受不了他的虐待而离开他时,欧洲有一半的女人起来责备他的太太。

这位情人中的楷模，一百年前的瓦伦逖诺，到底是什么样子的呢？他的一只脚有残疾，因此他走路时的姿势甚是难看；他爱咬自己的指甲；他还爱嚼烟叶；他的性情坏透了，在举行完婚礼两小时后，他就对新娘说他恨她，他完全是为了泄恨才娶她的。在见了他一面之后，这位可怜的姑娘就只有过着悲惨的日子了。她的生活也确实是如此。

但拜伦的身体修长优雅，他常被人们比做标准的美男子阿波罗。为了保持身材的匀称，他一生中的每一天、每一小时都在愤怒地、拼命地和肥胖作战。例如，他每天只吃一顿饭，而且这一顿饭常常还只是洒了点醋的一小块马铃薯或一点点的米饭。为了减去身上多余的脂肪，他经常练习击剑、拳击、骑马和游泳。他在打当时英国最为流行的板球时，身上穿着7件内衣，但是就是7件内衣也不能完全把脂肪化为汗挥发掉，因此，他每星期还得洗上3次土耳其蒸汽浴。

这种毫不科学的饮食习惯把他的消化系统搞坏了，于是，他的卧室里放满了各种药丸、药水。那儿颇像一个卖药的商店，哪里像是当时全世界最有诱惑力的情人的卧榻呢？

拜伦在他所住的那个每夜都会做噩梦的老修道院，时常受到一个以前在那里住过、但后来失踪了的一个修士的鬼魂的骚扰，拜伦发誓说他经常看见那个戴着黑帽子的幽灵怒目缓步地在走廊里穿行。他说在他那不幸的婚姻的前夜还看见过那个可怕的鬼魅。几年后，在意大利，他又发誓说他看见诗人雪莱的灵魂走入树林，但是，雪莱本人当时却在千里之外，拜伦当时也知道这一事实。但是不可思议的是，不久以后，雪莱果真死了——是不慎跌落湖中被淹死的——拜伦一个人架起了一堆柴火把雪莱的尸体焚化了。

还有一个迷信总是缠绕着他。一个吉卜赛的预言家曾警告过他，说他会在37岁时去世。果然，他在度过了自己36岁的生日后的第三个月去世了。拜伦相信一种凶恶的灾祸注定要降临他的家门。他说36岁的生日是他们家中最不祥的日子。有些现代的传记作家的看法还真的和拜伦一致，因为拜伦的父亲死于36岁，拜伦的女儿和她父亲一样也死于36岁生日的前夕。

拜伦写了很多叙事长诗，诗歌中塑造了一系列高风亮节、孤行傲世、富有叛逆精神的主人公形象。他们是海盗、异教徒、造反者、无家可归者等，都具有出众的才华、坚强的意志、反叛的热情，敢于蔑视传统秩序和专制暴政，但是他们的反抗总是和孤独、忧郁结合在一起，乃至傲世独立，离群索居，并以悲剧而告终。最典型的形象是《海盗》中的康拉德。这一类形象被称作"拜伦式英雄"。

一生困顿的巴尔扎克

法国著名作家巴尔扎克（1799—1850），出生在富贵之家，他的父亲一心想让儿子成为一名律师。大学还没有毕业，他就被介绍到一位名律师手下做助手。

他整天与法律界的人们打着交道，越来越觉得没趣。于是，他决心与父亲摊牌，离开律师界。

巴尔扎克自从与父亲立下军令状后，便开始了他的写作生涯。他把自己关在一个简陋的房间里，动手写悲剧《克伦威尔》。待他写完后，便读给别人听，结果只见他读得很认真，听得人们却都鼾声大作了。

他心里很难过，眼看两年的时间马上就快到了。他灵机一动，马上改弦更张，动手写了些迎合小市民趣味，虽然文学上没有什么成就，可是可以拿到一笔稿酬，起码生活可以独立了。

1827年，巴尔扎克用自己的名字发表了小说《朱安党人》，这是他获得文学声誉的第一部作品，也是他现实主义创作道路的第一步。

巴尔扎克除了写作外，一生都想挣大钱，但绝对不是靠写作，而是投资。不过，他在经济投资中运气总是不佳，结果在大多数情况下他靠外来资金开始他的大项目。

在34岁那年，巴尔扎克收到了一封寄自遥远的乌克兰的信，信尾署名是罕丝卡伯爵夫人。她在信中说自己是巴尔扎克的小说的忠实读者。巴尔扎克给她回了信，从此他们开始鸿雁往来，终至产生爱情。从1832到1848年，巴尔扎克给罕丝卡写了大约2000封情书，并再三追随她前往圣彼得堡、柏林和罗马。1841年罕丝卡的丈夫老伯爵去世，巴尔扎克向罕丝卡正式求婚，但是女方犹豫不决整整9年，直到1850年初才勉强同意与巴尔扎克结成夫妻；这时年过半百的巴尔扎克因长期熬夜写作、过量饮用咖啡已患可卡因中毒，动脉硬化，奄奄一息。

据目击者记载，1850年8月18日巴尔扎克死前，他新婚不久的妻子即背叛了他。丰韵犹存的巴尔扎克夫人，竟然躲藏在隔壁一个房间里，与她的情人、雕刻家让·吉古同床共枕，与其说等待丈夫的遗嘱，不如说等待他的遗产。以往的巴尔扎克传记大多只对罕丝卡伯爵夫人的爱情赞不绝口，誉为佳话。洋溢着浪漫、理想和激情的巴黎人不愿接受，甚至不愿设想对于巴尔扎克如此荒谬的亵渎。几代人宁愿沉醉在迷人的"佳话"幻影之中。巴尔扎克！法兰西文学之王！他必须有纯洁的生死不渝的爱情！现在，这个虚妄的神话被揭穿了。为纪念巴尔扎克诞辰200周年，法国报刊公布了《巴尔扎克的惨死》，这是以生命最后一息写下的《人间戏》，即人间悲剧"私人生活场景"的最后一章。

热恋中的巴尔扎克为罕丝卡采集的白丁香和紫罗兰依旧怒放，但在今天百花散发着多样的含义。现代人能够从凄凉的芬芳中、从冷静的沉思中，接受这个悲剧的事实了，因为巴尔扎克以他洞察一切的天才所描绘的"人间戏"至今仍在上演。

巴尔扎克小说总集的中文译名为《人间喜剧》，其实是一个严重的误译。该题名原文是 La Comédie humaine，其中的关键词 Comédie，在权威的法文词典中有两种含义，既可以指戏剧，如拉辛的悲剧作品，也可以指喜剧，如莫里哀的作品。巴尔扎克的小说，无论是"私人生活场景"的《高老头》、"巴黎生活场景"里的《贝姨》、"军事生活场景"里的《朱安党人》，还是"外省生活场景"里的《欧也妮·葛朗台》，都是幻灭的悲剧，没有一出是喜剧。最近新版的中文译本"巴尔扎克小说总集"，已将总标题改正为《人间戏剧》。可见要真正读通文学，是多么不易。

放荡不羁的大仲马

法国著名作家大仲马（1802—1870），其学识和文学才能主要靠自学。27岁因戏剧《亨利三世》而一举成名。1844年发表的《三个火枪手》使其立即成为法国最受欢迎的通俗小说家，随后他出版了《基督山伯爵》，声誉更盛。在其后的10年间，小说从他的笔下源源不断地流出，他自夸写了400部小说，一般认为有200多部。

大仲马是一个喜欢用鹅毛笔蘸着墨水写字的奇怪的小说家。他喜欢吹牛，说他自己有500个以上的孩子，他的这一估计也许稍微夸张了一点。但是，不管他长得如何肥胖、古怪，他对付起女人来的确有一套。他一再宣称他绝不结婚，这使他的一个富有的恋人非常恼怒，于是，她就让人把大仲马欠别人的债券全部买下来。在当时，债券是可以把一个人关进大牢中去的。然后她就派人很客气地通知大仲马，让他在结婚和坐牢二者中任选其一。结果，他终于选择了结婚。

大仲马是一个非常讲究饮食的人，很会做菜，他熬汤和烤鸭子的技艺和他写小说的才能一样著名。他吃得多而且吃得很讲究，他每一顿吃饭要吃很多菜，腌肉、鱼、烤鹧鸪，外加六七种蔬菜，最后还要吃大量的烙饼。他膳食的考究连俾斯麦都自愧不如。然而，他虽然是个饕餮之徒，却从不饮酒或者喝咖啡，也从不抽烟。当他忙于写作的时候，他甚至连吃的东西都不大注意。有的时候根本就忘了进餐。假如当他在工作的时候，忽然有朋友跑来看他，他只会简单地伸出他的左手前去欢迎，右手仍然奋笔疾书，丝毫也不停歇。

他赚了500万法郎以上——比他同时代的任何作家赚得都要多。事实上，历史上的作家很少有人能接近这个记录。然而，当他第一个剧本上演的时候，他穷得连硬领都没有，于是他就从一块白色的车板上割下一个硬领，戴着它到剧院去参加他一生中最重大的事情。

这个肥胖的、衣着华丽的大块头非常热爱他的母亲。在他第一个剧本上演的前三天，他的母亲中风了。所以，在他巴黎的初次取得胜利的那天晚上，大仲马在每幕戏收场的时候都要离开剧院，迈开他的两条长腿，尽可能迅速地跑到他母亲的病床旁边，看她是否需要什么帮助或别的东西。那天晚上，全巴黎都传诵着他的名字，而他却睡在母亲床底下的一个草席上。

他精力饱满，时常乘车或骑马出外旅行，他游遍了整个欧洲。他常常同时写

5篇小说，作为长篇连载，刊登在报纸上。他没有时间去阅读自己所写的小说，却有时间用刀剑和手枪和别人去决斗了不下20次。

当他步入老年的时候，他走进了醇酒妇人、轻歌曼舞的温柔乡里。但他既不饮酒也不唱歌，却极好女色。

如果说巴黎有什么特点的话，那便是宽宏大度了。然而大仲马的恋爱生活，甚至在浪漫宽容的巴黎人中间，都成了一件耸人听闻、人言啧啧的故事，最后，连他自己的儿子都厌恶地离开了他。那些女人是真心爱他吗？不是的！她们爱的只是他的钱财。这些女人将他的钱完全弄光以后，便把他丢开不理了，而且还蔑视他、嘲笑他。大仲马在穷困、寂寥、无人照顾的悲惨情形中度过了他的晚年。后来，他不得不把他的珠宝甚至他的大衣当掉来支付房租，假如他儿子不替他付欠杂货店的账的话，他可能早就饿死了。

大仲马的小说常以宏大的历史事件为背景，如《三个火枪手》、《基督山伯爵》等。大仲马取材于历史，但非写历史小说，大仲马说："历史是一颗钉子，是用来挂我的小说的钉子"。在这一点上，我国作家金庸受其影响甚大，他的武侠小说中的人物也常与历史事件交织在一起，知识性与趣味性并重，引人入胜。

死于痛苦和疯狂的莫泊桑

法国作家莫泊桑（1850—1893）一生短暂，只活了43岁。在近10年的创作生涯中，他给世界文学宝库留下了《一生》、《漂亮朋友》等6部长篇小说、300多篇短篇小说、3部游记、1部剧本、1部诗集和许多杂文，创作量极其惊人。这位天才作家生前寻欢作乐，放浪形骸，最终死于梅毒。

莫泊桑年轻时曾在海军部作职员。他与几个朋友整天想的就是在塞纳河上划船和取乐，在河边，聚集着三教九流、形形色色的人物。莫泊桑就在这样的环境中玩乐、胡闹，轻率地就与一些浮荡女子交往。于是，他26岁就染上了可怕的梅毒。但他依然沉湎于酒色。

后来，他在恩师和他视若父亲的福楼拜的帮助下，调入由福楼拜的挚友任部长的公共教育部当职员。这时，他努力地写出一些诗歌和纪实性文章，在29岁时更是写出令福楼拜狂喜的短篇小说《羊脂球》。这篇小说奠定了他短篇小说之王的基础。但他已风流成性，在新的环境中，他的猎艳对象随着声名的日渐显赫和稿费的源源不绝而由下中层社会的女子变为上流社会的贵妇人。

这时候，他开始为寻欢作乐付出代价：他右眼调节功能麻痹，不时出现幻视，而且又患偏头痛和晕眩病。此外，其他一些不理智的行为也在他身上不时发生。莫泊桑的神经和言行不正常在继续发展，而他的写作也更勤奋。到1897年，不知是有意识还是无意识，他在写作其他作品的同时突然写起一部中篇小说《狂人日记》来，以一个精神错乱者的身份来进行叙述，并剖析其患病的过程。就在

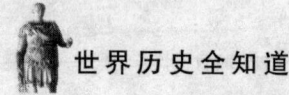

这一年,他的精神失常的症候比较明显了。此后写的短篇小说,荒诞的故事多起来,幻想和恐怖写得就像他经历过的一样。

莫泊桑的病发作得越来越频繁了,但是,为了能够继续从事他心爱的文学创作,他顽强地与病魔搏斗着。

莫泊桑辞去教育部的工作后,创作的小说一部接着一部,他的事业如日中天。贵妇们一个个冲着莫泊桑而来,莫泊桑也乐得与之周旋,但他却终身未婚。

莫泊桑经常服用乙醚和吗啡,量越加越大,以至后来没有任何药物可以缓解莫泊桑的病痛。他对人说:"我想自杀以求生……这就是离开尘世的逃脱办法。"在离他切喉自杀前18天时,他草拟遗嘱,只是突然想起要与母亲一起过圣诞节(后改为过元旦节),他才打住了。可是,各种药物和各种治疗方法都用遍了,头脑糊涂,幻觉丛生,他已被病魔摧残得不像样子。终于,莫泊桑在与母亲过完元旦后,在夜里切喉自杀未遂。

医生们认为,为了避免莫泊桑再次自杀,只能让他住院。莫泊桑住院后,病情并未好转。他时而躁狂,时而平静。在住进医院差不多1年半时,莫泊桑又出现了癫痫性痉挛。他已病得无力站立,有时在无人看管时,竟趴在地上,用嘴舔着墙壁。经过多次痉挛和抽搐,他陷入休克状态,神经完全麻痹,睁着一只痴呆无光的眼睛,发出一声无力的悲哀的嘶哑叹息。

1893年7月6日,差1个月43岁的天才小说家莫泊桑被梅毒侵入大脑而引起的精神疾病夺去了壮年的生命和如日中天的事业。法国文坛对莫泊桑的病逝悲哀不已。

左拉高度地评价莫泊桑说:"他有法兰西民族的灵魂,是对这个民族的奉献和高尚品质之所在。人们理解他是因为他光明、朴实和有气魄。""让他安息吧!这是用生命换来的,让他留下的作品永存吧!他的作品将永存并世代相传!我们这些认识他的人,在心中将永远留下他健壮和痛苦的形象。而以后,那些不认识他的人将通过作品去爱他,因为他歌唱了永恒的爱,歌唱了人生。"

童话大王安徒生

1805年4月,一个婴儿出生在一张由棺材板拼成的床上。他的名字,就是汉斯·克里斯蒂安·安徒生。

安徒生的父亲是丹麦欧登塞城的一个贫苦鞋匠,他常常给孩子讲故事,在家里和孩子们一起做玩具游戏。安徒生从父亲那里继承了丰富的想象力和对小孩的无限热爱之情。

欧登塞是个封闭的小镇,人们坚信上帝和女巫,许多神秘的传说在空气中荡漾不绝。纺纱室的阿婆们有时会把《一千零一夜》中的离奇故事讲给来玩耍的小安徒生听,使这个原本喜欢空想的脑子更加丰富了。古老的传说和童年的幻想,都成为他创作的源泉。

在上小学时,安徒生经常偷看学校里唯一的女孩子萨拉,他把她想象成童话中的公主,渴望接近这个黑眼睛的小姑娘。有一次,他们一起回家,其实他的家早就走过了,可是他一声不吭。同样贫苦出身的萨拉发誓自己将来会成为某农场的女管事。安徒生睁大双眼:"那多没意思!公主怎么能当管事呢?我长大以后,要把你接到我的城堡里。"萨拉笑起来,这小家伙一定是疯了。第二天,一个磨坊主的儿子奥来揪着安徒生的头发嚷道:"日安,公爵大人!你漂亮的城堡在哪儿呢?"周围的人捧腹大笑。他的这段恋情也无果而终。

安徒生有句名言:"旅行就是生活。"从 1831 年,安徒生开始了他第一次国外漫游。他一生中共出国旅行 29 次。他携着一把雨伞,一根手杖和简单的行囊访问了欧洲的所有国家,先后完成了《阿马格岛漫游记》、《幻想速写》、《旅行剪影》等作品。

安徒生是诗人、剧作家、游记作者,他多才多艺,还剪得一手好剪纸。但童话是安徒生一切创作中的皇冠。1835 年,安徒生写信给女友说:"我要为下一代创作了。"从自己的童年体验中,安徒生深深理解穷苦孩子生活的寂寞和痛苦。他认为,在诗歌的领域中,没有哪一样能像童话那样无限包容。童话,会给孩子们一点快乐、希望和教益吧?他开始用一切感情和思想来创作。

1835 年,安徒生的第一本童话集问世,其中收入《打火匣》、《小克劳斯和大克劳斯》、《豌豆上的公主》、《小意达的花儿》4 篇童话。这些童话来自安徒生自己的人生经历,"它们像'种子'一样藏在我的思想中,一股涓涓细流、一束阳光,或一滴苦酒,就能使它们破土而出。"

从这一年起,每一个圣诞节都有一本新童话来到孩子们身边。他整整写了 43 年,直到生命结束共创作了 168 篇作品。那诗一般的语言、宛转曲折的情节,使他的童话在他生前就已成为世界上拥有读者最多的读物。《丑小鸭》、《坚定的士兵》、《野天鹅》、《夜莺》……他赋予一切事物鲜活的灵魂,让它们歌唱。他把它们献给一切人——孩子们为那奇异动人的故事而神迷,成人则徘徊在他深深的人生哲思之间,流连不去。

安徒生的童话中不仅充满了奇异的梦幻般的火花,而且这位从苦难中生长起来的作家对劳动人民和那些生活在痛苦中的孩子也寄予深切的同情。如《卖火柴的小女孩》。

安徒生生命的最后几年体弱多病,幸运的是,他一生都生活在朋友的热爱之下。有一个大学生,寄给他一棵干枯了的四片叶子的三叶草。据民间传说,这种草会给人带来幸福。年轻人在信中说,这棵草是他小时候找到的。

当安徒生在哥本哈根大街上走过时,一些行人会怀着崇敬的心情向作家致意,他们之中许多人就是在他的童话熏陶下长大的,他们知道他走过艰辛的道路,为他在世界上取得的声誉而感到骄傲。

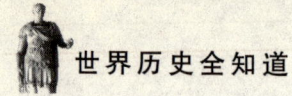

1875年8月4日,这位童话之王在友人家中停止了呼吸。清风悄然拂动他的黑发,在这里,谁也听不到他的故事了。

圆舞曲之王施特劳斯

约翰·施特劳斯(1825—1899)是奥地利的著名作曲家。其父也是位作曲家,曾写过150余首圆舞曲,被誉为"圆舞曲之父"。

早在6岁的时候,小施特劳斯就在家里的钢琴上弹奏出他自己构思的圆舞曲。可是,父亲老约翰·施特劳斯却不愿他的任何一个儿子搞音乐。儿子的音乐才能使得施特劳斯感到大为不安,他禁止了孩子一切的音乐活动。可是母亲安娜却为孩子在音乐上的早熟而感到骄傲,她悄悄地记下了孩子的处女作。

老施特劳斯一直对儿子忌疑重重,深感烦恼。他让他的经纪人警告维也纳城内各大舞厅,倘若有谁接受小施特劳斯在彼处演出,那么圆舞曲之父本人就将从那家舞厅绝迹。小施特劳斯被各大舞厅拒之门外,只好到城郊的一家咖啡馆的花园里去举行露天音乐会。好事者将小施特劳斯乐队排练的消息传给了他的父亲。盛怒之下,老施特劳斯宣布在那同一天晚上他也将举行一场音乐会。但到后来,他得知自己的音乐会票在黑市上还不如他儿子那边的票吃香,不得不取消了举行音乐会的计划。

1862年8月27日,小施特劳斯同年长10岁的歌唱家吉蒂结了婚。婚后,小施特劳斯过着深居简出的生活,妻子的财富使他得以从日常的演出中完全解脱出来,悉心致力于作曲。

在世界上所有的圆舞曲里,"蓝色的多瑙河"可以说是最有代表性的杰作。小施特劳斯创作这首世界名曲的灵感来自于一篇描写爱情的诗歌,其中有一句"多瑙河,美丽的蓝色多瑙河"。诗句那流畅的音节使他受到了强烈的感染。说来奇怪,这部日后成为维也纳音乐标志的不朽名作,在初次与听众见面时,却被认为是小施特劳斯为数不多的一次败笔。听到演出失败的消息,小施特劳斯倒一点也不在乎。要不是小施特劳斯在这之后不久,应邀赴巴黎参加国际博览会,那么"蓝色的多瑙河"很可能就会湮没在他为数众多的乐稿之中而被人遗忘了。

在巴黎,开办不久的《费加罗报》要为小施特劳斯做广告,有个编辑建议说,一支巴黎人未曾听到过的新曲肯定能使他的音乐会大大增色。这时,小施特劳斯想起了"蓝色的多瑙河",他将它改编为管弦乐曲。

真要感谢《费加罗报》的编辑,"蓝色的多瑙河"在巴黎的首演,竟成了这届博览会一大轰动事件。在博览会壮观的大厅里,小施特劳斯把他的绝代佳作奉献给了数以千计的听众……乐曲结束了,可听众们却依然陶醉在乐曲的气氛里——一阵静默之后,忽然爆发了满场的欢呼喝彩……

由于小施特劳斯一生中创作了大量脍炙人口的圆舞曲,因而被誉为"圆舞曲之王"。1899 年 6 月 3 日,他因患肺炎在维也纳逝世,维也纳人民为他举行了据说有十万人参加的盛大葬礼。他的遗体被安放在维也纳公墓里,在勃拉姆斯墓的旁边,舒伯特墓的对面。

小施特劳斯最著名的作品有《蓝色多瑙河》、《艺术家的生涯》、《维也纳森林的故事》、《春之声》、《美酒、爱情和歌曲》、《皇帝圆舞曲》等,其中《蓝色多瑙河》被誉为奥地利第二国歌。此外还作有《雷鸣电闪》等 120 多首源自捷克的波尔卡舞曲及几十首其他舞曲。1870 年起创作了《蝙蝠》、《罗马狂欢节》、《阿里巴巴与四十大盗》、《吉卜赛男爵》等 16 部轻歌剧,对于欧洲轻歌剧的发展有着相当深远的影响。

酒鬼诗人爱伦·坡

爱伦·坡(1809—1849),美国著名诗人,小说家,他喜欢描写忧郁的情绪。其代表作为《乌鸦》,悲叹死去的爱人,诗中的乌鸦对诗人的一切问题都以"永不复返"作答,表达了一种绝望的情绪。除诗之外还写有 30 多篇短篇小说,并被视为侦探小说的鼻祖。

爱伦·坡学生时就是为了酒的作用而喝酒的。可后来爱伦·坡却因为生活的不如意而开始酗酒,最终被送进一家医院。直到他去世的前一天晚上,爱伦·坡仍然坐在酒馆里,头发乱蓬蓬,神情恍惚,脏兮兮的,整个儿外表令人讨厌。1849 年 10 月 7 日,埃德加·爱伦·坡去世了,死时年仅 40 岁。

这位巨人一生的经历却非常不如意。由于酗酒嗜赌,他曾经被弗吉尼亚大学开除过。后来,因为他不守校规,在他应当到外面操场上去持枪出操的时候,却坐在宿舍里写诗,受到了军事法庭的审判,后来就被西点军校开除了。

爱伦·坡的婚姻是文学史上最浪漫、最美丽动人的故事之一。在 26 岁时,他爱上了比他年轻一半的表妹——当时还只有 13 岁的小女孩弗吉尼亚,并且不顾一切地和她结了婚。当时他身无分文,而实际上他从来就没怎么有钱过。根据一切古书上的格言,他这次婚姻一定很快就会面临灾难。但是,后来的事实并非人们所预言的那样,事实证明他的婚姻是一种极为浪漫的成功。爱伦·坡对于他的这位年轻的娇妻几乎是近于崇拜,在他那点石成金的神奇之笔下,他们之间的这种不朽的爱情,启示爱伦·坡写出了一些大大丰富了英语世界的最精美的诗篇。

爱伦·坡的《乌鸦》这首诗写了又改,改了又写,一直断断续续地写了 10 年。然而,最后他却被迫将它廉价出卖,仅仅只得到了 10 美元的稿费——这相当于他一年的工作合一块钱。但这首诗的原稿最近却卖了几万美金的高价。为什么我们老是让大多数的天才们,在他们活着的时候忍饥挨饿,而在他们死了之后,却又以这么奇怪的高价来购买他们的亲笔手稿呢?

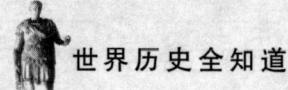

爱伦·坡和弗吉尼亚曾经一起住过的茅屋,现在成了纽约大都会的所在地。当爱伦·坡在当年租下那块地的时候,那不过只是一间快要倒塌了的茅房。茅屋掩藏在苹果树间,空气中充满着紫丁香和樱桃花的芬芳,那简直是一个像梦一样美丽的地方。爱伦·坡以3美元一个月的价钱租下了这块地方,但是事实上他连这个价钱都付不起。大部分时间他根本就不付任何房租,他的妻子患有肺痨,而他连给她买食物的钱都没有,就更别说寻医问药了。有时候,他们一连好几天都没有一点东西可吃。当车前子草在院子里开花的时候,他们就把它摘下来,用水煮熟了当饭吃,有一段时间几乎天天如此。

若干年后,弗吉尼亚就在那间破茅屋里去世了。在她死前的好几个月中,她就躺在床草褥子下面,他们没有足够的衣服可以御寒保暖。当她实在冷得厉害的时候,她的母亲就给她搓手,而爱伦·坡就给她搓脚。爱伦·坡拿着他在西点军校时穿过的旧军服和斗篷盖在她战栗不止的身体上。晚上,他让一只猫睡在她的脚旁。

她死的时候,爱伦·坡没有足够的钱来埋葬她。假如不是依靠着一个邻居的恩惠,她也许真的要死无葬身之地了。

几年前,纽约州政府买下了这座茅屋,并把它建成了一家纪念馆。在人们看来,那是一座梦中的茅屋,充满了萦绕于心胸的悲惨的回忆,让人久久不忍离去。

文学史、思想史上的名人,他们的才华往往与命运极不协调。爱伦·坡正是一个典范。

一生求索的托尔斯泰

1828年9月9日,列夫·尼古拉耶维奇·托尔斯泰出生于距莫斯科不远的雅斯纳亚—波良纳的贵族庄园。他由于家境殷实,童年时就有家庭教师精心照管他的生活和学习。16岁时,托尔斯泰考入喀山大学东方语系。3年后,他中断学业,回家经营庄园。

他年轻时是一个花花公子,穿着非常考究,莫斯科的裁缝们在他身上很是发了一笔财。他年轻时的生活,据他自己说是:"很污秽、很罪恶的生活。"酗酒、决斗,甚至凶杀等各种想像得到的罪恶他都犯过。但是,到了后来他竟虔诚地信仰耶稣基督,并且使基督教成了俄国宗教上一个最神圣、最有影响力的组织之一。

托尔斯泰的一生确实是一幕悲剧,而这幕悲剧的原因就是他的婚姻:他的夫人极好奢侈,而他对此却十分鄙夷;她爱慕虚荣,热切地渴望着社会地位,然而,这些轻浮而愚蠢的事情在他看来却一文不值;她疯狂地渴求金钱与财富,但他却认为财富和私有制是罪恶的根源;她信仰武力统治,他却主张以仁爱服人。

最糟糕的是她那强烈的嫉妒心。她憎恨接近她丈夫的所有朋友。她甚至把自己的女儿也赶出了家门,随后,她还闯入托尔斯泰的房间,用气枪朝着她女儿的照片射击。

有好几年,她一直追着他哭闹咒骂,她把家庭变成了一个可怕的地狱,因为托尔斯泰坚决主张俄国人可以随便翻印他的著作而不需要支付任何版税。

当他反对她时,她就会歇斯底里地躺在地板上像泼妇一样打滚咒骂,手里拿着一枝鸦片烟要去寻死,或者就是哭喊着要去投井自杀。

托尔斯泰夫妇结婚差不多有半个世纪了。有时,她会跪在他的脚下,请求他读当年为她所作的美丽、热情的诗句,那是48年前他们疯狂地热恋着时,他所写下的日记。当他读到那些已经永远逝去了的黄金时代的美丽记忆时,他们俩都被感动得放声痛哭起来。

最终,老托尔斯泰在结婚48年后离开了妻子和家。1910年10月28日,早晨4点,82岁的托尔斯泰给她写了最后一封信。

信末写道:"说到我对你的爱,我的嫉妒到极点不理智到极点的行为都源自于它,这爱从未减弱,它直到我生命的末日都将活在我心中……"几天以后,他行走在铁轨上,因胃炎突发高烧,于1910年11月6日病逝。而他最后留给人世的一句话却是:"去寻找,永远去寻找。"

托尔斯泰的代表作有:《战争与和平》、《安娜·卡列尼娜》、《复活》等,他的作品充溢着人道主义精神,反映了他悲天悯人的情怀,他的读者遍及世界各地。

据粗略统计,记载他的事迹和思想的书籍几乎有2.3万余册,报纸杂

托尔斯泰肖像

志上谈到他的人和思想的文章约有5.6万多篇。而且,他自己的著作共计有100部——这一数目是许多作家想都不敢想的。

回顾托尔斯泰的一生,他不仅仅是一位文学巨匠,还是一位有着人道主义情怀的思想家。托尔斯泰从没放弃对人生真谛的执著追求。他一直在思考,社会上层与下层、地主与农奴之间的隔阂与矛盾在哪里,农民贫困的根源何在,这突出反映了他的人道主义思想。

在人生的最后几年，托尔斯泰发誓要改变自己的贵族化生活方式，不时地参加体力劳动，自己耕地、缝鞋，为农民盖房子、砌炉子，他还在自己的庄园进行改革，改善农民的生活。他的改革不管成功与否，影响多大，总之反映了他的人道主义理想和宗教思想。

托尔斯泰一直被看作俄罗斯知识分子的良心，俄罗斯人文精神的总代表。他是俄罗斯的一个重要的文化符号。

"狂人"画家梵高

温桑·梵高1853年3月30日出生于荷兰北部布拉邦特省的一座小市镇，1869年秋天，因家境日趋贫困，16岁的梵高不得不独自谋生。在海牙的古比尔美术商行当一名小职员。后被晋升后派往伦敦分行。在伦敦，他对房东太太的女儿厄休拉一见钟情。梵高外表丑陋，这样一副面孔自然不会使姑娘喜欢。厄休拉用冷言冷语和讪笑回答他的追求，梵高满怀忧伤地离开伦敦去巴黎。

在巴黎，他住在蒙马尔特大街，受失恋和生活无着的煎熬，1876年春，他返回伦敦，在贫民区的学校教法语。1880年，27岁的梵高在忠实的弟弟的帮助下，决心去学画。这时他依靠在画店工作的弟弟提奥的接济，但这点钱只够他糊口，没有多余的钱购置衣服和绘画材料。

1881年，他回到埃登和父母住了半年。他已厌倦孤寂的独身生活，对新寡的表妹吐露了倾慕之情，但遭到了拒绝。他毅然弃家去海牙跟他的堂兄毛威学画，但他不满意毛威让他不断去画石膏像的那套古典式教授方法。一天，他把石膏像摔个粉碎拂袖而去。他写信给弟弟提奥："我要画的是人性！人性！是人性！"

1885年，梵高进入渴望已久的安特卫普美术学院，但这座美术最高学府却令他失望。有一次画维纳斯雕像时，他竟然给这位女神画了荷兰主妇般的肥腿，使教师大为气愤，将他的画笔夺去。他便对教师喊道："你不知道女人是啥样子，一个女人必须有大腿、臀部和骨盆才能生孩子！"梵高被赶出了学院大门。

此时贫病交加的梵高已经33岁了，刚刚开始学画就遭受挫折。他决定去巴黎寻求弟弟的保护。1886年初，他再次来到巴黎，结识了许多印象派画家，特别是从开始就对他有很大影响的高庚成为他心目中的偶像。巴黎这座大都市的喧嚣和光怪陆离的生活令他厌倦。在弟弟的帮助下他来到法国南方的阿尔城，梵高生活在阿尔农民中间，和他们情投意合。1888年10月，怀才不遇、玩世不恭的高庚来到阿尔，他的到来却给梵高带来了一连串的不幸。

梵高悲剧性的短促的一生总是和保罗·高更奇特地纠缠在一起的。高更傲骨铮铮，骄狂蔑众，很难与人相处。从一开始他就不断嘲讽、揶揄梵高的绘画，并经常取笑他的情场失意，同时又妒忌梵高的艺术和他对艺术的忠诚，两人常常争吵不休。但生性淳朴憨厚的梵高总对朋友宽宥容忍，主动要求和解。

有一次，高更买通一个小妓女故意耍弄梵高。那女人对梵高说："你若给我五个法郎，我便好好接待你，否则要用你的大耳朵送我做圣诞礼物。"

喝得半醉的梵高在一阵激动下，抓起一把锐利的剃刀将自己的右耳割下，随后包在一块画布里派人送到妓院。那妓女见到血淋淋的耳朵便吓昏过去了，梵高则因失血过多被送进医院。后来，他曾画了许多自画像，其中割了耳朵的自画像最为著名。

1889年5月9日，弟弟提奥赶来将梵高送进圣雷米疯人院。后来又把他转到奥维尔一座较好的疗养院。他请求弟弟留下他心爱的颜色和画板，在医院附近的田野，梵高画了150幅油画和数百幅素描。此时他画风突变，色调不那么强烈了。他特别为骄阳下金黄色的麦田着迷，整日画这些景色，他对看守人高喊："金黄色！多么美的金黄色呀！"那绚丽的金黄色占据了他的整个身心。1890年他曾请求出院去国外写生，但半途旧病复发。

一天下午，他坐在小客店的树阴下，在寂静的田野里，面对着灿烂的阳光，他用手枪朝自己的胃部开了一枪。临终前，他不断吸烟，和弟弟提奥谈论着艺术，终于1890年6月29日去世，时年37岁。他被埋在奥维尔，他的挚友和医生加歇在他的墓边种了他喜爱的向日葵以安息这伟大的灵魂。

梵高的代表作有《向日葵》、《鸢尾花》、《加歇医生》等。他的作品色彩浓烈，壮丽辉煌，洋溢着对生命、对生活的赞美。他的画在生前无人问津，死后均价值连城。

莫奈的印象世界

"疯狂、怪诞、反胃、不堪入目！"这是1874年巴黎一位艺术批评家的怒斥，对象是一个不落俗套的油画、腊笔画和其他绘画展览。主办人是一群不肯在官方巴黎沙龙展出作品的青年，这些叛逆者的作品，着色怪异，不随时尚绘画庄严的人像和宏伟的历史场面。画展迅即成为巴黎街谈巷议的话题，群众不但前往讪笑，甚或向画布唾啐。

其中莫奈所绘的一小幅海景，受讥嘲最多。画的是哈佛港晨景，题名为《日出印象》。一个好讥诮别人的评论家就用此题名挖苦那群画家，称他们为"印象派"。

从经济上着眼，画展完全失败，一张也没有卖出。但这种新作风的画自此有了名，后来竟响彻全球。自此之后，印象派作品风靡一时，大家不惜重金争购。

1886年在纽约举行的画展，展出莫奈的精品45件，这是他生命上的转折点：他的作品成为收藏家猎取的对象，自己也成为名人。1888年连法国也公开承认了他的地位，拟颁赠"荣誉勋章"给他，他断然拒绝，绝不向传统低头。

莫奈最喜欢画水。他引溪水筑池,在池里种了黄、红、蓝、白和玫瑰色的睡莲。他对这些花的爱好,与日俱增,前后将近30年,屡画不厌,并且越画越大越抽象。莫奈晚年最好的朋友,是第一次世界大战时的法国总理克利孟梭。有一天莫奈对克利孟梭说,他想造一间陈列室,四壁满挂巨幅睡莲画,好让人在这炮火连天的世界里,有个可以静思的地方。克利孟梭鼓励他进行这项计划。

可是莫奈的视力日渐衰退,常因力不从心而愤怒地把画布割破,并曾有一两次说要放弃这个计划。忙得不可开交的总理听了,便从内阁办公室赶往席芬尼劝这位老人不要气馁。克利孟梭没有说错。莫奈为纪念第一次大战休战献给法国,在巴黎橙园陈列的《睡莲补壁》油画,公认是莫奈最超卓的作品。

他接受白内障手术后,视力颇有好转,因此得以在暮年继续作画。有时仍会暴躁而把画布割破。莫奈认为自己几乎实现了少年梦想,把"不可能画得出的空气美"差不多画了出来。因此他86岁去世前不久,在一封信中说从工作中得到无比欢乐。

20世纪以来,印象主义已意味着感觉和观察方式的变革,这种变革不但早已深入绘画领域,而且涉及雕塑、音乐、文学直至艺术批评,其影响之久,至今不衰。作为印象派中最伟大的画家,莫奈的艺术代表着印象主义的精神本质,他总是努力地把眼睛所能捕捉到的瞬间印象再现于画布。对他来说,"光线是绘画的主宰",而他则是光的画家。

现代派文学鼻祖卡夫卡

在世界文学史上,卡夫卡绝对是一个异数。作为一个文学大师,他极为罕见地不是本国或本民族的代言人,而且似乎也不是什么"时代的良心"。但这并不妨碍他与马塞尔·普鲁斯特、詹姆斯·乔伊斯等并称为西方现代主义文学的先驱和大师。

卡夫卡的一生,平凡而短暂。他于1883年7月出生在当时奥匈帝国的布拉格一个中产阶级家庭。父亲是一个白手起家的犹太籍百货批发商人,专横、粗暴,卡夫卡中学毕业后,迫于父命,不得已进布拉格德语大学攻读法律,取得法学博士学位。毕业后,在法院实习一年,后即在一家意大利保险公司工作。自1908年起直到1922年因病离职为止,他始终在一个半官方的工人工伤事故保险所任职。平生足迹也只到过邻近的德国、法国、意大利和瑞士的一些城市。卡夫卡自1917年开始咯血,从此患上了结核症,身体羸弱,至1924年6月病逝于维也纳郊外的基尔林疗养院,6月11日葬于布拉格斯特拉施尼茨犹太公墓,只活了短短41岁。他曾3次订婚,又3次主动解除婚约,始终没有建立自己的家庭。只是在他去世前半年,与一位名叫多拉·迪曼特的希伯来语女教师,以同居方式一起生活,陪伴着他直至离开人世。

卡夫卡是一位勤奋的业余作家。他自幼喜爱文学。大学读书时就开始文学创作。1908年就业,至1922年因病重离职疗养,十多年间利用业余时间写出了数十篇短篇小说,《审判》、《城堡》和《美国》三部长篇小说以及日记、书信,不下几百万言。作为一个长期患病而又没有固定职业的人来说,卡夫卡无疑是一位勤奋的业余作家。

卡夫卡的作品大多气氛阴郁、神秘,情节离奇荒诞,强调了人与人之间的隔绝、陌生、不可理解,无所不在的人的异化成了他着意阐发的一大主题。

在西方,卡夫卡大约是在二次世界大战后才受到世人瞩目的。卡夫卡生前几乎默默无闻,他的作品只有极少数是在他生前发表的。他的第一部小说集《观察》,第一版共印了800册,5年后还有一大半积压在仓库里。卡夫卡自己说,在布拉格一家著名的书店里,几年来共售出了11册书,"其中10册很容易找到买主,因为是他自己买的,不过,他一直想知道究竟是谁买走了那第11册。"1963年,当卡夫卡80周年诞辰的时候,他的故乡举行了国际性的卡夫卡学术讨论会,会议证明了这样一个事实:"没有人能提出全盘否定卡夫卡的理由了。"这以后卡夫卡便成了世界上最重要、最有影响力的作家。卡夫卡研究随即也就变成了西方的一门"显学"。卡夫卡被誉为"20世纪最优秀作家之一","传奇英雄和圣徒式的人物",被有些人认为"他与我们时代的关系最近似但丁、莎士比亚、歌德与他们时代的关系"。

由于卡夫卡作品的风格、体裁总是那么沉重、累赘,气氛总是那么梦魇似的,主题总是那么无法解除的苦痛,这一切深深地影响了西方现代文学。他所揭示的现实的荒诞、非理性和自我存在的徒然无望、苦痛、孤独感,以及他所运用的艺术手法,激发了第二次世界大战以后在欧洲兴起的"荒诞派戏剧"、法国的"新小说"和在美国出现的"黑色幽默"小说等文学流派。其作品主题曲折晦涩,情节支离破碎,思路不连贯,跳跃性很大,语言的象征意义很强,这给阅读和理解他的作品带来了一定的困难。卡夫卡的作品难读,连母语是德语的读者也觉得读懂这些作品不是件容易的事,但他那独到的认识,深刻的批判,入木三分的描写,都深深地吸引着人们。

文坛硬汉海明威

1961年7月2日,是一个令全世界痛楚的日子。这天凌晨,海明威用他心爱的猎枪对准了自己的头颅,并亲自扣动扳机,把自己从世界文坛上击落了。

海明威是一位极富传奇色彩的作家。他于1899年生于芝加哥附近的一个医生家庭,从小就迷上了打猎、钓鱼和拳击运动,对音乐、绘画也很感兴趣。海明威对钓鱼保持了终身的兴趣,他自己的钓鱼经历,对后来完成《老人与海》起了

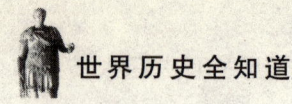

一战期间,他当了见习记者,在意大利前线身负重伤。战后以驻欧记者身份长驻巴黎,结识了美国作家斯坦因和宠德等,开始发表作品。不久又参加了西班牙内战。二次大战时,海明威曾用游艇协助正规军作战,在海上搜寻纳粹潜艇。其后他又率领一支游击队,参加了解放巴黎的战斗。50年代,海明威又回到捕鱼、打猎等冒险生涯中去。他乘坐的汽车、飞机连连失事,所以经常能读到关于他遇难身亡的消息。"创造了可以把他消灭,但就是打不败他"的"硬汉形象"。海明威是美利坚民族的精神丰碑。

20年代是海明威文学创作的早期,他写出了《在我们的时代里》、《春潮》、《没有女人的男人》和长篇小说《太阳照样升起》、《永别了,武器》等作品。这一时期,正值西方世界沉沦为爱略特在社会崩溃背后所看到的荒原时期,长篇小说《太阳照样升起》就是写战后一群流落欧洲的青年的生活情景以及他们精神世界的深刻变化。小说因写了一代人的迷惘而成了"迷惘的一代"文学流派的代表作。

《永别了,武器》(又叫《战地春梦》)是海明威的代表作。他以反对帝国主义战争为主题,揭示了"迷惘的一代"出现的历史原因,控诉了战争毁灭人的理想和幸福,戕害人们的心灵,并使千百万无辜生灵因此涂炭。

1939年,海明威以西班牙内战为背景创作了著名的长篇小说《丧钟为谁而鸣》,这部作品是海明威中期创作中思想性最强的作品之一,在相当程度上克服和摆脱了孤独、迷惘与悲泣的情绪,把个人融入到社会中,表现出为正义事业而献身的崇高精神。

二战后,海明威创作进入晚期,其代表作为《老人与海》,由于小说中体现了人在"充满暴力与死亡的现实世界中"表现出来的勇气而获得1954年的诺贝尔文学奖。

在创作上,海明威最钟爱的主题是战争、死亡、男子汉气概和爱情。这也是他一生生命的主旋律。特别是"死亡"和"男子汉气概",贯穿在他的全部创作中,成为他作品的主要风格特征。

海明威晚年的日子并不好过,他被多种疾病缠身,身心备受折磨,最后终于用猎枪为自己戏剧性的一生画上了句号。他的死不是逃避,而应看作不肯向命运服输的表现。

超现实主义大师达利

达利(1904—1989),是超现实主义艺术大师,从上世纪60年代起,独领欧洲画坛。有人说他是天才、圣人,也有人说他是疯子、小丑,这一顶顶"桂冠"都能在他身上找到答案。

达利 1904 年 5 月 11 日诞生于西班牙加隆尼亚省菲格拉斯。优裕的家庭使他养成了狂妄、傲物、爱出风头的个性。1921 年,达利进入了马德里的圣·弗南多学院美术系学习,但他认为他的学院没有什么可学的。常常口出狂言,冒犯忌讳,潜在的个性彰显无遗。最后被忍无可忍的教授们逐出学院。

1926 年的春天,达利第一次来到巴黎。他首先拜访了毕加索,22 岁的达利不无恭维地说:"我在造访卢浮宫前先来拜访您。"毕加索并没有谦虚:"你做得对。"达利拿出特意带来的作品《站在窗前的少女》请毕加索指教,然后毕加索请达利上楼欣赏他的画作,两人都默默不语地看着对方的画。自此次拜访,达利告别了立体主义,他要另辟蹊径,与毕加索齐名。

1828 年,达利第二次来到了巴黎,进入了欧洲先锋派的活动中心,接触了超现实主义。这一时期他的创作有了超现实主义者的第一阶段的作品《早春的一天》、《大自慰者》等,使达利成为了超现实主义者中最具说服力的梦的诠释者,他的作品使人们读到了弗洛伊德的影子。

1931 年,达利的想像力已超出了超现实主义的原始定义。他所追求的超现实主义绘画是"偏执狂的吹毛求疵",他透过理智与偏执将复杂混乱的幻想系统化。以后的两年里,达利获得了个人绘画中空前的丰收,迅速崛起于欧洲画坛,仅在 1943 年就举办了 6 次个人画展。

1943 年,达利在毕加索的帮助下,前往纽约举办画展,获得巨大成功,这标志着达利赢得了世界性的声望,并使达利明白,他的名声和未来的关键就在美国,他必须定居在那里。达利当然没有忘记用他夸张的言行来自我标榜他在哈佛大学演讲时说的"我和疯子最大的不同是我没有疯,我是超现实主义的唯一代表"。这使得达利得到了与超现实主义团体的决裂。达利决意要以超现实主义的声威,去实现他重振西方古典传统的梦想。1939 年 2 月,达利为纽约第五大道一家豪华百货公司设计了两个橱窗——"昼"与"夜",在他设计完工后,旋即又打碎,并坐以待捕。这次橱窗风波被新闻界渲染得沸沸扬扬,正好为达利 3 月中的盛大展览起了推波助澜的宣传作用。结果展览大获全胜,共售出作品 21 件,达利的商品意识是天生的,具有与身俱来的创造灵感。他设计珠宝饰物,制作香水广告,还为一些住宅设计一些壁画,为芭蕾舞绘制背景,设计服装,这被信守"高雅艺术"的同行画家们咒骂为"达利靠设计领带来卖淫"。

与此同时,达利还画了许多肖像画,又居然腾出一支手写了他的第一部小说《隐藏的面孔》,出版了《萨尔瓦多·达利的私密生活》。达利成为了广受注目的金字招牌,他夸张的尊容不时地出现在报纸杂志上,他已不能容忍有人认不出他来。达利在美国滞留了 8 年,一面拼命作画,一面极尽宣传之能事,这被他自己喻为"天才与宣传"。在八面风光的知名度下,达利财源滚滚。

在整个 20 世纪 60 年代,达利又进入了绘画的巅峰期。1989 年 1 月 23 日,在瓦格纳的音乐声中,达利安详地在他出生地菲格拉斯逝世,他身后留下了种类与数量可观的作品,也留下了许多争论不休的话题。笑他是小丑的有之,骂他是疯子的也有之,然而他自封的"圣人"、"天才"也不得不使世人承认。他在20世纪现代艺术的舞台上扮演着尖刻的挑衅者角色,这正是他异于平庸艺术家的大师风范。

科学巨匠

希波克拉底的誓言

希波克拉底是古希腊著名医生,被西方尊为"医学之父",欧洲医学的奠基人。

希波克拉底(约前460—前377),出生于小亚细亚科斯岛的一个医生世家,所以希波克拉底从小就跟随父亲学医。

那时,古希腊医学受到宗教迷信的禁锢。一天,希波克拉底在街上看到一个人突然神志不清,全身抽动,面色青紫、口吐白沫。这时,恰好有位僧侣经过,他装模作样地说:"他得了神病,只有神才能宽恕他,快把他抬到神庙里去吧。"

"不对!"希波克拉底走上前说:"世上根本没有什么神病,他得的是癫痫病,把他抬到神庙是治不好病的"。

那僧侣根本不把希波克拉底放在眼里,他高傲地说:"你好大的胆!那么你说这病是什么引起的?"

"脑,是他的脑子出了问题,才会变成这样子,"希波克拉底毫不示弱。

但是,在当时的环境下,他的科学解释是不可能被人们理解和接受的,希波克拉底指出的癫痫病的病因被现代医学认为是正确的,他提出的这个病名,也一直沿用至今。

为了抵制"神赐疾病"的谬说,希波克拉底积极探索人的肌体特征和疾病的成因,提出了著名的"体液学说"。他认为复杂的人体是由血液、粘液、黄胆、黑胆这四种体液组成的,四种体液在人体内的比例不同,形成了人的不同气质。人所以会得病,就是由于四种液体

希波克拉底——医学之父

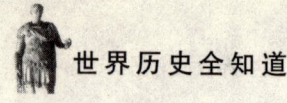

不平衡造成的。

现在看来，希波克拉底对人的气质的成因的解释并不正确，但他提出的气质类型的名称及划分，却一直沿用至今。那时，尸体解剖为宗教与习俗所禁止，希波克拉底勇敢地冲破禁令，秘密进行了人体解剖，获得了许多关于人体结构的知识。在他的题为《箴言》的论文集中，辑录了许多关于医学和人生方面的至理名言，至今仍给人以启示。

古代西方医生在开业时都要宣读一份有关医务道德的誓词："我要遵守誓约，矢忠不渝。对传授我医术的老师，我要像父母一样敬重。对我的儿子、老师的儿子以及我的门徒，我要悉心传授医学知识。我要竭尽全力，采取我认为有利于病人的医疗措施，不能给病人带来痛苦与危害。我不把毒药给任何人，也决不授意别人使用它。我要清清白白地行医和生活。无论进入谁家，只是为了治病，不为所欲为，不接受贿赂，不勾引异性。对看到或听到不应外传的私生活，我决不泄露。"

这个医道规范的制定者就是希波克拉底。希波克拉底誓言是每一个医者的圣经，它考量着医者的职业道德。今天，依然如此。看来，道德如果没有科学完善的制度作保障，只能是一句空话。

几何学大师欧几里得

公元前337年，马其顿国王腓力二世用武力征服了希腊各城邦。次年亚历山大即位，在很短的时间内，他继承父业，开创了一个横跨欧、亚、非三大陆的马其顿王国。在地中海沿岸的尼罗河三角洲上，亚历山大建立了以他名字命名的城市——亚历山大城，并把它作为这个庞大帝国的文化、商业和工业中心，同时也是科学思想的中心。这儿有称誉世界拥有70万卷藏书的图书馆，还有博物馆、天文台和闻名天下的博学园，成为当时欧洲乃至世界数学的中心。欧几里得就是被亚历山大的后继者——托勒密一世重金聘请到博学园的教师。

欧几里得本人始终是个难解的秘密。无人知道他的生死年月和诞生地，唯一可以确定的是他在托勒密一世（前305年—前285年）执政期间在亚历山大城工作过。根据一些间接的记载推测，欧几里得早年可能在雅典接受过教育，而且曾就学、工作于柏拉图学院，因此熟知希腊的数学知识。

古籍中记述了两则故事说明了欧几里得的治学态度。一个故事说：有一天，托勒密国王问欧几里得，除了他的《几何原本》之外，有没有其他学习几何的捷径。欧几里得回答道："几何无王者之道。"意思是在几何学里，没有专门为国王铺设的大路。这句话后来被引申为"求知无坦途"，成为千古传诵的箴言。另一个故事说：一个学生才开始学习第一个几何命题，就问学了几何之后将得到些什么。欧几里得说："给他三个钱币让他走吧，因为他只想在学习中获取实利。"从古籍记载的这两则故事可知,欧几里得主张学习必须循序渐进、刻苦钻研,不赞成投机取巧、急功近利的作风。

欧几里得是一个杰出的科学家,他标志着当时的科学中心从雅典过渡到了亚历山大城。欧几里得的名字与几何学是不可分割的,因为他写了一本几何教科书《几何原本》,此书至今还是几何学的权威著作,当然也经过一些修改。印刷术发明后,出过一千多版。"我学了欧几里得"就是"我学了几何学"的同义语,这句话并非很久以前说的。所以,欧几里得是最成功的不朽的几何教科书作者。然而欧几里得作为一位数学家的盛名,并非由于他本人的研究成果。在他书中,只有极少的定理是他自己创立的。他所做的一切,以及使他成为伟大的数学家的,就在于他利用了泰勒斯时代以来积累的数学知识,把两个半世纪的劳动成果条理化、系统化,并且编纂成了一本著作。在编写此书时,他一开始就推出一系列令人钦佩的简要而精致的公理和公设。然后他将定理一一排列,其逻辑性非常强,几乎无须改进。

历来公认归功于欧几里得本人的唯一定理,就是他为毕达哥拉斯定理提出的证明。虽然他的这一伟大论著主要涉及几何学,但也提出了比率和比例的问题以及现在为大家所知的数论问题,正是欧几里得证明了素数是无限的。他还通过一系列干脆利落至今尚未作过任何改进的论证,证明了2的平方根是无理数。他还通过将光视为直线,使光学成为几何学的一部分。当然欧几里得并没有概括希腊的全部数学,甚至也没有概括全部几何学。继他之后,希腊数学在相当长时期内,一直生气蓬勃,像阿波洛尼乌斯和阿基米德等人,都为数学增添了一大笔财富。

后来的哥白尼、开普勒、伽利略、牛顿这些卓越的科学人物,统统都接受了欧几里得的传统。他们都认真地学习过欧几里得的《几何原本》,并使之成为他们数学知识的基础。欧几里得对牛顿的影响尤为明显。牛顿的《数学原理》一书,就是按照类似于《几何原本》的"几何学"的形式写成的。自那以后,许多西方的科学家都效仿欧几里得,说明他们的结论是如何从最初的几个假设,逻辑地推导出来的。许多数学家,像伯莎德·罗素、阿尔弗雷德·怀特海,以及一些哲学家,如斯宾诺莎也都如此。

除《几何原本》外,欧几里得还有不少著作,如《已知数》、《图形的分割》、《纠错集》、《圆锥典线》、《曲面轨迹》、《观测天文学》等,可惜大都失传了。不过,经过两千多年的历史考验,影响最大的仍然是《几何原本》。

托起地球的人阿基米德

在古希腊叙拉古城,有一天,人们忽然看见大学者阿基米德竟然光着身子冲出浴室,边跑边嚷:"找到了!找到了!"他疯了吗?没有。他是在洗澡时在水盆

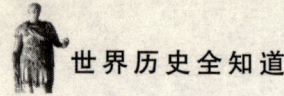

里受到启发,发现了流体静力学的基本原理,从而找到了银匠在金王冠里掺银的秘密。他是为此而兴奋得忘乎所以了。

事情是这样的。叙古拉国王艾希罗曾交给金匠一块黄金,让他做一顶王冠。王冠做成后,国王拿在手里觉得有点轻。他怀疑金匠掺了假,可是金匠以脑袋担保说没有,并当面拿秤来称,结果与原来的金块一样重。国王还是有些怀疑,可他又拿不出证据,于是把阿基米德叫来,要他来解决这个难题。回家后,阿基米德闭门谢客,冥思苦想,但百思不得其解。

一天,他的夫人逼他洗澡。当他跳入池中时,水从池中溢了出来。阿基米德听到那哗哗哗的流水声,灵感一下子冒了出来。于是从池中跳出来,连衣服都没穿,就冲到了街上。原来,阿基米德由澡盆溢水找到了解决王冠问题的办法:相同质量的相同物质泡在水里的体积与溢出的水的体积应该相同。如果把王冠放到水里,溢出的水的体积应该与相同质量的金块的体积相同,否则王冠里肯定掺假。

阿基米德跑到王宫后立即找来一盆水,又找来同样重量的一块黄金,一块白银,分两次泡进盆里,白银溢出的水比黄金溢出的几乎要多一倍,然后他又把王冠和金块分别泡进水盆里,王冠溢出的水比金块多,显然王冠的质量不等于金块的质量,王冠里肯定掺了假。在铁的事实面前,金匠不得不低头承认,王冠里确实掺了白银。烦人的王冠之谜终于解开了。

这次试验的意义远远大过查出金匠欺骗国王。阿基米德从中发现了一条原理:即物体在液体中减轻的重量,等于他所排出液体的重量。这条原理后人以阿基米德的名字命名。一直到现代,人们还在利用这个原理测定船舶载重量等。

公元前287年,阿基米德诞生于西西里岛的叙拉古(今意大利锡拉库萨)。他出生于贵族,与叙拉古的赫农王有亲戚关系,家庭十分富有。阿基米德的父亲是天文学家兼数学家,学识渊博,为人谦逊。他11岁时,借助与王室的关系,被送到古希腊文化中心亚历山大里亚城去学习。

亚历山大位于尼罗河口,是当时文化贸易的中心之一。这里有雄伟的博物馆、图书馆,而且人才荟萃,被世人誉为"智慧之都"。阿基米德在这里学习和生活了许多年,曾跟很多学者密切交往。他在学习期间对数学、力学和天文学有浓厚的兴趣。在他学习天文学时,发明了用水力推动的星球仪,并用它模拟太阳、行星和月亮的运行及表演日食和月食现象。为解决用尼罗河水灌溉土地的难题,它发明了圆筒状的螺旋扬水器,后人称它为"阿基米德螺旋"。

阿基米德在力学方面的成绩最为突出,他系统并严格地证明了杠杆定律,为静力学奠定了基础。在总结前人经验的基础上,阿基米德系统地研究了物体的重心和杠杆原理,提出了精确地确定物体重心的方法,指出在物体的中心处支起来,就能使物体保持平衡。阿基米德曾说过:"假如给我一个支点,我就能撬动地球。"

阿基米德确定了抛物线弓形、螺线、圆形的面积以及椭球体、抛物面体等各种复杂几何体的表面积和体积的计算方法。在推演这些公式的过程中，他创立了"穷竭法"，即我们今天所说的逐步近似求极限的方法，因而被公认为微积分计算的鼻祖。他用圆内接多边形与外切多边形边数增多、面积逐渐接近的方法，比较精确地求出了圆周率。面对古希腊繁冗的数字表示方式，阿基米德还首创了记大数的方法，突破了当时用希腊字母计数不能超过一万的局限，并用它解决了许多数学难题。阿基米德被后世的数学家尊称为"数学之神"，在人类有史以来最重要的三位数学家中，阿基米德占首位，另两位是牛顿和高斯。

阿基米德在天文学方面也有出色的成就。除了前面提到的星球仪，他还认为地球是圆球状的，并围绕着太阳旋转，这一观点比哥白尼的"日心地动说"要早1800年。限于当时的条件，他并没有就这个问题做深入系统的研究。但早在公元前3世纪就提出这样的见解，是很了不起的。

在阿基米德晚年时，罗马军队入侵叙拉古，阿基米德指导同胞们制造了很多攻击和防御的作战武器。当侵略军首领马塞勒塞率众攻城时，他设计的投石机把敌人打得哭爹喊娘。他制造的铁爪式起重机，能将敌船提起并倒转。

另一个难以置信的传说是，他曾率领叙拉古人民手持凹面镜，将阳光聚焦在罗马军队的木制战舰上，使它们焚烧起来。罗马士兵在这频频地打击中已经心惊胆战，草木皆兵。一见到有绳索或木头从城里扔出，他们就惊呼"阿基米德来了"，随之抱头鼠窜。

罗马军队被阻在城外达3年之久。最终，于公元前212年，罗马人趁叙拉古城防务稍有松懈，大举进攻闯入了城市。此时，75岁的阿基米德正在潜心研究一道深奥的数学题。一个罗马士兵闯入，用脚践踏了他所画的图形，阿基米德愤怒地与之争论，残暴无知的士兵举刀一挥，一位璀璨的科学巨星就此陨落了。

炸药大王诺贝尔

12月注定是科学的节日。诺贝尔化学奖、物理学奖、经济学奖、文学奖都相继在这个月份评出。诺贝尔，一个响亮的名字，他以毕生的财富创立了诺贝尔奖励基金。诺贝尔奖以其真正的国际性和评选的严密性为世人瞩目。

阿·诺贝尔1833年10月21日出生在瑞典首都斯德哥尔摩。父亲伊曼纽尔·诺贝尔是位发明家，在父亲永不停息的创造精神影响和引导下，诺贝尔走上了光辉灿烂的科学发明道路。

诺贝尔很早就参加了父亲的一系列发明试验，在此过程中，他对硝化甘油的巨大爆炸威力留下了深刻印象。于是他暗暗决定，一定要认真研究这种炸药，将它用于矿山开凿和运河挖掘等工程建设上去。为了控制硝化甘油的爆炸，首先必须发明引发装置。经过研究，诺贝尔发现要硝化甘油爆炸，必须把它加热到爆炸点或以重力击发。

诺贝尔终生忘不了那最早的一次安全爆炸。清晨，诺贝尔兄弟3人一起来到小河边，由诺贝尔点燃导火线，然后丢入水中。猛然间，传来了一声刺耳的金属爆裂声。在这猛烈爆炸声中，诺贝尔不幸失去了最小的弟弟埃米。但这次成功使他坚定了研制烈性炸药的决心。

这时，诺贝尔利用雷酸汞具有稍经打击或震动立即爆炸的敏感特性，制成了引爆装置——雷管。一天，诺贝尔在马拉湖岸边进行引爆实验，远处观望的人们亲眼目睹了诺贝尔从死神手中挣脱的情景：敏捷的诺贝尔刚刚轻手轻脚地将实验装置安装完毕，转身往回走，还没有走开多远，就听到"轰"的一声冲天巨响，人们都以为这回诺贝尔肯定完了，可是，谁知满脸血污的诺贝尔却出人意料地从硝烟中跑了出来，兴奋地喊道："我成功了！"

有了引爆烈性炸药的雷管，诺贝尔开始生产硝化甘油。社会迫切需要烈性炸药，诺贝尔工厂的产品供不应求。然而，硝化甘油遇到剧烈震动，就会引起爆炸，当时人们对炸药的危险性一无所知，随意处理硝化甘油，而不知死神正伴随自己。不久，报警的信函如雪片一般涌向诺贝尔。

怎样才能解决烈性炸药的安全性问题呢？经过日夜奋战，诺贝尔想出了两种安全措施，最终解决了硝化甘油的安全性问题。新炸药赢得了人们的信任，使用诺贝尔炸药的用户解除了疑虑。从此以后，诺贝尔的炸药又广泛地应用到工业、矿业、交通业之中，全世界到处都响着诺贝尔炸药那震耳欲聋的爆炸声。

由于发明了安全炸药，诺贝尔获得了"炸药大王"的称号，并使自己成为了百万富翁。他希望他的这项发明能够为促进人类生活的繁荣作出贡献，但事与愿违，炸药被广泛地使用于战争。这使他在人们心目中成了一个"贩卖死亡的商人"，为此，他深感失望和痛苦。1896年12月10日，孤独的诺贝尔在意大利西部的疗养圣地悄然死去。诺贝尔在逝世前立下遗嘱，把遗产的一部分约920万美元作为基金，以其每年约20万美元的利息作为奖金，奖励那些为人类的幸福和进步作出卓越贡献的科学家和学者。为此，瑞典于1900年6月29日专门成立了诺贝尔基金会，并由其董事会管理和发放奖金。

从1901年颁发首届诺贝尔奖迄今，已超过100年，在这期间有600多位专家、学者和著名人士获得诺贝尔奖金。诺贝尔奖金虽然不是世界奖赏中数额最高的，但它是最权威的。它推动了科学技术的进步。20世纪以来，诺贝尔科学奖金获得者走过的道路，就是现代科学技术发展的历史轨迹。

相对论鼻祖爱因斯坦

爱因斯坦（1879—1955）因提出相对论而在西方家喻户晓。而他这个人差不多和他的相对论一样奇特。

如今爱因斯坦被看做是 20 世纪最杰出的科学家、人类历史上最伟大的思想家之一。但在他还是一个孩子的时候,他是那样的"愚笨",以至老师们都把他当做一个讨厌的家伙,就连他的父母都怀疑他是一个智商低于平常人的低能儿。

几十年后,爱因斯坦一觉醒来,发现自己成了世界上最著名的人物之一,不禁大吃一惊,连他自己都不敢相信,一个数学教授居然成了世界五大洲各大新闻媒体上的头版头条人物。他,一个科学家,居然能享有这样的盛名,这种事情,在人类的全部历史上,还是破天荒的第一次。

爱因斯坦这个人差不多和他的相对论一样奇特。大多数人所孜孜以求的事情——追逐名利,过优裕体面的生活——他都一概嗤之以鼻。

爱因斯坦夫人说,她这位丈夫在思想方面非常有次序,但是在生活方面却很混乱。他往往想做什么就做什么,想什么时候做就什么时候做。他只有两条行为规则:第一条是,无论什么规律一概不要;第二条是,一点也不在乎别人的意见如何。

他过着一种简单的生活,经常穿着皱巴巴的旧衣服四处跑,同时,他也反感新衣服,尤其是反对时装。可他这样做不是因为害怕或某种病态的迷信,而纯粹是图舒服和对自由简单的酷爱。有一次他写道:"我发现,可以光着脚穿鞋走路。袜子很快就会出现破洞,我妻子不停地补袜子。我永远不再穿袜子,因为不穿袜子也能行!"

他认为,一个人不应该依赖身外之物!同样,爱因斯坦也这样做了——将他的大部分收入赠送掉了,送给了朋友、熟人,也经常送给那些因种种原因需要钱或假装需要钱的陌生人。他妻子有时骂道:"你又给这些骗子钱了,他可是骗你骗了很多回了。"他听后

爱因斯坦像

回答说:"我一清二楚,可他肯定真的需要钱。总没人喜欢乞讨吧。"

爱因斯坦从来不害怕。1933 年,他和妻子去国外旅游,回不了纳粹统治的德国,纳粹政府悬赏捉拿他。刚开始流亡时他妻子怕得要命,怕人家迫害他。她说:"我夜里再也无法安静地睡觉了,我只是和衣躺在床上,一听到什么响声就以为要发生什么灾祸……据说悬赏了两万马克换他的头。即使此事不是真的,也会引起发疯的年轻人的注意的。"

对他的悬赏实际上高达 5 万马克。她的害怕完全是有理由的,她恳求丈夫别再在公共场合露面了,可他不听。她后来说:"我们之间吵得很厉害。他笑我胆小、可怜、有失体面。"但他最终还是度过了这一关,这也归功于他从来不认为

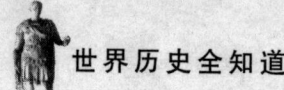

自己有多重要。多年之后,在1949年4月,他在回答波翁夫妇的一个问题时说道:"你们问我,如何能够忍受普通的生活。在各方面,给予都比接受令我更快乐,我不认为自己重要,也不认为忙忙碌碌重要,我不因我的弱点和坏习惯羞愧,我习惯以天生的幽默和无所谓对待事物。"

"许多人都是这样,我根本无法理解,怎么会有人把我当成偶像。"

爱因斯坦不虚荣——这实在是少见。我们可以相信他,他从来就不想成为一个偶像。而且,他甚至连名誉也不追求。在这一点上他也是自由自在、自主独立的——这种举止在他少年时代就表现出来了。

世界历史全知道

下编
世界历史文化细节

走近古希腊文明

陶片放逐法

雅典的民主制为后人垂青,多半出自它实行的陶片放逐法。

所谓陶片放逐法,类似于我们现在所说的公民投票法。它起源于民主派领袖对独裁统治的恐惧。

雅典的民主派重要人物克利斯提尼为了减少政治混乱,预防可能存在的国家政变和僭主夺权,以民主的方法反对民主的敌人,特意制定了陶片放逐法。主要内容如下:

每年春季召开一次非常的公民大会,用口头表决是否要举行陶片放逐,换句话来说,就是看在公民之中是否存在危害公民自由的人。假如指出了其人,便再召开第二次公民大会,那时候每个公民便在陶片壳上写下他认为危害公民自由的人的名字。如果写有同一人名的陶片数量超过6000,即表示多数通过,于是,那个被大多数投票判决有罪的人,便须离开雅典的国境,为期约10年。放逐期间不牵连家属并保留被放逐者的财产,期满之后他便可以回到雅典来,同时也恢复他以前的一切公民权利。

最初,陶片放逐法的矛头是指向僭主庇西特拉图的子孙的,后来在雅典国内的政治斗争中,获得统治权的政治家经常利用这种方法摆脱其政敌的竞争和侵犯,同时也使统治者本身在行为上小心翼翼,对人谦和,不敢有越轨行为。根据记载,这种放逐法实行了90年,有10人被逐出阿提卡,据说克利斯提尼本人也被放逐过一次,直到公元前417年陶片放逐法才废止。考古学家已经在雅典发掘出很多写有流放者名字的陶片。

早在当时,苏格拉底就称民主政治为暴民政治,认为它极其荒唐可笑,投票完全凭感觉投票,必定会毁了雅典,所以他主张实行贵族统治,由哲学家来治理国家。他的

雅典公民投票时使用的陶片

话或许不无道理,但无法否定雅典民主的精神。

希腊方阵

古代战争中,无论中外都出现了列阵而战的步兵战术,即"阵"。在地中海世界,曾先后出现过亚述方阵、波斯方阵、斯巴达方阵、底比斯方阵、马其顿方阵、罗马方阵等多种阵法。其中斯巴达方阵、底比斯方阵、马其顿方阵、罗马方阵均为冷兵器时代较为优秀的步兵战术。

真正意义上的方阵(Phalanx)是希腊人仿效西亚人的实践而创造的的一种8人并列的全副武装的步兵纵队战术,至公元前7世纪已扩大到整个希腊。在希腊,每个自由民必须参加重甲步兵,从事作战(奴隶和外邦人则从事仆役工作)。方阵战士装备有:一个圆盾牌,一副盔甲,两个胫甲,一支长矛和一把双刃剑。方阵是密集队形,仅分中部和两翼,在笛声中齐步前进。

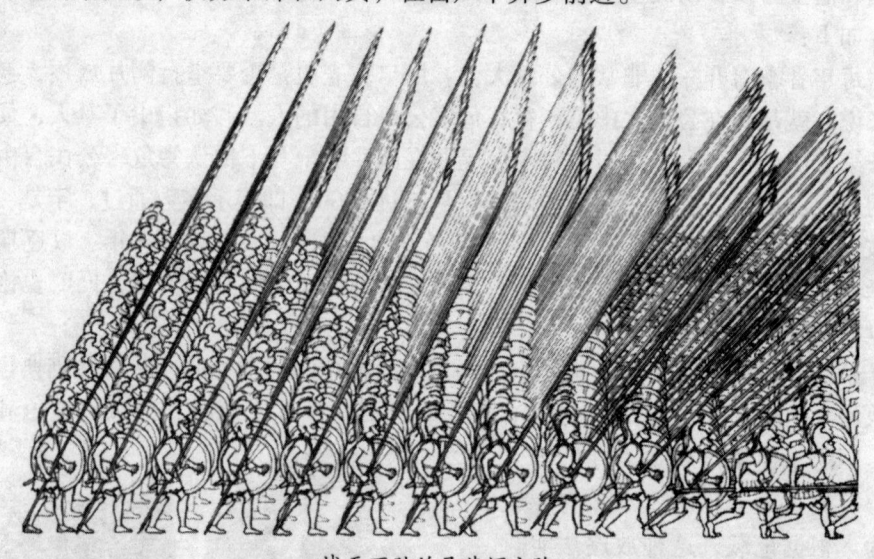

战无不胜的马其顿方阵

一旦发出战争召唤,公民们便收拾好自己的装备,进入方阵,各就各位。荣誉地位最高的在第一排;荣誉地位最低的在第8排,即最后一排。典型的打法是:两方方阵相向前进,直到交战,于是战争成了蛮力与蛮力的较量。因此,要保持队形,必须有自由民的纪律和强壮的体力。由于方阵通过起伏地时,易于走乱,失去其固有的战斗力,所以战争一般在平地上进行。增大机动性也是不可能的,因为快速意味着队形散乱。希腊人也没有使用骑兵的传统,因为希腊的地形不适于骑马。

方阵的优点在于,其队形密集稳固,几乎无法从正面攻破,整个阵容犹如一堵布满长矛的墙,既能实施强有力的正面突击,又能有效地抗击敌人的冲锋。其弱点是受地形限制较大,缺乏机动性和灵活性。虽然如此,方阵的出现是战术上的一次飞跃,其意义在于:智慧第一次站起来同蛮力斗争,而且成功了。

从总体来看,马其顿方阵,阵形较为固定,变动不灵活,只能作一些简单的队形变化,远不及中国阵法的多变与灵活。中国春秋时代的车阵,战国时代的步兵阵,都能因敌因地而布成不同的阵形、如步兵阵、即有方阵、圆阵、疏阵、数阵、雁行阵、钩行阵、玄襄之阵等8种之多。相比之下,马其顿方阵显得呆板;而灵活性、变化性则是中国军阵的一大特色。

古希腊的战船

古代的海上旅行只限于近岸水域,并受到船舶太小和航海仪器缺少的双重危险。船只只在白天航行,夜里就抛锚或开到海滩上去。虽然商业贸易和战争经常是面对面地进行着,但也逐渐发展了两种不同类型的船舶:一种是借风帆推进的船身较宽的运货船;一种是船身较窄的战船,用人力划桨,备有辅助风帆,作战时再收起风帆放到桅杆上。当时探测水深的唯一方法是用铅锤去测量:在知名的陆地、岛屿和山顶上建立测定定位点,依靠观察太阳和北极星的位置来得出大致理想的航程。

希腊人在海战中使用的战船

波斯对希腊的进攻标志着开始出现有组织的海军战争,也是历史上第一次海陆协同作战。当时主要的战船都是两层桨或三层桨的平底船,一层在另一层上面,并在船首装有撞角。其攻击战术就是向敌船撞击,或贴近敌船一侧航行来破坏敌船的划桨,使敌船丧失机动能力。与"战列舰"相似的,还有一种小型的"彭德勒斯"船,每一舷有25条桨。所有的战船都是平底的,便于登上海滩。

上述海战是世界上第一次由于海上作战而影响了历史进程的事件:波斯对希

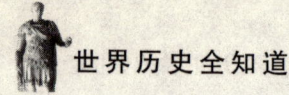

腊的威胁从此解除了,雅典对海洋的控制权(首先是爱琴海)建立起来了。从那时起,希腊几乎再也不受波斯的攻击了。

古希腊人如何看戏

大约在公元前500年左右的某一天,当雅典人正在观看戏剧的时候,木制看台突然坍塌,伤了一些人,他们以此为戒,在卫城南坡上用石头建造了一座剧场,专献给酒神。自此以后,类似的剧场在各地大放异彩。在古希腊半圆形的露天剧场中,坐在阶梯状座位上的观众面对一个舞台,舞台前面是一个供合唱队队员唱歌、跳舞的圆形舞蹈场。演员在一个帐篷内更衣换装,而在两幕演出之间,会悄悄地从帐篷缝隙朝阶梯状的座位张望,急于看看评判员对他们前一幕演出有什么反映。

酒神节那天为公共假日。当天的开幕典礼中有一项隆重仪式,是只许男子参加的游行。他们身着五彩缤纷的衣裳,手持象征性的巨大的阳具,庆祝孕育万物的春天来临。接着,他们在卫城南面山坡上举行宰杀公牛献祭仪式。

我们对那些开幕仪式有些什么节目以及雅典戏剧黄金时期有些什么观众所知甚少,不过我们知道,那时并没有女人登台表演,只有主角才有报酬。我们甚至不知道公元前5世纪时雅典的露天剧场究竟有多大。后来希腊各邦纷纷建立露天剧场,其中一座至今仍然保存完整,那就是公元前4世纪建于伯罗奔尼撒半岛的艾披多勒斯的露天剧场。但那时雅典悲剧的黄金时代已经过去了。

到了公元前4世纪末,这个一年一度的盛大节日已大致转变成社交盛会,男男女女在舞台下出尽风头。他们的衣着华丽,戴上常春藤连叶子编成的花环作为头饰,这个风尚几乎成为当时定制。最靠近舞台的座位留给达官显要和外国大臣专用,而距舞台最远并且与其他座位隔开的,据说是划给妓女的。戏票用铅制成,对所获座位不满的人可以向剧场门外贩票者另购戏票。当然,贩票者的最佳顾客是那些势利小人和拼命在社会上沽名钓誉的人。根据公元前4世纪后期哲学家兼剧作家萧弗拉斯特士说,这些人千方百计要坐在达官显要旁边,而且尽可能让人看见他们坐在那里。

庆祝节日有音乐演奏、合唱表演,以及通常一日五出由穿着华丽服饰、戴着精美面具的男伶演出的戏剧。一坐下来要连续看五出戏,听来也许相当费神,尤其是五出中通常有三出是悲剧。不过,那时希腊的戏剧大多数很短,每一出大概不超过一个半小时。而且演出时观众经常指指点点,好像也在参加演出。如果台上演员表演不佳,会惹来观众的连串倒彩声;对白念得好,又会有人大加喝采。有时候,演员与观众甚至在台下大打出手。观众喧哗吵闹,分帮分派,目的是影响评判,因为节目结束时,会有一项奖品颁给由官方评定的最佳一出戏剧。奖品只是一环常春藤冠,但是希腊各阶层的人似乎都非常关心鹿死谁手。

随着时间的推移，这些节目的戏剧观众越来越懂分辨戏剧的优劣，也越来越难讨好。如果演出不孚众望，他们动辄大喝倒彩，甚至将石头、水果或坚果掷到舞台上。据说，有个三流演员承认，他在一个地方市镇演出时，观众边叫嚷边向他投掷的无花果和其他水果，收集起来足够开一家水果店。有时候，一出悲剧演到结尾时，舞台上会以一种吊臂状装置造成救星降临的戏剧效果；可怜那扮演救星的演员攀着一根绳索左摇右摆地出现在观众眼前，总会引起哄堂大笑。后来，喜剧作家索性利用这个噱头，让一个演员假装吊挂在半空上下不得、拼命示意别人把他拉下，以达到逗观众发笑的效果。

古希腊的戏剧

根据亚里士多德《诗学》，悲剧起源于庆祭酒神狄奥尼索斯的即兴表演。"悲剧"一词源于希腊语 goidos，意为"山羊歌"。在祭祀酒神的庆典上。祭者穿上羊皮，模拟酒神的从者——萨提尔（半人半羊神）。原先的酒神颂并不复杂，只是合唱队的合唱而已，既没有音乐性的变化，也没有艺术性。自从合唱队中增加一个表演的人员——演员，这才向前迈了一大步。演员朗诵关于酒神的神话，跟合唱队对答台词。演员和合唱队之间有了交谈——对白——就构成了戏剧表演的基础。悲剧的演出是整个公元前5世纪公共宗教庆典的组成部分。每个雅典公民都可以免费观看悲剧，因为演出的费用由国家指定的有钱人负担。

公元前5世纪在雅典出现了许多有名的戏剧作家，这与雅典的繁荣有着密切的关系。埃斯库罗斯（前525—前456）是第一个著名的悲剧作家，曾参加公元前480年萨拉米海湾的希波战争。他的最有名的悲剧是《被缚的普罗米修斯》描写为人类受苦受难的巨神普罗米修斯的坚韧不屈的精神。第二个著名的悲剧家是索福克勒斯（前496—前406）。他的最闻名的作品是悲剧《俄狄浦斯王》。他们的剧本内容主要取材于希腊神话，与人类实际生活距离较远（对古希腊人来说，神话就是他们的古代史）。偶尔也描述较近期的历史事件，此类作品只有埃斯库罗斯的《波斯人》流传下

斯芬克司之谜　陶瓶画

索福克勒斯三联剧中的第一部《俄狄浦斯王》首先展示了一个恐怖场面。聪明的俄狄浦斯在成功解开了斯芬克司之谜之后，得以娶底比斯寡后为妻，并成为那里的国王。

来。第三个伟大的悲剧作家是欧里庇得斯（约前480—前406），他与伯里克利同时代，受诡辩学派影响很大。但他终身不参加政治活动而专门从事编写剧本。他的作品代表一个新的时代，把描写的重点放在人的生活上。他很注意下层人物的生活，同情穷人、奴隶及受人蔑视的妇女，其作品反映了这些人的呼声。著名的《美狄亚》，描写了人的现实生活，表现了丰富的感情。

除悲剧作家外，希腊尚有喜剧作家。喜剧起源于宗教庆典，最初与生育典礼有关。最杰出的喜剧家是生活在伯罗奔尼撒战争时期的雅典人阿里斯托芬（前451—前385），主要作品有《骑士》等11个剧本。当时的雅典政治非常混乱。贵族派与民主派斗争激烈。阿里斯托芬在他的喜剧里嘲笑雅典民主政治，讥讽苏格拉底、欧里庇得斯和克里昂这样的人物，博得观众的喝彩。

希腊戏剧作家大都能体会整个社会生活，亦善于观察个人。他们能用戏剧启发人的思想，使之考虑问题。这些作家是当时的伟大人物，他们用自己的作品促进了希腊文化的发展。

西方史学的源头

西方史学源头在古希腊。古希腊史学与后来一脉相传的古罗马史学共同构成西方史学发展的第一个阶段即古典史学阶段，绵延达千年之久。在这个时期，聪敏早慧的希腊人以求真的态度、怀疑的精神、批判的眼光、理性的分析完成了由自发的历史意识向自觉的历史意识的过渡。确立了至今仍具效用的方式方法（以希罗多德的文化史、修昔底德的战争史为代表），甚至史学理论（以波里比阿为代表），从初步自觉上升到高度自觉。

古典史学的本质特征是对历史真相的追求。还原事实恢复真相、发现原因探求因果，不仅是优秀的古希腊史家所力求达到的目标，所遵循的职业规范，而且也是评判他人史学著作的首要标准。"历史"这个词，在古希腊文里，最初即指通过考问探究而求得的知识。

希腊最早的史迹，是靠荷马史诗流传下来的。史诗还不是现在意义上的历史著作，其中充满了神话和文学的渲染，然而从那里面，可以窥见公元前12世纪—前9世纪时希腊人的社会概况，具有重大的史料价值，展示了希腊人由氏族社会向奴隶社会过渡的形态。

如同哲学一样，在希腊文化摇篮之地爱奥尼亚产生了真正意义上的史学派别——爱奥尼亚"纪事家"。他们在自然哲学思想的影响下，力图用批判的态度，写出一种与历史真相相符合的作品。如米利都人赫卡泰厄斯——古希腊第一位历史学家，在对传统的认识上，已具有明显的怀疑精神。事实上，以赫卡泰厄斯为代表的纪事家，是希罗多德的直接前辈。

历史学家中的历史学家

希腊化世界最著名的史学家是波里比阿（约前204—前122）。西方史学史常常把希罗多德、修昔底德和色诺芬并列为古希腊三大史学家。其实，能够同他们相提并论的，有时甚至在许多方面超过他们的历史学家是波里比阿。波里比阿在历史著作中的数量和质量以及发挥的影响上都超过以往的历史学家，特别是他的《通史》在古代希腊、罗马的历史著作中是最符合科学方法和要求的。故被称作"历史学家中的历史学家"。

波里比阿对古代希腊以至整个西方史学的贡献不仅在于他所写的《通史》，更重要的是他已经形成一套完整的史学理论和史学方法，树立了西方史学史的第一个典范。在《通史》第12卷中，波里比阿写了一篇针对马泰厄斯的批判文章，总结了古代希腊的史学成就，论述了历史研究和著述的领域方法、目的。这是历史上第一篇史学史和史学理论文章。他的史学理论是这样表述的：

历史科学应分为三个层次。第一个层次是通过文献和档案的处理来排列所获得的资料。第二个层次是地志学，即描述城市和地区，描写河流与码头，说明海洋和国家的领域、它们的特征以及它们之间的距离。第三个层次是政治事务。历史学领域中的首要任务是考察过去使用的词句的意思；第二个任务是弄清某项政策或某项做法为什么会取得成功或为什么会招致失败。单单叙述某个事件，当然也有趣，却没有教育意义；如果能补充说明其前因后果，那么，研究历史就会有收获了。因为拿历史上的事实来比照我们当前的现实，我们便可以得到一种方法和依据，用以推测未来。

从中我们可以看出波里比阿是一位刻意追求精确性、具有强烈自我意识的史学家，但完全缺乏希罗多德的情调和修昔底德的典雅。

西方哲学的源头

如果说宗教是下层群众的信仰的话，那么哲学就是上层人物的信仰，只是宗教的资格要比哲学的资格老得多。希腊宗教在哲学产生之前笼罩着希腊人的整个精神世界，而在哲学产生以后又与哲学互相作用、互相影响，共同活跃在意识形态领域之中。

古希腊哲学是从公元前7世纪爱奥尼亚的泰勒斯探询世界"本原"开始的，直到公元5世纪西罗马帝国的灭亡为止，其间约1000多年，经历了早期自然哲学、中期人本主义和体系化，以及晚期道德哲学和神学唯心主义等几个阶段。古希腊哲学由于刚从宗教神话中分离出来，包含着人类原始思维的多样性和丰富性，在它的各种形式中，差不多可以找到以后各种哲学观点的胚胎和

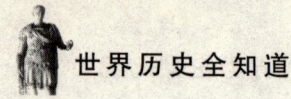

萌芽。

最初"哲学"并没有获得今天这样的含义，只是作为泛泛的"追求智慧"的学问。哲学家亦即"追求智慧的人"，通常被看作是真理的探索者，他们的目的是：第一，了解人及宇宙的本质；第二，确定人与宇宙的关系；第三，为人类寻求明智而美好的生活方式。

希腊人崇尚自由的服饰

古希腊人喜爱户外活动，因此民房非常简陋，住房布局杂乱无章，家具也十分简陋。古希腊人的服饰充分体现了他们爱美的天性，衣服大多成宽松状。在所有的家庭中，食物都很清淡，并非大鱼大肉，肉很少见，而只在宴会上出现。以男性为公民集体的雅典城邦里，妇女几乎没有什么权力而言，妇女处于男性支配下的屈从地位。对人的教育，古希腊人给予了高度重视。

随着古希腊人对所谓野蛮人的不断胜利，希腊人的服饰也逐渐地从东方那种僵硬的装饰中解脱出来，创造了更加适合希腊人爱美天性的服装。这种倾向一直保持到亚历山大大帝时代。从那以后，希腊人的服饰，尤其是妇女的服饰又重新受到东方的影响。

古希腊妇女的衣服称之为培普罗斯（Peplos）。最初的培普罗斯是有厚重感的羊毛制品，织品是两个人操纵垂直机纺织的，所以织物的幅度是在两个人各伸出一只胳膊的范围内制作的。在雅典城邦的家庭中，妻子、女儿与奴隶一同纺线、织布、染色。培普罗斯是公元前6世纪前后雅典妇女的普通衣着。当时从埃及输入了麻布或可供制成衣服的织物。这种衣服称之为其顿（Khiton），它比培普罗斯的样式更为新颖，成为雅典时兴的衣着。此后不久，"其顿"一词竟成为衣服的总称。

一开始，男人们穿的是源于东方的伊奥尼亚式的服装，这种由亚麻织成的内衣没有腰带，外套则相当长。不过在希波战争以前，以这种样式为特征的男人服饰就发生了变化，这时的长内衣已有长长的可达肘部的袖子。那种特长的内衣只是为祭司、三角竖琴和长笛演奏家及马车夫所穿。外衣是一种长衣服，也就是通常意义上的"大氅"，这种大氅不用系任何东西而可以把整个身体都裹着。除了这些大氅以外，还有一种长方形的斗篷，这种斗篷用作骑士们的服装。在许多场合下这种斗篷也以华丽的面目出现作为贵族的衣饰，士兵和猎人和其他青年们也爱穿这种衣服。另一方面，一种左肩紧紧系着、右肩袒露的羊毛织服成为工人们的装束。希波战争以后，那种古老的带有东方风格的爱奥尼亚式的服饰消失了，不过那种紧身的爱奥尼亚式的长内衣并没有彻底消失，人们可自由地选择衣服的长短。

男子的发型，一开始只是与荷马时代的发型基本相似但稍有变化——人们仍旧梳着坚硬的辫子,并把它盘在头的周围。后来,尤其是在雅典人中间,逐渐流行一种短发。只有斯巴达人让头发任其生长。留长胡子的习惯渐渐地改为保持适当的长短,直到亚历山大时代那种不留胡子的行为才变得常见。妇女的发型,早在公元前6世纪就不用那种旧式的发硬的发式而让头发自然下垂,以便用一种简单的带子把头发束在一起,让头发自然地从耳朵向后梳去。自希波战争以来,妇女的发式发生了很大的变化,更加倾向于自然,丝带、女式冕头、装饰物、网眼织物彻底与头饰无关。但是对于男女双方来说,最美丽的头饰仍然是天然的花环。古希腊人不仅在运动会、节日、婚礼,宴会上,甚至在祭祀、葬礼上都戴这种花环;不仅普通人戴这种花环,就是政府官员和演说家也带这种花环。后来,用贵重金属制成花环,作为一种荣誉经常被授予那些值得表彰的公民。

古希腊人要么光着脚,要么穿一种让脚有足够空间的轻便鞋;他们不用紧紧包住脚的鞋子束缚自己的脚。最常见的鞋是凉鞋。这实际上并非要盖住脚,而是只需在脚下有一块鞋底,藉以在户外行走时保护脚免遭沙砾和尖石的伤害。鞋底通常用多层牛皮制成,再用简单的几根皮带把它绑在脚的上部。天气寒冷时,外出的人有时穿靴子。这些靴子像凉鞋那样,也有鞋底,不过上面不是皮带,而是覆盖着一层结实的皮革或毛毡,由下至上盖过脚踝。

古希腊人尽量要使他们制作的皮带看起来漂亮。他们把皮带裁成种种样式,把它们染成红、紫蓝或黄色。有时他们把皮带涂成金色,使它们看起来像金子似的。

古希腊人简陋的住房

古希腊人在进入自己的家或朋友的住房之前,会弯腰脱下凉鞋或靴子。男人和女人在室内都光着脚。孩子们则几乎一直是光着脚。

最初,希腊人像印欧日尔曼人一样,住在圆形的小屋中,这种小屋起源于游牧时期的帐篷。后来逐渐在各处演化为人们广泛使用的长方形住房。

城市中的房子,并不是像我们现在这么重要,因为几个世纪以来古希腊人的生活逐渐变得和公共生活息息相关。为了与外界交流的方便,房间的门窗不是面向外部,就是面向中间的庭院。临街的位置极其重要:楼上窗户主要用作观看风景,而地面房间的阳光和空气只能通过门进来了。

农民的住房,其地面的一层从前至后通常被分为三进:第一进面对门厅,包括马棚、作坊、商店等,第二进属于男人,第三进属于女人。和庭院相连接的屋子面南而开,这或许可比作荷马时代的屋子,并且男人们的客厅尤其在希腊化时代变得更为重要。房间的后半部通常作为饲养家禽举行婚礼或贮藏贵重物品的地方。因此住房的分配也和庙宇的分配一样,屋中神圣的地方同样包括前厅和作为贮藏的后厅。

考古挖掘的材料证明，古代希腊的民房是非常简陋的，住房的布局也杂乱无章。当时的居住区街道狭窄，又由于房门向外开，而街道又十分狭窄，所以进门不必敲门，出门反而要敲门，以免碰伤行人。室内家具也十分简陋，使用矮桌和矮床，不过希腊人在公元前399年左右开始使用以皮带拉紧的木床或铜床，床腿装饰华丽，后为罗马人所仿效。人们大多在户外活动，男人上市场，女人上温泉。男人们夜间则用一块毯子裹身而睡，天刚放白便起身，把他们睡过的毯子抖开，优雅地披在身上当作服装，既不刮脸也不吃早饭，径自走到市场高谈阔论——很少有哪个民族这样酷爱交际。谈话对于希腊人而言像呼吸一样不可或缺，其后才购物回家吃早饭。事实上，午后对他们来说已离白天的结束很近了。直到今天，雅典人依然这样闲散而浪漫。传说公元前4世纪政治活跃人物阿西比德的住房相当华丽，但在雅典的考古挖掘中得到一个当时抄家人名及清单，根据这个清单，在阿西比德一次因酗酒而被抄没的财产中，并无一件贵重值钱之物。这点东西，当然配不上华丽的住房。

这样，在人们的心目中，当时的希腊，至少在公元前5世纪至前4世纪的雅典，竟出现了这样一种奇怪的对比：在一堆简陋而杂乱不堪的民房中，在粗糙的石头堆起的小丘上，矗立着至今令人神往的神庙建筑。

清淡的饮食

古希腊人在厨房里常使用铁铜及陶制的器皿，玻璃器皿是一种奢侈品。他们用柴烹煮食物。

在所有的家庭中，食物都很清淡。日常食品主要是粮食（尤其是大麦）做的烘饼，配上干菜做的酱、洋葱，再加上几个无花果和橄榄。肉很少见，只在宴会上出现。古希腊人吃鱼，但不过量，因为鱼可能不多。从总体上说，这个社会的食品供应，刚好能够满足居民们的基本需要。

当有贵宾来临时，古希腊人习惯上要请厨师——一般是由男子充任——来做菜。古希腊的烹调艺术十分发达，产生不少有关烹调的著作，也出了不少大师傅，有些大师傅甚至和奥林匹克运动会的冠军那样闻名遐迩。

单独用食被认为是野蛮人的行为，餐桌上的规矩被看作是表示文明程度的指针。妇女和男孩们在小桌上用膳，但男人却成双成对地依靠在卧榻上进食。没有外人时，全家人在一起吃：有男客来，女眷退入闺房。在男客上榻前，由侍者为其脱掉鞋子或洗净脚，并进洗手水，有时候侍者在客人头上涂抹香料。用餐没有刀叉，只有汤匙，干食物用手指抓食。进食中，以面包碎片擦净手指，食毕，用水洗手。

对古希腊人来说、饮酒和吃饭同样重要。晚饭后，大家一起喝酒。在斯巴达和雅典还有饮酒俱乐部,由于酒友之间感情融洽,这一类组织对政治有着很大的影响。酒后,不是成对地和女性跳舞(因为通常被邀的只有男人),而是成群地跳:或做各种游戏,或对诗,或猜谜语,或观赏职业性的表演。可能也邀请吹笛女来演奏音乐、唱歌跳舞。

在节庆之夜,古希腊人举行盛大的宴会。席间,他们大量饮酒,最富裕的人们还安排了乐师和舞女的演出。雅士们则热烈地交谈,宾客们则卧在褥垫上,左臂支撑在靠垫上尽情享用着宴会的美食。

受过教育的雅典人,偶尔喜欢举行一个喝酒谈天的聚会,在掷骰子决定的主席的主持下进行,井然有序。客人随时留意不让自己分成小堆,那样会表示琐谈:他们保持谈话内容的一般性,当轮到别人讲话时,尽量倾心聆听。

不平等的婚姻

古希腊人的婚嫁通常和我们古代中国人一样或由父母做主,或由媒婆撮合,着眼点不在爱情而在嫁妆。嫁妆永远是妻子的财物。假如丈夫遗弃妻子,他必须归还妻子的嫁妆,这就是为什么丈夫一般不愿休妻的重要原因。女子没有嫁妆是很少能嫁出去的。因此父亲必须为女儿筹集一笔嫁妆,实在不行的话,则由亲属们凑份子。一般来说,男人结婚不是因为有了爱情,也不是因为他喜欢婚姻生活,而是藉于那数量不菲的嫁妆以及用婚姻来延续自己、国家和子嗣,避免使自己落入孤家寡人的命运。即使这样,男人们还是尽可能地推迟结婚。法律规定禁止独身,但这并不能得到有效的执行。伯里克利时代以后,独身的人越来越多,最终演变成为一个令雅典感到头疼的问题:公民越来越少了。

根据雅典法律,没有正式的订婚仪式,婚姻便无效。订婚在女方家里举行,必须有证婚人在场,但女子本人则不一定在场。订婚以后数天在女方家里举行喜宴。新人在参加喜宴前,各自在家里沐浴,行净化礼。宴会上,两家的男人坐在房间的 边,女人坐在另一边,大家分食喜糕,同享喜酒。然后,新郎挽着戴头纱、着白袍,也可能从未谋面的新娘进入马车,在吹笛女郎乐声和朋友的火炬引导下将新娘载往新郎父亲家中。抵达后,新郎将新娘抱过门槛,好似象征掳获。

新郎的双亲迎接新娘,并且以宗教仪式将她迎入家族。然后宾客在婚礼祝贺歌中将这一对新人送入洞房,并且留在新房门口喧闹,直到新郎向他们宣布礼成,才各自散去。

生育公民和家庭合法继承人的婚姻目标,使雅典人的婚姻呈现出近亲结婚的倾向。比较受人欢迎的联姻是两兄弟的孩子之间或者是叔叔与侄女、舅舅与外甥女之间的结婚。像中国人一样,雅典人也有重男轻女的思想倾向。在雅典人的家庭中一般是男孩占优势的。苏格拉底有三个儿子、伯里克利有两个合法的儿子及

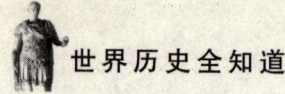

一个私生子，柏拉图有两个兄弟、一个妹妹及一个同父异母的弟弟。这一喜欢男孩的倾向还表现在杀婴问题上，在雅典，被处置的女婴要比男婴多。

雅典人离婚比较常见，或者是双方协议离婚，或者是因配偶一方的行为不检点而离婚。丈夫休妻最正当的理由是无子和不贞。由于雅典人结婚的目的就是生育家庭合法继承人和城邦公民，因而把不育的妻子打发走被认为是理所当然。亚里士多德认为，没有孩子的夫妇比其他人更容易分离。为了避免无子的恶名和被遗弃的厄运，不育的妇女有时偷养别人的婴儿。在阿里斯托芬的喜剧中，一个妇女假装腹痛分娩，以一个买来的婴儿欺骗丈夫。从偷养婴儿的故事中，我们可以想像出无子妇女所承受的巨大精神压力。雅典社会不要求丈夫对妻子保持忠诚，但却要求妻子对丈夫忠贞，法律规定若发现妻子与人通奸，丈夫必须与妻子离婚，否则，他就有失去公民权的危险。若离婚是由丈夫最先提出的，他只需要将妻子从家中打发走，无需进一步的正式手续便可解除婚姻。当妻子希望离婚时，情景就不同了。她必须到执政官那里去，交给他一份书面声明，详细陈述她提出离婚的理由。这就给了丈夫一个机会，如果他反对离婚，执政官就可能不接受离婚声明。

古希腊人的家庭

古希腊人的家庭一般由丈夫、妻子、女仆人组成，女儿出嫁后住在男方家里。父亲是家中的权威，他可以遗弃新生婴儿、出卖他次子以下的儿子与未出嫁女儿的劳力，嫁女儿，以及在某种情况下，为自己家里的寡妻指定丈夫，但不许出卖自己的子女。子女婚后，各自建立家庭，脱离父母的约束。古希腊人的居室一般是简陋的。住宅的外面通常是一道粗墙。房屋用日晒砖建成二层，室内的墙壁用灰泥涂抹一遍，然后外面再加以粉刷。窗户非常少，仅限于楼上才有，窗户上装有百叶窗，以遮太阳。几乎每一公民都拥有属于自己的住宅，偶尔也有几家合住一栋房子的。一般家庭的正门是双扇门，许多富有人家的门上还装有金属门环。穷人家的地面是压实的泥土，有钱的人铺上石板，地面上放上草垫或地毯，供人们休息用。

雅典妇女的地位

在以男性为公民集体的雅典城邦里，妇女几乎没有什么权力可言，妇女处于男性支配下的屈从地位。

在雅典，妇女完全被排除于城邦的政治生活之外。她们不能在公民大会上发言、投票，更不能担任民众法庭的陪审员以及履行城邦的管理和行政职务，因而没有任何积极的政治权利可言。据说，在阿提卡的第一个国王刻克洛普斯统治时期，智慧女神雅典娜和海神波塞冬为取得这个地区的庇护权而发生了争执。国王在请教了德尔斐的神谕之后，根据传统习惯召集了男女两性公民参加的公民大会进行表决，男人们投票赞成波塞冬充任庇护神，而妇女们则支持雅典娜。由于妇女方面多了一票，所以雅典娜获胜。这个结果激起了波塞冬的愤怒，并驱使着男人们进行报复。于是从那以后，妇女们就失去了投票的权利，不再被称为雅典人。阿里斯托芬的讽刺喜剧《公民大会妇女》也说明了雅典妇女在政治上无权的地位。剧中，雅典妇女对男性公民的统治感到厌恶决定接管城邦的政权。在普拉萨戈拉的领导下，她们偷偷穿上了丈夫的服装，戴上假胡须，女扮男装出席公民大会。她们投票通过法律夺取了政权把男性从城邦统治中驱逐出去。她们制定了新的政治计划，在这个计划中，土地、货币和各种财产属于公有，家庭将被废除。

这说明，雅典妇女在政治上与外邦人和奴隶一样，都处于被统治地位，但是，雅典妇女与外邦人奴隶毕竟有所区别：有些家庭中，男子在家中与女性家庭成员讨论城邦事务，妇女们的见解就有可能影响男子们的政治决定。有些宗教庆典例如地母节只有雅典人的妻子才能参加，而女奴隶、定居外邦人和外国人的妻子，以及妾和妓女是被排除在这个节日之外的。雅典妇女在家庭领域内，是高居于奴隶之上的女主人。此外，雅典妇女在法律上还受到外邦人和奴隶所得不到的一些保护。

在法律上，雅典妇女和未成年人一样被认为没有行为能力。她们的一生都处于监护人的监护之下。一个女孩，其监护人首先是她的父亲，如果父亲去世了，她的同父兄弟或者祖父就成为她的监护人。当她结婚以后，她的丈夫便充任她的监护人。如果她成为寡妇或者离婚了，她就回到她最初的监护人的负责之下。如果她怀了丈夫的孩子，她可以留下，在她丈夫继承人保护之下，直到孩子出生。如果她带着年幼的儿子寡居，她或许可以选择留在已故丈夫的家中，处于为她的儿子指定的监护人的监护之下，直到她的儿子成年。作为选择，如果她的儿子已经成年，她可以把自己处于儿子的监护之下，当一个妇女的监护人将出国旅行并长期不在家时，他会指定别人在他离开时充当该妇女的监护人。因此，雅典妇女在法律上永远不能独立，不能在法庭上为自己的案子辩护，这一切都由她的监护人出面为她采取行动。

与法律上的未成年人一样，雅典妇女没有经济的自主权，妇女不能管理或控制以她们的名义继承的任何财产，甚至是她们从已故丈夫那里得到的钱。妇女不能从事涉及到她们的嫁妆或继承的财物的任何重要的交易活动。斯巴达妇女的地位与雅典妇女相比，斯巴达妇女的社会地位和家庭地位比较高，享有一定的自由。

斯巴达妇女享有很大的经济权利，她们能够真正继承、拥有并支配自己的地产、嫁妆和货币。在斯巴达，妻子和丈夫的财产不是共有的，他们各自拥有并掌握、控制自己的财产。又因为斯巴达男性公民在长期的征战中人数减少，斯巴达女继承人的数量激增，因而身价倍增。一些斯巴达妇女十分有钱，拥有大量的财富，并像富有的男人一样养马，雇人参加四匹马拉的战车比赛。而且与雅典妇女不同的是，斯巴达妇女既可以继承父亲家庭的财产，也可以继承不动产。亚里士多德说，全邦约有 2/5 的土地属于妇女。

不过，斯巴达妇女在婚姻方面还是处于屈从的地位。普鲁塔克说，斯巴达新娘是在她们丰满成熟之时，被丈夫用强力抢走的。新娘被抢走之后，伴娘负责照顾她，把她的头发贴近头皮剪短，给她披上男子的外衣，穿上男式便鞋，再将她安置在地上的一张简易小床上，让她独自躺在黑暗之中。然后，等新郎像往常一样在公共食堂吃完晚饭后，悄悄地溜进新娘躺着的那间卧室，揭开她的处女带，把她抱到婚床上。更让妇女感到屈辱的是，在斯巴达，丈夫可以把妻子"借"给别人，进行婚姻外的生育。色诺芬说，斯巴达宪法奠基者来库古要求年长的丈夫把他所钦佩的某个品德高尚而又身体健康的年轻男子引入家中，与他的妻子生育孩子。如果某个男子想与一个出身高贵的斯巴达女子结合，为自己生育后代，他只要征得这个女子丈夫的同意，便可以放心地去做了。

走近古罗马文明

罗马建城与母狼的传说

说起古代罗马的起源，人们都要讲到一个关于母狼和两个小孩的神话故事。因为这个故事的存在，古罗马人才崇拜母狼，把母狼当作他们国家的象征和标记，就像我们崇拜龙，称自己为龙的传人一样。这个神话故事告诉我们，特洛伊战争中的特洛伊英雄埃涅阿斯在自己的城市被希腊人攻破后，率领一部分人逃了出来，在历尽各种艰难之后，来到了意大利中部一个叫做拉丁姆的地方，在那里住了下来。后来，他的儿子在那里建了一座城市，叫阿尔巴·龙加，并一代一代地统治下去。但当王位传到努米托尔手中时，变故发生了：努米托尔的弟弟阿穆略篡夺了王位。阿穆略并不害怕他的哥哥，因此留了他哥哥一条性命，但却非常担心努米托尔的后代会来复仇。为了杜绝后患，阿穆略下令杀死了努米托尔的儿子，努米托尔的女儿西尔维娅则被列为侍奉灶神的圣女，让她不能结婚（根据罗马人的规定，灶神的女祭司不能结婚），因而也就不能有后代。可是由于神意的安排，战神玛尔斯竟来和西尔维娅结合，使她生下了一对双胞胎儿子。

阿穆略得知西尔维娅生子的消息后，立即下令将她处死，并命人把那两个孩子投入台伯河淹死。但同样是出于神意，河水没有淹死孩子，而是把他们冲到岸上。后来一只母狼发现了这对孩子，把他们带到了帕拉丁山丘的一个洞穴中，用自己的乳汁喂养了他们。

以后，这对孪生兄弟又被一对牧羊人夫妻收留，还得到了各自的名字，大的叫罗慕路斯，小的叫勒莫斯。当兄弟俩最终在牧人的小木屋中长大成人，并获悉了自己的身世后，就一起去设法杀死了阿穆略，重新把阿尔巴·龙加的王位还给了他们的外公努米托尔。但他们自己却不想再在那里住下去了，他们决定到台伯河边重新建立一座新城。有意思的是，他们所选的建城地址，正是当初他们被遗弃的地方。

但是，兄弟两人在如何建立城市，以及用谁的名字来命名这座城市的问题上发生了争执，吵闹中罗慕路斯杀死了弟弟勒莫斯，遂按照自己的意思举行了城市的奠基仪式。据说，罗慕路斯把一对雪白的公牛和母牛套在犁上，赶着它们绕着帕拉丁山丘犁出了一道深深的犁沟，到了预定开设城门的地方，他把犁头抬起，城墙的轮廓就这样确定了下来。罗慕路斯还根据自己的名字命名了这座城市——"罗马"。

这就是关于古代罗马起源的传说。它当然不可能是真实的,只不过是后来的罗马人为了解释自己国家的起源和它的名称的来历而编造出来的。他们之所以把自己与战神玛尔斯和母狼扯在一起,大概主要是因为罗马刚建立时国力十分弱小,不得不在无休无止的战争中求得生存,在这种情形下,说自己是战神的后代当然有助于进行精神上的自我激励,而狼则是受战神所驱使的野兽,由战神而引出狼来,也就顺理成章了。

油画《萨宾妇女》

罗马建城之初经常与其邻近的萨宾部落发生激烈冲突,这幅画表现的是罗马人与萨宾人激战的情景。

其实,罗马人是古代拉丁人中的一支,这些拉丁人在公元前2000年左右来到意大利,居住在意大利半岛中部西海岸的拉丁姆地区。到公元前8世纪初时,部分拉丁人迁移到了台伯河下游的南岸地区,以帕拉丁山为中心定居了下来,建立起了一些小的村落,日后的罗马就是由这些原始村落发展而来。因此,罗马非但不是什么神明的后代所建,在开始时也称不上是什么城市。但不管事实如何,古代的罗马人还是非常郑重其事地对待有关罗马城建城的神话传说的。他们不仅推算出了罗慕路斯建城的确切时间,即公元前753年4月27日,并在每年的这个日子都举行纪念活动,而且作了一尊青铜母狼雕像,将它置于广场之上。时至今日,我们仍可在罗马的卡彼托林博物馆里,瞻仰到这尊古代罗马的神圣之物。

罗马人不欢迎独裁

在古代历史上，任何民族都没有像古罗马人那样，会创造出那么一套严密的政治体制，来防止个人专权的产生。

罗马人在公元前509年废除了"王政"之后，就决定从此不再要国王的统治。他们用一年一度选举出的两名执政官，来取代原来的国王。这执政官虽说是罗马共和国时期地位最高的官职，拥有与先前国王相当的行政和军事大权，并享有原先国王所享有的威仪，如在出行时后面有12名肩荷"法西斯"的扈从跟随。但他们的权力在本质上毕竟不能与旧日的国王同日而语。这首先表现在执政官要受"同僚制"原则的约束，即他们是两个人共同执政，两人拥有完全同等的权力，一方的提议只有在征得自己同僚的同意之后，才能有效，不然的话，一方便可使用否决权否决对方的提议。

除受同僚的牵制之外，执政官还要受到任期的限制。他们的任期只有一年，连选连任是不允许的。即使在这短暂的一年期间内，他们也不敢滥用权力，因为那样他们就将面对任职期满后受到控诉和法律制裁的危险。

执政官的情况是如此，罗马共和国的其他各级行政官职，如大法官、财务官、市政官等，亦无不如此。这就是罗马共和制政体的权力原则——"同僚制"和"一年一任制"，它的最主要的目的，就在于限制权力，杜绝专权现象的出现。

在罗马共和国，唯一不受同僚制原则限制的是他们的独裁官。顾名思义，独裁官就是具有独裁权力的行政长官。这是罗马人只有在紧急状态时才设立的临时性官职，其目的是为了在需要采取果断的行动时，避免因同僚制原则而导致的相互扯皮和行动迟缓。独裁官虽然没有同僚的牵制，但却有任期的限制，其任期最长不得超过6个月。一到紧急状态结束，他必须立即交卸一切大权。

罗马人不仅对个人的专权进行严格的防范，对社会集团的专权也同样予以尽可能地制止。在罗马共和国早期，贵族专横，垄断了一切政治权力，平民备受欺凌。为了保护自身的利益，限制贵族的专权，平民与贵族进行了长期的政治斗争。他们的策略就是威胁要离开罗马，另立新邦。由于平民实际上是罗马国家的基石，无论当兵打仗，还是出钱纳税，都离不开他们。如果他们果真出走独立了，贵族势必难以自保。贵族只好让步，允许平民选举出一个属于自己的官员，以监督政府的行为。

这个由平民自己选出的、旨在保护平民利益的官员，就是罗马历史上著名的"平民保民官"。为了能够有效地监督由贵族把持的罗马共和国政府，真正起到保护平民的作用，平民保民官被授予了极大的权力，他们可对元老院和执政官的法案进行否决；任何性质的提案，只要保民官认为危害了平民的利益，并提出否

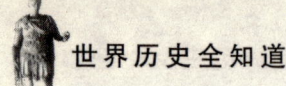

决,都必须撤回重议。另外,为了确保平民保民官工作的权威性和有效性,保民官的人身还被宣布为神圣不可侵犯,任何伤害他们的人,都要以死论处。保民官的这种特殊性,使他几乎完全不受政府的控制,因此就对罗马共和国的政治权力起到了重要的制衡作用。

不过,我们不用担心,罗马人既然不想让执政官变成国王,他们也决不会让保民官变成独裁者的。事实上,对执政官等各级行政官职起作用的那些限制原则,对保民官也同样起作用。他们也严格实行同僚制原则(起初是两人,后来增加为10人)和一年一任制原则。

等级森严的社会

古代罗马是一个等级界限非常严格的社会。其等级的划分主要依据三个因素:一是公民权,即公民与非公民之分;一是自由,即自由人与奴隶之分;一是财富,即穷人与富人之分。

与我国古代社会极为不同的是,古代罗马是一个公民社会,罗马人有着强烈的公民权概念。在他们那里,公民就意味着一种特权,只有公民才能分享国家的利益,享受国家法律的保护,才有权参与国家的政治选举(罗马实行民主政治,公民都有政治投票权)和其他类型的各种社会活动。当罗马人不断地对外扩张,将自己的地盘大大扩大之后,他们并不把那些新并进去的人口看成是公民,不给他们公民权,致使这些人在罗马社会中没有任何社会权利可言,他们只能付出,只有尽义务的份。罗马在相当长的一段时间内,都存在着这种公民与非公民之间的对立。直到公元前88年的时候,意大利境内的全体自由人才获得公民权;而直到300年之后的公元212年,罗马帝国境内的全体自由人才都获得了这种权利,也就是说,直到那时为止,他们才真正成为罗马人。

罗马又是一个发达的奴隶社会,其奴隶数量之多,也许会出乎人们的意料。以庞贝城为例,当这个城市被爆发的维苏威火山湮没时,其人口总数大约为2万。在这2万人当中,奴隶就占了8000多,快要接近一半!当罗马帝国境内的公民与非公民之间的对立最终因公民权的广泛授予而泯灭的时候,奴隶与自由人之间的对立却始终没有消除。关于罗马社会中的奴隶问题,我们在接下来的一节中会进一步谈到。

除了公民与非公民、奴隶与自由人的对立外,在罗马公民内部,也同样有等级高下之别,这就是贵族与平民的划分。罗马贵族与平民之分,早在其历史之初的"王政时代"就已存在,且已非常严格。当时的贵族们通过世袭的门第制度来保护自己的社会政治权势,平民阶层无论如何也无法打入其中。等到罗马共和国建立之后,贵族们仍然把持着政治,平民既没有权利担任国家官职,也没有权利进入元老院。为了防止平民进入贵族圈子,罗马贵族甚至还通过了禁止与平民通婚的法律。平民对这种状况当然不会满意。他们与贵族展开了长期激烈的斗争，最终于公元前287年取得了与贵族平等的政治权利。

但由于古代罗马的政府官职也是与我国古代完全不同的，他们当官既没有俸禄，也不拿工资，完全是"白干"，是彻底的"公仆"。在这种情况下，一般平民自然是有官也当不起。对他们来说，所谓贵族与平民的平等，至多只具理论意义。只有极少数发了财的平民，才因此获得了打入政治上层的机会。这些平民便与原先的贵族一道，形成了新的所谓的"豪门贵族"（与原来的世袭贵族相对而言）。

但是，在后来历史的发展中，罗马的贵族阶层又发生了分化，分出了元老阶层和骑士阶层。所谓元老阶层或元老贵族，就是指那些专门在罗马元老院中从事政治活动的贵族。由于元老院的人数在共和国时期的绝大部分时间内都只有300人，因此这是一个非常狭小的特权集团，正是他们控制了罗马的内政与外交事务。骑士阶层则是指那些出身贵族之家，却不进入元老院从政，而是专门经商赚钱的贵族及其子弟。他们被称之为"骑士"，可能是因为他们所具有的服骑兵役的资格。在古代罗马，只有最富有的人才有资格服骑兵役，因为只有他们才能置办得起相关的武器装备（在罗马，直到公元前2世纪末为止，当兵打仗都是自备武器的）。

罗马的元老和骑士本源出一家，尽管他们一者志在从政，一者志在经商，但摩擦总是有的。到罗马共和国晚期，为了划分他们之间的界限，还特地厘定出了一个资格标准：只有财产在80万塞斯特尔斯以上者，才可成为元老；而要成为骑士，财产则不得少于40万塞斯特尔斯。

尚武的罗马人

或许古罗马人的血液里真的掺入了狼性的成分，亦或许他们真的传承了战神的秉性，因为后世人所最不能理解他们的，就是他们的"嗜血成性"。他们似乎缺少最起码的同情心，竟把杀人当成了一种娱乐和游戏！在古代罗马，人们特别喜欢看角斗士在竞技场上相互残杀，喜欢以角斗士们淋漓的鲜血和死亡的痛楚来取乐。据说，这种堪称真正意义上的"残酷游戏"，是早年曾统治过罗马的伊达拉里亚人的一种葬礼习俗，罗马人之所以保持它，同样是出于对自己先辈的纪念。不过，这种纪念并不是一般意义上的人殉，而是为了以角斗士在格斗中所体现出的勇敢，来向先辈的在天之灵表明，他们决不会做没有勇气的懦弱的不肖子孙。

以杀人和鲜血展示自己的勇气，并以此作为对祖先的一种孝敬和承诺，可见"勇敢"在古代罗马人品格中的至上地位。罗马在其建城之初，不过是一个巴掌大的小邦，就是在这片巴掌大的土地上，罗马人也不能自由自在地生活。他们周

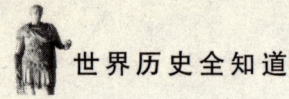

围到处都是凶悍的敌人,为了生存,他们必须用战斗来保卫自己,必须既当农夫,又做战士,锄头枪矛一肩扛。对罗马人这种农夫与士兵两位一体的形象,罗马帝国初期的大诗人维吉尔在他的长篇史诗《埃涅阿斯》中,曾有极好的描绘:

"我们这个从一开头便能吃苦耐劳的民族,孩子生下来就给抱到河边,泡进冰冷的水里锻炼他们;男孩子夜里也在打猎,把森林搅得筋疲力尽,他们以弓马为游戏;到了青年时,他们勤劳工作:或者锄地,或者在战争中攻陷城市。"

如果担心维吉尔的描绘带有太多诗人的抒情色彩,那就让我们再看一下被誉为是地道的罗马人的老加图(前234—前149,罗马著名元老)的育子之道吧:

"加图自己成了他儿子的阅读老师、法学教授和体育教练。他不仅教儿子如何掷标枪、如何顶盔挂甲去战斗、如何驾驭战马等,而且还教儿子如何格斗,教他学会忍受酷暑严寒,学会在充满旋涡和急流的河水里击水游泳。"

罗马人之所以从小就以弓马为游戏,就要学会骑马射箭掷标枪,这实属不得已,可以说是一种"生存本能"。在这种生存本能的推动下,他们后来对外扩张竟是一发而不可收,以致整部罗马共和国史,俨然就是一部没完没了的战争史。罗马城内有一座雅努斯神殿。这雅努斯是罗马人家中的门神,也是罗马城的守护神。每当罗马人对外进行战争时,神殿的大门便敞开,只有到了和平时期,庙门才会关闭。据说,自公元前753年罗马建城,直到奥古斯都建立帝国,在这700多年的时间里,该神殿的大门总共才只关闭过非常简短的两次。罗马人之好战,由此便可见一斑了。

由于罗马人整天都在进行战争,尤其是当后来国土越来越扩大,战场越来越远,战争持续时间越来越长,他们就更像征杀疆场的专业军人,而不再像扶犁唤牛的农夫了。在这种情况下,他们崇尚勇敢,用"勇敢"一词来表述人的美德,或者干脆把美德等同于勇敢,也就不难理解了。

有人说罗马人无休止的对外扩张,以及他们世界帝国的最终建立,是对他们最初生存本能的一种反动。如果此说不谬的话,那么罗马人的嗜血成性,应当也是对他们勇敢的美德的一种反动。但不论是反动,还是本能,罗马从一个小邦发展成为世界霸国,在很大程度上得益于罗马人对英勇的崇尚,则是毫无疑义的。

战无不胜的罗马军团

罗马人之所以被冠以"伟大"的称号,首先是因为他们缔造了一个伟大的帝国。如果没有了这个伟大的世界帝国,其他一切所谓的伟大就都归诸子虚乌有了。而这个伟大的帝国所以能够得来,则完全是靠了没完没了的征杀。

罗马人是组成军团打仗的。罗马军团主要由三个战列组成,第一列是青年兵,也被称为"枪兵",因为他们的武器一律是长枪。第二列是壮年兵,又称"主力兵",是军团的核心。第三列则是"后备兵",由老兵组成。此外,每个军团还配有其他一些轻装附属战斗部队和一定数量的骑兵,整个军团的人数约计5000人。战斗中,先由附属轻装兵出击,以弓箭、投枪等攻击敌人。接着由第一列枪兵用重投枪发动第二波进攻。若枪兵进攻不果,则立即退入第二战列主力兵中间,由主力兵再进行第三波打击。军团的第三战列即后备兵一般是无须投入战斗的(所谓"后备"是也)。若主力兵进攻失败,旗手就会马上摇动旗帜,向后备兵发出攻击信号。后者得令后迅即接纳枪兵和主力兵进入战列间隔,然后投入战斗。由此便产生了罗马的一个谚语:"事情发展到了后备兵",即表示已到了最危急的关头。

上述罗马军团战术组织的优越性,在于可以对敌人进行连续不断的进攻,并使攻击与防御相结合,达到进可攻,退可守。

但是,罗马军队之所以所向披靡,罗马军团之所以令敌人闻风丧胆,除了优良的战术组织外,更重要的还在于罗马士兵自身的优良素养,在于他们平时的严格训练。关于这一点,还是让我们看看古人的评论吧:

罗马战船上的吊桥

罗马人在和平时期内并不是无所事事地空坐着,他们并不是一直要等到需要的时候才开始动手,或者直到战争打起来时才去持矛执盾。事实刚好相反,他们似乎生来就是为了挥动武器的,他们总在坚持不懈地进行着训练,决不坐等事态的发生。而他们平时训练的强度也决不比真正的战争差。每个士兵都好像在战场上一样,全力以赴地做着一切。这样一来,等到战争真正打起来时,他们便个个都能应付自如。没有什么慌乱会打破他们惯常的队形,没有什么恐惧会迫使他们向后退缩,也没有什么劳顿会使他们疲惫不堪。由于敌人从来就不是他们的对手,所以胜利也就总是伴随着他们。假如把他们平时的训练称作是不流血的战争,而把真正的战争称作是流血的训练的话,那也是一点也不过分的。

作出这一评论的是一位出生于公元37年的古犹太历史学家,名叫约瑟夫。他曾参加过犹太人反抗罗马统治的暴动。暴动失败后他成了阶下囚,被押往罗马监禁,两年后重获自由。他像先他200多年的波利比乌斯一样,作为罗马人的手下败将,在亲眼目睹了罗马的实际状况后,深深为罗马人的能力和成就所折服。只是波利比乌斯认为罗马的成功在于它那优良的政治制度,而约瑟夫则把它归功于罗马人通过平时严格而持续不断的训练而培养出的良好的军事素质。败军之

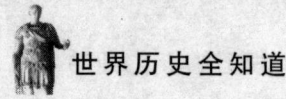

将,切肤之痛,眼见之实,当不为虚言。

"钢铁"是这样炼成的

罗马军团能征善战,是与他们的高强度训练分不开的。

罗马新兵训练包括基本功训练、军械训练和扎营训练三大项。基本功训练的首项任务是进行步伐练习。因为他们的军团在作战时,士兵都是被编成队列的。如果队列不整,或出现空隙,便给敌人提供了突破口。

步伐练习的主要内容,就是按实际战斗时队列行进的步伐,在 5 小时之内走完大约 30 公里的路程;如果是练全速前进,则是在相同的时间内,走完大约 35 公里的路程。

在步伐练习的同时,还进行障碍跨越的练习,以备战斗中遇到壕沟之类的障碍。若是在夏天,则要加进游泳训练项目,因为在紧急撤退或追击敌人时,面对大河是来不及搭桥的;再者,这也是为了防备大雨突袭或河水暴涨。此外,新兵还要进行负重训练,内容是背着大约 15 公斤的东西,以正常的队列行进速度(即 5 小时内走完 30 公里)行军。此项训练的目的,是为了防备部队在特殊的情况下,不得不携带着食品、武器等辎重进行艰苦的急行军。

军械训练是这样的:训练用的盾牌剑、投枪等器械,都是实际武器重量的两倍,练习的靶子是一根竖在地上的木桩,练习的动作是进行推挡、削刺、瞄准投掷等。由于训练用具都比实际的武器要重,一旦能够熟练而灵巧地运用,在使用真刀真枪时,就会更加得心应手。这可说是罗马人军事训练的"秘诀",即设法使平时的训练比实际的战争更为艰苦辛劳,以使士兵觉得真刀真枪的战争反而是件轻松的事,或像犹太人说的那样:让士兵们感到战争不过是一次见血的训练课而已。

扎营训练恐怕是罗马人最为独特的训练项目。罗马军队的宿营方式是不同于其他国家的,尤其是与我国古书上所说的安营扎寨是大不相同的。在我国古代,由于大部分营寨只具临时的性质,所以一般都是在周围围以木桩、栅栏等就了事,如果再在木栅外面掘一壕沟,那已很是仔细了。但罗马人却不如此简单行事。他们的营墙如果能用石头砌成,就决不用其他的材料。营墙每隔一定距离,必须修建塔楼。塔楼与塔楼之间,则安置擂石器、石弩等发射装置。营地内部,还分成纵横街道,设市场、工匠区,集会广场等场所。总之,按罗马人的规矩,无论军队在何处宿营,都必须在那里建起一座武装的城市。要在短时间内把行军营地构筑得如此坚固而有系统,没有平时踏实而艰苦的训练,怎么能成呢?

宝剑锋从磨砺起。罗马人用平时不断的磨砺,造就出一把锋锐无比的利剑,这就是他们的军队。在这样的军队面前,谁能不自愧弗如呢?让我们再来听听那位犹太人约瑟夫的感慨:

说创造罗马帝国的人比帝国本身更伟大,那是再正确不过了。我在这里之所以不惜笔墨来谈论罗马的军队,与其说是在褒扬罗马人,毋宁说是在安慰那些被征服的民族,并规劝他们不要图谋什么反叛。

军纪如山

如果承认军队是使罗马之所以成为罗马的本钱的话,那么我们便可以毫不夸张地说,罗马的军纪军法是使罗马军队成其为罗马军队的本钱。正是那严明的军纪军法,才保证了罗马军队的强大的战斗力。

罗马最初地狭人寡,没有什么常备军,所实行的是军民合一的征兵制度,有了军情,只要元老院一声令下,那些能够当兵打仗的公民便放下锄头,披挂上阵,开出城去打一阵子,然后回来继续种自己的田。后来,随着城邦规模的逐渐扩大,军队的数量越来越多,出征的时间也越来越长,对军队的要求也就越来越高了。于是,便逐渐建立起了军队的指挥体系,即由执政官任最高司令,之下设立军事指挥官,其数量是每军团6人,再之下则为百人队长,每军团60人。同时,军纪军法也日渐严格,并最终形成惯例或制度。罗马军法规定,普通士兵必须服从他们的军事指挥官,而军事指挥官则必须服从执政官;又规定,军事指挥官有权对士兵处以罚款、没收财产(如果士兵没有偿还债务)和鞭笞等处罚,但对于死刑,则要由军团的全体军事指挥官组成的军事法庭进行判决。

罗马的军纪是异常严厉的,一般的犯罪或过失都将以死刑论处。如,下述几项常见的罪过都会被判处死刑:1. 偷窃军营中的任何物品。2. 作伪证。3. 同性恋。4. 被处罚款超过三次者。5. 谎报战绩骗取荣誉。6. 因胆怯而丢弃岗位。7. 因胆怯而丢弃武器。8. 夜间值勤时玩忽职守,如放哨时打瞌睡。这其中真正属于犯罪的只有前四项,后四项则纯粹属于作为一个士兵而不应有的过失行为。

死刑的判决和执行是这样进行的:由6名军事指挥官组成的审判团首先对犯罪或违纪者进行审讯,如果确认罪当处死,便立即执行。但罗马军队中对死刑的执行要比一般刑事犯罪中的死刑残酷得多,它并不是简单地把犯人砍头,或鞭笞后再砍头(这是罗马人通常的死刑执行方式),而是由其中的一名军事指挥官象征性地用一根木棒碰一下那个被判刑的人,在这一象征性的动作之后,营中其他士兵便可随便用木棒或石头砸他。罪犯一般未及逃出军营,便被乱棒及乱石打死,其状之惨,足可儆百。即使他侥幸逃出,他也终无生存之法,因为他不能回家,任何亲戚朋友也不敢收留他。

如果整个集体都触犯了军纪,该怎么办呢?罗马将官们虽然并不把他们全都处死,但却会让他们每个人都经历一次巨大的死亡恐惧。其采用的措施就是"什一抽杀律"。

什一抽杀律的惩罚方法是这样的:军事指挥官把整个军团集合起来,然后把

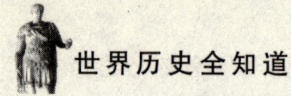

触犯军纪的那个单位的士兵带到会场的中央,对他们严加呵斥。之后便让他们抽签,其中有 1/10 的签是死签。凡抽到死签的士兵,将如同被判死罪的单个士兵那样,被乱棒或乱石打死。那些侥幸得以逃脱死刑的其余士兵,则被命令到军营护围的外面宿营,以使他们不能得到常规宿营的安全保障。不仅如此,对他们的食品供应也要降低档次,他们只能领到大麦,而不是通常所发放的小麦。

由于每个人的命运都悬在一签之上,自己毫无把握的能力,其所承受的恐惧之大,是可想而知的。而且,对那些最后的"幸运者"来说,粗糙难咽的大麦也无时不在提醒着他们所受的处罚。正因为如此,什一抽杀律始终被认为是罗马军纪中的一项极为有效的惩罚措施,每到危难关头,将官们便会诉诸此法。

从上述的惩罚措施中我们不难看出,罗马的军纪的确是严厉残酷的,甚至可说在整个古代世界中也罕有出其右者。罗马人所以会设立如此严酷的军纪军法,并非仅仅是因为他们历来就是嗜血成性。其实,在平时的公民社会生活中,任何一个罗马公民都不会像在军队中那样,只是由于一些小小的过失而被处死。而到了公元前 150 年左右,罗马甚至基本上停止了对公民的死刑判决。对那些有可能被判死刑的公民案件,通常都采用拖延审判的办法,以使罪犯能够及时逃离罗马。在估计他已差不多到达安全地带后,法庭才"郑重"宣布,禁止该犯返回罗马,剥夺他"使用水和火的权利"。如此这般,死刑实际已经变成了一种流放。

但是,对一般公民的这种法律上的宽大,到了军队中就不起作用了。这是因为,罗马最初实行的是兵民合一的征兵制度,在很长一段时间内(直到公元前 2 世纪末叶时的马略军事改革)它并没有职业军队。在这种情况下,要想把那些素日耕田种地的农民,在一朝之内变成敢打敢冲、遵法守令的战士,缺少了严明且具威慑力的纪律又怎么能行呢?

古罗马盛大的凯旋式

既然罗马人开始时只能以武力来保卫自己的生存,所以他们总是想方设法地鼓励人们勇敢地对外征战,其中一项非常有效的措施就是为得胜的将军举行凯旋式。

所谓凯旋式,实际上就是为庆祝军事胜利而举行的一种列队游行活动。这是罗马从伊达拉里亚人那里继承来的风俗习惯,到共和国时期,尤其是共和国末年,已变得极为隆重,是任何率兵打仗的人所梦寐以求的最高荣誉。

据说,只要罗马将军取得了对外族的重大军事胜利,他就会立即被手下的士兵拥戴为"统帅"。这时,该将军将在象征自己权力的"法西斯"上饰以月桂枝,并派人将它送往元老院,以此宣布所取得的胜利。等到他结束军事行动,回到罗马时,他就可召开一次元老院会议,请求元老院授予为自己举行凯旋式的荣誉。如果元老院和人民大会都同意了他的请求,那么他的"统帅"的头衔就会合法化，他便可着手准备凯旋仪式。

凯旋之时，将军先召开人民大会。他身穿凯旋服，臂套装饰环，头顶月桂冠，手持月桂枝，向集会群众发表演讲，表彰那些在战斗中勇敢出众的团队集体和士兵个人，给予他们以金钱的奖赏，并授予他们军事荣誉。如，在攻城战中第一个登上敌人城墙的人，将得到一顶饰有类似城墙图饰的桂冠；在海战中英勇无比的人，将得到一顶饰有战船图案的桂冠；骑兵中的出类拔萃者，则将得到一顶饰有战马图案的桂冠。这些桂冠都是金质或银质。而如果有哪个士兵不顾自己的安危，在战斗中勇敢地拯救了其他士兵的性命，那么他就将得到至高无上的荣誉奖赏一顶用橡树叶编织的远比金冠、银冠更象征荣誉的桂冠。

与此同时，凯旋将军还将向全体士兵分发战利品和掳获物，有时甚至还会惠及到全体罗马人民。如果分发之后还有剩余的话，则会用它们充实国库，或者用以修建神庙或其他公共建筑或工程。

集会结束后，便开始盛大的游行庆典。那些夹道欢迎和狂呼的群众我们且不说，只说游行队伍本身。走在游行队伍最前面的，是展示战利品的行列。如果战利品特别丰厚的话，凯旋庆祝将不得不延长。据说，公元前167年为执政官埃米利乌斯举行的凯旋式，就一直持续了三天，这其中的头两天便都是展示战利品队伍的行进。

战利品的行列过后，是展示战俘的行列。而走在游行队伍最后的，则是由四匹战马拉着的凯旋将军的彩车。彩车之上除将军本人外，还有陪伴他的孩子或亲戚。他会把女孩以及年纪太小的男孩安置在车上，而让那些大的男孩骑在拉车的战马上；如果亲戚太多，则都骑马相随。除了上述身份的人之外，其他所有参加游行的人都必须徒步。

有意思的是，在凯旋将军的彩车上，还立有一位奴隶。该奴隶把一顶镶着宝

图拉真纪念柱 公元107—113年
上有螺旋式大理石浮雕，纪念罗马皇帝图拉真的历史功绩。纪念柱高100英尺，内部挖空，建有楼梯升至柱顶的顶灯。

石的金冠擎在将军的头上方，并不断地向凯旋者喊着："你不要骄傲，要记住，你是凡人，今日是荣耀，明日很可能就是屈辱。"同时，这个奴隶还会不时高喊："往后看！"借此警告凯旋者不要忘记那变幻无常的命运（罗马人认为人的命运都是从身后袭来的，如果不注意朝后看，就会被命运抓住）。此外，凯旋车上还系有一个铃铛和一根鞭子，其意亦在警告凯旋者不要太得意忘形（在罗马，被处死的犯人，脖子上都系有铃铛）。而在凯旋者的脸上，则涂有鲜红的胭脂，据说目的同样是为了掩盖他那兴奋的表情。

游行队伍从城外到城内，最终来到罗马广场。在那里，凯旋者命令将那些被押着游行的战俘或处死或监禁。之后，他便驱车前往卡庇托林山丘，到设在那里的朱比特神庙举行宗教祭仪，奉献贡品，并在那里的门廊中进餐。直到傍晚时分才在长笛乐队的陪伴之下返回自己家中，凯旋仪式至此结束。

古罗马的养子继位制度

英国历史学家爱德华·吉本曾说："假如要一个人指出，历史上哪一段时期的人们过得最快乐、最幸福，他肯定会毫不犹豫地说，从涅尔瓦即位（公元96年）到奥勒留去世（公元180年），这段时间的政府都是以人们的幸福为最高目标的。"

这一时期是罗马帝国的极盛时期，几位皇帝都颇有建树。当元老院推举涅尔瓦为元首时，他已经66岁高龄了。在他死前3个月（公元98年），他指定图拉真为他的继承人。

图拉真很热爱罗马帝国，他希望帝国发展壮大，也倾尽平生之力保卫和扩展帝国的版图。公元113年，图拉真带领他的军团再次出发，想要征服帕提亚，开辟一条通往印度的商业通道。他最终占领了亚美尼亚、亚述、美索不达米亚和帕提亚，胜利到达了红海沿岸。但他在公元117年去世。在去世之前，他将王位传给了他的侄子哈德良。

哈德良不喜欢战争，他恢复了亚美尼亚、亚述、美索不达米亚和帕提亚的独立，又回到罗马，重组了政府，并像拿破仑一样亲自监督政府各部门。他对各部门的业务都很了解，这使得那些主管们大为吃惊。他喜欢帮助弱者对抗强者，帮助穷人对抗富人。在他的统治下，罗马帝国获得了空前绝后的繁荣。

公元124年，他访问了希腊化的近东地区，在所到的每一处，他都仔细聆听了人们的诉苦和请愿。125—128年，哈德良在雅典度过了冬天。他同哲学家和艺术家打成一片，在雅典进行了大规模的城市建设，使得这座古城变得比历史上之前任何时期都要清洁、美丽和繁荣。

为了防止争夺王位的斗争，哈德良指定他的朋友韦鲁斯为他的继承人。但韦鲁斯不久后去世，于是哈德良又选出在国家中拥有正直和智慧美名的安敦尼作为继承人,并建议他收养并栽培宫中的两个少年。其中一个少年在安敦尼之前去世了,另外一个少年就是后来的马可·奥勒留。

安敦尼被元老院命名为"庇护"(Pius),因为他有着古罗马共和国出众的美德。他孝顺热情、热爱祖国、忠实朋友、乐善好施。所有的罗马属地,除了埃及和达契亚,都在安敦尼的统治下欣欣向荣,秩序井然,也都很高兴成为罗马帝国的一部分。

安敦尼在 74 岁时得了重病,他将养子奥勒留召到自己的病榻前,把国家的政务托付于他。他还警示所有的官员要"公平无私"。然后,安东尼平静地死去,这时是公元 161 年。当时全国各阶层的人都纷纷自发地悼念他。

中国人的"家天下"思想根深蒂固,皇位是一定要传给自己亲生儿子的,不然的话,就是被视为变了天、失了权,要动刀流血的。但是古罗马帝国的皇位一般是皇帝在有能力的人中选好继承者后,收其为养子,以此名义传位于后者。很少有传给亲生儿子的。从这种历史传统的差异就可以看出东西方道德境界的差异。孰优孰劣,读者慢慢品味吧。

四帝共治浮雕

面对罗马不断遭遇来自国内的腐败和国外的军事挫折,皇帝戴克里先及时发起一系列明智的改革,停止了无秩序的状态。他将罗马分为东西两部分,并任命马克西米统治西部,共同当皇帝,还提名设定两个继承人,这四个雕像是四位四分之一长官,右二为戴克里先。

罗马人的婚礼

罗马人的婚礼是非常热闹的。结婚那天,男方要派出一支迎亲的队伍前往女方家,迎接新娘。新娘一家先要忙着招待这些人,接下来便要忙着向司婚礼的天神哈埃门海麦那埃乌斯献祭祈祷,以求得他的认可。在祈祷仪式结束后,还要再通过飞鸟进行占卜。只有征兆吉利,新娘方可出嫁。

新娘的出嫁要等到晚上。届时,迎亲的队伍点起火把,簇拥着蒙着橘黄色盖头的新娘前往新郎家。他们一路上又唱又喊,唱的是一些对新郎、新娘的下流小调,喊的则是"塔拉西乌斯"。

唱下流小调是出于罗马人的一种原始迷信。根据这种迷信,当一个人在遇到喜事和好运时,为了不招致邪恶的妒忌,朋友们便用一些下流的话去辱骂他,使

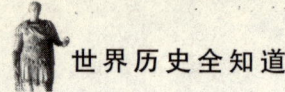

他显得并不怎么幸运,以期借此避开邪气。罗马人在给得胜的将军举行凯旋庆祝时,就是这样做的。这我们在前面已经讲过了。

喊"塔拉西乌斯"则是出于罗马人的一个古老传说。它与罗马城的建立者罗慕路斯抢劫萨宾少女有关。罗慕路斯在创建了罗马之后,为城中缺少妇女而困扰。由于周围邻人看不起他们,所以都不想把女子嫁到罗马,无奈之下,罗慕路斯只好设计以武力抢夺。他向邻人宣称,准备举行一次规模空前的竞技会,希望他们届时能前往观看,暗地里他却吩咐罗马青年做好准备,并约定好行动信号,到时若看到信号发出,便去抢夺少女。

到了竞技会举行的那一天,周围邻人真的都纷纷赶来了,尤其是萨宾人更是扶老携幼,全体出动。罗慕路斯见时机已到,便发出了行动的信号,萨宾少女遂悉数被劫。据说,当时有几个人正在拖走一位姿色特别出众的少女,一些门第高贵的人遇见了都很想把她据为己有,那几个人情急之下只得连忙高喊,说这个姑娘是送给塔拉西乌斯的。塔拉西乌斯是一位声誉非常高的青年,对方听这么一说,便都打消了自己的念头,纷纷表示赞同,其中一些人甚至还一路陪送着他们,并不断呼喊着塔拉西乌斯的名字。从此罗马婚礼上便有了呼喊塔拉西乌斯的习惯。假如上述传说正确,那么喊"塔拉西乌斯"就有称赞"郎才女貌"的意思。

等到迎亲队伍回到新郎家,他们家中可就热闹起来了。首先是"过门":新娘不能自己跨过门槛,她要由新郎或男宾相抱进去;再就是掀盖头:新郎必须用矛头去挑开新娘的盖头。这些习俗,都是与上面所讲的"抢亲"传说相关。新郎还要忙着感谢帮他迎亲的人。而所有的宾客们则会在乐队笛手的伴奏下,唱起喜庆的婚礼颂歌,向新郎、新娘表示祝福:新郎、新娘,纵情欢乐吧,不久就会有你们自己的儿子。你们古老的家族,不能没有后嗣,它应该永远子孙满堂。祝愿一个小宝贝,躺在母亲的怀中,将那嫩嫩的小手,伸向他的父亲,咧着小嘴甜甜地笑。愿他长得酷像父亲,即便是陌生人也能一下把他认出。他会用他的长相,证明母亲的忠贞。把门关上吧,伴娘们,我们说笑已久。珍惜良宵,新人们,用不断的做爱度过那美好时光。

祝福新郎新娘尽情恩爱,祝福他们早得贵子,甚至还要祝福他们的儿子酷似父亲,以免人们怀疑他母亲的忠贞!这最后的祝愿,似乎给人一种不祥的预感,让人感到了一种罗马人在婚恋问题上的不自信和不踏实。

罗马人的婚姻与爱情

古代罗马人结婚很早,妇女尤其如此。女孩子一般在十三四岁时都已出嫁。至于十几岁的女孩嫁给几十岁的男人,或者嫁给已经结过几次婚的男人,也是正常现象,有些女孩甚至未及10岁便已正式出嫁,有则墓志铭告诉路人说:我的丈夫完全可当我的父亲。他娶我的时候,我只有7岁。

由于结婚很早,不可能知道什么爱情、感情的,等到有了这方面的意识之后,为时已晚。虽说先结婚后恋爱未尝不可能,老夫少妻也未必不和谐,但例外的情况总归会有的,而且有时恐怕还很难说到底是通例还是例外。这便不可避免地引起爱的苦恼。而罗马人呢,天生又特别富于感情,他们坚信,"假如女子不能容纳男子的撩拨,那么春天就会没有鸟鸣,夏天就会没有蝉噪,野兔就会倒转过来把猎狗赶跑。"为了迟到的爱情,人们便不能不做出点出格的事了。

或许正是由于上面的原因,婚外恋情在古代罗马很是普遍。且看公元1世纪初的罗马大诗人奥维德的幽默描绘:军事家推荐夜间作战,以偷袭擒获睡梦中的敌人,情人们同样惯施此计,在敌人鼾声大作之际发动猛攻。

为了教导人们如何去恋爱,奥维德还专门撰写了一部叫做《爱的艺术》的书,声称:

假如有人不懂得爱术,只要读了这本书,他便会理会,便会爱了。

罗马妇女们平时大都呆在家中养儿育女,很少在外露面,所以,奥维德首先教导人们该在哪里布撒爱情之网:

那聚集着无数的群众的竞技场,是有很多的机会的……你去并排坐在她身旁,越贴近越妙,这是不妨的;狭窄的空间使她和你挤得很紧,她是没有法子而你却幸福极了。于是你便找机会和她谈话……假如偶然有一点灰尘飞到你的美人的胸头,你便轻轻地用手指拂去它;假如没有灰尘,你也尽去拂拭着。总之你应当去找那些冠冕堂皇的理由。她的衣裙是曳在地上吗?你将它揭起来,使得没有东西可以弄脏它。为了你这种殷勤,她会莞尔一笑给你一个瞻仰她的玉腿的恩惠作偿报了。……这些琐细的事情能笼络住她们轻盈的灵魂:多少多情男子在一个美女身边的成功,就因为他小心地安好一个坐垫,用一把扇子为她摇风,或是放一张踏脚凳在她的纤足下。这些一切新爱情的好机会,你都可以在竞技场中找到。

罗马人喜欢设宴聚友,而且妇女亦可参加,于是,奥维德也把赴宴当成结识女子的好时机,因为酒能助兴,亦能壮胆。三杯下肚之后,即使自己穷得叮当响,也会感觉像巨头大亨一般。这时便可以向坐在自己身旁的女子表达自己的爱慕之心了。对于她用过的酒杯,你应当首先抢过来,在她喝过的那一边喝酒;对她触过的菜肴,你也应当拿来,在去拿的时候,趁机便可摸一下她的玉手;当酒阑客散时,更是接近自己美人儿的好时光,起初在酒桌上只能暗示的东西,现在完全可用言语表达了。

不过,宴会上的妇女多数是由丈夫陪同的,因此,要想结交她们,必须设法对付她们的丈夫。奥维德的教导是,曲线救国,先去博得她丈夫的欢心!如,当抽到上座的签时,让给那女子的丈夫,并将本来应该戴在自己头上的桂冠,戴在他的头上;不管他的地位是否比你高,让他先上菜好了;在谈话时,你也可将他

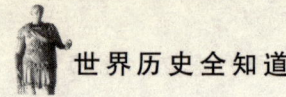

所说的再重述一遍,以示对他的敬重。只要赢得他的友谊,那么以后的事情就方便多了。

宴会不仅可结识女子,亦可约会情人。当然,对那碍事的丈夫同样要仔细防备。

"当你的丈夫上了他的卧榻(罗马人是斜躺着饮酒的,编者注),你应像一个忠诚的妻子那样,若无其事地走过去卧在他身边,但在你经过的时候,请碰一下我的脚,只是别让人看到;小心地注意我的点头和面部表情,领会其中隐藏着的意思,同时也传给我一些你的想法……如果你对我的举止有所不满,就用玉手掩住耳垂好了;当我所说的或所做的使你高兴时,亲爱的,那就去玩弄你的耳环,记住,要不停地去转动它;当你在祈祷灾难降临你的丈夫(他活该如此)时,那么就去用手摸桌子……"

奥维德的不羁与煽情,最终惹火了正欲整饬社会风纪的奥古斯都皇帝,结果在公元8年的时候,年已50岁的奥维德,被流放到了黑海沿岸的蛮荒之地。奥维德对此当然有一肚子的委屈,因为在他看来,他所做的只不过是让女人们"把因受婚姻所迫而不得不给予一个男人的东西,再偷偷地给予自己所爱的男人"而已,谁让这个社会不叫女人自己作主呢?不过,任奥维德有天大的委屈,奥古斯都是决心不再理会他了。最后,奥维德只能空怀着满腔的情思、哀思和愁思,老死于那片荒凉之中。

血腥的游戏——角斗士比赛

也许是由于罗马人太尚武嗜杀了,连他们的娱乐活动都充满了血腥味。古罗马最具特色的娱乐活动当数角斗士的角斗比赛,这可是一项地地道道的"血腥运动"。因为进行"比赛"的角斗士,实际上是在进行一场真刀真枪的生死搏斗。角斗结束时,只要观众高喊"米特",比赛的组织者就会做出一个拇指朝下的手势,在看到这个手势后,得胜者就会毫不迟疑地将斗败者杀死;如果观众高喊"伊乌古拉",组织者则会做出一个拇指朝上的手势,失败者便可侥幸得以生存。罗马人就是从这种血淋淋的残杀中获得快感。

罗马的角斗士主要由奴隶、战俘和囚犯组成,偶尔也会有一些自由人自卖为角斗士。罗马有专门训练角斗士的学校,学校的老板往往也就是角斗士的主人。角斗士在刚开始接受训练时,十八般兵刃,样样都要学。但到训练结束出徒时,则角斗士必须专擅一门:那些身体灵活的角斗士要变成"网手",他们的武器是一条网和一根三叉戟,比赛时不带任何护身,他们要设法用自己的网去网住对手或他们的武器,然后再用三叉戟攻击;其他的角斗士则成为"盾手",所使用的武器是一面盾牌和一柄利刃,比赛时可用盾牌护身。

角斗士在进行比赛时,一般都是由一个"网手"与一个"盾手"进行捉对厮杀。获胜者可得到主人的奖赏。那些武艺超凡的角斗士往往因此可攒下一大笔的钱,并可以此赎得自由身。他们甚至不定期可以因此成为"明星",有着大群的"追星族",其状颇类今日球星、影星或歌星。在庞贝城的墙壁上发现的两条消息告诉了我们这一点。且看:那个色雷斯式的"盾手"凯勒杜斯让所有的女孩仰慕不已。

角斗场景

征战的传统使得残忍的角斗在罗马十分盛行,图中表现了角斗场中常见的情景:角斗士打败了对手,请求格斗结束,但所有的观众都一致"拇指向下"——这是要求角斗士将对手杀死的标志。

"网手"克列斯森赢得了所有女孩的心。可能是由于对流血已习以为常了,罗马人后来对一般的角斗比赛又感到不够刺激了,于是发明出几种更加血腥的角斗形式。他们把一些准备处死的罪犯、战俘和触怒了主人的奴隶也送上角斗场,让他们捉对搏杀,以此来执行对他们的死刑判决。这些人不像专业角斗士那样受过专门训练,也没有任何防身器具,他们完全凭着一种求生的本能而进行生死较量。但在这种角斗中却不可能有真正的胜利者,因为任你有天大的本领,在杀死了一个对手之后,还会有第二个、第三个、第四个……,直到你最后筋疲力尽,被新的对手杀死为止。

在这种人与人之间的搏斗、残杀之外,还有人兽搏斗、兽兽搏斗。人兽相斗再分作两类,一类纯粹是为了执行极刑,在这种情况下,被判极刑者手无寸铁地与饥饿的狮子、豹子等猛兽搏斗,直到被咬死吃掉为止;另一类则被称作"狩猎","猎手"可手执武器,但没有护身之物,如果"猎手"吉星高照,可以生还,亦可得到重奖,就像获胜的角斗士一样。

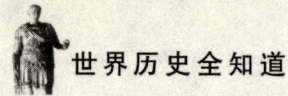

至于兽兽相斗,就是把一些凶猛的野兽,如狮子、豹子、大象、犀牛、狗熊等赶到一起,让它们相互撕咬、践踏,或者由弓箭手、标枪手站在高台上,把它们当成射杀的靶子。那受伤野兽的绝望吼叫与奔窜,就给罗马观众带来了无限的刺激与满足。宏伟壮观的罗马大竞技场,其主要用途就是为了进行诸如此类的角斗"表演"。

赛车俱乐部

如果说角斗士比赛是古罗马最具特色的公共娱乐活动,那么马拉战车比赛则是最受罗马人欢迎、吸引观众人数也最多的比赛。罗马人从他们的传说时代起,就喜欢赛车。据说,这项娱乐如同罗马的婚礼习俗一样,亦可追溯到罗马建城之初,罗慕路斯为抢劫妇女所密谋组织的那次演出活动,当时演出的内容主要就是赛车。当然,这一传说是否真实,我们不得而知,但战车比赛是一项深受罗马人喜爱的古老娱乐活动,则是确切无疑的。到公元3世纪时,仅罗马一地就拥有8座赛车场,其中由奥古斯都建造的那座名叫"马克西姆斯"的赛车场,正好位于传说中罗慕路斯举办车赛巧夺萨宾妇女的地方,它可同时进行12辆战车的比赛,容纳观众多达25万人,规模之大,可谓旷古绝伦。

说来难以令人相信,古罗马的赛车组织颇有点类似于今天的职业足球组织,它分成四大"公司"或曰"俱乐部",分别以红、白、蓝、绿四种颜色为各自的标志。整个帝国境内所有的赛车比赛,都是在这四个俱乐部之间进行的。这些俱乐部都为私人老板所拥有,不仅其中的马匹战车马厩以及其他的装备设施等都是老板的私人财产,就连大部分车手也都是老板的,因为他们基本上都是奴隶,偶而有几个自由人,也不过是老板的被释奴。俱乐部的老板们自己并不组织比赛,他们置办这些"财产",完全是为了出租赚钱。那些准备举办演出的个人或负责管理公共演出的政府官员,如果想组织战车比赛,就得去和俱乐部老板们讨价还价,签定合同。合同内容一般包括基本租金和获胜奖金等。

罗马人的赛车以四马赛车最普遍,有时也有两马赛车,最多的是10匹马拉的赛车。比赛中每辆赛车必须跑7圈,共计约有2.5英里。整个过程共有13个急转弯,这对驭手们来说无疑是个严峻的考验,一不留神,就会落得个人仰、马翻、车折。正因为如此,比赛才扣人心弦。观众不仅从中可以观赏到驾车者的高超技术,更可从不可避免的意外事故中得到刺激。

在比赛期间,观众都会在自己满意的赛车上下赌。各俱乐部的"车迷"们更时常发生斗殴,宛如今天的足球流氓滋事。为此,每次举行比赛,都必须雇佣大批的士兵或"保安"来维持秩序,其状亦如今天的足球比赛。比赛中获胜的赛车驭手不仅可以得到大笔的奖金,亦可成为明星。热情的崇拜者会为他们竖立雕像。

泡在浴室里的罗马人

在罗马发现的一处墓志铭这样写道："浴室，葡萄酒和性毁了我们的身体，可要是没有了它们，活着又有什么意思呢？"这则铭文说得似乎有点玄，但如果我们了解了泡浴室在古罗马人日常生活中的位置，就会知道它其实并不过分。罗马人无论男女老少、地位高下，都喜欢到浴室里去消遣一番，而且，他们这样做并不是偶尔为之，而是天天如此。可以说，光顾浴室是他们生活中必不可少的一部分。就那些富家大户而言，由于他们资财雄厚，在他们的府邸及庄园别墅内都毫无例外地建有豪华浴室。但对大多数普通罗马百姓来说，想拥有自己的浴室就有些不着边际，他们只能去光顾公共浴室。

罗马公共浴室的数量和规模可说是"空前绝后"。据计算，公元4世纪时，罗马城的公共浴室已超过1000家，其中特大型的有11家。像卡拉卡拉浴室一次就可容纳1000人，而戴克里先浴室更可容纳3000人，占地11公顷。但这还不是最大的，最大的占地竟达到了15公顷之多。在整个帝国范围内，几乎每一个城镇、每一个乡村都拥有至少一个公共浴室。在罗马，公共浴室是男女共用，时间错开的。中午前后是妇女洗浴，下午则留给男人，这是洗浴的黄金时间，大多数浴者都要一直逗留到吃晚饭的时候。人们在洗浴时，都先要进行一番锻炼，如玩球、练臂力、做体操、跑步等，每个浴室里都设有从事这些"旱地活动"的场地。只有在身体充分地"预热"之后，人们才去浴区洗澡。一般说来，罗马的公共浴室内部都划分成几个不同温度的浴区，有热气浴区热水浴区，温气浴区温水浴区，冷气浴区冷水浴区。人们一般是先进热水区，然后再到温水区，最后则经过冷水区出浴。

对罗马人来说，公共浴室并不只是个洗澡锻炼的地方，而是集多种功能、各种服务于一体的综合性的康乐文化中心。那里不仅有与洗浴相关的美容院按摩室等，还有酒吧、餐馆、会客室、图书馆、花园游廊等。可以想象，假如罗马人去浴室只是为了洗澡的话，以当时的卫生观念，他们根本用不着天天都去那里，也根本无须建那么多的浴室。

既然公共浴室主要是人们休闲娱乐、享受舒适的地方，对它们的建造、装饰，当然就不能马虎从事。事实上，古罗马人在这方面是从来不惜工本的。每个公共浴室，从地面到墙壁，都是用来自不同地区的光滑闪亮的大理石铺嵌镶拼而成的，而在这些大理石的墙面上，还要再饰以精美的绘画图案和色彩等装饰。浴室的穹形屋顶也很讲究，都是由玻璃覆盖，以便于采光。至于四面的窗子，则必须宽大透亮，以确保阳光在白天的任何时候都能照射进来。这样不仅可以使浴室内部更加亮堂，而且还可使人们在享受蒸汽浴、冷热水浴时，同时也能够享受到太阳浴。

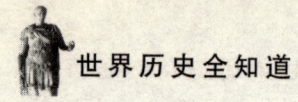

热爱戏剧的罗马人

　　在西方历史上，罗马人向来是以"务实"著称的，他们不喜欢想象，甚至直接就拒绝想象。他们对实用和实在的强调与追求，被许多学者认为是缺乏"想象力"的表现。任何真正需要想象力的东西，一旦到了罗马人那里，马上就会变味失真，就会浸染上一股浓重的"实在"或"现实"色彩。戏剧也未能例外。

　　罗马人的戏剧主要是从希腊人那里"进口"的。在古希腊，妇女社会地位低下，人们不喜欢她们在公共场所抛头露面，上台表演当然更是不可能的。因此，希腊戏剧中的所有演员都是男性，即使女角也由男演员扮演。对希腊人的这种做法，罗马人感到不可思议，因为它不真实，太离谱了！他们出于自己特有的"务实"天性，认为事物该怎样就怎样，女人怎么能由男人扮演呢？如果女人能由男人来扮演，那还要女人干什么？因此，必须改造，使之适合罗马国情。而改造的结果，就是形成了罗马特色的、绝对现实主义的戏剧。

　　在这种罗马特色的戏剧中，所表演的一切事物都是实实在在的。比如说，骑马就是骑马，不能像我们的京剧中那样，只作骑马状；房子着火就是房子着火，不能用假房子来代替……罗马人的剧本大部分都是直接取材于充满幻想色彩的希腊神话，希腊的神兼有人性，七情六欲胜于常人，时常干出些风流韵事来，罗马的舞台艺术便毫不含糊地把它们全部给"克隆"出来；爱与美之神阿芙洛狄忒是不着衣的，罗马舞台上的女演员也就只能光着身子……如此这般，可就热闹了罗马各大剧院的舞台。且让我们欣赏一段：

　　一次，尼禄皇帝举办哑剧演出，故事取自希腊人关于代达鲁斯的神话传说。代达鲁斯是一位能工巧匠，类似于我们的鲁班。他曾受雇于克里特岛米诺斯国王的王后帕丝菲娅。据说，帕丝菲娅是个性欲狂，只有公牛才能满足她的欲望。为了引诱公牛与她交配，她命令代达鲁斯用木头为她制造一头漂亮的母牛，待"母牛"造好后她便躲进了它的肚子，守候公牛。代达鲁斯鬼斧神工，所造母牛逼真异常，那公牛竟然不能分辨，就真的与之交配起来，帕丝菲娅遂得到满足，并因此受孕而生下了一个牛首人身的怪物米诺滔尔。米诺滔尔喜食人肉，不得已，米诺斯王只好又让代达鲁斯建了一座"迷宫"，把米诺滔尔置于其中，以防其乱。这迷宫设计复杂，只要进去，就莫辨东西，休想逃出。后来，代达鲁斯在米诺斯公主阿里雅德涅的央求下，帮助雅典王子提秀斯进入迷宫，杀死了米诺滔尔，并顺利地走了出来。这提秀斯在逃出迷宫后，就和阿里雅德涅一起私奔了。

　　代达鲁斯干下此事后，自知罪责难逃，决定一走了之。由于米诺斯王在当时拥有强大的海军，从海上逃跑根本不可能，代达鲁斯便决定带着自己的儿子伊卡鲁斯从天上飞走。于是，他给自己和儿子安上了翅膀，这可说是人类历史上的首次飞翔。但不幸的是，年轻的伊卡鲁斯在飞行过程中竟得意忘形，把父亲的告诫完全抛到了脑后,他越飞越高,致使太阳晒化了粘结翅膀的蜡而坠海身亡。

对于上述希腊神话故事,尼禄雇用的演员演得真可谓"栩栩如生":他们真的把一只木制母牛搬上了舞台,扮演帕丝菲娅的女演员真的被藏进了母牛肚子,而那公牛据说也真的骑跨到了"母牛"身上!脚踏实地的罗马人真是无愧于他们"讲求实际"的民族风格!只是惨了那伊卡鲁斯的扮演者,当他试图扇动自己的"翅膀"飞行时,便真真切切地从天上摔了下来,一命呜呼于尼禄皇帝的脚下,鲜血还满满地溅了他一身。一出真正的罗马哑剧至此便圆圆满满地结束了。

这样一来,谁还愿意去演结局悲惨的演员呢?因此罗马统治者规定,所有从事演出的演员都是奴隶,偶有几个自由人,也不过是被释奴而已;那些注定要死的演员,都是由被判处极刑的人担任的。罗马人在决定处死罪犯、奴隶或战俘时,往往连他们的死亡方式也规定好。如让他们在竞技场上相互角斗而死,或与野兽相斗而被野兽咬死等等,以使他们的死最后还能给观众带来一份欢乐和刺激。罗马人讲求实际的程度,真可谓是登峰造极了。

罗马人的祖先崇拜

在罗马人的宗教信仰中,一项至关重要的内容,就是对祖先的崇拜。这种祖先崇拜源自于他们的父权观念。

在罗马,父亲在家庭中是有着绝对的支配地位的,他不但可以任意支配家中的全部财产,对子女也有着生杀予夺的权力;而子女反过来则必须绝对地服从和尊重父亲。这种服从与尊重不只表现在父亲在世的时候,在父亲去世之后,也仍继续存在,其方式就是制作一幅面具或头像加以保存。这些面具或头像一般都被置于一个木龛中,然后供放在家中最重要的厅堂也就是堂屋之中。因此,在每个罗马人的家庭之中,毫无例外地都供奉着列祖列宗的塑像和面具。

每逢宗教节日,罗马人都要向自己先人的面具牌位进香祭奠且不说,当一家之主去世,在举行葬礼时,那些祖先的面具也都要被搬出来,由一些出殡者佩带着参加送葬的队伍。对罗马的权势者来说,他们还有一个一般百姓所不能享有的特权,那就是在国家举行盛大的宗教典礼的时候,他们可以把自己祖先的塑像和面具在公共场所展示出来,以显示自己家族的荣耀。

对祖先、对家长的这种虔敬和崇拜,从小的方面来说,它养成了罗马人对父权、权威和传统的服从与尊重;从大的方面来讲,它则造就了罗马人对法律、对元老院和国家的绝对服从。罗马人所表现出来的那种古代其他民族少有的纪律性,可以说与此是有着极大的关系的。

熟悉罗马历史的人都知道,罗马社会内部最初曾存在着非常尖锐的平民与贵族之间的斗争,其绵延的时间长达200多年。但罗马国家非但没有断送在这种内耗之中,反而还日渐强大,最终发展成了一个世界霸国。这其中的原因很简单,

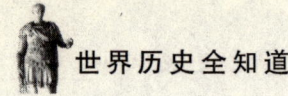

就是严格的家长法权所养成的对长者的尊重和服从的秉性，使得那些即使心怀不满、总是吵吵嚷嚷的平民，在很长的时期内也始终不敢真正侵犯像罗马元老那种年龄、地位的人物，不敢对贵族们有过分的要求。他们往往只是在元老们不在场时，猛烈地攻击他们，而当元老们在场面对他们的愤怒时，"他们就会羞愧得哑口无言"。这就是共和初年罗马政治为什么总能达成妥协的原因，这就是罗马人"祖先崇拜"的巨大作用！

罗马人的葬礼

罗马人是实行火葬习俗的，但法律规定，不能在城内火化死者，死者的骨灰也不能埋在城内。所以，任何人死后都必须运到城外去火化埋葬。这个运送死者去城外墓地的过程，就成了罗马人葬礼的最主要的部分。而葬礼的隆重与否，主要看送葬队伍的多少，以及队伍在城内经过的路线多长。

就一般百姓而言，如果生前没有什么社会影响，亲朋好友也不多，而更主要的，如果没有钱，葬礼就只能从简，选一条最近的路线，去城外火化埋掉了事。因为那些参加葬礼，尤其是那些陪伴着死者一直到墓地的人，都不是白跑腿的，不但要给他们一定数量的钱，最起码还要管他们一顿饭。因此，穷人要想在死后得到个体面的葬礼，除非想别的办法（罗马人真有这样的办法，且看下文的"葬礼俱乐部"），否则根本不可能。

但对社会的上层，尤其是那些曾经做过高级官职，或曾取得过赫赫名声的元老贵族来说，情况就不一样了。他们有钱有势，葬礼场面当然十分壮观热闹。送葬队伍庞大无比，城中主要街道都要经过且不说，他们的遗体还要被抬到罗马广场，竖直放着，在那里举行一个类似追悼会的大的群众集会。其间由他的长子（如果没有儿子或碰巧儿子不在，则由亲属或朋友）登上讲坛，对他的光辉业绩进行追忆总结，以使人们感到他的死并不只是他个人家庭的损失，而是全国全民族的损失。

不仅如此，死者的列祖列宗，尤其是那些也曾做过高官，取得过辉煌成就的祖先的面具，也都被搬出来，由与他们长得最相像的人佩带着。这些先祖最高曾做到过什么官职，佩带他面具的人也就要身穿与那个官职相应的服装。总之，越是让人感到好似亡灵也"亲临"了现场，就越好（记得吗？罗马人是最务实、最讲求实在的，无论什么，越现实、越相像，就越好）。当对刚故去的死者的歌颂结束后，这些"光临"葬礼的先辈的伟大业绩，也同样要被一一追忆一番，以使这个家族的荣耀和光辉永为人知。

广场上的歌功颂德结束后，葬礼队伍再继续行进，直到走出城门，到达墓地，火化并埋葬死者。接下来的，就该是设宴招待所有的葬礼参加者了。

条条大路通罗马

"条条大道通罗马",现已是一条世界通用的谚语,意思是事情有诸多种可能性,可有各种不同的解决办法。但此话最初却是对罗马帝国便捷的大路交通的如实描绘,现在的意思不过是原意的进一步延伸而已。

罗马人修大道始于公元前4世纪末。其第一条大道是在监察官阿皮乌斯主持下建造的,故称"阿皮亚大道"(罗马人喜欢用主持人的名字给工程项目命名)。该大道是古罗马大道中最著名的一条,也是后来其他各大道的圭臬。它由罗马南下,通往重镇卡普亚,全长两百余公里。其后又修了一条北上的弗拉米尼大道,通往北部意大利重镇阿里米昂(今之雷米尼)。至公元前2世纪时,又有几条罗马大道建成,分别是奥雷利亚大道(通往西北的热那亚)、瓦雷利亚大道(横贯亚平宁半岛,通往亚德里亚海岸)以及拉丁大道(承接阿皮亚大道,继续向东南方向延伸)等。这些大道都以罗马为起点,然后辐射向罗马帝国的各个方向,因此才有"条条大道通罗马"的事实。

高架输水道 公元前2世纪

既实用又美观,著名的加尔三层引水渠,壮观地跨越法国南部的加尔河谷。这座800英尺长的建筑,每天引水2.2万吨,从30英里外到达尼姆斯城,显示了罗马工程的精湛。

后来,随着罗马对世界的进一步武力征服,以及罗马帝国的最终建立,它的大道建设也空前膨胀起来。据统计,到公元2世纪时,罗马帝国境内的大道已有372条之多,总长度达8万公里,仅意大利半岛内部就有2万余公里。四通八达的交通网络,不仅本身就是一项伟大的壮举,而且还是维系罗马帝国强大的不可或缺的联络途径。

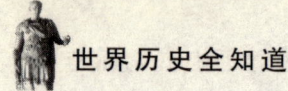

罗马大道不仅以数量、长度驰名，更以建筑的高标准而雄冠古代世界的道路建设。它们一般都由四层构成，总厚度达 0.8—1 米。其中头两层（最下面的两层）主要以沙石为主，作为基础之用；第三层完全使用混凝土，称为核心层；第四层也就是最上面的一层，则是用厚度在 0.5—0.6 米之间的大石块，以多边形的形状铺成坚实的路面。铺设时还特地使路面略成中凸状，以便于雨水流向两边。而为使道路不致因此受到雨水的冲蚀，在两边路沿又专门砌有路边石予以保护。

如此精心铺筑而成的道路，其坚固耐用的程度就可想而知了。事实上，那些遍布欧洲的罗马大道，在整个中世纪时都还一直被利用着。而直到今天，在原属罗马帝国版图的范围内，人们仍可随处见到这些罗马大道的古址遗迹。

古罗马衰亡之谜

公元 5 世纪，曾经盛极一时、创造了灿烂文明的罗马帝国灭亡了，这让后人非常惋惜，所以，人们总在不断地探讨各种各样的客观原因，来为罗马人解脱。结果，凡是人们能够想象得到的、有时甚至很难想象的原因，都被想象了出来。那种认为罗马亡于铅中毒的看法，就属于这令人难以想象原因之一。发现于图拉真浴室中的铅制水管认为罗马亡于铅中毒，是说罗马人用铅作材料制造输水管道，致使他们饮用水中的铅含量过高，久而久之，引起了铅中毒，导致罗马人的智力水准下降，罗马帝国从此衰微，无力抵抗日耳曼人的进攻，并最终为日耳曼人灭亡。但是，这种说法并不能完全成立，因为现在我们还没有充分的证据证明罗马人的输水管道都是铅制的；而即使是用铅制造的话，人们也还会问，罗马人迄灭亡为止，饮用输水管道的水最少也有 500 年的历史，为什么在那么长的时间内都相安无事呢？

那么，是不是日耳曼人灭亡了罗马呢？应当承认，罗马帝国的确最后是灭亡在日耳曼人的手中，但我们并不能因此就把日耳曼人说成是罗马灭亡的唯一原因，或者是最主要的原因。因为如果从恺撒算起的话，罗马人与日耳曼人打交道已有四五百年的历史了，为什么罗马人开始时能够去攻打日耳曼人，而后来却只能被日耳曼人攻打呢？对此我们不能说罗马人开始时特别强大，而后来变得弱小了，所以容易受人欺负了。事实其实正好相反。后世的罗马帝国与最初的罗马城邦比较起来，武力上简直不可同日而语！因此，对罗马帝国前后强弱之对比，以及攻守之势的变化，我们必须从更深层的方面，从罗马帝国的内部去找原因。

有人把罗马帝国的灭亡归咎于公民理想的丧失，这是很有道理的。罗马人开始时都能把祖国的利益放在高于一切的位置，因为那时他们感到自己是国家的主人，国家的各级官员，元老院等也都一心想着公务，没有腐败。但到了后来，罗马的政治不再民主了，人民被排斥到了国家政治之外，国家好似完全变成了皇帝个人以及他手下的一小撮官僚的私物。而皇帝及其官僚们除了腐败和想方设法地向人民搜刮、收税之外，什么有利于公众的事务都不干，罗马百姓当然就会与政府离心离德，对帝国的前途当然就会冷漠不管。罗马帝国后期之所以那么多的人都去信了基督教，之所以没有了兵员，原因大概出于此。

希特勒是古罗马的继承者吗

有意思的是，西罗马帝国虽然已经灭亡，但它的亡灵却经久不散，在中世纪的欧洲一直发挥着重大的影响。那些落后的日耳曼人出于文化上的自卑，初时曾以获得罗马人的认可成为罗马帝国的一员为满足，此时则又开始以争得个罗马帝国继承者的虚名作为自我荣耀的标记。

在西罗马帝国废墟上建立起的一系列日耳曼人的封建小国之中，很快崛起了一个叫做法兰克的王国。当查理（742—814）成为法兰克国王的时候，他并不认为自己是个外来户，而视自己为罗马的一员，罗马传统的承继者。他梦寐以求想重新恢复昔日的罗马帝国。在经过不遗余力的四处征杀之后，查理基本上统一了原先属于西罗马的地盘，并于公元800年圣诞节的那天，由罗马教皇加冕称帝，算是梦想成真，如愿以偿地当上了"罗马人的查理加冕皇帝"。查理于是被称为"查理曼"，法兰克王国也从此变成了查理曼帝国，或曰"罗马帝国"。这样，在罗马帝国灭亡后，就又出现了一个"自以为是"的罗马帝国。

但好景不长，公元843年，查理的三个不肖孙子将帝国一分为三，各得一份，其中由二孙子路易统治的那部分在地理上被称为日耳曼，后来辗转发展成了德国。这德意志也许难改他们日耳曼人的好大喜功之心，不久竟又自居为罗马帝国的继承者，称自己为"罗马帝国"。他们甚至还不以此为满足，又在"罗马帝国"的前面加上了"神圣"的字样，是为"神圣罗马帝国"（962—1806）。其实，这神圣罗马帝国正如法国启蒙思想家伏尔泰所评论的，它既非神圣，也非罗马，更非帝国。1806年，拿破仑一纸命令，将它终结。

然而，德国人的"罗马帝国情结"并没有因此而终止。1871—1918年的德意志帝国，仍旧承袭先前的神圣罗马帝国，自称为德意志第二帝国。而希特勒的纳粹德国，则称自己为第三帝国，其欲重新扮演古罗马帝国角色的狂野之心，昭然若揭。

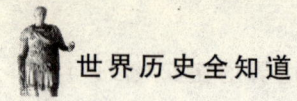

西方历史的另一面

蓝血家族的不光彩记录

大发国难财的商人

1861年美国南北战争爆发。

林肯号召了7.5万名志愿军，7月又到了20万。为了保护联邦，废除奴隶制，人们必须浴血奋战。联邦军队急需壮丁和供给品。

后来都成了美国企业界最著名的一些商人——J·P·摩根、康奈里亚斯·范德比尔特、杜邦、阿莫尔、斯达德贝克——都站了出来，在爱国时期向政府出售大量军需品，其中许多人对政府大耍手腕。他们疯狂地赚钱。"19世纪美国最重要的一些资本家都在战争期间发了大财"，理查德·考夫曼在《国难财》中这么说。

《哈泼月刊》1864年这么说："（政府）本要的是糖，拿到的却经常是沙子；本要的是咖啡，结果却是些黑麦；要的是皮具，结果却是些比牛皮纸好不到哪里去的东西；要的是健壮马和骡，得到的却是患关节囊肿的牲口和快要死的驴子。"

在那次战争期间，约有35万联邦士兵战死疆场，估计有一半死于疾病。其中一些人穿的鞋子没有鞋底，盖的被子薄得透明，他们睡在一碰就倒的帐篷内，使用的枪支在自己手里炸开——这是那些美国最大的资本家们的贪婪所致。

摩根向政府军队销售劣质枪支

J·P·摩根（1837—1913）出钱进行了一桩军火买卖，美国军队据此买回数千支步枪，而摩根公司内部的检查官都认为那些枪支毫无用处。摩根当时才23岁，刚刚开始做生意，他提供资金资助一项计划，根据该计划，一位名叫亚瑟·伊斯特曼的人购买5000支危险的、过了时的卡宾枪，每支3.5美元，从美国陆军在纽约州长岛的军库里买出来，时间是1861年5月。（测试的时候，这些枪把手指都炸飞了。）

伊斯特曼有一个合伙人，名叫西蒙·斯迪文斯，他与西线战场上的约翰·弗雷蒙将军有联系，并向他提供5000支"新枪支"，每支22美元。7月份在布尔兰的惨败使北军惊慌失措。弗雷蒙将军拍发电报，要求他们立即发货。时间是8月份。

摩根是这个事件中没有提到的合伙者，他用自己的支票支付了枪款，当2500支枪支发货后，整个事情都露馅了。摩根是不是很难堪地退缩回来，因为他被人发现是在敲诈国家？不，他起诉，要求得到全部赔偿，最后，他那一方胜诉了。赔偿法庭作出裁决，合同就是合同。在战时，他们从美国陆军的一个部门购买每支3.5美元的危险枪支，然后又以每支22美元卖给另一支部队。

因为对枪支的需求非常之大，因此，在这个产品范围内，出现了最为严重的价格欺诈和倾销行为。

柯尔特公司对政府索要的左轮手枪价格为25美元一支，而平常，这支枪的零售价也不过才14.5美元。他们得到了3.1万支左轮手枪的订单，这是弗莱德·山农在《联邦军队的组织与管理》一书中所说的。莱明顿公司感到很是困惑，他们为同一类型的手枪索价15美元一支，可只得到了5000支的合同。

范德比尔特趁战争抬高运价

范德比尔特靠运输业发家，成为美国巨富。可是，他还是在战争期间大赚其钱，让他的代理人在他亲自批准的极高价的运输合同中提出5%—10%的佣金。斯加利威格斯船排起队来卸掉他们破损的慢船包袱，从而转移到政府头上，用于军队的运输。

据政府证词，范德比尔特花1万美元购买了破损的"尼亚加纳"号。愤怒的士兵们从船仓的主梁上抽出一根完全腐烂了的木头，然后送交国会作为证据。

国会听证会显示，范德比尔特不断地支付过多的钱给租出船只的人。这位"准将"租用"东方女皇号"汽船用于兵员运输时，一天支付的租金是900美元，而以前，政府租用该船的租金是500美元一天。一位德高望重的运输商人安布罗斯·斯诺作证说："我们去找范德比尔特准将时，他要我们去找苏塞德先生。我们去找苏塞德先生时，他却告诉我们说，我们得支付他5%的佣金。"

范德比尔特并没有因为抬高物价然后收受佣金而被逮捕。国会作出了一项裁决，说处理租船合同的发包人犯有"渎职罪"，范德比尔特的名字却在最后一刻给抹掉了。

内战史家山农说："许多百万富翁后来都想方设法通过与外国的贵族联姻而赢得尊敬，他们就可以在其代价高昂的军火外衣上题写'次货'。"

山农估计，这些企业家通过与政府贸易赢得战争利润，当时看来是巨额资金的美元。我们永远也不可能知道，如果军需足够和及时，战争有没有可能早日结束。

"除了恶魔以外，"1861年5月的《纽约论坛》报说，"还有谁会因为利益的缘故而玩弄政府，拿出廉价和破烂的毯子以及生锈的武器及发臭的猪肉……简直不可理喻。"

"看着他的两只黑眼，"斯戴金后来评论说，"就好像面对正冲你迅猛开来的特别快车的两只大灯。"

为了利润而逃避兵役

精明的商人在内战期间发国难财最奇怪的一些方法是，他们充当"替代性的掮客"。兵役法允许任何人雇用一个替代者参加联邦军队。有钱的人可以付给贫穷的人2000美元，让他们替自己服兵役，而当时，劳动者一年的工资为3000美元。

这就产生了一批投机的中间人。办替代兵役事宜的中间人可以给某人一笔"可观"的预付金，并签署一项合同，使其答应去军中服务，然后将该种承诺拿去与任何想逃避兵役的人交换很大一笔利润。国会希望中止这种行为，也为了筹集一些军费，因此就通过了一项法律，允许任何不想服兵役的人直接向政府交付300美元。（在第一次征兵的29.2441万人中，有5.2288万人支付了这笔钱，因而也就逃避了兵役。）

可笑的是，替代兵役的掮客们仍然在赚钱。因为有了新的以款代役法，当地政府现在就更难找到丁员来填充联邦政府的兵役定额了，因此，他们仍然得去找掮客帮忙。"美国各处的人都被迫看着自己的儿子以这种方式买来卖去。"美国前总统加菲尔德这样埋怨说。

联邦军队在战争期间因为逃亡了26.8万多人而损失极大，因为相当多的穷人以不同的名字得到"相当多的"预付金。亚当斯·沃斯是19世纪著名的罪犯之一，他最早的资金就是这么来的。

爱迪生发明了电椅

在商业史上，发生了一场极奇怪的营销之争，托马斯·爱迪生发明了一种电椅，以破坏劲敌的生意。他私下里鼓动纽约州使用另外那家公司的发电机，希望以此使那家公司的电器产品看上去极其危险。虽然有些专家建议说，这种新式的行刑过程应该称作"电刑"，或者称之为"动力刑"，可是，爱迪生却想办法让"这个犯人受威斯汀豪斯刑"。

爱迪生（1847—1931）是位天才，一生共有1000多种专利产品，他发明了电灯、照相术，还有电影，因此，他的名字将永垂千古，可是，教科书和百科全书却从未谈及他发明电椅的事情。

在19世纪80年代，电器照明第一次在美国的一些城市里开始，爱迪生、威斯汀豪斯和其他好几家公司都为在数条大街架设电线、建立发电场和销售能源及灯泡而展开激烈竞争。这件事情牵涉数百万美元的利润，这些科技巨头实际上是在瓜分全国的未来市场。

爱迪生无疑起步最早，1882年在纽约热闹的金融区架设了好几平方英里的电线，可是，到这个10年的末尾，他的领先地位已经开始动摇了。

爱迪生使用的是一种低能量的直流电（DC），而他的对手们——尤其是新开张的乔治·威斯汀豪斯（1846—1914）——却在使用高能量交流电源（AC），这种电流可用较少的铜线而从发电机处向更远的地方传递电能。到1889年，交流电已经开始压倒直流电了。爱迪生自己的员工请求使用交流电，可是，爱迪生很固执，不愿意放弃他自己的发明，因此对那些意见加以否决。

威斯汀豪斯的销售员们已经大张旗鼓地在全国销售交流电灯系统了。爱迪生非常妒忌，火冒三丈。

虽然电能显然是当时最热门的新能源，可是，由于当时已经出现数十例触电死亡的事故，而且大部分发生在工人家庭，因此，安全问题就越闹越响了。法律方面的一些代表人物，很早以前就已经注意到了这种很是神秘的能量。远在1878年，俄亥俄州的州监狱就已经实验过用这种东西来惩治犯人，他们让犯人光着身体泡在三英寸深的水里，然后用电击打他们。

纽约州立法机构1887年为了寻找一种比绞刑更人道一些的办法，指命了一个三人研究小组调查研究此事，这个小组里包括一位名为塞尔斯威克的医生。塞尔斯威克给爱迪生写了一封建议函。一开始，爱迪生不愿意合作，说他将会带头反对死刑这种极刑。

接着，很偶然地，就跟威斯汀豪斯的公司事业这般发达一样，爱迪生提出，用一千伏量级的交流电有可能完成此事。这个立法委员会里的主席艾尔布里奇·盖里称爱迪生为一位"先知"，并通过自己对调查小组的影响力而使其偏向爱迪生一边。

纽约州立法机关通过了一项法律，但并没有说明到底是使用直流电还是交流电，也没有说明准备使用哪一家的设备。（美国人当时都很紧张，不敢把电接到家里去使用，因此，没有哪家公司希望把自己生产的发电机拿去杀人。）

这个时候，出现了一位名叫哈罗德·布朗的人，他是位自学成才的电气顾问。他给《纽约晚间邮报》写了一封信，建议使用交流电，因为交流电的杀伤力更大些。不久，布朗发现自己受到威斯汀豪斯公司的高级行政官们洪水般的、劈头盖脸的尖刻批评，因此，他想办法找到爱迪生，希望允许他使用爱迪生在新泽西的奥伦治最先进的实验室，以从事研究活动。爱迪生不仅同意了，而且还让自己最重要的一名电气专家A·E·肯内利紧密配合布朗的工作。

在爱迪生的大力支持下，布朗研制出了用交流电带动的电椅。1888年12月5日，他们做了一次公开演示，爱迪生也在场。在爱迪生的奥伦治实验室里，布朗用交流电电死了重达124磅和145磅的两头小牛，而且，为了彻底解决重量的问题，他干脆就用700伏的交流电，哗一下就电死了一匹重达1230磅的马。《纽约时报》是这么评论的："该实验证明，交流电是科学界目前所知最有致死力的一种能量，目前该市照明所用电流，其电压小于该电压的一半，足可以导致立即死亡。1月1日以后，交流电无疑将使本州刽子手们立即失业。"

第一个接受电刑的美国人——威廉·肯姆勒，他残忍地杀死了自己的女友，因而被判死刑。当他坐上电椅，行刑人扳动了电源开关，刹那间，电流通过了肯姆勒的身体，他的身体骤然僵硬如铁，表情极其痛苦。

他死后，人们发现他的皮肤下面的毛细血管已经破裂了。死刑室里弥漫着一股很怪的味道。人们看到，他头上的电极下面及周围的毛发，脊椎骨底座及其周围组织的肉开始烧焦。其味道令人难以忍受。真是惨不忍睹！

爱迪生研制电椅，是为了打击竞争对手威斯汀豪斯，遏制交流电的推广。但他的努力是徒劳的，交流电毕竟是一种更经济的电源，它迅速推广开来。而他发明的电椅却得以保留下来，成为他一生的污点。

骇人听闻的行刑

历史悠久的当众行刑

在人类差不多5000年的历史上，当众行刑一直是行刑的一个好借口。圣经时代有集体投石，英国有泰伯恩绞架的醉酒节，法国有用红酒和鲜血染红的断头台，就是那台"法国的国家剃刀"。

虽然许多自由派人士情愿相信，挤到公众场所去看别人死的人群，大多是一些没有受到教育的乌合之众，可是，事实上却并非如此。卡萨诺瓦写道，一些贵族也租过极昂贵的包厢，以便观看1768年对达米安人施行的酷刑。萨克雷也曾写到过："一些悄不出声上层家庭，本来都是些诚实的商人，可是，他们也带着妻子去看杀人，一边呷茶，一边还保持着最难以想像的冷静态度。"另一个观察者说到英国人时是这么说的："当地卖馅饼的人说，生意好得很，没有哪一个人的胃因为杀人而有翻动的。"查尔斯·狄更斯看到过1849年11月13号的一次吊人场面，他注意到了："挣扎、有晕倒的、吹口哨的……开残酷玩笑的"，"一些晕倒的妇女被警察从人群当中揪过去，衣服扯得十分零乱时，还有人感到一阵不正常的愉快。"

美国当然也不会例外。远在1693年，在宾夕法尼亚的巴克斯县，一名被定谋杀罪的船员定于7月3日吊死。《宾夕法尼亚殖民纪录》上实事求是地记录说："到场的人很多，该事件很逗人喜欢。"

吊坠刑

今天的人们以为吊死是一种速死——活盖打开,身体落下,脖子断了。而在欧洲,一直到19世纪中期,事情可不是这么简单。吊死是一件漫长而令人羞愧的死法,人被慢慢地扼死,一般需要15分钟到半个小时才断气。身体的每一次扭动——从最初的挣扎,到全身最后不可避免的僵硬——人群都会爆发出欢呼声。

宗教裁判所的火刑

从公开行刑的壮观场面和情景来说,西班牙和葡萄牙宗教裁判所进行的集体行刑是很难超过的。2万名衣着整齐的庞大人群挤在里斯本的大广场上,看21名异教徒在1682年6月30日被烧死。到场的人里面有贵族,也有教界的权威人士。以下是一名目击者的叙述:

在行刑场上,当时在里斯本,就是在里伯拉广场上,有那么多事先埋好的火刑柱,火刑柱的数目跟要烧死的犯人数目一样多,旁边还摆有很多荆豆柴。那些忏悔的人,就是宗教裁判所称他们的名称,他们的柱约四码高,上面有一小块板子,犯人可以坐在离顶层半码远的地方……那些忏悔过的人在两位耶稣会士之间走上梯子。这两名会士会在行刑的一整天里照顾他们。他们在上述的板子上坐好后,就转向人群,耶稣会士就会花15分钟的时间劝诫他们,要他们向罗马教庭认罪。如果他们不认罪,牧师们就会下来,行刑的人就上去,将犯人从板子上掀下去,让他们坐在自己的座位上,将他们的身体绑上火刑柱,然后离开他们。

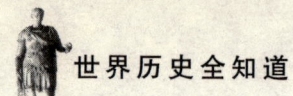

然后,耶稣会士第二次走上去,再一次进行劝诫工作,如果他们发现自己的工作没有效果,通常就会在离开的时候对他们说,"让他们到魔鬼那里去,魔鬼就在那边等着他们,会带他们到地狱去,让他们的灵魂在离开肉体时接受地火的烤煎"。

说到这里,就会有一声大喊,耶稣会士一离开梯子,喊声就会变成"烧胡须,烧胡须!"就是用长杆子绑上燃烧的荆豆柴去烧他们的脸。这种残酷的刑罚不断进行下去,直到犯人的脸给烧得焦黑,一边还伴随着欢乐的喊声,就连在斗牛节,或者演闹剧的时候,也不曾听到过这样大的喊声。

然后,用火点燃荆豆柴,荆豆柴就堆放在火刑柱下面,可是,火苗很少有窜上他们所坐的板子上的……如果是有风的日子,那么,他们在一两个小时内还死不了,因此,他们实际上是被烤死,而不是烧死的……受难的人只要能够讲话,通常都会喊:"为了上帝之爱,请饶命吧。"

欧洲人对妇女行刑时的细致之处

从中世纪到文艺复兴,吊死妇女一直被认为是"不雅的"做法——因为,由于裙子容易煽动,再加上没有分叉处的内衣,不说别的,光是她们的大腿就容易从绞架底下露出来。

"有鉴于其性别所致之体面要求,不容其肉体暴露于外,也不容当众损毁,女性之刑罚,通常须以绞架为基,并以拖至此处活活烧死为宜。"这是英国早期最有权威的律书《黑石评注》中所说的话。

在欧洲大陆上,这种所谓的雅致感——至少在北欧的一些国家里——使对妇女的极刑处理改变了方法。"妇女的火刑处理,不仅其场景令人胆颤心惊,而且,也是极不文雅的做法,对北欧的雅致而言,那是不能容忍的,"这是史家朱尔斯·米克莱在《宗教之战》(1856)中所说的话。"在对圣女贞德的行刑活动中,第一支火苗就窜到了她的衣服上,烧掉了她身上的衣服,并残忍地使她那扭动的可怜裸身,暴露于众人眼前。"

反过来,在北欧,直到1545年,权威——出于对妇女雅致的尊敬——是将妇女活埋掉的。米克莱描述过这么一种过程:"没有盖盖子的棺材放到地下去,里面有三根铁杆关住犯人。然后将土掀下去,盖到这活人身上。有时候,出于怜悯的原因,行刑的人为了减少其痛苦,事先会将犯人扼死。"

处死妇女还会引起其他一些问题:怀孕。很明显,因为母亲的原因而杀死未出生者,那是很不公平的。在几乎所有的西方社会里,这种行刑将会推迟到该妇女生下孩子以后,而这一点毫无疑问,又会引起这些被判死罪的妇女极力去找人怀孕。在《乞丐的歌剧》中,费尔奇这个人物,他在纽盖特的监狱里干得很是卖力:"由于最想要孩子的那些人,都因为一场变故而失去了怀孕的机会,因此,我得了很大一笔钱,我帮她们怀孕,以推迟她们的死期——可是,如果一个男人无法以更容易一点的办法来过上一种诚实的生活,那么,我可以肯定,那就是我下一开庭期无法再干了。"可怜的家伙。

当时,还没有出现5分钟知孕否的技术,因此,大多数被判死刑的妇女都会宣称自己有孩子了,以作为最后的一道吁请。事实上,美国历史上最早和最有名的一件谋杀案之一,便涉及到了这么一个情况。32岁的巴施西巴·斯布恩非常漂亮,她是麻省布鲁克费尔德人氏,1778年,她被定了合谋杀人罪,想杀害富有而年迈的亲夫,并被判死刑,这是刚刚立国的美国最早的一批极刑犯之一。产婆们经过辩论之后认为,她没有怀孕。可是,死后解剖发现,肚子里面有一个5个月大的胚胎。

处决女巫的方法大多残忍而且带有色情成分

纽约的辛辛监狱,1899年第一次用电刑对一名妇女行刑,当时也出现了这么一个雅致的问题。玛莎·普拉斯是布鲁克林人,她把自己可爱的继女掐死了,然后又用斧头袭击其夫。《国家警察公报》报告说,行刑时,官方采取了极小心的措施。"监狱长命令两名女医生站在很近的地方,她们的宽衣服挡住了在这名妇女靠近膝盖的腿部扣电极扣的情景。当工作完成以后,其中一位女医生将裙子放下来,这样,电极和腿便盖住了。"

在不到7分钟时间内,普拉斯夫人就被宣布死亡了。"这次行刑在各个方面来说,都是成功的。根据法律对第一名妇女进行的死刑处理,以极人道的方式完成了。"

杀死定罪的妇女,不要让她们难堪。

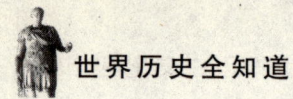

砍下来的头如何处理

在莎士比亚时代,英国人处死犯人后,常用长矛将人头挑起来,示众几个月。

纽盖特监狱有个名叫托马斯·艾尔伍德的人1660年描述过狱卒是怎么处理叛徒的头的。"他们抓住头发,嘲弄讥笑他,并对着他们大笑。然后大骂着痛打他们的耳部和双颊。之后,吊犯人的人就把他们放进一只铁桶,用玄武岩石和小茴香子将他们煮得半熟,这样,他们就不会发臭,也不会让猛禽吃掉他们。"

很明显,这样陈列断头者,是要告诫人们不要犯类似的罪行。用铁链或者绞首架绞死尸也是这个目的。我们想像,这种做法是中世纪欧洲的行为,这种可怕的情景,也可能就是罗宾汉通过的酷行。

绞死尸的事,美国殖民地也发生过。有两名奴隶被判投毒罪,他们在1755年毒死了其主人,麻省查尔斯镇的约翰·科得曼上尉。速审之后,女奴隶菲律丝被绑在火刑柱上烧死了,男奴马克在绞架上吊死,然后将头悬在市中心示众。军医卡贝尔雷在他1758年的日记中顺便写道:"虽然他已经在那里吊了4年,可是,他的皮肤仍然是完好的,很少有破裂处。"

保尔·雷维尔1775年4月18日经过那里,这位名人提到过快速经过那里的情景,说"马克就挂在那里"。

电死儿童

在20世纪90年代,美国的少年犯罪率直线上升,许多州都开始把一些孩子当作成年人一样判刑了,连14岁的孩子也投进最高安全室了。这种大规模打击的做法,在美国和英国盛行了很长一段时间,都是符合当时的法律标准的。

在20世纪之前的英国历史上,法律说明,超过7岁的孩子,是可适用死刑的,英国法庭有很多例子,证明儿童——甚至包括小姑娘——的确有被吊死的。1833年,在英国,一名9岁的男孩,因为从一扇窗玻璃破损的商店偷了价值两个便士的颜料,而被判处死刑。

在美国总共有280名儿童(也就是犯罪时,年龄在17岁或者以下的儿童)被判处死刑,包括10名女孩子。上述数据来自维克多·斯特莱普,他是克利夫兰州立大学的法学教授。到最近的时代,也就是1944年,还有一个14岁的男孩子在南卡罗来纳州被判绞刑。

乔治·斯丁内是一名黑人儿童,是一家锯板厂工人的儿子,他承认将11岁的贝蒂·毕力克和8岁的玛丽·泰姆丝用铁路道钉打死。这些白人小姑娘是在那里采花,大一点的那一个小姑娘明显是拒绝他的性骚扰。

斯丁内的律师——当时正在竞选官职——并没有提出申诉。联合媒体报道说,"行刑人员将他绑到椅子上去的时候很费力,身体太小,因为椅子是专为大人设计的"。而且,"他的个子那么小,电极根本就绑不到右腿上面去"。斯丁内是这个国家20世纪内所处死的年龄最小的一个。在英国,执行死刑的最小的年龄,1908年被提升到16岁。

教皇纵容酷刑

在欧洲从1200年到1700年的500多年内,包括文艺复兴时期的鼎盛时期,对嫌疑人进行折磨,是一种标准的办事过程,英国除外。这是刑事审判中,确定有罪(很少用来确定无罪)的主要方法。没有证人,没有物证,而只有坦白。这种折磨人的方法之所以存在的主要原因之一,就是影响极大的天主教从一开始就对此予以准许。

教皇英诺森四世在1252年特准拷打,以帮助宗教裁判所的官员们迫使异教徒招供。他的教皇特许令说:"如果折磨对于那些践踏人类纲常的人是适用的,那么,对于践踏上帝之法的人来说就更是适用了。"一开始,牧师们只得将其刑具部分转让给当地的俗世刽子手,可是,4年之后,也就是1256年,第二份教皇手谕给了牧师们另一项权利,使他们能够因为种种"此类的反常举措"而免罪。

英国在其整个历史上都不曾有过合法的拷打。(犬儒主义者说,英国法官们根本就不想通过被迫坦白这种虚构的事去定罪。)这种不愿拷打和折磨疑犯的抗拒,使梵蒂冈很是生气。教皇克雷芒五世给爱德华二世(1284—1327)写信说:"我们听说,你禁止拷问,说有悖于英国法律;是,没有哪个国家可以凌驾于教会法规,也就是我们的法规之上的。因此,在此命令,你应该立即诉诸拷问,查办这些人……你已经使你的灵魂陷入成为异教徒的保护者的危险之中了。"在这种情况下,

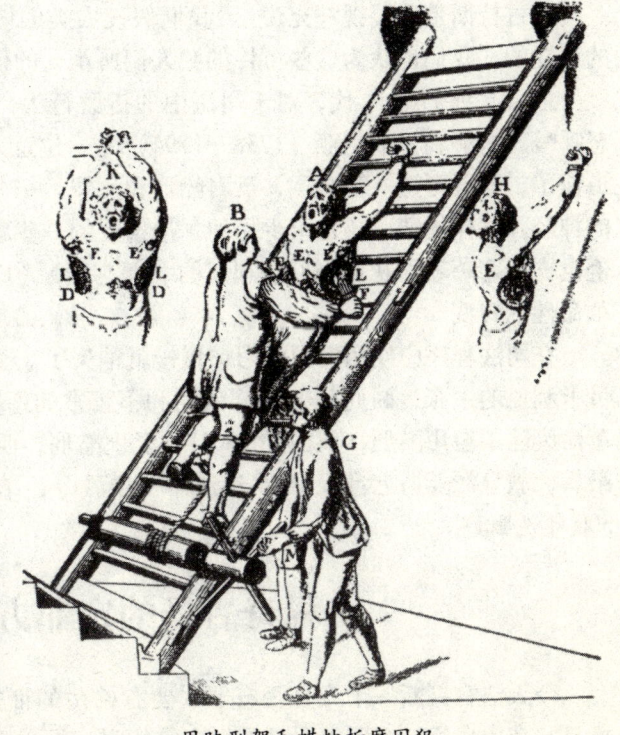

用肢刑架和蜡烛折磨囚犯

英国国王妥协了,数百人惨遭毒手。

当然,拷问的形式,一个国家跟另一个国家都是有所不同的,不过,有一些方法是极受欢迎的。(请记住:我们在这里谈到的,不是有关惩罚的事,比如关押或者鞭打,我们在此谈的是讯问的方法,说"给某人三级待遇,"酷刑逼供这个说法也就是从这里来的。)

反剪:这也可能是全欧洲最为流行的"一级待遇"。手给反绑起来,系在一根铁条上,然后,犯人会被吊起来,有时候还悬在空中达数小时之久。为了更有说服力一些,还会将多达250磅重的重物加到脚踝上。

以各种花样捆绑,特别是用一种细绳子捆手指;也有绑到以尖档做的梯子上的。

烤脚:脚上还涂有猪油,以便于烤得更慢,更长久。

松骨:跟前面所说的反剪法一样,可是,吊起之后又会猛然放下,使其肩关节脱位。

再引述一种不太入流的方法,就是一向致力于革新的法国法学家奥古斯丁·尼古拉斯1684年所称的"西班牙的祈祷"。"人的手腕、脚腕用四根铁链绑起来吊上房顶。然后将他放下来,让一根尖铁棒插进他的肛门。他只有靠夹紧肌肉才能撑住自己,以免坐到铁棒上,这样要坚持好几个小时,铁棒刺进人体的疼痛是叫人难以忍受的。"

尼古拉斯带着蔑视补充说:"我们假设人类的体架是可以承受得住如此残酷的刑罚的,我们也认为这些可怜的犯人们所承认的任何罪行也都是真实的。"

最后,到1700年代,对于司法中的折磨行为,终于爆发出了声势浩大的愤怒呼喊。塞萨勒·卡利亚(1738—1794)是一位意大利贵族,现在没有多少人知道他了,他曾写过一篇文章,反对酷刑和死罪。一个人的思想竟然触动了全世界的神经,这样的情况还是很少见的。最重要的一些思想家们,比如伏尔泰和杰斐逊也支持塞萨勒的观点。贝卡利亚的《罪与罚》(1764)也使西方的法理学得到革命性的转变。

在司法程序中使用酷刑的习惯慢慢就消失了。美国宪法的起草者们非常清楚贝卡利亚的主张,因此就禁止"残酷和不正常的惩罚"(八禁)。1789年的法国革命废除了滥用酷刑,俄国在1801年废止酷刑,西班牙也在1811年废止酷刑。最后,教皇派亚斯七世于1816年颁布一项教令,结束了在天主教内对酷刑长达500年的默许。

稀奇古怪的定罪方法

今天法官判断一个人是否有罪,要有确凿的证据,如指纹、摄像、血型等。可是,在中世纪,有罪无罪是怎样决定的呢?最主要的方法是发誓,是考验,是决斗,是人类通过想像力和发明创造性所能得到的一切办法。因为有很多问题太复杂,是那个残酷和半野蛮的时代所无法解决的。

不管那是些什么方法,对于被起诉的人来说,那可不是好玩的。下面举出几例:

一是考验法。将嫌疑犯投入水里,这是刑罚中相当流行的一种做法。如果嫌疑犯浮上水面,则犯人有罪,因为纯洁的肉体在反抗不纯的罪人。如果沉下去,则嫌疑犯无罪(嫌疑犯多半已经死掉)。另一项测试是用红烙铁。如果烫伤,则有罪。可是,英国最流行的一种做法,也许就是以下所述的简单办法,这是克里斯托弗·西伯特在《罪恶之源》中所说的。

"仪式开始前,在教堂中间会点上一把火,再由一名牧师端进来一大碗水和绑带。所有旁观者必须禁食,且在头天晚上与妻子分床,然后悄悄来到教堂,并在教堂里分成两排坐下来。碗里的水煮开时,除了水和面包,盐和药草以外,已经三天没有进食,但每天还得参加弥撒活动的嫌疑犯,就朝那堆火走去。牧师会将嫌疑犯的双臂用绑带绑起来,旁观者就齐声颂祷,愿上帝将一切真情揭示出来。煮开的水底下是一块石头。如果这人只需经过一次考验,则他只需要将手浸入齐手腕深的开水就行;如果要经历三重考验,则须将手臂也伸入沸水中,直到齐胳膊的地方,然后捞起那块石头来。三天后,绑带要打开,如果有烫伤,则被视为有罪证据。"可是,对于牧师本人的判罪,却又有一些双重标准可用。

"牧师本人如果判罪,他们就不需要经历这些考验,而是要在神坛前吃一块圣饼。如果该牧师有罪,上帝就会派加布里尔天使来堵住牧师的喉头,不让他吞下食物,这样就可以证明其罪行了。"

想当然,这样的双重标准,使人们对僧侣阶层心生怨恨。因为一些致力于革新的教士,如夏特莱的依维斯等的激烈批评,考验法在13世纪的早期就给废止了。

二是司法决斗。诺曼底征服之后,嫌疑犯(被告)可以通过一场争斗而使他的起诉者进行审判。这个办法很快就使被诉方和起诉方都雇请职业的打斗者来代表他们决斗。虽然现在,我们已经拥有职业的人员可以雇请,可在当时,他们只能够请一些杀手。一些威武有力的骑士因为走遍天下无敌手,因而变得非常富有。在德国,如果有妇女希望为自己而投身一战,按规则还不能拒绝,这样的规定现在还流传下来了。这里面的规定是:挖一口三英尺深的圆坑,男人必须在这个深坑里打斗。

可是,也许最为奇怪的司法决斗是发生在法国查理五世统治下。有一天,有位名蒙达奇的绅士被谋杀了。在法庭上,蒙达奇的狗突然攻击了一位名麦卡尔的骑士,因此使大家都对他产生了怀疑。国王认为,应该有一场"神判",让这骑士与狗到战场上打斗一回。那条愤怒的狗斗赢了,因此,骑士后来只好认罪,并被行刑。

三是根据体貌特征定罪。19世纪末,犯罪学家经过对大量罪犯的观察和分析,认为犯罪具有一些独特的体貌特征,依靠这些体貌特征就可以筛选嫌疑人,判断一个人是否犯了罪。

这一学说的代表人物是意大利犯罪学家卢布罗梭,他说:"通过仔细检验一名疑犯的生理特征,也就是人体的每一个角落和裂缝,他可以协助判定一个人有罪无罪。"

想像一下这里面的含义吧。比如,某人被指控犯有强奸罪,可是,目击者的证言又不太相符。如果卢布罗梭检验这个人的身体或者头颅,能够找到显示该人为强奸者的决定性标识物,那么怎么样呢?那会不会是疑犯的耳朵?他的舌头?他的鼻毛?对于这些科学先锋来说,人体的任何一个部分,都是可以的。

虽然这种分析,在今天看来很可能荒唐可笑,可是,所有的理论,都是围绕在当时很受人尊敬的研究上面的,特别是达尔文的《物种起源》。

卢布罗梭曾对一个名叫维勒拉的著名大盗做过尸检,他在一阵令人晕眩的启示中确信,这人身上有返祖现象,颇似原始人,从此以后便开始了人体研究。"突然间,我好像发现了罪犯的天性问题——这是一种返祖的存在物,他以自身的肉体来体现原始人类及其次等动物的疯狂本能。"我们可以称那种克罗马格伦人的特征为"第一犯罪者"。

卢布罗梭1876年出版了《罗莫犯罪者》,他的研究产生了极大的影响,促使全世界的科学家都去辨别犯罪体型。他们脱掉罪犯的衣服,用探针刺他们,丈量犯人的体长,希望建立起足够的个案史料和统计数字,以找到某种类型。这种研究所掀起的风潮,毫不亚于人们对圣杯的寻求热。人体的哪一个部分会成为关键的部位?一开始,他们集中于脑部,因而产生了颅骨"科学",就是丈量头部尺寸,以辨别行为模式。

有一阵子,专家们相信,罪犯一般具有更为突出的下颚,犬齿的入射角更高,须毛较少,耳廓怪异。这个证据在1875—1900年间美国进行的诸多审判中,都被严格地分检出来。

希特勒之后,有人进行这种躯体研究,这种人体测量学的工作,就成了一种极不名誉的研究。

西方人的生活细节

马桶发明以前

历史经常也是臭气熏天的。现在该是挖些老粪的时候了,把西方世界于19世纪晚期发明冲水马桶之前广为流传、原汁原味的臭气再造出来。

在文艺复兴时期的法国，为了进入国王的视听，有时候你得闻一闻国王的屁股，这是真的。到了灌肠日，国王路易十四便举行长达数小时的召见活动，四周围满是王公大臣，能够进入这样的场合，那都是一项不可多得的荣誉。进入那间屋子本身，也就是一次嗅臭的冒险活动。"在卢浮宫附近，"一位请求得到公厕特许的人1670年这样写道，"在宫庭的里里外外，在四处的走道和门栋后面，以及几乎所有的地方，人们都可以看见数千堆"粪便"，人们会嗅到臭不可闻的气味，这是那些生活在卢浮宫的人，及每日上朝的人的自然需求所引起的……"远在中世纪时候，在接近一个城市时注意到的第一件事，就是在墙角腐败着的人粪所发出的臭气，朝香者只好在进入西班牙桑迪亚哥城之前，先行绕道至南边，去瞻仰时兴的圣詹姆斯圣地。他们头一天晚上在一座名为拉伐科拉的小城住下来过夜，这个小城的名字实际的意思就是"洗洗屁股"。

远在古希腊时代，像柏拉图、亚里士多德、苏格拉底这样的一类智者，在聚餐时常常会就哲学问题辩论到半夜，客人们一般会用放在餐桌旁边的一只小便壶提起短袍方便。在庆祝安娜·波林成为亨利八世的女皇仪式上，两名使女会在整个宴会期间一直蹲在餐桌底下，准备接住这位年轻漂亮女士的溢出物——一名使女拿住便壶，另一名手握纸巾。

人类的厕间训练，在一些早已佚散的趣闻中很是丰富；从克里特女王吃得过饱的屁股，一直讲到4000年后那位难以捉摸的维多利亚人托马斯·克雷帕爵士。这一路上，你会发现，在各个时代，非常

第一个抽水马桶

这幅插图取自1556年版约翰·哈林顿爵士著《阿贾克斯变形记》。他的发明是19世纪之前为数不多的几种卫生革新之一。

明显的财富及权威标志就是这样一种权力，即是否能够坐在"皇位"上招待客人，同时还让无数的仆人立即将你的粪便提走。

再讲一个关于彼得大帝的趣事吧。

彼得大帝是俄国的沙皇，根据历史学家让布瓦的说法，1717年5月19日，他到巴黎访问。

"复活节之后的那一天，沙皇经过英瓦利德饭店，据说，他到这里后想上

厕所。坐在'穿过洞'的椅子上，他让带他去那里的男仆给他拿一些卫生纸来。那人说没有，因此，这位沙皇就只好拿出 100 法郎的钞票来解决问题，然后把这张钞票送给了男仆，而男仆却不想要。男仆请他原谅，说门人绝对不准接受任何小费。沙皇几次劝他拿上那张钱，最后只好将夹满屎的纸币扔在地上。

守门人听说此事后，要男仆去捡来那张法郎。'你拿去洗干净，买来的饮料会是一样多的'。"

内衣的进化

在西方文明的头 5000 年里，妇女是没有内裤的。"直到 18 世纪晚期，妇女的内衣才只有一些罩衣，或者换洗衣（紧身胸衣）和很重要的、各种各样的衬裙。"这是威勒及卡宁顿所著的《内衣史》里的话。

可是，当时为什么没有紧密一点的内衣呢？

有些学者说，除了其他一些原因以外，酵母菌感染和阴虱可能是部分原因，雅内和彼德·菲律普斯在他们的文章《来自底部的历史：妇女内衣及妇女体育的兴起》就是这么说的。"20 世纪之前的妇女之所以不能穿内裤，是因为真菌感染总在威胁她们，"这两位英国作者说，"由于阴道自然温湿，盖上任何东西之后，都会引起温度上升，从而引发真菌感染。"他们这么说，同时指出，过去的个人卫生标准之所以低一些，是因为，在没有室内自来水的情况下，这会极大地提高真菌感染和阴虱侵袭的可能性。

近东妇女比其欧洲姐妹更经常淋浴，她们是穿一些裤子或者"闺衣"的，有时候是穿在裙子下面。有人说，这些衣服在文艺复兴时期传到了欧洲，并慢慢改装成了束裤，即是说，很松的内裤，用一些带子在腰部和腿部将其"束紧"。可是，这些进口的奇怪东西（被认为太具男性，而且有些性倒错之嫌）总没有能够引起普通人家妇女的兴趣，因为她们仍然可以在小巷里蹲下小便。

最早一批穿束裤的妇女，实际上是由于 18 世纪的一项法律规定才这么做的。1727 年，一位女芭蕾舞演员的裙子被舞台布景上的一个东西挂住了。她的暴露导致巴黎通过了一项治安规定，即"女演员或者舞女不着束裤不得登台表演"。

最后，也就是 19 世纪中期，时装潮流就变了。

已经被人遗忘的早期妇女运动者，伊丽莎白·史密斯·米勒女士，她站出来为妇女说话，劝妇女不要再穿长及地板的衣服。反过来，她提倡在齐膝长的裙子底下，再穿一条宽松的、长及脚踝的裤子。另一位反方倡导者阿米尼亚·仁克斯·布鲁姆（1818—1894）却在 1850 年的一次巡回讲座中，一直穿着外套。她受人挑唆，也受人讥辱，因而使自己的名字广为人知。

有两件看起来不太相关的事件,使妇女私处覆盖问题传遍了全世界:1876年的巴西橡胶籽偷窃案和19世纪90年代的自行车热。

英国植物学家亨利·威克汉姆爵士说服巴西政府,让他带回上万株橡胶树的树籽回国,送给英国的克优皇家花园。威克汉姆很快将种籽运到锡兰和马来亚。从此以后,英国的种植园很快发达起来,打破了巴西对橡胶业的控制,并极大地改进了该产品,加速了廉价橡皮筋的开发。到1900年,束裤再也不需要很麻烦的束带了,因为这些束带有可能会掉入厕所,也有可能在进行网球比赛时松开来。

约翰·登洛普的充气轮胎的发明而引起了自行车热。自行车无法坐在旁边骑,因此,长裙子是很危险的。"当骑自行车变成时尚时,巴黎的女大学生也采纳了这项运动,"1896年11月15日的《纽约日报》上的一篇文章这样写道,"当然,她们同时也接受了灯笼裤。"《纽约太阳报》注意到在公开场合穿灯笼裤的巴黎妇女,她们不骑车时也穿这种裤子。"她们非常喜欢这种很随便,穿起来很方便的衣服。"一位刚刚从法国回来的年轻美国妇女这样说。

这个潮流越来越大了,从20世纪初透气的棉束裤,一直发展到今天尼龙制的"什么也没有"。

乳罩的历史

直到20世纪,可以提起并分开的现代乳罩才制造出来。1913年,卡莱丝·柯洛斯比——就是斯哥特·费茨杰拉德小说中的那类社交名流——买了一件透明的长袍穿着去参加一次社交舞会。卡莱丝是位极漂亮的女人,她很吃惊地发现,叮当响的紧身胸衣的外轮廓顶着丝质的长袍。她和她的法国女佣就发明了一种家用的装置,是用两块白棉布手帕做的,上面有一些婴儿用的束带,还有一点弹簧。

她的朋友当中有那么多人想要样品,柯洛斯比因此申请了一项专利,就是那种无后背乳罩,并开始大批量制作。当事实证明一塌糊涂时,她将该专利权以1500美元的价格转让给了康涅狄格州布里奇波特市的华纳兄弟胸衣公司。

许多无名的女时装店都贡献了一些东西,这里加了一根橡皮筋,那里加了一根前胸带,可是,有一位实业家兼电影制片人和胸罩设计人却独树一帜,他极大地强化了美国人刚刚兴起的乳房迷恋。这人就是霍华德·休斯。

休斯是美国最奇怪的亿万富翁,试图制作一种胸罩,让19岁的牙医助手简·鲁塞尔戴上,她要在《逃亡者》中扮演主角(1943年)。休斯仔细注意了制片的每一个具体环节,有时候因为鲁塞尔的乳房摇来摆去而很是失望。

鲁塞尔的自传中说:霍华德然后决定,设计一只胸罩。他试验了。我跟服装师一起走进更衣室，戴上那东西一试，觉得很不舒服，而且极其可笑。很明显，他需要的是今天的无缝胸罩，当时却并不存在。那是个好主意——跟平常一样，他又一次走在了时代的前面——可是，我却并没有配合他的试验。因此，我戴上了自己的胸罩，把那些缝隙用卫生纸盖起来，把搭扣扯到一边去，再穿上我自己的衬衣走了出去。我的服装师艾米莉怕得要死。他们要是发现了怎么办？我对她保证说，他们永远也不会从我这里知道。镜头后面的每个人都盯着我看，霍华德最后点头说 OK，拍摄过程就继续下去了。

你可以争论说，是现代科技的又结实又轻的材料，使乳罩成为如此流行的东西。20 世纪以前，这些东西都是不太实际的。

请奶妈代为哺乳

在消毒牛奶和奶瓶喂养之前的数十个世纪时间内，乳房哺育是喂养婴儿的主要方式。可是，20 世纪已经忘记的一件事是，奶妈在婴儿哺育中扮演着极其重要的角色。

奶妈合同的记录可以追溯到法老时代。在古希腊、罗马有钱的人当中，当妈妈的可以雇佣奶妈哺育自己的婴儿。

在法国，人们对乳房很是看重，一直追溯到 13 世纪的不同的贵族阶层，都是要请奶妈的，而且对奶妈的选择非常慎重。在黑死病和梅毒猖獗的时代，请来的奶妈首先要身体健康。其次思想品质要好。在整个 19 世纪，大家一致认为，奶妈的生理和道德性状可以通过乳汁传给孩子。因此，如果你请来的是一个小偷，你就会喂出一个小偷来。19 世纪的一位法国大臣更是提倡妓女不得自己哺育孩子，这当然属无稽之谈，说明法国人对奶妈选择的慎重。

尽管请奶妈存在一些危险因素，但很多妇女为了保持体形，还是愿意将其婴儿交给奶妈代哺。

借助动物为孤儿哺乳

成千上万的法国及德国儿童是由山羊、绵羊和其他动物哺大的：真的还是假的？真的。在欧洲，几百年以来，特别是在法国，如果母亲没有奶水，奶妈又找不到，最好的办法就是让动物来哺育婴儿。

随笔作家蒙田 1580 年写道："常见的情形是，村妇如果不能用乳房喂养其婴儿，她们就请母羊来帮忙。"

让·雅克·卢梭抛弃在国立孤儿院里的 5 个孩子，极有可能是由动物喂养大的。

法国开始转向动物喂养孤儿，是从 16 世纪欧洲流行梅毒开始的。患上梅毒的婴儿经常被人抛弃，不久就有人相信，是在弃儿院工作的、患上此病的奶妈造成的。与其用别的东西喂孩子，还不如直接从动物那里吸奶更靠得住。

可是，哪一种动物最好呢？专家们展开了一场争论。传统的智慧认为，奶妈的道德特征，哪怕是四脚奶妈，都会通过奶水传染给婴儿，因此，这是一个非常重要的决定。有人认为，羊有可能太温顺了，而母狼对于新一代孤儿来说，却不可能产生什么积极的影响（虽然，对于罗马的开创者罗莫拉斯和雷马斯来说并没有什么坏影响）。猪一直都是被人类社会所抛弃的东西。

欧洲沸沸扬扬的争论，最后在山羊和驴身上确定下来。根据一项研究报告，在19世纪头10年巴黎最主要的儿童医院里，驴奶使一些儿童的寿命减少。另外，"驴的道德名声比山羊要强"，吸驴奶的儿童，长大后成为淫娃的可能性较小。

许多德高望重的医生都重复了希波克拉迪斯和盖伦的理论，他们说，驴奶是一种能治百病的良药，对许多毒性也有很强大的抗毒作用。盖伦害怕浪费原料，通常都是把驴直接牵到病床边上。

这种动物喂养的习惯一直令人惊奇地在法国孤儿院里流传下来，一直到20世纪，哪怕消毒牛奶和可靠的婴儿营养食品已经到来。

"现在也一样，"1900年左右的赫曼·普罗斯这样写道，"很多人还在用动物的乳汁喂孩子，在巴黎的大弃婴院和儿童医院里都是如此。一些怀疑患上了传染病的儿童不再由奶妈喂，而是送到驴屁股底下去。在这些大院机构的后园内，还专门修建了一座亭子。有一些专门的驴厩连着婴儿房两边的墙，这样的驴厩里面都有四只驴子，这些驴子一直就养在这里，专做此用。"而动物喂养婴儿并不仅限于孤儿院。一个名叫康拉德·泽魏尔伦的德国人写过一本书，名字就叫《作为最佳奶妈的山羊》（1816）。他曾在一家专供有钱人母亲使用的温泉场抱怨过乳房喂养的事。据报告，用山羊的乳汁喂婴儿在欧美都曾风靡一时。

中世纪女人的裙子

在中世纪，赞美一个男人的腿是相当正常的行为；在公开场合赞美一位妇女的双腿却是没有听说过的，因为一个男士很少能够有机会在公开场合看到她们的腿。至少，有地位的女人是不露腿的。女演员、舞女和妓女则根据不同的时尚而变化不同的规矩。

直到19世纪，一些有地位的妇女从维多利亚时代的脚踝上的裙边才慢慢地露出了她们的小腿、膝盖，现在才是大腿。莎士比亚可能会以为，这些人全都是妓女。

很多人都知道，那位十几岁的女英雄，圣女贞德，是因为女巫罪而被焚烧死的，可是，实际上，她还有另一项罪名：像男人一样穿衣服。这在1431年可是一项弥天大罪啊。当时的教庭是按圣经上的训令（《申命记》第二十二章第五节）来判她的罪的。"妇女不可穿戴男子所穿戴的；男子也不可穿妇女的衣服，因为这种行为都是耶和华和你神所憎恶的。"贞德到底穿了什么衣服，竟让她牺牲了自己的性命？在战场上，她穿的是铠甲，可是，在军营里，在监狱里，我们从目击者那里能够得到的最合理的解释是，她穿着一种很短的灰色的束腰外衣，套在朱红布料做的、织得很密的长统袜子上面。从基本上讲，我们可以把她穿的那种衣服称之为一种灰外套，还有红色的紧身裤。这在当时是男士的服装。当时的妇女都穿长衣服，分开穿的布袜子用吊袜带吊着，不穿内裤。

那个时候，还没有发明橡皮筋，为了让男子的长统袜不至于掉下来，袜子的顶端都开有成对的扣眼，就像双排背心（一种低口背心）一样，中间可以用绳子串起来系紧。一般来说，普通男子会用7种以上的花色来系这种袜子。贞德用了20种，而且都还系得很紧。为什么？她的诨名叫"奥尔良的少女"、"拉普茜"，也就是"处女"。贞德很在意自己的名誉，穿着女服都会感觉到十分容易受人攻击——特别是周围都是男人的时候。在监狱里，贞德宣称，没有紧身的袜子，她感到很不安全。

贞德挨打不过，最后招认了许多罪行，并等待着得到宽恕。跟事先说好的一样，她穿上了成套的衣服。当天晚上，她与5名英国守卫一起在监狱里度过。到早晨，她又穿上了她的"紧身衣"，这就是对教庭官员们发出信号，说自己已经反悔了，忏悔和宽恕的交易不做了。贞德现在决心抗争到底，准备接受自己的命运。

在行刑的那一天，捉拿她的人给她套上一身长袍，然后又给她戴上锥形异端帽，好让她受些羞辱，然后将她烧死了。她没有说出自己最后的话，反而发出大声嘲笑，这个喜欢穿不同服装的人拯救了自己的国家，却给自己带来了灾难。

假发的历史

对于大部分美国人来说，男人戴假发真是一件十分荒唐的事情。

毫不奇怪，男人用假发在现代可以追溯到文艺复兴时代一位极有权势的秃头先生。法国的路易十三跟许多男人一样部分秃发，1624年，他23岁的时候就谢顶了。他戴着一顶假发。路易十四1643年到1715年统治法国，他晚年的秃顶使他十分恼火，因此，他只允许他的理发师看见他秃头的样子，而且，每天早晨，他只允许别人通过床头的柱子后面的帘子把假发递进来。

在老年的时候，太阳之王路易戴一顶很大的假发，而这种假发是满朝文武都竞相模仿的。"大家都想快点老去，这样便可以看上去非常有智慧了，"当时的一位侍女说。

在英国，1660年，当时的"圆颅党"清教徒很是火了一阵子，当时，大型假发是人人追求的东西。强盗们把一些小孩抓住后，剪掉他们的头发，拿去卖给做假发的人。在黑死病的年代，买假发的人很害怕得病，因为他们害怕那些假发是从死在街上的一些尸体头上剪下来的。

假发越来越多，大厦门口都做了衣帽间，以便于为这些东西扑粉。虽然有钱的美国人经常喜欢买一些假发，可是，信教的哈佛大学却在17世纪中期禁止"长发、流海、前缀、卷发、起绺的头发、分头或者往头发上扑粉"。

在整个18世纪，所有的英国士兵每周都发一磅面粉，以便给假发扑粉。英国法官仍然戴在头上的那种编有小辫、全副的假发，就是那个时代的产物。

男人假发的丧钟，是由法国大革命敲响的。市民们见假发就绞。卢梭使这种风尚之潮转向了自然，而一头乱发——不需要多少工夫——的发式却席卷了法国。在英国，1795年，对假发征收的重税使假发热降了温。佩尔·班因德在《遮盖物和道德》一书中说，当时的税额是一个吉尼，任何在街上戴假发的人都被称之为"吉尼猪"。拜伦爵士有一头自然的长发，他成了男性的新时尚。

而在美国，假发却时兴不起来。部分原因可能是，美国驻法国大使本·富兰克林找不到一顶合适的假发。有一次，他受到法国皇室召见，因此特地为此买了一顶假发。可这顶假发却擦伤了他的头。因此，他干脆敞开自己的长发，戴上一顶海狸帽。令人惊奇的着装，正符合一个革命者的形象。富兰克林此后故意利用这种自然的稀发和海狸帽，来代表美利坚合众国那种不为潮流所动而自由地追求自身价值的精神。

对洗澡的抗拒

受基督教观念的影响，古代西方人不爱洗澡。《独立宣言》的签署者们可能是一身汗臭；伊丽莎白一世可能也是这样的。文艺复兴时期的教皇也是这样。而且，毫无疑问，这些时代的穷人一律臭不可闻。

在过去1000多年时间里，我们现在习以为常和想当然的个人卫生，却一直被认为是一种滔天大罪。虽然我们经常听说基督徒的虔诚语录，说"要敬神，先净身，"可是，这是相当现代的基督徒们才会说的话。

从罗马帝国的灭亡一直到维多利亚时代，可以说，当时的口号就是，要敬神，先污身。

罗马人及其被征服的属国，都建起了可以与现代卫生温泉相媲美的、非常精巧的浴池，里面有艺术画廊、资料室、漂亮的花园。洗浴的人，无论贫富贵贱，一律都脱得精光，涂好香油，也许还稍加锻炼后，在干蒸室里蒸得浑身冒汗，最后进入罩有穹顶的"热浴池"。

一些隔有墙壁的小隔间墙上都装有一些喷头，可以向人身上喷射各种香料，你还可以选择不同的香型：肉感的、花香型的、爽身怡神的，这些都取决于你洗完澡后准备去干什么。一些擦澡工侍立左右，随时准备为你一松筋骨。

公共浴池一开始只不过是专为男子所准备的一种享乐设施，可是，不久之后，还是专门为女性留了几个小时，最后，终于发展到了男女混浴，并成为时尚。男女同池裸浴，使早期的一些牧师们极其愤怒。

"一些妇女当着众人脱衣，没有丝毫的廉耻，搔首弄姿准备把自己卖出去一样，"亚历山大城的克莱门特说，"（她们）与仆人一同洗浴，当着自己的家奴脱得精光，还要他们擦身体。"他指出，看见光着的肉身会导致……性活动。

古代欧洲人不常洗澡，而且街道很脏，人们可以随意朝街上泼污水。这使高高的发髻变得臭不可闻，而且会有小生物存活其中，连王公贵族也不例外。

野蛮人征服罗马帝国后，他们把精美的大理石和镶有瓷砖的浴池全都砸毁了。基督教的牧师们更是禁绝了洗浴，达1000年之久，因为他们使人们相信，蔑视人体本身是敬神的行为。如果说贞洁高于婚姻，那么，轻视肉身就高于自我整洁。

"肉体的清洁就是对灵魂的亵渎，最受人崇拜的圣贤之人，就是那些衣服结成巴块的秽身，"威廉·莱基在《欧洲道德史》一书中这么说。

在中世纪，修士们可不是这么故意把自己弄得很脏的；许多修道院允许修士们一年洗两次澡。著名的克兰尼修道院有一条规定说，整个修道院只能有3条毛巾。

这些基督教的理想当然会影响到俗世的生活。赫弗洛克·艾利斯写道，"……16世纪的意大利，是一个极尽奢华和优雅之地，甚至远在法国之上，在当时论厕间的一些书中，治疗骚痒和其他类似疾病的方子很多，可就连贵妇们也不怎么用水的。"更糟的是，卫生不好会加快疾病的传播。

医生们很快发现了这一点，主要是因为工程师们发明了供水管道，情况才开始产生了转变。20世纪的人们每天洗一次澡，这实际上是重新发现了古罗马人

（和许多种动物）已经掌握了的一种卫生习惯。

餐具的历史

你知道吗？叉子的发明是 18 世纪以后的事。在这之前，西方人用手抓饭的。我们可以想像：莎士比亚和达·芬奇是用自己的手指抓饭吃的；喝汤的时候，通常是一桌人共用一个汤罐的。

在中世纪和文艺复兴时期，欧洲的大多数人都是从共用的菜盘子里弄走一部分菜肴的，他们也许是用随身带的刀子挖菜的，挖走之后，他们有可能会把饭菜一把抹在一大片变味的面包上，或者抹到一块木板上。有钱人家有可能用一只花哨的盘子来吃饭，可是，他们仍然也是用手抓饭吃的。

法国思想家蒙田对自己吃得太快而进行过自我批评："有时候，一着急，我会把自己的手指咬住。"

到了新时期，一些朝香的人，他们最看不惯使用撒旦的草叉去叉肉吃的人。不过，慢慢地，有钱的殖民者开始用小袋子随身带着银叉子，这样，进餐的时候，他们就可以拿出来，在同行的旅行者面前炫耀一番。

用手吃饭的方法也是极有讲究的。中世纪和文艺复兴时期的一些礼仪书上都强调说，吃饭的人只能用右手的三根手指抓取食物，而不是用整个手，甚至两只手去抓食物。

很明显，如果使用共用的食品盘，手的卫生开始变得极其重要了。坐在你旁边的人，他的手指甲有可能会引起你的注意，他们的行为也可能会使你分神。"吃饭时，不要用手去掏耳朵，亦不可以手挠头"，1290 年，一位名弗拉波恩维齐诺·达里发的人这样说。伊丽莎白时代的餐桌礼仪专家们建议，上菜期间，男人们不要到荷包里面去翻找东西。

汤菜也提出了一些特别的问题。一方面，汤匙是共用的，可是，每个人各放一只碗，这倒是 18 世纪才有的事。"如果桌上有汤菜，应该在品尝一下之后，先应该在餐巾上将汤匙擦一下，再将汤匙放回"，16 世纪的一份餐桌礼仪书上这么说。这条建议可能经常没有为人所注意，因为 1672 年的一份法国手册说，"有些人很是讲究，如果你把汤匙放进自己的嘴里，而后又把汤匙放进汤里，那他们就不再想尝这份汤了。"

大小杯子当时也不是那么常见的，尤其是在中下层社会。一大杯淡啤酒或者一大罐红酒有可能会在餐桌上来回传递，客人当中有守规矩的，喝酒前后必然擦一下自己的嘴。

一些讲礼仪的书，上面都写着哪些是合适的行为，自法老时代以来一直都是这样的。

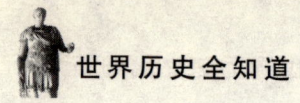

妻子的地位

卖妻现象。在英国,有3个多世纪的时间,男子卖妻都是合法行为,就像卖一头好母牛那样。妇女经常被丈夫用绳子套着脖子牵到市场上去,然后卖给出价最高的人。根据纪录,最早的一次交易发生在1553年。学者们已经在英国发现了至少387例卖妻档案。

殴打妻子也是司空见惯。在西方大部分历史上,丈夫一直都用法律和道德上的权力来殴打妻子,以"进行轻微的行为纠正",这是罗德里克·菲律普斯在《解开绳结:离婚简史》中说的话。

天主教承认丈夫的这种权利,欧洲的大部分法庭也对此加以认可。不过,关键的问题在于:"轻微的行为纠正"指的是什么?

"这种强暴行为不得出血,"菲律普斯说;他从许多法律规定中引出了证据。"如果使用棍子,其粗细不得超过该男子之大拇指。"

这也正是"粗略估计"这个词真正的起源。文艺复兴时期的许多日常用语都包含这一类的建议,如"千万不要指望一头驴子、一个傻子或者一名妻子会做出什么好事来,除非你手里握着一根棍子。"还有,"好马出自鞭,好妻棍打来。"

基本的法理——圣典和民法典都一样——都是这样的:由于丈夫必须对妻子的行为负责,他亦有权利处罚并教育她。

到清教改革时,广泛流行的殴妻行为才稍有改变,因为清教改革者认为,殴妻行为是不文雅之举,而且视其为违法行为。在美国,在新英格兰的清教殖民地里面,殴妻行为早在1641年便被视为非法行为,可是,在文明的英国,直到1891年,丈夫对妻子进行"轻微行为纠正"的权利才被正式禁止。

虽然殴打妻子在19世纪慢慢为人所诟病,并被视为我们这个社会最丑恶和最怯懦的行为,可是,在过去几千年里,它一直都还是为人们所允许甚至赞美的行为。

令人恐惧的医术

荒诞的医学理论

大致说,西方医学最有根据的理论,在1000多年时间里,基本上是建立在一套见鬼的理论学说上的。最有影响力的是萨伦诺医学学派,是真正的中世纪学术机构,公元1000年的时候最兴盛。该学派从希腊人那里借用了一种概念,即,正如世界由四种元素构成一样（火、气、水、土），人体也存在四种相对应的液体：血（火）、痰（地）、黑胆（水）和黄胆（气）。

治疗病人，就成了保持体液平衡的一门艺术。有人咳出痰来，也就是冷地，那就需要吃进大量"热的"食物，比如很辣的食物，或者动物的血，以使失去的热量平衡。

萨伦诺学派的专家们把这一点弄得更复杂一些了，因为他们发现，每个人都有一种特别突出的液质，这一点必须在任何处方中特别加以注意。因此，黑胆过多的人会形成一种"忧郁"的性格（就是说，情绪低落，很孤独），而"血质过多的"人，体内有热度的潮湿的血太多，都在血管内横冲直撞。很明显，一个医生得开出不同的处方以恢复每个病人体内的液质平衡。"在几个世纪的时间里，哲学家同时也把持着医学的交椅。"一位医学史家詹姆士·里奇说。

这种体液说一直广为接受，直到1858年为止，当时，兰道尔夫·维卓出版了《细胞病理学》，从而以固体细胞说一举取代了半想像的体液说。

十字军东征时期的中世纪医学

十字军东征时期的中世纪医学还处于愚昧阶段，士兵生了病，他们首先会向某个圣人的脚趾或者其他部分祈祷，以求早早康复。如果这些都不管用，那么，他们会去找当地的医生。这里有一份直接的现场记录，12世纪的阿拉伯在当时的医学和科学方面，远超出欧洲人有一个医生这样写道：

中世纪的医院

"他们带我（即那位阿拉伯医生）进去看一位骑士，他的腿上有脓肿，我在腿上糊了一些药，脓块就开了，并开始恢复。还有一名妇女，她有结核病。我给

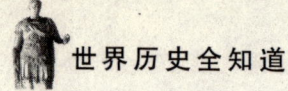

那妇女开了一些清洗的药,另给她规定了一些饮食标准。这时,出现了一位弗兰克(欧洲)医生,他说:"这人不知道怎么给这些人治病!"他转身对骑士说:"是想要一条腿活着,还是带着两条好腿死掉?"这骑士回答说,他情愿活下去,哪怕只有一条腿。这样,他就叫人找来一个身强力壮的人,再要了一把利斧。我就站在旁边看。那医生将腿放在一块木头上面,并对那人说:"用力猛地一砍,然后割干净!"就这样,就在我面前,那家伙给骑士猛地来了一下,接着又是一下,因为第一斧没有砍好。骨髓从腿里冒出来,病人当场死掉了。接着,医生又给那位妇女检查,并说:"她的头脑里面有恶魔,这魔鬼附上她了。将她的头发剪下来!"这件事情做完以后,她就回头去吃她通常吃的弗兰克食物去了。有大蒜,有芥末,这使她的病情恶化了。"恶魔已经钻进她的脑子里面去了,"那医生说。他拿来一把剃刀,在她头上画了个十字,并把脑子取了出来,这样,她的内脑便露了出来。再往上面抹一些盐。那女的当场也死掉了。这时,我问,他们是否还需要我在场,因为不需要,我就走开了,脑子里学到了很多我从不知道的医学方法。"

重病还得猛药治

古代欧洲的医生遇到难治的病人,会有稀奇古怪的办法下猛药。比如,给病人放血,让水蛭来吸,会让人来拔火罐,会给烫一些泡,会给截肢,发汗,在身上钻孔,鞭打,清洗和剥皮……在大多数情况下,这当然都是些无用之举,其中很多也是致命的,可是,其信条在1000多年时间里,仍然是大家共同信服的。

英国国王查理二世是个浪荡之人,至少生有13个私生子,1685年的一天,他在刮脸时突然中风。当时医生用了多种处理办法(一些猛药),由皇家医生斯加伯医生编辑下来:

国王接受放血治疗,他的肩臂给切开了,然后拔上火罐;开了催吐剂和灌洗药,然后是一种灌肠剂,包含有锑、圣物做的苦药、岩盐、锦葵叶、紫罗兰、甜菜根、洋甘菊花、茴香籽、亚麻籽、桂皮、番红花、胭脂虫和芦荟。国王的头发给剃光了,然后在上面烙了泡;再敷上喷根草做的一种让人直打喷嚏的药膏。再有一种大麦水、甘草、杏仁做的混合剂,全都灌进他的喉咙里,再加上红酒、苦艾酒、茴香和一种用荆棘叶、薄荷、芸香和当归的萃取物。再用云杉脂和鸽子屎做的敷药敷到他的脚上。再之后,用西瓜籽、木密、滑榆、黑莓水、化开的珍珠粉、龙胆根、肉豆蔻、奎宁和丁香,以及石灰、铃兰、牡丹花和熏衣草提取物熬的水来灌。当他痉挛起来时,再用骷髅熬制的40滴水往头上处理,如果更严重了,其后就跟着胃石疗法。接着,斯加伯写道:"天啊!这样折腾一夜后,陛下好像给弄得精疲力竭了,一班医生也都失去了信心,大家全都没精打采的,可是,为了完成他们的职责,尽到最后一份责任,他们仍然要拿出最后的强心剂。"

这最后一剂药是由珍珠和氨水组成的，这剂药由他那些快要失望的医生们用强力灌进他的喉咙里，最后，国王无奈地死去了。

文艺复兴时期法国人喜爱灌肠

今天的人们喜爱滥用阿斯匹林或抗生素，当初，卢梭、伏尔泰和莫里哀时期的法国人都是以灌肠剂来解决问题的，或者干脆就放血。

国王路易十三 1610 年至 1643 年在位，有一年，他总共做了 212 次灌肠手术，放了 47 次血，这是他的御医查尔斯·布瓦的纪录。

虽然国王灌肠的次数远超普通人，可是，当时的法国大众都是在灌洗内脏的，而配制灌肠剂的任务，大都由药剂师来进行的，他们被人毫不留情地描述为"limonadiels du posterieur"（屁股用柠檬水的制作者）。

当我们想到灌肠剂的时候，大多数人都有可能想到现代的皮管、用自来水做的一些温热的肥皂水，然后是完全由个人自己进行的隐私行为。可是，远在 17 世纪，也就是硫化橡胶皮管还没有发明出来之前，灌肠术都是由别人来进行的。这些人用一种尖端很长的柱形金属管，通过一种活塞柱来完成这项操作，其大小粗细不一，有六英寸粗的，很像现在的注射器，也有极大的、两英尺长的恐怖武器。富人可以用银器来制作这样的灌肠器，旅行的时候，他们用束带的天鹅绒袋子包着这东西四处走。

注射器这东西是一个法国名字，"它对我们祖先秘密的行为和隐私的需求起了极大的作用，"这是亨利·哈弗德的意见，他是法国 19 世纪在家具和器皿方面颇受人尊敬的专家。"在城市里，它是无处不在的；在宫庭里，灌肠术可以当着王子和皇后的面进行，他们的礼仪之感不会受到丝毫的侵犯，在今天的法国舞台上，这东西还经常出现，莫里哀留给我们的很多戏剧里，都有这东西出现。"

莫里哀有部幽默剧，美国人很少知道这部剧的。在该剧中，一位药剂师抱着很大的一个"注射器"追赶主人公，一边在小声说"很慢，很慢，"还说，"不会有什么害处的"。两个身材高大的助手在想办法捉住那位先生，因为他在想办法用自己的帽子盖住屁股，在有些演出中，这个镜头是另外一个样子，就是这位先生搬着一把扶手椅到处跑。那位只是假装生了病，也很夸张的主人公逃脱以后，对巴黎说了这番在任何指南书上都找不到的话："在这个地区，天上下着女人和灌肠剂。"皇室当然狂喊起来，这个时候，离杰里·列维的入侵还有三个世纪。

虽然莫里哀开的是玩笑，可是，配制灌肠剂（即泄药）对于一位药剂师来说，还是相当严肃的一件事情的。这里有一份手册传了下来：

病人应该斜靠在自己的左侧，一只腿弯向前，然后将要求的所有部位露出来，不能害羞，也不要假正经。在助手那一方面，他不能像攻打古代城池一样触及其敏感部位，而只能像一个狡猾的狙击兵一样……

这样一来，做灌肠术的人应该带着极大的敬意，单膝着地，用左手握着仪器，不能着急，也不能慌张，以极大的爱心用右手推进注射杆，手要控制好，不能发抖。很慢很慢。

这种手术不好的一面在于，当时还没有抽水马桶，总得有人来做清洁工作。在一幅讽刺雕刻品上，附有这么一首打油诗，描述的是一个做清洁的女工的抱怨：这种臭味受不了，非得出门透口气；医生全都见鬼去，真正活该进地狱。他罚夫人坐木椅，椅下有洞接臭屁；然后逼我洗臭桶，擦来洗去不如意。

解剖学的艰难发展

在中世纪，教会不允许进行人体解剖，只有少数一些城市，比如意大利的佛罗伦萨，才不管梵蒂冈的禁令，作出规定，一年当中，有3名被处决的罪犯的尸体，是可以拿出来用于医学研究的。可是，这个数字还是非常有限。

接着，教皇西克斯图斯四世（1471—1484年在位）解除了对人体解剖的禁令。这个教令代表着艺术和医学两个方面的重大转折。

医生们现在可以真正地研究人体内脏了，文艺复兴时期的大批画家，比如列奥纳多等，也伸过头去看看，或者自己亲自解剖。米开朗基罗在佛罗伦萨和罗马开办的解剖学沙龙，12年里天天都开着。（文艺复兴时期的画家们画的人体十分准确，肌肉层层，血管青突，在很大程度上归功于教皇西克斯图斯四世。）

可是，这也就是问题出现的开端。到哪里去找足够多的尸体？器官捐献卡当时根本就不可能流行起来，特别是在一个相信失去了肢体的尸体无法进入天堂的时代。虽然当时规定可以将被吊死的罪犯的尸体拿来用于解剖，可是，这很难满足当时的需要。急想到天堂去享万年之福的基督教徒们，看见医生和画家们卷起袖子，把手伸进人体内脏里，都感到有些担心。这些尸体里面，有没有从坟墓里挖出来的基督徒？

欧洲人展开了各种各样的抗议活动，反对解剖尸体。1788年，纽约发生了一次狂暴的抗议运动。

起因是医学院的学生挖掘坟墓。有一种说法是，一些酒馆里传出谣言，说一些医学院的学生在挖女性尸体，并进行极下流的尸检。按照另一种说法，一名骄傲自大的医学院的男学生，从窗户里面伸出来一只肢解下来的胳膊，并对一个年轻人大声喊道，这是她母亲的胳膊。这男孩子的父亲是位泥水匠（也就是建筑工人），他赶到墓地里去，发现他妻子的尸体不见了，这人就组织起了一个暴民团体。

不管怎么说，1788年4月13日一群暴徒袭击了国王大学（就是后来的哥伦比亚大学）医学院，并找到了处于各种各样解剖状态的人类尸体。在接下来的暴动中，至少有5人，也许是20人丢了命。医学院的学生只得关进监狱，以便救他们的命。第二年，纽约通过了一项法律，严禁挖掘坟墓。

精神病人遭受的折磨

几个世纪以来，人类对精神病人的处理，看上去经常令人发疯的。

在古希腊瘟疫泛滥的时期，精神病人被迫到郊区生活，为了净化城市，他们经常被人用石头砸死，这叫做"药石救城"。

在整个维多利亚时期，英国更为流行的娱乐活动，就是买票去逛伦敦贝斯莱姆皇家医院，到那里去看精神病人，并跟他们逗着玩。托马斯·特莱恩1695年就说过，"把那些精神病人拿出来展览（而且还经常是男女裸体），好取悦于那些无所事事的少年，品性不端的妓女或者喝醉酒的夫妻，那是极不体面和极不人道的一件事情。"

虽然每日的处理是很残忍的，如使用铁链、皮鞭等。可是，治疗病人的方法却更为残忍，或者是致命的。也许，只有在国家办的机构里面，那些贫穷的精神病人才接受到更大规模的实验。令人惊讶的是，正是设想出此类怪诞疗法的医生们，才赢得了极高的名声。本杰明·拉什医生是早期美国医学方面的一位泰斗，他残忍地建议说，应该将病人放在转架上猛转，好将疯病转走。教皇约翰二十一世（1276—1277年在位）也写过几种医疗方法，他建议说，"吃烤制的老鼠，有可能会治好发疯的人。"

其他骇人听闻的治疗方法还有：水淹、放血、灌肠、给病人输入羊血、电击、切除器官等。回过头来看，这些实验看上去极其残酷，一点用处也没有。可在当时，那都是些出自好意的办法，为的是要解决人类最令人困惑的病症之一。有一种古老的格言是这么说的：

"外科大夫拿孤儿的头做实验。"

追求白牙：尿做的牙膏

人们都想拥有洁白的牙齿。可是，怎么样才能把牙齿弄白呢？这种追求，可以一直追溯到法老和更早的时代。埃及人喜欢用浮石粉和葡萄酒醋做的一种膏状物涂在嚼棍上磨牙齿。在欧洲，中世纪和文艺复兴时期，理发匠和外科医生们用锉刀锉牙，然后涂上王水，也就是一种腐蚀性的含氮酸水。令人目炫的微笑之后，必将出现中年以后的大面积牙齿溃烂，因为锉牙和酸水会将牙齿表面保护性的釉质损坏掉。

早期还有一种流行的方法，那就是用人尿。在古罗马，女人用尿漱口梳头，以使自己的牙齿闪亮。价钱最高的是葡萄牙尿，因为它有效果最好的名声。（实际上，漫长的运送过程有可能使这个说法变成真的。)

除了使牙齿更白以外，尿还可以用来预防蛀牙。

在口腔卫生中使用尿，虽然记录不是很全，但是，至少在18世纪，它是相当流行的一种做法。彼埃尔·富查（1678—1761）被许多人认为是现代牙科之父，他曾写过长达900多页，两卷本的牙科纲要，论述了牙科的许多方面，包括正牙学、植牙、蛀牙、牙龈毛病和拔牙。这是医学领域里真正先锋型的突破工作，它极大地减低了人类的病痛。"富查是位极富观察能力的人，"亚瑟·拉夫肯在《牙科史》中这样写道，"他收集了所有有利于牙科学的资料，准确地登录了这些材料，并在里面加进了大量原创意义的思想。"

下面就是富查对尿的论述：

我给很多人解除了极大的痛苦，他们的牙齿几乎都快要烂光了，他们经常受到疼痛的折磨，口腔烂得一塌糊涂。我用的是下面这个方法。每天早晨起来漱口，每天上床之前也漱一次口，漱口时，用匙子接几匙自己刚刚尿出来的尿，当然，本人除牙齿不好以外，不能有别的病痛。

应该把尿放在口里含一阵子，这种做法要连续进行几天。这种办法效果极好，虽然味道可能不太好受，但其疗效却是非常明显的。有些用过我开出的这种方子的人，那些真正照办了的人，都向我报告说，他们全身各种各样的毛病都没有了。大多数人一开始不太习惯，可是，为了减轻病痛，为了身体健康，有什么事情是人不能够去做的呢？

实际上，谈到尿，科学家们说，尿可以帮助人们清洗牙齿。尿里面所含的天然阿莫尼亚分子，的确具有清洗的作用。富查是对的。

供销售用的人牙

瓷质假牙广泛流行以前，牙医是用人牙来换丢了的牙齿的。有两个主要的来源：穷人的牙和死人的牙。

跟今天的卖血者一样，远在17世纪和18世纪，穷人如果急用钱，可以忍痛拔牙去换钱。富人有时候买穷人的牙齿，并将它们很快地嵌入自己的牙龈上去。安布罗斯·帕雷（1517—1590）有时候被称作现代外科之父，他"从一个可信的人那里听到一个传闻，说他看见一个出身高雅的贵妇拔出了她的烂牙，然后同时装上一颗好牙，这颗好牙是从她的一个女仆嘴里拔下来的。这颗牙齿换得很好，插得不错，时间一长，竟生了根，长得非常结实，能够跟别的人一样嚼东西了"。

整套相配整齐的年轻人的牙齿是最受人喜爱的。挖墓的人如果不向解剖学校卖尸体，就一定会向牙医卖牙齿。"伦敦的每一个牙医（19世纪早期）都会从这样的人手里买人牙。"布兰斯比·库伯在他的回忆录里这么写道。

而且，对于手握老虎钳的人来说，战场可以变成一座金矿。"啊，先生，给我一个战场，就不愁没有牙齿了。"库伯引述一个人对他说的话。"我拔牙的速度，简直就跟将他们撂倒一样快。"

乔治·华盛顿的牙医约翰·格林伍德，1805年从欧洲回国时，带了满满一桶人牙。

有整整一代人戴着"滑铁卢"牙，这些牙齿是从战场上的尸体上拔下来的，这样的做法，一直延伸到内战时期，当时，数千牙齿从在像布尔兰和格底斯堡这样的战场上腐烂着的尸体上面偷了出来。许多年轻的美国士兵的牙齿给悄悄地运到了欧洲，用以装扮欧洲贵族鬼鬼祟祟的微笑。

在18世纪的美国，就跟在欧洲一样，这种简单，相对也很快的固齿法，很快就吸引了牙医和病人。英国一位牙医来到弗吉尼亚的威廉斯堡市，他在1771年的一则广告里保证说，他可以植入牙齿，"可以牢牢地固定在下巴上，就跟原来就长在那里似的"。

这种做法非常流行，特别是在巴黎牙医当中，他们主要是为法国革命时期的贵族服务的，无疑也影响了下层社会。

移植术实际上是有问题的，牙齿几乎从来都不会生根。好几名牙医注意到一些情况，就是有钱的病人得到好几颗牙齿，同时也感染上一点点梅毒。

"从某些人的嘴里拔出牙齿，然后又装到另外一个人的嘴里，这种做法我不太喜欢，"英国的一位牙医在1685年时这样写道，"那简直就是抢了东家补西家嘛。"

在整个历史上，国王和皇后都是露齿大笑的，贵族和皇室也有臭得难闻的牙齿。

国王路易十四俗称太阳王，他是欧洲最堂皇的皇室之王，在他生命的最后30年当中，上排牙齿都掉光了，他的牙齿疼得无法戴任何假牙。路易的牙齿疼到了这样一个程度，竟至左侧的颌骨的凹处里烂了个大洞。他的牙医杜布瓦用一根加热的金属仪器为他进行了14次烧灼手术。

至于伊丽莎白女王，她的牙齿和牙龈到中年便不行了。45岁时，约在1578年的圣诞节，禁不住的牙疼让她一连几夜睡不着。可是，这位敢于面对西班牙人，敢在囚塔里折磨叛变者的女王，却很害怕拔牙。她的一位上了年纪的顾问，也是伦敦的主教，提议当着她的面把他自己剩下的牙齿拔掉一颗，以证明"并不是疼得让人害怕"。伊丽莎白女王才这么做。

令华盛顿总统烦恼的牙托

自从24岁拔掉第一颗牙齿以后，乔治·华盛顿（1732—1799）一直就在与他的牙齿搏斗，失败居多，很是心烦。他在约翰·格林伍德以前曾找过6个牙医，最后10多年就一直是约翰当他的牙医了。在革命战争时期纽约附近的战斗中，华盛顿曾通过前线找来了法国的一名牙医，让他来看自己的牙齿，一点用也没有。

当时的牙托经常是不合的,吃饭的时候还得拔出来,华盛顿的情况虽然比别人好一点,但麻烦还是不少。

不说功能方面的事,这位总司令对于他的面部轮廓方面的变化还是相当敏感的。1798 年 12 月 12 日,华盛顿给格林伍德写信,同时把他的新牙托拿去重新打模子,还叙述了自己所想的一些办法。他说,"最主要的是要让上面的横条从底下的那根上面落下来,因为我发现,光是那些横条本身,上面和下面的横条都一样,这就让嘴唇看上去尖尖的,好像肿了一样……""否则,它会把鼻子下面的嘴唇顶起来。"华盛顿是这么结束这封信的:"毋赘述,对于您为我尽一切努力的良好愿望和所进行的一切准备工作,本人深表感激,作为先生顺服之仆人,我就此打住。华盛顿。"

格林伍德将旧牙托和新牙托固定好了,在他寄送牙托的附信中,还花时间为开国之父做了一些保持合适的口腔卫生的宣传工作。格林伍德责怪说,"华盛顿的老牙托很黑……不是因为将它泡在葡萄酒里面,而是因为喝了太多的葡萄酒,因而有些旧了。"格林伍德建议华盛顿说,"如果想在饭后喝点葡萄酒的话,应该将新牙托拿出来,再把旧牙托放上去。或者,您必须在事后用刷子或者一些白垩粉立即清洗。"把牙齿的颜色调好,显然是件相当重要的事情,也很难办,因为象牙或者别人的牙齿有可能非常白。"如果您希望自己的牙齿更黄一些,"格林伍德说,"那就可以用白酒或者葡萄酒浸泡,但是,不要用茶或者酸泡。"因为这项额外的工作,他要华盛顿多付 15 美元,这在革命战争时期,相当于一名下士两个月的薪水。看来牙托确实给华盛顿带来很多麻烦。

西方风化小史

中世纪欧洲男女共浴的风俗

公共浴池是比纺纱房更高一级的公共娱乐场所。人们去纺纱房是以劳动为借口的,而去浴池是以健康和清洁为借口的。除了公共纺纱房和"试婚制",公共浴池是这一时代创造的另一个露骨的调情场所,前者相对而言更有共同的、群众化的性质,而后者更具有个人的性质。

在公共浴池里,男人最多是从浴池出来时围块兜布在前面,或者用一把浴帚遮羞。女人穿得也极少,只是一领小小的围裙,把身子勉勉强强遮住。女人甚至比男人更愿意暴露自己。同时,她们靠优美的发式和耀眼的首饰,如项链手镯等等,用以突出自己,给人一个"赤裸"的感觉。

共同沐浴的风俗在 13、14 世纪之前就极为盛行。只是在此之后,各地才颁布禁止男女共浴的条例,作出了男女在不同时间或不同地点分别洗澡的规定。

中世纪的贞节带

在中世纪,有的丈夫为保护妻子肉体上的贞节,使用了一些专用器械。

"贞操带"或者是"维纳斯之带"便是其中之一。它的构造能保证女人大小便,但不能和男人发生性关系,上面配有十分复杂的锁,她们的丈夫、未婚夫或情人掌管着钥匙。

贞操带往往是用金银制成的,颇为贵重,纹饰精美,很有艺术性,根据流传最广的说法,贞操带是帕瓦的暴君弗朗切斯科二世的发明。另有一个说法,说大多贞操带是在贝加莫制造的,所以它除了叫"维纳斯之带"之外,还被称为"贝加莫锁",所以当时人们说:"用贝加莫的办法把老婆或者情人锁起来。"看来,这东西是同时在几个地方发明的。

贞操带

当一个年轻人来向少女求婚的时候,那少女的母亲得意洋洋地告诉他,从12岁开始她的女儿便戴上了贞操带,并且日夜不离身。年轻人很看重未婚妻是否是处女,于是碰了碰她的胯,如果摸到衣裳里面的铁带子,立即表示满意。新娘被送入洞房以后,新娘的母亲把精心保管多年的钥匙交给新郎,让他打开那把精心制作的锁,从此他便成为这钥匙的惟一主人。新郎首先注意的是"贞操锁",过了一段时间,他会向等在门外的新娘的父母和朋友们得意洋洋地宣布:"锁和大门完好无损。"

欧洲皇帝驻跸和临幸

伯尔尼市政会的记录记载了西吉兹蒙德皇帝于1414年出席康士坦茨会议时顺道在伯尔尼逗留的情形:"市政会决议,皇帝驻跸期间,酒客可以免费领取美酒,还颁布了一道命令,让做生意的美女们到各处楼馆免费招待客人。"

皇帝旅行共动用了800匹马,随从人员之多就可想而知。看来皇帝对接驾,尤其对妓女十分满意,因为另一处说道:"后来皇帝在王公和骑士中间对伯尔尼城献给他的两样东西赞不绝口,那便是醇酒和美人的抚爱。而'女人街的美人'为此开出来的账单,市政当局不得不出来支付!"

雷根斯堡纪事中,有另一位皇帝于1355年驾临雷根斯堡时的记载:

"在皇帝临幸本城期间,妓院夜夜有丑闻传出。妓院在乐师住所对面,公共许可状是由政府颁发的。"

1438年维也纳的账册中,有阿尔布列希特二世在布拉格加冕后临幸此地时市政当局的开支登记,其中包括妓女的招待费用:"妓女用酒12阿赫特林,妓女接驾付酬12阿赫特林。"

文艺复兴时期的教皇与罗马妓女

文艺复兴时期的教皇们不仅容忍罗马城内有妓女,而且,他们有时候还向她们课税,并对其进行管理。1490年,有人估计,罗马的10万总人口中,有6800人是"可敬的女郎"——许多是专门为到罗马朝香和旅游的人服务的。"在文艺复兴时期的意大利社会,"史学家吉约弗雷·派克说,"妓女作为一个阶层是非常发达的,并得到越来越受人尊敬的社会地位。"当时的教皇对罗马的平民政府一直拥有完全的控制权,而且,事实上,他们还在当地管理法律事务。在这里,根据法国史学家奥古斯丁·卡邦尼和伊曼纽尔·罗多卡那奇的说法,我们有许多文艺复兴时期的罗马教皇故事:

教皇西克斯图斯四世(1471—1484年在位)公开对妓女征税。

教皇亚历山大六世(1492—1503年在位)将数处建筑出租,用做开妓院之用,这是根据1496年6月23日的一项法案确定的。这些快乐宫在一个多世纪的时间里继续为客户们服务,这是后来的证人庞皮奥·迪哥里奥说的。

教皇尤里乌斯二世(1503—1513年在位)1510年7月2日颁发了一项教皇训令,为了禁绝教皇宫殿附近的妓院,教皇允许在罗马城内再建一个妓院,专供娼妓之用,也就是说,专辟了一个妓女区。

教皇利奥十世(1513—1521年在位)和克雷芒七世(1523—1534年在位)确认,妓院可以照开下去,只要满足下述条件即可:

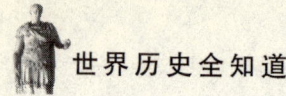

一所中世纪的妓院

妓女去世时，其1/4的财产须交给桑塔玛丽亚的马格达伦那修道院。

在文艺复兴时期的各个阶段，妓女们如果搭乘交通用具必受罚款，在另外一些时期，如果她们要获得执照，就必须将其毛收入的10%交纳出来。

如上所述，妓女们有她们自己的生活区（跟犹太人一样），在不同教皇的统治下，还有一些严格的规定，表明她们什么时候可以上街。在庇护四世统治下（1559—1565年在位），曾经颁布过这么一道训令，即，"生性不好的妇女"不得生活在教堂附近，而且禁止7岁以下的姑娘"当街卖菊苣"。（很明显，这是一种委婉说法，正如维多利亚时代的街边卖花女一样，她们本身有时候也是可以出卖的，文艺复兴时期卖菊苣的姑娘也是一样。）

上街拉客的时间一般限制在非圣日的某些时段。如有违背，必遭鞭打——有时候投入监狱大牢打，有时候在公开场合打。名妓妮娜在圣安琪罗桥上挨打时，引来一群看客。

尽管有各种各样的规定和惩罚，在教皇庇护五世（1566—1572年在位）看来，妓女们仍然是太多了，因此，他下令在妓女区的四周建起高墙——这与10年以前教皇保罗四世在犹太人区的四周建起高墙如出一辙。墙在一个月后建成，只有两个出口。现在，教皇就可以决定妓女们什么时候可以出来，客户什么时候可以进入；大门在晚上是锁住的。

庇护五世决定，大门在四旬节期间的整个春天都应该关闭起来。"目的是值得赞扬的，"奥古斯丁·卡邦尼斯在《历史上的轻率之举》（1906）一书中说。"可是，这也使得那些年轻的女士们缺了生计，因此会让她们饿死的。"教皇可不愿有这么大的牺牲，因此，1570年2月8日，他又发布训令，允许在大门关闭期间每天送一些食物进去。

在文艺复兴时期，罗马妓女们有一个行会；她们可以游行，拥有一些圣贤做主顾，在圣诞节期间，她们还可以举行庆祝活动。她们在街上进行传统的竞走运动，这通常会引起很多人来观看，这比犹太人比赛或者老人比赛吸引的人多得多。

教皇的情妇

教皇亚历山大六世（1431—1503）在其著名的一些训令中，将大西洋分成两半，西部新世界的大部归西班牙人，非洲的大部分归葡萄牙人。

红衣主教罗德里哥·波吉亚（不久成为教皇亚历山大六世）1489年59岁的时候，突然宣布非常漂亮的15岁的裘莉亚·法莱斯当他的情妇。她有一头特别长的金发，几年之内便长及梵蒂冈的大理石地面。裘莉亚已经嫁给了奥辛诺·奥西尼。"他是个好丈夫，"专揭教皇丑事的历史学家E·R·钱伯伦说。"他的一只眼瞎了，可还知道用另一只眼眨几个秋波。"

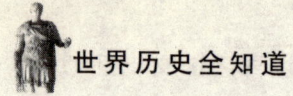

在罗马,教皇找了个轻浮、活泼的漂亮女子为妾的消息已经是公开的秘密了。她的朋友都称她为"贝拉女士";普通人都称她为"基督的新娘"。称此为"公开秘密"有可能还算是保守小心的做法,实际上,人人都知晓此事,而且几乎没有人在乎此事——只有教皇的司仪,一位德国人,名叫乔恩·贝恰德的,才真正关心此事。他留下了日记,这些日记都保存下来了。

"从最伟大的到最渺小的,"贝恰德这样说1491年的那些教会高职。"他们以婚姻的形式娶回小妾,而且,他们还公开地干这些事情。"他还说:"除非上帝早有交待,这种腐败将会传播给僧人和在宗教组织里工作的人,不过,罗马的修道院本身也已经差不多变成了妓院,今天还是一样,因为没有人禁止这么干。"

今天,教皇的地位受到人们尊敬,其临时的权力控制只不过相当于一座大学校园。比较起文艺复兴时期的教皇,人们很难相信今天的教皇。

他们发动战争,他们拥有情妇,他们生下私生子,他们出售教职,可同时,他们却还在一边大唱虔诚赞歌。那都是些可以接受的行为。

裘莉亚·法莱斯(1474—1524)参加过教皇13岁的女儿露克里齐娅·波吉亚的婚礼。裘莉亚并没有躲在角落里抬不起头来,而是在大庭广众之下出席婚礼。露克里齐娅的白色长裙由一位年轻黑人拽着,进入了教皇指定的教官房间,而裘莉亚·法莱斯和另外150名妇女也跟着她到围绕着11名红衣主教的教皇身边。出席婚礼的男性那间房子关闭了将近一个小时。贝恰德——严守规矩的人,做下了纪录。他说,"尽管我严加劝告,可是,他们当中没有人听我的,只有教皇的女儿和选来陪伴她的几个人除外。"不过,他还说,后来,当教皇的儿子吻其父亲的脚时,所有150名妇女都照着样子做,她们都照老传统去吻教皇拖鞋上的十字架。男士们只进行一半的婚礼即可,因为婚礼最后是盛大的庆祝仪式。教皇拿出50银缸的糖果,约有一百磅重的贵重糖果。很是恼怒的贝恰德写道:"为了显示出无比幸福的迹象,糖果都扔进许多妇女的胸襟里,特别是那些漂亮的妇女,"他这样愤怒地写道。"而所有这些举动,都只不过是为了赞扬上帝和罗马教会。"

裘莉亚·法莱斯为教皇生了两个儿子,他也公开接受了这两个孩子,他们两人的结晶中的一个还成了教皇英诺森十世(1644—1655年在位)。说得更仔细一些,她的兄弟阿勒桑德罗·法莱斯被任命为红衣主教,因而也被市井人家称之为"裙带红衣主教",也就是说,直到他成为教皇保罗三世之后(1534—1549年在位)。裘莉亚的像被放在好几处教堂里,包括拉斐尔所作的《轮回》在内。一些学者还认为,她还在教皇的公寓内为平托里齐奥的圣母玛丽亚油画充当过模特儿。

法国宫廷化装舞会

文艺复兴时代的艺术家舞会,疯狂放荡到了极点。巴黎妇女身穿男装参加舞会重新成为妇女们乐此不疲的时尚,她们以此来放纵地消磨时光,因有女士在场时大多数男子表现得非常谨慎,而在男人之间就肆无忌惮了。从某种意义上说,女人穿上男装,似乎就成了男人了。而为了证明她的确已成为一名男人,往往她表现得比男人更无所顾虑。三月革命前近代的绘画,大部分都使人很容易感到当时节庆活动的放荡。

古典服装在化装舞会上出现,服装尽可能地少是它的特点。我们可以回忆一下拿破仑三世的情妇,即美女卡斯蒂里昂内女伯爵有一次参加宫廷舞会时所穿的服装。

在一则现代报道中是这样描写的:

"在最后一次的宫廷化装舞会上,体态婀娜著称的美女卡斯蒂里昂内女伯爵最引人注目,她身穿福楼拜所著小说《萨朗波》中女主人公的服装到场。高高上提的连衣裙,极其雪白匀称的脚上穿着一双草鞋,所有脚趾都闪烁着钻戒,而左膝上方是镶满钻石和祖母绿的价值连城的镯子。"

欧洲各国皇帝的婚礼仪式

作为一国之君,皇帝的婚礼仪式当然大受瞩目,在近代的欧洲,这种婚礼仪式的程序尤为繁琐。

17世纪初,神父向婚床祝福的习俗还在欧洲各国沿袭,直到法律规定教堂成婚是认可婚姻的惟一仪式之后才废除。每当有新人结婚时,新郎新娘当着众人公开躺到婚床上,同盖上一条被子,然后神父祝福他们。神父请上帝赐福新郎新娘在床上传宗接代,生出继承人。当时欧洲各国普通民众不是把结婚看成宗教行为,而把它看做法律行为,是合法的契约行为,因为一切契约都是公开签订的,所以才公开躺到床上。

在皇室宫廷或王公贵族中间实行这个风俗时,新郎甚至可以缺席,新郎新娘在婚前可以没有见过面,新郎可以由受权办理交易的全权使臣来代替他。

皇室的婚礼也是十分豪华的。英诺森特在52岁那年当上了教皇。第二年,他安排他的孙女皮里塔以壮观的礼仪在梵蒂冈结婚,他的女儿们和她们的母亲都出席了在罗马教皇的宅邸里的婚礼早餐。

与他的女儿的婚礼相比,英诺森特的孙女的婚礼要奢华好几倍。当时,几乎罗马所有的高官显贵都来到了婚礼现场——教皇的圣殿。婚礼进行了三天三夜。在罗马最著名的乐队的伴奏下,新郎从新娘祖父——教皇英诺森特的手中接过新娘,这是新婚典礼必经的程序。当时最奢华的宴会在婚礼之后被人们尽情地享受着——一切器皿、酒具、餐桌都是金制的,各种飞禽走兽,都成了金盘中的美味,人们一次又一次地举杯,金杯中的琼浆玉液被他们一饮而尽。

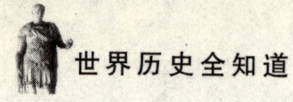

欧洲萨克森宫廷的淫逸之风

德意志各国宫廷之中,强者奥古斯特的萨克森宫廷通常被认为是淫逸之风最泛滥的地方,代表人物有远近闻名的宠姬柯泽尔伯爵夫人、阿芙洛拉封肯尼斯马克、戈埃姆夫人、艾斯特列伯爵夫人等等。同时,华沙和德累斯顿延续多年的狂欢,其奢靡和豪华总是艺术地表现出来。因而在淫逸这个意义上,德意志另外几十个国家的宫廷一点也不逊色。

举一个例子,威廉拉索尔勋爵这样评价卡塞尔宫廷:"蔑视体统在这儿居然被看作有一点神圣。"另一位旅行家说巴登杜尔拉赫公爵"成天与后宫里的160多位佳丽寻欢作乐"。养20—100个甚至更多正式的姬妾是大大小小君主们最爱的做法之一。慕尼黑宫廷特别是卡尔亚尔贝特时代芬堡的习俗,在安德里安·凡德尔·维尔夫的醉生梦死的春宫画里刻画得十分露骨,不需要作任何说明。

文艺复兴时期的婚浴

文艺复兴时期的婚浴,是"持续数天的婚礼的一部分",并非一般意义上为了清洁而洗澡,它有时甚至成为整个婚礼庆典的高潮。婚浴常被安排在婚礼仪式之后,作为婚宴的压轴戏。宾客和乐师簇拥着新人去浴室洗澡。当然这也是为了清洁,但这并非主因。目的是为了在喝酒、唱歌和欢乐中结束新人的婚礼。当时的人们认为:婚浴可以逗趣、做游戏和开猥亵的玩笑。

后来即使男女分开洗澡,浴后仍有充分的机会弥补损失,因为当时应运而生了这样一个风俗:分开洗完澡后的男女一起唱歌跳舞,开怀畅饮。用不了多少时间人们就明白,越是少穿衣服,越是跳跃自如,所以男女双方都不愿意在游戏或跳舞时多穿衣服。这无非又是在制造露骨的调情的好机会。

文艺复兴时期的试婚习俗

中国人有句俗话说:婚姻是终身大事。在中世纪的欧洲,对于中国的这句俗话有一个实实在在的注释——试婚风俗。原因是婚姻意味着对财产的继承。

这种风俗在农民中的表现是:各地区的农民都把已待嫁闺中的女儿的卧房安置在较远的角落。

由此得出,农家的年轻人肯定迟早会发生关系,不会有任何约束,像动物一般疯狂地使自己的情欲得到发泄……

在市民阶层中间,这个风俗的性质不尽相同,因此情况也有区别。尽管我们掌握的资料不足,我们仍然有几分把握说,这个阶层的姑娘假如有一次或几次允许一个她钟情的追求者进她的房间,甚至允许他躺到她的床上,说这两个年轻人真的发生了关系还为时尚早。因为,每一个现象都有它自身的逻辑。在这件事上,逻辑致使这个风俗在市民阶层中间只不过是一种原始而不文明的调情方式。

"试婚"在市民阶层中实际上只是原始的调情方式,而在贵族中间也存在试婚习俗,这个习俗的目的不只是调情,而是与农民的目的相同,是一种互相检验的方法。

王公贵族在这方面的风俗是与农民完全一致的,因为两者在这方面有相近的利益。在王公贵族中间,婚姻的主要目的是繁衍后代,以便保存遗产,延续香火。所以在王公的宫廷中至今仍保留"试婚"。

欧洲宫廷流行情妇崇拜

在常人眼里,君主没有情妇是不可能的。国王情妇的地位通常比合法的妻子还高——后者常常只是传宗接代的工具。路易十四的情妇,著名的蒙特斯旁夫人在凡尔赛宫的一层楼中拥有 20 间房,而王后仅仅是在二层楼中有 11 间房子而已。

君主的正式情妇可以与合法妻子相同的身份在公众场合抛头露面。她的官邸有荣誉卫队站岗,通常还有荣誉女官伺候。蒙特斯旁夫人的拖地长裙,由服侍她的女官长努埃尔公爵大人托着后襟,而王后的拖地长裙后襟却被一名普通的侍僮托着。蒙特斯旁夫人出门时,总是由一队御林军保护着。一篇关于她的文章中写道:"不管她到哪儿,行政长官和总督都会组织盛大的欢迎仪式,各界都派给她请安的代表团。她乘坐着一辆六匹马拉的马车在全国各地游玩,后面还跟着一辆六轮马车,那是她的女官们的

蓬巴杜夫人像 1758 年 布歇
法国国王路易十五的情妇、巴黎风流才女蓬巴杜夫人。

交通工具，再后面是七头骡驮的行李，由12名骑兵在一旁护驾，简直让人觉得置身在童话世界里。"

在宫廷与宫廷贵族中养情妇和情夫已是司空见惯。每个王公都有若干宠姬，每个宫廷都有许多迷人的妓女随侍君主左右，其中大多数是宫廷贵族出身，但王公的床前也有许多市民出身的侍妾，英国国王亨利八世先后召两个面包师傅的女儿进宫，法国的路易十一有几位外室都是市民出身，勃兰登堡选帝侯约阿希姆一世和一个翻砂工的遗孀西朵雯姘居。

欧洲新娘必须公开证明自己是处女

在许多国家和地区，有一种非常粗鄙的习俗，即新娘必须公开证明她是处女。婚礼次日，她要把床单和内裤隆重地挂在窗外，向众人展示。血迹越明显，越应该兴高采烈，因为这样就显得新娘更加清白。布朗当曾对西班牙的这些婚俗有所谈及，他说："女人证明自己的清白还有一个办法，那就是在婚礼的第二天向众人展览昨天晚上搏斗后留下的血迹。例如，在西班牙，把有血迹的床单挂到窗外，同时还要大声叫喊：'我们认为她是姑娘，她是处女！'"

阿雷蒂诺可以证实，意大利也有这样的风俗，类似的风俗什瓦本也有。如果一个丈夫说他的妻子出嫁时已不是处女，那她的父母可以或者应该证明他的错误。为此，要把结婚时的床单交给法庭过目。如果丈夫说了谎，就要被处以罚款并挨40大棒。如果他说的是真话，则应当立即宣布婚姻无效，并且新娘还要被逐出她父母的家门："因为她是在她父亲的家里堕落的。"在斯拉夫国家这样的风俗仍保留至今。

君主专制时期未婚女子占卜桃花运的方式

17、18世纪，几乎所有女人都想知道她们能否嫁得出去，已为人妇的女子想知道，会不会有个可心的情人，何时会出现。待嫁闺中的女子，常常在圣安德鲁节前夕占卜，因为圣安德鲁是盼望找个好丈夫的女子的庇护圣徒。占卜存在各种各样的仪式。姑娘首先要赤身裸体，因为只有这样才能获得这位感情有些奸诈的圣徒的指示。《古老迷信的新生》一书中这样写道：姑娘如果这样做了，情郎就会在梦中出现。

某些地方存在着这样的风俗，有强烈好奇心的姑娘赤身裸体，头伸到炉膛里，屁股尽量抬高。

其他一些地方，姑娘背对着卧室的房门，反手将鞋子扔到门上，或者转过脸去从一大堆劈柴中抽出一根。在前面一种中，鞋在地上弹跳几下意味着姑娘要等待的年数；在后面一种中，抽出来的劈柴倘若是直的，将意味着丈夫是个年轻人；弯的表示老头子。占卜的同时要向圣安德鲁祈祷，求圣安德鲁恩赐丈夫。

女性往往比男性更多愁善感、喜欢幻想，所以更容易接近巫术和占卜术。

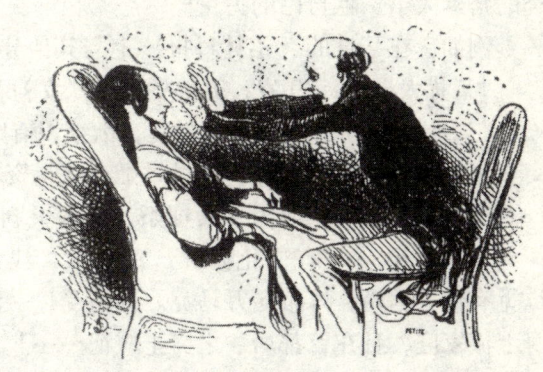

催眠术士

洛可可时代的童贞伪造术

一个女性的童贞本来只有一次，在现代发达的医学条件下，一位女性可以通过做手术获得多次童贞。然而，让人意想不到的是，这门"艺术"在文艺复兴时代就已产生，而不是洛可可时代和当代的特殊艺术。当时所有的药材商和药剂师都卖各种掩饰失贞的药品和药膏，能叫新的丈夫或情人不仅相信自己拔了头筹，第一个获得这个女人的爱，而且能眼见处女之血，更加确信无疑。

这些物品的交易大概十分兴旺，买家极多，以致史家们常有记载，说药剂师靠这项生意发财致富。15世纪德国流浪大学生所作的一首歌中说："如果姑娘失去贞操，我使它完整如初。"

大多数男人都知道这种伎俩颇为盛行，所以，为了证明姑娘是否处女，依靠形形色色的法术，在婚礼之前便被悄悄使用。我们只举"贝褐炭水"为例。中世纪曾记载："姑娘喝了这水如果平安无恙，那她是处女之身，如果喝完就解手，那她就已失贞。"

从上述记载中可以看出，一方面，当时极其重视姑娘肉体的贞洁；另一方面，不断有人违犯关于婚前贞洁的规定。我们可以下此结论：女人常常在婚前就将自己奉献给未来的夫君；许许多多正经姑娘害羞地（在举行婚礼的喜日）戴上"贞操的荣耀的花冠"。

君主专制时期的征婚广告

在现代的婚姻杂志上,征婚广告铺天盖地,因此人们也许会认为征婚广告是现代的产物,其实,在君主专制时期,各种各样的征婚广告已经见诸报端,为人类的婚姻大事贡献自己的力量。

例如,在某日的《柏林日报》上与其他分类广告一起刊登了以下两条广告:"某犹太男子,30岁,欲娶柏林生产女衬衫和连衣裙之大业主为妻……"

"某地主,男,40岁,新教徒,欲结识有财产女士,地主尤佳……"

正像我们所说的那样,通过婚姻来获得资本拓展事业是最容易的。

有一位热心的亲属为一女征婚,在报上刊登了这样一则广告:"本人为亲属征婚:女,20岁,有文化修养,犹太人,浅黄头发,音乐天赋甚高,独生女。欲觅有情人为婿,嫁妆5万马克。惟请受过一流教育、收入可观、相貌英俊、出身上流家庭、且在首都居住之男士应征……"还不是拿金钱去交换感情吗?至于结果如何,我们不得而知。

相对而言,名声越大,出身越是高贵的人,公开宣布自己物质要求的广告就会更加厚颜无耻,这种情况不仅高度典型,而且高度符合逻辑。

从这些情形中,我们可以发现这样一种既定的事实:妇女在此等情况下感兴趣的仅仅是地位而已。

考古发现

《罗塞达碑》与埃及象形文字的解读

在世界古文字的研究中，有两处文字对古文字的释读起过重要作用。一是位于伊朗克尔曼沙市贝希斯顿村的《贝希斯顿铭文》。这段铭文刻在一块巨大岩壁上，由三种楔形文字组成。通过对它的研究，专家们解开了西亚楔形文字之谜。另一个是在埃及罗塞达镇发现的《罗塞达碑》，这上面也有三种文字，专家们通过对它的研究，解开了古埃及象形文字之谜。

1799年法国士兵在埃及罗塞达镇挖战壕时发现《罗塞达碑》。上面刻有埃及象形文字、埃及俗体文和希腊文三种文字。

1798年，拿破仑远征埃及时，曾组织了一支由175人组成的文物工作队，随军收集文物。1799年，一名法国士兵在埃及罗塞达镇挖战壕时，发现了一块黑色玄武岩石碑。这块石碑长114厘米，宽72厘米，厚28厘米，上面刻满了符号。一位名叫布查德的军官，认为这块石碑可能有一定价值，便让士兵运回营地，后被送到开罗。随军专家立即对其进行研究，并将碑文制成了拓片。专家们发现碑石刻有古埃及象形文字、古埃及俗体文和古希腊文三种文字。专家们对希腊文比较熟悉，很快读懂了它们的意思。上面写的是公元前196年，埃及祭司颂扬托勒密五世的内容。

法国学者商博良像

1822年破译古埃及象形文字，被称为古埃及语言学之父。右上角的象形文字意为"永恒"。

而对另外两种文字，没人能看懂。后这块碑石被英国人抢去，现藏英国不列颠博物馆，人称《罗塞达碑》。

对碑石上的两种埃及文字，不少专家进行了长期的艰苦研究，取得一些进展，但始终没有解开其秘密。最后解开这一秘密的是法国天才的文字学专家商博良。

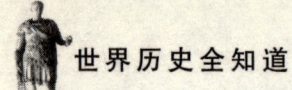

商博良1790年出生于法国的菲雅克，从小受家庭熏陶，对埃及文化有浓厚的兴趣。他9岁开始学习古希腊语和拉丁语，并很快掌握了这两种语言。12岁时学会了希伯来语和阿拉伯语。当他听说还没有人能解读《罗塞达碑》上的古埃及象形文字时，他就立下大志，一定要读懂它。为此，他开始研究语言与历史。16岁时，进了格勒诺布尔大学。由于成绩优异，18岁时，就被任命为该校历史学教授，22岁获博士学位。

1808年，商博良在前人研究的基础上，开始对《罗塞达碑》上的古埃及象形文字进行长达14年的潜心研究。他对碑石中的三种文字进行了比较研究，用希腊文与埃及象形文对应比较的办法，首先破译出象形文字中的"托勒密"国王的名字，并由此受到启发，推测埃及象形文字可能不光表意，还表音。于是，他将代表"托勒密"象形文字变化成罗马字母加以表示，然后，再用罗马字母去拼读象形文字。他用这种办法成功地找出了亚历山大等好几个人名。他还将埃及象形文字和俗体文字进行比较，找出了它们的相似之处，并编成对照表。然后进行互换验证，并与有关的其他的碑文、资料进行对比，从中找出规律。经过长期努力，释读工作终于取得突破性进展。1822年9月29日，商博良将他的研究成果写成论文《就象形文字拼音问题给M·达西先生的信》在巴黎科学院大会上做了宣读。与会者肯定了他的研究成果，报以热烈的掌声。这一天，也被认为是埃及学的诞生日。从此，古埃及象形文字开始被后人所释读。随着人们成功地对古埃及象形文字进行释读，古埃及的古代文明越来越清楚地被展示在人们面前。

《贝希斯顿铭文》与楔形文字的解读

楔形文字是西亚的一种古老文字，它是用削尖的芦棒在泥版上刻写的，因形状一头粗，一头细而成楔形，故称为楔形文字。这种文字是苏美尔人创造的。后发展成为巴比伦文和亚述文，并影响到波斯等民族。在人类文明发展史上曾起过重要作用。后由于历史的变迁，这种古老的文字消失了。当人们再次发现它时，这些文字已成为历史的遗迹，无人能释读了。发现之初，人们看到这些刻在泥版上的符号，甚至认为它是一种装饰物。到了19世纪初期，人们才开始逐渐对它有所认识，直到英国文字学家罗林森发现了著名的《贝希斯顿铭文》，对这种古老文字的研究才有了突破，最终解开了这个文字之谜。

《贝希斯顿铭文》位于今伊朗克尔曼沙市以东的贝希斯顿村的大岩石上。离地面约100米。铭文由3种文字组成，还配有精美的浮雕。1835年，年仅25岁的英国军官罗林森在当地一位老人的指引下，见到了这一后来令世界感到震惊的铭文。罗林森自幼喜爱古典文学，对多种文字都有研究，后来成为著名的文字学家。这一发现令他兴奋不已。他决心将铭文拓印下来进行仔细研究。但岩壁陡峭险峻，很难攀登。罗林森只能借助云梯，冒着生命危险上去拓印。后来得到一名善于攀登的库尔德青年的帮助,这位青年爬上悬崖,在岩壁上系上绳索,系一吊篮,站在吊篮里帮罗林森拓印。就这样,罗林森前后用了十几年,才分批分期地将铭文和浮雕全部拓印了下来。

浮雕非常精美,只见一位国王,左脚踏在仰卧在地上的一位反叛者身上,身旁有8位背缚双手、项系长索的反叛者面对他垂首而立。这位国王左手按弓,右手指向空中的保护神,保护神手执正准备授予他的象征王权的环。后来,人们得知,这位得胜的国王就是著名的波斯国王大流士。

罗林森边拓印,边研究,他首先辨明三种文字是波斯文、埃兰文和巴比伦文。它们都是古老的楔形文字。而后,罗林森释读出了铭文中的波斯文,得知铭文记述的是大流士镇压起义得胜的事迹。随后,罗林森又识别出埃兰文中的200多个符号。对最复杂、最难释读的巴比伦文,罗林森做了不懈的努力,并同参加铭文研究的文字专家共同探寻释读的途径。最后,还是罗林森有了重要突破,找到了释读巴比伦文的关键。

为了检验罗林森等人的研究成果,英国皇家亚洲学会还组织了一次特殊的验证。1857年,英国有一位文字学专家将一份楔形文字的亚述王的铭文释读结果寄给了英国皇家亚洲学会。学会邀请罗林森和其他两名专家各自独立地释读这一铭文。后将四份释读结果放在一起进行对比评议,专家们发现它们几乎完全相同。由此,专家们认定,罗林森等人释读楔形文字的方法是正确的。这也成了一门新的学问,称"亚述学"。罗林森被称为"亚述学之父"。

沉睡了近2000年的楔形文字重新复活了,从此那一块块的楔形文字泥版和众多的楔形文字铭文被人读懂了,一些长久不为人知的西亚历史之谜被逐一解开。《贝希斯顿铭文》的发现,无疑对此做出了重要贡献。《贝希斯顿铭文》已成为人类重要的文化遗产。罗林森也因此被牛津大学授予名誉博士称号,而且被英国女王封为爵士。

盗墓贼发现的·洞穴法老木乃伊

在埃及考古史上曾有过一次惊人的大发现,一次就发现了40多具法老木乃伊,而且许多是埃及历史上的著名法老。

说起来令人惊异,这次重大发现竟与一名盗墓贼有关。

1875年,一名苏格兰上校在埃及卢克索买到一张完整的古纸草文献。回到欧洲后,他请专家对文献进行鉴定,并向专家介绍了他获得这件文物的过程。专家确认这是一张与古代法老有关的极具价值的文物。事后,专家将这件事写信告诉了埃及文物局局长兼博物馆馆长加斯顿·马斯皮罗教授。

馆长接到来信后,联系到近几年在古玩黑市上多次出现的来历不明的珍稀文物,判断很可能是有人发现了重要的古墓。专家来信里详细介绍的情况,为解开这个谜底提供了条件。

馆长决定派他的得力助手去查访此事。助手乔装打扮成一个有钱的欧洲人，住进了那位买到纸草文献的苏格兰上校当年住的卢克索的那家旅馆。助手经常在古玩市场上转悠，也偶尔买上几件东西，付钱时也很大方。慢慢地，他引起了古董商的重视，认为他是一个大买家。一天，一位古董商介绍他认识了一个名叫穆罕默德·阿卜德艾尔·拉苏尔的阿拉伯人，说他手中有几件珍贵文物打算出售。拉苏尔向助手展示了几件文物，这都是古埃及第18王朝和19王朝的真品。助手大为惊讶，但没露声色，并故意和他砍了几天的价钱。随后，拉苏尔被警方逮捕。

开始，拉苏尔拒不承认自己是盗墓贼，他所在地的居民也担保他是清白的。但审讯进行了一个月后，真相终于大白：拉苏尔家原来是一个盗墓世家，几代人都以盗墓为生，有着丰富的盗墓和销赃经验。6年前，他在帝王谷和德尔巴哈里之间的峭壁上，意外地发现了一个隐蔽的洞穴，洞穴里藏有大量的法老木乃伊和珍贵文物。拉苏尔一家对此严守秘密，将全部财宝留在原地不动，需要时，就取出一两件出手。他们家因此发了大财。

1881年7月5日，拉苏尔带着博物馆的工作人员布鲁格斯等人进了峭壁上的洞穴。洞深约35英尺，布鲁格斯来到洞底，手电所照之处，放满了数不清的石棺和散落在地的珍贵的殉葬物。这使布鲁格斯感到震惊。布鲁格斯在这里发现了埃及历史上名声显赫的图特摩斯一世至三世、拉美西斯一世和二世、阿摩西斯、塞蒂一世法老的石棺和木乃伊。当馆长马斯皮罗看到这些无价之宝时，激动地说："当我看到并摸到这么多人物的遗体时，以为自己在做梦。"这批木乃伊保存得十分完好。马斯皮罗描绘了其中一具木乃伊："他的嘴唇还露出平静安详的微笑，在似乎还湿润闪亮的睫毛下面，半闭的眼皮里透出一丝微光，那微光应是为防腐而换装的白色瓷眼的反光。"

为什么会在一个墓穴里集中这么多法老的石棺和木乃伊？一个石棺上的铭文揭开了这个谜底。原来，埃及从第21王朝开始，盗墓之风盛行。当时的祭司们为了保护法老的木乃伊不被劫掠和亵渎，便想出了把所有的法老木乃伊从各个墓穴中取出来并集中到一个不为人知的安全的地方的办法。这一办法虽然没有阻止法老珍贵文物的流失，但却保住了法老的木乃伊。祭司们在迁移时，还在每个木乃伊和石棺上写上了他们的名字和埋葬时间，人们因此得以辨认它们。

当洞中法老的石棺、木乃伊和文物被吊出装船运往开罗时，尼罗河沿岸出现了一支庞大的送葬队伍，他们跟随着船只往前走。男人们鸣枪致礼；女人们则往脸上身上抹泥巴，向乳房上涂沙，号叫着前进，以此表示哀悼。

那位盗墓贼拉苏尔由于与考古学家积极合作等立功表现而没有受到处罚，反而获得了500英镑的奖金，并被任命为卢克索大墓地的卫队长。

埃及"帝王谷"——最辉煌的考古发现

在古埃及首都底比斯（今卢克索）有一座举世闻名的"帝王谷"。据埃及历史记载，有30多个法老埋葬在这里。正因如此，这里也成了盗墓贼经常光顾的地方。到20世纪初，帝王谷里几乎所有的法老墓穴都被盗挖过，墓内的珍宝无一不被劫掠一空。专家们认为，这里的古迹已无秘密可言，再也不会找到什么新东西了。但著名的英国学者霍华德·卡特在对埃及历史和帝王谷被盗陵墓进行了深入的研究之后，认为帝王谷内还有一座鲜为人知的法老陵墓未被发现——这就是年轻早逝的图坦卡蒙法老的陵墓。

据埃及史料记载，图坦卡蒙10岁登基，18岁时突然暴死。曾经辅佐过他的宰相阿依继承了王位，并隆重地安葬了他。

卡特认为图坦卡蒙法老埋葬在帝王谷但是并没被发现的观点，遭到很多人的嘲笑。但卡特坚信自己的考证是正确的。一位美国富翁相信卡特的说法，并向埃及政府申请获得了发掘权。他组织人力在帝王谷发掘了5年，曾发现了铸有"图坦卡蒙"字样的陶杯、金叶和装有写着图坦卡蒙名字的亚麻布的陶瓶。这些东西都是在一个小墓坑中发现的。但这位富翁始终没有找到图坦卡蒙的陵墓，最后只好放弃了发掘。

在美国富翁的发掘遭到失败后，英国卡那封伯爵决定继续寻找和发掘图坦卡蒙陵墓。他聘请博学多识的卡特主持这项发掘工作。开始，卡特选定了帝王谷三座法老陵墓之间的一块约1万平方米的三角地带作为发掘目标，但从1917年到1921年，经过两次大发掘，"并无真正的收获。"

6年后的1922年11月，卡特将发掘目标转移到了美国富翁放弃的墓坑附近。当发掘人员拆除了一座地面上的建陵工人的工房时，突然发现了一层凿在岩石上的石阶。沿着石阶清理下去，卡特发现了一座封闭的墓门。从墓门上的封籤判断，这是一座王室的陵墓。接着，他们找到了图坦卡蒙的封籤。图坦卡蒙陵墓终于被找到了。

打开封闭的石门，里面是填满石头和沙砾的长廊。清理完这些填塞物之后，第二道石门便出现了。卡特在石门上钻了一个小洞，把点燃的蜡烛放进去测试有无毒气。在判断没有毒气后，卡特借助烛光从洞口向里看，里面的情景令他惊讶不已。当墓门打开时，在场的所有的人都惊呆了。这简直是一座金碧辉煌的珍宝库，里面堆满了各种各样的珍宝，有精美的家具器皿、包金镶银的宝座、奇形怪状的神龛等。有一座神龛的门开着，一条金蛇从里面伸出头来；有雕刻着各种花纹、镶以金铂和宝石的马车，驾车的马通身用黄金包裹；有真人一般大小的雕像，两座雕像身束金腰带，脚穿金鞋，手执权杖，前额饰着金蛇。墓室内珍宝数量之多，制作之精美，令人惊叹不已。

两座雕像之间有一堵金灿灿的墙壁,当人们仔细观察它时,发现"墙壁"竟是一只大箱子的侧面。大箱子长5米、宽3米多、高近3米,上面装饰着各种驱魔避邪的珠宝。两座雕像正是它的守护神。原来这箱子就是图坦卡蒙法老的棺椁。棺椁有四层,每一层的上面都盖有一块黄金板,箱子中间塞满了珍宝。当打开第四层棺椁后,人们发现里面是一具由整块质地细密的黄色石英岩凿成的石棺,棺盖是用玫瑰色花岗岩雕凿而成的。打开石棺,里面是一具金光灿灿的人形黄金棺材,金棺上是一个黄金人像。黄金人像的额上有秃鹫和神蛇的符号,其双手交叉放在胸前。人像的眼睛是黑曜石做的,眼眉由深蓝色琉璃做成。额头放着一束花。花束虽已干枯,但颜色仍艳丽如故。专家们已辨认出这些花的品种,并根据它们开花的时间,判断出图坦卡蒙的死亡时间为4月底至5月中旬之间。揭开金棺盖,里面还有一具稍小的金棺材。这具小棺材长6.175英尺,厚0.15英寸至0.21英寸,全部用纯金制成。图坦卡蒙法老就放在这具精美的金棺材内。

图坦卡蒙身上盖着一个遮住脸面和胸部的纯金面具。他的头上戴着一顶刺绣的王冠,上面镶嵌着五光十色的宝石,手腕上戴着十多个金腕环,手指上有十多个金指环,耳朵上挂有耳坠,耳坠用114颗宝石做成。他的身边还有两把短剑,一把是金制的,另一把则是金柄铁刃。

图坦卡蒙皮肤黝黑,两眼微开,睫毛很长,鼻子由于受压略呈扁平。他的上唇微微上翘,露出两排门牙,耳朵不大。面孔形象恬静安详。手、脚和生殖器被分别包扎。木乃伊躯体已萎缩,全长1.65米,专家由此分析,图坦卡蒙生前身高在1.7米以上。人们从图坦卡蒙法老陵墓中清理出5000多件璀璨夺目的珍宝,众多专家学者花费了10年时间才将这批稀世珍宝整理完毕。这是世界上最辉煌的一次考古发现。

卡特在发掘过程中,发现盗墓贼也曾进过这座陵墓。但盗墓贼为什么没有劫掠和毁坏陵墓里面的珍宝,目前还没有明确的说法。

对于图坦卡蒙年轻早逝的原因,一位荷兰考古学家在研究了他的衣服尺寸后,发现其臀部出奇的肥大,这位荷兰考古学家由此认为他可能死于一种怪异的疾病。但大多专家认为他死于争夺王位的权力斗争。有专家认为,对其木乃伊的肌肉组织进行DNA分析,将有助于解开他的死亡之谜。

图坦卡蒙陵墓珍宝知多少

1922年,考古学家在埃及帝王谷找到了图坦卡蒙法老的陵寝。这一发现震惊了世界,被人们称为"最辉煌的考古发现"。

这一考古发现之所以引起轰动,是因为它是埃及考古史上发现的惟一一座没被盗劫过的法老陵寝。它使人们第一次见到法老陵寝内部的真面目,揭示了一段鲜为人知的古代埃及的历史。

墓室内的珍宝之多，制作之精美，使人惊叹不已，可谓空前绝后。

图坦卡蒙的宝座，前后都覆以黄金薄板，并用彩色玻璃和宝石镶嵌。宝座的扶手被雕刻成戴着王冠的双翼神蛇，上面有法老的铭记。椅背上是一幅描绘法老与王后在王宫生活的浮雕，制作极为精致。

墓室内有座雪花石膏制成的灯，灯座内外没有任何彩绘，但当灯被点燃时，灯套上却显现出法老和王后亲切交谈的形象，十分神奇。

令人惊奇的是，墓室内的一个小房间内还有两具小型木棺，里面有两具胎儿的遗骸，一个仅5个月大，另一个8个月大。两具胚胎都经过防腐处理，制成了木乃伊。专家分析，这是王后两度流产时的胎儿。

墓室内还有36罐陪葬的葡萄酒，每个罐上都标有酿酒商、产地和生产年份。这说明图坦卡蒙生前喜欢饮葡萄酒。

墓室内的珍宝共有5000多件，专家们花费了近10年时间才将它们整理完毕。

图坦卡蒙墓室内的主要珍宝有：法老的王椅宝座2把、镶金饰花的战车6辆、椅子6把、凳子12个、猫足腿床6张、镶金哈索尔床1张、塔卧尔特床1张、琉璃头靠、彩釉头靠、象牙头靠、镶金木制头靠若干。弓弩45张、箭和箭头454只、箭袋2个、盾牌8面、金刃短剑和铁刃短剑各一把、铁刃凿子16把、青铜剃刀1把、彩船模型35艘、琉璃船3艘、镶金神龛若干、手杖、战杖130根、彩釉纸草王杖1根、木乃伊胎儿2具、葬礼小棺材1个、盛头发的微型棺材1个。

还有真人大小的卫士雕塑2尊，沙瓦布提塑像和盒子413个，安努毕斯偶像1个，银质石榴花瓶1个，雪花石膏灯2座，石质器皿80件，各种式样的护身符若干，大小箱子50多个，各种手镯5只，戒指5个，豹皮斗篷1件，礼服1件，嵌珠无沿便帽1顶，儿童细麻布手套1幅，缠腰布34条，细亚麻布数匹，各种领饰、胸饰若干，树脂圣甲虫、圣甲虫链各1个。蓝色彩陶罐17只，野山羊油罐1个，蜂蜜2罐，葡萄酒36罐，干果116筐，牛肉鹅肉48箱，还有游戏棋盘4张，调色板14块。象牙飞回棒1个，手形象牙响板1块，腕尺棒1根。图坦卡蒙的黄金棺、黄金面具更是华丽绝妙的稀世珍宝。墓室内珍宝琳琅满目，应有尽有。这是一个空前绝后、价值无法估量的地下珍宝库。

令人惊叹的胡夫太阳船

在埃及胡夫金字塔南侧，有一座"太阳舟博物馆"。馆内陈列着一艘长43.4米、宽5.9米、船头高6米的巨型木船。船头设有凉棚，是船长的指挥处。人们很难想象，这艘长40多米、制作精美、设备完善的巨型木船竟是4000多年前的实物。迄今为止，它是世界上最古老最完美的船只。

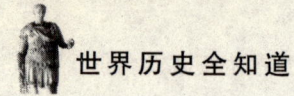

1954年，埃及考古学家卡玛尔·马拉赫在胡夫金字塔南侧发现了一个长方形石坑。坑上平铺着41块磨光的白色石灰岩石板。11月23日，当第一块石板被吊起时，一股异香从坑内飘出。当石板全部被吊起时，人们发现这是一个长31米、宽26米、深1.5米的石坑，里面整齐地排放着1224块木板和650个木制部件，还有一些芦苇和绳子。坑内还放有麝香和防蛀香料。原来，这是一艘古船的构件。埃及著名修复的地下珍宝库。专家艾哈默德·尤素夫和他的助手经过十几年的努力，终于将大船复原。令人惊讶的是，大船竟然没用一根铁钉，全部构件是通过打在木头上的4000多个洞眼组合联系起来的。4000多年前，埃及人的造船技术竟如此高超，令人惊叹！

根据石坑石板上的铭文，专家们得知，这艘巨型木船是胡夫法老的儿子达达夫·拉献给他父亲的。当年，达达夫·拉用这艘船将老父的木乃伊从首都孟菲斯运到吉萨，葬入金字塔，随后便将该船拆开埋入坑内，供其父升空使用。

古埃及人深信，法老死后就成了太阳神，其灵魂则乘太阳船运行天空。太阳船分两种，一种是白天由东向西航行的"马阿内杰特"，一种是夜晚在地下由西向东航行的"梅塞凯提特"。根据这一说法，胡夫法老应有两艘船。1987年，日本早稻田大学探险队以高科技仪器在这一石坑的西侧又找到了另一个大坑。同年10月，美国调查队向坑内插入光学显微镜，发现坑内确实还有一艘船。1992年，日本早稻田大学调查队将自动照相机探入坑内拍摄，拍下了坑内的实况，并取得了零碎木片的样品。经分析，其木质同已展出的太阳舟一样，都是杉木。这座坑内的船，很可能就是法老胡夫的另一艘太阳船。这艘胡夫太阳船一旦发掘面世，必将再次引起世界瞩目。

发掘庞贝古城珍闻

庞贝城是意大利半岛西南角坎佩尼亚地区一座历史悠久的古城，位于那不勒斯湾附近，距维苏威火山仅10公里。早在公元前7世纪，它已成为一座人口稠密、街市繁荣的小城，并逐渐成为富人权贵避暑和寻欢作乐的地方。

公元79年，维苏威火山大爆发。顷刻之间庞贝城被火山喷发的熔岩和火山灰埋葬。有两千多人死于这场突如其来的灾难，其中有罗马富商奥梅蒂斯一家和罗马最著名的学者、《博物志》的作者大普里纽斯。大普里纽斯16岁的外甥得以幸免，后来他把这场大灾难的情景写了下来并寄给了他在罗马的朋友。

随着时间的推移，已经消失的庞贝城逐渐被人忘却。直到文艺复兴时代，意大利人读了大普里纽斯外甥等先人留下的手稿后，才又想起了这座城市。但被埋在地下的庞贝城现在在哪里，这时已经没人知道了。

1592年，有农民在庞贝城所在地修建水渠，偶然发现了一些大理石碎片和古钱币，但没引起人们多大的重视。直到1763年，人们在这里发掘出一块上面刻有"庞贝市公所"的石碑时,才意识到这里就是庞贝城的遗址。发掘工作开始有针对性地展开,并断断续续进行了一百多年。到目前为止,约有3/5的庞贝古城遗址已被发掘出来。

由于古城被厚厚的火山灰掩埋,受到很好地保护,所以当人们将它发掘出来时,古城的原貌几乎完好无损地展现在人们的眼前,使人仿佛又回到了一千多年前的庞贝城。古城占地面积1.8平方公里,周长4.8公里,城墙用石头砌成,有7个城门、14座塔楼,纵横的大道将全城分割成9个区,每个城区又有许多大街小巷相通。大街上被金属车轮碾出的车辙仍历历在目。街道的十字路口有雕花石块砌成的水池,城内有供水的水塔和设备完善的排水系统。大街两边布满了商店、酒馆、水果铺。商店门前的广告仍在,有一家商店的墙上还写着这样一幅标语:"水果商贩支持普里斯库担任高级行政官。"一个水果铺的货架上摆满了无花果、杏、葡萄、胡桃、栗子等果品,只是干枯了。在一个药店的柜台上还摆放着一盒药丸,还有一根供碾药用的圆药条。许多情景说明灾难突然打断了庞贝人的正常生活。面包店的烘炉里,还留有烤好的面包,不仅原来的形状没变,连印在面包上的面包商的名字都清晰可见。厨房里的餐具仍整齐摆放在厨柜内。

城内有一个大广场,广场四周有庞贝历史上著名人物的塑像、官署、神庙、教堂、法院也设在这里。法院是一座长方形的两层建筑物,设有法庭和牢房。城内有三座公共浴室,用一个锅炉统一烧水,热水通过管道分别送到男女浴池。浴室的天花板呈拱形,室内的蒸汽上升,凝成的水珠通过拱形天花板流向四周,而不会滴到浴客身上。浴室内还设有化妆室、按摩室,墙上还装饰着石雕和壁画。现代的浴室也很少有如此豪华的。

庞贝城内有许多贵族富商的豪华别墅。这些建筑的大门往往有粗大的大理石圆柱和雕花门楼,走廊和庭园里有精美的雕塑。房间宽敞明亮,墙上绘有壁画,地板上饰有镶嵌画。富商权贵们还喜欢养狗,有的别墅的镶嵌画上就镶嵌上了狗的图案,旁边还有提醒来客"小心狗咬"的字样。庞贝城里的受难者已被专家制成了石膏像。这是因为,这些死难者当时被火山灰包封起来,没受到撞击或挤压,保持了原有的姿态。后来,火山灰硬化了,里面的人体干枯消失了,只剩下了一具空壳。专家们将石膏灌入空壳,受难者的原形便被制成了模型。这些模型惟妙惟肖地再现了他们遇难时绝望和痛苦的表情。有一位母亲正紧紧搂抱着自己哭泣的女儿,一个乞丐拿着一袋硬币茫然地站着,一些人挤在墙脚挖洞,试图寻找逃生的机会。还有一群被铁链锁着的角斗士痛苦地挣扎着。

人们还发现庞贝城内有两多,一是妓院多,一是酒馆多。在妓院的墙壁上,至今还可看到许多不堪入目的春宫画和各种淫荡场面。酒店到处可见,店铺都不大,一些酒店的墙壁上还留有一些酒客随手写下的诗文。最近,庞贝城向游客开放了一处有色情壁画的地下公共浴室。在该浴室的更衣室中,装饰着8幅小型壁画,上面描绘了两名或更多的性伴侣正在作爱的场面。其中一幅显示了女同性恋的爱抚场面。这些色情画可能表示浴池可以提供这类服务。据说浴室的底层就是妓院。这是一个混合浴池。但专家尚不知道,是男女一起使用它,还是男女分时段轮流使用。

庞贝城将1900多年前的古城完整无损地还原给后人,使后人看到了当时罗马奴隶制社会的真实情景。这是一座世界罕见的天然历史博物馆。

"死亡之丘"里的惊奇发现

1922年,印度考古学家R·D·班纳吉等人在印度一个荒岛上考察,意外地发现了一座规模宏大的古代城市废墟。这就是后来被人们称为"死亡之丘"的摩享佐·达罗遗址。据专家考证,这是一座距今四五千年的古印度的城市遗址。

令人震惊的是,这座古城遗址留下了令后人难以置信的高度文明的证据。

摩享佐·达罗位于印度河下游,今巴基斯坦信德省拉尔卡纳县境内。古城遗址分为东西两部分,地势较高的西部为"卫城",可能是统治者居住活动的地方。东部地势低平,可能是居民区。"卫城"南北长400米,东西宽200米。四周筑有城墙、塔楼、濠沟,均用烧制的砖石砌成。城内有议事厅、餐厅、浴池、谷仓等建筑物。其中最为壮观的是"大浴场",浴场中央是一个长12米、宽7米、深2.5米的浴池,内有梯子可供上下,浴池内设有注水和排水的管道。地面和池壁都用石膏填缝,以防漏水。浴池周围整齐地排列着一些小澡堂,有人估计它们可能是更衣室。大浴场的西部有一座规模庞大、设备完善的粮仓。

摩享佐·达罗的城市布局十分合理。专家认定,这座城市是先规划后建设的。几条主要大街将城市划分为整齐的棋盘格局,主要大街又直又宽,可同时并驰几辆大车,街上设有路灯。城内的排水系统先进完善,道路两旁都有排水沟,居民住宅都沿街而建,排列整齐,设备完善,有许多是上下两层的楼房,底层是厨房、盥洗间和储藏室,上层是卧室,卧室内还有木制的阳台,很像现在的新式套房。每家每户都有排水的管道和暗沟,它们与大街两旁的水道相连,楼上也有排水管沿墙通下来。

在这座古城遗址中,人们还发现了许多青铜雕像,其中一尊女铜像,造型优美,制作精细,女像左手上戴满了镯圈,充分显示了当时的工艺水平。人们在这里还发现了计算重量的石头砝码、计算长度的介壳尺和青铜杆尺,还有许多刻有文字和图画的图章。

专家们从2000多件有文字的物件中,整理出近500个符号,遗憾的是,至今尚无人能解读它们,但这些符号给人们带来了另外一个令人惊叹的发现。若干年前,一位法国生物学家在印度洋西南的马达加斯加岛发现了一具早已灭绝了的鸟类骨骼。这种鸟与一种鸵鸟相似,不会飞翔。令这位生物学家惊奇的是,这只鸟的脚骨上竟然有一个青铜质的脚环,上面刻满了各种符号和图形,这种符号在当地从没见过。后来专家发现,这些符号和图形和在摩亨佐·达罗发现的符号和图形完全一致。显然,它是摩亨佐·达罗的东西。由此可推断,距今四五千年的摩亨佐·达罗的人们曾到过这个距他们万里之外的地方。他们是怎样越过印度洋到达这里的,人们尚不得而知。

如此高度发达的古代文明是何人创造的?又为何突然间消失了?古代印度的历史资料中没留下这方面的任何记载,人们只能凭借丰富的考古发现去分析推断。有人说摩亨佐·达罗毁于战争,也有人说毁于瘟疫,还有人说毁于地震。但这些说法都有自相矛盾之处,不能完全令人信服。还有一种说法是摩亨佐·达罗毁于一次罕见的大爆炸。

考古专家发现,古城废墟中的骷髅分布在城中的各个地方,房屋内、广场和大街上都有,而死亡的时间则几乎是同一天的同一时刻。这说明灾难发生前,人们对它一无所知,因此毫无准备。专家们还发现,市中心处有一块轮廓清楚的爆炸痕迹,其破坏程度呈放射状由近及远逐渐减弱。在爆炸区域还发现了高温烧结的碎块,从烧结的情况来看,温度需在1.5万度左右。只有大爆炸,才能达到这样的温度。印度专家还发现许多尸骨有高温加热和遭遇辐射的痕迹。耐人寻味的是,在古代印度的传说中,也曾发生过一次惊人的大爆炸。这种奇怪的大爆炸,在中国古代和近代的苏联都曾发生过,专家们还证实了这种爆炸产生的原理。所以,现在越来越多的人倾向于摩亨佐·达罗毁于大爆炸这一说法。但这毕竟也是一种推测。

印度阿旃陀石窟发现考证记趣

阿旃陀石窟是印度艺术石窟中最著名、最具代表性的石窟,举世闻名。可就是这样一处艺术石窟,曾一度沦落于荒芜之中,在历史上消失了很长时间,直到1819年才重新被发现。

1819年,几名在文迪亚山演习的英国士兵在山林中追逐猎物时,闯入一个寂静的山谷,谷底溪流潺潺,山坡草木葱葱,山谷半腰有一深洞。这几名英国士兵打着火把从印度阿旃陀石窟第19窟入口处进入洞里,洞中的情景使他们吃了一惊:幽深的洞窟中竟有巨大的佛像和精美的壁画。这显然是一座古老的佛教艺术石窟。他们当时对这一发现没有外传。直到5年之后的1824年,英国人詹姆士·亚历山大看过这座石窟之后,才向外界透露,从此它才为世人所知。深山密林之中隐藏着如此精美的艺术石窟,立即引起轰动。

如此精美的佛教艺术石窟来历如何?当时无人知晓,专家和学者查遍了印度的有关资料,还是不清楚。原来,从8世纪中期以后,印度的佛教就衰落了,许多重要的佛教著作散失,庙宇毁坏,石窟埋没。随着时间的流失,印度古代佛教艺术渐渐地被人们遗忘了。后来,有人想到中国唐代高僧玄奘曾来印度取经,留

开凿于孔雀王朝时代的阿旃陀石窟（局部），是古印度佛教徒的神殿和僧房。

下的著作仍保存完好，便到中国来查找。果然在玄奘的《大唐西域记》中，他们找到了这一石窟的来历。

原来，这是印度一处古代著名的佛教艺术石窟，人称阿旃陀石窟。阿旃陀，意为荷花池，是智、善、美和佛教文化的象征。这石窟凿于公元前2世纪左右，当时的佛教徒们，在这里静修坐禅、礼佛念经，他们先后在这里开凿了29个洞窟。洞内有大量的佛教题材的雕刻和壁画，非常精美。其中一个石窟内有一座佛陀雕像，高约3米，从三个角度表现了释迦牟尼的三种不同神态。正面的沉思，左面的欢笑，右面的痛苦，均十分传神。玄奘当年曾参观过这个石窟，并在这里讲过经，因此回国之后将其写入《大唐西域记》一书中。

印度专家借助玄奘的这一记载，使人们重新认识了这座历史上盛极一时的佛教圣地。现在的阿旃陀石窟，已成为印度佛教艺术石窟的典范。印度人民在这里修造了宏伟的庙宇和征会堂。为纪念中国玄奘的贡献，印度方面特地存放了玄奘的一部分顶骨，供人们瞻仰朝拜。1957年，为缅怀玄奘法师在中印两国文化交流上所做出的重要贡献，中国政府在该寺遗址上捐款建立了玄奘纪念堂。

名城吴哥发现考证记趣

柬埔寨的吴哥是世界上最著名的古文化遗址之一，也是十分吸引人的旅游胜地。来自世界各地的游客，进入吴哥都要买20美元的门票。

吴哥是柬埔寨的骄傲和象征，柬埔寨国旗上的图案就是吴哥窟的三座精美石塔。柬埔寨政府还将吴哥形象制作成各种纪念品赠送给尊贵的客人。1965年西哈努克亲王访华时，送给周恩来总理的一尊石刻四面菩萨头像，就是根据吴哥城"胜利门"上的头像雕刻的。

吴哥位于柬埔寨西北部的暹粒省，与泰国相邻，它是公元9—15世纪时高棉王国的都城。1999年，美国航天局的研究人员使用合成孔径雷达，对被茂密森林遮盖的吴哥城遗址的一千多座庙宇、干涸的河道与水库进行测绘。测绘的雷达图像表明，12世纪时吴哥可能是世界上最大的城市，人口达百万之多。

令人不可思议的是，这座繁盛一时的大都市，一座布满无数精美寺庙的宗教圣地，却突然在历史上消失了400多年，直到1861年才又回到文明世界。

1861年，法国生物学家亨利·墨奥特来到柬埔寨（当时称高棉）寻找蝴蝶标本。他雇用了四名当地土著人做他的向导和随从，沿着湄公河逆流而上，进入密林深处。当走到一片密林附近时，四名土著人害怕了，说前面有幽灵和毒气，还有魔鬼缠绕的城堡，说什么也不愿往前走了。经亨利·墨奥特再三劝说，并答应加倍给他们报酬，四人才勉强地带着他往前走了一段路，可路上什么也没发现。但当他们往回走时，却突然发现了五个塔尖在夕阳里闪闪发光，这使亨利·墨奥特兴奋无比，不顾一切地奔向前去。展现在亨利·墨奥特眼前的是一座座雄伟的庙宇、风格奇特的宝塔、精美绝伦的石刻和浮雕，还有笔直的大道和庞大的水利灌溉系统。亨利·墨奥特后来写道："那比古希腊和古罗马留给我们的任何东西都更为壮观。你无法设想在世界上一个最偏僻地区的密林深处，不知从什么地方搬来一座最美丽的建筑物……"亨利·墨奥特想解开这座古城的秘密，但不幸因染热带疾病去世。后来的专家在研究吴哥窟的过程中，发现中国元朝的周达观所写的《真腊风记》中，有关于这座古城的较为详细的记载和描绘。周达观曾于1296年随元使赴柬埔寨，并在柬埔寨住了近一年的时间，回国后写下了《真腊风记》一书。书中就有关于吴哥城的记载。专家们正是借助周达观的《真腊风记》，最终考证出亨利·墨奥特发现的正是历史上失踪了400多年的吴哥城。

对于吴哥城突然消亡的原因，现在有多种说法，一说是吴哥城被一场可怕的瘟疫侵袭，多数居民相继死去，侥幸生存者被迫远走他乡，致使人去城空。另一说是国内发生了大规模的内乱，国民相互残杀，死亡殆尽。也有一说，是外族入侵将吴哥城中的财宝连同人民一起劫掠而去。这些说法各执一词，但都没有充足的证据使人信服。到底是何原因致使吴哥城神秘地衰亡，还需专家进一步地探索和研究。

特洛伊木马计是一个真实的故事

在荷马史诗中有一个脍炙人口的特洛伊木马计的故事，它记述的是3000多年前发生在特洛伊的一场激烈的战争。

当时特洛伊国力强盛，城池牢固，国王有50个儿子，最小的儿子帕里斯为寻求世界上最漂亮的美女来到希腊。希腊国王墨涅拉俄斯热情地接待了他，但没想到帕里斯竟将他美貌的妻子海伦给拐走了。墨涅拉俄斯非常恼怒，发誓要夺回海伦，他和他的兄弟迈锡尼国王阿伽门农率大军远征特洛伊。由于特洛伊城池牢固，军民奋勇抵抗，墨涅拉俄斯攻打了10年，也未能如愿。最后，英雄奥德修斯想出一个妙计，让士兵上船，佯装撤兵，造成罢战回国的假象，并故意在城外留下一个巨大的木马。特洛伊人见希腊军队退去，便高兴地将木马作为战利品运进城里。当夜，正当特洛伊人欢庆胜利之时，藏在木马中的希腊勇士便悄悄地溜了出来，打开了特洛伊城门，让早已埋伏在城外的希腊军队冲进了城里。特洛伊人坚守了10年的城池，一夜之间沦陷了。

荷马史诗中所写的这个故事，到底是神话传说，还是历史事实，专家们长期争论不休。有的专家认为它是历史事实，并决心找到特洛伊城的遗址。

19世纪70年代，有一位名叫谢里曼的德国考古学家迷上了这件事。他花费了毕生精力研究这场战争并寻找它的遗址。

木马计——这是特洛伊战争中希腊取胜的关键。

1870年，谢里曼来到土耳其的伯纳巴斯蒂，这里是当时人们盛传的特洛伊城遗址。但谢里曼认为，这里的情况与《荷马史诗》中所说的情况不一致。于是，他离开这里继续寻找，后来，他来到一个叫希萨尔里克的小城市，发现这里的情况与荷马史诗中的记载相吻合，因此相信特洛伊城遗址就在这里，于是组织力量在这里开始发掘。城池遗址真的被发掘出来了，但令他惊异的是，这里不止是一个城市的遗址，在深达30米的地层中，上下重叠着9个城市的遗址。到底哪一层是特洛伊城的遗址呢？谢里曼一时也搞不清楚。后来，他想起《荷马史诗》中说特洛伊最后一个国王波莱姆藏有一笔宝藏，如能找到这笔宝藏，就能证明它是特洛伊城遗址。后来，他真的在第四层城池遗址中发现了这些宝藏。特洛伊城遗址终于被找到了。这一富有戏剧色彩的考古大发现引起了世界性的轰动。

这处遗址位于今土耳其恰纳卡莱城西南约30公里处的一个平缓山脚下。土耳其政府将这里辟为特洛伊遗址公园，并建了博物馆，还在博物馆旁边仿制了一个巨大的木马，有两层楼高。据说它与史诗中记载的一模一样，也是用不远处喀兹山上的木材制成的。这里已成为土耳其著名的旅游胜地。但令人遗憾的是，博物馆里有关特洛伊的文物却寥寥无几。这批珍贵的文物，1945年以前被收藏在德国柏林博物馆，当时有四个大厅陈列这批珍宝，其中包括传说中海伦戴的一串项链。当年土耳其政府为要回这些珍宝，曾向国际法庭提出诉讼，但没有成功，只得到5万法郎的赔偿。1945年，第二次世界大战结束之后，这批珍宝不知去向。

1993年，俄罗斯总统叶利钦访问希腊时，被雅典精美典雅的王宫所陶醉，一时兴起，借着飘飘然的酒意突然说道："特洛伊失落的珍宝在我们手中，如果在雅典展出，你们觉得怎么样？"叶利钦此话一出，四座愕然。原来，苏联红军攻占柏林时，发现了这批珍宝，运回苏联后，收藏在普希金博物馆，长期秘不外宣。

　　秘密泄露后，德国和土耳其都对这批珍宝提出主权要求。俄罗斯无意归还，但却同意到国外展出。1996年，特洛伊珍宝首次在国外展出，但采取了相当严密的保护措施。珍宝放在有防弹玻璃的橱窗内，每个橱窗前都有一名保安人员守卫。参观人数也做了限制，每天只接待800到1000名参观者。

玛雅古遗址科潘城发现珍闻

　　科潘是古代玛雅人建造的一座重要城市，它坐落在今洪都拉斯境内科潘河流域中心地带的茂密森林之中，是至今被保留下来的玛雅文化最丰富的遗址之一，1980年被列入世界遗产名录。1993年，现在玛雅人居住最集中的五国首脑关于开发"玛雅世界"旅游线路的会议，就是在这里召开的。

　　关于这座玛雅古城的形成和发现，留下许多有趣的传说和轶闻。

　　传说，有一位玛雅王子，来到一片森林旁，在他休息时，忽然听到一个孩子的声音，那声音对他说，森林深处有座城，那里的人们正等着他去拯救。王子决心找到这座城市，他披荆斩棘，进入了密林深处，果然发现了这座城，城里的人都被女巫咒语迷住，不省人事。王子见美丽的公主也遭此厄运，十分同情，王子便上前吻了一下公主的前额。公主经这一吻，苏醒了过来，随后宫女和臣民们也都陆续醒了过来。从此，这座城市又充满了生机，并发展成为一座重要的城市，这就是科潘城。到了公元900年左右，这座曾繁盛一时的城市，不知何故突然被遗弃了，后来便慢慢消失在密林之中。

　　600多年后的1566年，一名西班牙传教士在密林中发现了它。当看到密林中那些宏伟的神殿和精美的雕刻时，他简直不敢相信自己的眼睛，以为自己是在梦幻之中，以至于他在密林中徘徊了数月之久。传教士的发现并没引起世人的太多重视，随着时间的推移，森林中的这座城市又被人们遗忘了。直到1839年，它才被重新发现。

　　1839年，美国人约翰·史蒂芬生和英国画家佛莱迪力克嘉乌德来到了这片大森林。当时，中美洲正发生叛乱，他们被视为敌人而遭到逮捕。后来，官方弄清了他们的身份，才释放了他们。这两位探险家雇了两名当地向导，进了密林深处。他们在那里看到了这座玛雅古城的辉煌遗迹，这使他们感到震惊。随后，许多探险家陆续来到这里，科潘城开始引起世界的重视。人们发现，这里在古代是一座规模很大的城市，城市中心由广场、神庙、殿堂、祭坛和球场等建筑

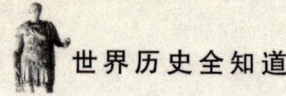

群组成。科潘城有许多大小不同的金字塔，金字塔之间建有大型广场，上面有高大的石碑。中央大型广场的一端还修有一个游戏球场，游戏用的球是橡胶球和石栏。考古专家认为，游戏是宗教方面的一种活动，输家可能会成为供奉的祭品。

科潘城内有38根石柱，上面刻有比真人还高的帝王像。石柱是按天体位置排列的。石柱上雕刻的年月日都准确无误，石柱的背面用象形文字刻写着帝王的生平。

科潘城最引人注目的是玛雅象形文字。这里的纪念石柱和建筑物上的象形文字符号书写最规范，刻制最精美，数量也最多。在科潘遗址中，有一条建在山坡上的梯道，直通山顶的祭坛。梯道宽10米，有六七十级阶梯，用2500多块方石砌成，两侧各雕一条巨蟒，蟒头伏在地面，蟒尾在山丘顶部。梯道每块方砖上都刻有象形文字，每个象形文字的四周均雕有花纹。梯道共刻有两千多个象形文字符号，被称为"象形文字梯道"。这些象形文字记述了科潘历代君主的故事，对研究玛雅文化有重要意义。

一座深藏在深山密林中的玛雅古城的再现，为人们研究神秘的玛雅文明，解开玛雅文化之谜，提供了丰富的实物资料。如今，科潘已成为人们探寻玛雅文化、了解玛雅风情的最受欢迎的旅游胜地。

玛雅文明之谜

16世纪中叶，西班牙殖民主义者顺着哥伦布的足迹，踏上中美土地，来到了玛雅部落。玛雅人委派通译者佳觉，向西班牙第一任主教兰多介绍了自己的文明。兰多被玛雅典籍中记载的事情吓坏了，认为这是"魔鬼干的活儿"，于是下令全部焚毁。经过这番浩劫之后，玛雅主人一下子神奇地失踪了，他们灿烂的文化也随之成了哑谜。

300年后，年轻的美国外交官斯蒂文写了一本《旅行纪实——中美加帕斯和尤卡坦》激起了人们研究玛雅文化的热潮，于是不少人致力于研究16世纪西班牙的那场浩劫后，仅留下的三部玛雅典籍和一些石碑、壁画等，然而，玛雅的文字是那样古怪，那样难懂。数百年来，这三部像天书一样的玛雅典籍，吸引着无数想要"打开"这"硬壳果"的人，但到头来，他们都只能望洋兴叹。特别是第二次世界大战后，为了研究玛雅文化，美国和前苏联都投入了大量的人力和物力，甚至还使用了先进的电子计算机。即使如此，到目前为止，据说也仅仅认出其中的1/3。

1966年，有人根据已认出的这些玛雅文字，试译了奎瑞瓜山顶上的一块玛雅石碑，出乎人们意料的是，它竟是一部编年史。据透露，编年史中记有发生于9000万年前，甚至4亿年前的事情。可是4亿年前，地球还处在中生代，根本没有人类的痕迹，难怪那些欧洲的宗教狂人要认为通译者佳觉所介绍的玛雅文明是"魔鬼干的活儿"了。

玛雅的文字连现代电子计算机都"敲"不开，而且他们的历史要上溯到4亿年以前。可见，他们决不是一个落后的民族，其实他们很早就有了数系、纪年和古怪的历法。

人类发展的历史表明，数系中的"0"这个符号的发明和应用是具有重要意义的。研究者从玛雅文化的研究中发现，至少在公元前4—前3世纪，玛雅人已应用了"0"这个数学概念，而且玛雅数系的特点是20进位的，在石碑中竟出现了有长达11位的大数字。例如，在计时上，玛雅人有一个称为阿劳东的单位，就相当于230.4亿个日。这样巨大的单位，只有在测量星际距离和星际航行时才需要用到。因而，玛雅的数系被人们誉为"人类最伟大的成就之一"。

每个民族一般都有一个纪元。罗马帝国的纪元以它的建立为起点；希腊以第一次古奥林匹克竞技为起点；基督教国家则以耶稣的诞辰为起点。但在玛雅的传说中，他们有好几个纪元，每个纪元都是以地球毁灭性破坏的结束为起点的。玛雅的最后一个纪元开始于公元前3113年，这正是他们在中美定居下来的日子。玛雅的上一个纪元开始于公元前1.1万年，那时正好地球上冰河期结束。再往前推，他们还有三个纪元，每个纪元的时间都要以几十万年或几百万年来计算。

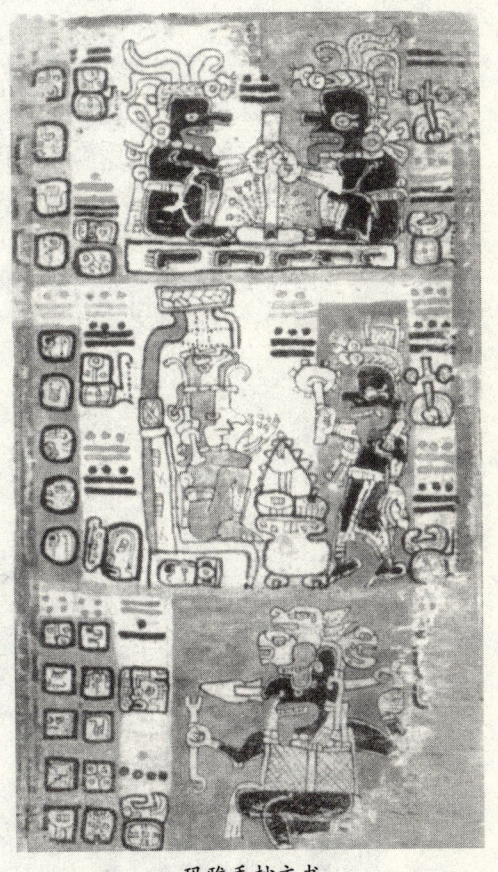

玛雅手抄文书

材料为树皮，其中左右两边方中带圆的符号即为玛雅人的象形文字。

玛雅人的历法也非常精确。他们精确地计算出太阳年的长度，即一年为365.2420日。这是16世纪的欧洲殖民主义者所望尘莫及的，因为那时的欧洲，普遍使用的还是粗糙得多的恺撒历。不仅如此，玛雅人还制定了太阴历，算出了金星公转一周的时间，并找出了纠正太阳历和太阴历积累误差的方法。

尽管当时的玛雅人有如此精确的太阳历和太阴历，但他们却十分珍视一个由13个月组成一年、每个月为20天的奇怪日历。显然，连中美其他土著都知道，这种260天为一年的日历是毫无使用价值的,他们都有比这奇怪日历更符合年月、四季、昼夜运转规律的日历。那么,这个奇怪的日历是否是玛雅祖先从另外"世界"带来的一部分遗产呢?

玛雅人的金字塔

在尤卡坦半岛上,耸立着九座巍峨的金字塔,它与埃及最早的几座金字塔相比,就像孪生的姐妹。同类的建筑在英国和法国也已发现。

金字塔各种数据的精确程度确实是我们所惊叹不已的。苏格兰天文学家斯穆斯对埃及的两座金字塔作了为期四个月的勘测,他们得出了一些发人深思的数据,塔的四个面都是等边三角形,它们正好朝着东南西北四个方位;底边与塔高之比,恰好为圆周率与半径之比;塔的高度为地球周长的二十七万分之一,也是地球到太阳距离的一万亿分之一。

提卡尔一号神庙

金字塔神庙是玛雅最基本的建筑形式之一,层层叠起的金字型石堆只是一种建筑底座,在顶部的平台上,耸立着供奉神灵的庙宇。

玛雅人的金字塔的天文方位计算得更为精确:天狼星的光线经过南墙上的气流通道,直射到长眠于上面厅堂中的法老头部;北极星的光线通过北墙的气流通道,直射进下面的厅堂里。

大家一向认为金字塔是一种坟墓,而且在很多金字塔中确实找到了木乃伊。那么,大西洋两岸的古民族会不谋而合都来营造工程浩大的金字塔作坟墓吗?如果真是这样，那么为什么金字塔与塔顶上的神龛是这么不相称，整个塔的建造水平是如此之高，而神龛却是相当粗糙，这不禁使人想起神龛完全可能是后来加上去的。100多年前，从金字塔中发掘出来的东西，今天已有一部分被人们辨认出来了，原来是一些精致的透镜、蓄电池、变压器、太阳系模型碎片、不锈钢和其他不知什么合金制成的机械、工具等。据此，有人推测，金字塔原先很可能是一种玛雅祖先的供应库，只是由于金字塔内部的奇特空间形状，能使停放在金字塔内一定部位的尸体木乃伊化，因此头脑中有着永生渴望的民族，要把自己的首领放进这种供应物已用完的现存建筑物中，是可以理解的。

神奇古都底比斯

在公元前14世纪中叶的古埃及新王国时期，尼罗河中游，曾经雄踞着一座当时世界上无与伦比的都城。这就是被古希腊大诗人荷马称为"百门之都"的底比斯。

底比斯是一座充满神奇色彩的古城，它的兴衰是整个古埃及兴衰的一个缩影。

从公元前2134年起，埃及第十一王朝法老孟苏好代布兴建底比斯作为都城，直到公元前27年，底比斯被一场大地震彻底摧毁时止，在2000多年的漫长岁月里，底比斯在古埃及的发展史上始终起着重要作用。

但后世人对它感兴趣，不仅仅在于上述之处，还在于底比斯不仅是埃及法老们生前的都城，也是法老们死后的冥府。底比斯横跨尼罗河两岸，位于现今埃及首都开罗南面700多公里处，底比斯的右岸，也叫东岸，是当时古埃及的宗教、政治中心。底比斯的左岸，也叫西岸，是法老们死后的安息之地。

底比斯在埃及古王国时期，是一个并不出名也不很大的商道中心。通往西奈半岛和彭特的水路，通往努比亚的陆路，都要经过底比斯。底比斯的兴盛是跟阿蒙神联系在一起的。法老孟苏好代布把首都定在底比斯后，又将阿蒙神奉为"诸神之王"，成了全埃及最高的神，从此开始在底比斯为阿蒙神大兴土木。底比斯在古埃及历史上的重要地位就这样被奠定了下来。

到了公元前2000年左右，虽然第十二王朝的开创者门内姆哈特一世曾把首都从底比斯迁到孟斐斯附近的李斯特，但在底比斯仍然为阿蒙神继续兴建纪念性建造物。

从公元前1790年到公元前1600年左右，中王国遭到了外族喜克索斯人的入侵。喜克索斯人征服了大半个埃及，最后定都阿瓦利斯，建立了第十五王朝和第十六王朝。底比斯经历了第一次衰落。

埃及人在阿赫摩斯一世的率领下，又在底比斯建立了第十七王朝，并在公元前1580年左右攻占了阿瓦利斯城，把喜克索斯人赶出了埃及，开创了古埃及新

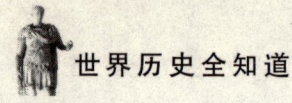

王国时代。

新王国时期的法老们再次选定底比斯作为埃及的宗教、政治中心。他们发动了一系列侵略战争,掠取了大量财富和战俘,并把底比斯建成为当时世界上最显赫宏伟的都城。他们在东底比斯为阿蒙神和他们自己建起了一座座壮观的神庙和宫殿。

但是,鉴于往昔兴建起来的金字塔陵墓太引人注目,虽然防范措施严密,还是未能逃脱盗墓者的侵袭。于是,法老们经过反复琢磨,决定不再建造巍然屹立的金字塔陵墓,而是把荒山作为天然金字塔,沿着山坡的侧面开凿地道,修建豪华的地下陵寝。在西底比斯一个不显眼却又盛产建筑材料石灰岩的山谷里,法老和权贵们为自己修造了一座座陵墓。这个山谷被后人称之为"国王之谷"。

第二十一王朝以后,随着底比斯统治集团内部矛盾的不断加剧,加上爱琴海和小亚细亚一带的"海上民族"的不断入侵,新王国日益衰落,底比斯也开始了自己的厄运。公元前663年左右,入侵埃及的亚述军队再次火烧、洗劫了底比斯。公元前27年,一场地震又使底比斯城里仅存的一些纪念性建筑物瞬息之间倾塌无遗。

到公元19世纪,只留下一堆废墟的底比斯,成了古墓盗劫者的乐园。在现今埃及的卢克索和卡纳克一带,人们还能见到底比斯遗址的一些残垣断壁。

亚述帝国与"血腥的狮穴"

公元前3000年代末期两河流域的北部,一支叫亚述人的部落兴起了。到了公元前8世纪后期,亚述国已经成为两河流域最强大的国家。

在国王提格拉特帕拉沙尔三世(前746—前727)时代,亚述人建立了一支当时世界上兵种最齐全、装备最精良的常备军。提格拉特帕拉沙尔三世和他的后代,凭借强大军队,进行了一系列的侵略战争,先后征服了小亚细亚东部、叙利亚、腓尼基、巴勒斯坦、巴比伦尼亚和埃及等地,成为两河流域和北非一带最强大的军事强国。

亚述国王对不肯投降而在战争中失败的国家,报复极其残酷,实行杀光、烧光、抢光的"三光政策"。破城之后,亚述士兵残酷地对待城里的人们,敲碎他们的头颅,割断他们的喉管,火烧他们的房屋,抢走他们的财产,还掳走他们的妻子和儿女。

公元前743年,亚述军队攻陷了叙利亚首都大马士革。由于城中军民拼死抵抗。城破之后被亚述士兵斩下的头颅,竟然堆成一座小山。亚述人还把成千的战俘,绑在上端削尖的木桩上,让他们慢慢在痛苦中死去,对孩子,亚述人也不肯饶过,统统杀掉。城中所有的贵重物品,都被运回亚述。公元前8世纪,亚述王辛赫那里布将都城由萨尔贡城迁到底格里斯河左岸的尼尼微。在犹太人的经典中，尼尼微被称为"血腥的狮穴"。

公元前 2500 年左右，尼尼微就开始形成了一座真正的城市，并成了美索不达米亚地区的文化中心之一。到公元前 7 世纪中叶，亚述帝国渐渐衰落。公元前 612 年，新巴比伦和米底联军攻进了尼尼微。尼尼微被洗劫一空后，又被放了一把大火，一代名城尼尼微和庞大的亚述帝国一起，就这样从地面上消失了。几千年过去，人们除了从史书上知道曾经有过尼尼微这样一座城市之外，其他就一无所知了。1842 年，一位叫博塔的法国考古学家，在反复琢磨了《圣经·约拿书》之后，来到了伊拉克的摩苏尔市。在途经摩苏尔的底格里斯河左岸，他发现了一大一小两个小山岗。大的叫"库容吉克"，小的叫"约拿之墓"。博塔认为这两个山岗就是古城尼尼微的遗址。1845 年，有一位名叫莱亚德的英国考古学家，也按照《圣经·约拿书》中对尼尼微城址的描述，找到了这里，对库容吉克山岗进行了长达 6 年的发掘，终于找到了辛赫那里布的王宫和亚述巴尼拔王的部分藏书室。证明这里就是亚述帝国的首都尼尼微。

从 1927 年到 1932 年，几个英国考古学家又对尼尼微遗址进行了大规模发掘，挖掘的深度达到离地面 27.5 米。在尼尼微古城遗址里发掘出来的大量泥版文书、浮雕等文物，使我们能够清楚地了解到亚述帝国和尼尼微的兴衰历史。但是，令人痛惜的是，由于 19 世纪在库容吉克山岗下的无计划胡乱发掘，尤其是，为了得到浮雕和泥版而采用的毁灭性的发掘方式，虽然使大英博物馆增添了不少稀世珍宝，却毁掉了一座历史名城尼尼微的城址遗迹。

名胜故事

有关泰姬陵的珍闻

坐落在印度古都亚格拉城郊依亚穆纳河南岸的泰姬陵,是世界最杰出的建筑之一,被称为世界奇迹。它是17世纪中叶印度莫卧儿王朝第五代帝王沙贾汗为宠妃蒙泰姬·玛哈尔修建的陵墓。相传,玛哈尔为沙贾汗生了14个子女,在生最后一个孩子时,不幸难产而死,死时只有38岁。也有记载说,玛哈尔是在陪同沙贾汗出巡时死在布尔汉普尔。玛哈尔死前,沙贾汗表示要为她修造一座世界上最壮丽的陵墓。

泰姬陵从1632年开始动工,来自中亚各地以及土耳其、波斯、印度和欧洲许多国家的建筑师和工匠参加了营造,每天动用2.5万劳力,连同附属建筑,共用了22年时间才建造成功。

泰姬陵全长583米、宽304米,四周是红砂石宫墙,东西两侧是两座式样相同的红砂石建筑,一座是清真寺,一座是答辩厅。陵的四周各有一座高约42米的三层尖塔。此塔专供穆斯林阿訇登高朗颂《古兰经》之用。陵园中央是一座白色大理石台基,每边长95米,高7米,台基之上是白色大理石圆顶寝宫,寝宫上部是高耸的穹顶。整个建筑给人一种圆润和光洁之美。陵园前面是花园,花园正南方是一座红砂石墓门。

泰姬陵的装饰极为精美,寝宫四面各有一扇高达33米的巨型拱门,门框的黑色大理石上刻着《古兰经》经文,其中有一句是"邀请心地纯洁者,进入天堂的花园"。寝宫内的门扉、窗棂都是大理石透雕的。透雕的藤蔓花卉图案,以黄金为梗、翡翠为叶,以红绿宝石、水晶、玛瑙镶花,花纹制作精细、连小叶的叶脉都清晰可辨。其中最精美的一扇,传说是由中国的能工巧匠雕刻的。在中央宫室内的石棺旁,还有一扇八角形的白色大理石透雕屏风,屏风上镶嵌着奇光异彩的宝石。这扇屏风是在泰姬陵主体完工之后雕刻的。据说,制作花费了十年时间。如果你在阳光强烈的时候走进陵墓,你就会发现有许多美丽的小花在闪闪发光,如果用手电筒照在大理石石棺上缓缓移动,就会发现当电光照到一朵花上时,花瓣会由暗转红,瞬间变化就像鲜花突然盛开。这是光线变化在人们视觉上引起的变化,但却给了人们一种神秘的感觉。

沙贾汗原来设想在他死后在泰姬陵旁造一座黑色大理石陵墓,以示与自己的爱妻生死相依,谁知在他还没退位时就被儿子囚禁了起来,直到死去。死后也被葬在了泰姬陵内。

泰姬陵巍峨而秀美，同时又不失庄严和肃穆。一日之中，随着阳光的变化，泰姬陵也随着发生奇妙的变化，景色十分迷人。英国著名作家基普林赞叹道："它体现了天地万物之纯洁、神圣与哀伤。这正是它的神秘之处。"

泰姬陵被视为爱情忠贞的象征。泰姬陵建成之后，曾多次发生痴男情女为爱情从陵顶双双跳下殉情的事情。前些年，一位30岁的澳大利亚的女游客桑嘉·拜迪克来到泰姬陵，在这里她被沙贾汗对他妻子的传奇爱情故事感动得不能自已，竟爬上了陵顶试图跳下殉情，结果被赶来的印度消防队员救了下来。

泰姬陵建成之后，由于长年日晒雨淋，尤其是近年来的工业污染，洁白的泰姬陵开始变得灰暗起来。印度议会曾专门讨论过这个问题，专家们也想方设法使其恢复昔日的光彩，但一直没有找到有效的方法。最近，有专家从16世纪的建筑日志中发现了用一种泥土混合物除去大理石表面晦暗成分的秘方。但这一秘方没有注明混合物的具体成分。后来，专家受古代印度妇女养颜美容秘诀的启发，将稻谷、牛奶、酸橙和黏性泥土混合在一起，然后将这种混合物涂抹到受污染的大理石上，效果很好。抹上24小时之后，污染大理石的细菌就被杀灭了，之后用温水将混合物冲洗干净，大理石就恢复了其原有的光泽，并且还增强了抗污染的能力。现在印度正在用这一秘方为泰姬陵"美容"。据说，意大利的专家得知后也来取经，因为他们也想用这一秘方为他们的大理石雕像"美容"。

泰姬陵这座建筑艺术珍品，历史上曾险些被英国殖民者毁坏。泰姬陵建造之时，正是西方殖民者入侵印度的时候，大约在泰姬陵建成之后一个世纪，印度就沦为英国的殖民地。英国殖民者除疯狂地掠夺印度的财富、奴役印度的人民外，还大肆破坏印度的文物古迹。他们曾把泰姬陵当作弹药仓库，把泰姬陵的庭院当作舞厅，将两侧的清真寺租给恋人度蜜月。他们在泰姬陵野餐，并随身带着铁锤、凿子，随意敲砸、窃取陵中的宝石珍珠。沙贾汗棺上的一块价值连城的宝石就是那时被窃的。更为严重的是，英国派驻印度的总督本廷克决心将印度一些著名古迹拆毁，将拆下来的大理石等运回英国拍卖。当时拆毁泰姬陵的机械已运到了泰姬陵，但正当他准备动手时，伦敦传来消息，此前运回英国的大理石的拍卖遭到彻底失败。本廷克一合计，拆卖泰姬陵是一桩赔本生意，于是打消了拆毁泰姬陵的念头。泰姬陵这才得以保存下来。

波兰美人鱼雕像的故事

人们都知道，在丹麦首都哥本哈根市有一座美丽的美人鱼雕像，她是哥本哈根市的标志。这座雕像是丹麦著名雕塑家埃德华埃里克森根据安徒生童话故事《海的女儿》设计雕塑而成。塑像为一身材秀美的少女，拖着长长的鱼尾，神态恬静、若有所思地侧坐在一块巨大的岩石上，表现了一个追求美好生活，向往人间幸福的少女形象。

在波兰首都华沙也有一座美人鱼雕像，它所表现的是抗击侵略、保卫家园的女英雄形象。说起它的来历，有一段感人的故事。

波兰在历史上是一个饱经灾难的国家，曾三次被沙俄、普鲁士和奥地利瓜分。第二次世界大战时，它又是第一个遭法西斯入侵的国家。但波兰人民没有被压倒，始终在为自由而斗争。

第二次世界大战爆发前的1937年，欧洲上空已布满了战争乌云。德国法西斯策划战争、侵略波兰的阴谋已暴露无遗。具有强烈爱国激情的波兰著名女雕塑家尼茨霍娃决心塑造一座能唤起人民斗志和勇气的塑像，以激励人民为捍卫祖国英勇献身。塑造一个什么样的形象才能达到这一目的呢？尼茨霍娃想到了在波兰人民心目中流传已久的美人鱼。据传说，历史上有一位波兰公国大公在维斯瓦河畔的密林中迷了路，这时河中的美人鱼把用金子做的弓箭射向一间茅屋，给大公指点迷津。茅屋里住着一位渔夫和一对男女双胞胎的孩子。应渔夫请求，大公给男孩取名"华什"，给女孩取名"沙娃"。孩子长大后，在这里建起了家园，并用其名字命名家园为"华沙"。美人鱼一直是他们的保护神。在波兰历史上，华沙公国曾把美人鱼作为国徽。尼茨霍娃决心将这一保护神形象化，将她塑造成为女英雄的形象。

以谁为模特进行创作呢？尼茨霍娃想到了她的好朋友克莉斯蒂娜。克莉斯蒂娜是一位具有爱国热情的女大学生，人长得美丽动人，气质高雅。她既有斯拉夫人高大强健的身材，又具有波兰女性的妩媚，在她身上凝聚着波兰民族的外在特征和内在气质。尼茨霍娃决定以她为模特进行创作。克莉斯蒂娜得知后，欣然同意，当时她只有23岁。

尼茨霍娃于1937年5月完成了她的创作。美人鱼塑像上身为一美丽强健的裸体少女，下身是覆盖着鱼鳞的鱼身和一条翘起的鱼尾，鱼尾下是涌起的波涛。她右手握剑高举过头，左手持盾贴在胸前，傲然挺立，一幅英雄气概。作品展出后，立即引起反响。1939年春，在德国法西斯入侵波兰前，美人鱼雕像被安放到了维斯瓦河畔。

德国法西斯入侵波兰时，克莉斯蒂娜勇敢地投入到反法西斯的战斗中并成为美人鱼英雄形象的化身。波兰人民在她的鼓舞下，纷纷拿起武器抗击敌人。后来，克莉斯蒂娜在著名的1944年华沙起义中英勇牺牲。

在德国法西斯占领波兰期间，华沙市人民冒着生命危险保护美人鱼雕像，将她藏到安全的地方，有人还为此献出了宝贵生命。战争结束后，波兰人民又重新将她安放到维斯瓦河畔。如今，美人鱼青铜塑像已成为波兰华沙的标志，是波兰人民不屈不挠斗争的历史见证。

"撒尿小童"的故事

比利时首都布鲁塞尔有一座闻名遐迩的"撒尿小童"铜像,它立于布鲁塞尔大广场不远的一条街道的角落,是布鲁塞尔标志性的雕塑。凡来布鲁塞尔的人们,都要来这里参观留影,人们将其视为不可缺少的乐事。

"撒尿小童"是一个光着身子,身体结实,面带微笑,叉腰腆肚,正在撒尿的小男孩。他那天真顽皮、旁若无人尽情撒尿的形象着实令人喜爱。

"撒尿小童"终日不停撒尿,平时撒的尿是泉水,遇到节日或庆典,便以啤酒代替。游人或伸头接喝,或取杯接饮,视其为乐趣和吉祥。

至于"撒尿小童"的来历,有多种说法。有人说,8世纪时,布鲁塞尔领主膝下无子,十分着急,便请主教圣云狄仙帮助他得子。后经主教代他祈求,果然得了一个儿子,但奇怪的是,这孩子刚一出世便撒尿,而且射得很高,射到了圣云狄仙的胡子上,故此他得名"撒尿小童"。领主很高兴,便为他塑了这个塑像。也有人说,是一位富翁遗失了他的独子,四处苦寻不着,后来在一街道角落发现他正在撒尿,于是,便在这里为他造了一个撒尿的塑像。传统的说法是,西班牙军队侵占了布鲁塞尔,撤退时在城里埋下了炸药,准备炸毁城市,一个男孩看到了导火索在燃烧,便急中生智,撒尿把导火索浇灭,挽救了城市。市民感激他,称他为小英雄,给了他"布鲁塞尔第一公民"的称号,并在他浇灭导火索的地方为他塑了像。

最早的"撒尿小童"是石雕的。石雕经不住风化,不能持久,后改为铜像。现在的铜像是布鲁塞尔著名冶金匠布列克按照雕刻家杜奇士奈的石雕像铸成的。雕像其实很小,只有53厘米高。18世纪时,它曾被英国军队偷走,后来又被带到法国。据说,法国皇帝路易十五得知后,下令将其送回布鲁塞尔,同时还向小童铜像赠送了一件镶金绣袍。

"撒尿小童"铜像是赤身的,但不久就被穿上了衣服。他的衣服是世界各国送的。目前,他已有700多套衣服。比利时为他专门成立了一个协会,协会规定,世界上任何人、任何国家、任何团体都可以给"撒尿小童"赠送衣服,但绝不允许用于商业目的。送衣服的申请被核准后,可以得到"撒尿小童"身材的纸样,按这纸样便可给他制作合身的衣服了。1987年,中国给他制作了一套杭州织锦的服装。他的衣服有专人管理,定期更换,更换的日期由告示提前预告,到时人们会看到隆重的更衣仪式。

1997年冬季的一天,在"撒尿小童"前发生了一件令人哭笑不得的事情。当时有数十名用蛋清和面粉将脸涂得奇形怪状的男女青年突然来到这里,一字排开,男的脱去长裤,拉下裤头,露出屁股和不雅物,做出撒尿的样子,而女青年则仰卧于男青年身前,作接尿状,闹了十几分钟才离去。这情景被当时一位带相

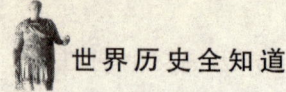

机的游客照了下来，成了世界上罕见的恶作剧照片之一。

趣谈埃菲尔铁塔

埃菲尔铁塔是法国的象征和巴黎市的标志性建筑之一。这座世界上最具特色的铁塔，是1889年5月法国政府为迎接在巴黎举办的世界博览会和庆祝法国大革命一百周年而建造的。当时，法国政府提出要在巴黎修建一座"不同凡响"的建筑，参加竞标的有700多个方案，结果埃菲尔铁塔一举中标。埃菲尔当年53岁，是一位想象力极为丰富、具有创新精神的著名建筑家。他到过世界上许多国家，设计过许多著名工程。他曾为纽约的自由女神像设计了优美的铁框架，为巴拿马运河设计了水闸，为俄国设计了水坝，为马尼拉设计了教堂……但这座冠以他的名字并使他扬名世界的铁塔的第一设计方案却并非出自他手，而是由他公司的两位工程师设计的。这两位工程师的设计无可指责，但他们偏重解决的是技术问题，因此缺乏竞争力。埃菲尔的修改方案使得设计更完美、更具魅力，并使竞标工作获得成功。

铁塔于1887年1月26日动工。整个铁塔由1.8万个金属构件组成，共用了250万个铆钉，钻了700万个铆孔。由于施工现场狭小，最多只能容纳250人，因此金属部件都是在外面的工厂加工拼装好运到工地的。部件尺寸要求极高，切割时要精确到1/10毫米。埃菲尔动用了40多名工程师和技术员，让他们为组装铁塔的1.8万个部件绘制了700张组装图和3600张施工图。如此巨大而复杂的工程，在装配过程中竟无一处返工或修补，整个工程进展顺利，从未发生过工人伤亡事故，这在世界建筑史上是十分罕见的。

埃菲尔铁塔建造过程中，曾一度遭到一些人的强烈反对，有人认为建铁塔可能会破坏巴黎的市容，给巴黎的景观造成无法弥补的损失。动工之初，巴黎的一些著名艺术家曾发表过一篇"艺术家抗议"的宣言，号召人民拒绝接受这座破坏巴黎美丽的"无用的、丑恶的埃菲尔铁塔。"有人把它比作"空壳蜡烛台"、"可悲的高脚灯台柱"、"变了形的、未完工的铁桅杆"。还有些教授认为，铁塔如果超过228米就会由于摆动而倒塌。当铁塔建到这个高度时，巴黎人前来参观时，都是战战兢兢的。但当铁塔建成时，人们的看法完全改变了。1889年3月31日，铁塔落成，法国人民举行了隆重的庆祝仪式，法国总理基拉尔亲自主持，乐队高奏《马赛曲》。由于工程进展速度比原计划快得多，升降机还没有装好，来宾参观铁塔时，只好用双脚拾级而上。当登到1585级时，只剩下二十几个人了，最终登到1710级塔顶时，只有埃菲尔和极少数的其他几个人。埃菲尔在塔顶竖起了一面长7.8米的巨型法国国旗。此时，鸣礼炮21响。埃菲尔激动地说："法国是世界上惟一拥有300米高旗杆的国家。"当5月6日世界博览会开幕时，夜晚2.2万盏煤气灯把埃菲尔铁塔照得通明，几十万巴黎人为铁塔的雄姿而激动，再也无人指责和咒骂，有的只是狂热地欢呼——"铁塔万岁！""埃菲尔万岁！"

当年修建铁塔时，除法国政府提供了一笔款项外，大部分资金是埃菲尔本人亲自筹集的，但铁塔的成功使埃菲尔仅在世界博览会期间就收回了全部投资，当时参观游览埃菲尔铁塔的有200多万人。至今，全世界约2亿人到巴黎参观了埃菲尔铁塔。站在塔顶，人们可以远眺80公里以内的风光。美国著名发明家爱迪生前来参观时，带着他发明的电唱机登上了塔顶，并进行了播放。

法国由埃菲尔铁塔获得的利益是惊人的，正因如此，法国十分重视对铁塔的整修和美化。建成以来，曾先后油漆过17次。现在涂的是青铜色，每油漆一次，要用掉油漆60吨，25个油漆工要漆一年。每油漆一次，铁塔就要增加几十吨的重量。

埃菲尔铁塔高320.775米，重9000吨。如遇大风，铁塔能倾斜12厘米，在烈日之下，倾斜度可达18厘米。严冬寒冷时节，铁塔高度能减少15厘米。

埃菲尔铁塔的贡献是多方面的。人们在塔上建成了气象站和物理实验室，安装了发报机。1906年在塔上建立了无线电台，第一次世界大战期间，法国还利用这里的电台抓过间谍，截获过德国进攻巴黎的情报，使巴黎法军司令部及时布署部队，从而取得重大胜利。1925年人们在铁塔上进行了第一次电视转播。今天，已有6家电视台、28家调频广播电台在塔尖上发射信号。

埃菲尔铁塔的出名也引来了不少冒险者，他们到此来寻找刺激或显示自己的才能，但下场多是可悲的。一名飞行员想飞驾机从铁塔拱架下穿过，结果失事毙命。一名裁缝试用他的雨衣降落伞从塔上跳下，结果粉身碎骨。还有人膝行登塔、踩高跷登塔、骑自行车下塔，结果都受了伤。更有轻生者将埃菲尔铁塔视为"自杀胜地"。自塔建成至今，已有300多人从塔上跳下，自杀身亡。如今，铁塔顶端已安装了密封玻璃，全塔上下装置了一系列安全设备，以阻止轻生者跳塔。1984年4月18日，一对英国恋人阿芒达杜卡和米克·麦克卡迪从三层平台跳伞而下，用时45秒，成功地降落在塔下的战神广场，此事曾引起轰动。

美国白宫趣事多

位于美国华盛顿宾夕法尼亚大道的白宫，是美国第一位总统华盛顿亲自选址，于1792年10月13日奠基开始兴建的。它的设计者是爱尔兰的建筑师詹姆斯·霍本。霍本参照的设计蓝本，是他家乡的一座乡间别墅。白宫建造耗时近10年，华盛顿没等它建成便去世了。第一位入主白宫的是第二任总统约翰·亚当斯。

白宫本来不是白色的，当然也不叫白宫。1841年，英军攻占华盛顿时，曾放火焚烧白宫，幸亏一场暴雨浇灭了大火，才使它没遭到彻底毁坏，但建筑物的内部和外部都遭到严重破坏。于是，霍本再次被召来帮助重新修建白宫，经过重新修建的白宫,被全部改为白色。所以,有人说白宫是大火烧出来的。但它被正式命名为白宫,是西奥多·罗斯福总统在1901年提出的。

白宫既是美国总统办公的地方,也是总统一家居住生活的地方,有人风趣地把白宫喻为美国的"御用公寓"。但在这里吃饭是要付钱的,入主白宫的总统夫人定期会收到"食物账单"。有时接待员还会偷偷地将她们请到自己的办公室,递给她们一张欠账字据,问她们想用什么信用卡付费。总统在白宫家中宴请,也要自己掏钱。胡佛总统和他的夫人喜欢宴请,其花费超出了总统的薪水,好在胡佛是冶矿专家,其夫人也是搞地质的,他们因发现煤矿和金矿而成巨富,因此这亏空还能补得起。

在白宫的宴会上,有时也会发生一些趣事。有一次,罗斯福夫妇举行招待晚宴,他们将那条名叫"上校"的、受过警犬训练的爱犬也带在身边。晚宴邀请的是欧洲外交官,他们见了女士有行吻手礼的习惯。当一位公使弯下身来吻总统夫人的手时,"上校"突然冲上前去,将公使的裤子咬破。当狗被治服后,人们才看到公使的裤子已经破得无法赴宴。后来,把所有穿礼服的侍者叫来,挑了一个身材与公使差不多的,让他们彼此交换了裤子,才使公使得以继续参加晚宴。

入住白宫的主人趣事很多。克利夫兰总统入主白宫时已是中年,当时,他和一位年轻的小姐法兰西丝·傅尔森订了婚。他们商定,待法兰西丝从欧洲旅行回到美国之后,再向外界宣布此事。法兰西丝赴欧后,克利夫兰给她发去了一份亲昵的电报,祝她旅途愉快。没想到,消息走漏了,各报争相刊登这则新闻,但当时人们都认为年近半百的总统要娶的是法兰西丝的妈妈,而没想到他要娶的是小姐本人。后来,真相大白,法兰西丝也成了新闻人物,从欧洲回来之后,总是被记者和好事者包围着,直到她在白宫"蓝厅"和克利夫兰结婚,才得以解脱。

白宫内的绯闻也不少。据传,约翰逊总统很好色,他手下8名女秘书中有5名是他的情人。有一次,他带一名女助手去度周末,回首都之后,还为这位女助手开了56小时的加班费。有一天,约翰逊的夫人推开总统办公室的门时,发现约翰逊正与一位女秘书搂在一起。事情发生后,约翰逊指责保安人员失职,保安人员则反驳说这不属于他们的保卫范围。后来,总统在房间里都安装上了警报器,以防第一夫人的突然闯入。

白宫的保卫工作是严密的,保安人员有近千人,都经过专门训练,身怀绝技。屋顶上布有神枪手,还有专门的地对空导弹发射架。总统身边除大批保镖外,办公室里还有一个"紧急按钮",它被安在办公桌的左下方,据说几乎所有的总统都至少有一次用腿碰响过这个"紧急按钮"。按钮碰响时,35位荷枪实弹的特工便会迅速地蜂拥而入,当然结果都是有惊无险。

白宫是世界上唯一向公众开放的首脑机关。开放时,每天平均接待6000名参观者,每年出席白宫宴会和招待会的有近10万人。"9·11"事件后,白宫不再对外开放,只有学校学生和老兵团体等经过事先预约的才能进入参观。为了弥补这一缺憾,白宫又别出心裁地搞了一个网上游。在网上,人们可以领略到白宫总统办公室以及各大厅的风采,并能看到总统夫妇和副总统夫妇为人们所做的声情并茂的讲解。人们只要打开"游览椭圆形办公室"的站点,就可看到布什总统正向你走来,指着那块做工精美的地毯说:"地毯让这个大厅显得更大了,更舒服了。"他还指着办公室里的那尊丘吉尔的半身塑像说,这是向英国政府借来的。在一幅描绘得克萨斯州风景的油画前,布什笑容可掬地对大家说:"我从那里来,将来还要回到那里去。"布什总统的这段录相长达 7 分钟。网上其他站点的内容也一样丰富多彩,有的还透露了许多白宫的珍闻轶事。通过网上游白宫,看到布什当导游,比直接去白宫参观还过瘾。

法国爱丽舍宫秘闻

法国总统府爱丽舍宫是法国最著名的建筑之一。按照希腊神话的解释,爱丽舍宫是"英灵的乐土"之意。爱丽舍宫始建于 1718 年,是一位名叫德埃弗欧的伯爵兴建的。它位于香榭里舍大街尽头的一端,占地面积 1.1 万平方米,共有 365 个房间,还有一个 2 公顷的花园。爱丽舍宫正门入口在福布尔·圣一奥诺尔大街 55 号。

爱丽舍宫历史上曾是法国路易十五宠妃蓬巴杜夫人的宫殿,拿破仑皇帝也曾将它作为行宫。从 1873 年开始,成为法国总统的官邸。但在这里住过的人,多不喜欢这个地方,称它是"一座忧伤的房子"。戴高乐将军曾说:"这房子市侩气太浓,憋得人烦闷。"为此,好几任总统任职时,都没把家搬进去。

爱丽舍宫现在的管理体制很有趣,宫中所有的后勤工作都由卫兵负责。他们既是警卫,也是司机、花匠、办公室职员,甚至连总统的摄影师也是卫兵。他们昼夜 24 小时值班,随时听候调遣。

爱丽舍宫的工作紧张而有秩序,时间观念很强。宫中有 340 只挂钟,供人们随时掌握时间。据说,密特朗总统从不戴手表,想知道钟点时,便抬头看一下挂钟。宫中的"大使厅"是外国驻法大使向总统递交国书的地方,也是内阁举行会议的会议厅。这座厅内有一架奇特的挂钟,它有两个钟面,使分别坐在会议长桌两端的总统和总理可以同时看到钟点,以便掌握会议进行的时间。据说,它是拿破仑让工匠制作的。当年,拿破仑召集大臣开会时,大臣们总喜欢将怀表掏出装进地看时间,这使拿破仑很恼火,有了这座双面钟,大臣们再也不用掏怀表看时间了。

爱丽舍宫内经常举行宴会,宴会非常讲究,餐具的摆放要平行成直线,桌布有一点折皱都要熨平。桌布和餐巾要根据来宾的规格配备。有一次,宴会开始时,一位总统的贵宾对一条绿色的桌布看不顺眼,工作人员立即给予撤换。宫内存有大量的珍贵餐具,有镀金或镀银餐具 8322 套,有各种桌布 3550 条,有法国

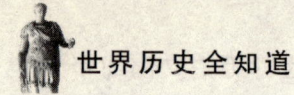

著名瓷场生产的瓷碟 2600 件。碗碟的洗涤全由人工小心翼翼地操作，万一被打碎，碎片要被细心地收集起来送回瓷场，以便收回上面的金子。

总统府的地窖中藏有 1.5 万瓶供宴会使用的上等好酒。负责总统府饮宴的主厨是约埃勒·诺尔曼，他已在总统府主厨 20 多年，他对每位进驻总统府的总统的饮食爱好都了如指掌，并都能满足他们。他的助手都是从烹调技术竞赛中选拔出来的尖子。诺尔曼和他的助手每月要制作各类菜肴 5000 份。

总统府的办公室用品用量很大。据统计，每年要消费 3000 条毛毯、2500 支铅笔、400 多万张纸和 60 公里长的胶带。

爱丽舍宫是法国的决策中心，每天送往爱丽舍宫的资料、报表、外交函件堆积如山。其中重要的内容由官员写明自己的意见后，送交总统的助手，经助手认可后，再送总统批示。

爱丽舍宫有一座地下室，离地下室十几米处有一处核武器控制中心。这个长 15 米、宽 30 米的地下指挥所两头各安装了一扇装有装甲及防水设备的沉重大厅。国家元首在这里可以通过荧光屏看到他的对话者。即使国家受到核袭击，法国元首仍可在这里领导整个国家机器正常运转。一旦需要，元首按下按钮，几秒钟内法国的海底核潜艇、阿尔比翁高地带有核弹头的导弹以及战略空军的幻影式飞机就被启动。

爱丽舍宫既是一座豪华精美的宫殿，又是一座充满机密、决定法国命运的司令部。自 1989 年开始，每年的"国家遗产日"期间，它都向公众开放。这段时间也是巴黎接待游客最多的时候。

建造凡尔赛宫的传说

凡尔赛宫是法兰西的一颗艺术明珠，也是世界最享盛誉的宫殿之一。它坐落在法国巴黎西南 18 公里处的凡尔赛镇。凡尔赛宫始建于 1661 年，1689 年竣工，建造工程历时近 30 年之久。它占地 110 万平方米，其中建筑面积约 11 万平方米，园林面积近 100 万平方米。凡尔赛宫由宫前的大花园、宫殿和放射式大道构成。大花园环绕着参天古木，郁郁葱葱，园中芳草如茵，奇花斗艳，喷泉吐珠，雕塑多姿，是一派典型的法兰西风格。宫殿庄严宏伟，金碧辉煌，中央是王宫；西端接南北两宫，是王子、亲王的宫室以及政府办公室、教堂、歌剧院等。宫内装饰华丽，内壁上悬挂着壁毯、油画，厅内陈列着雕像、精美家具以及来自世界各地的艺术珍品，其中有中国古代的精致瓷器。宫中最著名的是二楼的"镜厅"，是由大画家莱伯兰和大建筑师蒙萨特合作建造的。它全长 76 米，高 13.1 米，宽 9.7 米，厅内东墙镶有由 357 块镜片组成的 17 面巨镜，厅西面有 17 扇落地的拱形长窗，面对着室外美丽的园林景致。厅内陈设着锦缎帷幕、瓷器银椅、雕花铜镜、水晶枝状灯具，装饰极为豪华。当时的威尼斯驻法国大使在写回国内的报告里,曾这样描绘凡尔赛镜厅的辉煌夜景:"在凡尔赛的长廊里,燃烧着几千支蜡烛,它们照耀在布满整个墙壁的镜子里,照耀在贵妇和骑士们的钻石上,照得比白天还亮,简直像是在梦里。美和庄严的气氛在闪烁发光。"

"镜厅"是凡尔赛宫最具特色的宫室,法国历史上许多重大事件曾发生在这里。1871年,在普法战争中取得胜利的普鲁士国王威廉一世在这里宣布称帝;第一次世界大战后,制裁德国的《凡尔赛条约》也在这里签定。发生在凡尔赛宫的重大事件就更多了。所以,人们说凡尔赛宫不仅是法国的一座艺术宫殿,也是法国历史的一个见证。

说起这座宫殿的建造,还有一段有趣的传说。1661年,法国财政总监大臣富凯为讨好国王路易十四,请国王到自己新建的宫殿赴宴。宫殿极其豪华,宴会也空前盛大、奢侈,6000名宾客均使用金银餐具。路易十四看到富凯的宫殿如此富丽豪华,甚至超过了自己,不禁怒从心起。一个月后,就以贪污营私罪将富凯逮捕,宫殿被抄,财产被没收。路易十四决定为自己建造一座皇宫,这座皇宫要比富凯的宫殿更加富

凡尔赛宫外景

丽豪华,因此他找来为富凯建造宫殿的那批人马,要他们参照富凯的宫殿施工,这些人当然不敢掉以轻心,经几十年的努力,终于建成了这座举世闻名的凡尔赛宫。

凡尔赛宫落成之后,路易十四皇室以及随从人员从卢浮宫搬了进去,此后这里就成了法国国王居住和办公的地方。法国大革命时期,路易十六被赶出凡尔赛宫,最后被处死。当时的凡尔赛宫已遭到严重破坏,路易十六离开时,曾说:"救救我可怜的凡尔赛宫吧。"实际上,对凡尔赛宫的修复工作,从没停止过。2003年,法国文化部决定利用个人和企业的资助,对凡尔赛宫进行一次大规模修复。据介绍,这次要维修的,有2153扇窗户、67部楼梯、1.5万平方米的地板、6300幅画、5000件艺术品和2100座雕塑,需要资金5800万欧元。法国万西公司已对"镜厅"的维修提供了1000万欧元的资助。届时"镜厅"内所有的绘画装饰和雕刻装饰将被进行一次全面的修复。所有的镜子将被取下来,用新镜面换下原有的镜面,新镜面的水银含量和旧镜面的相同,但新镜面的水银是可以回收的。修复工作分三个阶段进行,需要5年时间。修复完工后,人们将看到一个更具魅力、更加迷人的凡尔赛宫。

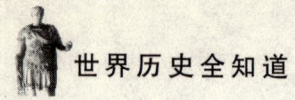

白金汉宫和女王的生活

位于英国伦敦威斯敏斯特区的白金汉宫是英国王室的象征。英国女王就生活在这座王宫里。白金汉宫始建于18世纪初,因主人白金汉公爵而得名。1761年英王乔治三世为他的妻子买下了这座宫殿,改称"女王宫"。1821年,由英国著名建筑师约翰纳什主持改建装饰后,白金汉宫成了一座富丽堂皇、庄重典雅的世界著名宫殿。改建后的白金汉宫有690个房间,其中有19个会客厅、52间豪华客房、188间工作人员住房、92间办公室、78个浴室和盥洗室,1个游泳池、1座电影放映室和1个网球场,还有庞大的地下室和马厩。白金汉宫中收藏有大量的艺术珍品,仅世界珍贵名画就有7000多幅。

白金汉宫原来一直不对外开放,人们只能在特拉法加广场眺望这座雄伟而又神秘的宫殿。后因温莎堡一场大火,白金汉宫开始部分向公众开放,人们可参观宫内19个区,门票5英镑,其收入用来修缮温莎堡。

英国女王生活在白金汉宫。这里既是她居住的地方,也是她工作和会客的地方。为女王服务的有近550人,其中有宫廷女侍、穿衣女侍、服装师、头饰设计师、鞋匠和梳头女等。有些人的工作只是荣誉性的,如天鹅绒总管、御用天相师和桂冠诗人等。另有14名贵妇专门在重要仪式上陪侍女王左右。

女王的生活很有规律,伊丽莎白二世女王每天8点起床,用早餐时,乐师都要在她的窗下用风笛吹奏《晨曲》,这是1843年维多利亚女王立下的规矩,至今没有改变。10点整女王进入办公室,接见她的顾问们。此后女王阅读文件。文件装在不同颜色的盒子里,红盒子来自外交部,黑盒子来自议会。盒子里面锁着政府的决定、大使的信件以及法令或任命书等。这些文件只供女王阅读,她的丈夫菲利普亲王也无权过目。

午餐一般是女王独自一人或由一名王室成员陪同进餐。

下午的时间,女王多用来外出参加正式活动。参加活动时,往往要长时间站立和同很多人握手,对此,女王有自己的应对办法。她说:"握手时要软软地伸出手去,拇指略微靠向手掌心,这样别人就不会握得太使劲儿了。"减轻长时间站立疲劳的秘诀是:"分开两脚,使它们保持平行,然后把身体的重量平均分配到两条腿上。"

晚上,女王多和家人一起度过,有时也举行正式晚宴。晚宴上,女王会穿上自己最漂亮的衣服,拿出自己最精美的餐具。宴会一般设在一个舞厅内。指挥宴会进程的是一套安装在鲜花丛中的奇异灯光系统。红灯亮时,侍者们静立待命;黄灯亮时,侍者们准备撤换餐盘;绿灯亮时,侍者们就去叫随从人员了。女王对饮食和穿着很讲究。她从来不吃贝类食物,不吃大蒜,喜欢吃小鸡和乳羊,几乎不喝酒。有时在宴会上喝点清醇的法国白葡萄酒,也只限一杯。她从来不饮用外地的水，无论到哪里都带着瓶装水。

女王只穿天然纤维织物，如羊毛、丝绸和棉布。在旅行时，她的衣物都放在挂式衣箱里，以防皱折。她在出访中，一天要换4次装。由于常和人握手，她一天要换5次手套。早年出访时，她只戴小山羊皮或鹿皮手套。现在她常戴的是可洗的纯棉手套或棉、尼龙混纺手套。女王对鞋选择的原则是穿着适合，一旦发现适合她的鞋，她就订做几双。

女王有记日记的习惯，每晚入睡前，都要把她一天的活动和感受写进私人日记里。

趣谈克里姆林宫的自鸣钟

克里姆林宫围墙上的斯巴斯基钟塔上的自鸣钟，是一件闻名于世的历史文物。它是莫斯科的象征，至今已有300多年的历史。

15世纪时，莫斯科大公伊凡三世邀请意大利著名建筑师索拉里来莫斯科设计营造克里姆林宫，并在围墙上建造了斯巴斯基钟塔。当时斯巴斯基钟塔叫弗罗洛夫斯基钟塔，因纪念弗罗尔和拉夫尔教堂而得名。1658年，彼得大帝之父将斯巴斯基圣像从维亚特卡运到莫斯科，悬挂在钟塔大门的上方，于是钟塔便改名为斯巴斯基钟塔，也有人称其为救世主钟塔。1404年，钟塔安放上了第一架大钟。1621年，英国工匠科罗韦建议给钟塔换一座更好的大钟，经过几年的制作，新大钟于1625年被安装到了钟塔上。这是一座自鸣钟，从日出到日落显示时间，夜间不启动。但第二年这座钟就毁于一场大火，以后又先后换过二座，也都相继遭到毁坏。18世纪初，彼得大帝下令从荷兰进口一座大钟，于1706年安到钟塔上，不幸它又在1737年被烧毁。目前使用的克里姆林宫自鸣钟是1852年布捷诺普兄弟制造并安装上去的。人们从钟塔的四面都可清楚地看到这座自鸣钟的刻度盘，刻度盘的直径为6.12米，盘上的数字高72厘米，时针长2.97米，分针长3.28米。自鸣钟由乐钟和时钟组成。乐钟重320公斤，时钟重2160公斤，总重量近2.5吨。它们由3个钟摆发动，最重的一个钟摆重224公斤。

十月革命时，这座钟遭到严重破坏，后被克里姆林宫工匠贝伦斯修好，并由艺术家切列姆内赫将原来鸣奏的乐曲《君主乐》改为《国际歌》。1937年，这口钟又被进行了一次大修，表盘上的数字和指针都被镀了金银，因此用掉了26公斤黄金。1944年，苏联国歌《牢不可破的联盟》确定后，曾计划将国歌的曲子换上去，曲调都已编好了，但后来放弃了这一决定。苏联解体之后，俄罗斯总统也想让这口自鸣钟重奏新乐。到了1996年，这一计划实现了。经过编排，乐钟编入了两首曲子。每日中午12点和夜间12点，奏的是俄罗斯国歌《爱国者之歌》；早上6点和晚上6点奏的是《斯拉维夏》。这两首曲子的作者都是享誉世界的俄罗斯作曲家格林卡。

这座大钟部件随天气的变化会有所变化。天气寒冷时,其部件会"缩紧",走时就变得快了些;天气炎热时,则相反,走得就慢些。这就要靠人工手动来调节。有时大钟也会因意外事故出现停摆现象。有一次,一只鸽子从一个窗口飞进钟塔,在里面四处乱飞,结果挤到大钟的小齿轮间,它被活活挤死了,大钟也因此停摆了。现在专家为这座大钟配了一个同步电子钟,专供它校正时间用。如果大钟出现故障,10秒钟内就会响起警铃。听到警铃,专家们就会及时赶到维修。现在的克里姆林宫斯巴斯基钟塔上的自鸣钟报时非常准确,人们通常所说的莫斯科时间就是以这座钟所报时间为准。

追根溯源

神秘的拜火教

在古代波斯帝国广袤的大地上，曾经兴起过一个奇特的宗教——拜火教。至今为止，人们只知道有关这个神秘宗教的少得可怜的信息，虽然它们听起来已是足够让人惊奇。但我们在这个宗教的有关历史文献中，仍然找寻到了以下这个故事中一些朦胧的影子。

据说，主宰这个宗教的是一个狮头人身、长有双翅的奇特生物。他是由一个凡人经过特殊的修炼而成为的神。他能够让死者复活，能够拯救受苦受难的人于水火之中，他受了神的旨意而来到人间，来帮助更多的人返回天庭。

这是一个十分离奇的传说，很难弄清其中究竟有多少真实的成分。不过，拜火教确实有一个十分古怪的仪式——梅尔卡巴洗礼。相传，凡是受到过梅尔卡巴洗礼过的人，就能够上升为神。但是并非每一个拜火教教徒都能接受这一秘密仪式的洗礼。事实上，他们中的大多数人并未能如愿地返回天庭，而只能默默地消失在人世之中。但是他们并不为这样的结局所动，依然前仆后继地进行修行和礼拜，乐此不疲。到底是什么力量使他们投身于此呢？难道仅仅依凭心中的欲念就能够做到吗？拜火教的教主，那位狮头人身的怪物，还代表着日、月、土三者同一。据说，这也是拜火教修炼的三个阶段。经过一段时间的修炼，可以看见土（鹰）、而后可看见月（牛）、再后可看见日（狮），再经过修炼，就能飞升天堂，转变成神。

奇怪的是，为什么一定要经历这三个阶段，才能够成为神呢？或者说，神之为神，难道与这三种动物有着某种奇特的联系吗？由于拜火教教规的规定，不论任何教徒，只要对他人讲述了教会内部的事情，就丧失了成为神的可能，加上年代古老，我们已很难发现能对此作出解释的信息了。

我们只能据此猜想：那种所谓的神也许就和拜火教的教主一样，是一个人兽合体。若果真如此，那么遍布于世界各地的关于斯芬克斯的描述就可能会基于一个这样的事实：可能存在着一种人兽合体的生物，由于它外形奇特，分布广泛，而被人们误认为神灵下凡。

如果我们的推测更大胆一些，人，也许就是从人神合体的神的身体中剥离出来而降至人间的！可是，为什么一定是人、狮、鹰、牛这几种生物呢？

这依然是一个难解的谜。

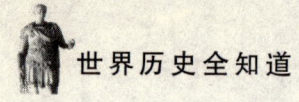

古希腊的人物雕塑为何多裸体

古希腊精美的人物雕塑，多少个世纪以来一直受到人们的崇拜，被视为人类文化和艺术的精华。

为什么古希腊的人物雕塑多是裸体的？这与古希腊的宗教信仰、神话传说、社会环境、风俗习惯和气候条件有关，是诸多因素造成的。

古希腊文明的中心雅典，气候温暖，居民约有半年时间都睡在街上，妇女则睡在阳台上，他们的穿着都很单薄，身体很大一部分都暴露在外面，人体的体态和轮廓被清楚地显示出来。

古希腊人崇尚运动，在温暖的气候条件下，古希腊人经常裸体运动，他们在运动场上跑步角力、投掷时往往不穿衣服而裸体进行，以展示自己的体育技能和匀称身材。

古希腊时代，战争频繁，而要取得战争的胜利就必须有身体健壮、英勇善战的战士。古希腊人为了提高战士的身体素质，采取了特殊的军事训练方法，这在斯巴达尤为典型。在斯巴达，婴儿一生下来就要接受检查，健康的留下来，不健康的立即被抛弃。男孩子从7岁便过集体生活，接受严格甚至是残酷的训练，一年四季都穿短衣短裤，在地上睡觉，用冷水洗澡，每隔10天就要裸体让监察官检查一次，一旦发现身体发胖，就要强制节食。军官鼓舞士气的手段之一，就是让被俘虏的敌人脱光衣服，让希腊士兵嘲笑他们软绵绵的白肉，而他们为自己一身古铜色的结实肌肉而自豪。在希腊人看来，行动敏捷、血统好、身材匀称、擅长各种运动是一种男性的骄傲。所以，希腊青年男子在运动场上赤身锻炼时，欢迎公民参观。就连年轻的姑娘也喜欢只穿一件背心，或者干脆就裸体在专门的健身场锻炼。

古希腊人对人体的特殊审美观，为艺术家们提供了创作的素材和环境，成为古希腊人物雕塑多为裸体的重要原因。古希腊的裸体雕塑无轻浮之感，给人庄重纯洁、优雅质朴的感觉，是一种真正的美的艺术。

教皇是怎样产生的

教皇是天主教的最高首脑，对世界各国天主教拥有至高无上的权力，他自称是"基督在世上的代表"。他生活在世界上最神秘的政教合一的小国梵蒂冈。梵蒂冈位于意大利首都罗马城的西北角，面积只有0.44平方公里。

教皇之下是枢机主教，也称红衣主教。枢机是自7世纪开始，教皇对一些亲信的称呼，后因他们被赐予穿红袍、戴红帽的权利，故称"红衣主教"。红衣主教来自世界各地，其中50%来自欧洲教区。他们都由教皇任命，是教皇的主要助手。目前，枢机团由130人组成。

教皇终身任职。教皇去世后，由世界各国红衣主教组成的教皇选举会另选新教皇。教皇选举会一般由120名80岁以下的红衣主教组成，选举严格按中世纪以来的传统方式进行。参加选举的红衣主教一旦进入梵蒂冈宫殿，就断绝了与外界的一切联系，直到新教皇产生为止。在梵蒂冈宫殿里，照相机、录音机等都被禁止使用。

在选举开始的前一天上午，参加选举的红衣主教先到圣彼得大教堂做集体圣灵弥撒，然后列队步行经"青铜门"进入西斯廷小教堂，分别住进"密室"。西斯廷小教堂的层层大门都上锁并贴有封条，教堂内只留一部电话供紧急联络使用，其余电话全部被掐断。所需用的食物、医药等均通过设在"青铜门"上的两个转盘送进来。选举在西斯廷小教堂的选举厅内举行，红衣主教靠墙壁而坐，他们每人面前放一张桌子，壁画《最后的审判》前的祭坛边设一张大桌子，上面放着投票箱。投票时，红衣主教在一张印有"罗马教皇选举"字样的选票上写上他要选的人的姓名，然后把选票叠起来，用右手大姆指和食指夹着高高举起，按照地位高低的顺序依次投入投票箱内。由于选举事先不提候选人，得票必须超过2/3才能当选，所以往往要经过多次投票才有结果，有时，一二个月也选不出来。现在有了新的规定，如果在9天之内还选不出来，就不再受2/3多数的限制，而采用超过半数的绝对多数的办法产生。

选举期间，成千上万的信徒聚集在圣彼得广场等候着选举结果。选举结果由圣彼得教堂高处烟囱所冒出的烟来表示：如果冒出黑烟，表示选举没有结果；如果冒出白烟，则表示选举成功。冒出白烟时，教徒们会爆发出热烈的欢呼声。

教皇历来由意大利人当选，很少有其他国家的人当选。1522年入选的教皇是一位荷兰人，这引起意大利人的愤怒，他们冲击了西斯廷小教堂，把参加选举的红衣主教痛打了一顿，还把教堂里值钱的东西抢劫一空。一年零八个月后，这位荷兰籍的教皇莫名其妙地死去，意大利人不仅不表示哀悼，反而组织了"庆祝"。现在这种观念有所转变，1978年，当选的新教皇是波兰人，他就是红衣主教卡罗尔·沃伊蒂拉。对于这次的选举结果，聚集在圣彼得广场的15万群众虽然也感到"十分惊奇"，但当新教皇在阳台露面时，人们还是对他表示了欢迎。

卡罗尔·沃伊蒂拉被称为约翰·保罗二世。他是除那位莫名其妙死去的荷兰籍教皇之外，400多年来唯一一位不是意大利籍的教皇。

印加帝国的覆灭

印加帝国是中世纪南美洲西南部印第安人的一个部落王国。它是印第安文明的最高代表。但就是这么一个强盛的帝国，竟然被一个名叫皮萨罗的西班牙牧猪人征服、摧毁了。

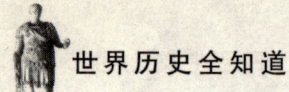

1531年1月，皮萨罗从现在的巴拿马出发，开始了他的远征印加帝国之行。他们在海上航行了七八个月，终于来到了现在秘鲁的通贝斯。

通贝斯是印加帝国的要塞。然而，呈现在皮萨罗一行面前的这座城市竟是一片废墟。

原来印加帝国的老国王前些年得天花病死了，两个王子阿塔瓦尔帕和瓦斯卡尔为争夺王位进行了长达数年的内战。通贝斯城就是在内战中被印加人自己毁坏的。1530年，阿塔瓦尔帕终于打败并活捉了瓦斯卡尔，把他关进了监牢，但他自己也负了重伤。当皮萨罗抵达通贝斯时，阿塔瓦尔帕正在卡哈马卡附近的温泉养伤。皮萨罗连忙率领人马赶往卡哈马卡。

阿塔瓦尔帕对于西班牙人的到来，显得十分冷漠，他慢慢地说："我现在正在斋戒，到明天早晨才能结束，到时我将率大臣去访问他。"

皮萨罗只得回去，经过一整夜的苦思冥想，他终于想出了一个擒拿印加王的计谋。

这天是11月16日，中午，印加王乘坐着一顶金轿子，浩浩荡荡回到城里。皮萨罗同阿塔瓦尔帕见过面后，先让一个西班牙神父对他进行说教。那个神父对阿塔瓦尔帕说："西班牙人不远万里来到印加帝国，只为了传播基督圣教，让你们也受到主的恩惠。"阿塔瓦尔帕坚持说："我只尊重太阳神和我的祖先，我不会向任何人称臣。"神父恼羞成怒，气急败坏地对皮萨罗喊道："把这个异端分子抓起来。"

神父的话音刚落，皮萨罗就挥舞起白毛巾，高声喊道："圣地亚哥！"埋伏在广场四周全副武装的西班牙人听到喊声就一齐冲了出来。皮萨罗趁乱，冲进去抓住了印加王，并把他监禁了起来。

被囚禁的印加王决定用黄金赎（shú）回自己的自由。阿塔瓦尔帕用结绳形式传达了自己的命令。阿塔瓦尔帕要全国动员起来为他搜罗金子和银子。同时他又命令将兄长瓦斯卡尔杀死，以防他在自己陷入困境时乘机夺取王位。

为了拯救自己的国家和国王，印加人每天不停地从各地往卡哈马卡运送黄金、白银，他们把各种金银佩饰、王宫里的宝藏、庙宇里的金银供器都运来了。

眼看全国的金银财富都给了西班牙人，但狡猾的皮萨罗非但没有释放印加王，反而背信弃义地于1533年8月29日把阿塔瓦尔帕残酷地杀害了。印加人群龙无首，印加帝国的首都库斯科很快被皮萨罗攻占了，这座古城被洗劫一空，成了废墟。印加帝国就此灭亡了。

西方人发现新大陆开创了人类历史的新纪元，也开创了人类罪恶的新纪录，把人类的罪恶发挥到极致。在西方人眼里，文明落后地区的人类就不算人类，可以当作动物来对待，随便杀死，随便抢掠。皮萨罗是西方殖民者的一个代表，也是西方文明罪恶一面的反映。

巴士底狱中的神秘囚犯

巴士底狱是法国历史上最具影响的地方之一。它曾是法国封建专制制度的象征。1789年7月14日,起义的巴黎人民攻占了巴士底狱,这一天被视为法国资产阶级大革命的开始,后来又被定为法国国庆纪念日。

巴士底狱本来是法国一处军事要塞,路易十三当政时,红衣主教黎塞留将巴士底狱正式改为国家监狱,主要用来囚禁政治犯,也关押过一些贵族囚犯和皇族成员,他们有的是因在权力斗争中失败而遭囚禁,有的是因犯了有辱皇族或家族声誉的形象的过错或罪行而被押送进来。巴士底狱被攻占时,里面就关押着一个年轻贵族,他是因心理变态发生的乱伦行为而被他父亲亲自送进来的。他在这里的一切费用都是由自己承担的。

巴士底狱关过无数囚犯,其中最神秘的是路易十四时的"铁面人"。这个"铁面人"原被囚禁在地中海上的一个小岛上,他的头上戴着由黑天鹅绒和鲸鱼骨制成的面罩,面罩护颏处装有弹簧,使他吃饭说话都不受影响。他在狱中过着舒适的生活,但面罩绝不能取下,看押他的人受命,一旦他取下面罩,露出真面目,就立即杀死他。1698年,巴士底狱的监狱长奉路易十四之命,亲自将这个神秘囚犯押解到巴士底狱。在巴士底狱,他仍受到特殊照顾。1703年,这名神秘莫测的囚犯死于狱中,死后被埋葬在圣保罗教堂。

对于这名神秘囚犯的身世,在他还活在人世时,人们便开始猜测,200多年来,从没中断过。启蒙思想家伏尔泰在《路易十四时代》一书中对此做了详细记述,著名作家大仲马在《布拉热洛纳子爵》一书中也有记述。英国还将此拍成电影《铁面人》。

大仲马认为,囚犯是路易十四的兄弟,因与路易十四争夺王位失败而被关押。路易十四不忍心杀他,而又不愿让别人得知他的身份,所以给他戴上了面罩。还有人认为,囚犯是路易十四的生父。路易十三与皇后安娜的关系不好,长期分居。安娜与此囚犯相爱,生下了路易十四。路易十四上台后,得悉此事,为保住王位和名誉,将生父囚禁。也有人认为,囚犯是路易十四的财政总监尼古拉·富凯,他因侵吞公款罪被关进了巴士底狱。还有人曾大胆设想,囚犯是英国国王查理一世,说当年查理一世并没死在断头台上,是一位忠于王室的人代他受了刑,他则逃到了法国,路易十四将他囚禁在巴士底狱,并给他戴上了面罩。此外,还有其他各种各样的猜测。虽然对铁面人的真实身份至今仍无定论,但有一点是清楚的,即此人身份非同一般,是路易十四不忍杀害的显贵人物。

"铁面人"的知情者相继死去,最后只剩下大臣夏米亚尔一人。夏米亚尔临死前,他的女婿跪在他面前,恳求他将此秘密告诉自己。夏米亚尔说:这是国家机密,不能泄露。后来,路易十五和路易十六都曾下令调查"铁面人"的秘密,

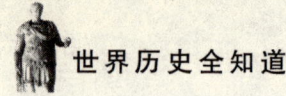

但调查没有结果,是没调查出结果,还是有意保密,这也成了不解之谜。

血迹斑斑的英国王冠

钻石是世界上最迷人的装饰品,但这迷人的东西也会给人带来灾祸。

目前,人们所知道的世界上最大的三块钻石是:镶在英国国王权杖上的"卡利南"钻石,被称为"非洲之星";镶在英国国王王冠上的"光明之山"钻石和珍藏在美国一家博物馆内的"希望"钻石。这三块世界名钻都曾引起过杀戮和灾难。而与此相关的人物又多是巨富、权贵甚至是皇帝。法国皇帝路易十四曾把"希望"钻石镶嵌在他的权杖上;路易十五曾为这块钻石杀过人,他的女儿还为这块钻石丢了命。路易十六和他的皇后也曾拥有过这块钻石,他们都在法国大革命时被推上了断头台。

镶嵌在英国女王王冠上的"光明之山"钻石是900多年前在印度南部的一座矿山上被意外发现的,它重188克拉。16世纪时,这块大钻石落到了古印度莫卧儿皇帝巴博手中。巴博当时曾骄傲地说:"这可是无价之宝啊!它相当于全世界所有人一天的口粮。"后来,这位皇帝被自己的儿子赶下了台,并被关进了监狱。以后,这块钻石传到建造泰姬陵的那位皇帝沙贾汗手中。沙贾汗的几个儿子也为争夺王位和这块钻石相互残杀,最后他也被儿子关进监狱,直到死去。

1736年,波斯人战胜了莫卧儿王朝,这块钻石落到了波斯首领纳德尔·沙手中。5年之后,纳德尔·沙在帐篷里熟睡时被人杀死。他的继承人阿迪尔得到了这块钻石,但不久阿迪尔就被他的一个兄弟废黜了。波斯王朝为争夺这块钻石的相互残杀持续了好几代,最后两位王子不愿再为这块钻石去死,于是,他们把它献给了旁遮普的锡克人统治者兰吉特·辛格。辛格极其珍爱这块钻石,常把它放在马的辔头上,以便当他跨上马背时就能看到它放射出的光芒。后来,兰吉特·辛格在内战中死去,当时他的儿子杜利普·辛格只有9岁。杜利普·辛格虽然只有9岁,但却知道这块钻石血迹斑斑的历史,也知道印度教经文对它的记述:"谁拥有了它,谁就拥有了整个世界;谁拥有了它,谁就得承受它所带来的灾难。惟有上帝或一位女人拥有了它,才不至遭受任何惩罚。"他不愿意再为这块钻石遭受灾难,便决定将它送给一个女人——英国女王维多利亚(当时旁遮普已是英帝国的属地)。杜利普·辛格因献钻石受到英国人的关照,后来去了英国并在那里定居下来。

英国人得到这块钻石后,对它进行了切割和打磨,使它更加光彩夺目,后来又把它镶嵌到了英王的王冠上。英国王冠通常在加冕典礼和庆祝盛典上使用。维多利亚女王在日记中写道,她戴上王冠的那一刻,是她一生中最荣耀最难忘的时刻。不过镶有钻石和各种珠宝的王冠很笨重,戴上它行动很不方便。伊丽莎白女王曾说,她每年主持会议开幕式时,为了保持头部的端庄平稳,确实要有点像杂技演员似的平衡技巧。参加加冕典礼时,她戴着王冠登上台阶就座时,有点像维多利亚时代高头饰贵妇人试骑自行车时的姿态。

这顶镶有"光明之山"大钻石的王冠平时珍藏在伦敦塔的一个防弹玻璃框内。2002年,英国王太后去世时,这顶王冠曾被放在王太后的灵柩上。当灵柩被送往威斯敏斯特教堂时,沿途的数十万群众无不注目于这顶光芒四射的王冠。

日本天皇称号的由来

日本天皇的称号有一个演变确立的过程,其地位和权力也经历过起伏变化。

古代日本没有自己的文字,经济文化也很落后。最早对日本有确切记载的史书是中国东汉史学家班固的《汉书》。班固在《汉书》中称日本为"倭",当时的日本人接受了这一称谓,称其领袖为倭王。公元4世纪左右,日本大和政权成立,但大和政权在同中国的交往中仍称他们的首领为倭王。后来,随着经济发展和国力的增强,他们开始对倭王的称号不满,宣传自己敬奉天上诸神,他们的首领是天神之子,于是将倭王改称天子。至于天皇的称谓,还是从中国学来的。公元673年,日本天武帝即位。他大力强化皇权,全面学习唐朝,系统地接受中国儒教、道教、佛教文化。当时的唐朝皇帝唐高宗改称天皇,皇后武则天称自己为天后,于是日本天武帝引进了这一称号,开始称自己为天皇。这一称号为后来的日本君主所沿用,一直使用到今天。

日本天皇出现后,从8世纪到10世纪,地位和权力逐渐加强。但到了幕府时期,天皇的权力逐渐衰微,最后成了傀儡。到了近代,天皇权力又得以恢复。明治维新时,天皇开始被神化。1889年公布的《大日本帝国宪法》规定,日本由"万世一系的天皇统治"。天皇拥有绝对的权威,是"神圣不可侵犯的神",他至高无上,所有的日本国民都是他的"家臣"。天皇成了集政治、军事、祭祀大权于一身的"现代神"。

第二次世界大战,日本战败,被迫宣布无条件投降,但却保留了天皇体制。这是美国处于自身利益的考虑而同意保留的,美国认为,保留天皇有利于他们对日本的控制。麦克阿瑟曾讲过一个笑话:给日本士兵发几片药,告诉他们日服三次,但是他们一有机会就把药扔掉。如果在药盒上写明"天皇要求他们每天服用三次",那么,他们便会老老实实地按照指示服药。天皇虽然得到保留,但只能作为日本的象征,而且要从神坛上走下来,成为一个普通的凡人。为此,1946年,日本币原首相起草了一份否定天皇作为神的资格的文稿《人格宣言》,并以天皇诏书的形式发表,人们称这一诏书为"凡人诏书"。从此,天皇不再是神的化身,权力也只限于国家礼仪方面的活动。但天皇仍实行终身制,皇位世袭。现在的明仁天皇的皇位就是1989年从他父亲裕仁天皇那里承袭下来的。

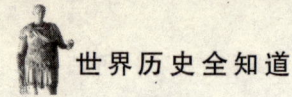

日本皇族成员只有名没有姓,这就是历史上天皇被视为神的结果。1868年,日本政府实施户籍法时,为了登记方便,允许平民有姓,于是日本出现了各种名目的姓,多达十几万个。因为天皇是神,他和他的直系家族当然不在户籍法的管辖之内,所以,至今他们也没有姓。日本皇族的待遇很高,日本天皇一家每年要花掉270亿日元,约合18.9亿人民币;有1090人侍候皇族成员。

日本裕仁天皇为何未被定罪

第二次世界大战结束后,远东国际军事法庭对日本战犯进行了审判,但对日军的最高统帅裕仁天皇却没有起诉,未加处置。这个结果,出乎人们的意料,也出乎天皇本人的预料。

日本战败投降后,裕仁天皇身知罪行重大,惊恐万状。皇后曾多次问他:"陛下,美国人会来抓你吗?"裕仁回答:"会的,他们不会放过我的。"有一次,裕仁流着泪对皇后说:"我离世了,你无论如何要活下去,为了我们的孩子。"然而,此时负责东京大审判的盟军驻日本最高统帅美国将军麦克阿瑟却另有打算。他知道,天皇是日本国民的精神支柱,即使在战败的日本,仍有巨大的感召力和凝聚力。而战后美国要控制日本,就必须借助天皇的影响。麦克阿瑟曾形象地说:"一个天皇等于100万美军。"为此,他向美国总统杜鲁门写了一份紧急报告,说明为了确保美国的利益,必须保留日本天皇,否则,美国将付出巨大牺牲。杜鲁门同意并支持他的意见。

在此之前,裕仁天皇曾于9月27日秘密拜见了麦克阿瑟。当时麦克阿瑟正在批阅文件,副手费特尼准将进门报告说,有一位不愿公开身份的日本中年绅士前来求见,麦克阿瑟感到好奇,于是同意接见,原来来者就是日本天皇裕仁。这是天皇第一次打破至尊至贵的身份,徒步登门拜访一个敌国的将军。据后来麦克阿瑟的回忆录记述,当时裕仁天皇的神情很紧张,他向麦克阿瑟表示自己愿对战争祸害负起全部责任,愿接受裁判,所以自己前来投案。麦克阿瑟以为天皇是来求饶的,没想到竟是来承担战争责任的。这令麦克阿瑟很高兴,自尊心因此得到了满足,由此对裕仁天皇产生了好感。至于他们后来具体谈了些什么内容,两人都守口如瓶。到了1975年,庆祝裕仁登基50周年时,有记者提出这个问题,裕仁仍避而不答,只是说:"当初与麦克阿瑟的君子协定,永不透露。"此时,麦克阿瑟已去世11年。这说明,他们秘密会谈的内容是一笔幕后的政治交易,不能透露。

为了使裕仁天皇免于制裁,麦克阿瑟想尽办法掩盖他的战争罪行。比如,说他没有直接干预战争,不该将发生战争的罪责加在他的身上,战争是由少数日本军阀策划发起的等。当时要求制裁天皇的呼声很高,苏联、英国、中国、澳大利亚等国都强烈要求起诉裕仁天皇。麦克阿瑟不顾各国的反对,硬是下达了免于起诉和逮捕裕仁天皇的命令，并让他继续做他的天皇，只是要求裕仁从神坛上走下来，由神变成人。日本天皇制得以保留。这使日本的无条件投降，变成了保留天皇制的有条件投降。对此，英国人一直耿耿于怀，直到1989年裕仁天皇病危时，英国《太阳报》和《明星报》还发表评论，指责日本天皇是战争贩子，并说"依照裕仁在第二次世界大战期间的所作所为，他老早就该下地狱了。"

美国领土扩张史

美国国旗俗称"星条旗"，它是由13道红白相间的条纹和五十颗白色的五角星组成的。美国国旗不仅象征着行政区域的划分，而且记载着美国领土扩张的历史。

1800年，拿破仑从西班牙手中夺得北美路易斯安那地区。路易斯安那地区北起加拿大，南到墨西哥湾。强大的法国军队的存在使刚刚独立不久的美国感到非常不安。1802年，当时的美国总统杰斐逊与法国谈判，希望以高价买到这一大片土地。

结果，谈判出乎意料的顺利和迅速，拿破仑竟以8000万法郎（当时约合1500万美元）的价格把如此大片的土地卖给美国，连美国都感到不可思议。其实，拿破仑有难言的苦衷。当时，拿破仑派2万人入侵海地全军覆没，急需要资金来重整旗鼓。另外，拿破仑盘算过，如果美国和英国结盟，与法国开战，英国必将进攻路易斯安那地区，与其让它们落入宿敌英国之手，不如卖给美国，而且卖了这个地区，法国可解除后顾之忧，全力以赴控制欧洲。

低价购买路易斯安那的成功勾起了美国政府扩张领土的欲望。美国一度曾提出路易斯安那的购买也包括佛罗里达，但遭到了佛罗里达的占有者西班牙的严词拒绝。

1808年，西班牙本土被法国拿破仑占领。趁此机会，大批美国人迁入佛罗里达。1819年2月22日，美西签订条约，美国仅花了500万美元就获得15万多平方公里的佛罗里达。路易斯安那和佛罗里达的扩张使美国尝到了甜头，接着，美国又相继通过策反与威胁的方式从墨西哥和英国手中得到了得克萨斯和俄勒冈地区，美国领土从大西洋沿岸扩展到太平洋沿岸。

此时，加利福尼亚又勾起了美国的兴趣。1542年，西班牙雇用的葡萄牙探险家首先发现加利福尼亚。之后，墨西哥从西班牙殖民者统治下独立时，将其变为一个省。1841年，美国陆续向加利福尼亚移民。为了得到这块土地，美国政要屡屡出高价购买。不过，墨西哥断然拒绝这一要求。

于是，美国萌生了以武力满足领土扩张的念头。1846年，美国总统波尔克派军队进入两国边境有争议地区。5月，美国正式向墨西哥宣战，墨西哥军队缺乏训练和先进的武器装备，很快就败下阵来，加利福尼亚顺理成章地归并美国。

在这次美墨战争中，墨西哥丧失了大半领土。

1867年，俄国刚刚遭受克里米亚战争的失败，财政十分困难，不但不能从阿拉斯加这块寒冷的不毛之地捞到油水，而且还要贴本钱去经营。所以亚历山大二世急于卖掉它。3月29日，俄国驻美大使斯捷克尔，深夜求见美国国务卿威廉·西沃德。当西沃德听到斯捷克尔男爵竟把价码掉到700万美元时，立即眉飞色舞地喊道："为什么要等到明天呢？我们今晚就签约吧！"双方当场拟定了协议文件，以700万美元外加20万美元手续费成交。720万美元买下了152万平方公里的土地，平均每英亩土地只值两美分。阿拉斯加成了世界上最廉价成交的土地。

19世纪中叶以后，美国西进的势头依旧，在获得了美洲大陆将近一半的土地后，又相继占领了太平洋中的一系列岛屿，直至将夏威夷王国纳入美国的版图，使其成为美国的第50个州。

这样，美国在100多年中，只用5000多万美元，却夺取了相当于独立初期3倍多的领土。领土扩张对美国的资本主义发展和今天"超级大国"地位的形成起了重要的作用。

美国迅速"吃成胖子"，简直如神话一般。帝国主义国家就是这样瓜分世界、划分势力范围的。君不见非洲国家的国境线常常是以经纬度来划分的吗，这都是西方列强的杰作，谁叫你是弱者呢？你只能任他们争夺，任他们宰割。看似轻描淡写的土地买卖，其实是大国之间博弈的结果。

战争带来的发明

战争给人类带来灾难，有时也会促进科学发展，尤其是军事科学的发展。许多先进的军事设备和武器就是在战争中发明的。

有时，战争中一些不起眼的现象会给人以启示，带来一项新发明。军用钢盔和防毒面具就是这样发明的。

第一次世界大战时，德军一支部队向法军一阵地发起了猛烈进攻，阵地上顿时烟雾弥漫，弹片横飞。正在厨房值日的一名士兵，紧急中随手拿了一口铁锅扣在头上冲了出去。战斗结束后，人们发现虽然他身上多处受伤，但头部却安然无恙，而他的许多战友却因头部受伤而死去了。有一天，法国将军亚德里安来医院看望伤员，听说了他的经历，便问起他的脱险过程，这位战士说，多亏了那口锅，它使他头部没有受伤，因此活了下来。将军听了以后，看了看那口锅，若有所思地说，这可是个好办法。回去之后，亚德里安就找来工程师，让他根据那位战士的做法，设计防弹的帽子。于是，战场上便出现了钢盔。它开始时被称作"亚德里安头盔"。钢盔的发明，减少了战争伤亡，拯救了许多战士的生命。

防毒面具也是在第一次世界大战中发明的。1915年，德军在比利时同英法联军的一次战斗中首先使用了毒气。德军将大批盛有液体氯气的毒气瓶放在上风口，毒气瓶打开后，毒气就向英法阵地蔓延开来，致使5000多名英法战士中毒死亡。毒气区的家禽、动物也大都中毒，而惟有猪在毒气中幸存了下来。这引起人们的注意。后来，人们进行多次试验和观察，发现每当毒气袭来时，猪就拼命用嘴巴拱土，把土拱起后，将长嘴巴埋在松软的泥土里。含有毒气的空气通过土壤大小不同的颗粒时，毒气成分被土壤颗粒吸附，猪吸到的空气已是被过滤、净化的气体。专家们根据这一启示，制成了外型酷似猪嘴的防毒面具，开始面具里面装的是土颗粒，后装入新研制出的活性炭颗粒。现在防毒面具里的净化物质更先进，但虽经多次改进，外型仍基本保持猪嘴的样子。在战争中发明的防毒面具，现已被广泛地运用到人们生产生活的各个领域。

罐头和卷烟也是战争带来的发明。罐头是拿破仑在对外战争中发明的。当时法军战线拉得太长，所带食品常常腐烂变质。为了解决食品长期贮存变质的问题，拿破仑悬赏1.2万法郎征求解决方法。最后马赛的一位食品专家采用先将食品高温煮熟，杀死细菌再装入瓶内，然后密封瓶口的办法解决了这一问题。后逐渐改进为人们现在所见的罐头。这一发明，使全世界人民都受益了。

卷烟是1832年埃及与土耳其交战时发明的。当时埃及士兵俘获了土耳其的一支运烟的骆驼队。士兵们触景生情，烟瘾大作，却又苦于无烟斗来抽。有一位士兵突发奇想，用包子弹的薄纸裹上烟叶吸了起来。这方法还真有效，既方便又实用，战士们纷纷仿效。后来此法被烟厂所采用，于是卷烟产生了，并很快普及到了世界各地。

趣谈"喀秋莎"

"喀秋莎"，在俄语里是俄罗斯女人常用的名字叶卡捷琳娜的爱称。这本是一个很普通的名字，但由于一首《喀秋莎》歌曲和"喀秋莎"火箭炮，这个名字响遍了全世界，备受人们喜爱。

歌曲《喀秋莎》是苏联著名作曲家玛·布朗介尔和诗人伊萨柯夫斯基于1938年合作完成的。这是一首弦律优美、充满激情的歌曲，歌曲中的喀秋莎是一位深深爱着前方战士的美丽姑娘。前线的战士非常喜欢这首歌，他们认为，这首歌给了他们热情和勇气，给了他们战胜敌人的巨大力量。一位战士写道："我们都喜欢喀秋莎姑娘，喜欢听她唱歌。敌人听了闻风丧胆，朋友听了勇气倍增。"有一次，入侵苏联的德军在他们的阵地里播放《喀秋莎》这首歌，放了一遍又一遍，苏联战士听了非常愤怒，怎么能让敌人放我们的《喀秋莎》，他们决心把《喀秋莎》唱片夺回来。于是，他们组织了一次突袭，以迅雷不及掩耳之势打击了敌人，并夺回了唱机和《喀秋莎》唱片。1945年苏联红军进攻柏林时，《喀秋莎》曲作家布朗介尔亲自来到一个炮兵阵地，战士们搬来一架钢琴，布朗介尔弹着钢琴和另一位著名作曲家一起唱起了《喀秋莎》。此举给了炮兵战士以极大的鼓舞。

在卫国战争中,有不少苏联女兵叫喀秋莎,她们更爱唱这首歌。她们之中有许多是真正的女英雄。有一位名叫喀秋莎·帕斯图申科的女战士作战非常勇敢,立有很多战功,被授予红星奖章。还有一位叫喀秋莎·伊万诺娃的,她是一位美丽纯真、机智勇敢的姑娘,她在当中学生时就报名参了军,参加过斯大林格勒保卫战,当过卫生员、机枪手、通讯兵,随部队从伏尔加河一直打到巴尔干,荣获过许多荣誉。

《喀秋莎》这首歌不仅鼓舞了战士的斗志,造就了许多英雄,它还将这个名字赋予了威力巨大的火箭炮。这种被称为"喀秋莎"的火箭炮,是一种多轨道的自行火箭炮,共有八条发射滑轨,可以在短时间内,以密集的火力打击敌人的有生力量和坦克等目标。整个火箭炮装在汽车上,车速每小时可达90公里,转移非常方便。此外,它还具有在任何气候条件下,在丘陵和沼泽地带实施作战的能力。这种威力巨大的火箭炮是武器专家利昂契夫研制成功的,由沃罗涅日州的"共产国际"兵工厂生产。"共产国际"一词的俄文第一字母是"K",工人将"K"打在炮车上,作为该厂的代号,战士们因此亲切地将印有"K"字母的火炮称为"喀秋莎"。德国情报部门得知苏联研制生产"喀秋莎"火箭炮的消息后,企图以绑架利昂契夫的办法得到这一机密。当时,利昂契夫正在前线的一个炮兵旅检查第一批出厂的"喀秋莎"火箭炮的战斗性能,伪装成慰问团的德国情报人员来到了这个旅,但他们不认识利昂契夫,便拐弯抹角地打听。负责利昂契夫安全的巴赫麦齐夫少校对慰问团产生了怀疑,他冒名顶替了利昂契夫,坐上了慰问团回莫斯科的汽车,但汽车没有回莫斯科,而是驶进了一片森林。在这里德国情报人员打死了司机,麻醉倒了巴赫麦齐夫少校,接着他们向德国情报站报告,要求情报站派飞机来接应。此时,苏联方面已搞清楚了这起间谍案,布下了天罗地网。深夜,一架飞机飞到了森林空地,驾驶员走下飞机,用德语和德国间谍小声交谈了一会,然后慰问团成员便迅速登上飞机。飞机降落之后,德国间谍得意洋洋地带着巴赫麦齐夫少校走下飞机,但迎接他们的不是德国情报人员,而是苏联的反间谍人员。德国这场绑架"喀秋莎"火箭炮设计师的阴谋至此遭到彻底失败。此后,喀秋莎火箭炮便在严密的保护措施下被大批地生产出来并陆续运往前线,在战斗中发挥了重要作用,为苏联卫国战争的胜利做出了重要贡献。

名人轶事

拿破仑许诺引起的风波

有人说,法国人与口有关的有"三爱":爱吃、爱接吻、爱说话。爱吃、爱接吻已为大家所熟悉。法国人爱说话主要表现在喜欢演讲、爱好辩论上。法国人很注意在这方面的培养和训练。许多院校在毕业考试中设有口试一项,考试还很严格。在法国政坛上,许多领导人不仅是著名的政治家,也是杰出的雄辩家。但他们的口才有时也会带来麻烦。法国历史上的风云人物拿破仑就曾因滔滔不绝、信口开河而给他的祖国带来过麻烦。

早在1797年3月,拿破仑偕同妻子约瑟芬到卢森堡大公国参观那里的第一国立小学。在那里,他和夫人受到全校师生热烈的欢迎和热情的款待。学生为他表演精彩节目,教师向他亲切致意,宴席摆满美味佳肴。这一切,都使拿破仑感到满足和高兴。他在对全校师生的演讲中,深表感谢地说:"为了答谢贵校对我,尤其是对我夫人约瑟芬的盛情款待,我不仅今天呈上一束玫瑰花,并且在未来的日子里,只要我们的法兰西国家存在一天,每年的今天我将亲自派人送给贵校一束价值相等的玫瑰花,以其作为法兰西与卢森堡友谊的象征。"说完,他将一束价值3个金路易的玫瑰花赠给了该校校长。

后来,事过境迁,拿破仑忙于应付战争和政治,早已将此事忘得一干二净。但卢森堡一直将它作为一种荣誉牢记着"欧洲巨人与卢森堡孩子亲切、和谐相处的一刻。"他们还将此写入书中,编成了连环画和儿童文学故事。

1984年,卢森堡人民认为有必要让法国人记住他们心目中的伟人曾经许下的诺言。这一年,卢森堡向法国政府提出了违背赠送玫瑰花诺言案的索赔。卢森堡要求,要么自1797年起,用3个金路易作为一束玫瑰花的本金,以5厘复利计算利息,全部清偿这笔玫瑰债;要么法国政府在法国各大报纸上,公开承认他们的伟人拿破仑言而无信。

法国政府当然不愿为此小事损害他们伟人的声誉,打算还清欠债了事。没想到,财政官输入电脑一计算,这个当初只有3个金路易的玫瑰花债务,经近200年的利滚利的计算,竟变成了137万多法郎的巨额数字。法国人这回不敢再说大话了,他们经过细心斟酌,做了一个小心谨慎的答复:"以后,无论在精神上还是在物质上,法国将始终不渝地对卢森堡大公国的中小学教育事业予以支持与赞助,来兑现我们的拿破仑将军那一诺千金的'玫瑰花'誓言。"卢森堡人本不是为了索取债务,有了对方这样的答复也就满足了。

拿破仑惹下的这类麻烦还不止这一起。前些年,瑞士布尔日圣皮尔村的农民拿着拿破仑在1800年写下的一张借据向法国政府索赔来了。

1800年拿破仑率4万大军赴意大利对奥作战时,途经瑞士这个小山村。当时因军需,法军砍掉了该村的一些树木,运走了一批木料,消耗了该村的一些粮食和饲料。临走前,拿破仑亲笔写了一张借据,表示今后一定赔偿。后来,拿破仑忘掉了此事,但该村的后代却一直保存着这张借据。几年前,村民偶然发现了这张保存了近200年的借据,便拿着它向法国政府索赔,法国政府于1982年付给该村45万瑞士法郎的支票,替拿破仑还了债。1983年,当法国总统密特朗访问瑞士时,该村村民又将钱退还给了法国。但密特朗表示,一定要想办法偿还这笔旧债。1984年5月19日,是拿破仑率军通过该村184周年纪念日,法国驻瑞士大使遵照密特朗的指示,代表法国政府向该村赠送了一座拿破仑骑在马上的铜像,并递交了密特朗总统的一封亲笔信。法国最终以这种友谊的方式了结清了这笔债务。

只有十句话的精彩演讲

林肯是美国历史上最受人尊敬的总统之一。美国南达科他州有一座拉什莫尔山,山峰上刻有四位美国著名总统的肖像,其中就有林肯。其他三位是华盛顿、杰斐逊和罗斯福。前些年,美国史学界做了一次民意测验,了解美国历史上哪几位总统最受人爱戴。测验结果,林肯名列前茅。马克思称他"是一位达到了伟大境界而仍然保持自己优良品质的罕有的人物"。

中国宋氏三姐妹的父亲宋耀如也很崇拜林肯。他开始为他的三个女儿起的名字爱琳、庆琳、美琳都是纪念林肯的。后来,一位老者说,这些名字洋味太浓,中国人应有中国式的名字,宋耀如才将她们的名字改为霭龄、庆龄和美龄。

林肯小时候,由于家境贫困只上过几年学,但他刻苦好学,博览群书,自学成才。他曾当过律师,思维敏捷,能言善辩,具有出众的演讲才能。

1860年,他当选为美国第16任总统。就任的第二年便爆发了内战,他领导政府军同叛军展开了激烈的战斗。战争中,他颁布了具有深远历史意义的《宅地法》和《解放黑人奴隶宣言》,极大地激发了美国人民,尤其是美国黑人的斗志。最终,他领导的政府军赢得了战争的胜利。

林肯在战争期间,发表了许多演讲,他的演讲朴实无华,观点鲜明,逻辑性强,具有强烈的感染力和鼓动性。尤其是他在葛底斯堡的演讲,被后人视为演讲史上的典范,深受推崇。

那是1863年7月,林肯领导的政府军同叛军在葛底斯堡进行了一场激战并取得了胜利。这是一场具有决定意义的会战。这次战役的胜利扭转了整个战争局面，为政府军的全面胜利奠定了基础。战争结束后，政府在葛底斯堡修建了国家烈士公墓。同年11月19日，举行了墓地落成典礼。典礼仪式上，埃弗雷特和林肯分别作了演讲。埃弗雷特是哈佛大学校长、著名演说家，他的演讲辞藻华丽，逻辑周密，感情充沛。埃弗雷特的演讲持续了1小时57分钟。埃弗雷特演讲结束之后，林肯走上典礼台开始了他的演讲，他只讲了十句话，用了不到3分钟的时间，以致摄影记者还没来得及拍摄，他就走下了典礼台。

林肯的这篇演讲词虽短，却观点明确、阐述透彻，他在这篇简短的演讲词中第一次鲜明地提出了"民有、民治、民享"的资产阶级民主主义革命思想，使听众耳目一新，深受感动。演讲一结束，回过神来的听众立即报以热烈的掌声。据说，掌声持续的时间，比他演讲的时间还长。在场的演说家埃弗雷特也被林肯的精彩演讲所折服，第二天他写信给林肯，信中写道："如果我在2小时内所讲的东西，能稍微及你在2分钟内所讲的中心思想的话，那么我就感到十分欣慰了。"林肯在回信中则说："昨天，就我们各自的身份来说，你没有理由作简短发言，我则不能作长篇大论。你认为我那篇三言两语的讲话还不是彻底失败，我为此感到十分高兴。"

林肯的这篇只有十句话的演讲稿，被美国人视为完美无瑕的演讲稿。它被刻在一块铜牌上，安放在美国著名的牛津图书馆门前。当年林肯亲笔写下的这份演讲稿，现珍藏在白宫二楼东端原林肯卧室内。

俄国皇宫里的"妖僧"拉斯普廷

在俄国末代沙皇尼古拉二世的宫廷中，有一个"妖僧"，他就是拉斯普廷。此人自称精通法术，装神弄鬼，却哄得尼古拉二世对他言听计从，成为沙皇一家的"保护神"。

拉斯普廷原是西伯利亚的一个农民，年少时就不务正业，以占卜和浪荡闻名于当地，经过20年的江湖闯荡，他的骗术练得炉火纯青。终于来到了彼得堡城。他得到贵妇人的青睐。并被引荐给亚历山德拉皇后。

沙皇一家有一块挥之不去的心病，那就是他们唯一的儿子阿列克谢患有血友病，经常会因一点皮肤损伤就流血不止。一日，阿列克谢头痛，脸色苍白。拉斯普廷来到彼得戈夫宫，说也奇怪，经他一弄，阿列克谢的头痛逐渐减轻。

从此，拉斯普廷成了沙皇一家的座上宾，出入皇宫如入无人之境。拉斯普廷从此得势，宫廷上下全都让他三分。

拉斯普廷大耍两面手法，在宫中谦恭谨慎，举止得体；一旦走出宫廷，则放浪形骸，大吹大擂，荒淫无耻。虽然拉斯普廷声名狼藉，但皇后就是不肯承认他邪恶的一面。皇族里有很多人劝沙皇远离这个妖人，都没有成功。但沙皇的侄女婿菲利克斯·尤斯波夫亲王是一个不达目的不罢休的人，于是一出错误百出的恐

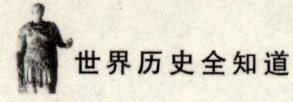

怖喜剧上演了。

尤斯波夫把拉斯普廷诱到了自己宫殿的地下室，然后用下了剧毒的蛋糕招待他。但拉斯普廷不但没死，还管尤斯波夫要酒喝，说是要把蛋糕冲进胃里。酒里也是下了毒的，可是拉斯普廷灌了两大杯之后居然还站着，并要求尤斯波夫为他弹吉他唱歌。尤斯波夫唱了两个多小时的歌，心里几乎绝望了。他又把拉斯普廷引到了密室，向他开了一枪。其中一名医生摸了摸拉斯普廷的脉搏，宣布他已经死亡。但没过一会儿，拉斯普廷的眼睛忽然一下子睁开了。吓破了胆的尤斯波夫呼喊着他的同谋们快开枪，另一个杀手手忙脚乱，连开了四枪，拉斯普廷终于倒在了雪地里，但仍挣扎着想爬起来，但也只能是磨磨牙了。然后尤斯波夫下来了，他看到拉斯普廷颓然倒在地上，但是还在喘气，于是就用短棒拼命地打他。最后，他的身体不动了。杀手们把他捆了起来，在冰封的涅瓦河上钻了个洞，把他扔了下去。三天以后，人们发现了他的尸体，他的肺里全都是水——拉斯普廷其实是淹死的。

沙皇一家听说拉斯普廷被暗杀，大为震怒，将尤斯波夫亲王流放外地。有意思的是，他因此在十月革命中幸存，十月革命后尤斯波夫从流放地回到了彼得格勒，苏维埃还派士兵在其宫殿外守卫。看来暗杀拉斯普廷的行动为他赢得了革命派的尊敬。人生祸福，难以预料啊。

"列宁"名字的来历

对列宁这个名字，人们是再熟悉不过了，人们都知道他是世界上第一个社会主义国家的创立者，但很少有人知道"列宁"只是他的笔名，他的真实姓名叫弗拉基米尔·伊里奇·乌里扬诺夫。这是俄罗斯典型的三段式姓名。"弗拉基米尔"是名字，"伊里奇"是父名，"乌里扬诺夫"则是姓氏。

列宁一生共使用过150多个笔名、化名。据说，在他10岁时就曾用过一个笔名"库贝什金"，那是他在乌里扬诺夫家为孩子们办的家庭杂志《星期六》上写小故事时用的。这个家庭杂志是手写的。参加革命活动后，他因工作需要和避免敌人迫害，使用的笔名和化名就更多了。但他使用得最多、最喜欢的还是"列宁"这个笔名。自1901年起，他用"列宁"署名发表的文章就有800多篇。第一次以"列宁"为笔名发表的文章是《土地问题上的"批评家"先生们》。这篇文章发表在1901年12月出版的《曙光》杂志上。从此以后，"列宁"便成了他最主要、最常用的笔名。十月革命胜利以后，作为苏维埃新政权的领袖，他开始用真实姓名署名，但还喜欢在后面加上"列宁"，并用括号括起来。

列宁为什么如此喜爱这个笔名？列宁生前未同任何人谈论过，在他的著作、信件、笔记中也没提及此事。

列宁去世不久，莫斯科的《党支部报》编辑部曾就这一问题写信给列宁夫人，列宁夫人回信说："我不知道为什么弗拉基米尔·伊里奇用了"列宁"这个笔名，这件事我从来没问过他。"

列宁的弟弟则认为，这个笔名来源于勒拿河河名。勒拿河是苏联西伯利亚一条重要河流，在俄语里"勒拿河"与"列宁"词根相同，所以，列宁弟弟认为"列宁"的笔名由此而来。列宁虽然没在勒拿河边住过，但却在西伯利亚度过了3年流放生活。在这里，他磨炼了意志，并为未来的斗争做了准备。所以，他选了这条美丽而雄壮的河流名字作为自己的笔名，以作纪念。

另一种说法是，列宁取用这个笔名是为了纪念"列纳事件"。列纳是西伯利亚一个地名，附近有金矿。1912年4月，列纳金矿工人举行罢工，遭到沙皇血腥镇压，被打死250人，打伤270人，造成"列纳事件"。"列

1917年4月，列宁在一个群众集会上发表演说。

宁"与"列纳"读音的第一个音节相同，所以，有人推测这是"列宁"笔名的来源。但人们稍加注意就会发现，"列纳事件"发生在1912年4月，而列宁在1901年就开始使用"列宁"这个笔名了。显然，这种说法根据不足。

也有人认为，"列宁"可能是为了纪念他的母亲和已故的姐姐而采用她们名字"莲娜"的词根构成了这个笔名。但列宁的夫人否定了这一说法。

美国传记作家路易斯·费希尔则认为，列宁这个笔名可能是从他认识的第一个女中学生"列娜"的名字中引申出来的。

众多的说法都是推测，而且理由都难以令人信服。看来，要解开这个全世界都熟悉的"列宁"笔名之谜，还需要寻找更有说服力的证据。

集英雄与卖国贼于一身的贝当

在法国历史上，菲利普·贝当是一位集英雄与卖国贼于一身的特殊人物。在第一次世界大战中，他指挥了著名的凡尔登战役，被誉为"法兰西民族英雄"。但在第二次世界大战中，他却卖国投敌，与德国法西斯合作，当了傀儡"总理"，成为历史罪人。

1916年2月21日，德国动员了27万精锐部队，集中了1400多门大炮，由德国皇太子威廉亲自指挥，以压倒的优势向法国凡尔登要塞的10万法军发动了猛烈进攻，德国炮群以平均每小时10万发炮弹的射速，向凡尔登附近狭长的三

角地带倾泻了 200 多万发炮弹。法军的前沿堑壕被炸毁,前线的防御体系遭到破坏,各处的联络中断,补给线断绝,形势异常危急。在这危急关头,贝当受命出任守卫要塞的总指挥。贝当来到前线,一面布署军队、调整防区,一面派人抢修道路,并迅速组织了一支拥有 9000 人和 3900 辆汽车的运输队,以平均每 14 秒钟就有一辆汽车通过的速度,将物资和兵源源源不断地运达凡尔登,确保了前线的需要,拼死守住了要塞。此后,贝当指挥法军经过艰苦卓绝的战斗,终于击溃了德军,收复了凡尔登失地。贝当因其优异的组织指挥才能,扬名法国,成为法国人民心目中的英雄。

然而,这位在第一次世界大战中的英雄,在第二次世界大战时,却成了法国的卖国贼。当第二次世界大战的战火烧到法国本土时,贝当被纳粹德国的攻势所吓倒,84 岁的贝当已丧失了昔日的斗志和爱国心,成了法国投降派的首领,并于 1940 年 6 月 16 日组织了卖国政府,当上了德国控制下的傀儡"总理"。根据停战协定,德国解除了法军武装并令其交出武器,法国北部工业区由德军直接占领。贝当的"法兰西国家"成为为德国效劳的工具。

1945 年 5 月 8 日,德国战败投降,89 岁的贝当向以戴高乐为首的法国临时政府投案自首。法国最高法庭以卖国投敌罪判他以死刑,但建议从宽发落。这除考虑他在第一次世界大战时作出过贡献外,还因他与戴高乐有过一段特殊关系。贝当曾关心支持过戴高乐,使戴高乐在军界提高了声誉、得到发展。第二次世界大战开始时,两人分道扬镳。贝当任傀儡政府首脑时,曾缺席判处戴高乐死刑,当然没有执行。所以,后来贝当被监禁时曾说:"我判处了他死刑,他也判处了我死刑。我们两人谁也不欠谁的账。我在他的死刑判决书上批了不要执行,他肯定也会这样做的,因为我现在还在这里。"1951 年,贝当死于囚禁之中。

在贝当死去 41 年的 1992 年,他的墓前发生了一件有争议的事。这一年的 11 月 11 日,法国总统密特朗在贝当墓前献上了一束花。总统府说,"这是总统向那些在第一次世界大战中指挥出色的已故法国将军献的花。"但此举遭到国内一些人的抗议,认为这一举动"伤害"和"侮辱"了在第二次世界大战中受到贝当迫害的人。大约有 200 名犹太大学生为此举行了抗议活动。事后有人给爱丽舍宫送去了一束红白康乃馨花,上面附有傀儡政府的战斧图案标志和一段题词:"弗朗索瓦·密特朗,向您致以衷心的感谢。"题词者的署名是菲利普·贝当。显然,这是对密特朗向贝当墓献花举动的嘲讽。

石油大王洛克菲勒

1839 年,约翰·D·洛克菲勒在纽约出生。1853 年,洛克菲勒一家从纽约迁到俄亥俄州,那时,洛克菲勒 15 岁。他们在伊利湖畔的克利夫兰市的一个小镇落脚。

从小父亲不断给洛克菲勒灌输的思想是："人生只有靠自己,做生意要趁早。"1855年,洛克菲勒进入一家兼营货运的中介公司当簿记助理。1858年,洛克菲勒与朋友克拉克合伙成立了"克拉克·洛克菲勒经纪公司",把美国西部的谷物肉类出售到欧洲。

1859年,美国西部宾夕法尼亚州钻出了第一口油井,很快就在全美国掀起了一股"石油热"。但当时石油大量被开采,需求量却没有上升,石油价格一路下跌。洛克菲勒耐着性子,按兵不动。

1861年,美国南北战争爆发,铁路建设风起云涌,石油需求量大增,洛克菲勒的机会也来了。1863年,洛克菲勒在克利夫兰开设了一个炼油厂,把西部的石油运到纽约等东部地区。在石油业中,勘探石油等工作被称为"上游工业",精制和销售属"下游工业"。随着下游工业的兴盛,克利夫兰出现了50多家炼油厂,洛克菲勒决定垄断"下游工业",那时他只有28岁。洛克菲勒掌握着大量运油的铁路车辆,并和宾夕法尼亚等铁路部门达成秘密协议,每天固定通过铁路输送定量的石油,而铁路则给洛克菲勒的运价打折扣。运输成本降低了,洛克菲勒便用压低售价的办法来压垮其他竞争者,并且吞并了许多中小炼油厂。到1869年,洛克菲勒的炼油厂已发展成美国最大的炼油厂。

1870年1月,洛克菲勒将他的炼油厂变为股份公司,并正式定名为美孚石油公司(Mobil Oil Company)。

1878年,美孚石油公司在打倒他的最后一个强大对手——宾夕法尼亚铁路公司后,取得了38家石油公司的股权,控制了美国炼油工业资产总值的90%以上,确立了它在石油工业中的垄断地位。

随着洛克菲勒"石油帝国"实力的迅速增长,它的触角也伸展到金融、公用事业和一些工业部门。洛克菲勒依靠庞大的石油帝国和巨大的金融实力作后盾,大大加强了其在美国金融界的地位和影响。1935年,洛克菲勒控制了海内外大约200家公司,资产总额达到66亿美元,他的私人财产也超过了15亿美元,成了名噪世界的"石油大王"。

1896年,洛克菲勒秘密地搬到了波坎铁柯庄园,他退休了。他退休后几乎将全部的精力放到了发展慈善事业上。1913年,设立了"洛克菲勒基金会",专门负责捐款工作。他捐款总额达5亿美元之多。

1937年5月23日,98岁的洛克菲勒在他奥尔蒙德海滩别墅里去世了。他的子孙继承了他的事业。洛克菲勒家族成了美国十大超级富豪之一,也是当今美国知名度最高的家族之一。他的孙子纳尔逊·洛克菲勒曾当上了美国副总统,而他的另一个孙子大卫·洛克菲勒则是赫赫有名的大银行家。洛克菲勒家族如今的财富到底有多少,连他们自己也说不清。

洛克菲勒有一句名言广为流传:"如果把我剥得一丝不挂丢在沙漠的中央,只要一行驼队经过——我就可以重建整个王朝。"

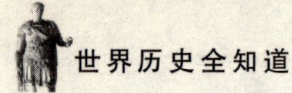

约翰·D·洛克菲勒是现代商业史上最富争议的人物之一。尽管他富可敌国，他本人却还是那个虔诚的基督徒，严格遵循浸礼会的教条生活，与一般意义上的富翁习性不同，洛克菲勒对购买法国庄园或苏格兰城堡无甚兴趣，也不屑于购买艺术品、游艇或中世纪韵味的西服，一生沉溺的爱好只有骑马。

在我国改革开放之前，洛克菲勒这个名字就是资本主义腐朽、贪婪的代名词。改革开放之后，国人对他的评价也有了变化，他代表的含义是个人合法地追求财富，这理应得到尊重。

报业怪杰赫斯特

赫斯特是20世纪初美国的报业大王，曾拥有25种日报、11种周刊和多种杂志，与另一位报业大王普利策展开激烈竞争，美国传媒界一时风起云涌。

1863年，赫斯特出生于美国加利福尼亚州的旧金山，家境富裕。1881年，他在哈佛大学就读。他挥霍无度，其行为任性是全校闻名的。但在此同时，由他担任经理的幽默杂志《讽刺文》却又得到全校一致好评。

1895年，赫斯特的父亲病逝，他继承了大量金矿和银矿的股票。为了在报纸发行业一展身手，他在母亲的支持下，卖掉了部分股票，获得750万美元巨额现金。从此，他凭借强大的财力作后盾，运用惊人的胆量和才能，开始了在报界纵横驰骋的一生。

他的第一步是将他的《新闻早报》定价为每份1美分。低价的报纸招来大批读者，《早报》的销量很快达到15万份。精明的赫斯特同时提高了广告费标准，从而补偿了报纸低价的亏损。普利策已经明显感到了这位加州来的年轻人对自己的威胁了。

赫斯特下一步的招数更凶猛：他以重金挖走了普利策《世界报》的骨干，使其完全瘫痪。普利策只好用同样的办法从《太阳报》挖来主编布勒斯本，让他重新组织《世界报》的编辑工作。赫斯将重施故伎，又以天价高薪将布勒斯本挖走。

纽约报界人士密切注视着这两个巨人的搏斗，甚至希望他们两败俱伤。不过，结果并不像他们所希望的那样。赫斯特成功了，普利策也并没有失败，这位作风稳健的报业大王经过一番努力，还是站住了脚，并仍保持着他报界领袖的地位。

《纽约日报》在赫斯特一连串的怪招下，发展得十分迅速。美西战争时期是它最辉煌的年代。但战后，它逐渐开始走下坡路。

1901年，肯塔基州州长哥贝尔遇刺身亡。《纽约日报》为造成轰动效果，竟将此案的责任推到麦金莱总统身上。这一过火的报道给《纽约日报》带来了噩运——同年9月，麦金莱总统也遇刺身亡。人们在凶手的口袋里竟然发现了一份

《纽约日报》，上面赫然登着恶意攻击总统的文章——人们更有理由确信，正是《纽约日报》这种煽动性的文章间接导致了总统的遇害。其他报社见此情景，认为机会到了，一齐抓住这件事大做文章，掀起一次猛烈抨击《纽约日报》的狂潮。

从赫斯特这人本质上说，充其量不过是个素质低下的文化商人，但他有经营头脑，这一点是别人所不及的。而且他能不择手段，做别人不愿做的事。他成功的秘诀就是这些。

赫斯特一生挥金如土，1922年，他离开纽约，搬回加州，建造了一所豪华如同皇宫的寓所。赫斯特的父亲在世时，总喜欢在自家院子里的一棵大树下休息。后来，赫斯特发现大树正好把他眺望大海的视线挡住了。赫斯特不忍心把他老父亲所喜爱的那棵树砍掉，结果花了4万美金，请植树专家把那棵树移了30英尺。

1951年8月14日，赫斯特这个报业怪杰病逝了，享年88岁。他死时，手上仍有18家报社、9种杂志、8个广播电台以及一家国际通讯社。

赫斯特的一生是风光的。但是，他还是没有能敌过堪称报业大王的普利策——虽然他曾给普利策造成无限痛苦和烦恼。由于普利策作风稳健，从没有像赫斯特那样大起大落，这使他长期在报界保持着巩固的地位。时至今日，新闻界仍无人不知普利策的大名，但知道赫斯特的人却不多了。

斯大林的子女们

斯大林有两个儿子和一个女儿。大儿子雅科夫是他第一位妻子所生。雅科夫出生8个月，母亲就去世了，他由姨母抚养长大。14岁时，他离开格鲁吉亚来到斯大林身边。卫国战争爆发后，他参军去了前线，后在一次战斗中被俘。在敌人的集中营里他表现得英勇不屈，德国曾向斯大林提出要用一名被苏军俘虏的德国高级军官交换他，遭到斯大林拒绝。最后他在集中营触电网牺牲。

斯大林的小儿子瓦西里是他第二位妻子所生。瓦西里20岁时参加了卫国战争，是一名飞行员，作战很勇敢。战争结束时，他当上了中将。1947年被任命为莫斯科军区空军司令员。瓦西里喜欢喝酒，后来发展到酗酒且不能自拔，曾因喝酒违反军令而被斯大林撤职。他对斯大林的去世表示震惊，他曾多次公开讲，斯大林是被人杀害的。1953年4月他被逮捕并判了8年徒刑，1960年被提前释放。释放后被送到远离莫斯科的喀山。1962年因与家乡来的客人饮酒过量而去世。

斯大林的女儿斯维特兰娜也是他的第二位妻子所生。斯大林最喜欢他这个女儿。斯维特兰娜给斯大林带来许多欢乐，她也度过一段幸福童年。后来，她因婚姻问题与斯大林发生了矛盾。20世纪50年代她曾结过两次婚。她同第一个丈夫

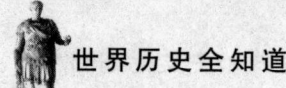

生了一个儿子叫约瑟夫，是一位医生。她同第二个丈夫生了一个女儿叫卡佳。后来，她同在苏联一家出版社工作的印度人辛格生活到了一起。1966年辛格病死，她以送辛格骨灰回印度安葬的名义去了印度。在印度，她通过美国驻印大使馆去了美国。在美国，她同一位美国建筑师结了婚，并生有一个女儿叫奥莉佳。奥莉佳和她感情很好，曾跟随她回苏联生活了两年。奥莉佳现生活在美国。斯维特兰娜最后定居在英国。据说，她70岁时进了一家修道院做了一名修女。

斯大林的孙子朱加什维利是一所军事学院的军事史教授。他长得酷似斯大林，身材高矮、胖瘦都与斯大林相仿，也留着小胡子，他以此为骄傲。电影《斯大林之子雅科夫》中的斯大林就是由他扮演的，他几乎不用化妆就可以上演。电影中的雅科夫就是他的父亲。他对斯大林拒绝用一名被俘德国高级军官换回他的父亲表示理解和赞同。他认为，这是斯大林为他的人民和国家做出的牺牲。他崇拜他的爷爷，并为他是斯大林的后代感到自豪。他希望人们能继承他爷爷的权威，并运用这种权威使"俄罗斯再度成为斯大林时代那样伟大的国家"。他参加了一个叫"斯大林社会主义阵营"的组织，并担任领导。他还打算以一个决心使共产党重新执政的极左派联盟领导人的身份参加总统竞选。

斯大林另一个孙子布尔顿斯基是他小儿子瓦西里的孩子。布尔顿斯基自幼喜爱演艺，很小就开始登台演出，后来成为一名演员和导演。他是一个自由派，不愿过问政治。他曾公开对《真理报》记者说过，他这一辈子从没投过任何人的票。

一件"小事"造就了两位巨人

温斯顿·丘吉尔出生在英国伦敦一个贵族家庭，小时候他调皮好动，性格倔强，不听管教。

有一次，他离家到一处沼泽地附近玩耍，不慎掉入沼泽之中，他企图爬上来，结果越挣扎陷得越深，他害怕了，大声呼救。此时，正在农田干活的一位贫苦农夫听到了呼救声，他立即放下手中的农具，奔向沼泽地，发现一个小孩正在泥潭中挣扎，淤泥已经没到他的腰部。农夫没加思索，立即奋不顾身地冲进沼泽地，救起了这个孩子。

第二天，一辆豪华的小轿车开到了农夫的田边，车里走下一位风度优雅的绅士，他向田间的农夫说，他是被救孩子的父亲，是来致谢的。他说："我想用一笔酬金来报答你，你救了我孩子的命。"农夫回答说："我不要报答，我不能因为做了一点事情就接受酬金。这是我应该做的。"绅士很感动。这时，农夫的儿子正好走来。绅士见了，对农夫说："我提一个建议，让我把你儿子带走，我要给他提供最好的教育，如果他像他的父亲，他一定能成为令你骄傲的男子汉。"农夫被绅士的真情所感动，也希望自己的儿子受到教育，便同意了他的建议。

农夫的儿子学习很刻苦，后来上了医学院，毕业之后，成了享誉世界的医生。

绅士的儿子若干年后因感染肺炎病倒了，经注射青霉素，他的身体得到康复。

绅士的儿子温斯顿·丘吉尔后来成了著名的政治家，第二次世界大战期间，担任英国首相，领导英国人民战胜了德国法西斯，为保卫英国做出了重要贡献。

农夫的儿子叫亚历山大·弗莱明。他在绅士的资助下，学有所成，不仅成了著名医生，还发明了青霉素，拯救了无数人的生命，其中包括绅士的儿子温斯顿·丘吉尔。

这是一个真实的故事。正是因为农夫和绅士共有的高尚品质，才引发出这则感人的故事，为世界造就了两位巨人。所以，有人说，一件"小事"，成就了两位巨人。

丘吉尔"怒中见威严"照片拍摄趣事

英国首相丘吉尔是一位意志坚强、不畏强暴，具有雄辩才能的杰出的反法西斯战士。他于1940年受命担任英国首相，当时正是第二次世界大战最困难的时候。他在受命时表示："我的奉献，只有鲜血、辛苦、眼泪和汗水。"受命之后，他勇敢地担负起领导英国人民抗击法西斯的伟大斗争并赢得了胜利，为世界反法西斯斗争做出了贡献。

丘吉尔在战争中，很善于捕捉时机，利用各种手段鼓动宣传，他有三幅照片，在当时流传很广，很有影响，对战士鼓舞很大，被英国人民视为胜利的象征。

这三幅照片，一幅是1940年丘吉尔视察英国东北部防务时，嘴上叼着雪茄，试用汤姆冲锋枪的照片；一幅是嘴上叼着雪茄，将两个手指做成象征胜利的"V"字高高举起的照片；还有一幅是左手叉在腰间，愤怒地注视着前方的照片。前两幅照片都是嘴叼雪茄、面带微笑，充满自信、给人以力量和必胜的信念。第三则是一张"怒中见威严"的照片，显示了丘吉尔不屈不挠的精神和无坚不摧的威严。说起这幅照片的来历，还有一段趣事。

丘吉尔在战争最惨烈的时期，曾以自己特有的不屈精神鼓舞了英国人和所有反战人士的士气。

这幅照片是世界著名肖像摄影大师加拿大的优素福·卡什为他拍摄的。卡什曾为毕加索、萧伯纳、海明威、爱因斯坦、铁托、戴高乐、基辛格、里根等世界名人拍过肖像照。他拍出的人物肖像照片层次丰富、性格鲜明，人们尊称他是"拍摄灵魂的大师"。他为丘吉尔拍的这幅照片，是1941年12月30日丘吉尔来加拿大演说时拍摄的。卡什决心为丘吉尔拍摄一幅令全世界感到震撼的"不可战胜的"伟大政治家的形象,为此他做了精心的准备,向丘吉尔提出了要求,请他放下雪茄。但当卡什抬起头准备拍摄时,发现丘吉尔仍悠然自得地叼着雪茄,而这种温文尔雅的举止,根本不符合"战时首相"的形象,也不是他要表现的。如何拍好这幅照片呢?卡什灵机一动,突然采取了一个大胆的行动:他迅速地跑上前去,对丘吉尔说了声:"对不起,阁下。"说着,冷不防地将丘吉尔叼在嘴上的雪茄拿了下来。丘吉尔被这突如其来的动作激怒了,一下子瞪大了双眼,左手叉在腰间,怒视着卡什。就在这一瞬间,卡什按下了快门。一幅独具个性的"战时首相"的照片诞生了。

这幅照片果然像卡什预料的那样,立即引起世人的关注,很快成为世界各大报刊争相发表的作品,先后有7个国家将这幅照片印制成邮票广泛发行,成为第二次世界大战期间影响最大的摄影作品。

意大利法西斯暴君墨索里尼

墨索里尼(1883—1945)是意大利法西斯党的缔造者、总头目,是意大利法西斯政权的大独裁者,是给人类带来空前灾难的第二次世界大战的主要战犯之一。

墨索里尼的一生,如同一切古往今来的怪杰一样,有他独特的个性。

他是个地道的野心家、自大狂。他常跟别人说:"我无论做什么事情,决不步他人的后尘。"在生活上,他终生烟酒不进,从不吃肉,有时吃点鱼。他一般很少吃主食,以牛奶水果为主。早晨喝咖啡、吃水果,午间喝汤、吃水果,到晚间还是以水果为主。

他不喜欢艺术,对产生了伟大作品的那个时代尤其厌恶。他懂得奢侈足以败坏一个人的名声,为此他很注意节俭。他在1928年写的自传里,曾标榜自己在当权前的6年时间里,从没进过一家咖啡馆。但他对个人的钱财、物品并不十分珍视。他写的自传在美国发表后,得到很大一笔稿费,他曾拿出一部分钱周济了罗马的贫民。他家里没什么珍奇之物,只有一幅曼奇尼的自画像。1943年戈林54岁寿辰时,意大利政府要送件艺术品给德国元帅戈林祝寿,但美术部却一时拿不出满意的礼品来。墨索里尼知道后,就要把曼奇尼画像拿出来奉送,经他的女婿苦苦相劝,才使他改变了主意,当然这和他不喜欢艺术品不无关系。

他性格暴躁反复无常,对他的个性很难下个准确的定义。有一次,一向恭维他、他也很喜欢的一家杂志《幸运》,因一件微不足道的小事,招来了倒闭之灾。原因是这家杂志在恭维墨索里尼的文章里,引用了他早年说过的一段话:"我早上第一件事是从床上一下子跳下来,不论睡在我身旁的女人多么漂亮。"就是这句话,可能使他觉得有失他大独裁者的尊严,他顿时火冒三丈,命令立刻关闭这家杂志,永不许它再出版发行。

墨索里尼渴望长生。他不愿正视自己年龄的增长、后代的存在与自然成长。他最讨厌有人说他已经当爷爷了，若谁以此来恭维他，准四处碰壁。1941年7月，匈牙利驻意大利外交官维隆尼，去向墨索里尼辞行。两人谈得很投机，墨索里尼表现得也很热情周到。可维隆尼在临别之际却突然说："我要告老还乡了。我是个老人，和你一样的年纪，其实比你还要大一岁。"墨索里尼斜视着面前这位老态龙钟的外交官，显示出满脸的不高兴，再也不愿意理他了。

墨索里尼的21年独裁生涯，始终是打着意大利民族的旗号，不断向外侵略扩张的。但他对意大利民族却是全然蔑视、冷酷无情的。这个流浪汉起家的大独裁者，从20世纪20年代以来，一贯进行战争叫嚣。他在对意大利20多年的独裁统治中，虽说对意大利人民、以致对全世界人民欠下了累累血债，但在意大利也完成了许多重大工程，有些是符合意大利人民利益的，也是他得以统治意大利多年的一个条件。

然而受其本性所驱使，他犯了两个致命的错误，最终使他身败名裂，死无葬身之地。一是：想把一个缺乏工业资源的国家变成一个强大的军事帝国。他把他的最终事业，和他的人民传统风格完全对立起来，企图以皮鞭驱使人民，为他虚幻的野心去卖命。二是：在第二次世界大战中，把意大利的前途、命运和德意志第三帝国连接在一起。希特勒把墨索里尼抓到手后，利用"合作"最后竟完全控制了他。当希特勒的丧钟敲响之时，他已经成了希特勒的忠实傀儡，最后灭亡的命运也就在所难免了，最终被押上了历史的断头台，以他一腔肮脏的血祭了意大利、全世界反法西斯烈士的英灵。一代法西斯大独裁者、暴君成了遗臭万年的千古罪人。

一生惧内的爱德华八世

1936年12月11日晚，整个英伦三岛的民众听到电波里传出这样的宣言："我的心和沃利斯在一起，没有我爱的女人，我无法生活。""我不是国王，我只是一个恋爱中的男人。"

发出这个宣言的不是别人，正是刚过不惑之年的英王爱德华八世，爱德华八世为了迎娶心爱的女人不惜作出退位的牺牲，自降为温莎公爵。不爱江山爱美人，这件事一时成为美谈，传遍全世界。

可是婚后，在专断跋扈的公爵夫人沃利斯·沃菲尔德·辛普森的控制下，温莎公爵过起了无所事事的生活。他俩成天穿梭于纽约、巴黎和棕榈滩的富人圈之间，以争取世人对他们的好感。公爵真正能负责的事情大概就是悉心照料夫人豢养的一群哈巴狗了。

爱德华放弃了天生该做的事业，但是又没什么事情能填补空白。不过他仍然保持着王室成员的尊严，享受着特权，而且他希望自己的夫人也能受此优待。除了源源不断地从英国政府那里榨钱之外，爱德华大概只对一件事情下过心思，那

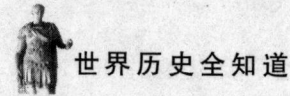

就是不遗余力地为夫人争取王室封号。当初，爱德华力排众异和辛普森夫人结婚的时候，英国王室坚决不肯接纳这位来自巴尔的摩、两度离婚、脾气暴躁的女人为王室成员，更不可能授予她"殿下"的封号。温莎公爵和王室家族之间的关系本来就因为退位事件变得岌岌可危，英国王室坚决不肯接纳辛普森夫人，而他在为夫人争取封号时决不让步的态度则使紧张的家族关系进一步恶化。

二战期间，英国遭受了纳粹德国猛烈的袭击，白金汉宫也遭到轰炸。即便在这样严峻的形势下，温莎公爵仍然不忘向王室为夫人讨封号。战争期间，爱德华除了为夫人争取封号之外，大概就没在别的事情上倾注过这么多的心血。事实上，他曾被一度任命为巴哈马总督。国难当头，这真算不上什么千钧重任，可是爱德华刚到任就叫苦连天，要求马上离职。

巴哈马一行令温莎公爵夫妇忙得四脚朝天，所以战后他们觉得应该彻底放松一下。这一放松不要紧，后半辈子就算是晃荡过去了。如果天气好的话，爱德华就打几轮高尔夫球，天气不好就打个盹，然后斟酒小酌。不过到了下午4点他就得忙活起来了，不是向下人们转达夫人的指示，就是亲自为夫人跑腿效劳，而这个时候的公爵夫人正在忙碌地准备当天晚上的晚宴或者社交活动。

不管怎么说，爱德华八世放弃王位是一种明智的选择，他一定认识到自己性格和禀赋的缺陷，难以担当一国之君。尽管他性格平庸，生活琐屑，且有惧内的毛病，但我们没理由过分指责他，因为他毕竟有自知之明，主动让出了王位。

二战首脑的后裔们

第二次世界大战已结束半个多世纪，当年叱咤风云的首脑们早已作古，他们的后人今何在？情况如何？他们还有当年先辈那种魄力、风采和能量吗？让我们聚焦斯大林、罗斯福、丘吉尔、墨索里尼的孙子孙女们。

斯大林有两个儿子，大儿子雅科夫，卫国战争时参军去了前线，后在一次战斗中被俘，表现得英勇不屈，最后在集中营触电网牺牲。小儿子瓦西里，在卫国战争时，是一名勇敢的飞行员，战后当上了中将，斯大林去世后，他曾遭逮捕，释放后被送到远离莫斯科的喀山。后来因饮酒过量去世。

瓦西里的儿子布尔顿斯基自幼喜爱演艺，不愿过问政治，后来成为一名演员和导演。

雅科夫的儿子朱加什维利，是一所军事学院的教授。他长得酷似斯大林，崇拜他的爷爷，对苏联的解体感到痛心。希望能借助他爷爷的权威，再度使国家强大起来。为此，他产生了从政的愿望，并成立了一个政党，准备参加议会竞选，但没有成功。后来，他回到了故乡格鲁吉亚，准备参加格鲁吉亚总统竞选，并把祖父的强国思想作为竞选纲领。但由于他没有达到在格鲁吉亚连续居住两年的条件，不具备参选资格，但他仍很引人注目。

丘吉尔只有一个儿子叫伦道夫·丘吉尔。伦道夫·丘吉尔也只有一根独苗叫温斯顿·丘吉尔,与他祖父的名字一样,这名字给他带来过不少麻烦。比如,他给别人打电话说自己是温斯顿·丘吉尔时,经常听到对方说:"这个人不是早就死了吗?"1968 年,他去参加一次会议,当时会场外面有许多示威者,警察对进入会场的人盘查得很严。他进入会场时,自称自己是温斯顿·丘吉尔,警察认为他是个骗子,还在他身上打了几警棍。小丘吉尔早在 20 世纪 60 年代就做过记者,曾和他的父亲一起写过一本畅销书,名为《六天的战争》,后一度从政当议员,最后又放弃了政治生涯。现在他是一位著名的自由撰稿人。他收集了他祖父的大量私人文件。最近,有关方面用发行彩票的收入将这些文件收归国有。

罗斯福总统的孙子柯蒂斯·罗斯福,曾在联合国负责非政府组织事务的秘书处任部门负责人。他一直积极参与和他祖父 12 年总统生涯有关的会议,出版了很多相关书籍,并致力于有关他祖父的一些历史遗迹的保护。

2001 年,荷兰一家擅长将政界大人物聚在一起的机构,为这三位二战巨头之孙安排了一次聚会,该聚会讨论了他们先辈参加的雅尔塔会议所取得的重大成果。

另外,二战中意大利法西斯头目墨索里尼的孙子圭多·墨索里尼和孙女阿列桑德拉·墨索里尼,近些年在政坛上很活跃,而且都以极右派的面目出现。圭多是罗马一家奶酪公司的职员,1994 年曾作为新法西斯组织"三色火焰"的候选人参加罗马市长的竞选。后又以极右组织"新力量"的候选人参加过罗马市长竞选,但都没有成功。他极力为他祖父唱赞歌,说"法西斯 99% 的主张都是好主意"。墨索里尼的孙女是一名医生,她能言善辩,不满 30 岁即当选为那不勒斯市的议员。她是意大利右派组织"民族联盟"成员。她也曾多次竞选市长,但没有成功。

赫鲁晓夫在联合国大会上敲皮鞋

赫鲁晓夫是一位政治家,但却是一位不成熟的政治家;是领导了苏联第一次改革的改革家,但却是一位鲁莽的改革家。

赫鲁晓夫脾气暴躁,行为粗鲁,感情容易激动,讲话不注意影响,有时信口开河,尤其在外事活动中,这些都造成很坏的影响,甚至闹出许多笑话。有一次,在谈论毛泽东时,他竟说毛泽东是"一个老古董";他嘲弄保加利亚总理日夫科夫,说保加利亚人是寄生虫。他在访问瑞典时,竟毫不考虑自己大国主席的身份,和瑞典官员吵得面红耳赤。

赫鲁晓夫最丢面子、最被世人嘲笑的是他在 1960 年联合国大会上用皮鞋敲桌子的丑闻。在那次会议上,西班牙外交大臣卡斯蒂洛的发言使他大为恼火,他站起来猛烈地抨击他的发言,指责佛朗哥,说西班牙人民的儿子在遭杀害。当时主持会议的是爱尔兰人弗雷德里克·博兰,博兰打断他的话,要求他不要对西班牙国家元首进行人身攻击。这激怒了赫鲁晓夫,他立即把矛头转向了博兰,说:"还有你,主席,你支持这个卑鄙的法西斯和帝国主义的走狗,迟早有一天,爱尔兰人会打倒你这种人。"随后,赫鲁晓夫继续抨击西班牙外交官的发言。此时,苏联代表团也跟着起哄,赫鲁晓夫越说越激动,他挥起拳头用力地敲击桌子,结果手表带被震断了,他弯下身子去捡他的手表,由于肚子太大弯不下身去,手表没有够着,却碰到了鞋子,于是,他脱下了他的矮帮皮鞋,拿起来使劲地敲桌子。博兰为了使他平静下来,举起木锤敲击制止,但由于用力过猛,木锤也被敲断了(后来,挪威人又给他送来一把新的)。赫鲁晓夫则得意地说:"联合国活该倒霉,这是它瓦解的开始。"当西班牙外交大臣卡斯蒂洛回到座位时,赫鲁晓夫怒火未消,继续和他脸红脖子粗地争吵,工作人员急忙赶过来,站在两人中间,以防彼此身体接触。

赫鲁晓夫的这一举动成为人们谈论他的笑柄。联合国则以破坏会议程序为由,罚了苏联代表团1万美元。

在赫鲁晓夫的这一举动受到世人嘲笑的同时,也有人研究起了赫鲁晓夫的这只皮鞋。从当时的新闻照片看,当时赫鲁晓夫两只脚上都穿着鞋子,所以有人说,赫鲁晓夫脱的是坐在他身旁的苏联外交部长葛罗米柯的皮鞋。可从照片上看,当时葛罗米柯的两只脚上也穿着鞋。后来有人揭开了这个谜底,说赫鲁晓夫脱的是当时坐在他附近正在打盹的阿拉伯外交官的一只皮鞋。当这位阿拉伯外交官被惊醒后,赫鲁晓夫轻轻地拍着他的肩膀说:"没什么,梦中失落了一只鞋而已,我将来定会赠你一双优等的乌兹别克皮鞋。"从那以后,这位阿拉伯外交官每年都会收到一双高级的乌兹别克皮鞋。但当时赫鲁晓夫的私人翻译仍坚持说,赫鲁晓夫脱的是自己的皮鞋。赫鲁晓夫的皮鞋也因这一事件而身价倍增,据说英国骚森德市的皮鞋商巴兹尔·霍顿就以8万美元买下了一双赫鲁晓夫生前穿过的皮鞋,他用这双旧皮鞋做广告后,他的生意立即红火起来。

基辛格秘密访华记趣

1969年,出于抗衡苏联的需要,新上任的美国总统尼克松准备改变对华政策,寻求改善美国同中国关系的途径。为此,他上任后的第一道命令就是要其国家安全事务助理基辛格"探索重新同中国人接触的可能性"。为了将此信息传递给中国领导人,尼克松急于找一个传话人。后来他选中了与美国和中国都保持友好关系的巴基斯坦总统叶海亚·汗。叶海亚·汗机智巧妙地在中美领导人之间架起了通畅的"巴基斯坦渠道",出色地完成了这一具有重大历史意义的任务。最后,当中国总理周恩来同意邀请尼克松访华的口信通过巴基斯坦外交邮袋送到华盛顿基辛格手中时，基辛格激动得跑步到尼克松卧室，将信送给尼克松。尼克松读信时，基辛格在旁边一直面带微笑。当尼克松读完信时，基辛格说："这是第二次世界大战结束以来，美国总统收到的最重要的信件。"尼克松兴高采烈，取出陈年白兰地，破例在晚饭后同基辛格干杯祝贺。

渠道打通了，派谁去中国做前期准备工作呢？根据最近解密的尼克松录音带披露，尼克松最先考虑的人选并不是基辛格，而是副总统洛克菲勒和曾任美国驻华代办处主任的布什。基辛格认为这两个人选都不合适，他对尼克松说："派他（洛克菲勒）去倒不会出差错，但能不能完成任务就不一定了。""布什太软了，也不够老练。"尼克松认为基辛格说的有道理。最后，经过权衡，他决定派基辛格去完成这一任务。

处于当时的复杂背景，基辛格访华是在极其秘密的情况下进行的，很有传奇色彩，也留下许多轶闻趣事。

基辛格为他的秘密访华设计了一个名为"波罗行动"的周密方案。届时，他将以"了解情况"的名义出访南亚各国和法国巴黎。在巴基斯坦，他将公开活动一整天，然后借度周末之机乘飞机飞往中国，36小时后再重新在巴基斯坦露面。

1971年7月8日，基辛格一行飞抵巴基斯坦首都伊斯兰堡。按照计划，基辛格一到伊斯兰堡就装肚子痛，以便借机休息。谁知，还没离开印度，基辛格就真的肚子痛了，他自我解嘲地说："我这个凡人，如此放肆地说假话，上帝要惩罚我了。"在巴基斯坦，叶海亚·汗为他作了周密的安排。宴会上，基辛格表示歉意，说他偶感不适，肚子痛了，叶海亚·汗则表示为他安排一个合适的地方去休养恢复。这一唱一和没引起任何人怀疑。第二天凌晨，基辛格便直奔飞机场，登上了早已为他准备好的中国飞机，而他的专机仍停在飞机场显眼的地方。就这样，基辛格悄然无声地飞到了中国。两天后，他又神秘地飞回了巴基斯坦。秘密访华的使命，就这样神不知鬼不觉地完成了。

基辛格完成任务后，曾和尼克松有过一次秘密通话，两人用的都是密码，尼克松问的是"波罗"，基辛格回答的是"犹洛卡"。"犹洛卡"是古希腊大科学家阿基米德发现浮力定律时，狂喜地跳出澡盆时说的一句话，意为"我找到了"。基辛格用它表示，他已胜利地完成了任务。

基辛格因这次成功的秘密访华而备受世人瞩目。不少报道说，他在同中国领导人的谈判中表现得如何机敏睿智，谈吐如何潇洒，但据翻译章含之回忆，情况并非如此，尤其是在开始时，基辛格显得很拘谨，见到周恩来总理就紧张，身体绷得很硬，说话也不流畅，其英语发音还带有浓重的德国口音，发言是按准备好的发言稿宣读的。当然，基辛格毕竟是一位才华横溢的外交家，他的秘密访华是成功的，也是出色的。他的这次秘密访问掀开了中美外交史上新的一页。

美国总统尼克松访华轶闻

1969年，美国总统尼克松决心结束美国长达20几年的对华敌对政策，与中华人民共和国建立外交关系。这一决策无疑具有深远的历史意义，为他的总统生涯写下了光辉的一页，使他成为中华人民共和国建国以来第一个踏上中国国土的美国总统。

尼克松访华前，派出了黑格准将率领的先遣组。黑格带来了美方的口信，其中有苏联企图包围中国、美国准备帮助中国抵消苏联对中国的威胁的信息，期望通过访问加强尼克松总统作为世界领袖的形象。毛泽东得知后，说："包围中国，要他们来救我，那怎么了得！""顶回去，无非尼克松不来，不来就不来嘛，22年不来了，再等22年。尼克松不来，土克松、砖克松也会来。"后来，中国政府在答复稿中批驳了美方的这一观点。黑格只得说："可能我没有正确地转达总统的意思。"美国的以上态度，也是中国政府在机场低调接待尼克松的一个原因。

黑格在为尼克松访华做技术安排时提出：总统专车从美国运来，总统专机直达北京，电视转播车从美国带来。周恩来总理答复："车我们有，美国飞机停在上海，电视转播车带来可以，但使用权租给我们。"中国为尼克松准备的专车是红旗轿车，开始准备的是5号红旗车，中国一汽的工人对5号车进行了全面仔细的检查和调试。但在接待时，周恩来总理为确保万无一失，临时决定他坐5号车，而把他自己的6号车给尼克松乘坐。尼克松对中国当时能制造出如此高级的轿车感到"震惊"。后来，尼克松多次来华，中国政府为他准备的都是红旗轿车。

1972年2月21日11点27分，尼克松来到中国。3个小时后，毛泽东就接见了他。接见持续了70多分钟，当时毛泽东大病未愈，会见时，医护人员在附近房间里做好了随时抢救的准备。毛泽东接见尼克松是临时决定的，连周恩来总理都感到意外，原定在下午4点30分举行的中美双方全体会议也推迟了。尼克松的安全官泰勒也与总统失去联系70多分钟。他后来说，如果在这个时间里发生战争或发生其他意外情况，总统不了解情况，没法处理，问题可就严重了。

当晚，周恩来总理设宴招待尼克松。宴会上，尼克松致祝酒词，但在祝酒词的翻译上，曾发生过一段鲜为人知的趣事。尼克松要他的随行翻译傅立民为他在宴会上翻译祝酒词，傅向秘书要祝酒词底稿，秘书说没有，说尼克松将作即席讲话，傅说不可能，因为这份祝酒词底稿就是他写的。他之所以坚持索要，是因为他获悉白宫有人在底稿上加了毛泽东诗词。傅认为，在如此重要的场合随意翻译毛泽东的诗词既不严肃也不礼貌，弄不好还会贻笑大方，必须事先做好准备。傅表示，没有底稿，决不翻译。尼克松十分恼怒，向傅立民发了火，但还是将底稿交给了傅立民和中方翻译。尼克松不愿将底稿交给傅立民的原因是，他想在宴会上给人以出口成章、演讲口才非凡的印象。事后，尼克松感到不应该为此事向傅立民发火，为此他还特意向傅立民道了歉，道歉时还流了眼泪。

宴会上还有一件趣事，是尼克松用中国筷子进餐。尼克松为能在中国宴会上用筷子，来华之前曾多次练习过。在宴会上，周恩来总理还饶有兴趣地给予他指导。这样，他虽不能熟练地使用，但也能夹起饭菜了。不少人为尼克松能使用中国筷子感到惊奇，记者们拍摄了这难得的镜头。最为机敏的是加拿大《多伦多环球报》的记者伯恩斯，他等尼克松刚站起身来准备离席时，便飞奔前去将那双他用过的筷子揣入怀中拿走了。当时人们还没醒过神来，也不解他的用意，等到醒悟过来，都后悔自己没想到这一点。据说，后来有人愿出 2000 美元向他购买这双筷子，他都没有同意。他说，这双筷子太有意义了。

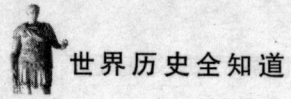

名人之死

拿破仑到底死于何因

1821年5月5日，拿破仑死在他的流放地圣赫勒拿岛。死后第二天，遵其遗嘱，对其遗体进行了解剖检验。主持解剖的是拿破仑的私人医生安托马什。在场的有拿破仑的侍从官员、驻岛英国官员和6名英国医生。解剖结果，7名医生分别交出了四份报告。报告对拿破仑的死因提出了不同看法。但这四份报告都指出了拿破仑的胃部靠近幽门处有溃疡。安托马什认为是"致癌性溃疡"，英国医生认为是"硬性癌引起的癌症"。虽然对致癌的原因看法不一致，但对他死于胃癌的看法是相似的。但有一点令人置疑，当时英国医生索特发现拿破仑肝脏肿大，并已出现溃烂。但英驻岛总督下令，要他在报告中删去这一发现。这就是说，从当时验尸的报告看，拿破仑或死于胃癌，或死于肝病。但人们对英国官方公布的报告持怀疑态度。后来有人指出，拿破仑既不是死于胃癌，也不是死于肝病，而是死于一种热带病。这种病是1798年拿破仑远征埃及和叙利亚时染上的，被流放到圣赫勒拿这个热带小岛后，引发了旧病，不治而死。前不久，美国医生罗伯特又提出一个新观点，认为拿破仑是死于男性激素严重失调。这是对于拿破仑之死属于自然死亡的几种观点。

随着对拿破仑死亡过程有关历史资料研究的深入，以及对拿破仑遗留下来的头发的检测，人们开始提出拿破仑不属于自然死亡，而是遭到"毒杀"的观点。瑞典医生弗舒伍德仔细地研究了拿破仑的仆人路易马尚的日记，日记记述了拿破仑死前半年，心跳急促，持续口渴，牙齿松动，双脚浮肿，体毛脱落。弗舒伍德认为，这显然是砒霜中毒症状，而不是胃癌的症状。前些年，人们对拿破仑遗留下来的头发的科学检测，也发现其头发中砷的含量，远远地超过了常人头发中砷的含量。这一发现支持了拿破仑砒霜中毒死亡的观点。拿破仑的遗发，相传是一个名叫诺韦拉的洗衣女仆，在拿破仑死后从他的前额剪下来的。这个女仆把那束头发和一张字条锁在一个箱子里，字条上写着："1821年5月5日于圣赫勒拿岛，在拿破仑死后6小时，我亲手剪下了他这束头发。1964年，这束头发被法国收藏家费舒购得收藏。1994年，费舒同意拿出检测。但有人对这束头发的真实性表示怀疑。

对拿破仑如何发生砒霜中毒，有两种说法。一说是，拿破仑囚室裱墙纸散发的砒霜毒气所致。英国纽卡素大学历史学家大卫钟斯，曾获得当年拿破仑囚室上的一块墙纸，经化验此纸中含有砒霜成分。他认为这种墙纸受潮后容易散发砒霜毒气，而岛上的空气常常是潮湿的，拿破仑长期生活在这种散发着毒气的环境中，造成了他慢性中毒死亡。

另一种说法是，拿破仑是被跟随他到圣赫勒拿岛流放的蒙特隆伯爵毒死的。蒙特隆每天在拿破仑喜欢饮用的葡萄酒中放入微量的砒霜，致使拿破仑慢慢中毒死去。蒙特隆对拿破仑下毒的原因：一种解释是，拿破仑勾引过他的妻子；另一种说法是，蒙特隆企图占据拿破仑的巨额财产。还有一种解释是，蒙特隆是受害怕拿破仑东山再起的阿尔多瓦公爵的指使。这一观点，是加拿大教授莫斯在他的《暗杀拿破仑》一书中写的。

有两位美国教授认为，拿破仑既不是死于胃癌，也不是死于砒霜中毒，而是死于水银中毒。这两位教授指出，拿破仑死前身体肥胖，而晚期癌症病人的身体都是极端消瘦。这说明拿破仑不是死于癌症。砒霜中毒的症状应是皮肤发红、神经错乱和体重下降，而拿破仑死前皮肤完好、身体肥胖，这症状也不像砒霜中毒。两位教授说，拿破仑死前曾呕吐不止，一个叫阿赫诺特的英国医生给他开了大量的甘汞止吐，甘汞中水银含量很高，这导致了拿破仑病情恶化，最终造成死亡。

以上这些关于拿破仑死亡原因的观点，虽然都是专家根据有关资料长期研究提出的，但毕竟还是一种推测，而且都有相互矛盾之处，很难令人信服。拿破仑到底死于何因，越来越使人感到扑朔迷离，成了一个难以解开的谜。更有甚者，有人甚至对埋葬在巴黎拿破仑墓中的遗骸是不是拿破仑都产生了怀疑。怀疑者说，1840年拿破仑灵柩被运回巴黎时，人们发现在地下埋葬了19年的拿破仑的尸体竟没有腐烂，而且脸上还有胡须，而拿破仑在1821年下葬时，胡须被刮掉了。他们认为，英国当局在拿破仑遗体运回法国之前，很可能已经将他的遗体调换了。为此，一位法国历史学家要求对拿破仑的遗骸进行DNA鉴定。

末代沙皇死后的故事

十月革命胜利后，苏维埃政权于1918年4月，将尼古拉二世及其家人押解到乌拉尔山东侧的叶卡捷琳堡。

1918年7月，发动叛乱的捷克兵团和白俄罗斯军队逼近叶卡捷琳堡。当时的苏维埃政府认为尼古拉二世随时都可能被叛军救走，因此决定立即处决尼古拉二世及其家人，以免后患。1918年7月17日深夜，尼古拉二世和皇后，以及4个女儿和1个儿子，还有保健医生、厨师、男女仆人共11人被集体枪杀于一个地下室里。随后，其尸体被运到郊外林间空地掩埋。

末代沙皇一家被处死后不久，围绕着处死过程中留没留下幸存者的故事便出现了，而且故事接连不断地出现，故事内容越来越具体，也似乎越来越真实，使人眼花缭乱，真伪难辨。

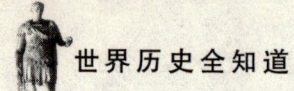

最早的故事出现在尼古拉二世一家被处死后的第十九个月即1920年2月，当时德国柏林的警察从兰德韦尔运河中救捞出一个女孩。女孩说，她叫阿娜斯塔西娅，是尼古拉二世的小女儿。在她和她的家人被处死时，她受伤昏死过去，醒来时，发现自己睡在一辆马车上，是两位当地农民在运尸体时，发现她还有呼吸，便救了她。他们决定把她运出俄国，送到安全地方去。他们先来到罗马尼亚首都，后又去了德国柏林。到柏林后，两位护送她的农民失踪了，女孩举目无亲，感到绝望，便决定投河自杀，没想到又被救捞上来。这消息在当时引起不小的轰动。女孩长得很像尼古拉二世的小女儿，对皇宫里的故事知道得很清楚，她的双脚的拇囊炎肿也与尼古拉二世小女儿的位置相同。沙皇之妹认定她就是尼古拉二世的小女儿，但沙皇家族的许多亲戚却说她是个骗子。这个女孩对她的说法坚持了60多年，直到1984年去世。这期间，电影界还将她的戏剧性的故事搬上了银幕。最后，经过专家用DNA技术验证，她真的不是尼古拉二世的女儿，而是一个波兰农民的女儿。

也是在1920年，有一位漂亮的女孩从西伯利亚向中国方向跑去，结果被逮捕并判处死刑。这个女孩说，她是末代沙皇尼古拉二世的女儿，当时的苏俄政府无法证实她的真实身份，于是，将死刑改为有期徒刑，免去了一死。

第二次世界大战结束之后，又盛传起尼古拉二世之子的故事。

在德国的乌尔姆，有一位名叫阿列克谢的红军少校自称他是"沙皇的王储"，是在1918年7月17日枪杀时逃脱出来的。在美国有一个叫斯科茨代尔的，他也称他是"沙皇的王储"。他还用"阿列克谢"为牌子经营伏特加酒，一时成为抢手货，使他发了一笔财。不过这两人后来都承认他们是说谎。

1994年，西班牙一位名叫亚历克西斯的亲王宣称他是尼古拉二世小女儿的孙子，是当今活着的惟一的沙皇的后裔。据说，梵蒂冈和欧洲有些人士都支持亚历克西斯亲王的说法。但是，尼古拉二世的小女儿是否在枪杀时得以逃脱，目前尚无可靠的根据，所以，亚历克西斯亲王的说法也值得怀疑。

使人不解的是，1998年7月17日，俄罗斯政府为尼古拉二世举行的隆重葬仪上，确实没有皇储和他小女儿的遗骨，是没找到，还是有其他原因？目前尚没见到令人信服的说法。1993年7月，美国一家报纸的一则报道更给这一情况披上扑朔迷离的色彩。报道说，当时枪杀尼古拉一家时，射出的子弹打到孩子的身上都被反弹了出来，后来发现孩子的衣服上装有8公斤钻石，而这些衣服又是紧身胸衣，因而起到了防弹背心的作用。正因如此，有可能有的孩子未被击中要害而侥幸活了下来。这样说来，有关尼古拉二世后代的生死故事还会出现。

山本五十六坐着死亡之谜

日本海军大将、联合舰队司令长官山本五十六是日本最具作战经验和指挥才能的海军将领。他因成功地策划和指挥偷袭美国珍珠港而闻名世界。据说,在他指挥偷袭珍珠港时,当第一批飞机轰炸成功的消息传来时,他正在与部下下棋,不动声色,似乎一切都在他的意料之中。偷袭珍珠港成功之后,他又精心策划了偷袭中途岛美军基地的海战计划。但这次行动由于密码被美方破译而遭到惨重失败,使日本舰队受到毁灭性打击,从此失去了海上制控权。

中途岛惨败之后,山本五十六企图夺得太平洋上的局部空中优势,制定了集中轰炸所罗门群岛上的美国空军基地的计划。为了鼓舞士气,山本五十六决定于1943年4月18日亲自到卡希里湾前线机场接见飞行员,并将这一决定以密电告知前线机场。美国情报部门截获并破译了这一密电。中国情报部门也破译了这一密电,并转告了美方。美国政府决定不惜一切代价击落山本五十六的座机,以报珍珠港之仇,因此将这次行动取名"复仇"。

4月18日9时45分,山本五十六和他的部属分乘两架三菱轰炸机,在6架零式战斗机的护卫下向卡希里湾飞来。当飞抵布干维尔上空时,早已等候在这里的16架美国P-38型远程战斗机立即升空截击。担负引诱任务的米切尔少校的机群引逗6架护航机,当护航机甩开山本五十六和其部属的座机扑向美国战斗机时,兰菲尔少校的机群立即从低空拉起,冲向山本五十六的座机。日本护航机发现上当,企图重新回来掩护,但为时已晚。兰菲尔迅速发射出一排炮弹,击中了山本五十六的座机。随后,兰菲尔又补射了一排炮弹,座机冒着黑烟坠落到密林的荆棘丛中。这里离山本五十六要到的目的地只有几英里的距离。

美国南太平洋司令部得知袭击成功,立即发来嘉奖令。嘉奖令说:"你们击落的鸭子中,似乎还混杂着一只'孔雀'。美国人称山本五十六为'孔雀'。

日本方面得知山本五十六座机被击落的消息后,大惊失色,立即组织寻找。先是两位参谋乘飞机飞到座机坠落的上空,投放了装有"渡边参谋来接,请向空中挥动手帕"等字样纸条的橡皮球,但地面没有反应。空中交战时,正有一队日本兵在密林旁修建军用公路。他们看到有飞机被击落,认为它是美国的飞机,还欢呼叫好。但不久,他们就接到上级命令,说有海军要人的座机坠落,要他们立即进密林搜寻。浜砂少尉带领10名日本兵在密林中搜索了一天,也没找到。正当他们要往回走时,一名日本兵突然闻到一股汽油味,循着这汽油味,他们终于找到了飞机残骸。飞机残骸的周围散落着数具尸体。其中一具尸体呈坐式,身穿草绿色军服,胸前佩有勋章和绶带,肩上有三枚金属樱花,手上戴着白手套,左手紧握军刀,右手搭在左手上,腰间系着机内座席上的安全带。从樱花看,这是名大将。浜砂发现大将左手只有三个指头,他立即想到,这人可能是山本五十六,因为他听说过,山本五十六因在日俄战争中受伤而失去两个手指。后来,浜砂又在他的衣袋里发现了一本日记,上面果然写着山本五十六的名字。

山本五十六从飞机上掉下来,为什么还能保持手握军刀的坐姿。这令人费解。有人认为,山本座机被击落时,机上其他人员为保护山本五十六,纷纷用自己的身体将他围在当中,当飞机坠地时,他还活着,但伤势严重,他意识到自己无法生还,于是挣扎着坐起,摆出这幅姿势,直到死去。有人认为,山本五十六坠机时已经死亡,是军医高田六郎将他调整成这种姿势的,当时军医没有死。也有人认为,这纯粹是日本军国主义为宣传需要虚构的。实际是山本五十六也和其他人一样横卧在荆棘丛中。真相到底为何?亲眼见到的人不说真话,别人是无法知道的。

据说,山本五十六座机的残骸至今仍在布干维尔岛的密林中,旅游者在当地老百姓的指引下还能找到那个地方。

希特勒死亡之谜

对于希特勒之死,传统的说法是,当苏联红军进攻柏林,逼近希特勒所在的地下室时,希特勒于1945年4月29日与他的情妇爱娃在地下室的一个小房间内匆匆举行了婚礼。仪式完毕,希特勒将他的私人医生哈斯叫到他的私人房间,商量自杀的方式。4月30日下午3时,希特勒在地下室举行了自杀前的告别仪式,然后同爱娃一起进了房间。约2分钟左右,房间里传出一声枪声。鲍曼等人随即闯进房间,发现希特勒已倒在沙发上,右边太阳穴上流着血;爱娃倒在他身旁,两人嘴里都有一颗咬碎的氰化钾毒药。医生检查了两具尸体,宣布他们确已死亡。尔后,几名卫兵用毯子包起尸体,将它们抬到总统府花园的一个挖好的坑里,浇上汽油焚烧了。

5月5日,苏联红军在地下室的总统花园找到了被烧焦了的希特勒夫妇尸体。5月8日,在苏联一个野战医院里进行了解剖,证实死者确是希特勒夫妇。但斯大林对解剖报告持怀疑态度,下令有关部门进一步核查,并对解剖报告严加保密。对此,连苏联最高副统帅朱可夫也不知道。6月9日,朱可夫在记者招待会上说,希特勒很可能还活着,但在同一天,盟军司令艾森豪威尔却公开说希特勒已经死亡。6月10日,艾森豪威尔同朱可夫有过一次会晤。五天之后,艾森豪威尔在巴黎宣布说,先前他推测希特勒已经死亡,但是在会见苏联领导人后,他对希特勒之死也持怀疑态度。

正因如此,战后追查通缉希特勒的活动一直没有停止过。为防止希特勒化装潜逃,美国特工部门让美国著名化装师埃迪·森兹根据希特勒的照片制作出各种化装了的希特勒的照片。有秃头的,有长头发的;有长满胡须的,有没有胡须的;有戴眼镜的,有不戴眼镜的。化装师说,希特勒化装不困难,但他那犀利的目光很难伪装。1998年5月,德国公开了当年希特勒被通缉时的七张化装了的照片。

也正因为如此,希特勒之死被披上一层神秘色彩,半个多世纪以来,一直争论不休。各种说法不断出现。四名法国医生在研究了当年苏联医生的希特勒解剖报告后，发现里面矛盾很多，例如，报告说尸体无左睾丸，而现在发现的希特勒体格材料证明希特勒不缺睾丸。这四位法国医生认为，当时苏联医生解剖的根本就不是希特勒的尸体。还有人说，希特勒没有自杀，而是在苏联红军攻克柏林前，乘飞机逃离了地下室，最后逃到智利的高山上居住了下来，并说后来还有人见到过他。还有一种说法是，希特勒淹死在潜艇里。战后，有人在丹麦的北海海滨发现了一只密封的玻璃瓶，里面装着一名德国潜水兵的信，信上说希特勒就在他们的潜艇上，潜艇撞上了沉船，破了个大洞，部分艇员逃生了，但希特勒在艇尾紧闭的舱内，无法脱身，被淹死了。最近，有一位名叫托马斯的法医学专家写了一本《柏林地下室尸体的真相》的书。他在书中写道，希特勒既不是开枪自杀，也不是服毒而死，而是被他的情妇爱娃与卫士共同掐死的。他的根据是，两具尸体都没有中毒痕迹，只在口腔内闻到毒药散发出来的杏仁味。这说明毒药是在人死后放进口中的，而且女尸胸前还有严重的弹伤。这不可能是爱娃，很可能是在外面找来的一具被打死的妇女。真正的爱娃在同卫士一起掐死了希特勒之后，焚烧了尸体，伪装了现场后逃跑了。还有其他很多说法。2002年4月26日，俄罗斯在莫斯科举办的"第三帝国的罪恶"的展览上展出了希特勒的头盖骨，更令人感到震惊。在头盖骨上还能清晰地看到希特勒自杀时留下的弹孔。俄罗斯联邦安全会议档案馆的负责人米哈伊科介绍说，这块头盖骨取自1945年底，经验证它确实是希特勒的头盖骨。不过米哈伊科说，为了进一步证实这一点，最好能找到目前还活着的希特勒亲属，采用现代先进的DNA检测方法进行验证。大多数人相信希特勒是自杀而死，但不断出现的新观点，又搅得人们不能坚信自己的看法。

戈林自杀之谜

德国法西斯政权的第二号人物戈林在纽伦堡审判中被判绞刑，但在行刑前两小时，突然服毒自杀。这一消息曾轰动世界。

戈林于1945年5月8日被美军俘虏，开始关押在奥格斯堡，最后被送到纽伦堡监狱的5号囚室。囚室中除一张固定的床外，只有一把椅子和一张桌子，而且这两样东西还是每天白天搬进去，晚上搬出来。囚室内整夜亮着灯，看守通过门镜昼夜不停地监视着他的一举一动，任何人不准靠近他的囚室。但就是在这样严密的监视下，戈林却成功地在行刑前两小时服毒自杀，逃避了绞刑的惩罚。戈林是在得知被判绞刑，上诉请求枪决被驳回后服毒自杀的。

戈林囚室的最后一位看守约翰逊谈了戈林服毒前后的情况。他说，他是1946年10月15日夜22时30分接的班，此时戈林正仰面躺着，双手放在毯子上。随后，他的左手曾挥向空中，又甩向毯子，大约22时40分时，戈林把双手放到了胸口上，把头歪向墙。几分钟后，囚室传来戈林窒息前发出的吼声。约翰逊意识

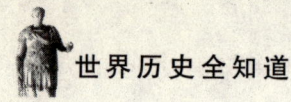

到情况不对，惊呼"快，戈林出事了"。当医生赶到时，戈林已经死去。医生证实，他是服氰化钾自杀的。

戈林的死在狱中引起震惊。第二天，监狱长安德鲁斯上校向报界发布了这一消息。美国的法庭公诉人代表听到此消息后说："法庭的全部工作都因此黯然失色。"

戈林何以能在如此严密的监禁下服毒自杀？他的毒药来自何处？是谁帮助了他？对此，有关方面进行了深入的调查。

后来在监狱储藏室的戈林个人物品中发现了毒药瓶，它放在戈林的一个奶油罐中。这说明，戈林在整个关押期间都藏有毒药。因毒药在储藏室，而不在戈林身上，他如何在严密监视下取出毒药，人们一直没搞清。因按当时的监管措施，他是无法取出毒药的。

另外，在搜查戈林的囚室时，监狱长安德鲁斯发现了戈林的一封遗书，当时没有公布，直到1967年才公布。戈林在遗书中说，他曾把三粒剧毒氰化钾药丸带入狱中。一粒放在上衣口袋里，有意让人搜去，借以麻痹看守。第二粒放在公共衣帽间的马靴里，每次出庭他都穿这双马靴。第三粒放在装有雪花膏的小盒内。由此说来，戈林被关押时已准备好了两份毒药。至于他服的那份毒药是如何取来服用的，有关方面一直没有调查清楚。直到45年后，一位美国的中学校长在经过长期的调查研究后，提供了一条有助于解开这个谜团的材料。这个校长拜访过一个名叫维利斯的女士，她的丈夫当年曾在纽伦堡监狱供职，早已过世。女士向这位校长展示了当年戈林送给他丈夫的纪念品，其中有刻着戈林名字的金笔、瑞士手表、金质烟盒，并说："戈林夫人及其小女儿艾达也感谢当年我丈夫所表示的友情。"原来，这位女士的丈夫，正是当年纽伦堡监狱负责保管戈林在储藏室存放的私人物品的工作人员。这位校长推测，很可能是这位看守在得到戈林的好处后，为戈林提供了取毒药的方便。如果这位校长的推测成立的话，戈林成功服毒自杀便不是秘密了。

墨索里尼被处死的真相

1945年4月25日，已经众叛亲离、山穷水尽的墨索里尼准备逃亡中立国瑞士避难。他和他的一部分亲信，混杂在后撤的德国车队中沿科摩湖向北逃窜。车队到达东戈地区时，被意大利游击队第52旅截住。游击队在对车队人员进行检查时，发现了墨索里尼。当时他戴着德军钢盔，穿着德军制服，坐在车上。他身旁的一个德国军官还为他打掩护，说他喝醉了。当游击队员摘下他的钢盔和墨镜，确认他就是墨索里尼时，便将他押下了卡车。墨索里尼的情妇贝塔西及其随从也同时被抓获。

当抓获墨索里尼的消息传到设在米兰的自由自愿军团司令部时，司令部对如何处置墨索里尼进行了讨论。这个问题当时很敏感。美国政府坚决主张将墨索里尼送国际法庭审判,英国政府则主张杀死墨索里尼。意大利抵抗力量内部也有不同看法。各国间谍也云集到了科摩湖畔,形势非常复杂。墨索里尼随时有被劫持的可能。处于这样的背景,司令部最后决定立即就地处死墨索里尼。军团副司令、意大利共产党领导人隆哥派他的助手兰普尔迪和总部参谋瓦莱里奥上校前往东戈执行处决墨索里尼的任务。

4月28日上午,兰普尔迪和瓦莱里奥率一支小分队来到科摩省民族解放委员会临时办公地,向委员会说明情况,但委员会不同意将墨索里尼交给他们处死。委员会认为,这一光荣应属于他们。他们已为墨索里尼准备了一个大木笼,准备将他装进木笼,由第52旅运到米兰。在那里,由他们处死墨索里尼。

后来,兰普尔迪找到科摩省的意大利共产党领导人,由他们出面做委员会的工作。意大利共产党领导人说服了委员会的同志,并派省委副书记阿格列托同兰普尔迪和瓦莱里奥一起到东戈做第52旅的工作。第52旅最后同意了意共省委的意见,并派政委莫雷利陪同兰普尔迪、瓦莱里奥去执行这一任务。他们三人于当日下午4时左右驾驰一辆吉普车赶到关押墨索里尼的乡间小镇,将墨索里尼和他的情妇贝塔西从房间里押解出来,推上了吉普车。吉普车开到一所别墅前停了下来,墨索里尼和贝塔西被押到别墅右侧围墙边站好。瓦莱里奥端起冲锋枪射击时,冲锋枪却意外失灵,没有打响。兰普尔迪随即掏出手枪,扣动板机,没想到手枪的子弹又发生卡壳。此时,贝塔西突然高叫:"你们不要打死他!"并转身护住墨索里尼。墨索里尼此时也摆出一副无所畏惧的样子,掀开胸前的军大衣翻领,喊道:"向我心口开枪。"瓦莱里奥将莫雷利的冲锋枪拿过来,对着墨索里尼和贝塔西打过去,两人应声倒了下去。罪大恶极的意大利法西斯头子和他的情妇就这样被处决了。这是意大利历史上的一个重要时刻。此后不久意大利即获得了新生。

墨索里尼和贝塔西的尸体当晚被运到米兰,扔在罗雷托广场示众。后又被人们倒挂在一个加油站的大梁上。5月初,墨索里尼和贝塔西的尸体被埋葬到了米兰玛基欧尔公墓的贫民墓地里。

东条英机是怎样自杀未遂的

东条英机是日本发动侵华战争和太平洋战争的罪魁祸首,是臭名昭著的战争罪犯。

第二次世界大战结束后,以东条英机为首的日本战争罪犯受到远东军事法庭的审判。

战争结束时,东条英机尚住在自己的寓所里。美国宪兵决定在1945年9月11日逮捕他。逮捕前一天,有两位美国记者采访了他。东条英机敏感地意识到他将遭到逮捕，于是，做了自杀准备。首先，他请一个日本医生用木炭条在他的胸部画出心脏的位置，然后，他将手枪压上子弹放到抽屉里。

做好自杀准备的东条英机故作镇静，早晨仍然按点起床，起床后还坐到大桌子前写东西。9月11日这天，东条英机穿了一身崭新的将军服，记者拥来的时候，他端坐在椅子上，摆出姿势，接受记者拍照。当记者离去后，偌大的房间里只剩下他一人时，他开始紧张不安起来，时而坐到床上，时而站立起来，时而在屋子里走来走去。当看到美国宪兵向他寓所走来时，他知道宪兵是来逮捕他的，于是拿起手枪，对准木炭画着的心脏处开了枪。前来逮捕他的美国宪兵以为他拒捕，撞开门冲了进去，随后，新闻记者也拥了进去。只见东条英机缩倒在沙发上，前胸浸满鲜血，小手枪落在离他不远的地方。此时，东条英机面色苍白，两眼微睁，显得很痛苦。当一位日本警官挤到他跟前时，他气息微弱地说他要喝水，这位日本警官忙给他倒了杯水。其他人则忙着给他包扎。

虽然，自杀前东条英机让人在自己的胸前画出了心脏的位置，但自杀时还是打偏了。检查时发现，枪口的位置偏高了一点，而且恰巧开枪的瞬间正赶上心脏收缩，结果，子弹贴着心脏边缘穿了过去，如赶在心脏扩张时，也就命中了。

东条英机自杀未遂，清醒过来时，喃喃地说："要这么长时间才死，我真遗憾！""我想自杀，但自杀有时候也会失败。"还说："我没有朝脑袋开枪，因为我要让人们认出我的容貌，知道我已经死了。"

经过抢救，东条英机活了下来。1945年12月8日被押送巢鸭监狱。1946年5月，他开始受远东国际法庭审判。整个审讯过程中，东条英机拒不认罪，处处为自己辩解，并美化其战争罪行。1948年11月12日被远东国际法庭判处死刑，1948年11月23日，东条英机与其他六名死刑战犯一起被绞刑处死。

日本战犯阴魂不散

第二次世界大战结束之后，盟国方面分别组织了两个国际军事法庭，对德国和日本的法西斯首要战犯进行审判。用来审判日本首要战犯的远东国际法庭设在日本东京。这个国际法庭由中、美、英、苏、澳、加、法、荷、新（新西兰）、印、菲11个国家的人员组成。负责审判以东条英机为首的28名日本甲级战犯。

审判于1946年5月3日开始，进行了两年多。这期间，原日本外务大臣松冈洋右和海军大臣、联合舰队总司令永野修身病死，被宣布"免予起诉"。参与策划组织对中国发动九·一八事变的大川周明发疯，被宣布"中止审判"。最终，法庭只审判了25人。

审判期间，法庭受理了4300多件文件证据，听取了近2000位证人的证言，举行了818次公审，审判速记记录共4.8412万页。

经过两年多的审判，法庭于1948年11月4日进行宣判，宣判书长达1213

页，宣判了8天，到11月12日才宣判完毕。法庭判处东条英机、板垣征四郎、广田弘毅、松井石根、土肥原贤二、木村兵太郎、武藤章七人绞刑，荒木贞等16人无期徒刑，重光葵、东乡茂德两人有期徒刑。

东条英机在被审讯前曾用手枪自杀过，但未击中要害，被抢救过来，治愈后接受审判。但他拒不认罪。当宣判他为死刑时，他还故作镇静地说："死刑吗？好！明白了，明白了。"

1948年11月21日晚，巢鸭监狱的美国军官向东条英机等7名死刑战犯宣布将在23日零点执行死刑，最后问他们还有什么要求，只有东条英机提出："希望再吃一次日本饭，喝一次日本酒。"狱方满足了他的要求。

1948年11月22日夜，狱方还在施刑前为受刑者举行了一个简单的佛教仪式。来自日本东京本愿寺的法师花山信胜主持了这次佛教仪式。法师发给7个战犯每人一柱香，依次向佛像跪拜、签名、喝一杯葡萄酒。然后，法师端起一杯清水让他们每人喝一口。仪式进行到这里，一名美国军官宣布行刑时间到了。刑场设在巢鸭监狱西北角运动场的尽头。行刑室是水泥平房，外面围着5米高的水泥围墙，墙上有一个门，门上写着"13"号。巢鸭监狱原来的绞刑台每次只能处死一人。处死战犯的绞刑台经过改进，可以同时处死5人。绞刑台有13级台阶，后来"13级台阶"在日本成了走向死亡的代名词。

第一批被处死的有东条英机、土肥原贤二、松井石根、武藤章四人。他们通过13级台阶走上了行刑台，分别被带到绞刑架下的行刑踏板上，头上被套上布套，脖子上套上绞索，执行官一声令下，行刑踏板随即被打开，四人同时被从13级台阶的高处吊了下来。接着是第二批三人受刑。行刑前，松井等人还呼喊了"天皇陛下万岁"等口号。受刑后，行刑官对7名受刑者进行了检验，在确认他们已经死亡后，尸体被放入事先准备好的棺材中，运往横滨久保火葬场火化。在火化时，还发生了一个情况，火葬场的场长飞回，受一名律师和附近兴善寺住持的煽动，试图转移7人的骨灰。火化结束时，飞回将7人的一部分骨灰偷偷从炉中掏出，分别装入7个骨灰盒中，准备转移出去。当时，监视火化的美国士兵并没发现他们的这个阴谋。后来，竟有日本人点起香来敬奉，美国兵闻到了香味，才发现了这个阴谋。于是，骨灰盒全被捣毁，7人的骨灰被搅在一起，装入一个涂黑漆的箱子里处理了。

虽然他们的骨灰被处理了，没有留下来，但战后，日本人还是把他们的灵位送进了靖国神社进行供奉，日本的政界要人每年都还去那里朝拜，军国主义的阴魂仍在某些人的心底挥之不去。

纳粹战犯临刑前说了些什么

1946年10月16日，10名罪大恶极的德国法西斯战争罪犯被处以绞刑。10

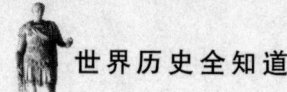

月15日,关押在纽伦堡监狱内的这10名战犯似乎察觉到他们末日来临,都要求得到一本《圣经》。他们对待死亡也大都摆出一副无所畏惧的样子。有的态度激烈,表现得桀骜不驯;有的态度安详,从容地面对死亡;有的祈祷上帝,希望得到宽恕。他们在绞刑架下,大都发表了简短的遗言。遗言大都表达了对德国未来的关心,有的仍为自己洗刷罪恶,有的则表示了对亲人的眷恋。

第一个受刑的是纳粹外交部长里宾特洛甫,他走进行刑室的时间是10月16日凌晨1时11分。当绞索套在他的脖子上时,他语调响亮地说:"愿上帝拯救德国。"接着,他问道:"可以说几句话吗?"得到同意后,他说:"我最后的希望是,德国能继续生存下去,东西方之间能达成谅解,我愿世界永远和平。"说完,他脚下的活板被打开,绞索被拉直,他被吊死在绞刑架上。

第二个走上绞刑架的,是纳粹陆军元帅凯塔尔。他表现得很傲慢,昂着头走向绞刑架,当问他有何遗言时,他高声说:"我恳请全能的上帝怜悯德意志人民,为了祖国,有200万德国军人献出了生命,我不过在步我的儿子们的后尘而已。"说完,他高呼"一切为了德国"。

第三个受刑的是盖世太保头子保安总局局长卡尔藤布隆纳。他显得有些紧张,登上刑台时,不断地舔嘴唇。他在绞刑架下说:"我热爱我的德意志人民,热爱我的祖国。"此时,他还没忘记推脱他的罪行,他说:"我按照我的人民制定的法律,履行了自己的一份职责,遗憾的是,领导我国人民的并不是军人,在我并不意识的情况下犯了罪行。"最后,他还讲了一句德国成语,大意是"让德国交好运吧"。

接下来受刑的是纳粹东方部长罗森堡。他是纳粹理论的奠基人。他的表情木然,问他有否遗言时,他只说了一个"不"字。牧师问他是否要为他祈祷,他说:"多谢,不必费心。"

纳粹驻波兰长官、党卫军将军弗兰克在绞刑架下表现得很平静,据说,他是10名受刑人中惟一带着微笑走向死亡的。他讲话的声音很低,他说:"我对在我被拘押期间得到的待遇表示感激,我请求上帝以怜悯之心接受我的到来。"

纳粹内政部长弗里克的最后遗言是"德意志万岁"。

苏克尔是受刑战犯中态度最恶劣的,他在绞刑架下高声叫道:"我是无罪而死的,对我的判决是错误的。愿上帝保佑德国,使他再次强大起来。愿上帝保佑我的家庭。"他还喊道:"我敬佩美军官兵,但并不敬重美国的正义。"

斯特雷彻是纳粹屠杀犹太人的头号刽子手,他被押上绞刑架时,高呼"希特勒万岁"。第九个被处死的是希特勒的战略顾问约德尔将军,他走进行刑室时,表情紧张,显得很疲惫,他的最后遗言只有6个字:"祝福你,德意志。"

最后被处死的是纳粹驻荷兰长官赛伊斯·英夸特。他在绞刑架下发表了演讲,他在演讲中最后说道:"我对德国抱有信心。"他被吊死的时间是2时45分。

在1个小时零34分的时间里,十大纳粹战犯作了最后的表演,走完了他们罪恶的一生。

纳粹十大战犯是怎样被绞死的

1946年10月1日，纽伦堡军事法庭对纳粹德国首要战争罪犯作出最后判决，判处以戈林为首的12名战争要犯以绞刑。其中戈林在行刑前服毒自杀，鲍曼在苏军攻克柏林时下落不明。

行刑时间定在10月16日凌晨。行刑前纽伦堡监狱岗哨林立，戒备森严，行刑地点选在狱中的小健身房中，距死囚室约有70步的距离。行刑室内放有三个绞刑架，两个是用来行刑的，一个是备用的。绞刑架被漆成黑色，绞索也是黑色的。绞索从绞刑架的两根柱子的横梁上挂下来。放绞刑架的台子高8英尺，有13个阶梯。受刑人通过阶梯走上刑台，站到一块可移动的木板上。行刑人将绞索套到受刑人头上，然后启动机关，活动木板呼地一声拉开，绞索立即拉直，受刑人便被吊在绞刑架上了。绞刑架的底层由一块幕布围起来，外边什么也看不到，里面有两位法医验尸。

负责这次行刑的，是代表盟军联合指挥部的一位美国将军。监刑的有4位盟军将领、典狱长和8名记者。还有2名德国代表，他们是巴伐利亚州总理霍格纳博士和纽伦堡市检查官雷斯纳博士。指挥行刑的是一位美国上校。行刑的是美军的一名军士长和两名助手。

第一个被绞死的是纳粹外交部长里宾特洛甫，他被押进行刑室的时间是10月16日凌晨1时11分。最后一个被绞死的是纳粹驻荷兰长官赛伊斯·英夸特，他被吊上绞架的时间是2时45分。处死10名战犯的整个行刑时间是1小时零34分钟。

当第一批的两名战犯——纳粹外交部长里宾特洛甫和德国陆军元帅凯塔尔被吊上绞架后，进程暂停了一会儿。一名美国法医和一名苏军法医一起走进第一个绞刑架的底层进行验尸，他们带着听诊器。验尸结束，两名美国兵抬着担架，进去将里宾特洛甫的尸体抬出来，送到行刑室的另一头的屏幕后放下。死者的脖子上仍然套着黑色的绳套。这是他被绞死后，行刑人用刀将绞索割断后留下的。

10名战犯被绞死后，连同服毒自杀的戈林的尸体一起被装到两辆由荷枪实弹美国士兵押送的美军卡车上，在一辆架着机枪的吉普车的引导下，开往慕尼黑的一处火葬场火化。为了保守秘密，美军接管了这家火葬场。留用的两名德国工人也宣誓永远保守秘密。火化后的骨灰被撒到德国的一条大河之中。

最近，一位外国记者采访了当年执行行刑任务的马尔塔。马尔塔说，他当年28岁，是他启动了绞刑架陷落活板的操纵杆，将那10名战犯绞死的。为此，他的上司送给他一个绰号"刽子手10"。他们还做了一个写着"刽子手10"的牌子，挂在他办公的房间。马尔塔现在退休在家，他认为他的这段经历很有意义，他没有心理负担。他说纳粹发动战争，在欧洲就杀死了几百万人，他们还屠杀犹太人，处决他们是正义行动。他还根据回忆，按缩小比例制作了一个绞刑架模型。他指着绞刑架模型告诉记者，当年他是怎样使用绞刑架的。

圣雄甘地是怎样被杀害的

莫汉达斯·卡尔姆昌德·甘地是现代印度民族解放运动杰出的领袖，他为印度人民的独立事业奋斗了一生。他在长期的斗争中，12次被捕，坐过9次牢，进行过17次绝食，在印度人民心目中享有崇高威望，被誉为"圣雄"、"国父"。

1948年1月13日，甘地为平息教派纷争进行了最后一次绝食。这次绝食长达121小时30分钟。新德里各派领导被甘地的精神所感动，最终同意和解。一场复杂的宗派斗争被化解了。

但是，在1月20日甘地举行晚祷时，这位备受印度人民尊敬的"圣雄"却遭到炸弹的袭击，所幸没有受伤，凶手当场被抓。爆炸事件发生后，警方加强了对甘地的安全保卫，警方要求甘地允许对参加祈祷会的所有可疑分子进行搜查，但遭到甘地的反对。甘地说："神是我的惟一保护人，如果它想结束我的生命，任何人也不能拯救。"悲剧终于发生了。1月30日下午5时10分，甘地在随从摩奴与阿巴的扶持下走向通往晚祷会的草坪。早已聚集在那里的信徒见到甘地走来，一边呼唤着"圣父"，一边为甘地让出一条通道。就在此时，一个胖胖的男子径直朝甘地走去，他身体微微向前弯曲，口中低声说着："圣父您好，"随从摩奴以为他要向甘地行触脚礼，便礼貌地将他推开。但此人猛地推开摩奴，掏出手枪，对着甘地的胸膛连开三枪。鲜血立即染红了甘地洁白的上衣。甘地喃喃地呼叫"罗摩！罗摩！"徐徐地倒在草地上，双手始终保持着合十姿势。草坪凹处很快便积了一大片鲜血。

刺杀甘地的凶手叫纳图拉姆·戈德森，他本是一名虔诚的印度教徒，早年十分崇拜甘地，曾为甘地的事业英勇奋斗，还坐过牢。但后来他脱离了甘地，并仇视甘地的政策，他认为甘地出卖了国家利益，他和他的同伙决定除掉甘地，于是密谋了这次刺杀行动。

戈德森刺杀甘地后，并没有逃走，而是大声呼喊警察，束手就擒。在审讯他时，他辩解说，他是为了印度母亲而刺杀了被称作印度父亲的甘地，因为他没有尽到一个父亲的责任。最后，戈德森和主谋阿巴特被判死刑，另外两名凶手被判无期徒刑。还有一名同伙，因出庭作证，被免罪释放。此人后来在孟买做经营防弹背心的生意。

戈德森于1948年11月的一个早晨被处绞刑。押赴刑场时，他一手举一幅未分治的印度斯坦地图，一手持一面印度教旗。主谋阿巴特跟在他的身后。他们口中还唱着古老的祷文。几个小时后，他们的尸体在监狱大门外火化。那片土地随即被翻耕并被种上了草,以杜绝有人祭奠。

甘地被刺杀后,人们将他抬进房间,放在他的卧榻上。人们看到甘地的遗物只有一架木纺车、一双拖鞋、一个痰盂、一个金属洗脚盆、三只小猴雕像、一只怀表和一本《薄伽梵歌》。这是他一生清贫生活的写照。

甘地的遗体被安放在他的寓所一楼的平台上。灵床上铺着粗布被单,他的胸前涂抹着一层檀香膏沫和藏红花花粉,头部、双脚周围分别由月桂树叶和茉莉、玫瑰花瓣组成神圣的"摩"字字样。灵床四周点燃了五盏油灯,象征着自然界中的火、水、空气、土地和太阳。遗体上覆盖着白红两色布单和独立印度的三色国旗。

1948年1月31日上午11时,灵床被安放到一辆由军车改装的平板灵车上,灵车由250名印度士兵用4根长麻绳牵引,缓缓向8公里外的拉杰加特火葬场移动。灵车前有4辆装甲车和总督卫队为先导。沿途有几十万人为他送行,路上撒满了玫瑰花和茉莉花。

甘地的墓地位于印度德里郊外的朱木拿河畔,四周绿草如茵、鲜花盛开,八棵常青树耸立在墓的前后。甘地的墓由黑色大理石砌成,长宽各3米,高1米,无任何装饰,只在墓后放有一盏长明灯。墓正面镌刻着两个印度文字"啊!罗摩"(意为"啊!主啊")。这也是甘地遇刺倒地时喊出的最后两个字。

戴高乐安葬前后的珍闻

第二次世界大战时,法国大片领土被德国攻占,巴黎陷落,贝当宣布投降,法国处于危亡之中。戴高乐在此危机时刻领导法国人民同侵略者展开了英勇斗争,并最终取得胜利,挽救了法国。战后,他又领导着法国跻身世界强国之列。

戴高乐忠于自己的祖国,英勇无畏,不惜奉献甚至包括自己的生命。1959年,他出任法兰西第五共和国总统后,曾对他的文化部长说:"我将来不是被暗杀就是暴卒。"有人说,这是戴高乐对自己死亡的谶诺。1962年,戴高乐同意阿尔及利亚脱离法国独立后,一些极左分子组织了对戴高乐的暗杀。1962年8月21日,戴高乐乘车前往库布莱军用机场,途中,一辆黄色旅行车迎面开来,车内的一伙人,突然向他的座车开枪。司机急忙加速奔驶,此时,又从横街驶来一辆蓝色汽车,车内又有人向他猛烈射击。两次袭击,共发射150多发子弹,其中有14发击中座车,有2发击中轮胎,但戴高乐乘坐的特制的雪铁龙轿车,具有很强的防弹功能,车门没被击透,车胎也未被击穿,只有一颗子弹击破了座车的后窗,子弹在离戴高乐头上几英寸的上方穿过。后来,戴高乐在他的回忆录中写道:"令人难以置信的侥幸,我们谁都没有中弹,那就让戴高乐继续走自己的路,履行自己的职责吧!"

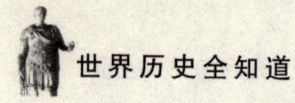

戴高乐没有死于暗杀,最终死于他谶语所说的"暴卒"。

1969年,戴高乐辞去总统职务,他拒绝政府按规定对退职总统提供的费用和宅邸,回到家乡科隆贝,靠自己的稿费生活。1970年万圣节那天,戴高乐曾去科隆贝双教堂附近的公墓扫墓,在女儿安娜墓前他说:"我就想安葬在这里,"并风趣地说:"公墓的门太小了,将来我来这里以后,也许会有人来看望我,到那时候需要拆墙再开一扇门。"他散步的时候还说:"在科隆贝双寿命真长,80岁了,寿够长的了。"没想到,1970年11月9日,在80岁生日即将到来之时,他突然猝死在自己的书房中。这也许就是戴高乐谶语所说的"暴卒"。这一天,他正在办公室写他的《希望回忆录》,中午还接见了一位农业家。傍晚,约6点50分,他在书房的一张桌子前坐下来。突然,人们听见他痛苦地惨叫了一声,人们急忙冲进书房,发现他面色苍白,没有一点血色。当医生赶到时,他已经没救了。他死于动脉瘤破裂。他死后,他的夫人要求政府立即公布他的遗嘱。这份遗嘱是戴高乐在18年前的1952年写下的。当时它被保存在总统蓬皮杜手中。遗嘱于第二天下午刊登在《法兰西晚报》上。遗嘱写道:我希望在科隆贝双教堂为我举行葬礼。我的墓地就是安葬了我的女儿安娜的那块墓地,我妻子将来有一天也要安葬在那里。碑文是:夏尔·戴高乐(1890—)。别的什么都不要。我不要国葬。不要总统、部长、两院各单位和行政、司法机构参加……

遵照戴高乐的遗嘱,葬礼安排得非常简单,棺木是最普通的,仅值63美元。灵柩由一辆军用汽车运到双教堂前,由本村的青年抬往墓地。没有号声,没有哀乐,甚至在双教堂举行的弥撒,也没有悼词。但当他的灵柩放入墓穴时,在巴黎却有50万余人冒着大雨,云集到凯旋门下,在雄壮的《马赛曲》乐声中,对他进行深深的哀悼。戴高乐被安葬在双教堂附近的一个小小的公墓里。他的墓是用修马路的石头砌成的,高出地约半公尺,呈长方形。他女儿的墓就在他的旁边。戴高乐去世之后,他的夫人将他留下来的几乎所有的物品都销毁了,怕被别人拿去当纪念品。她不要政府津贴,也拒绝子女供养,而是住进了天主教基金会办的养老院。

赫鲁晓夫的葬礼

赫鲁晓夫刚被赶下台时,心态一直处于震惊和愤怒之中,有时一连几个小时呆呆地坐在椅子上。勃列日涅夫曾打来电话,似乎要讲什么事情,赫鲁晓夫一怒之下摔了电话。后来,他的心态逐渐平稳下来。1967年,他开始采用录音的方式口述回忆录,当时,赫鲁晓夫请求中央委员会能给他派一名速记打字员,但遭到拒绝。1970年,不知通过什么途径,赫鲁晓夫的回忆录录音带和820页俄文打字复印稿传到了西方,美、英都说要给予出版,这引起了苏联政府的不满。为此，苏共中央监察委员会主席阿·佩尔谢会见了赫鲁晓夫，佩尔谢要赫鲁晓夫宣布他的回忆录是捏造的，但遭到赫鲁晓夫的拒绝。据说赫鲁晓夫和佩尔谢吵得很厉害。他坚持认为，他有写回忆录的权利，任何想让他就范的努力都会使他处于像沙皇亚历山大一世那样的地位。传说，亚历山大一世死后从他的棺材里爬出来，打扮成一个农民，走遍全俄国把他要说的话告诉人民。佩尔谢的态度使他怒不可遏，对他打击很大，使他的心脏病加重了，他是捂着胸口从佩尔谢的办公室走出来的。后来，他在医院里住了很长时间。

1971年9月6日，赫鲁晓夫的心脏病又复发了，在家服药没有止住。医生建议他住院治疗，赫鲁晓夫同意了。赫鲁晓夫去医院的路上还同司机开了个玩笑，车过一片玉米地时，赫鲁晓夫说："种得稀些，会收得多些。"他还称赞莫斯科大街上的栗子树，那是当年他力排众议坚持种下的。

来到医院之后，赫鲁晓夫的病情并没得到控制。9月9日夜间，他已不能讲话，问他话时，只能用点头表示"对"，摇头表示"不对"。9月11日，他的病情进一步恶化。经多方抢救无效去世。

赫鲁晓夫刚一去世，他家的大门就被反锁上，他的卧室也被贴上了封条，说这是中央出于"对历史"关心的需要。

对于赫鲁晓夫的去世，苏共中央没有发讣告，只是在9月13日的《真理报》上发了一条短讯。赫鲁晓夫生前曾发生过这样一件事：几家外国报纸一次同时刊登了他去世的消息。为此，赫鲁晓夫召开了一个小型记者招待会。会上，他打趣地说："哪会儿我要死了，我会亲自通知外国记者的。"如今，赫鲁晓夫真的去世了，他的家人却无法向世人通报这一噩耗。赫鲁晓夫的儿子谢尔盖决定自己采取行动，让全世界尽快知道此事。他给神通广大的友人路易去了电话，通报了赫鲁晓夫去世的消息。晚上路易对他说："打开收音机听吧，今天全世界都在讲你的父亲。"但即使如此，苏联政府仍对他的去世保持沉默。葬礼也在当天举行，墓地被安排在新圣母公墓，按理他应葬在克里姆林宫墙下，因为那里是安葬国家主要领导人的地方。停放赫鲁晓夫遗体的地方，是一个很小的小厅，里面既没有鲜花，也没有守灵仪仗队。载运灵柩的灵车是一辆普通的大轿车。当时，天下着雨，大轿车没有停顿，一直开往墓地。墓穴已经挖好，旁边有一个木板搭的架子，棺材就放在架子上。有人在赫鲁晓夫遗体的头上撑起一把伞。参加送葬的只有赫鲁晓夫的家人和他们的朋友，没有一位国家领导人参加。当局对外封锁了葬礼的消息。公墓的周围布置了严密的警戒，公墓对外宣布整修一天，人们"不得入内"。虽然这样，仍有不少人赶来与死者告别。赫鲁晓夫的儿子谢尔盖致了悼词。当哀乐奏起时，人们一一走过赫鲁晓夫的棺柩。最后，赫鲁晓夫的妻子泪流满面地把手放在丈夫的前额上，其他家属也这样做了。接着工人盖上了棺盖，并迅速将它钉牢。随后，公墓工人在墓穴上堆起了一个小丘。墓前只有四个花圈，花圈缎带上的字迹已被雨水冲掉了,只有米高扬送的花圈上名字还清楚可见。

当天夜里,赫鲁晓夫的妻子做了一个梦,梦见赫鲁晓夫很疲惫,躺在一个陌生的房间里,同生命最后的日子差不多。她让他换个地方,他做了一个不满的动作说道:"都躺下了,不走。"

近些年来,人们对赫鲁晓夫的评价有所改变,有人提议,应将他的墓地移到克里姆林宫墙下。赫鲁晓夫的儿子谢尔盖对此却有不同的看法,他认为"绝不是人以地荣,恰恰相反,而是地以人荣"。

金字塔下的惨案

中东问题错综复杂,尤其是以色列问题。20世纪70年代后期,埃及总统萨达特顶住压力,与以色列恢复外交关系,推动了中东的和平进程。为此,他和以色列总理共同获得了1978年的诺贝尔和平奖。但此举遭到了阿拉伯国家的反对,也遭到国内一些宗教组织和激进组织的仇视。一场暗杀萨达特的阴谋正在展开。

巴解组织主席阿拉法特得知有关暗杀的一些情报后,指示他的驻埃及大使将这一情报告知萨达特。萨达特听完大使介绍并看过阿拉法特给他的信后,以不屑的口吻对大使说:"你回去告诉阿拉法特,要他还是关心关心他自己的安全问题吧。"

1981年10月6日,埃及在开罗近郊的纳斯尔城举行纪念中东十月战争胜利8周年阅兵活动。萨达特和埃及的党政军要员,以及来自世界各国的代表近千人参加了观礼。中国军事代表团的徐锋、张宝玉等人也参加了这次阅兵。

中午11时整,62岁的萨达特身穿元帅服来到会场,在向无名战士墓敬礼并向观礼台上的客人挥手致意后,在主席台第一排正中间的位置就座。

阅兵式开始后,检阅的方队一个又一个地从萨达特面前经过。当炮车列队开过来的时候,空中正在进行飞行表演。突然一辆炮车在主席台前停了下来,车上的伊斯兰布里中尉和他的三个同伙从车上跳下来,一齐冲向主席台,边扔手榴弹边射击,一颗手榴弹落在国防部长阿布加扎拉脚下,但没有爆炸。另一颗手榴弹掷到了武装部队总参谋长纳比中将的脸上,被反弹回去。有一颗手榴弹在检阅台前爆炸,弹片击中了萨达特和他的随从。伊斯兰布里在主席台前向萨达特射击,萨达特的私人秘书用椅子护卫总统,也被打倒。中国雷达工程专家张宝玉头部中弹被打死,徐锋左腿中弹昏了过去。观礼台上一片混乱,人们纷纷躲避、藏匿。此时,惟有电视台的摄像记者勇敢地靠近现场紧张地进行了抓拍。

射击停止后,萨达特被架上直升机,迅速送往马迪军医院,但一切都晚了。实际上,萨达特送到医院之前已经死去。

在这次刺杀活动中,有8人被打死,28人被打伤。

当时埃及的电台、电视台都在作现场报道,事件发生后,报道中断。15分钟后，一名播音员向听众报告说，萨达特、穆巴拉克等已经离开检阅场地。7个小时后，副总统穆巴拉克在电视上宣布萨达特已经去世。

10月10日，埃及政府为萨达特举行了国葬。萨达特被安葬在无名战士墓旁。墓前竖有一块黑色大理石墓碑，上面题有萨达特三年前提出的碑文："默罕穆德·安瓦尔·萨达特总统，战争与和平的英雄。他为和平而生，他为原则而死。"

被自己贴身卫士杀害的女总理

1984年10月31日上午9时刚过，印度总理英迪拉·甘地离开住宅向总理官邸走去。总理官邸和总理住宅相距百十米，中间是一片美丽的草地和花园。有一条用砾石铺成的小路贯穿其中。甘地夫人每天都要经过这里。今天她将从这里去总理官邸花园接受爱尔兰的一个电视小组的采访。这个电视小组已在总理官邸花园架起了摄像机和各种音响设备，准备10点准时采访甘地夫人。

甘地夫人在她的锡克族警官本特·辛格的陪同下，缓缓地走在小道上。本特·辛格已跟随她10年之久。9点18分，甘地夫人走到了通向官邸的一道拱门时，守卫在拱门旁的锡克族卫士萨特万特·辛格将手中的自动步枪托起，向总理做出致意的姿势。就在此时，跟随在甘地夫人身后的本特·辛格突然从头巾中取出一支左轮手枪，对准甘地夫人连连射击。萨特万特·辛格也同时向甘地夫人进行射击。

甘地夫人的大儿媳索尼娅刚刚送走了婆婆，突然听到这密集的枪声，一种不祥的感觉向她袭来，她顾不得穿鞋，光着脚从房间冲了出来，沿着小路向总理官邸跑去。到拱门时，发现婆婆倒在血泊之中，她尖声叫喊着："妈咪，妈咪，不！不！"

正在准备采访的电视小组的人，听到枪声，开始还以为是有人在放爆竹。后来，他们感觉到这不是爆竹声而是枪声。于是拥向了出事地点。此时，索尼娅和几个卫兵正在抢救，甘地夫人被抬上汽车送到全印医学科学院。医生在她的小腹、腿等处取出了16颗子弹。凶手向她射出了20多颗子弹，甘地夫人在被送往医院之前就已经停止了呼吸。

被世人誉为"印度女皇"的英迪拉·甘地被自己的卫士杀死在自己的家园中，消息一经传出，举世震惊。

据印度报刊报道，英迪拉·甘地遇刺前曾预感到有人正在密谋杀害她。但她绝没想到杀害她的是自己的卫士。英迪拉·甘地曾两次公开提到此事。她在遇刺前半个月的一次集会上说，目前有一股想要消灭她的势力，她说："他们能做到的最坏的一条就是把我杀了。但是，即使英迪拉死了，在她的血泊上还会有千万个英迪拉站起来继续为人民服务。我之所以这样说，是因为英迪拉·甘地不仅仅

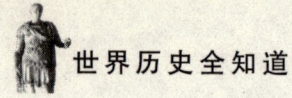

是一个妇女的名字，而是为大众服务的哲学。"她在遇难前两天的一次集会上，再次说了这个问题。没想到两天后，暗杀真的发生了。

后来，人们在她的办公室里发现了三张既没有日期，也没有标题的便条。英迪拉·甘地在上面写着："我从来没有像现在这样不想活了。但是我目前的精神状态迫使我写下了实质上是遗嘱的东西。即便我将在一伙人正在准备的暴力下死去，反正我知道，无论什么样的仇视都不能磨灭我对人民和国家的爱；地球上没有任何力量能使我背离既定的目标和为印度进步所做的努力……"印度人称这些"私人备忘录"为英迪拉·甘地的"政治遗嘱"。

英迪拉·甘地被刺身亡后，遗体按印度传统的仪式进行火化。火化用了60公斤纯净牛油、半吨檀香木和两公斤蜜糖。

印度政府为英迪拉·甘地修建了一座别具一格的纪念碑。这是一条用水晶玻璃铺设的长30米、宽2.5米的路，起于甘地夫人的官邸，止于她遇刺身亡的地方。这条路在阳光的照耀下闪闪发光，远远望去像是一条流动的小河，宁静而美丽。

齐奥塞斯库是怎样被杀的

从1989年下半年开始，东欧各国风云突变，一年之中执政40多年的共产党，纷纷丧失政权。在这次巨变中，罗马尼亚总统齐奥塞斯库被杀，与他一起被处死的还有他的妻子叶琳娜。

1989年12月22日，已失去权力的齐奥塞斯库夫妇乘一架直升飞机从布加勒斯特中央委员会的平台起飞外逃。不久，他们在飞机上听到在罗马尼亚领空禁止飞行的命令，于是被迫在一个小镇的旷野降落。在公路上，他们拦截了一辆小汽车继续逃跑，但半小时后，无线电广播描述了这辆车的特征，他们又不得不抛弃这辆车，重新拦截了一辆车，此时，齐奥塞斯库决定去位于特尔戈维什泰的特钢厂。过去他曾多次视察过该厂，他认为在那里会得到帮助，结果，那里已经罢工的工人却高呼要"打死杀人犯"，并向他的汽车扔石头，汽车只得冲出该厂，继续往前开。最后，汽车开到了植物保护中心大院内，齐奥塞斯库让司机去看看人们是否能帮助他们。司机走进一座大楼的大厅，里面有十几个人正在看当天的新闻。司机告诉他们，他把齐奥塞斯库夫妇留在下面的汽车里了，看电视的人都大笑起来，因为电视里已宣布抓住了这对夫妇。司机大声说，他说的是真的。一位技术员相信了他的话，于是他们把齐奥塞斯库夫妇领进了一个办公室。技术员向一个军事中心打了电话，不一会儿，一个军车队赶到这里，逮捕了齐奥塞斯库夫妇。

齐奥塞斯库夫妇被逮捕后，被囚禁在当地的一个军营里，政变当局鉴于齐奥塞斯库当时在军队内还有一定的势力,于1989年12月24日召开紧急会议,决定"尽快除掉齐奥塞斯库,并通过电视将真相公之于世"。他们称这次行动为"黄披巾行动"。会后,对齐奥塞斯库的审讯立即开始。齐奥塞斯库对这个审讯表示抗议,他说:"我是大国民议会选出的总统,你们的审判是非法的。"在审判过程中,齐奥塞斯库夫妇相互偎依,他们不相信自己会被处死。审判结束,他们被判死刑并立即执行。行刑时,不知是出于仇恨还是恐惧,行刑者失去了控制,排枪齐发,致使齐奥塞斯库身上留下了40多个弹孔。行刑时间是1989年12月24日13点50分。

被处死的齐奥塞斯库夫妇的尸体被装进麻袋中,这麻袋曾神秘地失踪了一段时间,这使政变者十分紧张,后来这麻袋在离原存放处二百多米的地方又找到了。12月30日,齐奥塞斯库夫妇的尸体被埋葬到布加勒斯特市西南的一座名为根恰的普通公墓内。据说墓穴是用钢筋混凝土浇注的,棺材放入后,四周又被灌满了水

罗马尼亚发生剧变,齐奥塞斯库夫妇被处决。

泥。齐奥塞斯库的墓高仅30多厘米,后面立有1米多高的十字架,比普通市民的坟墓还简陋。叶琳娜的墓同样矮小凄凉。两人十字架上写的都是假名。

尽管政变当局极力封锁消息,但人们还是很快找到了这两座墓,如今人们对齐奥塞斯库的评价逐年提高,前去齐奥塞斯库墓祭扫、献花的人越来越多。还有人提意要将齐奥塞斯库墓迁到南郊的贝卢名人公墓,并重新举行隆重的安葬仪式。

齐奥塞斯库的长子是著名的物理学家,他不愿回忆过去,也不愿接受记者采访,但却雇专人来护理其父母的墓地。齐奥塞斯库的女儿卓娅,退休后一直呆在家中过着清贫的生活,一位英国出版商愿出8万美元让她写回忆录,被她拒绝了。

被女杀手暗杀的拉吉夫·甘地

在印度历史上,有三位姓甘地的领袖被暗杀身亡,每次都震动世界。

第一位被暗杀的是被印度人民称为"印度国父"、"圣雄"的莫汉达斯·甘地。他于1948年1月30日下午被刺杀在做晚祷的草坪上。

第二位被暗杀的是被称为"印度女皇"的印度总理英迪拉·甘地。她是原印

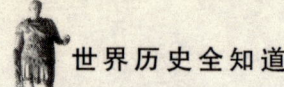

度总理尼赫鲁的女儿。她于1984年10月31日上午,被自己的贴身卫士刺杀在通往总理官邸的自家花园的小路上。

第三位被暗杀的是拉吉夫·甘地。他是英迪拉·甘地的长子。"拉吉夫"是他的外祖父尼赫鲁在狱中给他起的名字,意思是白莲花。尼赫鲁希望这个外孙一生白璧无瑕,幸福长命。没想到他也是被刺杀,而且死得这样惨,连遗体也找不全。

拉吉夫·甘地本来不喜欢政治,他的母亲起初也并不想扶植他,而是扶植他的弟弟,但他弟弟后来在自驾小型飞机时失事身亡,拉吉夫·甘地才被母亲推上政坛。1984年,母亲遭暗杀,他担任了印度总理。1989年他在大选中失利,离开了政府部门去从事党内工作。

1991年,印度第10次大选开始,拉吉夫·甘地认为国大党已具备获胜的条件,他积极参加了竞选。为了树立与群众打成一片的形象,他脱去了防弹背心,尽可能地接近群众,同群众握手,接受献花。

1991年5月21日傍晚,拉吉夫·甘地决定去南方大城市马德拉斯市附近的一个名叫斯里佩鲁姆布杜镇参加竞选集会,当他正准备登机出行时,飞机却突然出了故障,等了好久也没修好,他只好乘车回宾馆,决定改日再行。但当他的汽车开到半路时,又接到通知说飞机修好了,于是,他重返机场,登机飞向了马德拉斯市。到达马德拉斯市已是晚上8点半,拉吉夫·甘地提出立即去斯里佩鲁姆布杜镇。当地警察负责人劝他取消这一计划,拉吉夫·甘地没有同意。当他赶到小镇时,已是晚上10点钟了。他先去了当地英迪拉·甘地塑像前献了花,祈求母亲保佑他成功,接着来到集会的草地。这里已聚集了一万多欢迎他的群众。拉吉夫·甘地的到来使会场沸腾了,人们站立起来,高呼着口号,争着往前挤,想一睹他的风采。这时,一个小女孩从人群中挤向拉吉夫·甘地,向他朗颂了她写的一首诗。接着,一个戴着眼镜、身穿红绿相间外衣的女子挤上前去,她手中拿着一个花环走到拉吉夫·甘地面前,拉吉夫·甘地弯下身子接受献礼,让她把花环套到自己脖子上。那女子感激地一笑,弯下腰来,人们认为她要向拉吉夫·甘地行印度传统的触脚礼。就在这时,一声震天动地的巨响把人们震呆了,人们不知道发生了什么事。《纽约时报》记者芭芭拉克罗希特大叫一声:"炸弹爆炸了!"人们这才从呆滞中反应过来。人群有人不断地大声呼叫:"我们的拉吉夫在哪里?"现场一片混乱,地上散落着18具残缺不全的尸体。有的断腿,有的缺臂,有的失去了脑袋。拉吉夫·甘地的身躯已被炸散,只能看到他的部分脸和一条腿,其余部分是根据他穿的鞋和衣服来辨认的。

警察在现场找到一盘录相带,录相带记录了刺杀的全过程。这是参与这一刺杀阴谋的摄影师哈利巴布留下的。哈利巴布也被当场炸死。这盘录像带为破案提供了重要线索。经事后侦察,有41人参与了这一阴谋,其中12人在追捕过程中自杀。引爆炸药的女杀手叫达奴。

5月24日，印度政府为拉吉夫·甘地举行了隆重的葬礼。5月28日，拉吉夫·甘地的骨灰被运回他的家乡阿拉巴德市，由他的儿子将骨灰撒入故乡的恒河。一位杰出的政治家就这样结束了自己的一生，也结束了尼赫鲁家族40年来主宰印度的历史。

黛安娜王妃的苦涩婚恋

黛安娜1961年7月1日出生在斯宾塞贵族家庭里。1977年，黛安娜遇见了比她大12岁的英国王储查尔斯，1978年岁末，在桑德里格姆过年时，又同王子相遇，王子开始喜欢上了她。两人开始了"世纪恋情"。

1981年2月6日，王子向她求婚，黛安娜没有经过任何思考微笑着点头应允。黛安娜哪里知道，王子对她的求婚，首先并不是对她的爱情，而是出于他作为王子对王室履行的一种责任——为造就王位继承人寻找一个合适的人选。他的爱完全倾注在昔日的情人卡米拉——一个富商的女儿——的身上。这个女人一直是罩在黛安娜头上的一道阴影。

1981年7月29日，查尔斯和黛安娜在伦敦圣保罗教堂举行了"世纪婚礼"。但新婚并没给黛安娜带来多少甜蜜。黛安娜陷入了一种难以令人忍受的孤寂之中。最使黛安娜承受不了的不是王子对她感情上的冷漠，而是王子同卡米拉重续旧情。

王储和黛妃的感情裂缝日益加深，黛安娜在感情的沙漠中苦苦挣扎。黛妃为了两个孩子，为了家庭，曾多次乞求、劝说王子放弃与卡米拉的恋情，但查尔斯并不以为然，相反对她更加冷漠。在忍无可忍的情况下，黛安娜于1986年同王储开始私下分居。她在友人的启发下，从长期的沉郁中走出来，到更广阔的生活中去寻找自我。于是她把整个的身心投入到公益事业中去，从而得到了人们的认可，称她为"爱心王后"。

1996年8月28日，查尔斯和黛安娜接受了结束他们15年婚姻的一项法令，"世纪离婚"正式生效。

清纯、美丽、善良、温情的黛安娜，当然引起无数男人的崇拜和青睐，还在离婚之前就有不少有关她的绯闻见之于报端。1998年8月10日，美国《星期日镜报》披露了黛安娜与埃及裔富商多迪·法耶兹的恋情，黛安娜与多迪坠入了爱河。8月22日，黛安娜与多迪在地中海开始了第三次度假。两人已经深深相爱。8月30日，在结束地中海度假后，他们乘机抵达巴黎，黛妃准备稍作停留后去伦敦与两个孩子团聚，但这却成了她永久的遗憾。他俩于31日凌晨带着保镖驱车前往多迪在巴黎16区的私人住宅过夜。虽然已是午夜时分，却仍然没有躲过记者的眼睛，一批记者骑着摩托车在他俩座车的后面追赶。结果发生车祸，黛妃猝死。这震惊了英国，也震动了世界！人们在哭泣，人们在悲叹！一代艳妃，香销玉殒！

戴安娜与查尔斯的婚恋成了媒体追逐的热门题材，成了以挖隐私为生的狗仔队的饭碗，成了全世界人们的娱乐大餐，这是不是现代娱乐的罪恶？是不是现代文明的可恨之处？现代社会，几乎没有什么不可以被当成消费品的，严肃和不严肃的事件都在被人们消费着。

史学名著导读

希罗多德与《历史》

希罗多德（Herodotus，约前484—前425），古希腊伟大的历史学家，西方史学的奠基者，西塞罗尊之为"历史之父"。其确切的生卒日期均无法确定。据推断，他曾在雅典居住，结识了索福克勒斯，然后前往意大利南部由雅典人开发的一个新殖民地里。在其《历史》（又名《希波战争史》）一书中最后提及的事件约在公元前430年，但他卒于其后多久或卒于何地则不得而知。不过充分的证据显示，自公元前431年起，在伯罗奔尼撒战争的初期阶段，他是在雅典，至少也是在希腊中部地区。其著作于公元前425年之前，便已在该地出版和流传。

李奥尼达在温泉关

希罗多德喜欢旅行，他的足迹遍及世界各地，最远到达了当时波斯帝国的大部分地区。他对各地的风土人情和文物古迹非常感兴趣，而奇闻趣事更是他搜求的对象之一。在旅行中，他已经开始构思写作各地的单篇历史，这为他以后写《历史》一书做好了准备。

公元前447年，希罗多德来到了雅典，雅典高度发达的文化熏陶着他的心

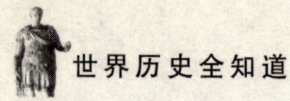

灵，而他与伯里克利结下的深厚的友谊更是对他的写作助益匪小。为了说明雅典在希波战争中的汗马功劳，也为了答谢伯里克利的鼓励，他决定撰写希波战争的历史。公元前443年，希罗多德加入了雅典海外殖民的队伍，迁居到意大利南部的图里奥城，开始潜心写他的《历史》，直到逝世。

希罗多德《历史》的主题为希腊与波斯之间历次战争（前499年—前479）及其战争的开端。

流传迄今的《历史》共分9卷，包括两个部分，其一为公元前480年至前479年的战争及其自公元前499年以来的战前序幕（包括第六卷中记载的爱奥尼亚的暴动以及马拉松会战）的有系统的叙述，其二为有关波斯帝国的发展及其组织的说明，与对地理、社会结构和历史方面的描述。

从世界来说，这部书并不拘泥于希腊的城池，而将作者所见的那个"世界"的历史情况悉数融入其中；同时，为了说明这场战争的背景，作者在介绍作为故事中心的希波战争之外，还穿插叙述了外邦的历史，实际上，我们可以把该书视为一部扩大的希波战争史。正是从这个意义上说，本书当之无愧于当时的世界史。

在内容上，除了对政治、军事事件的记录外，各地的自然地理、种族文化、民风民俗以及宗教都是作者的叙述对象。从这个角度来说，该书又犹如一部古代的百科全书。正是因为此，有些西方学认为该书是世界上第一部文化史，尊称希罗多德为"人类学之父"。

虽然该书的主题是两大民族之间的冲突和斗争，但却超越了狭隘的民族偏见。作者的立场十分中立，对希腊人在希波战争中的英勇顽强，他表示称赞，而对波斯军队的勇猛刚烈，他同样表示赞赏。在对待东方各民族的文明上，希罗多德也毫不掩饰自己的赞赏之情，甚至认为东方文明是希腊文明的发源地。

《历史》的意义是双重的。它不仅是一部宏伟的历史著作，同时也是西方文学史上的一部杰作。它行文流畅，风趣典雅，对人物的塑造也惟妙惟肖，因此整个历史故事非常生动逼真，无怪乎后世的历史文学都会以该书为写作的典范了。

他的整部《历史》一贯的宗旨是：高度的繁荣是"靠不住的"，如果它与薛西斯般的傲慢和愚蠢相伴相生的话，很有可能导致衰败。薛西斯入侵希腊，就清楚地说明了这一点。理性地分析，这本来应该是一场可以获胜的战争，却不可避免地失败了。

希罗多德相信天谴是对人类的不虔敬、傲慢与残暴的处罚；不过，在他对历史事件的叙述中，人的行动与个性而不是诸神的干预才是他所强调的重点。在西方史学方法上，这种难能可贵的理性主义态度，实为一项划时代的创新。

修昔底德与《伯罗奔尼撒战争史》

修昔底德（Thucydides，约前460—前396），古希腊最伟大的历史学家，雅典人，出生年代早于公元前460年，因为在前424年当选为将军时，他已经30多岁了。他的著作《伯罗奔尼撒战争史》是古典史学的典范，是几乎所有后来的历史学家学习的标本。

前430年—前429年，雅典爆发了瘟疫，修昔底德身染重疾。前424年，他当选为十将军之一，并被指派负责率领色雷斯海域的舰队，基地在萨索斯（Thasos）。结果，安菲波利斯城在斯巴达将领布拉西达斯的攻占下失守了。由于此次严重的失职，他被撤职，受到了审判，最后被赶出了雅典。这倒给他创造了一个难得的机会，于是，在长达20年的流放生活中，他一边游览世界各地，一边致力于《历史》的写作。直到前404年战争结束，他才回到雅典。

至于他逝世的准确时间，我们不得而知，据推测很可能就在他回雅典不久。他的墓地和纪念碑直到公元2世纪前后还可以在雅典看到。

《伯罗奔尼撒战争史》共8卷，但在离战争结束还有6年多时间时（即前411年秋）就戛然而止了。他的写作是分三步进行的：第一步，记录事件的来龙去脉；第二步，对记录进行整理，以年代为序加以编排；第三步，对整个内容进行补充和修饰。由此，他开创了纪年与纪事相结合的历史体裁。

修昔底德不仅是单纯叙述战争。在讲述战争的政治因素之外，他还对作战双方的性格作了分析：在擅长创新和具有革命精神的雅典人，与谨慎冷静、"既不因胜利狂喜也不因挫折悲观"的伯罗奔尼撒人（斯巴达人尤甚）之间，性格的冲突是引起战争的深层原因。另外，战争的技术问题也是修昔底德关注的重点之一。正是因为此，他才能对拥有陆上霸权的斯巴达与拥有海上霸权的雅典作战的种种不利因素分析得头头是道。由于善于从政治、心理、技术等各个方面去思考，所以他对战争有精辟而独到的见解，是一位典型的雅典学者。

与希罗多德相比，虽然修昔底德只比前者晚出生25到30年，但在史学思想和方法上，却比前者要成熟得多。希罗多德鉴别性不强，对所闻所见的事实不加筛选地记录在案，所以往往流于轻信。而修昔底德却像个严肃的科学家，他十分注意证据，对待史料的态度非常谨慎。为了提供一部准确的信史，他不辞辛劳，亲自到重大战役和事件的发生地进行实地考察，想方设法搜集了各种条约和官方文件，并抄录了无数碑铭。因此，书中对各次战役的描述既清晰又准确，尤其是该书所记载的公元前419年雅典与亚哥斯签订的同盟条约，几乎与近代出土的条约碑文如出一辙。

另外，在对历史进行解释方面，修昔底德习惯于用自然原因说明日食、月食、地震、风暴等现象，而绝不借用超自然的因素，因而在他的书中记载神示、梦征和吉凶兆头的文字很少。从对迷信内容的批判这一角度来说，在西方历史学家中，修昔底德是第一人。

与希罗多德《历史》那种结构散漫、枝节芜杂的情况相比，修昔底德的思想非常有系统性，在这场持续了相当长时间、延伸到各个不同地区之间、断断续续

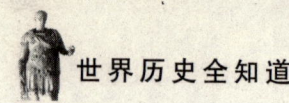

发生的各次战役之中,他看到了历史事件的连续性和统一性,把战争行动与各方盟邦之间的斗争、各邦内部不同阶级、阶层和政派间的斗争紧密联系在一起,由是我们可以看出当时希腊的各种社会矛盾。

修昔底德不仅是他所记述的这场战争的参与者,还是高级将领,但在书中,他却对自己的活动很少提及,既不借机标榜自己,也不为安菲波利斯的失利作任何辩解。同时,对他的对手、斯巴达将军伯拉西达,他的描述也非常公允,表现出了可贵的史德。

《伯罗奔尼撒战争史》气势雄伟,用词精练,不刻意渲染,但有很强的感染力,是兼学术性与艺术性于一体的典范。为了弥补叙事的不足,更好地刻画人物的心理状态,作者代拟了大量的演说词,加深了读者对这次战争的认识。

即使现在看来,《伯罗奔尼撒战争史》仍不失为古典史学的求实精神和理性主义批判精神的最佳范本。

色诺芬与《远征记》

色诺芬(Xenophon,约前444—前354):古希腊历史学家、军事家和政论家。出身于雅典贵族家庭,接受过非常全面的教育,是著名哲学家苏格拉底的学生。16世纪,他的著作就被译成多种欧洲文字。直到今天,他仍然具有崇高的声望。他擅长客观地记录自己的所见所闻,发表自己对时事的看法,从这个意义上讲,他是有史以来第一个新闻记者。

在他一生中,对他影响最深的经历是在波斯王子居鲁士的希腊雇佣兵团中服役的那段日子。居鲁士死后,他被选举为希腊万人军的总司令。在远离故土约1500公里的库尔德斯坦和亚美尼亚陌生的土地上,他率领着希腊同胞四处冲杀。公元前400年初,他回到黑海之滨的希腊城市特拉彼祖斯(今特拉布宗),他的名著《远征记》即以此次的光辉业绩作为素材。此后,他在保加利亚和小亚细亚服役。在小亚细亚时,他结识了自己毕生推崇的斯巴达国王阿格西劳斯二世。

从此,色诺芬与斯巴达结下了不解之缘。他不仅拥有了阿格西劳斯所赐的房屋和地产,而且建立了美满的婚姻生活。约公元前365年,雅典和斯巴达共同反对底比斯,于是对色诺芬的放逐令得以取消。回到故乡的色诺芬对民主政治依然心存不满。公元前355年,他写了《财源论》一书,向各城邦鼓吹和平政策。不过在他的所有著作中,最富于个人特色的还数《远征记》。由于一生戎马倥偬,他写成的两部著作一是《论骑术》,介绍了职业骑手从事狩猎和战斗的全部知识;一是《论骑兵司令的职责》,其中最生动的是讲述自己在雅典当骑兵时的种种经历。

出于对苏格拉底的崇拜和对诡辩哲学家的憎恶,他写了《回忆苏格拉底》一书为苏格拉底申辩。同样,出于对修昔底德的景仰,他也试图为修昔底德未完成的著作写续篇。遗憾的是,关于公元前411年—前403年的历史,他流于东拼西凑地堆砌材料,根本无法与修昔底德的著作同日而语。色诺芬晚年居住在雅典,后死在阿提卡。

《远征记》是色诺芬最负盛名的一部著作。整套书共有7卷,主要记录的是希腊雇佣军参加波斯内战,并在小居鲁士死后退出美索不达米亚,撤退到黑海沿岸,最后乘船回到色雷斯的长途行军过程。

该书是作者根据自己行军记录整理加工而成的,虽然作者对自己在征战中的作用有些夸大,但所述内容基本真实可靠。对这支军队沿途进行的无数次战斗和艰辛困苦的生活,该书都作了细致的描述。同时,对于雇佣军内部的分歧和士兵们的心理状态,以及沿途各地的地理、物产及各个落后部落的民情风俗,该书也有所涉及。该书文采飞扬,对相关环境和人物的描写栩栩如生,是一部优秀的历史回忆录和地理志,有较高的史料价值。

乔治·格罗特与《希腊史》

乔治·格罗特(George Grote, 1794—1871),英国历史学家,1794年11月7日出生于肯特郡贝肯罕附近克莱希耳的一个祖籍不来梅的银行家庭。先后就学于塞文欧克斯语法学校和恰特豪斯公学。16岁被迫进入父亲同别人合资经营的银行里工作。他利用一切闲暇时间攻读古典文学、历史和政治经济学,同时认真学习德文、法文和意大利文。1817年,他接触到了李嘉图的学说,通过李嘉图又受到穆勒和边沁的熏陶,成为"哲学激进派"的主要成员。1821年发表处女作《国会改革问题探讨》,1831年增补并改名为《国会改革刍议》,提出普选权、秘密投票和缩短国会任期等进步主张,直接推动了1832年国会改革。1826年至1830年,与穆勒、布鲁姆在戈韦大街共同创办了一所新"大学"。他是负责组织伦敦大学学院院系和课程委员会的委员,提倡大学实行开卷考试制,主张妇女有参加大学考试的平等权利。1830年他父亲去世后,他继任银行的经理,成为伦敦商业区激进派的领袖。1831年出版《议会改革要义》;1832年以伦敦商业区议员的身份进入下议院,直至1841年,期间努力推动自由党政府深入进行民主改革。1841年辞去所有职务。1842年,从意大利旅行归来后,埋头钻研文学。1846年,他的12卷巨著《希腊史》前2卷问世,1847年至1856年间其余10卷相继出版。这部书中主要研究古希腊的政治生活,极力美化雅典的民主政治,对古希腊史编纂产生很大影响。

由于他在学术、政治和教育领域内表现非常出色,牛津大学和剑桥大学分别授予他博士学位。1859年,他又被英国皇家科学院授予古代史名誉教授称号。1869年,格拉斯顿首相准备赐予格罗特贵族封号,被他拒绝。

格罗特治学态度严肃,勤于搜集和考辨史料,不以政见歪曲史实。当之无愧于 19 世纪前半期欧洲最杰出的希腊史史学家。

1846 年—1856 年陆续出版的《希腊史》共有 12 卷,是格罗特主要的代表作。该书重点叙述了从远古到亚历山大帝国的希腊历史,同时对当时小亚细亚、腓尼基、亚述、埃及和意大利的基本情况也有简要的介绍。该书由《传说的希腊》和《历史的希腊》两部分组成,第一次把希腊信史与道听途说的传闻进行了严格的区别,以公元前 776 年奥林匹亚赛会作为希腊信史的起点,这在历史的记事方式上是一个创举。而在传说部分,作者则吸取了尼布尔研究早期罗马史的观点,分析了远古希腊存在的氏族制度,并试图阐述其特征。同时,作者还对《荷马史诗》的形成问题提出了自己的看法,他认为《伊里亚特》并非出自一人之手,而是公元前 9 世纪民间集体口头传诵的结晶,到公元前 6 世纪才最后定型为现在我们看到的样子。

帕特农神庙　公元前 447—前 432 年
帕特农神庙坐落在雅典卫城的山顶,是希腊古典时期(前 650—前 323)雄伟的建筑经典,也代表了多利克式神庙的完美极致。

在《历史的希腊》这一部分里,作者从斯巴达的政治制度开始讲起,详细叙述了雅典的梭伦改革。而从克莱斯铁涅斯改革到公元前 4 世纪的雅典政治制度的发展过程,则是贯穿这一部分内容的主线。格罗特对雅典民主制推崇备至,认为正是这一制度消除了基于出身和财产的不平等而导致的政治上的不平等。民主制度规定,全体公民都有参加公民大会和担任国家公职的权利,政府应当以法治代替暴政,这都表明这一制度的优异性是前所未有的。格罗特非常崇拜伯里克利,因为伯里克利的执政创造了雅典平等自由的黄金时代。至于雅典的反民主派及其他城邦僭主制、斯巴达的贵族制和马其顿的帝制，作者则不屑一顾。格罗特认为亚历山大充其量只是个野蛮人，他的东征无异于蛮族对罗马帝国的入侵，亚历山大帝国不仅没有把亚洲希腊化，反而把希腊亚洲化了。

G·S·克里普斯与《喀提林》

盖乌斯·萨卢斯特·克里普斯（Gaius Sallustius Crispus，前86—前35），古代罗马著名历史学家，与李维、塔西佗并称为罗马三大史家。出身于体面的平民家庭，受过良好的教育。年轻时生活似乎颇为放荡，但后来得到了骑士身份，并跻身元老院。公元前54年担任财务官。公元前52年担任保民官。萨卢斯特对恺撒十分崇拜，对贵族派和庞培则强烈反对。因此，公元前50年，贵族以他道德败坏为借口，将他逐出了元老院。公元前49年恺撒占领了罗马，于是他在元老院的地位又得到了恢复。公元前48年，他再度担任财务官。公元前46年，他在恺撒的率领下参加了消灭庞培势力的阿非利加战争。接着他担任了努米底亚总督。在任期间，他疯狂搜刮民脂民膏，任职期满回到罗马后受到了指控，但由于恺撒的保护，他并没有受到惩罚。此后他与政治划清了界限，安心隐居在一所豪华别墅里著书。

其重要著作有：公元前41年完成的《喀提林》，公元前39年至公元前36年完成的《朱古达战争》，以上两部著作均被完整地保留了下来。公元前36年至公元前35年完成的《历史》（5卷），该书讲述的是苏拉死后11年间（前73—前67）罗马的内部和外部斗争。此书早已散佚，仅存片断。

萨卢斯特生活的时代，正逢罗马政局动荡，民主派与贵族的斗争愈演愈烈，最后终于爆发了大规模的内战。而正是在这种斗争的推动下，历史学以其作为争论武器的地位而备受重视，萨卢斯特就是这一时期最杰出的历史学家。他一改罗马以往单调枯燥的编年史陈规，重视事件的内在联系和故事性。他继承了希腊史学尤其是修昔底德的求实传统，不迷信神明天命和灵祥灾异，而利用各种官方文件和自己亲自搜集的材料来充实历史。不过，由于他写史是满足现实政治斗争的需要，所以抛弃了以往罗马史书言必从远古的通例，而只阐述当代历史，而且完全是站在恺撒的立场上来点评历史事件。故他虽在叙事中力求冷静客观，但却不一定公允。在《历史》一书中，他对元老院废除苏拉的反民主措施大加赞赏，而对元老院将军政大权授予庞培则不遗余力地鞭挞。与此同时，他还致力于揭露贵族派的软弱无能。

《喀提林》是萨卢斯特的处女作，记述的是发生在公元前63年的罗马的一次重大政治事件。该事件是罗马贵族共和制由盛转衰的标志，在罗马历史上的意义不可小视。本书的主人公喀提林是个野心勃勃的投机分子。他一心想往上爬，但在3次竞选执政官的活动中，都以失败而告终。于是，他打着废除债务、为贫苦民众分配土地的幌子，煽动平民对元老院的不满情绪，秘密召集民众起义反对元老院。但阴谋被泄露了，很快，以西塞罗为首的贵族派逮捕了罗马的密谋分子，而喀提林在伊特鲁里亚组织的军队也被元老院的军队悉数歼灭，他本人则横死沙场。当时舆论认为，恺撒是喀提林阴谋的暗中支持者，西塞罗等人也在此事上大做文章，抨击恺撒。正是为了替恺撒辩护，表明恺撒的清白，萨卢斯特写作了此书。

由于萨卢斯特对西塞罗和喀提林二人均无好感，所以他较为客观地记录了这一事件的全部过程。除了个人的所见所闻，他还利用了现已失传的官方文件，如元老院的公告、西塞罗的演说等，具有较高的史料价值。此外，作者竭力模仿修昔底德，语言凝练，颇有伽图古风。对整个事件过程的刻画不仅富于戏剧性，而且关注了人物的心理活动和形象特点等细微之处，尤其恺撒和小伽图的形象栩栩如生，跃然纸上。该书是优秀的拉丁散文典籍，对后世的罗马散文，尤其是对塔西佗的文风产生了很大影响。但是，萨卢斯特把喀提林说成是法律、秩序和道德的败坏者，津津乐道于揭露喀提林的贪婪、生活堕落、为不良企图而不择手段的恶劣，而对喀提林的思想和观点却鲜有涉及，所以评价有失偏颇，这也使后人仅凭该书，难以对这位重要历史人物有一个全面而深刻的认识。

凯撒与《高卢战记》

盖乌斯·尤利乌斯·恺撒（Gaius Julius Caesar，约前100—前44），一个多方面的天才，除了是一个成功的军事家外，他还是一位天才的政治家，一名文采斐然的史学家和文学家。出身于一个古老但不特别显赫的罗马贵族尤利乌斯家族，受过良好教育。但因为是民主派领袖泰纳之婿和军事统帅马略的内侄，所以一直受到贵族派的排挤和独裁者苏拉的迫害。这使他在共和国末期的激烈政治斗争中站到了民主派一边。由于他为人慷慨、乐善好施，且善于雄辩，所以逐渐成为民主派的领袖。

公元前65年，担任罗马司法官。公元前63年当选为最高祭司，但被指控在镇压喀提林中施展阴谋。公元前62年被选为军事执政官，出任外西班牙省总督（前61—前60）。此时他已成为颇有争议的政治人物。公元前59年当选为执政官（主要行政官和实际上的国家元首）。为了获得更大权势，他在公元前60年与庞培、克拉苏建立"前三头同盟"，依靠同盟得以在公元前59年担任执政官。任满后于公元前58年出任高卢总督，并武力征服整个高卢，甚至侵入莱茵河以东地区，并两次远征不列颠。

通过高卢战争，恺撒的威望和实力迅速激增，由于力量平衡被破坏，三人同盟宣告解体了。公元前53年克拉苏死后，庞培与元老院联合起来，共同对付恺撒。公元前49年，庞培与恺撒的矛盾达到白热化状态，恺撒领兵进军罗马，庞培只好仓皇逃往巴尔干。在短短的 3 个月时间里，意大利的主人就成了恺撒，在西班牙，恺撒击败并降服庞培的副将后被任命为独裁者。此时庞培在埃及、希腊和东方省聚集了强大的军队，而他的舰队则控制了海域。跨过亚得里亚海的恺撒在都拉基乌姆战败后撤去，受到重大损失。然而在前 48 年，在法萨卢斯的第二次战役中，元老院的军队被击溃，庞培逃往埃及，在那里他被托勒密国王的一个军官杀死。恺撒追至埃及，借口国王杀害庞培推翻国王，另立克娄巴特为新女王，并冒着失去胜利果实的危险与女王公开调情，从而实际控制了埃及。此后两年，他在小亚细亚、努米底亚和西班牙周旋，肃清庞培余党，结束了内战，重新统一罗马。

公元前 45 年，恺撒被宣布为罗马共和国终身独裁者。其后他着手进行了一系列改革，降低了元老院和公民大会的地位，将军政、司法、宗教大权集于一身，他废除罗马城的种种特权，提高各行省和意大利各城市的地位，将公民权扩大到各行省。这些改革为帝国奠定了基础，并为他带来了无限的荣耀，同时也由于损害了贵族的利益给他带来了杀身之祸：前 44 年 3 月，恺撒被暗杀。

恺撒虽然著述颇多，但除了《高卢战记》7 卷和《内战记》3 卷流传下来之外，其余的作品都散佚了。

《高卢战记》是恺撒最杰出的作品。作者之所以要写这部书，其主要目的是为了回击庞培和元老院对他的污蔑。在该书中，为了说明在没有得到元老院的批准下便擅自对外国作战，只是出于保卫省安全的需要，而不是非法越权，作者不厌其烦地叙述了各个战事的起因。讲述了发生在公元前 58 年—前 52 年高卢战争的经过。为了说明在政敌的攻击下走投无路的恺撒是如何为祖国的利益而忘我地战斗的，该中不惜笔墨、多次刻画了战争的艰苦和敌人的强大。而书中所描绘的罗马军队是如何英勇善战、无坚不摧的，也正是为了衬托恺撒的卓越领导才能和赫赫战功。

从体例上说，该书基本上是一卷记述一年的战事。卷 1 记述的是公元前 58 年，恺撒征服高卢最强大的厄尔维几人、消灭进入高卢的日耳曼人并进而占领高卢中部的整个过程；卷 2 记述的是公元前 57 年，恺撒征服高卢东北部（今比利时境内）的比尔及诸部落的情况；卷 3 记述的是公元前 56 年，恺撒镇压布列塔尼和诺曼底的文内几人起义和阿奎丹尼人起义的经过；卷 4 记述的是公元前 55 年，恺撒歼灭从莱茵河东岸进入高卢北部的日耳曼部落并首次向莱茵河东岸进军，并第一次远征不列颠的战事；卷 5 的主要内容则是公元前 54 年，恺撒第二次远征不列颠的始末和比尔及诸部落反抗罗马的起义活动；卷 6 回忆了公元前 53 年春，恺撒讨伐比尔及人和第二次渡过莱茵河的经过，记述了维钦及托列克斯领导的高卢全民大起义；卷 7 记述的是公元前 52 年恺撒与起义军作战的过程。该书以恺撒对高卢起义的镇压以及维钦及托列克斯的降服为尾声。恺撒死后，他的幕僚伊尔久斯续写第 8 卷，补充记述了发生在公元前 51 年—前 50 年之间的战

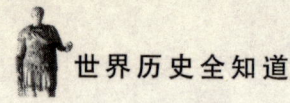

事。

高卢战争盛况空前,据普鲁塔克的说法,被卷入战争的高卢人和日耳曼人高达300万之多,其中的100万人被杀害,100万人成了俘虏。对于这场战争的巨大规模和惨烈程度,《高卢战记》的描述还是比较真实的。尽管该书对高卢和日耳曼人的看法多有偏颇,并把战争的责任一股脑推到他们头上,但也多次承认对方战斗的目的是为了保持传统的自由、反对罗马的奴役。该书也不吝笔墨地刻画了他们顽强拼搏的英雄本色。尽管该书念念不忘表白恺撒的仁心厚德,但也客观地描述了罗马士兵大肆杀戮的情景。这也从反面说明了《高卢战记》的可信度,该书也因此成为后人了解这次战争的惟一原始资料。在军事史上,《高卢战记》为研究战争艺术提供了许多不同类型的范例,其重要性也不容小觑。

由于恺撒善于揣度读者心理,竭力掩饰自己的写作意图,以及在该书中自始至终运用第三人称,所以该书语气温和,感情平稳;既没有对敌手的直接攻击,也没有故意标榜吹嘘自己的幼稚之举;整部书的描述都十分客观,有强烈的历史真实感。也因为此,该书中的恺撒不仅是位有雄才大略的将领,更是一位光明磊落的君子,这也使该书能达到最好的政治效果。

《高卢战记》还一改当时修辞学的陈规陋习,文字简练清晰,不加修饰,不拘韵律,是古典拉丁散文的典范作品,对学习拉丁文的读者尤为适合。

弗拉维·约瑟夫斯与《犹太古代史》

弗拉维·约瑟夫斯(Flavius Josephus,约37—95),古代犹太历史学家和军事统帅,出生于耶路撒冷的一个高级教士家庭,早熟,14岁就与大祭司讨论犹太法问题。16岁开始在蛮荒之地进行为期三年的旅行。回耶路撒冷以后,曾加入法利赛派。64年出使罗马,圆满完成自己的使命。同时,他对罗马的文化和军事力量留下了深刻的印象。

在反罗马大起义的前夕,他回到耶路撒冷。66年,犹太地方的犹太人驱逐罗马的行政长官,在耶路撒冷建立一个革命政权。约瑟夫斯被任命为加利利地区的军事长官。他为抵抗罗马大军,积极进行战斗准备。67年春,罗马军队到达加利利,约瑟夫斯坚守要塞。加利利城陷落之后,他与40名战士到附近的山洞中躲藏。战士们虽然身陷重围,但至死不向罗马人投降。约瑟夫斯惊恐万状,诡称自杀不符合犹太教的道德,因此每个战士要依次杀死挨着他的人。大家抽签决定顺序,约瑟夫斯用计把自己排在最后。当仅剩两人时,他杀死另一个人,然后向罗马人投降。罗马人给他戴上枷锁,把他领到统帅韦斯巴芗面前。但他急中生智,自称是先知,预言韦斯巴芗马上就要当皇帝。这使他免于一死,此后两年留在罗马人的军营中当囚徒。69年底,韦斯巴芗部下拥立他为皇帝,约瑟夫斯的预言成为事实,这位善于逢迎的犹太人终于获释,并转而为罗马人效劳,随韦斯巴芗前往亚历山大里亚。70年，罗马人围攻耶路撒冷时，约瑟夫斯随罗马军队参战，并打算充当双方的调解人。但是，由于犹太人不原谅叛徒，罗马人又不信任他，他未得逞。耶路撒冷陷落后，他开始定居罗马，从事文学事业。

他的第一部著作《犹太战争史》共7卷，于75—79年陆续问世，其中对66—70年的大起义作了详尽的叙述。他极力渲染罗马军团的威力。显然，他写作此书的目的之一是劝说犹太人赶快放下武器向罗马人投降。书中对犹太爱国者表现极端的仇视，对他们的命运没有丝毫同情。他在罗马获得公民资格和一笔年金，曾是韦斯巴芗、提图斯和图密善三朝的宠臣。公元93年完成20卷《上古犹太史》。书后附有一篇《自传》，为自己的变节行为辩解。

油画《巴别塔》

在约瑟夫斯的著作中，我们不难发现有一股强烈的亲罗马倾向。他竭力夸耀罗马的伟大而对犹太民族主义不屑一顾，对犹太人的反罗马起义冷嘲热讽，因此，他的作品受到了他的同胞的憎恶，却得到了罗马人的赏识。不过，虽然他试图以对犹太民族事业的背叛来求荣，但对犹太的宗教和文化仍持褒扬的态度。他对亚历山大里亚学派塞米族的学者阿庇安崇拜希腊史学而贬斥犹太史学的做法很不满意，所以自己写了《驳阿庇安》一书，指出希腊史学并没有埃及、迦勒底和腓尼基史学历史悠久的事实，并对希腊历史著作牵强附会，缺乏可靠事实依据的现象大加鞭挞。尽管如此，约瑟夫斯的所有作品几乎无一例外地都是采用希腊文写作。

在古代历史作品方面，《犹太古代史》是少有的鸿篇巨著。全书共有20卷，

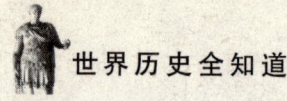

叙述的事件从上帝创世起,一直到公元65年犹太起义前夕。最后一卷于公元93—94年写成。

作为阿拉伯沙漠游牧民族的一支,犹太人先是迁居到巴勒斯坦,征服了当地的迦南人,公元前1000年左右,他们建立了希伯来王国,到大卫和所罗门时期,他们的社会和政治生活达到了高度繁荣。所罗门死后,希伯来王国发生了内讧,并于公元前925年分裂成以色列和犹太两个独立的国家。公元前772年,以色列在亚述的铁蹄下灰飞烟灭,公元前586年,犹太则被迦勒底并为己有,不计其数的犹太人沦为俘虏,被运送到巴比伦。直到后来迦勒底被波斯打败后,犹太人才得以返回故乡,但这并没有改变他们被奴役的命运。他们先后臣服于波斯、亚历山大帝国和叙利亚塞琉西王国,公元前63年,罗马征服了犹太国,并使之并入叙利亚行省。

关于古代犹太的这段历史,只有《犹太古代史》首次作出了系统而详细的记载。由于这段历史为人们阅读《圣经》提供了相关的历史背景,所以西方人一直比较重视。诚然,从一个历史学家的角度而言,该书作者的分析流于肤浅,对相关史实往往有夸大和歪曲的嫌疑,而且在年代的表述上也往往错误百出。不过,值得肯定的是,有关希腊化时期和罗马统治时期的犹太历史,作者参考了当时的很多权威著作,为这两个时期的犹太历史提供了许多重要的资料。遗憾的是该书也难逃被基督教会抄书匠篡改、增删和歪曲的厄运,而书中所涉及的基督教的内容,也许就是后人的创造。

汉默顿的简介涉及的只是从亚历山大远征进入耶路撒冷到公元66年犹太人起义这段时间的历史。

塔西佗与《编年史》

科尔尼乌斯·塔西佗(Tacitus,56—120),罗马帝国高级官员,以历史著作名垂千古。出生于高卢南部。在优裕的生活环境中长大,受过良好教育。他学习过修辞学,并且拜第一流雄辩家马尔库斯·阿佩尔和尤利乌斯·塞昆都斯为师,理想是作法律辩护人。他最初当见习官,后来任军事护民官。77年,与阿格里科拉的女儿结婚。77或78年,阿格里科拉任执政官,后来出任不列颠总督。81年,担任财务官,88年成为行政长官。至93年,他在帝国行政机构中已身居显位。97年任执政官。98年发表《阿格里科拉传》和《日耳曼尼亚志》。《阿格里科拉传》记述了他岳父的一生,特别详细地谈到78年—84年作不列颠总督和晚年在图密善统治时期的情景。《日耳曼尼亚志》记述莱茵河上罗马边界地区的状况。塔西佗着重指出日耳曼部落的淳朴道德和原始陋习。他说,如果这些部落一致行动,将对罗马的高卢地区构成威胁。从这一点来看,这部著作已经超出地理学的范畴而进入政治领域了。

塔西佗的巨著《历史》从69年加尔巴当政开始写起,到96年图密善逝世为止,全书分为12或14卷(《历史》和《编年史》总共为30卷,两书均只存残篇)。根据小普林尼提供的资料判断,迄105年,塔西佗已经写成几卷,107年已完成大部分,109年全书脱稿。现存只有第一至四卷和部分第五卷,其中记述加尔巴垮台和奥托之前的皮索时期(第一卷);韦斯巴芗在东方的地位和奥托的自杀为维特利乌斯开路(第二卷);维特利乌斯被支持韦斯巴芗的多瑙河军团击败(第三卷);韦斯巴芗统治的开端(第四至第五卷)。根据现存的残篇及详细的序言来看,《历史》是一部经得起时间考验的作品,文笔尖锐有力,叙事有声有色,其文体完全适合于描写内战期间错综复杂的一系列事件。

在内尔瓦统治时期,塔西佗荣升显位。同时,他安然度过了内尔瓦和图拉真权力交替时发生的帝国政策危机。在图拉真统治下,他继续保持在政界的地位,112年—113年任亚细亚省总督。塔西佗的《编年史》是以纪年体记述从14年奥古斯都去世、提比略继位起到68年尼禄统治结束为止整个朱利亚—克劳狄王朝时代的历史事件。

全书分为18卷或16卷。塔西佗在114年已经完成第一至第六卷的绝大部分。在哈德良统治初期,塔西佗大致完成了这部著作。《编年史》现存只有第一至四卷,第五卷的一部分,第六卷的大部分以及首尾残缺不全的第十一至十六卷。

塔西佗十分注重历史的道德教化作用,这也是大多数罗马历史学家擅长的一点。他认为"历史的职能即是扬善惩奸,以警后人"。不过,在《编年史》中,并没有长篇累牍的道德说教,只在叙述中穿插了一些精辟的格言和警句,引发读者深思。

在继承古代希腊罗马历史学家优秀写作风格的基础上,塔西佗还有所创新。他逻辑思维能力强,文笔遒劲,把拉丁文活泼、有力、富于节奏感的特点发挥得淋漓尽致。而他的作品正如他的思想一样,跌宕起伏,精彩纷呈,使人留下深刻的印象。塔西佗的语言表达能力和表现手法都非常高超,所以在他笔下的历史情景,非常生动有趣;而被他刻画出来的人物形象,不仅性格各异,而且真实可信。这更加强了《编年史》的政治效果,使之对后世西方的政治思想产生了较大的影响。正是因为此,塔西佗的著作备受推崇,尤其在启蒙时期和法国革命时期。

勒基与《欧洲伦理史》

威廉·爱德华·哈特罗普·勒基(w. e. H. Lecky, 1838—1903),生于爱尔兰的首都都柏林,我们知道,著名的剑桥大学三一学院就坐落于此,许多著名的哲学家就在这里度过了大学生活,如培根,柏克,贝克莱。勒基也是三一学院毕业生中的佼佼者,他于1859年在那时获得了学士学位,1863年,他又获得了硕士学位。

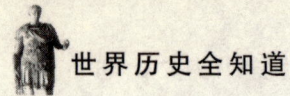

1860年，勒基的第一部著作《现代宗教趋势》问世了，此后他开始从事爱尔兰问题的研究，写了一些爱尔兰政治家的传记。1865年他出版了《欧洲理性主义的兴起与影响》，这本书使他一举成名。此后他著述不断，1869年出版《从奥古斯都到查理曼大帝的欧洲伦理史》。作为一个历史学家的勒基最重要的著作是于1878年到1890年12年间写成的八卷本的《十八世纪英国史》，这部书旁征博引，资料十分丰富，尤其是有关英国议会的史料。勒基生活的时期，正是英国走向帝国主义过渡时代，对外扩张时期，这对勒基晚年的著作起了强烈影响，他在写于1896年的《十八世纪英国史》第二卷《民主与自由》一书中，提出限制选举权、限制资产阶级的"自由"的主张。

从1895年开始，勒基代表都柏林大学担任英国下院议员，在政治上他是统一党党员，在议会中极力反对爱尔兰自治。1903年，勒基逝世。

《欧洲伦理史》是《从奥古斯都到查理曼大帝时期的欧洲伦理史》的简称。与《欧洲理性主义的兴起和影响》相比，虽然它们论述的都是神学与理性的矛盾及其斗争这一主题，但侧重点不同。《欧洲理性主义的兴起和影响》重点讲述的是基督教神学的衰落和理性主义的发展兴盛，而本书强调的则是基督教的兴起及其对欧洲伦理道德的影响。

勒基的《欧洲伦理史》以对道德的本质进行探讨作为开端，他认为人类道德的进步与社会发展的条件变化有直接关系。举例来说，正是奴隶制大田庄取代了自耕农经济、自由民无须支付报酬就能从政府那里得到粮食这种状况，导致了罗马人尚武精神和务农道德的衰落。他认为宗教之所以能站稳脚跟，是与其对政治的支持分不开的。

在论述从奥古斯都到查理曼时期基督教对伦理道德的影响时，勒基在肯定基督教作为能使宗教与道德合为一体的惟一宗教之地位，肯定它消除了种族和社会地位差别，肯定其在感化人格、防止罪恶的同时，对其宣扬隐居生活和禁欲主义的观点又进行了批评，认为这是对社会美德的破坏。他还对基督教过分强调服从精神颇为不满，认为这会使人性沦落为奴性，等等。

另外，该书还对女性的地位和婚姻关系中伦理观念的演变进行了分析。

弗里曼与《诺曼人征服史》

爱德华·奥古斯特·弗里曼（Augustus Freeman, 1823—1892），英国历史学家，"牛津学派"的重要代表。1823年8月2日出生于英格兰斯塔福德郡哈伯恩。幼年时父母双亡，由祖母抚养成人，在一个私人学校接受教育。在牛津大学三一学院学习时，曾打算毕业后参加教会工作，1847年结婚后，改变了原来的想法，把全身精力投在文学创造上，成果骄人。弗里曼学养深厚，著述颇丰。早年曾研究过教会建筑，1849年出版了《建筑史》。后转向主要研究希腊史，发表

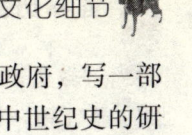

了大量的希腊史论文,并打算就古代希腊到近代瑞士和美国的联邦政府,写一部专著,但在1863年完成第一卷后,就搁置了该计划,而转向英国中世纪史的研究。1867年—1879年间,他出版了自己的代表作《诺曼人征服史》。70年代后,针对英国宪法、比较政治学、历史理论和历史地理,他发表了大量著作。1884年,他成为牛津大学钦定讲座现代史教授。

其重要著作除了1849年出版的第一部著作《建筑史》以外,还有《萨克逊人的历史和征略》(1856年)、《诺曼人征服史》(1867年至1879年,五卷本并附索引)、《英国宪法的成长》(1872年)、《论埃克塞特》(1887年)、《历史研究法》(1886年)、《欧洲历史的主要时期》(1887年)、《征服者威廉》(1888年)、《旅行的研究》(1893年,三卷本)等。

弗里曼认为历史只是各种政治事件的反映,声称"历史是过去的政治,政治是现在的历史",强调历史的统一性和连续性。那么,他所谓的历史连续性是什么呢?那就是从古代到近代的全部历史都是一部"持续上演的戏剧"。由于受到卡莱尔英雄史观的影响,他对描述那些在历史上叱咤风云的英雄人物十分热衷。与此同时,他重视对历史的比较研究,留心历史地理,注意考证历史事件发生的确切地点。在对古城堡、古战场的考证方面,他的研究也有很高的学术价值。

《诺曼人征服史》的主要内容讲的是1066年,诺曼底公爵威廉率军征服英国的整个过程。与此同时,关于盎格鲁—萨克逊时期英国和丹麦诸王的统治,以及诺曼人定居法国和诺曼底公爵们的统治,该书也做了必要的背景介绍。在这次征服过程中,英国出现了新的王朝和贵族,并由从前的日耳曼国家逐渐转变为拉丁国家,而在英国原本独立的教会则与罗马教廷的关系日益紧密起来。但是,诺曼征服者并没有破坏盎格鲁—萨克逊时期的政治制度、民族习惯和语言风俗,而任其维持原状。该书认为,那些通常被人视为征服后果之一的英国政治、法律的变化,其实早在征服之前就开始了,就这方面的变革而言,威廉的作用就不及亨利二世了。不过,该书的缺点也在所难免,如对征服前盎格鲁—萨克逊人的自由生活的美化,如把抵抗诺曼人入侵的英王哈罗德及其父葛德文作为主要英雄的偏见,如对哈罗德王位的合法性所进行的辩护,及其把哈罗德描写成十全十美的伟大统帅和统治者的盛誉,甚至把他抬高为"英国民族自由的英雄和殉道者"。当然,该书也赞扬了征服者威廉的杰出才能,但只是为了衬托哈罗德的伟大。实际上,只要瞥上一眼,便不难发现对哈罗德的英雄崇拜贯穿该书始终。

让·傅华萨与《英国编年史》

让·傅华萨(Jean Froisgar,1337—约1405),法国诗人和宫廷史官。他的《14世纪闻见录》文学性极强,始终是封建时代最重要和最详尽的文献材料。出生于今法国北部发隆西纳地方一富商家庭。年轻时一度经商,为了结识达官贵人而当过教士。因写过一些爱情诗在上层社会有了一点名气。后经波希米亚国王介绍，于1361年去英国，并为腓力帕王后写了一首诗，因此颇受王后宠幸。在英国，他结识不少权贵，并拜访了苏格兰宫廷。当时正值百年战争初期，由于腓力帕王后的鼓励和资助，他下决心写一部描写该战争的编年史，1367年，他陪同英军总司令黑太子到欧洲搜集材料。1369年，腓力帕王后死后，傅华萨遍游欧洲各国宫廷并数易其主，1370年—1383年，他投靠布拉奔女公爵及其夫卢森堡公爵，1384年—1391年又依附法国贵族夏铁龙的盖依。1394年他再度赴英，但这时英王易人，傅华萨不受新王宠幸，在搜集一些关于英国爱尔兰战争的材料后，闷闷不乐地回到法国。晚年在奇梅埋头专心写作。

《英国编年史》全名为《法兰西、英格兰、苏格兰、西班牙和布列塔尼编年史》，主要描写的是百年战争的光荣事迹。作者利用自己的特殊身份到处寻访与战争有关的重要人物，而各国的王公贵族、豪门食客也为他提供了不少资料和宫廷趣闻，这些充实了该书的内容。遗憾的是，面对纷繁的史料，傅华萨不知道鉴别取舍，故使书中遗留了不少史实、年代和地理方面的错误。第一卷据法兰德斯语作者尚·勒贝尔的著作写成，后又经改写；第二卷涉及法兰德斯的大事和图尔奈和约，第三卷写西班牙和葡萄牙，第四卷以普瓦捷之役和最后一次访英为基础；在英国，皇室的软弱让他非常震惊。

傅华萨也不赞成历史为政治作传的观点。所以，为了让读者自己去得到结论，他在书中大量引用精确无误的对话和一切能获得的事实。他对光彩夺目和华丽壮观的东西着力颇多。他还热情描绘了骑士们的善战精神，力图实现骑士精神的复活。该书可说是一曲骑士制度的挽歌，他也因此被后人称为"骑士阶级的歌手"。也许正是因为受到骑士精神的影响，所以在该书中，作者的观点往往随着主子的更替而多次改变。尽管他生前备享殊荣，死后却默默无闻；至今，他的埋葬地点都没有被发现。

该书使用的是法语皮卡第方言，而没有像以往的编年史那样用拉丁文，因而较容易为广泛的读者所接受。而本书之所以能传世的一个重要原因，还因为它有很高的文学价值。该书辞藻优美，对历史情景和人物个性的描绘栩栩如生，一改以前那种言语粗鄙、叙事枯燥的教会编年史，因此被认为是14世纪最优美的法语标准散文。有人甚至认为他是少有的历史文学家，把他抬高到与莎士比亚比肩的高度。

爱德华·吉本与《罗马帝国衰亡史》

爱德华·吉本（Edward Gibbon，1737—1794），18世纪英国最杰出的历史学家。他生于萨里帕特尼的一个绅士家庭。吉本少时多病，多次濒临死亡。早年博览群书。1746年进入金斯敦文法学校，1749年进入威斯敏斯特学校。吉本在

《回忆录》中说,他很早就发现历史是他"特有的食粮"。他刻苦自学,喜好独立思考。一进入青年时代,他的健康状况突然好转,而且在一生中始终保持健康的身体。1752年4月3日,在他将满15岁时,父亲把他送入牛津玛格达伦学院学习神学,研究天主教教义。后又被送往洛桑,学习数学和逻辑。

他开始用法语写第一部著作《论文学研究》。吉本在侨居生活后期,步入了洛桑社交界,出席过伏尔泰举办的聚会。1758年,父亲将他召回家中。在此后的5年里,吉本涉猎群书,为写作历史搜集材料。1763年1月25日离开英格兰,在巴黎逗留时,他与百科全书派学者狄德罗、达朗伯等结识。1764年前往罗马,对古罗马的遗迹作了深入的研究。1764年10月15日,他在卡皮托尔废墟中开始产生写作罗马帝国衰亡史的念头。

1770年父亲死去。他经商两年之后,定居伦敦,全力写作《罗马帝国衰亡史》。1774年进入国会。1776年出版《罗马帝国衰亡史》第一卷,立即取得巨大成功。从此,他继续为其余各卷做准备工作。其作品曾遭到许多人的攻击和嘲笑,但他对这些批评不加理睬。1781年他出版了《罗马帝国衰亡史》的第二、三卷。1782年离开英格兰,到洛桑与迪沃尔顿住在一起。他在那里很快写完《罗马帝国衰亡史》的后三卷,1787年6月27日写完最后一章。不久,他携带手稿返回英格兰。这几卷于1788年5月8日同时出版。《罗马帝国衰亡史》完成之后,他受到各方面的赞扬。

《罗马帝国衰亡史》共6卷71章,记述从2世纪起到1453年君士坦丁堡陷落为止的历史。它包括两部分,前半部分到西罗马帝国灭亡为止300年的历史。后半部分叙述1000年的历史,写得简明扼要。他再次去洛桑,主要写作回忆录。1793年返回英格兰,不久即在伦敦圣詹姆斯街寓所去世,年仅57岁。

该书在概略地回顾罗马帝国早期历史后,详细叙述了从公元180年康茂德皇帝即位到1453年东罗马帝国灭亡之间1200多年的历史。它重点叙述了后期罗马帝国的情况,此外还对中世纪发生在欧洲一些重要国家的重大事件(如查理帝国、神圣罗马帝国、十字军东征、意大利城市的兴起等)进行了介绍,并对波斯、匈奴、日耳曼、阿拉伯和土耳其等民族的历史也有所涉及。在该书中,千余年错综复杂的史事被安排得井然有序,首尾一致,这使读者对作者那广阔的历史视野和驾驭史料的高超本领惊叹不已,该书也因此成为欧洲史学史上空前绝后的通史性巨著。

在吉本看来,历史无非是对事实的正确记载和对历史事件之因果关系的恰当处理,因此他对原始资料的搜集和研究十分重视。为了把该书写好,罗马帝国时期一切尚存的著作都没有逃脱吉本的眼睛。他不仅研究了古代文物、铭刻和货币,参阅了17世纪欧洲考据学家的作品,同时还对史料进行了细致的鉴别。功夫不负有心人,该书一问世,便以其丰富的史实,准确的叙事,成为有关这一时期历史的权威性著作,直到今天,仍有很多后世史家引证该书的资料。

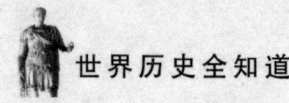

吉本对历史著述应从属于某种哲学和政治理论的观点十分反感,拒绝接受当时流行的"历史是以事实为训的哲学"的格言,这使该书超越了一般启蒙史学作品的局限。鉴于这一原则,吉本对历史事件和人物一般不作价值判断,也不发表空泛的议论,而把精力投入到对历史过程的叙述本身,寓论于史,让读者从中水到渠成地得出结论,该书也因其很少哲理训世气味而受到读者的青睐。

吉本十分欣赏古罗马史家李维的语言风格,他自己的文学造诣也很深厚,再加上他处心积虑地模仿李维,字字锤炼,句句推敲,所以该书文句含蓄,寓意深刻,其文学价值远远超过了其他历史启蒙著作,受到各国文史界的推崇。亚当·斯密就认为,《罗马帝国衰亡史》足以使吉本当之无愧地居于欧洲文史界之首席。

亨利·哈兰姆与《中世纪的欧洲》

亨利·哈兰姆(Henry Hallam, 1777—1859),英国著名历史学家,19世纪"辉格历史学派"的第一个重要代表。出生于温德逊的一个牧师家庭,先后就读于伊顿公学院和牛津大学基督教学院。曾做过律师,但真正兴趣在文学方面,尤其对历史情有独钟。共生有11个孩子,其中最知名的当数阿瑟·亨利·哈姆,他一度与丁尼生齐名。尽管哈兰姆与当时的许多达官显贵过往甚密,但却始终不肯步入政治圈子。1812年以后长期住在林肯郡一座祖传的庄园中埋头著述。哈兰姆是英国皇家学会会员、统计学会创始人、古文物学会副主席和大英博物馆理事。1830年获得英王乔治四世所设的历史大金奖。

哈兰姆的主要著作有《中世纪的欧洲》(1818年)、《从亨利七世即位至乔治二世逝世的英国宪法史》(1827年)和《十五、十六、十七世纪欧洲文学导论》(1838—1839)。《英国宪法史》是其中的代表作。在该书中,作者针对托利学派的传统观点,认为在17世纪英国革命前英国已存在明确的宪法,那就是英国的君主立宪制,它遵循着"最高贵的中庸之道",因而避免了任何的"极端"。国王和国会之所以产生矛盾,是因为国王查理一世及其大臣破坏宪法,侵犯了公民的自由,国会才被迫反抗国王。所以,国王应对国会与国王的冲突负责。此后,这种看法就成了辉格历史学派的一个基本历史观点。该书出版后,立刻受到了自由资产阶级的热烈欢迎,成为辉格党的政治宣言。

《中世纪的欧洲》又名《中世纪欧洲各国概况》,该书问世后,哈兰姆一举成名。它记录的是从5世纪法兰克王国创始人克洛维出世起到15世纪末法王查理八世入侵意大利止上千年的欧洲历史。该书共有九章,这九篇文章并不是首尾连贯的叙述性通史著作,而各自具有一定的独立性。前五章分别简要概括地叙述了法国、意大利、西班牙、德意志以及拜占庭和阿拉伯帝国的历史,后三章则专门对中世纪欧洲社会政治的几个基本问题,即封建制度的发展、基督教会的发展和英国"自由"制度的发展进行了论述。以上八章的主要内容都是政治、法律和宗教,最后一章则以中世纪欧洲的社会习俗、商业、文学和教育等为叙述对象。

《中世纪的欧洲》是在欧洲浪漫主义史学思潮风行的时代诞生的,但这却并不妨碍它保持了 18 世纪理性主义史学的某些特色,如它对历史的哲理教诲意义的强调,它客观平静、注重分析的特点。因此,法国史学家米涅对哈兰姆这样评价:"与其说他对过去怀抱感情,不如说他对过去极其富有理解力。"该书对 12 世纪以前的中世纪历史颇不以为然,认为这个时期乏善可陈,所以用短短几段话概述一下就行了,因此,该书实际上只是 12—15 世纪的欧洲史。

尽管哈兰姆在该书中对论述对象很少发表自己的意见,对不同观点也很少进行批判,但书中所表现的对封建制度和基督教会的憎恶以及对君主立宪制的赞扬还是十分明显。不过,整体看来,该书的学术价值还是难以否认的。由于其丰富的材料、准确的叙事,使它多年来都是研究英国宪法史的权威性著作,也是许多大学的教科书。

具体到各个章节,其价值还是参差不齐的。就材料的丰富性而言,有关法国和意大利的两章材料很多,而德国和东南欧的材料则十分单薄。在该书中,最受学界重视的,还是它对英国政治制度的叙述,正是从这个意义上说,该书被视为第一部英国早期宪法史。该书的最后一章对欧洲社会状况和思想文化也进行了精当的概述,并因此得到了史学界的高度评价,被称为是 19 世纪最早的文明史著述之一。

普列斯科与《墨西哥征服史》

威廉·希克林·普列斯科(William Hickling Prescott,1796—1859),美国历史学家,生于马萨诸塞州一个最早到达新英格兰的家庭。其祖父是独立战争时期参加过班克山战役的上校军官,父亲是著名律师。普列斯科家道殷实,在当地名望极高。1811 年,普列斯科进入哈佛大学学习,成绩突出。后来,他不幸在一次偶然事故中受伤,左眼失明,右眼又被严重感染。1814 年大学毕业后,他因眼疾无法继承父业,遂转而研究文学和历史。1815 年—1817 年间,他在英、法、意等国旅行,了解欧洲各国的文学和历史。回国后,他使用盲人书写器从事创作活动,为了克服视力的缺陷,他博闻强记,掌握了西班牙语、法语和德语。从 1821 年起,他开始在《北美评论》上发表评论和随笔。1834 年,他的第一部作品《布朗传》问世,他非凡的写作才能得以显现。在友人蒂克纳的劝告下,他决定毕生研究西班牙。他花了将近 10 年的时间,写就了《天主教徒斐迪南德与伊莎贝拉统治史》;此后又完成了《西班牙国王腓力二世统治史》。普列斯科对西班牙的军事、外交和政治的历史的叙述非常精彩,堪称当代无双。

由于长期连续的写作,普列斯科的眼疾恶化到近乎完全失明的程度,最后不得不停止写作。但不久，具有惊人毅力的他又开始研究西班牙殖民活动史，1839年—1843年间，他完成了主要代表作《墨西哥征服史》。该书出版后，普列斯科的名气更是如日中天。1845年，他先后被法兰西科学院和柏林皇家学会授予通讯院士和通讯会员的称号，还被授予牛津大学法学士学位。1844年—1846年，他又在短短的时间内完成了《秘鲁征服史》（1847年出版）。

阿兹特克的标志——一只停在仙人掌上的雄鹰

《墨西哥征服史》已被翻译成10种文字，再版达200多次，《秘鲁征服史》也被译成11种语言，再版达160次以上。普列斯科在作品中介绍了南美的山川风物、战争以及西班牙文明对野蛮世界的征服，他的栩栩如生的描述使读者产生了深刻的印象。后来，他忍受着眼疾复发的巨大痛苦，着手写作规模更大的《菲利普二世史》，并于1858年前先后出版了3卷，但他于1859的病逝却使该书的最后结集成了一种遗憾。

普列斯科广泛搜集史料，对史料的运用也十分严格，是美国史学中的早期学派的优秀代表，也有人尊称其为美国第一位科学历史学家。他的作品文笔优美，语言生动，情节逼真，感情充沛，有很高的艺术魅力；又由于其擅长描写具体的历史情境和人物活动，故作品带有浓郁的浪漫主义史学风格。遗憾的是，由于眼疾，他对史料的鉴别难免流于粗疏，从而在史实的准确性方面有所缺失。

《墨西哥征服史》是普列斯科最有感染力的作品，写的是在西班牙驻古巴总督的授意下，西班牙殖民冒险家科尔提斯率领着几百人的探险队前往墨西哥的故事。由于一些印第安部落与阿兹特克人的矛盾，也由于阿兹特克首领蒙提祖玛的昏聩腐败，科尔提斯乘人之危，很快就占领了阿兹特克人的"首都"，并绑架了蒙提祖玛，夺得了大量财宝。后来，为了钳制科尔提斯的势力，古巴总督派另一支殖民军队开赴墨西哥，科尔提斯得知后立即率军到墨西哥沿海迎击，并最终取得了胜利。但西班牙驻军的无端屠杀却引起了阿兹特克人的反抗。科尔提斯赶回首都，陷入了起义军的包围圈。后来他率军冲出重围，但死伤惨重。很快，他的援军赶到，他又重新占领了该城，把墨西哥变成了西班牙的殖民地。

作者在写作此书时，参考了西班牙各大图书馆和大英博物馆珍藏的大量文献资料，同时也利用了西班牙驻墨西哥大使提供的有关墨西哥阿兹特克人的许多珍贵史料，因而该书内容充实，史实准确可信。

该书的导论部分详细叙述的是，西班牙入侵前阿兹特克人的生活习俗和社会政治组织，所以这部分是价值很高的印第安史文献。不过根据后世的考古发掘，普列斯科对阿兹特克文明的看法似与事实有所出入。

导论外的其他部分，叙述都是围绕着西班牙殖民者的活动而进行。作者对科尔提斯这个冒险家的军事才干和坚强性格赞赏有加，表现了作者的殖民主义立场。而且作者对一个历史悠久、人口众多的"国家"被几百名殖民冒险家轻而易举征服的真实原因，没有进行深入可信的分析，只是片面强调科尔提斯和基督教的作用，所以不太令人信服。不过，该书也较为客观地记述了殖民者的冷酷和贪婪，并记录了印第安人为保卫自己的独立和文化而进行的英勇斗争。与此同时，作者对探险、行军、战斗、围城和突围等场面的传奇式的描写十分扣人心弦，这也是其具有经久不衰的艺术魅力的原因之一。

普列斯科与《秘鲁征服史》

威廉·希克林·普列斯科是美国历史学家，传略见《墨西哥征服史》篇。

《秘鲁征服史》是《墨西哥征服史》的姊妹篇，体裁结构与前书大致相同。记述了西班牙对南美洲"印加帝国"的征服史。书中首先叙述了印加人的历史和传说、"印加帝国"的文明和社会组织形式，接着叙述了以皮萨罗为首的三个殖民冒险家在西班牙国王授权下组成一支远征队，经巴拿马前往秘鲁。他们利用"印加帝国"的内部纠纷而得以深入秘鲁腹地，像科尔提斯征服墨西哥一样故伎重演：绑架印加"国王"，勒索巨额赎金，后背信弃义将其杀害，在占领印加"首都"库斯科后大肆掠夺。印加人被迫奋起反抗，集结了20万兵力围困库斯科，最后失败撤兵，"印加帝国"至此瓦解。除了记述征服活动外，这部书还以很大的篇幅叙述了殖民头目之间为争夺权力和地盘而互相残杀。这场斗争的结果是皮萨罗家族和阿马哥罗家族两大派系都被消灭，最后西班牙派来的使节收拾残局，巩固了殖民统治。

普列斯科在写作这本书的时候参阅了大量西班牙和英国各印第安人地盘的变化。图中的黑色部分为印第安人居住地。图书馆、档案机构和西班牙驻墨西哥大使提供的16世纪编年史及其他历史文献。与《墨西哥征服史》相比，《秘鲁征服史》的情节略为逊色，风行程度也不如前书。不过，该书提供了许多宝贵的第一手资料。

伏尔泰与《路易十四时代》

伏尔泰（Voltaire，1694—1778），法国最伟大的启蒙思想家、作家、政论

家、历史学家。今天依然作为反对暴政、偏执与酷虐的英勇战士而享有世界声誉。他漫长的一生经历了自古典主义末年至革命时代前夕这一过渡时期,他的作品和活动在当时左右着整个欧洲文化发展的方向。

伏尔泰是法国启蒙学者中史学成就最大的一位,也是近代学的主要奠基者之一。他主张历史应联系现实,成为政治和道德教育的工具,反对为研究而研究的学院作风。在历史思想上,伏尔泰的重要贡献在于他试图把启蒙哲学运用于历史的第一人。他认为理性是历史发展的主要动力,对长期统治西方史界的神学历史观持批判态度,把全部人类历史看作理性与迷信的斗争过程。在历史思想上,伏尔泰的创新还表现在他是把人类社会生活各个方面都纳入历史研究范围的第一人,他重视精神文化的历史作用,反对以帝王将相活动为中心的迂腐编年史,这些立场为近代的文化史研究奠定了基础。此外,他认为世界史应该超越欧洲国家的狭隘范围,高度评价了东方各民族的文明,首次试图建立包括东方各民族在内的新的世界史体系。

《路易十四时代》是伏尔泰最杰出的历史著作之一。该书"描绘了有史以来最开明时代的人们的精神面貌",而并非单单为一个国王作传,从内容上来说,其详尽程度远非一般以史论政之作所能比拟。作者在该书中肯定了路易十四提倡和保护学术文化的政策,从而鞭挞了路易十五的文化专制行径。

实际上,该书当之无愧于近代第一部文化史著作。

伏尔泰认为世界历史上存在过四个繁盛时代,其中路易十四时代最接近于至善至美之境界。该书的另一可取之处是其论史态度十分公正,客观地看待欧洲各民族的文化成就,对与法国敌对的英国的政治制度、文化思想和自然科学不仅毫不贬抑,反而大加赞扬。在该书最后一章,伏尔泰对中国的政治制度、宗教宽容和伦理道德大加推崇,并以此来抨击欧洲狭隘的宗教狂热和宗教迫害。

当然,该书也有自己的局限性。如伏尔泰对"开明专制"的赞赏态度。他把路易十四当作开明君主的理想化身而歌功颂德,甚至认为17世纪欧洲文明的进步都取决于路易十四的宫廷,这反映了作者囿于当时历史观的缺陷。不过,该书的进步之处是不容否认的,如对路易十四废除南特赦令、迫害新教徒的残暴行为的谴责,都表现了作者反对专制和迷信的启蒙精神。

托马斯·卡莱尔与《法国革命史》

托马斯·卡莱尔(Thomas Carlyle,1795—1881),英国著名资产阶级历史学家、哲学家和政论家、英国浪漫主义历史学派著名代表。生于苏格兰南部邓弗里斯郡的埃克尔费亨村。曾在本村学校就读,1825年入安南学院,1809年入爱丁堡大学。他喜爱数学,1814年在安南当数学教师。1819年末重返爱丁堡大学学法律。1834年迁居伦敦从事写作,但一无成就。在他的朋友英国哲学家约翰·

斯图尔特·穆勒的影响下，卡莱尔对法国革命产生了兴趣，便着手写一部不朽的史书。艰苦写作5个月后，他完成第一卷，并将初稿交穆勒评阅。稿子放在穆勒处，不料被一个女仆生火烧毁，穆勒发现后大惊失色，赶到卡莱尔家，痛心得几乎发狂。卡莱尔没有一句怨言，一心安慰他的朋友。穆勒走后，他对妻子说："穆勒真可怜，伤心透了。我们一定要努力不让他知道这件事对我们来说有多么严重。"三卷本的《法国革命史》终于在1837年出版，而且立即获得成功。艰苦奋斗的日子成为过去，卡莱尔跻身于英国最有影响的作家之列。1845年，出版《奥利佛·克伦威尔书信演说集详解》。1857年他开始研究腓特烈大帝。1858年—1865年发表《普鲁士腓特烈大帝的历史》。1865年任爱丁堡大学校长。1866年，他的妻子突然去世，卡莱尔受到沉重打击，此后极少动笔，健康每况愈下，于1881年2月5日逝世。

《法国革命史》记录的是从1774年路易十六即位到1794年雅各宾专政覆灭，记述史实颇为详尽。作者以惊人的想像力和丰富的词汇表现了大革命气势磅礴的宏伟场面和伟大力量，对革命前法国旧制度的腐败和人民的悲惨生活作了有力的揭露。他指出："和一切国家的革命一样，法国革命的主要推动者是饥饿。苛捐杂税和加在2500万人身上的骇人听闻的压迫。"书中对攻占巴士底狱、巴黎贫民向凡尔赛进军以及法国人民抵抗外国干涉者的英勇斗争作了扣人心弦的描绘，也表现了作者对革命的赞扬态度。《法国革命史》出版后立即受到人们的赞扬。在《法国革命史》一书中，卡莱尔说法国大革命是王朝和贵族的愚蠢自私的必然报应。他引用了大量文献，在描述人物时有感人的技巧。

《法国革命史》词藻富丽，文风雄浑，语言活泼生动，其艺术魅力经久不衰。

至于书中自相矛盾的政治观点，反而使它受到了不同政派的青睐。进步思想界对该书同情人民疾苦和歌颂群众的英雄主义精神赞赏有加，辉格党派对该书对专制制度的谴责推崇备至；而托利党派则欣赏该书的保皇情绪和对革命的批判。

不过从学术上看，该书存在的许多严重缺陷是难以否认的。这不仅在于其选择的史料范围较为局限，而且对史料的分析也非常粗糙，往往因为轻信而误用了虚假的材料。当然，在写这部书时，学术界对法国革命史的研究还刚刚起步，资料的整理出版还没有系统地进行，书中存在某些瑕疵也是在所难免的。

基佐与《欧洲文明史》

皮埃尔·吉奥姆·基佐（1787—1874），法国著名的政治家和历史学家。出生于朗格道克省尼姆城的一个基督教家庭，年幼时做律师的父亲就在法国大革命中死于断头台上。他随母亲流亡到瑞士。1805年回到巴黎学习法律，与反拿破仑的文学团体有了往来。1812年开始担任巴黎大学近代史教授，受启蒙思想影响很大。同年与女作家德·梅兰结为伉俪。此后结识保皇党头目，进入政界。参

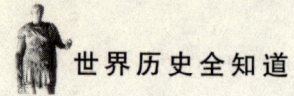

加过第一次波旁王朝复辟运动。

但复辟王朝却致力于恢复革命前的秩序，1820年，基佐被逐出政府，1822—1828年被解除教授职务。就这样，基佐风头一转，成为自由主义反对派的重要领袖。

在七月王朝中，他则是君主立宪派的首领之一。对法国的政治生活产生了一定的影响。1832—1837年，他担任教育大臣，确立了所有公民均可接受教育的"基佐法"。1840年担任驻英大使。1840—1848年间，他在外交方面表现颇为出色。1847年，他担任首相。1848年革命爆发后，他仓皇逃往英国，从此结束了自己的政治生涯。他的余生是在学术研究中打发时光，晚年担任法国三个研究院的院士，是法国资产阶级学术界的重要领袖。

在历史思想上，基佐沿袭了圣西门的阶级斗争思想，这正适应了当时资产阶级斗争的政治要求。他把5世纪日耳曼人的入侵看成阶级斗争的根源，认为贵族即是日耳曼征服者的后裔，第三等级则是被征服者高卢—罗马人的子孙。在记述法国历史时，他着重证明的一点就是法国资产阶级有权去治理国家。不过后来他的阶级斗争理论又有所变化，认为第三等级反对封建制度的斗争是历史进步的主要动力。而这一切阶级斗争观点都在1848年的法国革命后被彻底放弃。

1848年革命后，基佐的历史思想又发生了重大转折。当他目睹了工人阶级对中等阶级的反抗后，惊恐莫名，号召为致力于"一切公民阶级间的和平"而努力，认为阶级斗争学说"是与时代格格不入的祸害和耻辱"。

《欧洲文明史》是基佐在1828年恢复教授职务后，以其讲授稿为基础编纂而成的一部历史著作。本书从公元5世纪西罗马帝国的灭亡及蛮族入侵起笔，至法国革命前夕结束。贯穿在其中历史思想主要是继承了伏尔泰的文化史观，借用历史史实说明了欧洲文明的起源与发展。

本书的内容主要体现在如下三个方面：

首先，作者以西罗马帝国的灭亡为案例，分析了奴隶制的崩溃和封建制的形成的原因。

其次，作者还从十字军东征、城市的兴起和中央王权的加强等历史现象中分析了第三等级的出现和民族国家的形成。

最后，作者从文艺复兴、宗教改革和英国革命出发，说明了近代文明的产生。

在当时自由派与复辟王朝斗争白热化的情况下，该书的出现带有强烈的反封建反复辟的论调。不过作者的历史眼光并没有局限于自己所在的时代。表现在他重点分析了第三等级的发展经过，甚至赞扬了他们的反封建武装斗争。同时作者坚持历史主义原则，承认封建制度曾适应过民众的普遍需要，认为基督教会在中世纪促进文明的发展也是不争的事实。整部著作严谨的结构、清晰的思路、精彩的论述，使之不失为19世纪文明史著作中的佼佼者。

波克尔与《英国文明史》

亨利·托马斯·波克尔(Henry Thomas Buckle, 1821—1862),英国历史学家和社会学家。英格兰一个富商之子,自幼体弱多病,受过良好的私人教育。1840年其父去世后,在保皇派和加尔文派的背景下长大,这使他成为一名激进主义者,提倡自由思考。1840—1844年,他在漫游欧洲大陆期间确立了研究历史的方向,对中世纪史产生了浓厚的兴趣。自50年代初,转向文明史研究。为了说明人类文明发展的历史过程,从1851年开始,他就把精力集中在了这一方面。通过长达6年的辛勤耕耘,该书导论即《英国文明史》第一卷于1857年发表了,国内外学术界对此反响强烈。1861年,《英国文明史》第二卷问世。为了调养身体,波克尔1861年10月到埃及和西亚旅行,不幸在途中感染了热病,1862年5月在大马士革去世,享年仅41岁。此时他的文明史巨著尚未完成。他死后,有人把他曾写过的一些论文编成《波克尔杂著及遗稿》两卷。

虽然波克尔很少参加实际的政治活动,终其一生都致力于学术研究。但他崇尚自由,支持自由党,提倡自由思想和怀疑精神,对封建专制制度和宗教迷信不屑一顾,对英国资产阶级民主制与资本主义的物质文明和精神文明推崇备至。在学术上,他敢于冲破西方传统史学理论和方法的束缚而另辟蹊径,具有非常的创新精神。

波克尔生活的19世纪中叶,正是欧洲资本主义的鼎盛时期,当时,科学技术迅猛前进,整个欧洲全面展开了工业革命,人们的思想得到了空前的解放,在这种新形势下,欧洲传统史学理论和方法受到了挑战,自然科学方面的归纳研究方法开始运用到社会历史的研究中去,人们逐渐开始注意在整个社会政治生活中发挥着重要作用的经济因素的影响,实证主义史学应运而生。顾名思义,这种史学流派提倡"实证"的科学方法,即主张历史研究不应遵从任何先验的历史理论,而应从"实证"的事实出发;与传统的历史唯心论相对立的是,它用自然环境、社会经济、人们的意识和科学知识等多种因素解释历史现象;它认为历史的发展是一个协调的、平稳的渐进过程,肯定历史的进步性,但否认历史中的飞跃和突变。在早期的实证主义史学中,波克尔的文明史无疑是最杰出的作品,对19世纪下半期的西方史学产生了深远的影响。

《英国文明史》包括两卷20章,分别论述了英国、法国、西班牙和苏格兰的文明发展过程,表明了作者对"历史一般原则"即历史哲学的看法。在本书中,波克尔一改传统历史单纯记述历史事件和描绘伟大人物的方法,以民族、社会及其文化作为历史发展的主体,把叙述重点由以往的政治、宗教、外交、军事转向经济生活、典章制度、科学技术、思想意识和文学艺术等广泛领域。相对于伏尔泰的文化史著作而言,该书更重视对物质文化的叙述,更重视研究人类社会进程和文明发展的一般规律。

波克尔认为,人类社会的发展受着自然规律和精神规律的制约,而人类的精神状态、社会政治制度和人类改造自然的能力也直接或间接地受到各种自然规律(如气候、土壤、食物和自然状况)的影响。

不过,他的学说也有一定的局限。其一:尽管他把自然的、物质的因素与精神因素一样看成历史发展的动力,但他认为精神规律特别是知识规律比自然规律居于更重要的地位,文明发展的决定性因素是知识,只有经由人的思想,自然规律才能发挥作用。其二:随着文明的发展,自然规律的影响会日渐缩小,而精神规律的影响则日渐增强。其三:在史学方法上,尽管波克尔并不局限于简单地记录历史事实,而是重视对各种事实材料的统计、分析和综合,这对后世社会史、经济史研究方法产生了重大的影响。但是他认为必然与偶然、一般与个别的关系绝对对立,完全排斥历史发展中的偶然,否认杰出人物的历史作用,从而导致了把历史简单化和公式化,这也是不争的事实。其四:该书把人类文明划分为欧洲文明和非欧洲文明,认为在欧洲文明中起决定作用的是精神规律,人类支配自然,而在非欧洲文明中,起决定作用的是自然规律,人类受自然的支配,这种观点是十分可笑的。其五:他认为只有欧洲才经历了文明发展的正常进程,这反映了作者的欧洲中心论思想。

布罗代尔与
《菲利普二世时代的地中海和地中海世界》

费尔南·布罗代尔(Fernand Braudel, 1902—1985),法国年鉴学派史学大师。

布罗代尔生于法国默兹省的一个小镇。1923年他获得索邦大学的历史学学士学位并成为一名教师。他首先在北非的阿尔及尔呆了十来年,之后到西班牙、意大利。1932年他回到巴黎,在孔多塞中学任教,但3年后又去了巴西。1937年返回巴黎时,他巧遇年鉴学派的创始人之一吕西安·费弗尔,结下了亲密友谊,并成为《年鉴》杂志的撰稿人。二战中,布罗代尔应征入伍,后因法国战败成为德国的俘虏,在战俘集中营里度过了5年。在那里布罗代尔几乎全凭记忆写出了代表作《菲利普二世时代的地中海和地中海世界》的初稿。这篇长达一千余页的博士论文于1947年答辩通过,两年后正式出版。此后其学术地位直线上升。他于1956年至1968年间任《年鉴》杂志主编,成为年鉴学派第二代的领军人物。其主要著作还包括《15至18世纪的物质文明、经济与资本主义》、《法兰西的特性》、《文明史纲》等。除了学术著述外,布罗代尔也是出色的学术活动组织者。他参与创建了高等实践研究院第六部、人类科学院等学术机构。1984年布罗代尔当选为法兰西学院院士。1985年11月逝世。

布罗代尔对于历史学的贡献是巨大的。在他那里，历史的时间不再是线性前进的，而是分成了不同的层次。具体地说，包括了"长时段"、"中时段"和"短时段"。长时段可以长达四五百年乃至千年，对人类历史发展起长期的决定性的作用，是一种"有时接近静止的时间"。也就是说，长时段是结构，是历史中的不变或难以变化的因素。惟其如此，人类也就很难突破它的限制。隶属于长时段的因素包括地理格局、气候变迁、社会组织、思想模式及文化形态等。中时段可以是10年、20年，也可以是50年，它代表了"局势"，包括价格波动、人口增长、工资运动、利率波动等。短时段则是事件，是指"报纸以及按照年代记述的日常生活中的事件"。如果说长时段涉及的是物质生活，中时段囊括的是经济活动，那么短时段更多的就是政治活动了。

在这三个时段中，布罗代尔尤其看重长时段，这也是他的革新处所在。于是，在他笔下，16世纪的地中海的历史不再是西班牙与土耳其互争雌雄的历史，而是山脉、高原、平原、丘陵的历史，是大海本身的历史，是气候与季节的历史。地中海成为传主，人仿佛才是背景。然而，他并未完全剥离人——在完成了长时段的观察后，布罗代尔的笔锋转入了由距离、人口、交易会、远程贸易、货币、价格、运输、帝国、社会和文明等等所构成的经济。他称其为"集体的命运和总的趋势"。最后，回归到了传统史学关注的"事件、政治和人"，回归到了勒班陀战役以及菲利普二世的外交政策。而这最后一部分才是他最初的出发点。

以上说的是《菲利普二世时代的地中海和地中海世界》的叙事结构，完全符合长时段的理论，而由之亦引出了总体史的布局。也许布罗代尔的叙述是过于琐碎了。但我们人类每日的生活本身不正是琐碎、重复、沉闷而单调的吗？如果历史要反映的是生活在过去时间里的实然存在，那么，这样的历史才是更真实、更贴近普通人的吧。

斯塔夫里阿诺斯与《全球通史》

L·S·斯塔夫里阿诺斯（L·S·Stavrianos）（1913—2004）是美国当代著名历史学家。1913年生于加拿大温哥华。不列颠哥伦比亚大学毕业，在克拉克大学获文科硕士学位和哲学博士学位；现在是美国加利福尼亚大学的历史教授、西北大学的荣誉教授和行为科学高级研究中心的研究员。斯塔夫里阿诺斯博士曾因杰出的学术成就而荣获古根海姆奖、福特天赋奖和洛克菲勒基金奖。他的著作甚多，主要有《1815—1914年的巴尔干各国》、《巴尔干联盟：现代巴尔干统一运动史》、《1453年以来的巴尔干各国》、《现代人的史诗》、《人类的全球史》、《希腊：美国的困境和机会》、《奥斯曼帝国：它是欧洲的病人吗？》、《即将来到的黑暗时代的前途》、《全球历史：人类的过去和现在》、《全球分裂：第三世界充分发展》等。

《全球通史》是作者近年最重要的一部著作，分为《1500年以前的世界》和《1500年以来的世界》两册。由于作者在本书中采用全新的史学观点和方法，即将整个世界看作一个不可分割的有机的统一体，从全球的角度而不是从某一国家或某一地区的角度来考察世界各地区人类文明的产生和发展，把研究重点放在对人类历史进程有重大影响的诸历史运动、诸历史事件和它们之间的相互关联和相互影响上，努力反映局部与整体的对抗以及它们之间的相互作用，所以，本书一经问世，立即被译成多种文字，流传甚广，影响很大。

本书原文厚达一千余页，上起人类的起源，下迄本世纪70年代多极世界相持时期，上下数十万年，一气呵成。本书材料新，范围广，除了政治、经济外，还涉及军事、文化、教育、宗教、科学技术、人口、移民、种族关系、道德风尚、思想意识等各个方面。本书吸收了近20年来世界历史学研究诸领域的新成就，并以较大篇幅叙述了第二次世界大战以来的世界历史，故全书读来颇觉新颖爽朗，有强烈的现实感。从文字内容来看，作者对庞杂的史料取舍恰当，对各种历史事件着笔简要，边叙边议，文字生动；从编写技巧来看，每章前冠以简明提要，承上启下，便于掌握线索，每章末附有选读书目，便于进一步研究。

汤因比与《历史研究》

阿诺尔德·约瑟·汤因比（188—1975）是英国历史学家，早年曾在牛津大学接受古典教育，并成为希腊罗马史和近东问题的专家。1919—1955年，汤因比长期担任英国伦敦大学教授，并多次参加政治和社会活动。他的一生著述很多，但全面反映他历史观点并使他成名的是一套12卷本的巨著《历史研究》。这部书被誉为20世纪最伟大的历史著作。

在《历史研究》一书的开头，汤因比就尖锐指出，以往历史研究的一大缺陷，就是把民族国家作为历史研究的一般范围，这大大限制了历史学家的眼界。事实上，欧洲没有一个民族国家能够独立地说明自身的历史问题。因此，应该把历史现象放到更大的范围内加以比较和考察，这种更大的范围就是文明。文明是具有一定时间和空间联系的某一群人，可以同时包括几个同样类型的国家。文明自身又包含政治、经济、文化三个方面，其中文化构成一个文明社会的精髓。

汤因比把6000年的人类历史划分为21个成熟的文明：埃及、苏美尔、米诺斯、古代中国、安第斯、玛雅、赫梯、巴比伦、古代印度、希腊、伊朗、叙利亚、阿拉伯、中国、印度、朝鲜、西方、拜占庭、俄罗斯、墨西哥、育加丹。其中前6个是直接从原始社会产生的第一代文明，后15个是从第一代文明派生出来的亲属文明。另外还有5个中途夭折停滞的文明：波利尼西亚、爱斯基摩、游牧、斯巴达和奥斯曼。

汤因比认为，文明的起源，是由于人类对困难的挑战进行了成功的应战。对于早期人类文明来说，挑战主要来自自然环境，对第二、三代的亲属文明来说，挑战主要来自人为环境，也就是垂死文明的挣扎，只有克服了这种挣扎，新的文明才能诞生起来。但是，这种挑战必须适度，挑战太大，应战就不能成功；挑战太小，又不足以刺激人们起来应战。另外，文明的起源还必须具备有创造能力的少数人，他们是应战的先行者和领导者，然后大多数人加以模仿。缺少这个条件，文明也是不会出现的。文明出现后并不一定都能发展起来，有些也可能陷入停滞状态，因此，文明生长还必须具备4个条件：第一，挑战和应战的不断循环往复。第二，挑战与应战的场所逐渐从外部转向内部。第三，社会内部自决能力（对内部挑战进行应战的能力）的增强。第四，少数杰出人物的退隐与复出。总之，少数人创造，对一系列挑战进行应战；多数人模仿，使整个社会保持一致，这就是文明起源和生长的一般规律。

但是，文明的生长并不是无止境的，只要应战敌不过挑战，文明就可能在其生长的任何一点上衰落下来。文明衰落的实质主要在于少数创造者丧失了创造能力，多数模仿者撤销了模仿行为，以及作为一个整体的社会失去了统一。总之是社会自决能力的丧失。文明衰落的结果，就是社会有机体的分裂，社会分成少数统治者、内部无产者和外部无产者三部分。他们分别是原来的少数创造者，多数模仿者和文明社会周围对于文明社会充满敌意的蛮族军事集团。

汤因比的历史理论在一定程度上反映了当代西方史学的两个趋势：一是19世纪传统的叙述型历史已转向整体型、分析型历史；二是非西欧地区的历史得到了更多的重视。在对西方前途的解释上，汤因比也与斯宾格勒不同，他认为西方文明虽然发展到了顶点，但还没有理由说它已走向死亡。西方将来的命运如何，取决于西方人能否面对挑战进行成功的应战，能否解决那些西方文明生存的各种问题。这种比较乐观和现实的态度，反映了第二次世界大战以后时代和西方社会所发生的巨大变化。

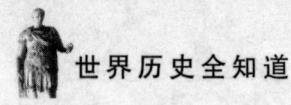

附 录

罗马帝国前期帝王世系表

约公元前753年,传说罗马建城。
公元前509年,罗马王政时代结束,共和国建立。
公元前449年,罗马颁行十二铜表法。
公元前264年—前241年,罗马与迦太基爆发第一次布匿战争。
公元前218年—前201年,罗马与迦太基爆发第二次布匿战争。
公元前149年—前146年,罗马与迦太基爆发第三次布匿战争,迦太基城被摧毁。
公元前2世纪30年代—前1世纪30年代,罗马内战时代。
公元前73年—前71年,斯巴达克奴隶大起义。
公元前60年,罗马庞培、克拉苏、恺撒结成"前三头政治"。
公元前43年,罗马安东尼、屋大维、李必达结成"后三头政治"。
公元前27年,屋大维确立元首制,建立罗马帝国。
公元14年—68年,罗马帝国朱里亚·克劳狄王朝。
公元69—96年,罗马帝国弗拉维王朝。
公元79年,罗马维苏威火山爆发,庞贝等城被湮没。
公元96年—192年,罗马帝国安东尼王朝。
公元166年,安东尼王朝派使者至汉朝。
公元193年—235年,罗马帝国塞维鲁王朝。
公元212年,罗马皇帝卡拉卡拉颁布敕令,把罗马公民权授予境内自由人。
公元235年—284年,罗马社会陷入"三世纪危机",蛮族开始越境入侵。
公元284年—305年,罗马戴克里先进行改革。
公元313年,君士坦丁皇帝颁布"米兰敕令",承认基督教合法。
公元330年,君士坦丁迁都拜占庭,改名君士坦丁堡。
公元395年,罗马帝国分裂为东西两部分。
公元476年,西罗马帝国皇帝罗慕洛·奥古斯都被废除,西罗马帝国灭亡。

英国王室世系表

1 斯汪一世(丹麦王兼)(在位1013—1014)

2 卡努特（丹麦王兼）（在位 1014—1035）
3 哈罗德（在位 1035—1040）
4 哈迪卡努特（丹麦王兼）（在位 1040—1042）

威塞克斯王朝（续）：
1 爱德华（忏悔者）（在位 1042—1066）
2 哈罗德·戈德温（在位 1066）

诺曼底王朝
1 威廉一世（1028.9—1087.9.9）（生卒年，下同）
2 威廉二世（1060—1100）
3 亨利一世（1068—1135）
4 斯蒂芬（1096—1154）

金雀花王朝（安茹王朝）
1 亨利二世（1133—1189）
2 理查一世（1157.9.8—1199.4.6）
3 约翰（1167—1216）
4 亨利三世（1207—1272）
5 爱德华一世（1239—1307）
6 爱德华二世（1284—1329）
7 爱德华三世（1312—1377）
8 理查二世（1367—1400）

兰开斯特王朝
1 亨利四世（1367—1412）
2 亨利五世（1387—1422）
3 亨利六世（1421—1471）

约克王朝
1 爱德华四世（1442—1483）
2 爱德华五世（1470—1483）
3 理查三世（1452—1485）

都铎王朝
1 亨利七世（1457—1509）

2 亨利八世（1491.6.28—1547.1.28）
3 爱德华六世（1537—1553）
4 简·格雷（1537—1554）
5 玛丽一世（1516.2.18—1558.11.17）
6 伊丽莎白一世（1533.9.7—1603.3.24）

斯图亚特王朝
1 詹姆士一世（1566—1625）
2 查理一世（1600—1649）

共和政体 1649—1653
1 护国公奥利弗·克伦威尔（1599—1658）
2 护国公理查·克伦威尔（1626—1712）

斯图亚特王朝复辟
1 查理二世（1630—1685）
2 詹姆士二世（1633—1701）
3 玛丽二世（1662—1694）
4 威廉三世（1650—1702）
5 安妮（1664—1714）

汉诺威王朝
1 乔治一世（1660—1727）
2 乔治二世（1683—1760）
3 乔治三世（1738—1820）
4 乔治四世（1762—1830）
5 威廉四世（1765—1837）
6 维多利亚（1819—1901）

萨克森—科堡—哥达王朝
爱德华七世（1841—1910）

温莎王朝
1 乔治五世（1865—1936）
2 爱德华八世（1894—1972）
3 乔治六世（1895.12.14—1952.2.6）
4 伊丽莎白二世（1926.4.21—）

法国王室世系表

法兰克王国

墨洛温王朝（481—751）
1 克洛维一世（466—511.11.27）
2 克洛塔尔一世（500—561）
3 希尔佩里克一世（539—584.10）
4 克洛塔尔二世（584.5—629.10.18）
5 达格贝尔特一世（605—639.1.19）
6 克洛维二世（634—657.10）

懒王时代　宫相掌权　丕平家族
1 丕平一世（？—640）
2 丕平二世（635—714.12.16）
3 查理·马特（688—741.10.22）

加洛林王朝（751—987）
1 丕平三世（714—768.9.24）
2 查理一世（742.4.2—814.1.28）
3 路易一世（778—840.6.20）
4 查理二世（823.6.13—877.10.6）
5 路易二世（846—879.4.10）
6 路易三世（863—882.8.5）
7 卡洛曼（？—884.12.12）
8 查理三世（839—888.1.13）
9 厄德（？—898.1.1）
10 查理三世（879.9.17—929.10.7）
11 罗贝尔一世（865—923.6.15）
12 鲁道夫（？—936.1.14）
13 路易四世（921—954.9.10）
14 洛泰尔（941—986.3.2）
15 路易五世（967—987.5.21）

法兰西王国

卡佩王朝（987—1328）
1 于格·卡佩（938—996.10.14）

2 罗贝尔二世（970—1031.7.20）
3 亨利一世（1008—1060.8.2）
4 腓力一世（1052—1108.7.29）
5 路易六世（1081—1131.3.1）
6 路易七世（1120—1180.9.18）
7 腓力二世（1165.8.21—1223.7.14）
8 路易八世（1187.9.5—1226.11.8）
9 路易九世（1214.4.25—1250.8.25）
10 腓力三世（1245.4.3—1285.10.5）
11 腓力四世（1268—1314.11.29）
12 路易十世（1289.10.4—1316.6.5）
13 约翰一世（1316.11.15—1316.11.19）
14 腓力五世（1293—1322.1.3）
15 查理四世（1294—1328.2.1）

瓦卢瓦王朝（1328—1589）
1 腓力六世（1293—1350.8.22）
2 约翰二世（1319.4.16—1364.4.8）
3 查理五世（1338.1.21—1380.9.16）
4 查理六世（1368.12.3—1422.10.21）
5 查理七世（1403.2.22—1461.7.22）
6 路易十一世（1423.7.3—1483.8.30）
7 查理八世（1470.6.30—1498.4.7）

瓦卢瓦王朝（奥尔良支）
路易十二世（1462.6.27—1515.1.1）

瓦卢瓦王朝（昂古莱姆支）
1 弗朗索瓦一世（1494.9.12—1547.3.31）
2 亨利二世（1519.3.31—1559.7.10）
3 弗朗索瓦二世（1544.1.19—1560.12.5）
4 查理九世（1550.6.27—1574.5.30）
5 亨利三世（1551.9.19—1589.8.2）

波旁王朝（1589—1792）
1 亨利四世（1553.12.13—1610.5.14）

2 路易十三世（1601.9.27—1643.5.14）
3 路易十四世（1638.9.5—1715.9.1）
4 路易十五世（1710.2.5—1774.5.10）
5 路易十六世（1754.8.23—1793.1.21）
6 路易十七世（1785.3.27—1795.6.8？）

法兰西第一共和国（略）

法兰西第一帝国（1804—1814）
1 拿破仑一世（1769.8.15—1821.5.5）
2 拿破仑二世（1811.3.20—1832.7.22）

波旁王朝（复辟）（1814—1830）
1 路易十八世（1755.11.17—1824.9.16）
2 查理十世（1757.10.9—1836.11.6）

奥尔良王朝（七月王朝）（1830—1848）
路易·腓力（1773.10.6—1850.8.26）

法兰西第二共和国（略）

法兰西第二帝国（1852—1870）
拿破仑三世（1808.4.20—1873.1.9）

德意志王室世系表

第一帝国——德意志神圣罗马帝国

法兰克尼亚王朝（911—918）
康拉德一世（？—918.12.23）

萨克森王朝（919—1024）
1 亨利一世（876—936.7.2）
2 奥托一世（912.11.23—973.5.7）
3 奥托二世（955—983.12.7）
4 奥托三世（980.7—1002.1.23）
5 亨利二世（973.5.6—1024.7.13）

萨利安王朝 1024—1137）
1 康拉德二世（？990—1039.6.4）
2 亨利三世（1017.10.28—1056.10.5）
3 亨利四世（1050.11.11—1106.8.7）
4 亨利五世（1089.8.11—1125.5.23）

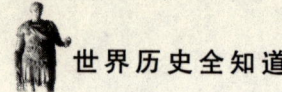

5 洛泰尔二世（1075.6—1137.12.3）

霍亨施陶芬王朝（1138—1208，1212—1254）
1 康拉德三世（1093—1152.2.15）
2 腓特烈一世（1123—1190.6.10）
3 亨利六世（1165—1197.9.28）
4 菲利普（1178—1208.6.21）

韦尔夫王朝（1198—1215）
奥托四世（1175 或 1182—1218.5.19）

霍亨施陶芬王朝（续）
1 腓特烈二世（1194.12.26—1250.12.13）
2 康拉德四世（1228.4.25—1254.5.21）
3 空位时期

哈布斯堡王朝
1 鲁道夫一世（1218.5.1—1291.7.15）
2 阿道夫（1250—1298.7.2）
3 阿尔贝特一世（1255—1308.5.1）

卢森堡王朝
亨利七世（1269 或 1274—1313.8.24）

维特尔斯巴赫王朝
路易四世（约1283—1347.10.11）

卢森堡王朝（续）
1 查理四世（1316.5.14—1378.11.29）
2 文策尔（1361.2.26—1419.8.16）

维特尔斯巴赫王朝（续）
鲁佩特（1352.5.5—1410.5.18）

卢森堡王朝（续）
西吉斯蒙德（1368.2.15—1437.12.9）

哈布斯堡王朝（续）

1 阿尔贝特二世（1397.8.16—1439.10.27）
2 腓特烈三世（1415.9.21—1438.8.19）
3 马克西米连一世（1453.3.22—1519.1.12）
4 查理五世（1500.2.24—1558.9.21）
5 斐迪南一世（1503.3.10—1564.7.25）
6 马克西米连二世（1527.7.31—1576.10.12）
7 鲁道夫二世（1552.7.18—1612.1.20）
8 马蒂亚斯（1557.2.24—1619.3.20）
9 斐迪南二世（1578.7.9—1637.2.15）
10 斐迪南三世（1608.7.13—1657.4.2）
11 利奥波德一世（1640.6.9—1705.5.6）
12 约瑟夫一世（1678.7.26—1711.4.17）
13 查理六世（1685.10.1—1740.10.20）
14 玛丽亚·特蕾西亚（1717.5.13—1780.11.29）
15 弗兰茨一世（1708.12.8—1765.8.18）
16 查理七世（1679.8.6—1745.1.20）
17 约瑟夫二世（1741.3.13—1790.2.20）
18 利奥波德二世（1745.5.5—1792.3.1）
19 弗兰茨二世（1768.2.12—1835.3.2）

第二帝国——德意志帝国

霍亨索伦王朝

1 威廉一世（1792.3.22—1888.3.9）
2 腓特烈三世（1831.10.18—1888.6.5）
3 威廉二世（1859.1.27—1941.6.4）

西班牙王室世系表

西哥特王朝

1 阿拉里克（在位 395—410）
2 阿陶尔克（在位 410—415）
3 西格里克（在位 415）
4 瓦利亚（在位 415—418）
5 提奥多里克一世（在位 418—451）
6 图里斯曼多（在位 451—453）

7 提奥多里克二世（在位 453—466）
8 尤里克（在位 466—484）
9 阿拉里克二世（在位 484—507）
10 杰萨雷克（在位 507—511）
11 阿马拉里克（在位 511—531）
12 提尤底斯（在位 531—548）
13 提尤底塞罗（在位 548—549）
14 阿吉拉（在位 549—554）
15 阿坦纳吉尔多（在位 554—567）
16 利尤瓦一世（在位 568—573）
17 莱奥维希尔德（在位 573—586）
18 雷卡里德一世（在位 586—601）
19 利尤瓦二世（在位 601—603）
20 威特里克（在位 603—610）
21 冈德马洛（在位 610—612）
22 希塞布托（在位 612—621）
23 雷卡里德二世（在位 621）
24 苏印提拉（在位 621—631）
25 西塞南多（在位 631—636）
26 辛提拉（在位 636—639）
27 图尔加（在位 639—642）
28 辛达斯文托（在位 642—649）
29 雷塞斯宾托（在位 649—672）
30 瓦姆巴（在位 672—680）
31 伊尔维吉欧（在位 680—687）
32 伊吉卡（在位 687—702）
33 威提扎（在位 702—710）
34 阿提拉（在位 710）
35 罗德里戈（在位 710—711）

阿拉伯倭马亚王朝
安达鲁斯埃米尔（总督）
1 阿卜杜勒·拉赫曼一世（在位 756—788）
2 希沙姆一世（在位 788—796）
3 阿哈坎姆一世（在位 796—822）
4 阿卜杜勒·拉赫曼二世（在位 822—852）

5 默罕默德一世（在位 852—886）
6 阿曼希尔（在位 886—888）
7 阿卜达拉（在位 888—912）

安达鲁斯哈里发
1 阿卜杜勒·拉赫曼三世（在位 912—961）
2 阿哈坎姆二世（在位 961—976）
3 希沙姆二世（在位 979—1009，1010—1013）
4 默罕默德二世（在位 1009，1009—1010）
5 苏莱曼（在位 1009，1013—1016）
6 阿里·本·哈姆德（在位 1016—1018）
7 阿卜杜勒·拉赫曼四世（在位 1018）
8 阿卡希姆·本·哈姆德（在位 1018—1021，1023）
9 亚哈亚·本·阿里（在位 1021—1023，1025—1027）
10 阿卜杜勒·拉赫曼五世（在位 1023—1024）
11 穆罕默德三世（在位 1024—1025）
12 希沙姆三世（在位 1026—1031）

北非柏柏尔人政权
穆拉比特王朝（1061—1147）
伊本·尤素福·塔什芬（在位 1061—1106）

穆瓦希德王朝（1130—1269）
1 伊本·图麦尔特（在位 1130）
2 阿卜杜勒·穆敏（在位 1130—1163）
4 艾卜·尤素福·叶尔古卜（在位 1184—1199）
5 默罕默德·纳赛尔（在位 1199—1214）

中世纪基督教诸国（略）
特拉斯塔马拉王朝（1369—1504）
1 恩里克二世（1333—1379.5.29）
2 胡安一世（1358.8.20—1390.10.9）
3 恩里克三世（1379.10.4—1406）
4 胡安二世（1405.3.6—1454.7.21）
5 恩里克四世（1425.1.25—1474.12.11）
6 伊莎贝尔一世（1451.4.22—1504.11.26）

7 菲利普一世（1478.7.22—1506.9.25）
8 胡安娜（1479.11.6—1555.4.11）

阿拉贡王朝

1 拉米罗一世（？—1063.5.8）（在位 1038—1063）
2 桑乔一世（1045—1094.7.6）
3 佩德罗一世（1068—1104.9.28）
4 阿方索一世（1073—1134.9）
5 拉米罗二世（？—1154）（在位 1134—1137）
6 佩特罗尼利亚（在位 1137—1163）
7 阿方索二世（1152—1196）
8 佩德罗二世（1174—1213.9.12）
9 海梅一世（1174—1213.9.12）
10 佩德罗三世（1239—1285.11.11）
11 阿方索三世（1265—1291.6.18）
12 海梅二世（1264—1327.11.6）
13 阿方索四世（1299—1336.1.24）
14 佩德罗四世（1313.9.5—1387.1.5）
15 胡安一世（1350.12.27—1395.5.16）
16 马丁一世（1356—1410.5.31）
17 费尔南德一世（1379—1416.4.2）
18 阿方索五世（1385—1458.6.27）
19 胡安二世（1398—1479）
20 费尔南德二世（1452.3.10—1516.1.23）

拉瓦纳王国

1 伊尼格·阿里斯塔（？—851）
2 加西亚一世（？—870）
3 弗尔顿·加西斯（？—905）
4 桑乔一世（？—925）
5 加西亚·桑切斯一世
6 桑乔二世（？—994）
7 加西亚·桑切斯二世（？—1005）
8 桑乔三世（992—1035.10.18）
9 加西亚·桑切斯三世（？—1054.9.1）
10 桑乔四世（1038—1076）（在位 1054—1076）

11 桑乔五世（1045—1094.7.6）
12 佩德罗一世（1068—1104.9.28）
13 阿方索一世（1073—1134.9）
14 加西亚四世（？—1150.11.21）（在位 1134—1150）
15 桑乔六世（？—1194.6.27）（在位 1150—1194）
16 桑乔七世（1154—1234.4.7）（在位 1194—1234）
17 提奥巴尔多一世（1201.5.30—1253.7.7）
18 提奥巴尔多二世（？—1270）（在位 1253—1270）
19 恩里克一世（1210—1274）（在位 1270—1274）
20 胡安娜一世（1273.1.14—1305.4.27）（在位 1274—1305）
21 菲利普一世（1268—1314.11.29）
22 路易十世（1289.10.4—1316.6.5）
23 胡安一世（1316.11.15—1316.11.19）
24 菲利普二世（1293—1322.1.3）
25 卡洛斯一世（1294—1328.2.1）
26 胡安娜二世（在位 1328—1349）
27 卡洛斯二世（1332—1387.1.1）（在位 1349—1387）
28 卡洛斯三世（1361—1425.9.8）（在位 1387—1425）
29 布兰卡（在位 1425—1441）
30 胡安二世（1398—1479）
31 莱奥诺（在位 1464—1479）
32 弗朗西斯科（在位 1479—1483）
33 叶卡捷琳娜（在位 1483—1512）
34 恩里克二世（1503.4—1555.5.29）
35 珍妮·德·阿尔布雷（1528—1572）
36 安东尼·波旁（1518.4.22—1562.11.7）
37 恩里克三世（1553.12.13—1610.5.14）

哈布斯堡王朝
1 卡洛斯一世（1500.2.24—1558.9.21）
2 菲利普二世（1527.5.21—1598.9.13）
3 菲利普三世（1578.4.14—1621.3.31）
4 菲利普四世（1605.4.8—1665.9.17）
5 卡洛斯二世（1661.11.6—1700.11.1）

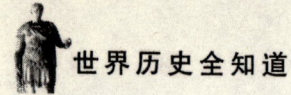

波旁王朝

1 菲利普五世（1683.12.19—1746.7.9）
2 路易斯一世（1707.8.25—1724.8.31）
3 费尔南德六世（1713.9.23—1759.8.10）
4 卡洛斯三世（1716.1.20—1788.12.14）
5 卡洛斯四世（1748.11.11—1819.1.20）
6 费尔南德七世（1784.10.14—1833.9.29）

波拿巴王朝

约瑟夫·波拿巴（1768.1.7—1844.7.28）

波旁王朝

1 费尔南德七世（在位1814—1833）
2 伊莎贝尔二世（1830.10.10—1904.4.9）

萨伏伊王朝

阿马德奥一世（1845.5.30—1890.1.18）

波旁王朝

1 阿方索十二世（1877.11.28—1885.11.25）
2 阿方索十三世（1886.5.17—1941.2.28）
国家主义政权（1939—1975）（注：1939年佛朗哥政变，建立独裁政府）

波旁王朝

胡安·卡洛斯（1938.1.5—？）

俄国王室世系表

留里克王朝（862—1598）

1 留里克（在位862—879）
2 奥列格（在位879—912）
3 伊戈尔（在位912—945）
4 奥丽加（摄政945—969）
5 斯维雅托斯拉夫一世（在位945—972）
6 弗拉基米尔一世（在位980—1015）
7 斯维雅托波尔克（在位1015—1019）

8 雅罗斯拉夫一世（在位 1019—1054）
9 伊兹雅斯拉夫一世（在位 1054—1073）
10 斯维雅托斯拉夫（在位 1073—1078）
11 弗谢沃洛德一世（在位 1078—1093）
12 斯维雅托波尔克二世（在位 1093—1113）
13 弗拉基米尔·莫诺马赫（在位 1113—1125）
14 穆斯季斯拉夫一世（在位 1125—1132）
15 雅罗波克（在位 1132—1139）
16 弗谢沃洛德二世（在位 1139—1146）
17 伊兹雅斯拉夫（在位 1146—1154）
18 尤里（在位 1154—1157）
19 罗斯提斯拉夫（在位 1159—1168）
20 穆斯季斯拉夫二世（在位 1168—1169）
21 安德烈·鲍戈柳勃斯基（在位 1169—1174）
22 弗谢沃洛德·尤里耶维奇（在位 1176—1212）
23 雅罗斯拉夫（在位 1238—1245）
24 亚历山大·雅罗斯拉维奇（在位 1252—1263）
25 达尼尔·亚历山大洛维奇（在位 1276—1303）
26 尤里·达尼洛维奇（在位 1303—1325）
27 伊凡一世（卡利塔）（在位 1325—1340）
28 谢苗（在位 1341—1353）
29 伊凡二世（在位 1353—1359）
30 季米特里·顿斯科伊（在位 1359—1389）
31 瓦西里一世（在位 1389—1425）
32 瓦西里二世（在位 1425—1462）
33 伊凡三世（在位 1462—1505）
34 瓦西里三世（在位 1505—1533）
35 伊凡四世（在位 1533—1584）
36 费多尔一世（在位 1584—1598）

王朝混乱时期（1598—1613）

1 鲍利斯·戈东诺夫（在位 1598—1605）
2 费多尔二世（在位 1605.4—1605.6）
3 伪季米特里（在位 1605—1606）
4 瓦西里四世（在位 1606—1610）
空位时期（1610.6—1613.2）

罗曼诺夫王朝（1613—1917）

1 米哈伊尔三世（在位 1613—1645）
2 阿列克谢（在位 1645—1676）
3 费多尔三世（在位 1676—1682）
4 伊凡五世（在位 1682—1689）
5 彼得一世（在位 1682—1725）
6 叶卡捷琳娜一世（在位 1725—1727）
7 彼得二世（在位 1727—1730）
8 安娜·伊凡诺夫娜（在位 1730—1740）
9 伊凡六世（在位 1740—1741）
10 伊丽莎白（在位 1741—1762）
11 彼得三世（在位 1762.1—1762.7）
12 叶卡捷琳娜二世（在位 1762—1796）
13 保罗（在位 1796—1801）
14 亚历山大一世（在位 1801—1825）
15 尼古拉一世（在位 1825—1855）
16 亚历山大二世（在位 1855—1881）
17 亚历山大三世（在位 1881—1894）
18 尼古拉二世（1894—1917）